海悦千流

——山东大学(威海)本科生

科研成果汇编

(2015)

王景瑞 主编

山东大学出版社

图书在版编目(CIP)数据

海悦千流:山东大学(威海)本科生科研成果汇编.2015/王景瑞主编.
—济南:山东大学出版社,2016.10
ISBN 978-7-5607-5635-6

Ⅰ.①海… Ⅱ.①王… Ⅲ.①社会科学—文集②自然科学—文集
Ⅳ.①Z427

中国版本图书馆CIP数据核字(2016)第243967号

策划编辑:王桂琴
责任编辑:宋亚卿 刘森文
封面设计:张 荔
封面题签:刘家相

出版发行:山东大学出版社
社 址 山东省济南市山大南路20号
邮 编 250100
电 话 市场部(0531)88364466
经 销:山东省新华书店
印 刷:沂南县汶凤印刷有限公司
规 格:787毫米×1092毫米 1/16
29.75印张 687千字
版 次:2016年10月第1版
印 次:2016年10月第1次印刷
定 价:70.00元

《海悦千流》编委会

做好“五个一”，一起创青春

（代序一）

牛文军

我与大学生创新创业实践活动缘分匪浅。十年前，我接手第一个学生创业项目，与几个志趣相投的大二学生历时一年半，设计出一个具有独特教育体验功能的“忆苦山庄”，获得省赛一等奖。这个团队的几个核心成员毕业后相约沪上发展，现如今俱已成为行业精英。此后余年，一直致力于大学生创新创业项目的培育选拔和孵化指导，与学生苦乐同行共成长，成就了多个创新创业项目和一批潜力无限的学子，收获盈盈。一路走来，苦乐相间但很踏实，感触至深者，乃大学生创业实践影响深远且功力无限。在“创青春”的新旗帜下，创业实践、创业计划、公益创业三赛齐发，千万学子携青春梦想扬帆启航。创业路上充满艰辛挑战，何以接近成功且少走弯路？我以十年的项目指导经历，在几个关键点上有些许体会与大家共享。

一个好的选题——在兴趣点上起步。创业项目选题无需高大上，兴趣特长所在并通过努力可达及目标即可。切记，不是所有人都适合在校创业，创业耗时且需要大量投入，除了兴趣特长，还能够创业与学业兼顾者，才适宜上路。团队领袖及核心成员尤其如此。

一支优秀的团队——与同道且可互补者为伴。创业不是一般的结伴同行，更不是同乡好友的相约聚会。在漫长而艰辛的打拼岁月里，只有志同道合、优势互补的合作者才能相携共进。依项目所需选择精炼效率的团队合作者，至关重要。

一位得力的导师——经验与责任兼备。创业（竞赛）成功的项目，指导老师往往扮演项目引领者和同行人的角色。他的经验和投入不仅经常鼓励着团队，也能在许多关键点上指点迷津，拨云见月。

一种不功利的追求——有舍才有得。创业是典型的未来目标（大人生）导向的行动体验和实验，平台与视野决定着你能行多远。在这个前提下，获奖乃至保研，不过蝇头小利。假如你的境界更高，野心更大，就不必太在乎这些，但结果可能是，你能得到的，远不止这些。

一份锲而不舍的精神——耐力助成功。受经验及条件限制，大学生创业路上定有很多艰辛与挑战考验你和团队的意志力，特别是在关键节点上，些许的动摇和无奈便可能无功而返。我们带着希望与憧憬出发，当感觉身心俱疲的时候，证明你行走已久。彼时，团队最需要相互鼓励，最需要信心与坚持。韧性＋意志力，是成功创业者的共有品质。

因为创青春，虽年龄渐长，但我心依然年轻。适逢大众创业、万众创新的时代，愿更多有志于创业挑战的莘莘学子，做好“五个一”，一起创青春。我愿始终与你们为伴。

[牛文军，山东大学(威海)法学院党总支副书记，法学院大学生科技创新工作领导小组组长。长期致力于学生社会实践和科技创新组织管理和指导服务工作，学院形成浓厚的可传承的学生创新创业文化。学生创新创业参与人数、项目数量、获奖比例和层次在全校保持领先。指导的项目获得省级奖励10次，近3年带出“创青春”和“挑战杯”国奖项目团队4个。山东大学优秀共产党员；2次荣获毕业生“我最喜爱的专业老师”；6次荣获校级学生科技活动优秀指导教师；5次荣获“挑战杯”“创青春”比赛省级优秀指导教师。]

以梦为马，奋斗趁年华

（代序二）

卞舒惠

当我收到校团委王松老师的邀请写这篇序言时，我正在实验室的电脑前绞尽脑汁地思考着项目中遇到的问题，思绪瞬间被拉回到大学时光——那段无悔的青春岁月。才发现，距离大学毕业已接近一年。这一年中，当我在科研的道路上感到迷茫时，常常会想起一路走来的努力与坚持，想起大学老师们的谆谆教诲，想起在母校的一步步成长。

乔布斯在斯坦福大学毕业典礼的演讲中提过："You can't connect the dots looking forward; you can only connect them looking backwards."我的理解是，往前行走的过程中，你并不知道现在的一切的付出、坚持、决定有什么意义，却会在某天蓦然回首时，把过去的点点滴滴串联起来，明白现在一切的改变都是有因可循。

后高考时代：自我的救赎

后高考时代虽然艰难，却也是让人怀念的时光。从失落不甘到卸下包袱重新出发，那时的我艰难地完成了自我的救赎。

刚入学时，大学就像一张白纸，有着无限可能。到底是精彩绝伦的一幅画，还是乱七八糟的一片涂鸦？画笔完全掌握在自己手中。当时的我曾在笔记本上写下这样一句话："你的优秀需要重新证明。"高考可能是命运跟我开了一个玩笑，但我相信生活带我走到这里，就有它真挚的意义。我知道自己绝不能辜负曾经的梦想，一定要在大学里精彩地活。

大学规划：目标在行动中愈加清晰

我并不是一开始就有非常明确、具体的大学规划，而是"且行且清晰"。大一的我是迷茫的，只好采用逐步细化的方法来明确自己的规划。首先我设定我的"一级目标"，那就是做一个优秀的人。然后在出国、考研、保研、工作之间我暂时先选择了保研，这算是我的"二级目标"。

尽管保研是我的二级目标，但我在专心学术之余，还参加了三年学生工作、多次社会实践和志愿服务活动。有了这些活动经历之后，我发现自己更加喜欢并且适合科研，于是进一步坚定了我最初的选择。

收获:源于科研与实践

虽然现在看来,本科时期由于能力的限制接触的科研都是比较初级的,但正是这些初级的活动让我得以一步步成长,一步步走到更高的平台深造。我感谢曾经努力"折腾"的自己,因为这些"折腾"带给我将受益终生的宝贵财富。主要包括以下几个方面:

(1)高效管理时间。每天列一个 to-do list,按照"很重要很紧急>很重要不紧急>不重要很紧急"的原则来完成。

(2)提高心理承受能力。山穷水尽疑无路时,积极应对而非坐以待毙才能"柳暗花明又一村"。

(3)提升沟通能力、协调能力、领导能力、独立性、主动性。

(4)当 leader 的经验让我更知道如何当好 member。如何要求别人的,就要以更高的标准要求自己。

(5)结识更多优秀的人,收货珍贵的友谊。

在山威的四年,我与大海为伴,与星空对话,度过了人生中最美好的一段奋斗时光。四年的时间,足以改变一个人的性格、能力,可能不完美却无疑更完善。如今,我带着在山威收获的知识、友情以及一生一世的山威印记,走进燕园,进一步在科学的道路上探索着,继续以梦为马,奋斗趁年华。

[卞舒惠,2011～2015 年在山东大学(威海)海洋学院生物技术专业学习。2015 年获山东大学第六届"五四"青年科学奖,山东省优秀毕业生;2014 年获"创青春"山东省大学生创业大赛金奖,"创青春"全国大学生创业大赛暨第九届"挑战杯"大学生创业计划竞赛全国银奖,国家奖学金,山东省省级优秀学生,十佳优秀学生党员,第八届"本科生科研训练计划(SRTP)"校级二等奖;2013 年获山东省大中专学生志愿者暑期"三下乡"社会实践省级优秀学生,暑期社会实践校级优秀团队,第四届"优秀本科生科研助理",校级优秀学生干部,山东大学(威海)校长奖学金暨第八届十佳大学生提名奖,第四届"海院之星"荣誉称号;2012 年获国家奖学金,校级优秀学生干部等。2014 年 9 月被录取为北京大学前沿交叉学科研究院直博生。]

目　录

上　卷

法律社会

经济管理

文学艺术

下　卷

工程技术

生物科技

数理研究

上 卷

法律社会

可不超越先验制度方法的正义理念建构路径

——基于阿马蒂亚·森正义理念和建构方法的分析

赵明阳[❶]

对于正义的内涵，尽管人言人殊，但正义却是一切人类社会良好运行不可或缺的基本价值诉求，故而成为人们在谈论政治哲学与伦理学时不能不触及的核心范畴。近现代西方政治思想家在建构各自的正义理论时，大体上都采用了以下两种建构方法：先验制度方法[①]与现实比较方法。这两种正义理念建构方法，尤以先验制度方法使用得居多，以至于其成为当代主流政治哲学探究正义理念的经典方式。然而，基于先验制度主义框架建构起来的正义理论，也因为所使用的建构方法的局限性，在其指导现实问题时存在着找寻先验主义的解决方案可行性不足和冗余性的重大缺陷。

正是看到了先验制度方法在建构正义理念方面上的严重不足，印度学者阿马蒂亚·森[②]（以下简称"森"）另辟蹊径，在继承和发展现实比较方法的基础上，从正义在生活世界中"自然演进"的角度开拓出人们讨论正义问题的全新视域，从而将正义问题的讨论拉离了偏执于"理性主义"与"科学主义"方法的死胡同。森使用现实比较方法建构起来的正义理论，弥补了先验制度方法在建构正义理论方面的原有缺陷，实现了对传统的主流正义理念范式的超越和发展。深入探析森独特的正义理念和建构方法，领悟其回归现实、回归生活世界的方法论启示，不仅对中国现代化转型背景下更新正义理念和正义问题的研究方法具有重要价值，而且对肃清自近现代以来肆虐于世界与中国的建构理性主义具有一种特殊的理论意义与现实意义。

---

❶法学院2011级行政管理专业。

① "先验制度方法"这个概念是由印度学者阿马蒂亚·森提出的。详见[印]阿玛蒂亚·森：《正义的理念》，王磊、李航译，中国人民大学出版社2012年版，第5页。具体概念内涵笔者会在本文下面内容进行详细阐述。

② 阿马蒂亚·森（Amartya Sen，1933～ ），印度学者，1998年诺贝尔经济学奖获得者。1959年获剑桥大学哲学博士学位后，曾执教于伦敦经济学院、牛津大学、哈佛大学等著名学府，现任剑桥大学三一学院院长。森的突出贡献表现在五个领域内，分别是：社会选择理论、个人自由与帕累托最优的关系、福利与贫困指数衡量、饥荒问题与权利分配不均的关系以及道德哲学问题。森的学术思想深切关注全世界各地遭受苦难的人们，被誉为"经济学良心的肩负者""穷人的经济学家"。森的代表著作有《集体选择与社会福利》（1970）、《论经济不平等》（1973）、《贫穷与饥荒》（1981）、《自由：发展的目的和手段》（1999）、《正义的理念》（2009）。本文即是以森的《正义的理念》为核心基础，探讨森的正义理念对正义问题的新发展。

一、森对两种正义理念建构路径的认知和选择

森基于自身对正义问题的思考，将近现代政治思想家建构各自正义理念的方法分为了先验制度方法和现实比较方法两类，并对这两种正义理念建构方法的分歧给予了较多的关注。也正是基于对两种正义理念建构路径差异的深刻认识，森明确了正义理念建构的出发点和落脚点，进而开拓出人们讨论正义问题的全新视域。

虽然千百年来关于社会正义的问题一直为人们所关注和讨论，但这类研究直到18～19世纪欧洲启蒙运动时期，才得到蓬勃的发展。在森看来，当时在这股激进思潮中涌现出的杰出哲学家关于正义问题的认知研究路径，大体上可以分为两类：先验制度方法与现实比较方法。这两种正义理念建构方法，深刻影响了当代政治哲学对于正义问题的认知和探讨。其中，又以先验制度方法拥趸最多，影响也最大，以至于成为当代主流政治哲学探究正义理念的经典方式。

森冠以传统的、主流的“契约论”思维模式一个全新的定义，即“先验制度方法”，而对于那些使用先验制度方法建构起来的正义理念，称之为“先验制度主义”[①]学派。先验制度方法发轫于17世纪的托马斯·霍布斯，洛克、卢梭和康德相继予以发展。先验制度方法带有建构理性主义的色彩，它往往从一个时人大体能接受的、不可检验的“公理性原点”出发，以较为严格的逻辑推导对特定价值诉求加以论证，从而得出游离于生活世界之外的抽象正义理念，并以此作为全部正义论体系与理想社会的基础，带有很强的“科学”色彩。在森看来，先验制度方法通过一个公正的、虚构的“社会契约”——“一个假想的关于社会组织的，由某个主权国家中的公民共同准许和接受的契约”[②]，从而将先验主义与制度主义结合起来，演绎推理得出唯一的实现绝对公正原则的制度安排和解决方案。因此，使用先验制度方法建构起来的“先验”正义理论具有两大特点：首先，“它致力于探寻完美的正义，而不是相对于现实社会而言的正义与非正义，即仅仅探寻终极的社会正义的特征”[③]，而不是对现实社会中运行的不同正义作出比较研究。它致力于探究“正义”的本质，而不是去寻找特定社会用以评判公正的相对标准。其次，由于契约论预设的制度所孕育的社会不可能是“纯粹的”，它一定会受到像文化、传统习俗与人们的惯性行为等非制度因素的影响。因此，当我们要对这“预设制度”的效果或可能效果进行评价时，就必须对人们的行为作出不切实际的特定假设。基于先验制度方法建构起来的正义理论，更多关注的是整个国家制度安排的正确与否，而不是现实社会的顺畅运行。

森对另外一种研究正义问题的方法——现实比较方法——产生了浓厚的兴趣，并对它进行了深入细致的研究。“对于现实的比较使得他们的兴趣首先存在于从所见的世界中减少明显的非正义。”[④]在森看来，现实比较方法不是从抽象的理论原点出发，诉诸严格的逻辑推理，而是从“日常生活世界”出发，不仅尊重生活世界，而且经历史筛选，有着时

---

① [印]阿马蒂亚·森：《正义的理念》，王磊、李航译，中国人民大学出版社2012年版，第2页。

② [印]阿马蒂亚·森：《正义的理念》，王磊、李航译，中国人民大学出版社2012年版，第5页。

③ [印]阿马蒂亚·森：《正义的理念》，王磊、李航译，中国人民大学出版社2012年版，第6页。

④ 汪毅霖：《阿玛蒂亚·森的正义观——对罗尔斯的批判及其公共政策含义》，《学术月刊》2011年第6期。

间厚度。因而,人们也就可以从熟悉且少有争议的“道义”立场出发,来认定“正义”与“不义”。现实比较方法主张,一个社会正义事业的维护,重要的不是去论证或“发明”正义,而是要致力于消除那些为既有生活世界所强烈感受到的“不义”现象,理论毕竟是“灰色”的。现实比较方法指出,正义理念常常因社会现实之不同而异,因而在底线性正义之上并没有什么抽象的、不变的、永恒的正义。森对现实比较方法显示出较多的青睐,他认为,传统的、主流的建构思路,即致力于用逻辑论证方法来寻找绝对的、超验的社会公正,是值得反思的。

由于先验制度方法的推理原点是虚构的社会契约,因而其建构的正义理念重点回答了“什么是绝对公正的制度”这类理想化色彩较浓的问题。也正因先验制度方法的视野限制,森对先验制度方法的正义理念建构路径进行了拒斥和批判,认为其建构的正义理念存在两个突出的问题。第一,“关于‘公正社会’的本质,即使在中立和开放审思的条件下,也可能无法达成一致”[①],这就是找寻一致的先验主义解决方案可行性不足的问题。第二,“采用与实际选择相关的实践理性,所需要的是对各种可行方案的公正性进行比较的框架,而不是去发现一个也许不存在的和不可能被超越的完美状态”[②],与实践理性对各种可能的公正性进行比较,这一可行方式相距甚远,这就是找寻先验主义解决方案的冗余性问题。

正是看到了先验制度方法在正义理念建构上的严重缺陷,森另辟蹊径,跳出有限的、有限理性的“先验制度主义”的框架,使用现实比较方法,着眼于社会现实,力图从社会比较的视角对传统先验制度方法推导得出的正义理念的重大缺陷进行弥补,从而开拓出了研究正义问题的新视角,加强了其正义理论指导现实和回归现实的理论意义。

二、森正义理念对传统正义理论的超越和发展

森认为,需要建构一种正义理论,它既不局限于制度的选择,也不局限于寻找完美的社会安排。对于森来说,研究如何推进实际社会的公正,消除明显的社会不公正,远远要比建构一个完美的、理想的、绝对公正的社会和制度重要得多,也更实际。

(一)森基于现实比较框架的正义理念

森在看到先验制度方法在建构正义理念的重大缺陷,特别是在保持审视观点的中立性方面过于封闭的局限后,决定将关注实际的社会现实作为建构自身正义理念的出发点和落脚点。森认为,我们可以借助亚当·斯密的“中立的旁观者”机制来帮助我们保持无偏颇的中立与客观。在森看来,“中立的旁观者”能够为理智提供一种更好的实现方式,会帮助我们站在“一定的距离之外”来审视自己的感受。这就使得正义的原则可以具有多样性,而不必根据刚性的单一原则来确定,也使得我们可以通过理智来审视包括情感在内的许多不同缘由,以寻求尊重与包容,从而避免了理智沦为草率且不当的自负。在

① [印]阿马蒂亚·森:《正义的理念》,王磊、李航译,中国人民大学出版社2012年版,第8页。

② [印]阿马蒂亚·森:《正义的理念》,王磊、李航译,中国人民大学出版社2012年版,第9页。

此命题基础上,我们看到先验制度方法推导出的“不变公理”,其实在很大程度上是人类理性“自负”的结果。

开放的中立与审思是森建构自身正义理念的逻辑基石,承认公正原则的多样性对于追求社会公正至关重要。我们需要以不受限制的公共理性对多个公正原则进行现实排序比较,得出一致的部分排序方案,而不是将目光局限于寻找普遍的、抽象的、冗余的公正原则。围绕这个基本建构思路,森着眼于社会现实的比较,提出了自己关于正义理念的基本框架,即:正义的实现应当关注实际的生活与现实,而不只是停留在抽象的制度和规则之上,关注的焦点不能仅仅局限于制度,可以直接关注人们的生活和自由,包括他们选择生活的自由;我们应该关注如何减少不公正,而不是局限于寻找绝对的公正,应该在理性思考的基础上,就明显的非正义达成共识,而不是寻找绝对的正义;我们应当通过理智的思考以及在此基础上可能达成的一致来实现正义,正义可以遍布全球,而不只是局限于某个主权国家的边界范围以内,使“全球性正义”的实现成为可能;我们应当允许多种不同的正义缘由同时存在,而不是只允许一种正义缘由存在,多种各不相同但具有中立性的正义理由均可能站得住脚。

以上诸点都与以下问题的答案有关:我们为什么需要一个正义的理论?我们需要一个什么样的正义理论来认识正义的要求?我们会持有充分的理由采取哪些行动?森认为,我们的目光不能只是停留在对于不公正现象的直观感受上,“我们必须通过理智的审思来对感官信号进行批判性考察,才能将不可抗阻的天灾与本可预防而未能阻止的人祸区分开来,才能将我们的视野由对于惨状的单纯观察和施救,转向对于其中不公正现象的深刻分析和解剖”[①]。森强调,理智的运用可以帮助我们消除或减少那些仍然以某种理智的形式表现出来的非理智,而回避理智思考的人,往往都是手握公权、社会秩序与司法的温和卫道士。森坚信,我们应该保持对不公正现象的敏锐和洞察力,将目光从对惨状的观察转向对于不公正现象的分析,致力于消除那些不可容忍的、明显的非正义现象,而不是寻找绝对的正义,而这正是其正义理论的核心观点。

(二)审视和评估社会不公正的独特视角:可行能力方法

森对于传统正义理论的超越和发展,不仅包括他使用现实比较方法得出了现实意义更强的正义理念,而且还在于他提出了一种审视和评估社会不公正的独特视角——可行能力视角,实现了对传统的认知分配正义问题的资源视角和福利视角的超越和发展,更新了人们对于不公正现象的评判标准。

“与传统的基于效用或基于资源的思考路径不同,可行能力方法通过对一个人做他有理由珍视的事情的可行能力来评价其优势。”[②]可行能力方法将能力的概念和自由的机会方面紧密地连接在一起,它不仅仅关注个体达成目标的能力,更重要的是强调自由的机会,而这意味着我们能够自由地决定并且不受他人限制地去做自己所珍视的事情。可行能力方法的关注点是一个人实际拥有的做他所珍视的事情的自由,不仅仅是个体“终

① [印]阿马蒂亚·森:《正义的理念》,王磊、李航译,中国人民大学出版社2012年版,第35页。

② [印]阿马蒂亚·森:《正义的理念》,王磊、李航译,中国人民大学出版社2012年版,第214页。

极”所取得的结果，更包括“全面”的机会。如果一个人实现那些他有理由珍视的事情的可行能力更低——实际机会更少，其就机会而言的优势也将更小。可行能力视角着眼于有关个人优势的信息，并且根据机会来判断这种优势，它指出了能力不平等在社会不平等的评估中的核心作用。

实现满意的人类生活的手段本身并不是好的生活目的，可行能力方法的着眼点是人类生活，而不单单只是一些容易计算的客体对象。不同于罗尔斯的“基本善”，如“权利和自由、机会和权力、收入和财富”[①]等，可行能力方法的提出，超越了以往对生活手段的关注，改变了之前以手段为导向的评价方法，转向了实际的生活机会的视角。“可行能力方法所关注的，是纠正那些专注于手段的方法，从而将注意力放在了实现合理的目的的机会与实质自由上。”[②]可行能力方法的关注焦点不在于一个人事实上最后做了什么，而在于他实际能够做什么，无论他是否选择使用该机会。

与传统的先验制度方法建构起来的正义理念不同，森着眼于社会现实比较，强调消除赤裸裸的不公正比寻找完美的公正更加重要，主张使用可行能力视角来辨识社会上明显的非正义，以缘由的多元性、开放的中立性和方法的比较性构成了一个既包容又严格的正义理论的基本框架，从而实现了对传统正义理论的超越和发展。正是森对于正义理念的新发展，让我们看到了“正义理念”在特定社会中的产生，都有着它的历史与时代背景，都是在特定的环境中发挥它积极的正面功能，从而与那种抽象的、放之四海而皆准的“正义理念”及其论证方法保持了必要的审视距离，加强了正义理念指导现实和回归现实的应用价值。

三、中国现代化转型背景下正义理念回归现实的几点思考

党的十八届三中全会公报提出，“全面深化改革，必须以促进社会公平正义、增进人民福祉为出发点和落脚点……要紧紧围绕更好保障和改善民生、促进社会公平正义深化社会体制改革”[③]。而在全面深化改革的新形势下，面对我国当前的社会状况，我们又应该对推进社会公平正义实现的指导理念做出哪些新的调整和变动，从而超越传统的先验制度方法建构的正义理论的局限，更好地满足现代化转型背景下正义理念回归现实的迫切要求？森的正义理念较好地抵制了传统的对于绝对公正安排的追求偏好，为我们提供了更切实际的方法论启示。借鉴森独特的正义理念，笔者提出现代化转型背景下正义理念回归现实的几个框架性思路。

（一）要确立恰当可行的正义理念，放弃寻找绝对公正的制度安排的冲动，转向致力于减少明显的非正义

维护正义、伸张正义是人类社会无法回避、期冀实现的永恒课题。在日常生活中，当

① ［美］约翰·罗尔斯：《正义论》，何怀宏等译，中国社会科学出版社2001年版，第3页、第93页。

② ［印］阿马蒂亚·森：《正义的理念》，王磊、李航译，中国人民大学出版社2012年版，第61页。

③ 《中国共产党十八届三中全会公报发布（全文）》，2013年11月14日，http://news.xinhuanet.com/house/tj/2013-11-14/c_118121513.htm.

我们遭受到有理由去愤恨的不公平或欺压时,诸如就业歧视、收入分配不均等有关自己切身利益的不公平遭遇,我们会有强烈的不公正的感受。我们对不公平的事情进行质疑、抱怨甚至是奋起反抗,往往只是针对那些我们所能感受到的不公平事情,通常我们所希望的是政府或社会可以尽其所能地帮助我们解决掉这些明显不公正的事情,而很少去考虑我们应该去追求实现一个绝对公正的社会。应该说,这是现实生活中群体心理的正常反应,而这也恰恰与森的正义理念相嵌合。森强调,我们应该去致力于减少明显的非正义,而不是寻找绝对的正义,这恰恰是我们改良社会的最佳选择。

(二)支持积极而又充满活力的媒体发展,推动民主的公共理性的形成,以部分排序的答案来解决现实中明显的非正义问题

正如前面所提到的那样,正义的实现可能会认同多个合理缘由的同时存在。对此,我们可以借鉴森的办法,对解决不公正问题的不同的决策程序作出排序。这种排序不要求完整的罗列,而只要求部分排序。我们最后虽然只能着眼于公正比较下的部分排序,但我们却有依之行动的充分理由,而这对于解决社会的不公正状况应该已经足够了。

当然,要以部分排序的答案来解决现实中明显的非正义问题,民主的公共理性又是必需的。“公正的推动和不公正的消除需要制度设计(协调个人收入与公共物品)、相应的行为调整和社会制度修正程序的联动,而这些都是以对政府承诺、实际制度运行和改进方法的公开讨论为基础的。”[①]因此,在重建正义的现代化转型中,必须支持积极而又充满活力的媒体发展,推动民主的公共理性的形成,使得国家以更好的民众公开讨论的形式来获得解决那些非正义问题的部分排序,并赋予受剥夺的弱势群体表达的机会,从而促进多元包容价值观的形成,实现社会正义的回归和重建。

(三)重树评价公正的视角,以可行能力视角来替代资源视角和效用视角,重视人的生活质量的提高

森的可行能力概念,更新了我们评估公正的理念和方法。在现代化转型的过程中,体制上的不完善可能会造成由可行能力剥夺或较低引起的贫困和残障,这便需要我们采取更为完善的政策和相关政府行为来对他们进行保障。如果我们仅仅将公平分配的视野集中在资源(收入、财富和福利)的分配平等上,并以此作为实现公平分配的基本原则,就会妨碍我们正确认识可行能力剥夺或较低引起的问题,以及这些问题对于社会分析的道德和政治意义。对于贫困人群来说,实际贫困(可行能力剥夺意义上的)要比从收入数据上推断的严重得多,因为他们将收入转化为更高的生活质量的可行能力要比普通人低,而这就不只是通过收入的公平分配所能解决的。发展不应该只是经济收入和福利的增加,更应该是人民生活质量的普遍提高。转型中国家的改革,不能将公平的视角只局限于资源分配的平等,更需要追求可行能力的平等,重视生活质量的提高。

(四)以看得见的方式来实现正义,给予长期受剥夺的人以实质性的关注

森的正义理念启示我们,对于适应了剥夺状况所产生的低层次满足和幸福,我们应

① [印]阿马蒂亚·森:《正义的理念》,王磊、李航译,中国人民大学出版社2012年版,第62页。

该进行更多的思考，只有这样，已经适应了剥夺状况的人们才会有抗争的自觉。对于所遭受的剥夺而产生的适应性，会使得长期受剥夺的人难以对其实际遭遇形成恰当的认识。因此，在评价社会制度的时候，对于长期受剥夺的人应予实质性的关注，对于公共理性一致得出的不公正现象，要用民众看得见的方式来改变它。尽管这种带有隐性特点的不公正现象在解决程序上可能并不居前，但从一个社会的长治久安角度来说，它是属于我们应该“未雨绸缪”的对象。

总之，我们只有通过怀疑、质问、辩论和审思，才能得出关于是否应推进特定正义以及如何推进特定正义的结论，才能在当前社会转型、矛盾相对集中与突出的情况下，有效、有序地着手于不公正现象的校正。

（指导教师：张铭　张乐）

城市社区空巢老人养老及社区照护现状研究

——以威海地区为例

梁建刚❶

一、项目背景与制度现状

随着我国经济的快速发展和城市化进程的加快，同时老年人口比重剧增，中国提前进入“老龄化”社会，未富先老。由于我国社会主义市场经济的特殊性，导致传统家庭结构改变，使老年群体中“空巢老人”的比重日益增多。同时，近年来，我国养老金个人账户记账额与养老保险累计结余相抵消形成的巨额“空账”，即社会保障概念中的转型成本，表明养老保险制度已不足以解决我国养老服务事业面临的窘境。在养老问题中，空巢老人的养老问题尤为突出。国内对于空巢老人的关注与研究起步于 2003 年赵芳、许芸在南京师范大学学报上发表的《城市空巢老人生活状况和社会支持体系分析》。[①] 相关研究大多是从宏观角度出发，以社会学或医疗护理学等学科研究为主，而心理学方面的研究较少，且大多数的研究仅停留在学术探讨方面。我国尚未全面推行统一的新型养老制度，而在地方，地方政府已着手探索与时俱进的养老模式，以期缓解传统养老制度给政府造成的巨大财政压力。不少城市的探索不了了之，而享有“人类最适宜居住城市”美誉的威海市在这方面的工作却较为成功。威海致力于打造“幸福城市”，一切从实际出发，将理论与实践相结合，将社区建设与养老照护相结合，将居家养老与机构养老相结合，努力为老人提供一个幸福的晚年。威海市于 2007 年 3 月率先在环翠区建立居家养老服务试点，探索建立政府为贫困老年人购买养老服务的制度。另外，威海市于 2013 年对养老实行多元化经营、市场化运作，鼓励社会养老力量参与社会养老事业，吸引民间资本。威海市养老格局与时俱进，以居家养老为基础，以社区养老为依托，以机构养老为支撑，形成由政府主导的市场化运营的社会养老服务体系雏形，推动老年人在全面建设小康社会进程中实现老有所养、老有所乐、老有所为。

然而，威海市养老服务事业的良好发展并不能掩盖其在社会养老建设方面存在的诸

---

❶法学院 2012 级法学专业。

① 参见林云：《近几年我国空巢老人相关研究综述》，《考试期刊》2010 年第 38 期。

多问题。长期以来,我国养老以居家养老为主,机构养老为辅,而威海市探索的养老模式则依然未能摆脱这一局限。在威海市的社会养老模式中,老人情况不同、社区实际差异、物力财力受限等问题都制约着社会养老服务体系的发展。

目前,威海市社会养老服务体系正不断探索发展,而山东大学作为省内外知名高校,理应为社会养老服务事业贡献更多力量。笔者力图从老人心理与制度层面出发,通过文献回顾,发现养老服务与社区照护存在的问题,分析其影响因素。同时,针对威海市养老服务体系建设,发放了"关于威海市社区空巢老人基本生活情况的调查问卷",进行了"关于威海市社区养老服务体系建设的访谈",以期结合威海市养老及社区照护现状,就社会养老服务体系的未来建设提供合理化建议。

二、制度解构与潜在困境

(一)制度解构

为了更全面地把握威海市社区空巢老人养老及社区现状,课题组首先从外部层面对威海市社会养老服务体系进行分类,明确不同的具体模式,从宏观上认知养老服务体系的有机构成部分。然后,从内部层面划定制度化结构,从微观上把握养老服务体系的制度建设。通过调研发现:威海市的社会养老服务体系建设,以照护单位的不同为标准,可划分为三类,即居家养老、社区养老、机构养老。

1. 居家养老

所谓"居家养老",是指以家庭为核心、以社区为依托、以专业化服务为依靠,为居住在家的老年人提供以解决日常生活困难为主要内容的社会化服务。服务内容包括生活照料与医疗服务。主要形式有两种:由经过专业培训的服务人员上门为老年人开展照料服务。在社区创办老年人日间服务中心,为老年人提供日托服务。服务对象一般是"三无"老人。① 威海市在居家养老层面把握制度内涵,大力发展"12349 居家养老服务",打个电话"养老"送到家。在当代老年群体的价值意识观中,最使其满意的安度晚年的方式就是居家养老。

2. 社区养老

所谓"社区养老",是指以家庭养老为主,社区机构养老为辅,而在为居家老人照料服务方面,又以上门服务为主,托老所服务为辅的整合社会各方力量的养老模式。其特点在于,把家庭养老和机构养老的最佳结合点集中在社区,让老人住在自己家里,在继续得到家人照顾的同时,由社区的有关服务机构和人士为老人提供上门服务或托老服务,让老人既享受家庭温暖,又能被同龄人认同,是一种"双赢"策略,但其运行也在三者中最为困难。② 可以说,社区养老是威海市社区建设中一项任重而道远的工作,与国外相比,中

① 引自百度·百科"居家养老"条,http://baike.baidu.com/link? url=4v9mYznK17TvVvuCF94m9lUIBVaC7YBYoMbWMWmbgE81yPup349zxQmRNZo2cepb,访问日期:2014年4月9日。

② 引自百度·百科"社区养老"条,http://baike.baidu.com/link? url=dr1f8MfuIyY5YM9m-_P45bLUkfLOknpktHRy-jNDu5tqH6eFrIGPnFUvLEz0j7Wnwwj8vgOu0vmf8SoFYQvuBa,访问日期:2014年4月9日。

国社区养老制度还处于萌芽状态。国外或为养老提供立法政策保障,如英国推出了“全国健康服务和社区关爱法”;或建立健全的社会机构,如加拿大政府为老人提供了老人公寓、辅助生活房屋、日间老人护理、护理安老院4种养老场所。不可否认的是,国外的养老模式与国内存在较大差异,但伴随着中国社会转型进程的加快,很多问题无疑会日益与国外存在共性,国外经验也值得借鉴。

3. 机构养老

所谓“机构养老”,是指由为老年人提供综合性服务的机构承担老人的照护工作。绝大多数入住老人把养老机构作为其人生最后的归宿。[①] 但在“百行孝为先”的传统观念下,仍有人排斥养老机构。威海市的机构养老模式发展较为成功。威海市出台了《关于加快社会养老服务体系建设的意见》,探索养老公办民营、民办公助、租赁经营等发展模式,以鼓励民间资本参与社会养老服务事业。目前,威海市较典型的养老机构有荣成市盛泉老年公寓、乳山市银滩东方国际养生园、威海经济技术开发区海大老年康复中心等。威海的养老机构在政府的鼓励下发展较为良好,但入住条件却成为限制其普及的障碍。

通过以上对威海市养老服务体系建设具体模式的归类化处理,我们可以宏观把握威海市探索养老模式的整体动态与局部状况。通过这种分类,可更为准确地认识每个模式中制度运作的个性与共性。从制度运作的角度看,一个合理模式的正常运转一般具备以下几种制度:

第一,人事管理制度。一项健全的人事管理制度关乎体制内成员的遴选机制和机构的正常运行,决定着一个模式未来的发展命运。科学的人事管理制度利于防止体制内成员腐败,激励其工作积极性。目前,威海市的养老服务体系建设是在政府主导下进行的,其管理具有稳定性,但该制度的健全仍不可忽视。

第二,成员培训制度。无论是哪一类养老模式,都需要专业照护人员。因此,成员培训制度的设立与完善有利于提高照护人员的工作素质,提升受照护者的满意水平。例如,威海市培训下岗人员以服务于居家养老建设,实现了下岗职工再就业。

第三,评估反馈制度。每一类模式各有千秋,都需要与时俱进地完善自身。评估反馈制度的健全与否,反映着一个组织发展活力的强弱。

第四,财务监管制度。搞养老服务事业,财务的监管是一件至关重要的事情。例如,威海市养老服务体系的建设,不仅有政府的财政支持,而且还吸收了民间资本,大量资金的流转必然需要一项科学的财务监督管理制度来保障。

(二)潜在困境

通过以上对威海市养老服务体系建设外部和内部层面的处理,我们由先前的“宏观的模糊”转向微观的制度运作,在对威海市社会养老服务体系建设进行解构的同时,诸多制度运作困境也随之浮现。

---

① 引自百度·百科“养老机构”条,http://baike.baidu.com/view/5735176.htm?fr=wordsearch,访问日期:2014年4月9日。

1."学步"困境

目前,国内对于空巢老人及社会养老服务层面的研究并不成熟,尚处于"学步"阶段。当然,其中不乏中国特色的经济、政治、文化因素。由于我国基本国情的特殊性,国内对于空巢老人的研究起步晚,起点低,导致研究领域多为社会学或医疗护理学等学科领域,心理学领域较少涉足,且理论性强于实用性。因此,当下各地方在缺乏可行性理论指导的情况下探索养老模式,必然多多少少需要付出代价,并且难以制度化。

2."支撑"困境

我国的养老服务事业若要维持和谐运转,内部环境的稳定及外部环境的支援是至关重要的两方面。内部环境的稳定要依靠健全的人事管理制度、成员培训制度、评估反馈制度、财务监管制度。但目前各地的实际情况不同,致使探索进程不一,且全国尚没有统一的养老服务制度。虽然保监会在2014年第一季度出台了"以房养老"政策,即俗称的"倒按揭",但是该政策不仅在观念、房屋产权、承担机构不明等方面存在隐忧,而且还具有"拥有自主产权""拥有自主房屋""家庭中等收入""房屋位置好"四大门槛;另外,该政策是养老保险制度的一种辅助方式,只解决了养老的资金问题,可是老人想老有所乐、老有所养、老有所依、老有所为,有时候还是要依靠子女的赡养行为。而外部环境的支援则在于财力、物力和人力的支持。财政支持与民间资本的参与,虽然能够保证基本的物力、人力,但若要长期运转下去,就需要物力、人力的有效利用。例如,山东大学(威海)每年都会有学生组织募捐物资和招募志愿者为城市发展建设贡献力量。然而,国内大陆地区尚缺乏民间志愿服务机构。

3."角色"困境

就威海市社会养老服务体系而言,从横向来看,有政府、社区、养老机构三大角色;从纵向来看,有养老组织与空巢老人两大角色。如何协调好政府、社区和养老机构三者之间的关系,如何处理三者与空巢老人的关系,关乎社会养老服务体系建设的实际效果。另外,空巢老人这一角色尤为复杂。空巢老人家庭的多类型化,导致空巢老人养老需求的不同,对养老模式的推行起到了制约影响。①

4."赡养"困境

对空巢老人而言,子女独立或远离家乡,自己又远离社会生活,加之体力下降、行动不便,与亲友的来往频率下降,信息交流不畅,因此,容易产生孤独感,主观幸福感下降。②虽然社会养老服务体系的建设能够在一定程度上弥补空巢老人的精神空虚,但是按照传统观念,老人的晚年有儿孙陪伴,方属安享晚年。随着时代的发展,不少老人虽意识到这种传统观念的陈旧,但内心仍渴望与子女欢聚一堂,享受其乐融融的晚年。然而,我国特色的制度使得很多子女阔别家乡、远离父母,赴异地就业或定居,子女生活压力不断增加并且大多数子女在结婚生子方面还需要父母倒贴。"树欲静而风不止,子欲养而亲不待",这种现象在当今社会并不鲜见。如何让子女有条件履行自己的赡养义务,不是仅靠改革养老制度就能解决的;换句话说,社会养老服务体系弥补不了子女赡养方面的缺陷。

---

① 参见黄润龙:《我国空巢老人家庭状态》,《人口与经济》2005年第2期。

② 参见林云:《近几年我国空巢老人相关研究综述》,《考试期刊》2010年第38期。

以上分别从制度探索、内外环境支撑和角色状况三大方面揭示了社会养老服务体系的建设困境。针对这些问题，与其修修补补，不如在既有制度之外另辟蹊径，探寻科学的制度设计以规避潜在困境。

三、问卷调查与制度展望

威海市城市社区空巢老人养老及社区照护现状，是在当下养老制度改革大背景下探讨新型养老模式、设计科学制度的绝佳对象。笔者所在课题组依托山东大学(威海)优势资源，从老人心理感知方面着手走访调研，以期获得最贴近群众、最贴近生活的养老服务体系建设的实际效果，从而对现状中的问题提出建议，为精妙制度的设计献计献策。以下是部分问卷的分析与建议：

问题1:(可多选)您的经济来源是什么?

从图1可知，城市空巢老人经济来源的第一位是子女给钱，所占比例为81.13%。这说明，空巢老人在经济上主要依赖子女。但是随着我国特色社会主义市场经济的发展，市场竞争激烈，空巢老人的子女也会面临下岗失业、工作不稳定、收入较低或不稳定等困境，在一定程度上会对老人的生活经济来源造成影响。此外，有退休金的空巢老人在调研中表示，子女给的钱也就是表示孝道的一种形式，其实老人会以其他形式再返还给子女。城市空巢老人基本是以自我养老为主，子女和机构养老为辅。所以经济来源对空巢老人来说很重要。经济需求是城市社区空巢老人生存和发展的基础，与空巢老人的日常生活密切相关，会在相当大程度上影响老人们的生活满意度和幸福感。

选项	小计	比例
(1)退休金	400	75.47%
(2)政府低保补贴	160	30.19%
(3)儿女给钱	430	81.13%
(4)自己打工赚钱	60	11.32%
(5)社会爱心捐助	0	0%
本题有效填写人次	530	

图1　(可多选)经济来源情况调查

问题2:您空闲时间一般做什么?

从图2可以看出，空巢老人的业余活动还是比较丰富多彩的。33.96%的老人喜欢去老年人娱乐场所玩，接触老年人群体，有利于寻找共同话题，摆脱孤独感；22.60%的老人先择在家休息，读书看报，了解国家大事，提高自身的修养；16.98%的老年人喜欢看电视节目或听收音机，这有助于他们了解时事，开阔眼界；还有一些老年人喜欢找朋友聊天、外出旅游或找点工作赚钱，让脑袋越用越灵活，可以有效防止老年痴呆。由此可见，空巢老人还是很喜欢参与活动的，这样既可以锻炼身体，又能陶冶情操。但是，从图2也可以清楚地看出，大部分空巢老人参加的都是一个人的活动，参与团体活动的人数不多。

这并不利于扩展老人的社会交往领域，也不能以此减轻或消除老人的“空巢”感，使他们得到精神方面的满足。

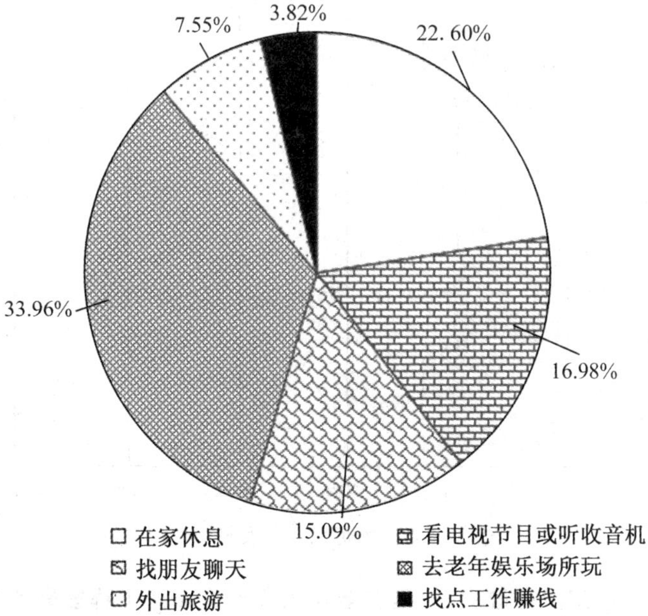

图 2 老年人空闲时间利用情况调查

老年人参与集体活动较少的原因主要有两方面：一方面是老人退休后交际圈大不如从前，子女也不经常看望自己；另一方面是老人们自身心理调适不佳，情绪低落，不愿与人交流或参与集体的热闹的老年人活动。[①] 空巢老人长期不参与集体活动，不与外界交流，会降低与人沟通交流的兴趣，不利于不良情绪的排泄。社区需要关注老年人的日常生活，对老人们进行思想教育，引导老人融入社区大集体，参与到老年人的娱乐活动中去。[②] 此外，社区要避免生搬硬套其他地方的娱乐设施设计，要根据本地老人的需要与喜好设计建造娱乐场所，发挥娱乐场所应有的效果。

问题 3：您一年平均可以与子女见几次面？

通过图 3 可知，绝大部分空巢老人不能够平均每月与子女见一次面。由此可知，空巢老人缺乏子女的精神赡养和感情的给予，形成孤单落寞却不便直言于子女、想念子女却不能相见的纠结心理，引发老年人的心理问题，间接影响空巢老人的身体健康。而子女不在身边，也使得老人的生活照护问题成为一个影响自身心态的重要因素。调研中发现：儿女不在身边，老人缺乏安全感，有时甚至会产生无助感、绝望感或消极的情绪。

① 参见崔炜：《空巢老人的心理困境分析与社工介入路径设计》，《中共哈尔滨市委党校学报》2011 年第 1 期。

② 参见王芹萼：《空巢老人养老风险及社会支持体系研究》，《中国外资》2012 年第 8 期。

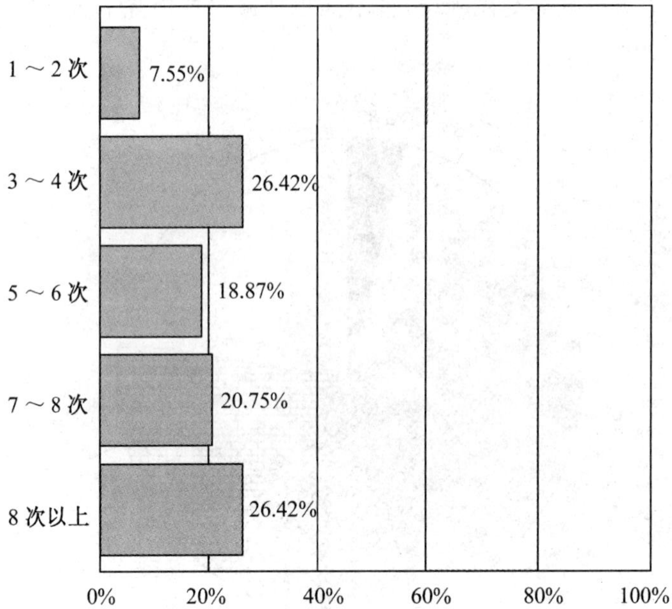

图3　老人一年平均可以与子女见面情况调查

问题4:(可多选)您觉得政府、社区在老年人养老方面做了哪些事情?

从图4中可以看出,政府、社区对空巢老人精神需求的关注是不足的。政府对于老年人的政策多是从物质层面入手,通过建设老年人活动场所来增强其体质,进而改善其心理健康状况。对于城市空巢老人来说,社区才是真正的家,周全的社区服务可以赋予老年人以强烈的心理归属感,对于解决空巢老人的心理问题和改善空巢老人的家庭功能有着重要的现实意义和深远的社会影响。[①] 社区可以成立心理咨询站,经常上门服务,与老年人聊天解闷,疏导老年人的不良情绪和解决其心理问题;政府也可以在社区建立专门的空巢老人服务站,形成社区养老服务网络体系,管理老人资料,为社区开展养老服务活动提供信息指导;社区还可以向当地政府申请,由民政部门牵头建设家居形式的社区养老机构,提供义务岗位,招募义工提供上门服务或招募大龄下岗职工进行培训后再就业。虽然目前威海市的12349居家养老服务体系已基本覆盖环翠区、工业新区、乳山城区,但是其受众范围、服务能力仍然未达到理想效果。

① 参见刘灿婷:《从社区思想教育视角探讨空巢老人的现状》,《淮海工学院学报》(人文社会科学版)2012年第10期。

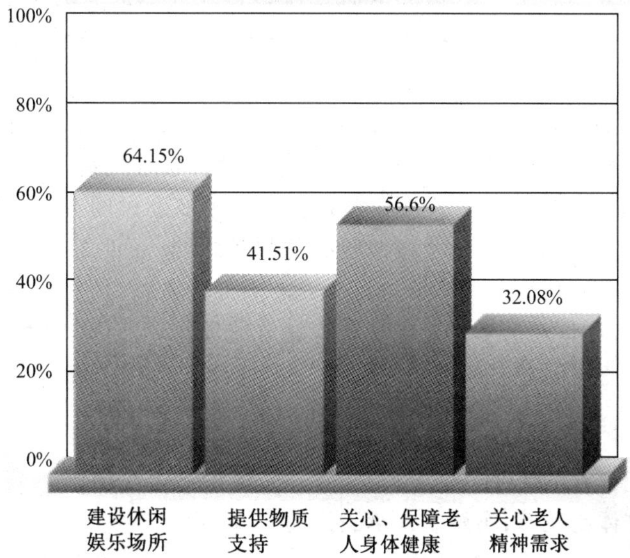

图 4 (可多选)政府、社区在老年人养老方面所做事情调查

基于前面对问卷结果的数据分析和对社会养老服务建设困境的揭示,我们可以从三大方面出发提出制度运作建议,以及对社会养老服务事业未来发展的启示,即如何更充分地调动科研学术的理论支持与地方经验交流;如何达到内外部环境的最佳化支撑;如何明确各方角色的定位。结合威海市城市社区空巢老人养老和社区照护现状,笔者所在课题组提出以下建议与展望:

(一)依托高校优势资源,加强地区经验交流

1. 基于目前国内关于城市空巢老人养老模式研究尚不成熟的状况,地方政府可依托省内或市内高校资源,弥补探索过程中理论支持不足的缺陷。高校师生的开阔思维、敏锐眼光、缜密逻辑等特点适合于事先理论性探讨,为现实中的方案实施留下缓冲空间,有助于规避缺乏充足理论探讨下试行方案的代价。

2. 各地方的探索不尽相同,加强彼此之间经验教训的交流学习,取长补短,相互借鉴,也是一种自我完善的方法。当然,这不仅仅局限于不同地区之间,同一地区内也可互动交流。例如,威海市在不同区市设立不同试点,这些试点之间就可以交流学习,不同试点没有固定的模式,只有最适合自身的制度。

(二)健全基本制度,出台积极政策

1. 理顺政府与社区关系,明确人事管理制度。政府与社区之间应定位于"指导与监督"的关系,换句话说,社区不是政府管理系统的子系统。社区在基层民主自治权限内完成自身职责,若政府向社区转移社会性职能,也应附带转移相应的权力与利益,并且健全基本制度,保障机制有效运转,避免出现各自为政,浪费资源。

2. 明晰社区建设规划。[①] 城市养老服务体系建设要以居家为核心，以社区为立足点，以养老机构为辅助，形成政府主导与市场化运作有机互补的全民参与的社会养老服务体系。

3. 完善民主监督考评制度。一方面是来自政府、社区、养老机构自身的监督考核与反馈评估；另一方面是来自民众的监督评价，使养老建设符合民意。

4. 吸引民间资本与老人经济救济相结合。在出台鼓励民间资本参与养老服务事业建设的同时，也要注重空巢老人自身经济状况的救济，提高老年人经济支持力。例如，威海市不仅出台了有关鼓励社会力量参与社会养老服务的政策，而且还针对老年人群体出台了一些优待政策，注重对老年人财产安全等权益的保护，并且政府也广泛开展敬老、爱老、助老活动，把爱心送到老人面前，让“空巢”变“暖巢”。这样，在养老财力满足养老建设需求的情况下，空巢老人自身的经济也得到改善，在一定程度上缓解了养老服务业的压力。同样的资金，不同的分配利用，发挥的效果也不同。

(三)深化经济体制改革，缓解子女承受压力

随着我国社会主义市场经济的和谐发展，子女工作环境与父母居住环境的分离将成为普遍存在的现象，并且由于计划生育政策的影响，在“老龄化”与“空巢化”的夹攻下，子女不仅在赡养老人问题上力不从心，而且还在承担自身工作、生活压力方面需要父母倒贴。深化经济体制改革，缓解子女方面的生存压力，从长远上看，有利于实现健康老龄化和积极老龄化。[②]

除此之外，城市养老服务体系在建设方面还需要更多的探索，比如，政府养老与市场化养老的调整等，同时还需要整合各方资源，借鉴其他地区的经验。养老模式的转变是个渐进的过程，需要切合实际，与时俱进。

（指导教师：孙克）

---

① 参见刘雪丹、李秀峰:《城市空巢老人情感需要问题研究》,《社会学研究》2012 年第 7 期。

② 参见吴兰花等:《空巢老人的生存质量及影响因素》,《中国健康心理学杂志》2012 年第 10 期。

大学生安全自治:加强大学校园安全管理新路径

胡炳臣[1]

我国自 20 世纪 90 年代高校扩招以来,高等院校的招生规模迅速扩大。根据教育部相关数据显示,1990 年高校录取人数在 60 万人左右,到 2000 年时录取人数已达 180 万人,整整增加了 2 倍。而在 2007 年,高校计划招生已达 567 万人,与 3 年前报考人数极其接近,但是录取比例约为 2∶1。到 2009 年,全国普通教育高校本专科计划招生为 629 万人,历史上首次突破 600 万人大关。这种爆炸式的增长,使得高等教育迅速普及化、大众化,却也伴随着严重的问题。首先,办学规模与质量、旧的结构和新的模式、学校资源和人数引发的矛盾变得日益激烈;同时,我国社会正处于转型期间,基于全球化的影响,多元的文化观、价值观使得新生代的青年更加有思想、有个性,叛逆心理严重,传统的教学管理模式已不能适应时代发展的需求。校园伤害事件日益增多,校园安全岌岌可危,不仅给学生家庭带来了伤害,而且还给学校带来了沉重的经济负担。那么,如何构建和谐新校园,提升教学质量,保证大学生安全,成为了困扰着许多高校发展的头等大事。

套用中国的一句成语:解铃还需系铃人。笔者认为,要想从根本上解决大学生的安全问题,还需要依靠大学生自己。大学管理相对松散,大学校园人群又相对密集,大学生个性相对张扬随意,学校管理不可能面面俱到,因此,依靠学校必然会有巨大的安全漏洞,不能做到防患于未然。而大学生的认知水平、组织管理能力较强,大学中有各种各样的学生自治组织,因此,笔者认为,发挥大学生自治组织的作用,成立大学生安全自治组织,让大学生进行自我管理、自我服务、自我救助、自我保护,实现群防群治,是解决大学生安全问题的新思路。

一、大学生安全自治的必要性和可行性的理论分析

随着校园安全事故的不断发生,教育部曾发出通知,要求各级行政部门和学校要切实把安全工作重心转移到预防上来。因此,如何结合当地实际,认真分析本校可能存在和发生安全事故的土壤,制定具体措施,真正把安全工作的重心转移到预防上来,成为学

---

[1]法学院 2012 级法学专业。

校各项工作的首要任务。高校安全事故具有普遍性、广泛性、复杂性、不特定性等几个特点,而现行的大学教学结构决定了其管理模式很难再有新的改进和大的变革。想要通过增强校方管理机制来改善大学生的安全问题是一个投入成本高、实际效益低、具体操作困难的路径,因此,笔者认为,我们应当发散思维,转换思路,将大学生的安全交给大学生自己,让他们对自己负责,实行大学生安全自治。接下来,我们一起探讨一下其必要性和可行性。

(一)高校现行管理模式存在的缺陷

在关于对高校现行安全管理模式的满意度进行问卷调查时(见图1),有70%的家长和学生认为,现行安全管理模式不能很好地保护大学生的权益,对现行的管理模式和自己孩子的安全表现出了担忧。同时,在其中原因的调查中(见图2),我们可以清晰地看出,原因主要集中在大学模式所限,大学生个性张扬、自主性强,学校管理机能弱化三个方面。

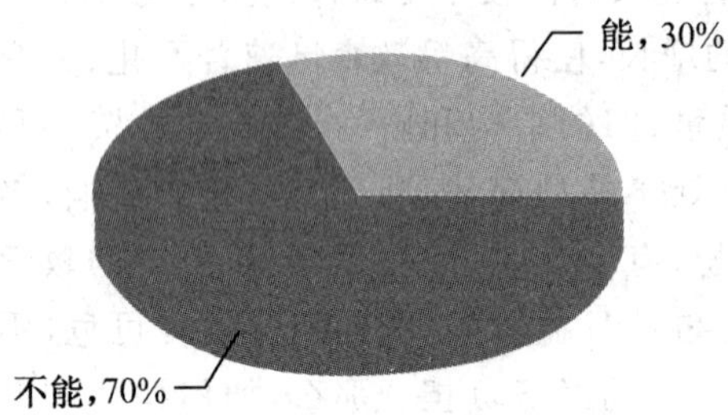

图1　现行管理模式能否保护大学生的权益调查

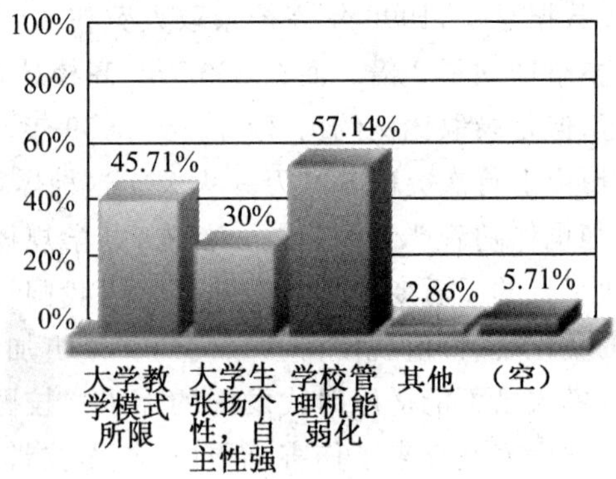

图2　现行管理模式不能很好地保护大学生权益的原因调查

1. 老师以代课为主,缺乏对学生日常生活、心理的关注

中国大学的现行管理模式多为辅导员制度。辅导员是在高校党委领导下司职学生政治思想教育,班级建设与管理和学生事务协调与服务的教师,是大学生学习成长的"人生导师"和"政治领路人"。辅导员制度是受西方开放式管理影响,符合新时代要求,适于大学生全面发展的一种制度。[①] 大学中的每个班级不再有类似于高中班主任角色的常设性职务,通常是多个班级(一般是一个专业或者一个学院)设有一名辅导员。其他代课老师,正如其名,只是代课而已。关于"大学的老师只是负责上课,上完课就走"的说法,虽然有些夸张,但确实反映出了大学代课老师与中学时期老师的区别。因为学生太多,老师在上课之前可能都不知道自己是给哪个班级上课,只需要到指定的教室,在指定的时间内完成自己的教学任务即可。如果学生不够主动,可能一个学期下来,师生之间都不会有什么交往。因此,对大学生日常成长负责的人,也就是辅导员一人而已。由此看出,

① 参见张立兴:《高校辅导员制度的沿革进程考察》,《思想理论教育导刊》2009年第4期。

即使在最理想的情况下，我们的辅导员非常爱岗敬业，视每个学生如子女，也终究分身乏术，不可能真正深入关注到每个学生的日常生活和心理。如此看来，师生之间是严重缺乏交流的，这虽然在一定程度上符合大学生自主学习、开放式管理的要求，但同时也会导致学校不能及时、全面地了解学生信息，对于一些可能突发的、具体的、隐晦的安全隐患，不能及时预防和避免。

2. 学校多为开放式，出入自由，外来不安定因素多

由于大学校园基本都允许自由进出，以致外来人员进入学校侵害学生权益的事件屡见不鲜。学校保卫处很难辨别危险人物，而危险事故又往往发生于周末或者假期中，多数老师不在学校，因此，对于危险，学校很难及时提供保护和救治。

3. 管理较为松散，学生拥有较多自由，自身不稳定因素很多

开放式管理是当今大学的一大特色，学生在学校的学习、生活拥有极大的自由。但是与此同时，过度的自由也带来了许多不稳定因素。大学生正处在价值观和人生观确立的关键阶段，而大学是大学生与社会进行接触的缓冲带。许多人在这个过程中迷失了自己，诱惑、挫折很有可能导致其误入歧途，自我颓废、自闭或者心理扭曲等问题滋生。一些人整天沉迷于网络游戏，无所事事；一些人变得沉默少言，宅在宿舍，不与人沟通；一些人在与同学交往中产生矛盾，积怨颇深，不能及时解决；一些人不能正视现实，活在自己的世界中，一旦遇到挫折，便灰心丧气，愤世嫉俗；甚至有些人已经游走在法律的边缘，自己还毫无察觉……这些问题如果不尽早发现，及时解决，随时可能会酿成恶果。而这些问题只有学生自己或者其身边的人（如舍友、朋友等）最为了解，学校老师很难提早采取有效措施，因此，学校对于这些隐患终究是鞭长莫及。

（二）高校学生能够进行自治管理

在关于对大学生在遇到伤害的解决方式的调查上（见图 3），我们可以看出，有将近80%的学生愿意自己解决或者求助于同学，很少愿意去找老师或学校寻求帮助。

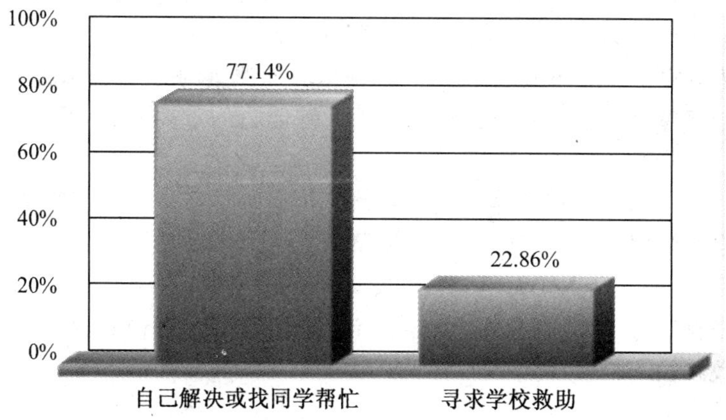

图 3　学生遇到伤害时的解决办法调查

1. 大学生自治的能动性

大学生群体普遍具有独立的意识,喜欢独立思考问题、解决问题,具有思维活跃、乐于并善于表现的特点。在很多情况下,他们已经不愿意完全固守传统,也不再是老师怎么说就怎么做的"乖孩子",每个人都有自己的想法,因此,旧有的保守的管理模式不再适合他们。应该充分发挥他们的主观能动性,在工作中引入学生自治管理模式,让他们尽情发挥自身才能,在实践中锻炼能力,收获自信。

2. 大学生自治的能力性

大学生基本都已经成年,已经具有法定的行为能力,心智和生理也基本发育成熟,拥有了一定的社会阅历。尤其是在互联网普及、信息大爆炸的今天,大学生大多接触社会较早,心智成熟,见识广泛,社会阅历相对过去的学生有很大的不同,因此,他们有足够的能力独立自主地解决问题,承担责任,进行自我管理,自我保护。

3. 大学生自治的客观必要性

大学是学生走向社会的一个缓冲带,学生在大学期间不仅要用知识武装自己,而且还要成熟起来,因此,他们必须在实践中磨炼自己。大学生自治是锻炼学生能力、提升自我素质的一个非常好的平台。此外,大学的自由环境和氛围,宽松的管理模式,也将促使学生介入学校管理之中,走到自我管理的路上。这些客观因素对大学生走向自治有重要的影响。①

(三)高校学生自治管理意义重大

1. 大学生自治管理是符合大学生自身特点的必然需求

第一,大学生的独立性强,有思想,有个性,这决定了他们必然不会安安分分地"听老师的话"。他们更愿意通过自己的能力去解决问题,也希望把自己的想法付诸实践,展现自我,实现自我价值。因此,自治符合他们的内在需求。第二,大学生正处于成长的黄金时期,对于知识和能力有着极大的需求。他们渴望自己能够在大学期间得到足够的锻炼,充实自己,为自己以后进入社会增加资本。因此,自治符合他们的外在需求。

2. 大学生自治管理是提高学生综合素质的主要渠道

大学是为国家培养高级人才的地方,在这里更加注重的是学生的全面发展。大学生自治是大学生将理论转化为实践、培养气质、锻炼能力的重要途径,是大学生适应社会、走向成熟的必经阶段。

3. 大学生自治管理是解决学生安全问题的新途径

大学生自治管理已经逐渐成为大学校园的主旋律。既然学校在安全管理上存在其不可避免的缺陷,何不尝试让大学生参与安全管理,让他们进行安全自治呢?笔者认为,以大学生安全自治为主,学校管理为辅,二者相辅相成的管理模式也许是解决大学生安全问题的有效路径。

① 参见陶行知:《学生自治问题之研究》,《新教育》1919年第2期。

二、对比现行学校安全管理组织的具体分析——以山东大学(威海)为例

(一)保卫处

山东大学(威海)保卫处由校卫队、交通与车辆管理科、综合科和治安科构成。其中，校卫队的主要职能是维护校园整体秩序，具体表现为保安队巡逻等，防范来自校外、校内的伤害，对保护学生的生命和财产安全具有重要的作用。交通与车辆管理科主要负责校内机动车辆管理、交通安全法规宣传、车辆驾驶员培训、校内车辆通行证核发工作，在校门口及学校的交通干道可以看到相关管理人员的身影。综合科的工作职能是户籍迁移、身份证办理、信访接待、网络安全、监督检查。综合科的工作主要在办公室内完成，在日常生活中学生几乎感受不到他们在发挥作用。治安科的主要职能是校园内的案件受理，消防管理，技术防范，流动暂住人口、商业摊点、商业广告管理。治安科的工作也基本不为学生所知，但他们对学生安全的维护却无时无刻不存在着。

保卫处的人员构成全部为高校的行政人员，几乎与学生无任何直接的联系，他们的工作不为广大学生所知，职能的履行和决策的作出也几乎完全与学生自身的意愿脱节。学生们在遭遇到重大的危害安全利益的事件时，一般不会想到寻求保卫处的帮助。

(二)后勤管理处

后勤管理处虽然不直接负责学生的安全工作，但往往是学校餐饮、水电、建筑、园林安全问题的源起，也通常是此类问题的最终解决机构，所以笔者在此将其列入分析单位。后勤管理处不仅要为学生的学习和生活提供后勤保障，而且还要不断监督反思自身的后勤管理质量。在校园某些安全问题的解决中，后勤管理处起着不可忽视的重要作用。

后勤管理处的人员构成全部为高校的行政管理人员，广义上也包括短期的外来务工人员，学生完全没有参与到后勤管理处的决策中来。在某些工作岗位上，虽然也有一些学生因勤工俭学会作为工作人员协助工作，但都是一些无关紧要的杂活，并不会对后勤管理处在学生安全管理方面的工作起到任何作用。

(三)学生工作处

学生工作处与保卫处、后勤管理处一样，是学校的基本行政管理机构之一。它由6个部门构成，其中，心理指导中心和公寓管理中心具有保护学生安全的职能和作用。

首先，心理指导中心的主要职能是开设学校心理学通选课程、向学生宣传心理疏导知识、为学生提供心理咨询服务。心理指导中心下辖有学生自治组织学生心理工作站，其主要职能是负责对各班级心理委员进行培训和管理，但该培训和管理趋于形式化，班级心理委员也不会因此对班级同学的心理状况起到任何疏导作用。心理工作站的职能单一，无创新性，其没有对学生的心理状况进行调查统计并向心理指导中心传达，提供有效的建议和意见。

其次,公寓管理中心的职能是学生公寓安全保障、学生公寓秩序管理、学生公寓物资配置、学生公寓成绩统计。由于公寓管理中心的工作与学生的生活起居密切相关,因此,学生能够时刻感受到公寓管理中心的作用,遇到问题时也会向公寓管理委员会进行反映和建议。公寓管理中心下辖有学生自治管理组织公寓管理委员会,主要职责是学生宿舍卫生成绩的统计评比和开展丰富学生住宿生活的娱乐性活动。虽然公寓管理委员会的职能设定里并没有保护学生的安全,但平时其成员会在公寓的宣传栏里普及一些公寓安全知识,故学生遇到安全问题时也会想到通过宿舍的学生管理人员反馈给公寓管理委员会,进而反馈给公寓管理中心进行解决。

由此可见,心理指导中心和公寓管理中心都有下辖的学生自治组织,但组织的自治权弱化,有关安全职能方面设定不合理,无法切实向学校反映学生自身的安全利益诉求,维护学生自身的安全利益。

(四)学生会

现今高校学生会一般分为校学生会和院学生会,两种不同的学生会在学生安全自治管理方面的职能设定和所起的作用各不相同。

以山东大学(威海)为例,校学生会下辖有专门的生活权益部门来对学生利益进行维护。生活权益部门在安全管理和权益维护方面的活动有日常食堂检查、"3·15"维权日、"校长有约""处长下午茶"。日常食堂检查是校学生会定期对食堂窗口进行表面清查,不定期搜集学生对于各大食堂的建议和评价。而事实上,在学生的权益受到食堂窗口的侵害时,校学生会是无所作为的。"校长有约"与"处长下午茶"活动虽然构建了学校领导与学生之间的沟通桥梁,但参与此活动的一般是各个学院院学生会的领导层,无法代表广大学生,无法提出最真实的意见和建议。就笔者的亲身经历和之前的社会调查经验来看,校学生会的生活权益部门更趋于形式化,作为"清水衙门"任务轻松,并没有切实保护到同学们的安全利益。

学生会里除了1～2名指导老师以外,其余全部是学生,具有极强的学生自主性,但学生会的职能侧重于学习和娱乐方面,对学生安全权益保护并不重视。

综上,现行的高校学生安全管理机制不能全面切实维护好学生的安全。保卫处、后勤保障处对学生安全起着最基础的作用,但学生全程没有参与组织的决策和执行,其工作与学生的意愿脱节;学生工作处的心理指导中心和公寓管理中心对学生安全具有不可忽视的作用,其运行虽有学生参与,但学生并没有直接参与决策的制定,而是仅仅作为执行者辅助这两个行政机构;学生会作为最典型的学生自治组织,具有极强的学生自治性质,但大多数学生会工作繁忙,侧重点主要在学生的学习和娱乐方面,对学生的安全管理方面无暇顾及。因此,成立大学生安全自治组织显得尤为重要。

三、结　语

大学生安全自治是适应时代发展、符合大学生要求、具有实际可操作性的新思路。在前期工作中,我们以普及安全知识、收集学生反馈信息、解决学生在学校内发生的安全问题、创建和谐校园为主要工作。在学校的帮助下，争取在校园内建立起安全自治体系，并不断完善自身，扩大影响力；到中期，当组织发展到一定程度时，我们可以把范围扩展到学校周边，通过与消费者权益保护协会、劳动局等部门联系，建立起与其的合作关系，对于学生平时外出时遭遇到的人身或者财产安全侵害，为他们提供申诉渠道和法律帮助，保护其合法权益。最后，笔者希望有朝一日，每个学校都建立起安全自治组织，全国高校之间组成大学生安全自治联盟，并得到社会组织以及国家相关政策的支持，最终形成国家支持、社会保护、学校管理、大学生自治的四位一体的保护体系，给予大学生更全面、更广泛的保护，让大学生安全问题得到真正的解决。

参考文献

[1]谭晓玉：《学生人身伤害事故研究》，中国人民公安大学出版社 2005 年版。

[2]张文山等：《自治权理论与自治条例研究》，法律出版社 2005 年版。

[3]梁燕云：《高校学生安全管理分析及其法治建设对策研究》，《中山大学学报论丛》2006 年第 8 期。

[4]陈华：《中国近现代学校中的学生自治》，《教育理论与实践》2010 年第 10 期。

[5]金国：《中国近代高校学生管理中的“自治”与“他治”述评》，《高校教育管理》2013 年第 2 期。

[6]马超：《西方大学学生自治的嬗变及启示》，《比较教育研究》2006 年第 8 期。

[7]祁占勇：《高等学校学生自治的权利边界与法律保障》，《高等教育研究》2012 年第 3 期。

[8]徐元红：《论社会转型期高校学生自治的拓展》，《教育探索》2006 年第 9 期。

（指导教师：孙光宁）

高校餐厅工作人员子女义务支教模式探寻

——基于对餐厅工作人员子女课余生活困境的研究

李燕华[1]

自1999年以来，高校后勤社会化改革在全国各大高校陆续展开，使高校后勤行政成本大幅削减，但同时，一些弊端也日益显露。高校餐厅工作人员及其家庭作为城镇化与高校后勤社会化双重影响下的一类弱势群体，其权利得不到有效保障。

一、高校餐厅工作人员子女课后生活现状的调查

为了了解高校餐厅工作人员子女的课后生活现状，科研团队以山东大学(威海)餐厅工作人员中的外来务工人员家庭为抽样总体，将研究对象选为1～5年级在读小学生，共选取15组符合要求的餐厅工作人员家庭，通过深度访谈等形式探索高校餐厅工作人员子女的课余生活现状。经过数十次访谈，科研团队对于高校餐厅工作人员子女的课余生活现状有了初步的了解。

1. 课余活动的空间相对狭小

科研团队对高校餐厅工作人员子女对于课余活动的地点的选择的调查结果显示，其课余时间大多在自己家中或者在父母工作单位，活动范围与空间相对狭小。当被问及"假期是否会陪孩子出游"时，大多数高校后勤员工家庭表示"放假了会带着孩子回老家，不然就送孩子去假期辅导班，自己打打零工"，还有家庭表示"可能会在周边逛逛，不会远出"。由于经济条件与时间的限制，餐厅工作人员子女的课余活动范围局限于家庭与父母工作单位附近，外出旅行接触社会新鲜事物的机会少之又少。

2. 课余时间存在安全隐患

科研团队在对被调查对象进行访谈时发现，其子女在课余时间存在诸多安全隐患。其一，餐厅工作人员子女上下学大多为自己一人，无人接送，其上、下学途中的安全问题得不到保障。在被问及"是否会陪伴孩子上、下学"时，高校餐厅工作人员表示"我们在餐厅工作的人，孩子上、下学的时候正好是打饭高峰期，无法去陪孩子"，还有的家庭表示

---

[1]法学院2012级行政管理专业。

“学校离家不远，不用专门接送”。其二，餐厅工作人员子女放学后脱离家长监管，容易去危险场所，低年级的餐厅工作人员子女表现得更为突出。

3. 课业压力大

新世纪基础教育课程改革的实施，使各中小学设定的课程种类繁多，课程难度与深度加大，餐厅工作人员子女由于其成长环境的特殊性导致知识积累与城市同龄人相比较少，对课程的学习更为困难。同时，各类特长班、辅导班的出现，使高校餐厅工作人员将子女送去辅导班的愿望更加强烈。自身繁杂的课程学习加上各色辅导班的压力，对餐厅工作人员子女学业的进步以及个性的发展都将产生消极影响。

4. 拒绝主动与他人交流，性格孤僻，外部适应能力不强

科研团队在与餐厅工作人员子女的接触中发现，他们大多沉默寡言，极少主动与外界进行交流沟通。当科研团队成员试图接近时，他们会出现紧张、畏惧、逃避等行为。同时，他们的活动范围相对较小，社交圈子比较固定，与周围新鲜事物的接触较少，在融入城市的过程中也会遇到一些难题，对于城市文化的认同感偏低，在大多数情况下与周围事物格格不入。

二、传统讨论中高校餐厅工作人员子女的课余生活困境的突破点

(一)各普通高校应更加注重学校后勤团队的发展与稳定

高校餐厅工作人员用自己的辛勤劳动和无私奉献为高校师生提供了优质的服务，而子女的健康成长、家庭的稳定与和谐是他们认真踏实工作的前提。后勤管理处工作繁杂且工作量大，其性质偏向于管理控制而非引导服务，因而很难关注到每一个餐厅工作人员及其家庭；同时，上下级之间的沟通倾向于自上而下的命令而非自下而上的对底层需求的反映。在这种模式下，高校后勤职工家庭得不到足够的关注，他们的需求得不到及时而有效的反映。因此，各普通高校后勤部门应在更大程度上转变“硬管理”模式，用更加亲切与积极的态度倾听基层后勤职工家庭的需求，及时解决他们在生活和学习上的困难，促进高校后勤团队和谐、稳定地发展。

(二)基层政府应进一步落实对外来务工人员及其家庭的权利保障工作

“要使外来务工人员更好、更快、和谐地融入城市，生活保障是基础，稳定和谐是重点，制度创新是难点，和谐共建是目标。”①外来务工人员为城市的发展进步做出了不可磨灭的贡献，其有权利平等享受城市发展带来的成果，不应被当作“城市边缘人”受到歧视。基层政府应尝试将外来务工人员及其家庭纳入城市的公共服务体系之中，给予其平等的福利待遇，为其子女的教育与健康成长提供有力的政策支撑，避免餐厅工作人员子女在生活与学习中受到歧视，努力使其融入城市生活，与城市儿童共同成长。

---

① 俞燕锋：《外来务工人员生存现状与基层政府管理研究——对嘉兴市外来务工人员生存状况的调查与思考》，《中共浙江省委党校学报》2007年第2期。

(三)餐厅工作人员子女所就读的学校应更加关注其身体与心灵的健康发展

外来务工人员子女的教育问题一直是社会关注的热点,近几年来,社会各界对其心理健康问题的关注和讨论越来越多。无论是公办学校还是私立学校的基层教育者,都应平等对待外来务工人员子女,不能对其冷落、歧视。在课余时间应增加与外来务工人员子女的交流沟通,倾听其心声,了解其困难;定期与其父母进行沟通,掌握其在校内、校外的生活状况;鼓励其参加各种团体活动,使其更好地融入集体,享受城市生活。

三、发散思维,创新问题解决方式:高校学生志愿团体义务支教活动的创办

(一)“餐厅工作人员子女义务支教活动”提出背景

科研团队发现,餐厅工作人员子女在下课后缺乏必要的看护,于是考虑寻找一个妥善的方法解决这个问题。科研团队成员均为山东大学(威海)法学院青年志愿者协会成员,经与指导老师商议,青年志愿者协会全体成员大会讨论,由校青年志愿者协会批准,山东大学(威海)法学院青年志愿者协会正式开展“餐厅工作人员子女义务支教活动”。

(二)“餐厅工作人员子女义务支教活动”的性质和目的

“餐厅工作人员子女义务支教活动”属于高校学生志愿团体义务支教活动。活动的目的首先是保障餐厅工作人员子女放学后的安全,消除后勤工作人员的后顾之忧;其次是为餐厅工作人员子女提供力所能及的帮助,给予其需要的陪伴和引导,提升其学习、社交与独立生活的能力,让外来务工家庭的高校餐厅工作人员子女更好地融入城市生活;最后是让当代大学生在义务支教活动中,了解普通高校餐厅工作人员子女的生活,丰富自己的内心世界和认知思考能力,真正学会去关爱和理解他人。最终目标是实现餐厅工作人员子女、后勤家庭与志愿者的“三赢”;实现后勤家庭的稳定,餐厅工作人员子女与大学生的共同成长以及普通高校的和谐稳定发展的“大三赢”。

(三)“餐厅工作人员子女义务支教活动”的流程与内容

“餐厅工作人员子女义务支教活动”由山东大学(威海)法学院青年志愿者协会带头启动,通过在全校范围内征集大学生志愿者对餐厅工作人员子女进行课程辅导。义务支教活动每周开展一次,通常情况下为每周六下午,每次义务支教时间为2～3个小时,地点为青年志愿者协会申请的具体教室,主要辅导内容为1～5年级基本课程(见表1)。

“餐厅工作人员子女义务支教活动”的具体流程如图1所示。

确定活动流程及相关细节⟶制定《安全协议书》⟶寻找支教对象⟶签订《安全协议书》,确定合作关系⟶招募志愿者⟶志愿者培训⟶支教开始仪式“破冰之旅”⟶支教活动正式开展⟶中期志愿者经验交流会⟶支教活动结束

图1 “餐厅工作人员子女义务支教活动”流程图

表 1 “餐厅工作人员子女义务支教活动”辅导内容

	语文	数学	英语	音乐	美术	手工	科学实践
1～2 年级	√	√		√	√	√	
3～5 年级	√	√	√				√

注：√表示侧重于辅导此科目。

（四）“餐厅工作人员子女义务支教活动”的成果

“餐厅工作人员子女义务支教活动”自 2013 年 4 月份启动，面向全校招募志愿者，迄今为止，已经成功举办了两期支教活动，取得了丰硕的成果。其中参与法学院青年志愿者协会义务支教的后勤家庭共有 16 个，餐厅工作人员子女共 17 人，参与支教的志愿者共 51 人，分别来自山东大学（威海）法学院、商学院、海洋学院、翻译学院、文化传播学院、数学院 6 个学院。

1. 餐厅工作人员子女课余孤独无依的状况得到缓解，性格逐渐开朗

通过义务支教活动，山东大学（威海）餐厅工作人员子女接触到了更多的人，认识了更多的新鲜事物，增长了知识，开阔了视野。支教活动为同是山东大学（威海）的餐厅工作人员子女相互认识、相互了解和共同成长提供了一个有力的平台，使得他们通过交流成为朋友，对其人际交往能力的拓展有着积极作用；同时，相关课程的辅导与课外知识的教授拓宽了他们的视野，使其学习得到提升。

2. 后勤家庭的负担得以减轻

科研团队对参加过支教活动的后勤家庭进行了事后走访，大多数后勤家庭对支教活动表示满意。另外，有后勤家庭表示，义务支教活动为其省去子女周末上辅导班的费用，为其节省了部分生活开支。

3. 志愿者在支教过程中积累了经验，提升了自身素质，同时学会了去理解、关爱他人

“90 后”被认为是不懂得关心他人的一代人，在照顾他人方面普遍缺乏经验。通过“餐厅工作人员子女义务支教活动”，大学生志愿者与作为“城市边缘人”的高校餐厅工作人员子女零距离接触，了解他们的成长经历与生活环境，使自己培养了细心、耐心的品格，更加懂得如何关心爱护他人。

（五）“餐厅工作人员子女义务支教活动”的不足

1. 志愿者队伍缺乏专业性，个别志愿者素质不高

“餐厅工作人员子女义务支教活动”的志愿者全部为山东大学（威海）在校本科生（多为一年级与二年级学生）。与经过严格培训的志愿者不同，大学本科生课业繁重，社会经验少，缺乏志愿服务经历，与支教对象的交流沟通缺乏技巧。科研团队在支教活动现场以及与餐厅工作人员的访谈中发现，志愿者普遍存在着不专业的问题，如缺乏与支教对象交流沟通的技巧，支教动机多含功利性成分以及在支教活动过程中过于随意。

2. 参与支教的后勤家庭不配合

科研团队发现，部分后勤家庭在支教活动之初就拒绝继续参与或者在活动进行中期退

出。原因之一是对志愿者团队的不信任,对支教中子女的安全问题存在后顾之忧。这说明,大学生志愿者组织作为一个公益性社团,还没有完全被社会认同。原因之二是后勤家庭单方面违背《安全协议书》,无理由退出支教活动,使得支教活动的顺利进行受到影响。

3. 义务支教活动的时间受到限制

大学生志愿者的首要身份是学生,首要任务是专业知识的学习。对于课程繁忙的大学生志愿者来说,只能在周末或者假期进行义务支教活动,这使得集体活动的时间只能安排在周末或假期。

4. 义务支教活动未制定正式的规章制度

“餐厅工作人员子女义务支教活动”究其性质而言属于志愿性活动,且处于创办初期,因此尚未制定正式的规章制度。

三、对于“餐厅工作人员子女义务支教模式”的进一步探讨分析

(一)餐厅工作人员子女义务支教与社会辅导机构

作为高校餐厅工作人员子女课余生活的两种选择,义务支教活动与社会上的辅导机构的管理各有利弊。就义务支教活动而言,它具有以下优点:(1)不产生费用。“餐厅工作人员子女义务支教活动”属于志愿活动,大学生志愿者不获得报酬。(2)方便安全。支教地点紧靠餐厅工作人员工作地点,餐厅工作人员子女有专门志愿者接送,降低了途中出现安全问题的概率。(3)支教模式采用一对一辅导,以在最大程度上照顾到每个支教对象。

(二)“餐厅工作人员子女义务支教模式”的管理与优化

1. 支教时间的常态化

现阶段义务支教活动的时间为每个周末,通常情况下为每周六下午。由于在具体时间上存在着部分不确定性,为志愿者以及餐厅工作人员子女的日程安排带来了不便。以后会制定相应的规章制度,确保支教时间的准确性。同时,有部分后勤家庭反映,目前每周一次的支教频次过少,以后可以考虑增加每周支教的次数,更好地促进餐厅工作人员子女的健康成长。

2. 支教地点的固定化

现阶段的义务支教活动没有专门的教室,已举办的两期支教活动的地点均为临时申请的无课教室。没有专门的支教教室制约了下一步支教活动规模的扩大与形式的正规化。在下一步的发展中,团队拟与山东大学(威海)后勤管理处进行协商,力求为“餐厅工作人员子女义务支教活动”开辟专门教室,更好地为其进行服务。

3. 支教内容的丰富化

现阶段义务支教活动的主要内容为小学1~5年级的课程辅导,对于特长辅导的内容未作过多涉及。应部分后勤职工家庭的要求,支教活动下一步拟招募在钢琴、舞蹈等方面有特殊技能的志愿者,为有兴趣学习特长的餐厅工作人员子女提供帮助。

(三)“餐厅工作人员子女义务支教活动”的推广与应用

山东大学(威海)法学院青年志愿者协会“餐厅工作人员子女义务支教活动”的成功举办引起了校青年志愿者总会以及各学院青年志愿者协会的关注,支教活动第一期结束之后,山东大学(威海)商学院、机电与信息工程学院等也相继举办了义务支教活动。“餐厅工作人员子女义务支教模式”作为解决普通高校餐厅工作人员子女课余生活困境的有效途径之一,为山东大学(威海)餐厅工作人员及其子女带来了巨大便利。此模式可在其他高校推广与应用,为更多的普通高校后勤家庭带去帮助。

四、结　语

本科研团队在半年多的调研时间里,通过对山东大学(威海)餐厅工作人员家庭的实地调研和访谈,结合高校餐厅工作人员子女课余生活的现状提出了本团队关于解决餐厅工作人员子女课余生活困境的方案,并联合山东大学(威海)法学院青年志愿者协会共同开创“餐厅工作人员子女义务支教活动”。但是我们也应该看到,当前要通过这种模式快速改变餐厅工作人员子女课余生活的困境是不现实的,后勤职工家庭的权利保障问题的解决不是一蹴而就的,而是一个循序渐进的过程。无论是以上哪种方式,都无法彻底摆脱餐厅工作人员子女的困境,我们所能做的就是尝试联合多方力量,为他们编织一张从家庭到学校再到社会的安全网,为其健康快乐成长提供条件。

参考文献

[1]李连江:《高校后勤社会化之路——全国高师后勤工作论文集》第2卷,北京师范大学出版社2006年版。

[2]施德东:《高校后勤企业品牌经营与文化管理》,中国社会科学出版社2009年版。

[3]费孝通:《乡土中国　生育制度》,北京大学出版社1998年版。

[4]俞燕锋:《外来务工人员生存现状与基层政府管理研究——对嘉兴市外来务工人员生存状况的调查与思考》,《中共浙江省委党校学报》2007年第2期。

[5]刘湘玉:《普通高校后勤管理研究》,南京大学出版社2006年版。

[6]华淑芳等:《高校后勤社会化与外来务工人员权益保障》,《高等工程教育研究》2007年S1期。

[7]王秀梅:《进城农民工子女课余生活研究》,安徽师范大学硕士学位论文,2011年。

[8]李泽宇:《我国基础教育课程改革的适切性研究》,东北师范大学博士学位论文,2010年。

[9]袁霞:《试论家庭教育与青少年社会化》,《经济与社会发展》2006年第12期。

[10]朱天慧等:《辅导班火爆成因:社会学视域下的思考》,《河南科技学院学报》2011年第6期。

(指导教师:刘培茜)

高校创业孵化园政策的分析

——以山东大学(威海)为例

丁爱双[1]

2013 年在网络上被戏称为“最难就业年”。据报道,2013 年高校毕业生高达 699 万,是中华人民共和国成立以来大学毕业生最多的一年;而与此同时,经济增速下降,结构性矛盾突出,导致招聘岗位数量下降,使得很多高校毕业生难以找到自己理想的工作,甚至有的人找不到工作。这导致 2013 年成为“史上最难就业年”。据统计,2014 年,我国高校毕业生总数将达 727 万,相比 2013 年增加了 28 万,就业难度更大,被称作“更难就业年”。

2014 年“两会”期间,传递出了很多鼓励年轻人创业的积极信号。党的十八大报告也提出:“要引导劳动者转变就业观念,鼓励多渠道多形式创业,要以就业带动创业。”通过查阅文献我们发现,到目前为止,针对大学生创业的各方面的研究已经很全面、很丰富,包括大学生创业方面的研究,如了解大学生创业的意愿、动机、阻碍、困境等;大学生创业政策方面的研究,如创业政策对大学生创业意愿的影响、大学生创业政策分析等;大学生创业孵化园方面的研究,如高校创业孵化园的现状分析与发展对策、高职院校创业孵化园建设的思考等。但是,这些研究包含的范围都太大,不适合山东大学(威海)。为了更有针对性地促进山东大学(威海)大学生创业,我们科研立项小组从影响大学生创业的众多要素中,挑选出了一个因素——学校政策,来研究如何在政策方面促进大学生创业。本次科研立项活动以山东大学(威海)为例,主要针对学校政策——联通未来青春创业孵化园展开研究,通过深入、全面地了解创业孵化园,分析其现状、制约发展的因素、作用以及效果评价,找出学校不能为大部分同学提供创业机会的问题所在,针对问题寻求答案,为学校的有关部门提出意见和建议,从而更好地促进山东大学(威海)大学生自主创业。

[1] 法学院 2012 级社会工作专业。

一、研究对象与方法

(一)研究对象

我们这次科研立项的研究对象主要分为三部分:大学一年级新生、大学二年级以及以上学生、创业孵化园参与创业的学生。通过调查,了解他们对创业孵化园现状的了解程度、对创业孵化园的使用情况和效果评价,找出大学生创业存在的问题,并提出解决办法。

(二)研究方法

本次研究综合使用了社会学中的定量研究方法和定性研究方法,通过多样的研究方法和研究角度对问题展开全面的探讨。

1. 文献回顾法

查阅文献资料,综合近年来关于大学生创业孵化园的研究内容,避免重复研究;查阅各省市各高校的大学生创业孵化园政策,整理有用的内容,留作以后参考。

2. 问卷调查法

本次调查研究共向3个群体发放了300份调查问卷。其中,大学一年级新生(入学一个多月)100份,大学二年级以及以上学生150份,创业孵化园创业学生50份。针对不同的调查对象,制作了两份调查问卷:已创业的大学生调查问卷和未创业的大学生调查问卷。通过对比两种问卷,分析研究我们的问题与结论。

3. 访谈法

运用访谈法分别对未创业大学生2位、已创业未入驻孵化园大学生2位、已创业且入驻孵化园企业4个、联通未来青春创业社社长1位、创业成功人士1位展开全面的采访。通过小组讨论得出详细的访谈提纲,运用简单问答的方式进行,在轻松的氛围里完成访谈。

二、山东大学(威海)联通未来青春创业孵化园及其价值体现

山东大学(威海)联通未来青春创业孵化园于2011年5月4日启动,是学校联合威海市团委、威海联通公司共同创建的校内大学生创业实践基地和创业教育基地。目的在于从创业政策、创业项目、创业实习基地、创业培训等几个方面对大学生创业项目给予扶持,有效地发挥孵化园对大学生创业的孵化器作用,帮助有创业梦想的学生实现自主创业。[①] 其价值主要体现在:

1. 缓解了大学生的就业压力。大学生创业在很大程度上缓解了就业的压力。大学

---

① 《联通未来青春创业孵化园简介》,山东大学(威海)大学生科技创新中心,http://csic.wh.sdu.edu.cn/news.jsp? aId=1584,访问日期:2014年2月25日。

生自主创业,不仅实现了自己的创业,从事了自己喜欢的职业,提高了自身的价值;[①]而且还有利于带动社会就业,帮助更多的人寻找到适合自己的工作岗位。[②]

2. 为社会提供较多的创新型人才。大学生创业孵化园的创立在一定程度上带动了大学生创业的积极性。通过创业,可磨炼大学生的意志,锻炼其拼搏、奋斗、不屈不挠的精神。企业也大多看中大学生在学校期间的实践经历,有创业经历的同学更能得到企业的青睐。

3. 为大学生以后走向社会创业奠定良好的基础。山东大学(威海)联通未来青春创业孵化园不仅给大学生提供免费的办公场地,而且还经常组织有经验的专家和老师与大学生交流,为大学生在创业过程中遇到的困难提供帮助以及对策、意见和建议。大学期间的创业不仅有利于大学生积累创业经验,为走向社会的创业奠定基础,打破大学生在面临社会创业时"零基础"的困境,而且还可以在很大程度上提高走向社会后创业成功的可能性。

4. 大学生创业孵化园使创业企业集中在一栋楼上,这样,相类似的企业可以相互借鉴彼此的经验,相互帮助。从别的创业同学那里学到的经验肯定比学校指导老师提供的要实用得多,这样,也有助于创业的成功。

5. 将产、学、研相结合,将理论和实践相结合。自主创业孵化园为大学生提供了一个实践平台,在这里,大学生可以将科技创新与产业技术联合起来,将自己学到的理论知识与实践结合起来。

三、山东大学(威海)大学生自主创业和联通未来青春创业孵化园存在的问题

(一)创业的积极性不高

在调查问卷分析中我们发现,大部分同学有创业的想法,而且大学一年级新生和大学二年级及以上同学中有创业想法的大学生所占比例接近。但是经过1~3年的时间,已经进行创业的大学生所占比例却未见增加。具体见表1。从联通未来青春创业社社长那里我们了解到,学校也给予了同学们创业的机会,只要同学们提交创业策划书,经过PPT展示后通过了老师的审核,并且能够在前期经营中盈利一段时间,学校就准予进入创业孵化园。但是,目前创业孵化园的团队数量只有十几支。可见,山东大学(威海)的大学生创业积极性并不高。

表1 大学生的创业想法

	大一新生	大学二年级及以上同学
完全没有	35%	34%
考虑过	63%	62.9%
现在已经进行创业	2%	3.1%

① 参见欧斌:《高校大学生创业孵化园建设策略研究》,《中国大学生就业》2013年第18期。

② 参见李旭东等:《大学生创业孵化园现状浅析》,《科学咨询》2010年第4期。

(二)经验和社会关系不足

在对影响大学生创业的最大阻碍调查中我们发现,被调查的3个群体的回答惊人地相似,都认为大学生创业最大的阻碍就是经验和社会关系不足。大一新生所占比重是55%,大学二年级及以上学生所占比重是50.5%,创业孵化园同学所占比重为42.5%。其次是缺乏资金支持,资金的支持力度不够是大学生创业的第二大阻碍。其中,大一新生所占比重为36%,大学二年级及以上学生所占比重为35.1%,而创业孵化园的同学也有37.5%表示了这一看法。具体见表2。可见,经验、社会关系和资金支持是我们下一步促进大学生自主创业需要提供的重要措施。

表2　　大学生创业最大障碍

	大一新生	大学二年级及以上同学	创业孵化园同学
资金不足,没有好的创业方向	36%	35.1%	37.5%
经验不足,缺乏社会关系	55%	50.5%	42.5%
想要继续学习深造	6%	11.3%	10%
亲人反对	3%	2.1%	5%
没有良好完善的政策支持	3%	1%	5%

(三)宣传力度不够

学校创业孵化园的宣传不足体现在两个方面:一是学校孵化园对本校扶持学生创业政策的宣传不到位,甚至许多同学完全不了解我校扶持大学生创业的有关政策。二是学校孵化园对园内入驻项目团队的品牌宣传不到位,使项目团队在创业期间面临着较大的推广压力和负担着较高的宣传成本。

在搜集资料期间,我们科研立项团队就发现了学校在孵化园政策的宣传方式上存在着诸多问题。就网络宣传方面来看,在山东大学(威海)"联通未来青春创业园"的孵化园网站(http://fhy.wh.sdu.edu.cn/default.jsp)上,其新闻、活动、通知等信息已经很久没有更新,甚至有些网页是废页。截至目前,"最新"消息停留在2012年。而在其新浪认证的官方微博(http://weibo.com/u/2720927383)上,"最新"的微博则是停留在了2013年11月26日,并且其微博内容大多数都为转发和@,内容老套,形式也不新颖,关注度亦是寥寥无几。至于校园内的宣传力度就更为薄弱了,校园内的任何广告橱窗内都没有孵化园的海报、展板之类的宣传。

而在我们科研立项做本次调查问卷时,该问题更为突出。大学一年级新生中,有72%的同学不知道学校里面有创业孵化园,更不清楚学校有什么创业类的机构。如果说大学一年级新生刚入学,不具有代表性的话,我们不妨看一下对大学二年级及以上同学的调查结果,有一半以上的同学表示不清楚学校的创业优惠政策,很清楚的同学少之又少(仅占6.2%)。具体见表3。学校的创业政策不明显,就导致学生对创业不重视。没有创业经历的同学,在社会这个比学校更复杂的世界里创业时,所面临的困境更大,成功的概率也就更低。

表3 大学生对于创业政策的了解程度

	大一新生	大学二年级及以上同学
很清楚	1%	6.2%
不清楚	72%	62.9%
听说过一些,没有系统地了解过	27%	30.9%

此外,在我们针对孵化园区内随机抽查的4个创业团队进行详细访谈时,有3个团队都提到了宣传力度不足的问题。项目的宣传都是靠自己来运作,广告成本增加了许多,而且广告受众群体较为单一,不利于业务的拓展。他们表达了希望学校孵化园多帮忙进行宣传的愿望。

(四)孵化园内的服务项目有待提高

在我们对孵化园内的团队进行访谈时,他们普遍提到的一点就是学校为他们提供场所,这一点对他们的创业帮助很大。但是他们也提到,孵化园对他们提供的服务不多。孵化园管理办法中对进驻孵化园企业的日常服务只有"入孵企业进驻孵化园2年内免收场地、办公场所租赁费用,第三年减免相关费用的50%,从第四年起按照相关费用足额收取;水电费、网费、固定电话费需创业团队自理""提供公共办公商务区,会议室、培训室等服务"。[①] 大学生创业本身起步资金就比较少,如果还需要花费一些资金在房间装修、办公用品等方面,这样就会分散他们的资金,使得实际用于主干业务的资金更少。

(五)学校对创业孵化园的资金支持力度不够

大学生自身所拥有的资金数量有限,极大可能承受不住创业的风险。学生的身份也导致大学生创业者与社会上的企业之间的联系较少,很难得到社会上的资金支持。同时,学生创业因为不了解社会形势,面临的风险较大,若资金调度不合理,有可能导致血本无归。加上很多学生对学校的贷款政策不了解,学校的贷款项目也不优惠,导致很多同学不敢贷款。

(六)创业课程不全面,缺少大学生自主创业相关顾问

学校虽然也开设了有关创业的课程,但选课人数不容乐观。原因有以下两方面:一方面,创业课程不具有权威性,对学生的吸引力相对较弱;[②]另一方面,与创业相关的课程过少,学生们的选择余地太小。创业课程若不能很好地抓住学生们的兴趣,将会失去其意义。而与其他高校孵化园相关创业政策中提供的服务相比,山东大学(威海)的孵化园政策缺少对创业学生进行相关课程的指导,课程内容单一,无法满足创业学生多方面、多层次的需求。除此之外,山东大学(威海)未设专门的创业顾问,学生在创业过程中遇到

① 《山东大学威海分校联通未来青春创业孵化园管理办法(草案)》,道客巴巴,http://www.doc88.com/p-490187204305.html,访问日期:2014年4月10日。

② 参见施永川等:《大学生创业教育面临的困境与对策》,《教育发展研究》2010年第21期。

的种种问题不能得到及时的解决，同时，更缺少对创业大学生的跟踪辅导。

（七）学校与企业合作少，学校为校园内的创业企业提供的支持不够

学校与威海市的企业合作和交流较少，学校内的创业企业大多面向同学们，毕业之后面对社会将会很难再坚持下去。

四、有效措施与建议

（一）提高大学生创业的积极性，引起大学生的创业兴趣

学校应定期邀请创业成功的校友回校开讲座，最好一周一次，然后组织学生轮流去听讲座。校友的创业经历在很大程度上能够引起同学们的共鸣，更具有借鉴意义。可以先给学生引入基本的创业概念，引起大家创业的兴趣，再引导其走上创业的道路。虽然有很多的同学并没有把创业的道路一直走下去，但是，创业的过程也在一定程度上锻炼了他们，也必然会带给他们意想不到的收获。

（二）学校应加强与威海市政府和企业的联系，做好学生创业的中介

经验和社会关系的不足也是导致大学生不敢创业或者创业失败的一个重要的原因。学校应该多与威海市政府和威海市的相关企业搞好合作，做好学生创业的中介。要引领学生的社会关系圈走出校园，同时，还要带着企业和政府的经验及社会关系走进校园，为同学们提供一定的渠道，让同学们打造包含社会和校园服务对象的企业，拓展他们创业的范围，增大受众面，让学校企业走向社会。

（三）学校要加强对创业孵化园的宣传力度

首先，孵化园要将其官方网站、微博之类的网络媒介充分运用起来。孵化园在运作时，可以向一些营销账号学习经验。同时，孵化园可以与校内的社团“山东大学（威海）微博协会”进行合作。此社团在如今热门的微博、微信等社交网络上都较为活跃，资讯更新及时，在山东大学（威海）同学之间具有较大的影响力。这样，孵化园可以不断提升自己的知名度。另外，学校可多举行几次校内支持创业的宣讲会，在校园范围内通过海报、展板等行式进行大力度的宣传。其次，孵化园对园区内入驻的创业团队也要给予宣传方面的帮助，减轻他们在宣传方面的负担，尽力帮助项目团队降低创业成本。此外，学校也要多向校外企业宣传本校孵化园，多与政府有关部门合作，真正做到“引进来”，吸引更多的企业来孵化园投资，为山东大学（威海）大学生创业提供更多的支持。

（四）增加孵化园的硬件设施

通过搜集其他高校创业孵化园的政策发现，他们为创业的大学生提供了很多免费的硬件设施，比如，免费提供常用办公设备，同时，免费为大学生办理创办企业需要的各类

证照,协助落实有关财税优惠政策。① 这些政策为创业的大学生提供了一个良好的环境,可以促进创业工作迅速开展。考虑到山东大学(威海)的具体情况,空调等大型办公用品学校可以不用提供,但是可以提供一些诸如打印机之类的设备,方便学生打印文件等。同时,学校还可以考虑减免创业企业的水电费用等,免费为学生提供网络,这样会给创业的学生带来很大的便利。

(五)提高创业者与校外企业的交流与合作,增强融资能力

首先,学校可以对通过考核的立项项目给予一定的资金资助、投资,同时提供融资贷款服务及负责企业申请政府购买、代理记账、税务代理服务;其次,学校可以为大学生自主创业提供小额担保贷款、微利项目贴息等,引导创业投资机构加大对大学生创业的支持力度。另外,学校还可以引进一些校外企业来孵化园参观交流,为创业大学生提供与校外企业合作的机会。

(六)加强创业课程辅导,提供多种形式的顾问服务

首先,提供财税政策、融资知识辅导、培训讲座等,以满足学生在创业过程中的多方面需求。其次,加强对创业者的心理辅导(如课程、面谈等形式)、创业实务课程培训及拓展训练,组织学生去创业成功的企业参观与学习及拓展训练。另外,可以外聘富有实战经验的企业家、知名院校的教授以及心理辅导员等专业人士,组成辅导顾问团,以解决大学生创业企业在创业不同阶段出现的问题。最后,创业的专职辅导员可由中心企业发展部人员担任,再根据学校创业政策的完善及相关机构(如创业指导中心)的建立,设置专门创业顾问中心,以对创业学生进行指导。

(七)学校要加强与威海市企业的联系

一方面,学校可以在学生创业之前为他们提供一些实习机会,让他们提前感受企业氛围,学习一些详细的公司运营管理的经验与方法,为自己的创业奠定基础;另一方面,学校可以通过企业给学生提供一些订单,增加他们的业务量,以帮助校内创业企业发展扩大,同时,还能使创业大学生学习到其他企业的经验,多方面提升自身企业的能力。

参考文献

[1]陈柯柯、宋杨:《基于高校层面谈大学生创业后孵化期可持续发展研究》,《文教资料》2013 年第 28 期。

[2]简红吉等:《浅析攀枝花市大学生科技创业孵化园现状、问题与对策》,《科技创业家》2013 年第 24 期。

(指导教师:张乐)

① 《复旦大学大学生创业园》,大学生创业网,http://www.studentboss.com/yuanqu/yqjj.php? id=17,访问日期:2014 年 4 月 9 日。

见危不救行为的法律规制

易芯[❶]

2009年湖北大学3名大学生因救人溺亡后渔夫绑尸要价事件[①]和2011年“小悦悦事件”[②]的披露，再度引发国人对立法惩治见危不救行为的讨论热潮。与2001年32位人大代表联名要求“见危不救”入刑的浩大声势相比，这次的讨论更多是在民间进行。全国多地屡次发生搀扶街头摔倒老人反被诬陷事件，让公众对道德滑坡现象感到忧虑，“好人难当”“做好事前得先拍照”等社会心态不断蔓延。[③] 马年春晚的小品《扶不扶》更是对当今社会层出不穷的“彭宇案”的巨大拷问。“人倒了可以扶起来，人心要是倒了就扶不起来了！”此句堪称“金句”，直指人心，令人动容。“如果我看见老人倒地，我去不去扶?”这是今天所有中国人都不得不问自己的问题，虽然每个人的回答可能会因不同的道德选择而不同，但问题本身是难以回避的。扶危济困、见义勇为本是常识，为什么今天我们却要讨论老人倒地要不要扶？一个社会如果连老人倒地要不要扶都要讨论，那一定是哪里出了问题。[④]

说到底，人心冷漠只是表象，问题的症结在于社会遭遇了深刻的信任危机。[⑤] 信任是向善的动力，正是因为信任缺失，才会担心、戒备和防范，才会出现有难不敢帮、不愿帮。而“陌生人社会”中道德评价的疏离也让这种“漠视”失去了顾忌。信任危机发人深省，如何才能避免悲剧的再次发生，重构社会信任？道德倒下了，法律能否将之扶起？这是当前一个十分紧迫的课题。

法律与道德有大范围的重合，被道德禁止的行为(如杀人行为)完全可以成为法律惩罚的对象。但是仅从道德和社会责任的角度来论证显然是不够充分的。教义学的解释

---

❶法学院2012级法学专业。

① 《大学生救人3人溺亡续：渔民绑尸要价属实》，2009年11月4日，http://news.sina.com.cn/c/2009-11-04/100118973095.shtml.

② 参见孔璞：《冷漠的387秒》，2011年10月22日《新京报》。

③ 参见王小波：《让做好人不再为难》，2014年3月3日《燕赵都市报》。

④ 参见《〈扶不扶〉让人服》，2014年2月13日《人民日报》。

⑤ 参见《见危不救症结在于社会已遭遇深刻的信任危机》，2013年5月22日，http://sn.people.com.cn/n/2013/0522/c340887-18713875.html.

之所以缺乏说服力,就是因为这种解释忽略了法律控制的成本问题。[①] 只有某项法律实施的收益大于成本,该法律才是有效率的;反之,则是无效率的,法律应该退出该领域以减少资源的浪费。正如卡尔多-希克斯效率中所提到的,一项法律,只要从中获得的收益能够对所受到的损失进行补偿,不管能否实际补偿,它都是有效的,是可以实施的。[②]

需要强调的是,本文所讨论的见危不救行为,不同于基于合同关系或负有特定义务的见危不救者(如消防人员、医务人员等),也不同于《海商法》所调整的他人遭遇海难却拒绝救助的行为。本文所指的见危不救行为,仅指一般的简单救助行为,即非专业救助者在他人危难之时,默然处之,不予救助的态度和行为。认定见危不救行为至少需要具备以下四个方面:(1)行为人认识到被救助人明显处于危急状态。(2)行为人有自我保护、救助他人的基本能力或可以采取合理的措施减少他人的损失。法律不能强制不会游泳之人救助溺水之人,但可以鼓励其采取合理措施,如打电话报警,呼叫身边的路人等。(3)行为人的救助行为对自己或第三人的人身、财产并无危险。(4)行为人的不作为造成处于危险中的他人人身、财产遭受重大损害。

作为理性的经济人,救助者在短暂地判断救助行为所带来的收益和成本后,如果得出收益大于成本的结论,那么他就会选择让渡利益进行救助活动。从上述对见危不救行为的界定可以看出,一般救助的成本是非常小的,而收益却可能很大。法律应当鼓励这种交易行为的发生。因此,对见危不救行为的法律干预进行成本——收益的效率评估,设想法律干预可能会遇到的障碍以及法律规制所得到的收益,对于完善我国立法、改善我国的社会道德风气显得尤为重要。

一、法律规制见危不救行为的实施成本分析

众所周知,见危不救法的实施和执行需要各种各样的成本。本文旨在调查和确定一些潜在的法律实施、推行和规制的成本,以及其他潜在的负面影响。无论是从理论还是实践上来说,即使是那些不奉行效益原则的人也必须承认,在一个资源有限的世界里,有很多美好的事物是用金钱买不到的。

法律介入见危不救行为的前提是识别和理解那些现实中的潜在救援人。鲁宾表示:"然而,仅仅是确定潜在救援人也是极其困难的,并且成本非常高昂。"[③]他指出,那些并不负一般责任的非工作人员虽然目击非法毒品贸易,看到销售海洛因的毒贩或购买毒品者,但他没有及时进行援助就表明其未能履行救助的义务;而且,一个人不太可能自愿提供自己未能进行救助的信息,即便这样做了,也会导致自证其罪。鲁宾进一步指出,因为救援不像毒品销售般遵循一定的模式,当局无法像监控毒贩一样去监控未救助的潜在救

① 参见桑本谦:《法律控制的成本问题——以能否对通奸和黄色短信进行法律控制为例》,《现代法学》2007 年第 7 期。

② [美]罗伯特·考特、托马斯·尤伦:《法和经济学》,史晋川等译,格致出版社 2012 年版,第 39 页。

③ Paul H. Rubin, "Costs and benefits of a duty to rescue," *International Review of Law & Economics*, 1986, 6(6): pp. 273-276.

助者。[①] 对于鲁宾认为确定未救助人的身份过于困难和昂贵的断言，有以下几点值得怀疑：首先，通过未救助人和毒品交易之间的类比，鲁宾掩盖了一个事实，即后者与前者并不相同，后者仅凭直觉来看的话，通常是一个"无受害人"的犯罪行为。他还假设受害者受到不合法的拒救行为后总是会死亡，或不能自己出庭提供证据，未救助者无法受到法律的制裁。然而，除非救助责任仅适用于危及生命的情况，在一般救助中，潜在救助者实施的拒救行为通常都会使得拒救的受害者出庭证明其拒救行为损害了受害者的利益。[②] 与此同时，受害者也有充分的动机出庭作证，尤其是当其不合法的拒救行为仅仅是侵权行为而非犯罪行为时，受害者往往会要求损害赔偿。在一般救助中，识别和确定潜在的被告并不像鲁宾和其他学者想象的那么困难。况且，需要的援助并不总是发生在匿名的情况下，并非每个受害者发生危险时都处在陌生人环境，受害者身边可能有熟人（比如亲人、同事或邻居等）。在这种情况下，受害者（或其他目击证人）有理由确定未救助者的存在。虽然未施救人可能更多的是以群体的方式出现，确定其身份看似有一定难度，然而，在审问的过程中，我们会发现正是这一群体性特征为我们带来了侦查的优势。由于讯问双方信息的不对称和群体间基于陌生关系的不信任，被讯问人（我们假设其为理性人）为保全自身最大利益往往陷入囚徒困境，从而指认他人，而在此内因作用下，确认其未施救行为就并非像我们讨论的纯外部介入一样不易。[③] 这样的法律实施成本看似很高，实际上这样的规定主要起着一个提醒的作用，提醒人们要关注身边可能正面临人身生命危险的人。而法律的威慑性，和救助者对自己以后在陷入危险时能获得同样救助的期待，足以让行为人自动遵守法律，从而使得实务中很少会出现未救助者被告到法庭的情况。

一项允许救助人对被救人主张赔偿费用及其付出努力的法律所带来的管理费用，将会比一项强制潜在救助者在受害者遭遇紧急危险时进行救援的法律带来的费用更多。[④] 因为任由救助者与被救者之间进行意思自治会引发许多难以预料的问题，诸如"渔夫绑尸要价事件"仍然难以消除。如果这种观点成立的话，那么惩罚见危不救的规则会比补偿规则产生更好的效益。这在经济上来说也是更合算的。当然，如果旁观者既受到责任强制，又为赔偿的承诺所诱惑，那么救援就很可能成为行为准则。事实上，在这种情况下，救助行为往往已经发生。关于这样会产生大量的费用和赔偿金的说法仍然是有争议的。但是，在一般救助的情况下，救助几乎不需要支出费用或付出多大的努力。认识到这一点后，救助者必然不会为此卷入一场消耗时间和金钱的官司。其次，一些援助者可能非常看重非正式形式的补偿，如口碑或自尊水平的提升。因为紧急情况下的英勇行为通常都会受到公众的赞誉，然后迅速扩散开来。在某种程度上，要求金钱的补偿会玷污救援的高尚品格，因此会破坏这样的奖励，救助者可能更倾向于自己承担援助的费用。

① Paul H. Rubin, "Costs and benefits of a duty to rescue," *International Review of Law & Economics*, 1986, 6(6): pp. 273-276.

② A. Rudzinski, "The duty to rescue: A comparative analysis," in J. M. Ratcliffe(ed.), *The Good Samaritan and the Law*. New York: Doubleday & Co., 1981, p. 123.

③ 参见[美]罗伯特·考特、托马斯·尤伦：《法和经济学》，史晋川等译，格致出版社 2012 年版，第 33 页。

④ William M. Landes and Richard A. Posner, "Altruism in law and economics," *American Economic Review*, 1977, 68(2): pp. 417-421.

由此可以看出,法律介入见危不救行为的实施成本并不像人们想象的那么高昂,社会道德配合法律规制将会大大减小其费用。

二、国外立法对我国见危不救立法的启示

从上文的分析中可看出,法律介入一般见危不救行为的成本是很低的。因此,国外许多国家都纷纷通过判例或成文法的方式对见危不救行为进行法律规制。如美国联邦和各州法律中规定,一个人发现陌生人受伤时,如果不打“911”电话,有可能构成轻微的疏忽罪。[①] 美国许多州也开始制定坏撒玛利亚法律(bad Samaritan Law)以惩罚特定情况下的不救助。其中较为典型的是华盛顿州通过的《乔伊·列维克法案》,这个法案得名于一位未得到拯救的死者的名字——乔伊·列维克。1994年6月2日,列维克与两位熟人在西雅图俱乐部喝酒跳舞后离开,不料三人却在路上发生争执并打了起来,他被两人推倒在路边的排水沟里。列维克由于身上的伤较重无法站立,而两位熟人把他丢在排水沟里就离开了。期间,两位熟人陪同女友和兄弟回来过两次,但均未施以援手。列维克在苦苦挣扎15小时后淹死在沟里两英寸深的积水里。[②] 经法医鉴定,列维克如果能在15小时内接受紧急医护治疗就能幸免于难。列维克的父母认为两位攻击者的女友、兄弟应对其见危不救行为承担责任。针对这一事件,华盛顿州议会于1997年制定了《乔伊·列维克法案》,规定不为身体受到严重伤害的人拨打救助电话或请求救助的漠视行为定为犯罪,对违反者处1000美元以下的罚金,90天以下的监禁或两者并处。大陆法系更是加大了对见危不救行为的惩罚力度。例如,法国《刑法典》规定,见危不救者要被判处5年监禁与7.5万欧元的罚款。[③] 而意大利则通过《刑法》第593条[④]和《意大利公路法》第189条[⑤]分别对不同情形下的“见危不救”罪进行界定,旁观者没有进行必要的救助行为会被视同肇事逃逸。

从这些案例和法规中不难发现,国外立法倾向于将见危不救限定为对人身生命有紧急危险的场合,该罪的刑罚后果相对较重。因为对于救助者而言,他所要做的仅仅是拨

---

① 参见《各国立法避免见死不救》,2013年6月26日,http://zj.sina.com.cn/news/zhzx/2013-06-26/135896720.html.

② 参见徐国栋:《见义勇为立法比较》,《河北法学》2006年第7期。

③ 法国《刑法典》第223条第6款规定:“任何人对一项损害、侵犯他人人身安全的重罪或轻罪,能够采取个人行动或唤起救助行动,且对其本人或第三者无危险,却故意不去做的,要被处5年监禁与7.5万欧元罚金;同样,任何人对陷入危境的他人,能够采取个人行动或唤起救助行动,且对其本人或第三人无危险,却故意不给予救助的,要被判处与上述同样的惩罚。”(参见叶慧娟、徐留成:《见危不助犯罪化立法比较研究》,《河南社会科学》2009年第1期)

④ 意大利《刑法》第593条对“见危不救”罪的界定:一是指发现不满10岁的儿童走失或被遗弃,或发现任何没有自理行为能力的人而没有及时告知有关权力机关;二是指在发现生命垂危者或受伤者,或任何需要救助的人而没有提供帮助或没有通知有关权力机关,都属“见危不救”范畴。对其惩罚从原来的“3个月以下的监禁或不超过60万里拉的罚款”提升到“一年以下的监禁或2500欧元的罚款”(罚金相当于2.2万元人民币)。

⑤ 《意大利公路法》第189条对“见危不救”行为作出的规定:任何公路使用者,不仅仅是“驾驶人员、司机”,包括所有见证交通事故发生的人都有义务协助救助伤者、联络警方并采取必要措施保护事故现场等。如果受伤者因疏于救助导致伤情加重甚至死亡的话,不仅肇事司机在1~3年内被吊销驾照,肇事车辆被没收外,那些没有履行救助义务的人同样将受到刑法的制裁。

打报警电话或请求身边的援助，这样简单的救助成本非常低，并不会对他的人身、财产造成损害，甚至只是举手之劳，却保障了被救者的人身安全。这样的法律显然是非常有效率的。西方国家把经济人假设提高到见危救助标准的尝试体现了以法律执行道德的新思路。站在立法者的角度，如果以法律执行道德的收益大于成本，就能增进社会福利。国外立法并未要求救助者做出牺牲，他只有在不危及自身安全的情况下才施救，施救后可以获得补偿甚至奖励，这样的救助者仍然是经济人，而非祖国祭坛上的祭品意义上的公民。[①] 不过，这样的立法也使经济人假设的内容发生了变化，过去是人们的自利行为可能间接地增进社会福利，现在则要求经济人以自己的直接行为增进社会福利。

国外关于见危不救的立法已经相当成熟，对我国对见危不救的立法有着重要的借鉴意义。我国正处于社会转型时期，人们对自身利益的深入关注，容易导致道德观念的下降。[②] 我国当今社会涌现的各种见危不救现象就是证据。正是由于我国缺乏相关的立法规定，从而导致社会严重的救助危机——如果行为人在没有重大风险的情况下拒绝帮助一个濒危的陌生人，除了交通肇事逃逸外，其行为甚至不构成轻微的侵权行为责任。如果濒危的人死了，本来行为人可以通过大声呼喊，或者一个电话，或者一些救生用具来挽回他的生命，但他未采取任何行动，甚至恶意拒绝向受害者施以援手，这些事实也并不足以以过失杀人罪或其他罪名指控行为人，即行为人并不需要承担任何法律责任。从道德层面来讲，这显然是非常荒谬的。基于此，深圳市于 2013 年 8 月 1 日起施行《深圳经济特区救助人权益保护规定》，以法规形式保障公民救助行为，解决见义勇为者的后顾之忧。浙江、重庆、福建、安徽、宁夏等地也均出台过保护和奖励见义勇为行为的条例和通知。[③]

我国现行的《民法通则》第 109 条[④]、最高人民法院发布的《关于审理人身损害赔偿案件适用法律若干问题的解释》第 15 条[⑤]和《深圳经济特区救助人权益保护规定》等法律法规都倾向于保护见义勇为行为而非规制见危不救行为。然而，根据我国当下的社会现状和上述法律的实施效果，温和的保护显然是不足以应对“陌生人社会”下的冷漠现状的，加大法律的惩治力度显得尤为紧迫。

笔者认为，我国现行的《侵权责任法》只规制负有特定义务的人(如消防人员)的不作为行为是远远不够的，应当把一般的见危不救行为纳入《侵权责任法》的范围，赋予公民获得救助的权利，若不施助则被认为侵害了受害者的权利。《侵权责任法》应该规定，在不危及自身安危甚至不造成重大不便的情况下，行为人认识到他人人身遭受侵害或损害

① 参见徐国栋：《见义勇为立法比较》，《河北法学》2006 年第 7 期。

② 参见邱润根：《对“见义不为”的法理思考——以小悦悦事件为视角》，《河北法学》2012 年第 9 期。

③ 参见《人大代表周洪宇呼吁制定〈公民救助行为保护条例〉》，2014 年 3 月 9 日，http://news.jcrb.com/jxsw/201403/t20140309_1342552.html.

④ 《民法通则》第 109 条规定：“因防止、制止国家的、集体的财产或者他人的财产、人身遭受侵害而使自己受到损害的，由侵害人承担赔偿责任，受益人也可以给予适当补偿。”这一规定的基本精神是，在国家的、集体的财产或者他人的财产、人身遭受侵害的时候，公民见义勇为，是应当鼓励和大力提倡的高尚行为，法律应充分肯定这种行为的社会价值。其肯定的方式是，对于在防止、制止侵害行为过程中遭受损害的行为人，有权获得赔偿和补偿。

⑤ 2003 年 12 月，最高人民法院发布了《关于审理人身损害赔偿案件适用法律若干问题的解释》，其中第 15 条对见义勇为者的补偿责任进行了明确的规定。该条文的内容是：“为维护国家、集体或者他人的合法权益而使自己受到人身损害，因没有侵权人、不能确定侵权人或者侵权人没有赔偿能力，赔偿权利人请求受益人在受益范围内予以适当补偿的，人民法院应予支持。

并有救助能力时,有义务进行必要、合理的救助,单纯的不作为会产生侵权损害赔偿。立法并不要求救助人做出牺牲,他只有在不危及自身安全的情况下才施救。法律还应赋予救助者以求偿权,即允许救助者向被救者主张在施救过程中产生的必要费用。当然,主张必要费用的前提是救助人在施救过程中无明显过错。设定这一前提是为了激励救助人在施救过程中进行合理的自我保护。此外,法律应当为救助者设立免责条款,即除非存在重大过失,救助者对行为的后果不承担法律责任,即免除救助者的"一般过失"责任。因救助行为被起诉的,救助者,可以向市或区的司法行政主管部门申请法律援助,市、区司法行政主管部门应当为其提供法律咨询。[①] 经济困难的救助者可以向市、区司法行政主管部门申请法律援助。根据"谁主张,谁举证"的原则,应由被救助者举证证明救助者的行为确实存在重大过失,无证据或证据不足的话应由被救助者承担不利后果。分配举证责任时,法官应倾向于对救助人有利的方面,严惩被救者"反咬一口"的行为。

三、法律规制见危不救行为的结果

假设上述见危不救法被纳入《侵权责任法》的范围,救助的预期收益(救助一旦成功,获得的实际收益与救助成功概率之乘积)通常会远远大于救助成本。[②] 基于互惠利他主义原则,我们可以假设,既然国家已经通过法律对见危不救行为进行规制,即便救助者在实施救助后并没有获得实质的金钱补偿,但救助人并非一无所获,他在获得个人满足和社会赞誉的同时,还可以期望有朝一日当自己陷入困境时,法律的强制实施也会使他获得别人同样的救助。这样的救助行为显然是有利可图的。

如果救助者在救助过程中付出了必要的费用,法律也会对救助者提供的救助服务给予必要的补偿,即允许救助者对被救者提出积极的补偿要求,赋予救助者求偿权。补偿的范围则应以被救助人获得的利益为上限,因为根据"假想的合同",被救助人不会同意支付高于其收益的补偿。法律也不应鼓励那些无效率的救助行为。[③] 如果补偿是来自国家,潜在的被救者保障自己安全的花费减少,会降低法律实施的效率。如果补偿是来自被救者,那么假设潜在的被救者有1%的机会可以避免亏损100万元,而一个救助者的救助行为的必要花费是1000元,潜在的被救者将会为保障自己的安全支出1万元。投资救助者的救助行为是潜在被救者的理性选择。如果他不投资,就可能付出巨大的代价。一个旁观者如果预先知道他的收益,他往往会把受害者遭受的损失当成自己的损失,因此,他会非常乐意施以援手。因为救助者除了可以得到救助的必要费用外,还可以从救助中获利。如果被救者由于经济困难无法支付补偿费用,国家救助基金会应该为救助者提供补偿费用,消除潜在救助者的后顾之忧。由此可以看出,法律规制见危不救行为,会敦促潜在的救助者在紧急时刻行动起来,再加上救助后获得的收益,那么他就会有更大的动力实施救助。

---

① 参见2013年《深圳经济特区救助人权益保护规定》第八条。

② 参见桑本谦:《利他主义救助的法律干预》,《中国社会科学》2012年第10期。

③ 参见桑本谦:《利他主义救助的法律干预》,《中国社会科学》2012年第10期。

四、结 语

近年来，关于见危不救立法的争论使得这个话题的前景越来越明朗。部分学者立足于抽象层次，从哲学的角度分析，认为法律没有理由将道德性质的行为定为法律义务。最具有代表性的是 Michel Moore 的言论："我们没有义务去阻止这个世界上的罪恶，一些存在于我们自身并引导我们的东西使得我们没有必要牺牲自己以让这个世界变得更加美好。"[①]然而，有的时候我们对更为平凡和实际的问题关注太少。法律不仅要为哲学家提供精神食粮，而且还需要管理所有人的日常生活。笔者认为，应当加大法律的力度，双管齐下，在惩罚见危不救行为的同时，也要保护见义勇为行为。许多言论其实夸大了救援的潜在负面影响，安全、合理、简洁的救援规定不太可能对救援行为的实施产生显著的负效应。更为现实的行为假设是：人们相信自己成为救助者和被救者的可能性是相同的，法律的规制也能使救助者期待在自己遭遇危险时能够获得他人同样的救助。[②] 而对一般的见危不救行为进行法律规制仍然可以满足帕累托最优和卡尔多-希克斯效率标准。

（指导教师：张伟强）

---

① Joel Samaha, "*Criminal Law*"(5th ed.), West Publishing Co., 1996, p. 652.

② Richard L. Hasen, "The efficient duty to rescue," *International Review of Law and Economics*, 1995, 15(2): pp. 141-150.

论我国自发组织户外探险中组织者的安全保障义务

——以《侵权责任法》为视角

郑灵悦[❶]

根据2009年12月颁布的《中华人民共和国侵权责任法》（以下简称《侵权责任法》）第三十七条[①]，本文认为，在自发组织户外探险中，组织者对于在其管理控制下的参与者，应负有安全保障义务；如果因未尽安全保障义务而导致参与者遭受损害，组织者应承担侵权责任。因此，本文从《侵权责任法》的角度，同时结合下述对相关概念的界定及对安全保障义务的理论分析，认为自发组织户外探险中组织者的安全保障义务可表述为：组织社会活动的行为人，因其所控制的社会活动本身具有将对他人造成人身、财产损害的危险性而应承担防止他人人身、财产遭受损害的法定义务。

一、我国自发组织户外探险中组织者的概念界定

（一）户外探险

户外探险是近几年才在我国盛行起来的新鲜事，因其至今未有相应的行业规范，使其易与户外运动、自助游概念混淆。为了能对其进行充分的理论研究，本文首先对三者进行区别：户外探险一般指如野外登山、徒步、滑雪、溯溪、野营等一些所要涉足区域海拔不高，但需一定的户外知识和装备，需冒一定风险的探险性户外活动。它侧重于休闲健身而非纯观景玩乐，也并非挑战极限。与自助游相比，户外探险具有较高的风险性，并且有户外知识和装备方面的要求；但它的难度、风险远不及户外运动，同时所需的户外知识和装备也较基础。自助游是一种由自己设计旅行路线到景区观赏、游玩的旅游方式，侧重于观景玩乐。关于户外运动，国家体育管理中心给出的定义是：一组以自然环境为场地（非专用场地）的带有探险或体验探险性质的体育运动项目群，包括登山运动及登山运

---

❶法学院2011级法学专业。

① 该条款规定："宾馆、商场、银行、车站、娱乐场所等公共场所的管理人或者群众性活动的组织者，未尽到安全保障义务，造成他人损害的，应当承担侵权责任。"

动的相关运动,如攀岩。

(二)自发组织

组织一般是指安排分散的人或事物,使其具有一定的系统性或者整体性。[①]

自发组织是指该户外探险由自然人发起、组织,而非由户外俱乐部发起组织。一般表现为两种:一种为由发起人在生活中或在网络上表达在某特定时期到某特定地方探险的意愿,询问亲朋好友和陌生人,经过商议后产生组织者,再由组织者分配任务、策划和调控行程;另一种为组织者直接发起探险活动并说明此次户外探险的具体行程、线路、所需设备等相关信息,征求和邀请亲朋好友、陌生人参与。

(三)组织者

在自发组织的户外探险中,组织者是指对于整个户外探险的策划和进程具有一定的控制能力的自然人,可能是一个或是多个。其控制能力一般表现为在事前对该户外探险进行组织、策划以及在事中对进程进行调控与管理。

另外,发起人不一定都被界定为组织者。如果发起人只是表达了一个找同伴在某特定时间一起到某特定地方探险的意愿,而未制定具体计划、规定行程及所需设备等,并且在探险的进程中也没有起到一定的带头作用,那么该发起人对此项探险不具有控制能力,在这种情形下,发起人是不能被界定为组织者的。

二、对我国自发组织户外探险中组织者应负安全保障义务的分析

(一)该组织者应负安全保障义务的法理基础

一般认为,安全保障义务的法理依据包括:收益与风险相一致原理的要求、危险控制理论的要求、节省社会总成本的要求、公司社会责任的要求、实质平等理念的要求。

本文认为,自发组织户外探险中的组织者应负有安全保障义务,是源于危险控制理论和信赖保护理论的共同要求——保护参与者对组织者具有控制危险能力的信赖利益。

危险控制理论主张防止危险的义务应该由开启控制或维持危险的人或者是从危险中获益的人承担。德国冯·巴尔教授认为:行为人应该对他能够支配或者获利的空间或活动过程衍生出来的危险负安全保障义务,防止他人受到潜在危险引发的损害。[②] 自发组织户外探险的组织者对整个社会活动策划及开展过程享有事实上的支配力,和参与者相比,其更加清楚该社会活动的具体情况,从而能更清楚地预见可能发生的损害,并且更有经验与能力预防损害的发生或减轻损害,即组织者对危险的实际发生与损害扩大具有控制能力。本文认为,因自发组织户外探险中组织者应承担的安全保障义务并非任何人的一般注意义务,安全保障义务对责任主体应承担的义务要求远远高于一般注意义务,

① 参见周友军:《交往安全义务理论研究》,中国人民大学出版社 2008 年版,第 110 页。

② 参见姚少锋:《论社会活动组织者的安全保障义务》,暨南大学硕士学位论文,2008 年。

故而其法理基础无法由先危险行为理论完全解释。先危险行为理论主张人类生存于社会中，凡对他人制造危险，必须对其后果负责；责任基础并不在于有无过失，而系因其制造危险。[①] 也就是说，开启潘多拉魔盒的人有义务去防止损害的发生，而这个义务因为能发生在任何相对人之间，不要求一方当事人对他方当事人产生合理的信赖，因而仅是一般注意义务。

信赖保护理论认为，如果行为人与相对人、危险源之间存在某种联系，基于相对人的信赖，行为人便负有防止和控制损害发生的义务。[②] 在实际生活中，参与者之所以愿意冒风险参加该社会活动并且服从组织者的领导和管理，主要是因为参与者信赖组织者的控制危险能力，相信在其丰富的户外经验和较强的技术知识的带领下，他们能够避免危险的发生或减小危险的损害。同时，组织者从心理上也在享受这种备受推崇的优越感，在组织中扮演着领导者的角色，处于"驴头"的地位，领导和决策旅途的重大事项。鉴于参与者和组织者所产生的这种强烈和紧密的信任关系，立足于保护参与者的信赖利益，组织者应当尽职尽责保障参与者的人身财产安全。[③] 另外，因自发组织的户外探险可能是营利性的也可能是非营利性的，故而其法理基础也无法由获利理论完全阐述。

在自发组织户外探险中，组织者的身份具有特殊性，他们既是活动风险的控制者，又是其他参与者充分信赖的领导者。结合危险控制理论和信赖保护理论，可得出以下结论：自发组织户外探险中组织者的安全保障义务的法理基础在于保护参与者对组织者具有控制危险能力的信赖利益。因此，将危险控制理论和信赖保护理论作为安全保障义务的理论基础具有必要性和实际性。一方面，从安全保障义务产生的前提上看，他人正是由于相信义务人在法律上和事实上具有控制危险的可能性，才听从义务人安排。因此，通过认定参与者对组织者具有控制危险能力的信赖利益，可判断安全保障义务的责任主体以及相对人。也就是说，不能控制危险的人不能承担安全保障义务，如发起人就算被视为危险开启者但因其不具有控制危险的能力，故而不负有安全保障义务；同时，若参与者没有服从负有安全保障义务的责任人安排，而是因擅自行事导致了损害发生，此时参与者不是安全保障义务的权利主体。另一方面，通过危险控制理论和信赖保护理论可明确安全保障义务的范围和内容。在实际生活中，由于不同的案件事实及不同的工作分工，不同的安全保障义务人所要承担的安全保障事项并不相同，应根据其在事实上所表现的控制危险能力来确定完全保障义务的范围及具体内容，从而判断其是否违反安全保障义务。

(二)该组织者应负安全保障义务的法律性质

依照梅迪库斯的观点："所有法律层面之外的，不能依法产生后果的行为，均称之为情谊行为，一项情谊行为只有给付者具有法律上受约束的意思时，才具有法律行为的性质。这种意思表现为给付者有意使他的行为获得法律行为上的效力，亦即他想引起某种

① 参见曾世雄：《损害赔偿法原理》，中国政法大学出版社 2001 年版，第 6 页。

② 参见王利明：《侵权法行为法研究》，人民法院出版社 2003 年版，第 99 页。

③ 参见张新宝：《侵权责任法原理》，中国人民大学出版社 2005 年版，第 285 页。

法律约束力，而且受领人也是在这个意义上受领这种给付的。如果不存在这个意思，则不得从法律角度来评价这种行为。”[①]台湾学者将其译为“好意施惠行为”，主要是指当事人因社交、帮助、道义等原因发生的，没有民法上权利义务意思内容的行为。[②] 由于在实际中，户外探险活动默认并常常以书面形式注明参与者风险自负，组织者不承担法律责任，故其自发组织探险行为不应认定为法律行为。但是户外探险是面向社会不特定人群的公开活动，具有一定的社会联系性，应属于群众性活动中的一种。而《侵权责任法》第三十七条规定：“宾馆、商场、银行、车站、娱乐场所等公共场所的管理人或者群众性活动的组织者，未尽到安全保障义务，造成他人损害的，应当承担侵权责任。”故在自发组织的户外探险中，组织者对参与者负有由《侵权责任法》规定的保障其人身和财产安全的法定义务，即组织者应负有安全保障义务。而明确自发组织户外探险中组织者负有安全保障义务，不仅能妥善保障受损者的合法权利，而且还能有效改变户外探险事前的轻率化、盲目化，从而降低事故发生率并节约社会成本，进而保护日常社会的交往安全，维护社会和谐。

三、组织者因违反安全保障义务而应承担的侵权责任

在实际案例中，自发组织户外探险安全事故常常是因非第三人因素造成的，故本文从直接责任入手进行分析。

（一）归责原则

美国著名法学家霍姆斯所言：“良好的政策应让损失停留在其所发生之处，除非有特别干预的理由存在。”[③]“所谓良好的政策乃在避免增加损失，因为使被害人得向加害人请求损害赔偿，无论在法律规范或实际执行上，势必耗费资源或产生交易成本。所谓特殊理由指应将损害归由加害人承担，使其负赔偿责任的事由，学说上称之为损害归责事由或归责原则。”[④]

随着现代社会经济和技术的发展，有许多领域对行为标准的确定越来越具体化，要采用各种技术性的标准来确定人们的行为规则，违反了这些规则不仅表明行为具有违法性，而且还表明行为人具有过错。[⑤] 安全保障义务本身是为了弥补过错侵权的不足发展起来的，无论是大陆法系还是英美法系，对违反安全保障义务也都以过错推定为构成要件。[⑥] 在德国，“因一般危险活动所带来的一般不幸事故，通过法律明文规定或者法官的创设，以推定过失方式，在对过失归责原则进行若干调整之后，课以加害人较一般客观化

---

① [德]迪特尔·梅迪库斯：《德国民法总论》，邵建东译，法律出版社 2000 年版，第 153 页。

② 参见王泽鉴：《民法总则》，中国政法大学出版社 2002 年版，第 55 页。

③ 转引自王泽鉴：《侵权行为法》，中国政法大学出版社 2001 年版，第 11～12 页。

④ 王泽鉴：《侵权行为法》(第 1 册)，中国政法大学出版社 2001 版，第 12 页。

⑤ 参见王利明：《侵权行为法研究》(上)，中国人民大学出版社 2004 年版，第 347 页。

⑥ 参见黄松有：《最高人民法院人身损害赔偿司法解释的理解与适用》，人民法院出版社 2004 年版，第 108 页。

过失更严格之责任,以赋予被害人基于'分配正义'的损害填补机能"[①]。在英美法中,违反安全保障义务是通过"事实自证"这一证据规则来进行过错推定的。[②]

因此,本文认为,在自发组织的户外探险中,应采用过错推定原则对违反安全保障义务的组织者进行归责。其一,如果行为人采取不作为,由于他没有任何动作,所以无法单纯推断出行为人是否具有过错,故应考虑行为人负有积极作为的义务,违反此种义务的本身就可以推定为有过错。因此,从平衡义务人和相对人利益的角度出发,对违反安全保障义务的侵权责任采用过错推定原则更为合理。其二,既然行为人违反了安全保障义务,那么他主观上就应当具有过错,推定其有过错是合理的。其三,适用过错推定责任有利于保护受害人。[③] 因为假设适用过错原则,那么举证组织者违反安全保障义务存在过错的责任将由受害人承担。而受害人与组织者相比,因缺乏知识经验以及组织控制能力,很难有力证明组织者的过错存在,这将大大降低其获得损害赔偿的可能性。但这显然与安全保障义务立法意图相矛盾,违背了分配公平正义的精神。

(二)构成要件

1. 主体:群众性活动的组织者

根据前文所述,组织者应是在户外探险策划及实际进程中具有事实控制力的具有民事行为能力的自然人。至于自发组织户外探险是否属于群众性活动,简单地以人数多少为标准是不妥当的,还应该考虑该活动是否面向社会公众即不特定的人。[④] 而根据自发组织户外探险的表现形式,很容易判断出其具有公开性,是社会活动中的一种。另外,户外探险常常伴随一定风险,而立法意图在于尽可能地为相对人提供一个安全的活动环境,以避免相对人人身和财产受到损害。因此,自发组织的户外探险应被认定为群众性活动中的一种,不受实际参与人多少的影响。

2. 违法性:组织者未尽到安全保障义务

有学者认为,由于现实生活千差万别,无法找到一个统一的标准,应当具体问题具体分析,充分利用客观上存在的一些要素,如从安全保障义务的性质、侵权行为的性质和力度、安全保障义务人的保安能力以及发生侵权行为前后所采取的防范、制止侵权行为的措施等方面,综合判断,确定义务人是否尽到了安全保障义务。[⑤] 本文认为,可以依组织者安全保障义务的主要内容为基础,以危险是否可预见且可控制以及组织者是否营利为标准,结合具体案件事实来综合判断组织者是否尽到了安全保障义务。

(1)危险应可预见

从逻辑上来说,危险只有在可预见的情况下,才有防止和控制的可能。如果行为人应当预见危险而未预见,或者已预见但未采取措施防止危险发生,此时行为人才可责。

① [德]克里斯蒂安·冯·巴尔:《欧洲比较侵权行为法》(上),张新宝译,法律出版社 2001 年版,第 243 页。

② 参见[美]Vincent R. Johnson:《美国侵权法》,赵秀文、徐琳、刘克毅译,中国人民大学出版社 2004 年版,第 89 页。

③ 参见杨立新:《类型侵权行为法研究》,人民法院出版社 2006 年版,第 58 页。

④ 参见程啸:《侵权责任法》,法律出版社 2011 年版,第 350 页。

⑤ 参见杨立新:《〈中华人民共和国侵权责任法〉条文释解与司法适用》,人民法院出版社 2010 年版,第 228 页。

预见可能性的存在是构成义务存在的当然前提。[①] 即对于如百年难得一遇的天灾这类凭组织者的经验知识以及对探险地事前调查后也无法预见的危险，对于因为突遇此种情况而造成的损失，应各自承担，不应该苛责组织者。

(2)危险应可控制

组织者对于造成安全保障义务相对人损害的危险应具有控制能力。即组织者有能力避免危险造成损害以及在危险造成损害后，最大限度地采取积极措施防止损害结果的扩大。但是对于组织者无法控制的非第三人原因而造成相对人损害后果的，组织者不承担侵权责任，如相对人不听劝告，执意参加超出其年龄要求的某项活动而造成的损害。

(3)安全保障义务人是否受益

尽管《侵权责任法》第三十七条并没有以是否营利来区分安全保障义务人，但是根据《人身伤害司法解释》第六条可以类推，义务主体是否具有营利性应负的安全保障义务程度不同，其中具有明显的营利性及商业性时，该活动组织者的安全保障义务程度更高。对于营利性的组织者，要求其应时刻保持警惕以避免损害发生；在损害发生时，应采取专业措施，积极救助受害人，防止损害的扩大。而对于非营利性的组织者，要求其留心相对人的人身和财产安全；在损害发生时，应在自身条件许可的情况下，进行力所能及的救助。但不应苛求他们冒过多的生命风险，也不应要求他们能采取同专业救援人员一样有效的救援措施。

3. 损害结果：他人遭受了损害

侵权责任的基本功能在于填补损害，无损害即无赔偿。因此，只有在相对人受到了损害的情况下，义务人才可能承担侵权责任。相对人是指相对组织者以外并受其支配的其他参与者，其遭受的损害表现为有形可确定的损害，即人身损害和财产损害。受害人应当就其遭受的损害事实，包括损害种类、范围和程度承担举证责任。

4. 因果关系：损害结果与未尽到安全保障义务行为有因果关系

无论受害人是因自然灾害非人为因素直接遭受损害的，还是因安全保障义务人的行为直接遭受损害的，损害结果都应与未尽安全保障义务行为存在事实上的因果关系。如果自发组织户外探险的组织者尽到了相应的安全保障义务却仍无法避免相对人遭受损害，则不应承担侵权责任。

四、结　语

考虑到户外探险最明显的特点就是具有一定的风险性，并且该种风险往往是活动参与者明知的，自愿承担由此导致的损害，所以在广为接受的自甘冒险的条件下，组织者对于户外探险本身的风险导致的损害是可以免责的，但并不是绝对免责，也不是不负有安全保障义务。在美国，户外探险经历了从“风险自负”到“对风险自负进行必要的限制”的过程。即尽管承认自甘风险，但仍然不能对抗组织者的谨慎注意义务。如“在 Lamp 案中，原告在参加摩托车比赛前签署了两份责任免除合同，但是在比赛中因为躲避障碍物

① 参见于敏：《日本侵权行为法》，法律出版社 1998 年版，第 116 页。

而撞到了隐藏在野草中的树桩上而受伤。法院判决被告未能清除树桩构成故意和放任的不诚实行为。即使该树桩远离赛道,被告也应当预见到一旦车手在高速疾驰的过程中失控就有可能造成严重事故,因此法院判决这两个免责条款无效"①。

因此,人们虽然有探险的自由,但自由不是无限度的,需要遵守一定的秩序,而这个秩序也应控制在能有利于减少本可避免的不必要的事故发生、同时能保护个人爱好和自由的合理范围内。出于保护自发组织户外探险的参与者对组织者具有控制危险能力的信赖利益以及保护社会交往安全的考虑,本文认为,组织者应负有由《侵权责任法》规定的安全保障义务。另外,在变幻莫测的大自然中,无法苛求组织者的每一个决定都是正确的,因此,在过错的认定上,组织者若能合理证明其尽到了安全保障义务,则不应该承担侵权责任。

参考文献

[1]张新宝、唐青林:《经营者对服务场所的安全保障义务》,《法学研究》2003年第3期。

[2]杨立新:《论违反安全保障义务侵权行为及其责任》,《河南省政法管理干部学院学报》2006年第1期。

[3]张民安:《人的安全保障义务理论研究　兼评〈关于审理人身损害赔偿案件适用法律若干问题的解释〉第6条》,《中外法学》2006年第6期。

[4]陈曦、王菁:《户外运动组织者违反安全保障义务的侵权责任》,《甘肃政法学院学报》2007年第6期。

[5]韦国猛:《违反安全保障义务侵权责任浅析——以〈最高人民法院关于审理人身损害赔偿案件适用法律若干问题的解释〉第六条为中心》,《安徽大学法律评论》2008年第1期。

[6]杨垠红:《侵权法上安全保障义务之研究》,厦门大学博士学位论文,2006年。

[7]龙为:《论侵权责任法上的安全保障义务——以〈侵权责任法〉第37条为中心》,《中南财经政法大学研究生学报》2010年第2期。

[8]孙锋:《论违反安全保障义务的侵权责任》,中国政法大学硕士学位论文,2010年。

[9]沈香秀:《社会活动安全保障义务研究》,厦门大学硕士学位论文,2007年。

[10]王龙飞、姚远:《美国户外探险旅游发展经验及其启示》,《体育文化导刊》2011年第6期。

[11]黄健雄、胡立峰:《自发性户外探险活动的民事责任研究》,《福建政法管理干部学院学报》2007年第4期。

(指导教师:原蓉蓉)

① 刘雪芹、黄世席:《美国户外运动侵权的法律风险和免责问题研究:兼谈对中国的借鉴》,《天津体育学院学报》2009年第3期。

判后答疑制度规范化研究

邱良华[❶] 张康妮[❶] 于文菊[❶]

所谓判后答疑，是指在正式的裁判结果已经作出之后，当事人（主要是败诉方）仍然对案件的某些环节有所疑问，针对这些疑问，由法官就有关案情对当事人作进一步解释，从而达到减少当事人因不理解案情而盲目上诉或者申诉的目的。其根本功能在于“息讼”，并化解法官与当事人之间因案情而产生的矛盾，避免事态的扩大化发展。[①]

一、判后答疑制度规范化的缺失及其危害

自2005年11月，最高人民法院在全国立案审判工作座谈会上正式提出要在全国法院系统大力推行判后答疑制度以来，我国各地法院依照该制度建设的精神，并结合当地实际情况，出台了相关条例等文件。各地出台的判后答疑制度文件，虽然有着相似的制度精神，但内容却存在较大差异性，并且在实施形式等程序层次方面内容也大相径庭。究其原因，是由于我国的判后答疑制度规范化程度较低，判后答疑制度缺少统一而规范的标准，致使该制度的实施过程出现“有心无力”的局面。而判后答疑制度规范化缺失的危害主要表现在以下几个方面：

首先，规范化的缺失会造成司法资源的二次浪费，使该制度呈现“无用功”状态。在法官数量与司法系统受理案件数量难成正比的现实面前，如果不能将原本有限的司法资源加以高效利用，便会进一步加剧司法资源的压力。其一，从判后答疑的主体来说，若无法规范判后答疑的主体，则可能存在庭审法官与接访法官工作交叉或出现工作交接的真空地带，从而造成时间的拖延和浪费。其二，若无法规范判后答疑制度，如答疑主体不确定而存在法官之间互相推诿、答疑方式不合理而使当事人的疑问无法得到有效解决等问题，则当事人的疑问通过判后答疑制度无法解决，他们更可能会上诉，从而增加上诉率。

其次，规范化的缺失将造成实际操作困难，难以贯彻制度精神。从总体上来看，我国法官的素质距离英美法系的高素质还有一定的差距，存在着专业性不强、实际学历层次

---

❶法学院2012级法学专业。

① 参见孙光宁、刘园园：《“判后答疑”的意义与局限，基于判决的可接受性》，《天府新论》2009年第2期。

较低、高素质法官流失等现象。在判决书缺乏充分说理的背景下，面对当事人(尤其是败诉方)关于细节问题的追问，法官能否完成“答疑”的任务是值得推敲的。[①] 如果判后答疑制度缺乏基础性的统一规范与约束，那么，“无文可依”的法官在实际操作中将出现按照“个性原则”即凭借自己的主观认知而实施答疑的现象，这样便极有可能造成答疑现象百态丛生，既不利于法院系统自身的规范化操作，也不利于真正落实答疑制度，从而与该制度设立的初衷相悖，难以真正贯彻该制度的精神。

最后，规范化的缺失将有损于司法权威，并降低其社会公信力。判后答疑制度的出台原本是为涉案当事人答疑解惑，消除疑虑，从而缓解当事人与司法系统之间的矛盾，起到维护社会和谐之用。然而，实践证明，无章可循、按部就班的判后答疑对于当事人的答疑解惑不仅于事无补，而且还会因其操作的不规范性而加深当事人对于司法系统的不信任，从而使司法权威受损，社会矛盾亦将呈扩大化态势。

因此，判后答疑制度的规范化是该制度建设的重中之重。该制度的规范化需要从其自身制度层面进行修正，同时辅之以必要的配套制度，“双管齐下”才能真正规范判后答疑制度。

二、判后答疑制度的规范化设计

判后答疑这一观点的提出已有多年，各地相关部门也多有尝试，但至今仍未形成较为系统和科学的制度体系。经过笔者前期的实地调研与分析，得出的结论是判后答疑制度在司法实践中并未十分顺利地实施，多为制度施行过程中存在“难以规范、难以统一”的“双难”问题。而无论是法官自身素质抑或是法官的工作强度，都成为判后答疑制度在基层司法实践过程中存在“双难”问题的阻碍。因此，如何规范判后答疑制度成为目前需要解决的问题。

结合前期的实地调研及各地近几年来的司法实践，笔者将从权利设计、答疑责任主体、答疑对象、答疑范围等方面就如何规范判后答疑制度提出自己的看法与建议。

首先，从权利设计方面来看，现今案件在开庭审理前，书记员所宣读的当事人的权利多为庭审前和庭审中的权利。笔者认为，在权利设计方面，对于开庭审理的案件，书记员在开庭前宣读当事人的权利和义务时，应将“当事人有权利在开庭审理结束后要求法官进行判后答疑，庭审法官应当倾听并解决当事人的疑问”列入当事人的权利之中。一方面，这是诉讼当事人理应享有的一项权利；另一方面，在判决前将可能有利于解决纠纷、矛盾的方式告知当事人，在一定程度上可以约束当事人通过判后答疑的方式解决矛盾、纠纷，从而减少诉诸上诉、上访等解决矛盾、纠纷的情况。

其次，在答疑责任主体方面，由于基层法院案件零散且数量较多，法官工作量较大，不少法院专门成立“接访法庭”，解决当事人对判决的疑问和不满。但笔者认为，这样的专门法庭用处不大。一方面，当事人若对庭审的结果不满意，则会在庭审结束后立即找到庭审法官进行答疑，很少有当事人会在之后到专门法庭进行咨询；另一方面，专门法庭

---

① 参见孙光宁、刘园园:《“判后答疑”的意义与局限，基于判决的可接受性》,《天府新论》2009 年第 2 期。

的法官由于没有参与到案件的庭审中去，要解决当事人的疑问和不满还是要通过向庭审法官询问情况、查阅卷宗，这在无形中造成了司法资源的二次浪费。笔者认为，若所受理案件的案情较为简单并由独任庭审议，那么判后答疑的主体应该是作出审判的法官，因为他们掌握着案件的第一手资料、法律事实及相关证据，由他们作为答疑的主体可以大大提高答疑的效率。若案情较为复杂，属于合议庭审理的案件，则应当由原合议庭答疑，也可由主审法官进行答疑，或者合议庭统一意见，指定一位审判员通过书面或者口头的方式进行答疑。①

随着网络信息时代的到来，许多与案件并无绝对利害关系的民众会通过网络平台的方式参与到庭审中去，他们的问题、质疑多通过网络的方式提出，渠道广、数量多，在这种情况下，由庭审法官来答疑是不可能的。而笔者认为，这正是一个向民众普及法律价值、间接增强案件说理性及可接受性的机会，故在该制度设计上可打破答疑主体的限制，让一些专家学者成为答疑的主体，通过博客、论坛的方式解答疑问。② 多途径的答疑方式，将会使答疑过程更加多样化，一方面减轻了法官的工作压力，另一方面也集中了社会各地法律人士的力量。打破答疑主体的限制，实现答疑主体的多样化，是具有一定理论意义和实践意义的。

再次，对于答疑的对象和范围，笔者认为，答疑的对象和范围不可过于宽泛，应局限在案件的当事人及其法定代理人、利益相关人提出的疑问与不解之处，与案件缺乏直接利害关系的个人或团体不应当成为答疑的对象，以避免案件成为更多的争端或事件的导火索。但是，对于重大案件，如存在众多“共同受害人”的案件，如果其间接的利害关系人或者社会群体要求答疑，并且法院认为其申请具有合理性，那么也应当进行答疑，从而体现司法公开。但是判后答疑的案件类型不应局限在民事诉讼、商事诉讼中，刑事诉讼和行政诉讼也应该适当采用判后答疑制度。

最后，对于答疑的方式和时间问题，笔者认为，判后答疑的方式应灵活变通，不应该局限于书面答疑，而应该采取更多口头答疑的方式。口头答疑的方式又可分为当面答疑和非当面答疑，包括通过网络、电话等方式的答疑。诉讼当事人和法官可以根据时间、地点等具体的情况灵活选择答疑的方式。而在答疑时间的限定上，笔者认为，从不同的角度出发，对判后答疑制度时间的选择便有不同，最终应当相互权衡，选择最优方案。从诉讼当事人的角度来看，当诉讼当事人产生了判后答疑的要求后，其原动力在于解答心中对于判决结果的疑惑或者要求上诉，因此，答疑的时间应规定在上诉有效期内。从社会稳定的角度而言，极有可能出现上诉期已结束但诉讼当事人仍在寻求解决矛盾、纠纷的情况。若此时不能够为诉讼当事人提供司法救济的方式，诉讼当事人极有可能诉诸其他矛盾解决机制，从而不利于社会稳定。权衡两者，笔者认为，判后答疑的时间应不作具体的规定，这更加符合判后答疑制度化解纠纷、解决矛盾、维护社会稳定的初衷。

总之，实行判后答疑制度是体现裁判程序合法性和结果公正性的重要手段。而最终

① 参见谭智华等：《判后答疑：增强司法可接受性的路径依赖》，《重庆行政》2010年第4期。

② 参见廖刚：《公开，让司法更加阳光——云南省永善县人民法院司法公开之路》，2013年8月15日，http://www.chinacourt.org/article/detail/2013/08/id/1048556.shtml.

实现判后答疑制度规范化依赖于法官个人素质的提高、责任心的增强及社会各方面的监督。因此,一方面,要实现答疑主体、答疑过程的多样化,提高答疑的实际效率与效果;另一方面,通过将答疑结果与法官考评相结合,增强法官的责任心。只有这样,规范化的判后答疑制度才能真正起到定分止争、有效化解矛盾、提高法官司法能力的作用,真正成为落实司法为民目标以及维护社会和谐与稳定的一剂良方。

三、判后答疑制度运行的配套机制

虽然判后答疑制度已经被越来越多的法院接受并适用,其规范化问题也越来越受到学术界和实务界的重视,但无可非议的是,一项制度若无相应的配套机制辅助,其发挥功能的空间会越来越小,最终会因无救济的保障而被人们忽视。因此,理应将建立判后答疑制度的配套机制与制度的规范上升到相同的高度。

在上文中,笔者认为判后答疑制度的主体应该是庭审地法官,但是如何能够保证本身就有繁重工作压力的法官做好判后答疑工作呢?一方面,这需要法官考评机制的监督,监督法官履行审判后的职责;另一方面,笔者建议拓宽答疑的社会主体,减轻庭审法官的压力。因此,相应的普遍咨询制度也应该实施。此外,由于我们无法保证答疑一次或几次就完全消除当事人的疑问,因此,如果是以书面形式答疑的,应当将答疑的材料保存适当的时间并力求公开。

综合考虑,笔者认为,判后答疑制度的相关配套机制应包含以下3项内容:

(一)建立配套的法官考评机制

虽然判后答疑制度未由法律明确规定,但目前已有多地法院适用这一制度,有些法院甚至还颁布了相关规章细则落实该制度的运行。例如,广东省法院颁布的《判后答疑工作细则》、浙江省高级人民法院审判委员会第1924次会议通过的《浙江省高级人民法院关于判后答疑的若干规定(试行)》,通过明文规定规范了判后答疑的主体、内容和流程等相关内容。其中,《浙江省高级人民法院关于判后答疑的若干规定(试行)》第十一条规定:"判后答疑是审判工作的重要方面,立案庭要建立答疑情况通报制度,审判庭应将其纳入审判质量管理考评范围,政工部门应将其作为晋职晋级的考核内容。"但该规定未进一步明确答疑情况通报制度和审判质量管理考评的具体内容。以下是笔者就法官判后答疑的考评化所提出的相关建议:

1. 采取当事人反馈制度

法官答疑结束之后,由当事人填写判后答疑满意度调查表,进而对法官答疑情况进行全面和详细的了解。

2. 实行法院层级监督

当事人填写的判后答疑满意度调查表不经答疑法官,而是由上级法院建立的判后答疑监督小组直接进行审查,根据当事人的反馈情况对法官的答疑工作进行总体评价反馈和相关建议,并结合法官提交的答疑相关资料,进行综合打分。

3. 息诉率与答疑率相结合

一方面，通过息诉率的统计评价法官的工作情况，考评判决文书的说理性、公开性和明确性；另一方面，当涉案当事人提出判后答疑后，不能否认判决文书的标准性，而应该结合答疑反馈情况进行综合评定。

4. 明确绩效考评参数

通过息诉率的统计和上级法院判后答疑审查反馈的情况，决定法官在判后答疑方面的综合得分，作为审判质量管理考评和政工部门决定晋职晋级考核内容的标准之一。

通过以上建议，我们希望达到设立法官考评机制与实行法官判后答疑考评化的效果。通过详细严格的规定，将法官的答疑情况计入其考核结果，以此提高法官积极性并促进判后答疑制度的落实。当然，判后答疑的方式非常灵活，不应该仅仅局限于书面答疑，也可以采取口头答疑的方式。对法官的考评也不能仅仅局限于单一的形式，而是应该综合考评其工作质量。一个国家法治建设的水平，反映了这个国家治理体系的完善与否和治理能力的高低之分。所谓"没有规矩，不成方圆"，有了良法，没有好的执行，也无法发挥法律应有的作用。建立科学的法治建设指标体系和考核标准，把法治能力和法治建设情况的考核结果作为一项指标，列入法官考核指标体系中，是促进法律落实、法治发展的重要方法之一。

（二）尝试建立法律普遍咨询制度

针对这一点，笔者在基层司法实践中了解到，一些当地已退休的政协委员或名望较高的人，他们会自愿或以法院返聘的形式到法院的调解部门，对一些民事案件在审判前进行调解，使得很多案子通过调解的方式解决，大大节省了司法资源。笔者设想，是否可以邀请这个特殊群体以及一些律师、大学教授、法律服务团体在判后答疑制度中发挥作用呢？笔者认为答案是肯定的。这些群体可以通过自己的方式说理，凭借丰富的社会经验或利用专业的法律知识，在一定程度上解决诉讼当事人心中的疑惑，从而在答疑之外减少法官的工作量和工作压力。

但是，这些特殊群体的答疑仅仅是对主审法官答疑的一个补充或者一个铺垫，若问题仍然不可化解的话，主审法官还要进行答疑。一方面，部分调解群体的调解是凭借多年的社会经验及对政策的了解，却缺乏必要的法律知识；另一方面，律师多是代表诉讼当事人一方的利益，由他们进行答疑可能会引起诉讼当事人的误解和不满，影响律师日后工作的开展。此外，大学教授或法律服务团体日常多承担教学或社会公益任务，由他们答疑势必会增加其工作量和工作压力。

因此，在一定程度上，法院可以与这些特殊的社会群体展开合作，邀请他们对一段时间内诉讼当事人要求判后答疑的案件进行答疑。但这并不是一个长久之计，不断增强判决书的说理性才是对判后答疑制度不断进行规范化的目标所在。

（三）健全书面答疑备案审查制度

笔者认为，这一点与答疑方式密切相关。答疑方式应该灵活变通并且以易懂的口头答疑为主。但若根据实际情况确实适合采取书面答疑的方式，应将书面答疑的材料妥善保存起来,同时,应当有答疑人和当事人的签字,供日后查用。此举有利于落实判后答疑责任制,使判后答疑的主体做到对自己的案件负责,对自身所说出的话负责,从而保证工作质量,进一步提升判后答疑的效果。

总之,随着逐步规范化的判后答疑制度在全国推广,越来越多的正面评价与积极效果已经生成。随着判后答疑制度的普及,其所发挥的作用也将愈加明显。规范化的判后答疑制度,将会提高人们对于案件的可接受性与心理确信。若要使判后答疑制度能够真正得到更加顺利的实施,除了规范制度外,还应该配套相应制度保障其实施。只有这样,判后答疑才能在我国司法判决书还无法使人们真正实现司法判决确信的阶段发挥其最大的功效。当人们逐步提高对法律的认同感,并将法律及其救济功能作为一种信仰之时,一个更加灿烂的法治天空便将横亘于眼前。

参考文献

[1]姜启波:《法官判后答疑之制度根源》,2006 年 5 月 18 日《法制日报》。

[2]王天民:《判后答疑质疑——兼论司法权威的实现路径》,《政法学刊》2008 年第 5 期。

[3]彭海青:《判后答疑制度的优势及其规范化探索》,《学术交流》2011 年第 1 期。

[4]《中国共产党十八届三中全会公报发布(全文)》,2013 年 11 月 14 日,http://news.xinhuanet.com/house/tj/2013-11-14/c_118121513.htm.

[5]吴彬:《判后答疑让当事人打个明白官司》,2008 年 4 月 27 日《人民法院报》。

[6]郭小冬:《判后答疑制度评析》,《法商研究》2007 年第 1 期。

[7]秦宗文、朱凤翔:《论判前说理与判后答疑制度》,《唯实》2007 年第 4 期。

[8]郭春雨、宋洋:《为判后答疑制度叫好》,《中国审判新闻月刊》2006 年第 2 期。

(指导教师:孙光宁)

全面收费后研究生的教育与管理模式研究

柳丽霞[1]

研究生教育的学费问题即研究生教育成本的分担问题一直是教育经济学领域的一个重要问题，也是社会热切关注的问题。为进一步加大研究生教育投入力度，提高研究生培养质量，2013 年 2 月 28 日，经国务院同意，财政部、国家发展改革委、教育部印发了《关于完善研究生教育投入机制的意见》(财教〔2013〕19 号，以下简称《意见》)，从财政拨款制度、奖助政策体系、收费制度三个方面完善了研究生教育投入机制。根据《意见》，从 2014 年秋季学期起，按照"新人新办法、老人老办法"的原则，所有纳入研究生招生计划的新入学研究生均需交纳学费，这也意味着研究生再无"公费"一说，将全部实行自费政策。

一、实行全面收费的原因

与传统研究生培养模式相比，全面收费后研究生的教育和培养模式会发生变化。对此，社会各界褒贬不一。有人赞同，认为此举有利于提高研究生培养质量，营造一个更加公平、公正的求学环境；有人反对，认为此举不利于寒门学子继续深造，更有人质疑此举仿效欧美但不符合中国国情。那么，国家出台该项政策的初衷何在呢？

2006 年起开始实行的自费、公费"双轨制"的收费模式本身存在一定的不合理性。公费生和自费生在招生标准的统一性和身份认同上一直受到质疑，同时，自费生向公费生转变也存在争议。收费机制的改革很好地规避了这些问题。同时，有数据显示，研究生报考人数已连续 8 年达 100 万人以上，连续 3 年以超过 10 万人的幅度增长，2013 年更是达到了 180 万人左右。随着考研大军的来袭，研究生规模的扩大进一步增加了原本就不足的教育经费压力。所以，为了缓解教育经费压力，更好地提升研究生培养质量，国家必须终结自费、公费并行的"双轨制"。

同时，研究生收费制度改革意义非凡，可以归结为以下三点：一是研究生收费实际上是研究生教育资源的再分配，国家会对研究生教育经费的投入逐步增加，引起社会对研究生的广泛重视和支持；二是学校利用收费转变机制，扩大研究生规模，采取各种措施，

---

[1] 法学院 2012 级法学专业。

提高研究生的教育质量;三是为了吸收更多优秀的学生,学校会加强学科建设,调整专业和学科的结构,认真进行教育改革。这样就会促进高校间教育的竞争发展。①

二、全面收费对研究生招生和培养的可能影响

毋庸置疑,全面收费制度的实施将会改变传统的研究生招生和培养模式,会对高校教育资源分配、学生攻读研究生数量、学生选择学术型或专业型硕士产生影响。具体影响如下:

(一)普通高校与重点高校分化将加剧

1. 新制度的建立给高校带来了不小的挑战

有很多学者认为,新制度将掀起普通高校与重点高校、冷门专业与热门专业之间的"PK战"。由于名牌大学汇集了较多的国家投入和优势的办学资源,一旦收费制度的主动性交还给高校,名牌学校在建立奖、助学金体系和优化研究生培养机制上也会作出积极回应。相比之下,普通大学用奖、助学金覆盖研究生教育的能力有限,提供的资助机会和力度都会受到影响。另外,在此之前已经进行过收费制度试点的学校面对此次政策出台显得胸有成竹,而普通高校面对政策的出台还需要时间进行调整和转变,要想有比较完善的资助体系,还有漫长的路要走。②

2. 新的收费体系改革还将在不同专业上体现差异

目前,很多高校采取博士生导师资助制,理工科导师因为课题经费比较充裕,负担博士生培养经费较为轻松,而文科导师课题数量和经费有限,难免会出现捉襟见肘的现象。

(二)收费垒起的门槛,可能会阻挡住孩子们向上的激情与梦想

"取消公费研究生后,相关配套政策制定时要充分考虑到,在本科阶段,大学生还是十八九的孩子,学费由父母出,他们心理上能接受。但进入研究生阶段,不仅学费提高,而且大部分学生年龄都到了二十四五岁了,再伸手向父母要钱,有的学生心理上可能过意不去,如果是博士生,那就更难开口。"③因此,取消公费后会使大学生思考教育成本的问题。学费一直是学生比较关心的话题,研究生教育实行收费制后,必然有一些贫困学生无力支付高昂的学费,这对他们决定是否考研会有很大的影响。从调查问卷的数据得知,在选择读研的同学中,有20.1%的同学读研经费选择自筹,有13.5%的同学选择部分自筹部分贷款,有4.6%的同学选择部分贷款部分借贷,有4.3%的同学选择全部贷款,还有6.6%的同学选择其他。由此可以看出,全面改革后,读研的经费对于要考研的学生来说是一个急需解决的问题,压力较大。

---

① 参见张志钢、李红梅:《研究生收费制度与奖学金机制改革》,《西安交通大学学报》(社会科学版)1999年第1期。

② 参见张鹏:《"全面收费"拉大研究生教育校际差异》,2013年3月14日《文汇报》。

③ 王磊:《研究生全自费别把穷学生拒之门外》,2013年3月11日《河南日报》。

(三)研究生收费制可能催热专业型硕士

自2014年起,学术型研究生也要交费了,虽然有奖学金补助,但并不是所有学生都能拿到与学费相当的奖学金。[①] 山东大学(威海)的小赵说:“自2014年以后,学术型硕士跟专业型硕士都要交费,那我还不如考专业型硕士,因为有的专业型硕士两年即可毕业,而学术型硕士则一般是三年才能毕业,同时,专业型硕士的题目简单而且招生人数比较多,通过率会大一些。反正用人单位只是看你的文凭,而报考专业型硕士投入的成本较少。”从这位同学的话中,我们可以了解到,收费制度可能会使报考专业型硕士的人数增多。

三、研究生全面收费后相关配套制度的调整与改革

研究生全面收费是为了完善研究生教育投入机制,改善研究生学习、科研和生活条件,提高研究生培养质量,营造一个更加公平、公正的求学环境。为了更好地实现上述目的,国家调整和改革了研究生全面收费相关配套制度。

(一)调整了国家相关政策

1. 现阶段全日制学术学位研究生收费标准,原则上每年硕士生不超过8000元、博士生不超过10000元,全日制专业学位研究生以及已按规定实行收费政策的研究生暂执行原收费政策。[②]

2. 财政部、国家发展改革委、教育部2013年印发的《关于完善研究生教育投入机制的意见》明确规定:从2012年秋季学期起,设立研究生国家奖学金,每年奖励4.5万名学生。其中:博士生1万名,奖励标准为每生每年3万元;硕士生3.5万名,奖励标准为每生每年2万元。

3. 从2014年秋季学期起,我国现有的研究生普通奖学金将调整为研究生国家助学金,用于补助研究生基本生活支出,覆盖全国研究生招生计划内的所有全日制研究生。博士生资助标准不低于每生每年10000元,硕士生资助标准不低于每生每年6000元。[③]

(二)制定合理的教育收费制度

1. 澄清对研究生教育收费制度改革的模糊认识。研究生教育收费制度改革问题在社会上引起了强烈反响,针对该改革呈现出了不同的见解和评议。笔者认为,各大高校应该首先让公众明白这项改革不单单是为了增加教育经费来分担教育成本,它更是一项深层的改革,是为了改革教育投资的隐性“双轨制”。通过收费制度的改革完成研究生教

---

① 参见李征:《研究生公费制度取消对专业型硕士影响较大》,2013年2月8日《新闻晚报》。

② 参见《2014年起研究生收费寒门学子盼落实奖助体系》,2013年3月14日,http://www.chinakaoyan.com/info/article/id/29051.shtml.

③ 参见《三部门:2014年秋季学期起全面实行研究生教育收费制度》,2013年3月2日,http://news.xinhuanet.com/edu/2013-03/02/c_124406399.htm.

育其他相关问题的系统改革,以促进研究生教育机制的变革,实质上是教育体制的创新。

2."我国本科教育实行收费制时,由于没有对各高校的收费标准加以明确限制,致使各高校自行制定的收费标准自由度过大,学费不断上涨,很多考上了大学的学生因此上不起大学,贫困生比例高达20%。这个'前车之鉴'应该吸取。教育主管部门应该对研究生教育收费标准作出明确限制,收多少、怎么收,不仅要根据不同院校的教育水平和不同专业的特点,制定不同的收费标准,而且还要听取研究生及其家长的意见,必要时可以召开专门的听证会进行讨论。"[①]比如说,实行按照学分收取学费。现在许多高校都尝试着实行弹性学制,按照学分收取学费更有利于弹性学制的实行。另外,与按学分收取学费相配套的措施是学生的住宿费也应该按照学分收取,所以学校管理层应该合理利用和分配资源。

3. 根据国家发展改革委、财政部、教育部关于《加强研究生教育学费标准管理及有关问题的通知》,研究生学费标准的制定或调整实行属地化管理。制定或调整研究生学费标准时,省级价格主管部门要加强研究生教育培养成本监审,充分听取有关方面意见,严格审批程序,杜绝各种违规审批行为的发生。

(三)建立完善的资助体系

1. 完善研究生奖学金资助体系。高等学校应根据研究生学业成绩、科研成果、社会服务以及家庭经济状况等因素,确定研究生学业奖学金的覆盖面、等级、具体标准和评定办法,并负责组织实施。比如,可以将奖学金分层次、等级发放。厦门大学是之前收费试点的高校,我们不妨参考一下该校采取的"奖学金抵学费"政策。从2008年起,除了特等奖外,其他级别的奖学金采取一年一评,即第一年是根据学生入学成绩来决定享受什么样的等级,第二年则是根据第一年成绩申请。我们可以参考欧美国家的做法,国家的收费政策施行后,不能一刀切,要根据具体学科的情况,一些热门的专业,奖学金可少提供一些,冷门专业就多资助一些。[②]

2. 保证家庭经济困难的研究生就学。家庭经济困难的研究生除按规定享受奖学金政策外,还要求高校综合采取减免学费、发放特殊困难补助、开辟入学"绿色通道"等方式,确保其就学。同时,提高研究生国家助学贷款最高限额,确保符合条件的研究生都可以申请并及时获得国家助学贷款。

3. 建立导师资助制。在研究生奖学金的管理上,让导师拥有充分的自主权和自由度。[③] 统筹多渠道资金,建立健全导师责任制和导师项目资助制。导师不仅要从自己的科研经费里拿出一部分作为奖学金或是设置"三助"岗位,而且还要掌握奖学金的发放,通过加大对"三助"岗位的津贴资助力度,鼓励研究生积极参与教学、科研、管理,得到全部或部分的生活资助。"三助"体系,即教学助理、科研助理和管理助理。研究生可以申请担任助教、本科班主任、辅导员,从事行政辅助管理等工作,或者承担科学研究或科技产业开发项目中的部分工作。另外,学校应与当地政府协调,为研究生寻找更多的勤工

---

① 牛冬梅:《读研收费须防患于未然》,2004年4月20日《解放日报》。

② 参见姜娜:《中美高校研究生资助体系比较及启示——基于研究生培养机制改革》,《中国电力教育》2009年第6期。

③ 参见茶世俊:《公地困境与制度分析:中国研究生教育管理体制渐进改革》,《教育学术月刊》2009年第6期。

助学岗位。

(四)改革研究生招考及评价体系

1. 各招生单位要根据自身的条件,为考生提供多样化的发展空间。在招生过程中,应该对考生的基本素质给予较多的关注,要着重考察考生的实际能力,特别是科研及逻辑思辨能力。根据国情,采取“资格式”和“考试式”相结合的招生办法是切实可行的。

2. 对大学教育实行专业评价和社会评价,不能再用就业率、考研率这种功利的指标评价大学。在发达国家,评价一所大学的教育质量,通常用的指标包括新生选拔率、学生毕业率、教育资源率、校友捐赠率这些过程性的指标,关注的是学校是否重视人才培养,学生对学校的评价以及学校的整体教育教学质量。

3. 要改革人才评价体系,打破“学历社会”,建立以能力为基础的新的人才评价体系。改变以毕业学校、学历高低来评价人才的方式。否则,面对用人单位不合理的学历要求,学生很难有理性的选择。

(五)重视地方高校研究生教育体系

曾经有媒体报道,除去东部个别地方高校,绝大部分地方高校研究生的生均事业经费拨款金额严重低于部属高校,地方高校获得社会资源的能力也较差。这样的经费水平,恐难以保证地方高校建立完善的资助体系。① 山东大学(威海)是隶属于山东大学的威海校区,而且是整体偏文科类院校,学校的科研经费和教育经费与总校有一定的差距。所以建立以科研为导向的资助制是有一定困难的。因此,在改革过程中,不仅要建立健全地方高校研究生教育经费保障体系,而且还要调整研究生教育的定位,适度发展学术型研究生教育。

(六)贯彻落实政策,注重公平与效率

1. 公平与效率是人类社会永恒的价值追求和社会理想。在高等教育领域,绝大多数重大问题的决策都要以此为依据,因此,厘清两者的关系并分析我国当前正在试行的研究生教育收费制度改革中出现和可能出现的事关该项改革成败的公平与效率问题,提出建设性的建议,无疑具有重要意义。②

2. 奖学金评定应关注评定标准、评定过程和评定结果的公平。根据“效率优先”原则,在评定标准的制定上,首先,强调学习、科研能力在评定标准中的核心位置,从而提高研究生教育的效率。其次,对于评定过程,成立评审委员会,同时接受其他教师和学生的监督,避免暗箱操作,使评审公开化。最后,应公示结果,接受学生及导师的监督与申诉,保证结果的公正性。

3. 各省、自治区、直辖市价格、财政、教育主管部门,应加强对本地研究生教育收费政策执行情况的监督检查,完善工作机制,落实相关责任,提高执行力,切实保障高等学校

---

① 参见李凌、刘瑞一:《研究生收费改革的“鲇鱼效应”》,2013 年 5 月 2 日《中国教育报》。

② 参见杜琼:《我国研究生教育收费制度改革中的公平与效率》,《中国电力教育》2008 年第 9 期。

研究生招生和培养工作的顺利进行。

(七)关注研究生发展,营造良好的学术氛围

1. 根据目前研究生收费制度试点学校在收费改革后的反映,我们了解到,收费制度实行后,通过公平竞争,大大提高了学生学习的积极性,激发了他们的斗志,调动了研究生科研的热情。

2. 在研究生管理与培养的过程中,应该坚持"以人为本"的管理理念。[①] 在培养和管理中,应切实关心研究生的身心发展,为国家建设培养合格的接班人。

3. 学校管理者应该创造良好的学术氛围和学术环境,加强学术交流,经常性地邀请国内外知名专家和学者到学校讲学或者做讲座,与其他院校进行广泛的合作与校际交流。[②]

4. 以山东大学(威海)为例,山东大学在110周年校庆时,明确指出"建设世界一流大学"的办学目标。研究生实行收费制度也是与世界接轨,但山东大学(威海)作为山东大学的一个校区,在学术交流上与其他高校有一定差距。首先,威海的交通条件并不是很发达,造成学生对外交流很少,不能掌握学术前沿动态。其次,威海并没有大学城,哈尔滨工业大学(威海)是一所理工类院校,山东大学(威海)是一所整体偏文科类的院校,两所院校之间的学术交流很少。另外,威海的环境适宜潜心研究学术。所以,学校管理者如何在这适宜研究学术的环境下加强学校的学术交流显得尤为重要。

(八)借鉴国外研究生培养方式,培养创新型人才

1. 实行严格的研究生"淘汰制"。中国长期以来的应试制度一直制约和束缚着研究生的创新能力,导致研究生思维的僵化与单一。因此,要革新原有的研究生考试体制,考试内容应该是全面系统的,注重考核学生的综合能力与实际运用能力。此外,我国研究生教育制度存在着严进宽出的局面,入学难但毕业容易,而英美等国在这方面与我国恰恰相反,他们的学生很容易取得入学资格,但是入学之后,如果学习过程中不努力,就很容易遭到淘汰。[③]

2. 实行三个"弹性化"制度。第一,入学资格弹性化。针对不同的考生采取弹性选拔制度是势在必行的。第二,学习年限弹性化。缩短研究生的学习年限,使其提前毕业。在欧洲等地,两年制的 MBA 培养模式现在多为一年制培养模式。第三,学位授予弹性化。中国目前的研究生培养方式中,通常以论文形式取得研究生学位。现在欧美发达国家的研究生学位授予引入了新的方式。例如,在英国,有一定数量的商学院直接将学生在公司里承担的课题项目作为研究生学位要求,并且目前这种方式已经成为一种在一定

---

① 参见龚娟:《从我国研究生培养体制改革看我国高等教育的人本管理——以研究生收费体制改革为突破口》,《今日南国》2009年第7期。

② 参见龚娟:《从我国研究生培养体制改革看我国高等教育的人本管理——以研究生收费体制改革为突破口》,《今日南国》2009年第7期。

③ 参见史兰新、陈永平:《国内外研究生培养方式的比较及探讨》,《东南大学学报》(哲学社会科学版)2010年第2期。

范围内通行的标准。[①]

3. 推进研究生培养的国际化。我国应当坚持“走出去，引进来”的战略方针，充分利用国家留学基金委留学生计划的机遇鼓励、选送优秀研究生赴海外留学，同时，还应鼓励利用多种途径招收国外的优秀大学生来我国读研究生。此外，还应引进优秀的研究生导师，进行课程、教材、教学模式、考试和评价体系等方面的改革，使我国的研究生教育逐步国际化。

我们应该在参照国外研究生培养方式的经验的基础上，制定出具有中国特色的并与国际主流接轨的高层次创新型人才的培养体制。

四、结　语

中国的教育体制长期以来一直存在着一定的弊端，而国家也一直在不断地寻求变革。这次的研究生全面收费制度不是简单的研究生交纳全部学费、国家不再实行公费来减缓教育成本的压力问题，而是中国高等教育体制的实质创新，是加快建设世界一流大学和高水平大学的必经之路，这是中国教育发展的必然趋势。

参考文献

[1]刘俊:《实行研究生收费制度及若干问题思考》,《清华大学教育研究》2001 年第 4 期。

[2]教育部:《国家发展改革委　财政部　教育部关于加强研究生教育学费标准管理及有关问题的通知》,2013 年 5 月 15 日,http://www.moe.gov.cn/publicfiles/business/htmlfiles/moe/moe_1779/201305/152217.html.

[3]章添香:《中国研究生教育模式改革与完善》,《中国科教创新导刊》2008 年第 36 期。

（指导教师：吴丙新）

① 参见史兰新、陈永平:《国内外研究生培养方式的比较及探讨》,《东南大学学报》(哲学社会科学版)2010 年第 2 期。

中国同性婚姻合法化法律文化的困境及其突破

杨佳菲❶

法律文化的含义在法律界仍然没有一个明确而统一的定论，而学界普遍认为法律文化属于文化范畴，是社会文化系统的一个组成部分。法律文化的内涵包括物质层面与精神层面两个方面：物质层面主要指法律规范、法律制度、法律机构以及法律设施；而精神层面主要指法律意识及法律心理。《中华法学大辞典》中对法律文化的解释为："有关法律现象的文化，确切地说是各种法律现象反映的文化，是整个社会文化的一个特殊方面和部分。文化通常被理解为是社会在科学、教育、艺术及其他精神生活方面，所获得的成果的总和。法律文化也可被理解为是人们在法律领域所制造的精神财富的总和。如同整个社会文化一样，法律文化的性质、水平归根结底决定于社会的物质生活条件。"①中国古代法律文化作为中国政治思想的一部分具有突出的特点。中国传统法律文化构建于中国自然经济、宗法关系及专制政体的基础上，是历经数千年法制实践活动而形成和完善起来的以儒家伦理道德思想为核心的独成体系的封建法律文化。而这种中国传统文化延续到了当代中国的社会文化及法律文化之中。由于学术界对同性婚姻没有明确的界定，本文采用"由婚姻法所认可的，并可享有与异性伴侣相同的、全部的配偶权益的同性结合"这一定义。21世纪以来，西方部分国家在全国范围内实现同性婚姻立法，以法律形式保障同性恋者的合法权益。然而，在中国，同性婚姻立法虽被提出，但迟迟未付诸实践。中国历史上并无禁止、惩罚同性恋的法律，对待同性恋的态度相比很多西方有宗教信仰的国家开明得多，但在同性婚姻立法实践上却未能展开，究其原因，离不开中国法律文化的影响。本文将通过分析中国法律文化对同性婚姻立法所造成的困境，探讨同性婚姻立法突破困境的方法。

一、法律文化的困境

在中国的法律文化中，"理""礼""法""制"都具有法的特性，而这也清晰地展现出中

---

❶法学院2012级行政管理专业。

① 孙国华：《中华法学大辞典（法理学卷）》，中国检察出版社1997年版，第124页。

国传统法律文化中法律道德化的特点。这一特点对当代社会中的诸多现象产生了一股极为强势的阻碍力量,如安乐死立法、取消死刑、同性婚姻立法等。这股力量对同性婚姻立法的阻碍持续至今,无论是立法、司法还是执法过程都深受法律道德化这一法律文化影响,使得同性婚姻立法实践在当代社会举步维艰。

(一)法律道德化

法律道德化对同性婚姻所造成的困境体现在同性恋者自身认同缺失、同性恋社会认可度低、同性恋运动有限等方面。同性婚姻合法化立法实践若想在中国当代社会展开,突破法律道德化的困境极为重要。

1. 法律道德化的特征

道德与法律的关系贯穿于中国古代政治思想之中,儒家提倡道德教化,法家提倡法治,在外儒内法、儒法并存的古代社会,道德和法律已成为君主治理国家的重要思想组成部分。在中国传统文化中,立法程序由行政机关代为执行,因此,中国法治思想史蕴含在政治思想史之中。从中国法的起源来看,氏族血缘纽带、祖先崇拜以及频繁的战乱等因素在中国法的形成中相互作用,决定了中国古代法以君主意志为核心、强调"礼"的作用、维护宗法伦常、偏重刑法等主要特点。而在这些特点中,无论是君主意志还是"礼"的作用,抑或宗法伦常,都离不开儒家道德。孔子在其治理主张中特别强调"礼"的作用,认为"不知礼,无以立"。自儒家思想成为中国古代的主要统治思想后,"礼"的思想主张被历代儒生发扬成为中国古代的统治思想核心主张,其中,"德治"主张成为了君主意志的重要组成部分。荀子坚持礼法兼施的行政管理方法,在荀子看来,"礼"是起着指导作用的一般原则,而"法"是为了实现"礼"的原则而运用的手段。从上述观点不难看出,法律道德化在荀子的思想中已经初具雏形。随着汉唐时期儒家思想的发展,法律道德化的特征愈发明显,西汉时期的董仲舒、王符、傅玄等人都在政治主张中着重阐述了"礼"与"法"的关系,而这一关系中蕴含着法律道德化这一特征。中国传统意义上的法律道德化是相对于"法治"而言的"德治"。所谓"德治",其核心特征包括三点:第一,为政者有德;第二,为政者以德治国,即更重视道德教育,道德教育先于刑法;第三,教育全体公民都成为有德性的人。儒家思想博大精深,源远流长。因此,儒家文化中法律道德化这一中国传统法律文化特征绵延至今,对当代中国法律文化依旧有深刻影响。法律道德化不可避免地内化到当代中国人的思维之中,影响着人们对于诸多社会行为或社会现象的判断。

2. 法律道德化对同性婚姻合法化造成的困境

法律道德化的中国传统法律文化绵延至今,对当代中国人民的个体心理、法律意识、行为认知都产生了极为深刻的影响,对当代中国的法律体系、立法过程、司法实践也起到了重要的作用。也正是因为这种影响,同性婚姻立法实践在中国受到阻碍,难以开展。法律道德化对同性婚姻合法化造成了不可避免的困境。首先,法律道德化对同性恋者形成自身认知偏差以及自我否定的影响。中国的传统法律文化中法律道德化的特点延续至今,使得当代中国人中的同性恋个体受到中国传统道德文化影响并在人格上自我否定。李银河在《同性恋亚文化》一书中,将同性恋者对自身性倾向的价值观念分为三类:第一类认为同性恋是罪恶,自己不仅有罪而且罪孽深重。第二类认为同性恋是疾病,自己是有病的,需要治疗。持有这种价值观的人常常认为自己命运不佳,陷入痛苦孤独的感觉之中。第三类认为同性恋是一种生活方式,自己既没有罪也没有病,与常人无异。持第三类观点的同性恋者认为自己的生活方式是正常的,并不违反人的天性,强调自己的权利社会无权干涉。[①] 从李银河的研究中不难看出,在中国同性恋人群中,存在自我认知偏差并自我否定的绝不是少数。前两类同性恋者在自我否定中会抑郁甚至自杀。鲁龙光在《同性恋1000例临床分析》一书中写道:"同性恋存在抑郁、焦虑、孤独,甚至自杀企图等负面情绪。"[②]其次,法律道德化影响社会大众对同性行为的认知,从而影响同性恋个人及群体的发展,并对立法背景造成重大影响。伦理道德是对社会生活秩序和个体生活秩序的深层设计,法律道德化作为中国传统文化中法律文化的主要特点,对社会大众对待同性行为的认知出现浓重的道德色彩。传统的性道德与生育观仍然是人们歧视同性恋的主要思想渊源。中国传统意义上的性观念认为,性爱应从属于生殖,这一观念也在中国古代法律中体现出来。中国古代社会中休妻的"七出之条"为:"不顺父母,为其逆德也;无子,为其绝世也……""七出"之一为"不孝",同时古语有云:"不孝有三,无后为大";而"七出"之二即为"无后"。从上述足以看出生殖在中国古代性观念中的重要性。而同性恋显然是不具备生殖可能的,因此,在中国人看来,同性行为是有违伦理纲常的。有这种认知的人不在少数,甚至很多同性恋的亲属中也存有此种观念,而这种观念使得部分同性恋者不得不选择异性结婚生子,最终酿成"同妻"的悲剧。最后,法律道德化使得立法实践难以展开。同性婚姻立法于2000年在"两会"中被提出,2006年李银河再次在"两会"中提出同性婚姻立法的提案,直至今日,同性婚姻立法已存在于每年"两会"的提案之中,但是都由于现行环境条件不允许的诸多理由被否决。基于上述的两种困境可以发现,无论是同性恋者自身还是中国传统法律文化影响下的社会环境,都使得同性婚姻合法化实践难以展开。2008年3月7日,国家广电总局公布了《关于重申电影审查标准的通知》,这份通知将"同性恋"列为"应删减修改"的电影片情形之一。在该通知中,广电总局将"同性恋"与"淫秽色情"等同。何东平在《中国同性恋人权保障研究》一书中提到:"法律道德化极大地制约着立法、执法和司法机关的创造力。对于公权力机关的立法等活动来说,社会环境对一个事物看法的指向,特别是道德的指向,在一定程度上是一种方向标,可以说,这些机关不愿意也不会制定出与传统伦理道德或民意相冲突的法律。"[③]因此,如果不能解决法律道德化带来的前两种困境,同性婚姻合法化的立法实践将难以展开。

(二)法律意识淡薄

法律意识是人们关于法律和法律现象的思想、观念、观点、态度和心理的总称,是社会意识的一种特殊形式。法律意识的产生、形成始终同物质生产活动有关。法律意识是社会法律现实的组成部分,与法的产生、形成是同一过程,二者相互依赖。费孝通在《乡

---

① 参见李银河:《同性恋亚文化》,中国友谊出版公司2002年版,第321～322页。

② 鲁龙光:《同性恋1000例临床分析》,《中国心理卫生杂志》1992年第3期。

③ 何东平:《中国同性恋人权保障研究》,厦门大学出版社2012年版,第140页。

土中国》中写道:“中国正处于从乡土社会蜕变的过程中,原有对诉讼的观念还是很坚固地存留在广大的民间,也因之使现代的司法不能彻底推行。”[①]由此可见,法律意识淡薄是乡土中国的一大特色。中国2000多年的封建传统以及新中国成立后的“左倾”思潮影响,造就了中国公民法律意识淡薄的现状。而这一现状使得同性恋运动、同性恋者维权、同性婚姻立法等一系列问题难以解决,使得国内同性恋人群隐藏在“柜中”。而当代中国同性恋滥交、同性恋艾滋病等问题的根源离不开法律意识淡薄。因此,实现同性婚姻立法必须突破法律意识淡薄所造成的困境。

1. 法律意识淡薄的表现

由于法律意识的产生与社会意识的其他形式交织渗透,中国传统社会的观念不可避免地造就了中国法律文化中法律意识淡薄的状况。而这一状况也随着中国传统文化被继承下来,绵延至今,影响着当代中国的法律文化。中国社会法律意识淡薄主要表现在以下三个方面:首先,在中国传统思想中,人情高于法理。其次,在中国公民的诉讼观念上,呈现出“无讼”胜“有讼”的思想观念。例如,北京的调查结果也显示了这种传统的“非讼”或“无讼”观念在人们的意识中仍然具有很大的影响,制约了人们在解决纠纷方式上的法律途径选择。[②] 最后,中国人法律意识淡薄表现的根源在于权利意识淡薄。法律的主要作用之一就是用来保护人民的权利,因此,这种权利意识的淡薄是法律意识淡薄的根本表现。在中国权利意识淡薄的现状下,少数人的权利意识更加难以保障。“少数人”是指在数量上有一定的规模,在种族、宗教和文化语言及价值取向等特性方面不同于数量上相关的多数人,并且有保留这种种族、宗教和文化语言及价值取向等特性的诉求,在社会相关的政治、经济、文化生活的各领域遭受偏见和歧视对待,甚至权利被无理剥夺,在各相关领域处于长期的从属地位。[③] 也是由于这种地位的从属性,使“少数人”的利益长期以来受多数人意志所压迫,形成一种“多数人的暴政”。在这样的社会背景下,“少数人”的权利意识更加难以建立,缺乏权利意识,“少数人”的合理诉求必将永无实现可能。

2. 法律意识淡薄对同性婚姻合法化造成的困境

法律意识往往是立法的前提和基础。换言之,法律意识对立法及司法起到了决定性的作用。根据法律意识淡薄在中国社会的表现,同性婚姻合法化的困境突显出来。首先,在当前人情高于法的法律文化环境中,人们对同性恋的情感认知使得同性婚姻合法化的立法实践难以展开。当社会中的“多数人”将个人情感置于法律之上时,“少数人”的正当利益的诉求就出现了不可避免的困境。而本文所探讨的同性婚姻合法化这一问题针对的人群,即为社会中的少数人。其次,在“无讼”胜“有讼”的法律文化环境中,同性恋人群在人权保障、立法保障上争取有限。“我国历史上不曾有过类似于英美国家同性恋迫害运动,加上传统文化对其‘漠视性’的宽容,更加滋生了中国同性恋者苟且偷安的心态,这不仅与传统的中庸处世哲学和个人权利意识淡薄有关,更是因为他们的生存环境毕竟不同于西方——同性恋在漫长的欧洲中世纪被认为是违反人类天性的罪行而受到

---

① 费孝通:《乡土中国》,人民出版社2011年版,第70～71页。

② 参见董璠舆:《中国人法律意识的基本构造及提高途径——以北京为中心的调查》,《社会科学战线》1996年第6期。

③ 参见肖芃:《论少数人的权利》,《华南理工大学学报》2008年第2期。

极端的对待,直到20世纪50年代人们对于同性恋群体的歧视和迫害还普遍存在,正是因为这些迫害式的处境使他们走上街头,争取权利。反观我国,同性恋者则希望永远躲藏在阴影中,与世无争,不愿也不敢发起激烈的改造,可以预见这种情况还会持续很长的一段时间。”①这样的状况使得多数同性恋者不得不选择与异性结合。也正是因此,庞大的“同妻”人群在中国当代社会中出现。同样,这种权利意识淡薄的法律文化也影响着“同妻”,使得因婚姻中一方为同性恋而离婚的案件未上升至法律层次,中国现有法律在这种问题上的缺陷未明显暴露。最后,在中国公民心中,存在着法律权威性及控制范围不容质疑的思想观念,这种观念也影响着中国人的权利意识。在这种观念的影响下,同性恋人群缺乏争取平等、自由、维护权利的法律意识。同性恋人群在一个充斥着异性恋的社会里被看作“少数人”,“同妻”则是更少数的人群。在这样的法律文化环境下,同性恋人群与“同妻”人群的权利意识薄弱,不能通过有效途径诉求合理的权利,同性婚姻立法也将难以展开。

二、对各国立法模式的借鉴及中国法律文化困境的突破

截至2014年3月,全球有15个国家在全国性的法律中设有同性婚姻制度,它们分别是荷兰(2001)、比利时(2003)、西班牙(2005)、加拿大(2005)、南非(2006)、挪威(2009)、瑞典(2009)、葡萄牙(2010)、冰岛(2010)、阿根廷(2010)、丹麦(2012)、法国(2013)、新西兰(2013)、乌拉圭(2013)和巴西(2013),而美国、澳大利亚、墨西哥、英国4国部分地区有此制度。此外,15个国家全国,5个国家的部分州或省份,有法律上的同性民事结合制度。综观世界同性婚姻立法实践,同性婚姻合法化均为同性恋运动的产物。其在法律方面体现在同性婚姻合法化程度与同性民事结合享有权力范围两个方面,主要历经以下4个阶段:不将同性性行为视为犯罪的去罪化阶段,同性同居行为受法律保护的合法化阶段,承认民事结合的注册伴侣阶段,与异性婚姻结合完全一致的同性婚姻合法化阶段。在同性恋群体不断争取人权的斗争中,西方国家对于同性恋的态度完成了由视为犯罪到立法规范的突破。比较而言,中国社会对同性恋问题的认识也完成了“去罪化”“去病化”和逐渐“人性化”,但始终未在法律上予以正视。同性婚姻立法已成为世界潮流,中国虽不似西方国家存在宗教信仰的阻碍,但是同性婚姻立法若想在中国实现,仍需突破中国法律文化的困境。

前文已经分析了中国法律文化对同性婚姻立法造成的困境,如何突破这一困境成为了实现中国同性婚姻合法化需要解决的重大问题。笔者认为,应从以下三方面突破法律文化的困境。首先,社会大众应给予同性恋者个人或群体一定的社会宽容。足够的社会宽容一方面可以加强社会对同性恋者的身份认同,给同性恋者一个更为宽松的生存环境,减轻同性恋者的心理压力;另一方面可以加强同性恋者的自我认同,从而树立正确的性倾向价值观念。只有社会给予同性恋人群足够的宽容,才有可能突破中国绵延千年的

① 张健:《中国语境下同性婚姻合法化的困境与现实——一个法社会学的解读》,《湖北第二师范学院学报》2010年第5期。

法律文化对同性婚姻合法化造成的困境。而要实现社会宽容，良性的社会引导不可或缺。这就需要国家对大众就与同性恋相关的知识进行正确引导，然而，目前中国关于同性恋知识的正确引导极为匮乏。例如，提供同性恋资讯并致力于反歧视和为少数性倾向人群争取权益的爱白网中国域内网站被关闭；国家广电总局公布了《关于重申电影审查标准的通知》，这份通知将“同性恋”列为“应删减修改”的电影片情形之一。因此，社会宽容需要国家从正确引导社会大众对同性恋的认知开始。其次，国家应在社会中普及法律知识，建设法律文化。一方面，对同性恋人群的社会宽容需要法律去道德化。法律道德化是中国传统思想的产物，已深入中国人的内心，如“常回家看看”立法、公交车让座立法等。法律道德化使得同性恋者缺少社会认同乃至自我认同，这是法律文化对同性婚姻立法最大的影响，因此，只有突破法律道德化的困境，同性婚姻合法化才能成为可能。法律去道德化需要政府在社会公民中普及法律知识，明确法律与道德的联系及区别，正确认识法律与道德的调整对象及规范体系。另一方面，在同性婚姻缺失立法保障的大背景下，同性之间易产生同性共同居住及生活后的财产纠纷。在这样的情况下普及法律知识、建设法律文化有利于提高同性恋人群的维权意识，保障其财产免受损失。最后，同性婚姻合法化是一个漫长的过程，需要政府强有力的政策推行。任何立法实践都需要政府的政策推行及长期支持，同性婚姻立法实践也不例外。立法只是前提，司法及执法过程的贯彻也必不可少，因为只有政府强制力的保证，才能真正突破法律文化对同性婚姻合法化所造成的困境。

（指导教师：弭维）

经济管理

FDI技术溢出效应对山东省工业发展影响的分析

姜超[❶]

国家商务部统计数据显示，截至2007年底，中国累计吸引外资达7826.58亿美元，首次超越美国成为世界第一大投资国。[①] 中国节节升高的FDI是政治选择，也是非理性体制作出的非理性的经济选择。FDI已经成为“热钱”流入中国的主要途径，给中国实体经济带来极其不利的影响。现阶段，外资主要集中在重化工企业，而普通制造业、轻工业利用外资较少，外资利用结构极不合理。因此，对FDI技术溢出效应的研究对于当前中国的发展具有战略性意义。本文的主体部分将选取威海市作为案例城市进行走访调研，分析企业版、市民版和高校版三类调查问卷，选取山东省工业统计年鉴数据，建立单方程计量经济模型，运用普通最小二乘法(OLS)进行参数估计，并利用时间序列相关检验方法进行检验；引入PEST和SWOT模型进行分析，从时间和空间的角度对比分析山东省和日韩承接外商直接投资的特征，得出建议。

一、文献综述

技术溢出效应是跨国公司在东道国实施FDI，引起当地技术或生产力进步，跨国公司无法获取其中全部收益的经济外部效应。2013年，中国设立外商投资企业22773家，同比下降8.63%；实际使用外资金额1175.86亿美元，同比增长5.25%。对中国大陆投资前10位的国家/地区依次为：香港(783.02亿美元)、新加坡(73.27亿美元)、日本(70.64亿美元)、台湾(52.46亿美元)、美国(33.53亿美元)、韩国(30.59亿美元)、德国(20.95亿美元)、荷兰(12.81亿美元)、英国(10.39亿美元)和法国(7.62亿美元)，前10位的国家/地区实际投入外资金额占全国实际使用外资金额的93.15%。[②] 2001年，山东省外商直接投资总量仅占全国的7.73%，到2010年，这一比重上升至12.89%。[③] 山东

❶商学院2011级国际经济与贸易专业。

① 参见苏嫒嫒：《山东省吸引外资环境分析及政策调整研究》，华东理工大学硕士学位论文，2013年。

② 参见《2013年1～12月全国吸收外商直接投资情况》，2014年1月20日，http://www.fdi.gov.cn/180000012-33-3917-0-7.html.

③ 参见黄婷瑶：《外商直接投资在中国的区位选择研究》，华东师范大学硕士学位论文，2012年。

省各市吸引外资能力差别很大,极不均衡,方式单一,对引进技术缺乏消化创新,FDI利用率不稳定成为山东省现今阶段所面临的一个实际问题。

二、FDI技术溢出效应对山东省工业发展影响的计量经济学分析

(一)FDI技术溢出效应与山东省工业总产值的分析

本部分旨在对FDI技术溢出效应对山东省工业生产总值的影响进行研究。选取2003~2012年山东省统计数据,建立单方程计量经济模型。假设Y为因变量,代表山东省工业生产总值;$X(X_1,X_2,X_3)$为自变量,分别代表山东省FDI、出口额、进口额。可得到单方程计量经济模型:

$$Y=\beta_1 X_1+\beta_2 X_2+\beta_3 X_3+U$$

假设$H_0:\beta_1=0,\beta_2=0,\beta_3=0$,得到:

$Y=595.4479+0.003775X_1+0.002855X_2+0.005888X_3$

s. e. =[13216.84] [0.015768] [0.002819] [0.002917]

$t=$(0.045052) (0.239417) (1.013009) (2.018932)

$R^2=0.977875$ Adjusted $R^2=0.966813$ D. W. =2.695595

1. 经济检验

一次项系数$\beta_1=0.003775,\beta_2=0.002855,\beta_3=0.005888$,这表明,利用外资直接投资每增加1万美元,山东省工业生产总值增加37.75美元;出口总额每增加1万美元,山东省工业生产总值增加28.55美元;进口总额每增加1万美元,山东省工业生产总值增加58.88美元。符合当前经济发展的一般规律。

2. 统计检验

(1)显著性检验

β_1、β_2、β_3的t统计量分别为$t_1=0.239417$,$t_2=1.013009$和$t_3=2.018932$。在显著性水平$\alpha=0.1$下,查t分布表,其临界值$t_{0.05}(6)=1.943$。因为$t_1=0.239417<t_{0.05}(6)=1.943$;$t_2=1.013009<t_{0.05}(6)=1.943$;$t_3=2.018932>t_{0.05}(6)=1.943$。所以,拒绝$H_0:\beta_3=0$的假设,即进口额对山东省工业生产总值有显著性影响;接受$H_0:\beta_1=0,\beta_2=0$的假设,即利用外资直接投资额、出口额对山东省工业生产总值没有显著影响,这可能与FDI技术溢出效应传导过程中的时滞性有关。

(2)拟合优度检验

$R^2=0.977875$,这表明本样本回归方程的解释能力为97.78%,即在山东省工业生产总值Y的总变差中,由解释变量利用外商直接投资额X_1、出口额X_2、进口额X_3解释的部分占了97.78%。

3. 计量经济学检验

(1)自相关检验(D-W检验法)

对于一阶线性自相关模型$U_t=\rho U_{t-1}+v_t$,显然,当$\rho=0$时,U不具有一阶线性自相

关;当 $\rho\neq0$ 时,U 具有一阶线性自相关。构造 D-W 检验统计量如下:

$$d=\frac{\sum_{t=2}^{n}(\varepsilon_t-\varepsilon_{t-1})^2}{\sum_{t=1}^{n}\varepsilon_t^2}=\frac{\sum_{t=2}^{n}\varepsilon_t^2+\sum_{t=2}^{n}\varepsilon_{t-1}^2-2\sum_{t=2}^{n}\varepsilon_t\varepsilon_{t-1}}{\sum_{t=1}^{n}\varepsilon_t^2}$$

d 的现实值为 2.69,样本容量为 10,自变量个数为 3,显著性水平为 0.05,从 D-W 检验临界值表中查出 d_L 和 d_U,将 d 的现实值与临界值进行比较,可知 $d_U<d<4-d_U$,则否定 H_0,即 U 不存在自相关。

(二)山东省 17 地级市承接外商直接投资对本市工业发展影响的分析

本部分旨在对 FDI 技术溢出效应对山东省 17 地级市工业生产总值的影响进行研究。假设 Y 为因变量,代表山东省各市工业生产总值;X_1 为自变量,代表山东省实际利用外商直接投资额。得到单方程计量经济模型:

$$Y=\beta_1X_1+U$$

假设 $H_0:\beta_1=0$,利用 Eviews 分析得到方程如下:

$Y=52378784+204.1159X_1$

s. e. =[8734885]　[68.78502]

t=(5.996506)　(2.967446)

$R^2=0.369900$　Adjusted　$R^2=0.327893$　D. W. =1.598015

1. 经济检验

一次项系数 $\beta_1=204.1159$,这表明,利用外资直接投资每增加 1 万美元,山东省 17 地级市工业生产总值平均增加 204.1159 万美元,符合当前经济发展的一般规律。

2. 统计检验

(1)显著性检验

β_1 的 t 统计量为 $t_1=5.996506$。在显著性水平 $\alpha=0.1$ 下,查 t 分布表,其临界值 $t_{0.05}(15)=1.753$。因为 $t_1=5.996506>t_{0.05}(15)=1.753$,所以,拒绝 $H_0:\beta_1=0$ 的假设,即 17 地级市实际利用外资额对山东省各市的工业生产总值有显著影响。

(2)拟合优度检验

$R^2=0.369900$,表明样本回归方程的解释能力为 36.99%,即在山东省 17 地级市工业生产总值 Y 的总变差中,由解释变量 X_1 解释的部分占了 36.99%。该模型不能很好地代表实际值。

3. 计量经济学检验

异方差检验(White 检验法):$nR^2=1.901312$,显著性水平为 0.05 时,查 χ^2 分布表,得临界值 $\chi^2_{0.05}(2)=5.99$,则否定零假设,表明随机项中存在异方差。在古典回归模型的假定下,普通最小二乘估计量是线性、无偏、有效估计量,模型的预测作用遭到破坏。

三、山东省承接FDI时间和空间的对比分析

(一)空间对比——基于对中、日、韩三国外国直接投资的PEST分析

1. PEST模型构建

基于PEST模型分析框架,即政治环境、经济环境、社会环境、技术环境的分析,可得到表1。

表1　中、日、韩承接FDI的宏观环境对比表

	政治(P)	经济(E)	社会(S)	技术(T)
不同点	中国:有关政策从20世纪90年代初期开始 日、韩:自20世纪90年代后期开始,FDI持续增长	中国:主要以绿地投资为主,FDI集中于制造业 日、韩:韩国的M&A和绿地投资比例为2∶1或3∶1,对日本的FDI则以M&A为主;FDI以服务业为主	中国:产业投向不均衡导致产业结构失衡,加剧了投资结构偏差,出现结构性过剩,供给与需求结构错位。内需拉动乏力,不能使存量资产得到优化调整,新增设备和技术形成新的生产规模后,还会造成原有生产能力和生产员工过剩 日、韩:法律制度等方面完善,压缩和优化存量资产充足	中国:主要投资来源国是亚洲国家和地区,技术含量以及在国际产业链中的地位处于更低端的位置 日、韩:主要投资来源国是美欧发达国家,技术更为先进
相同点	采取了出口主导型增长战略	引进外资方面均以制造业为中心;工业FDI的比重较高	生产体系以出口为中心,集中于少数几个产业和行业	日、韩技术密集型产业,中、韩劳动密集型产业存在竞争关系

2. 空间对比的结论

重视税收优惠和廉价的生产要素,以及良好的基础设施、监管框架和竞争水平。调整FDI的产业结构,加大服务业吸资力度,并避免外资企业垄断我国服务业市场。培养国内企业的竞争力,避免服务业市场被跨国公司垄断,提高M&A在FDI中的比重,利用外资促进国有企业结构调整。把国有企业纳入其全球产业价值链进行整合,加强协同效应;规范治理结构,减少国内企业的重复投资,优化产业结构。

(二)时间对比——基于1979年至今山东省工业承接FDI的PEST分析

基于PEST模型分析框架,即政治环境、经济环境、社会环境、技术环境的分析,可得到表2。

表 2　　1979 年至今山东省工业承接 FDI 的宏观环境对比表

	政治(P)	经济(E)	社会(S)	技术(T)
起步发展阶段(1979～1985 年)	引资政策尚不完善	国内经济水平较低；跨国企业对在中国的投资有顾虑	基础设施比较落后	外商直接投资水平相对较低；FDI 对制造业的影响较小
缓慢发展阶段(1986～1991 年)	完善引资政策和措施，山东省也在此时期完善了外资立法制度	外商投资结构提高，产品出口企业逐渐增多，外资比例扩大	利用外国政府贷款建设基础设施	对外资的利用能力逐步增强，FDI 对制造业的影响增大
快速发展阶段(1992～1995 年)	中国确立了经济体制改革的目标	外商直接投资迅速发展，且投资结构逐渐发生变化	越来越多的跨国公司进入山东	外商直接投资规模扩大，资金和技术密集型项目、基础设施项目迅速发展
改革调整阶段(1996～1999 年)	引资政策改革和调整，山东省的引资更加注重引资质量	引资质量提升；受东南亚金融危机的冲击影响	外商直接投资方向开始发生转变	通信设备、计算机及其他电子设备、专用设备制造业等资本、技术密集型行业得到发展
加速发展阶段(2000～2007 年)	中国加入 WTO 后，引资政策逐渐完善，吸引大量的外商直接投资	山东省顺应新的引资政策的变化和国际资本流动的潮流，吸引外商直接投资的数量和质量都有了跨越式增长	沿海地区成为吸引外资的热点地区；具备优越的经济条件和市场环境	山东省劳动密集型行业保持强劲增长势头；资本、技术密集型行业受外资影响较大，技术革新速度较快
减速发展阶段(2008～2009 年)	政策积极引导与适当调整	美国金融危机波及全球，世界经济都受到了严重的影响	经济大范围都处于衰退期，中国也受到一定程度的影响	受金融危机影响，山东省利用外商直接投资金额不断下降，FDI 对制造业的影响也有所下降
恢复发展阶段(2010 年至今)	我国政府采取稳定经济发展的政策措施，山东省积极响应国家政策，采取有效措施稳定经济发展	出口大幅度增长，山东省经济进入迅速恢复发展期	山东省制造业外商直接投资方向明显转变	山东省通信设备、计算机及其他电子设备制造业、技术密集型行业等已成为外商直接投资热门，产业技术溢出效应明显

四、小结与建议——以SWOT模型分析原理为依据

本文采用SWOT方法剖析FDI技术溢出效应对山东省工业发展的影响,阐述山东省在承接FDI过程中的特征及其优、劣势,提出提高利用FDI效率的对策。图1为SWOT分析模型图。

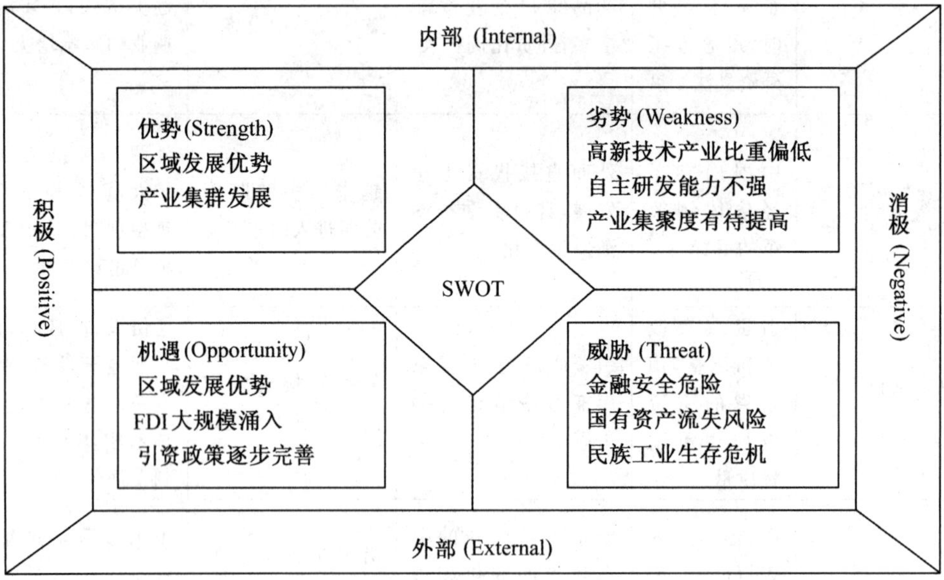

图1 SWOT分析模型

(一)基于SWOT模型分析的理论建议

利用FDI促进高新技术产业发展,优化引资质量和引资来源,利用FDI扩大产业集聚和培育主导产业群,积极引导外资企业的技术外溢,政府要努力建设有利于高新用公共设施和服务,节省物质和信息传输的时间,节约成本。充分利用公共基础设施、交通和通信网络,节约成本,增强技术扩散和外溢,提高产业竞争力。引进外资的思想应从注重数量向注重质量转变,拒绝低水平、低技术的投资项目。

(二)基于实证调研的政策建议

1. 政府层面

制定制造业引进FDI有关政策,创造有序的市场环境,充分利用地域优势,加大科研支持力度,充分利用外商直接投资所产生的社会效应。引进FDI的政策要实现从优惠政策为主到开放政策为主,再到投资促进为主的转变。优化宏观环境,进行税制、外贸体制改革,促进国内企业和外商投资企业之间的联合与竞争。相应进行制度创新和资金支

持,重视人才的培养,营造科技创新的良好氛围,激励技术创新,提高自身技术水平,建立企业、学校、科研院所等广泛参与的科研体系。

2. 企业层面

提高自身技术水平,积极参与竞争,培养高层次人才,加强与外资企业之间的联系。通过多个途径,研究并学习外资企业引进的先进技术、产品,在消化吸收的基础上进行再创新,突破限制自己发展的瓶颈,提炼出属于内资企业自己的东西,进而提升自身的技术水平,最终达到利用 FDI 技术溢出效应的目标。提高吸收 FDI 技术溢出效应的能力,并从根本上提升自身经济效益。内资企业应建立良好的人力资源管理体系,加大力度进行人力资本投资,培养本企业关键技术人才,避免人才的流失。

参考文献

[1]李成刚:《FDI 对我国技术创新的溢出效应研究》,浙江大学博士学位论文,2008 年。

[2]张宏、赵佳颖:《对外直接投资逆向技术溢出效应研究评述》,《经济学动态》2008 年第 2 期。

[3]程滢:《FDI 对中国的技术溢出效应研究》,浙江大学硕士学位论文,2003 年。

[4]吴峰:《我国制造业 FDI 行业间技术溢出效应实证研究》,山东大学硕士学位论文,2012 年。

(指导教师:韩巧霞)

滨海城市海景房售后回租模式调研
——以威海市为例

林双双[1]

随着世界范围内金融市场、房地产市场的不断完善，投资方式逐步趋近多样化。售后回租作为一种新型的投资方式，在世界各国得到了快速的发展，但在中国，其发展仍处于初步兴起的阶段，因此，对其发展现状和前景的研究对房地产市场具有重要的意义。

针对售后回租在中国的这一发展现状，我们选定一个特定的城市、特定的市场——威海海景房的售后回租进行调研。调研的区域包括威海市区、荣成、乳山等地，调查的对象包括出租者、承租者以及入住的客户群等，调查的内容包括目标客户群、营销手段、公众形象等，并据此现状与普通的海景房进行对比，了解海景房售后回租模式发展的基本情况以及前景，并得出相关的发展对策，以进一步促进售后回租模式海景房的发展。

一、国内外文献综述

随着世界性金融市场的完善和房地产市场的进一步发展，尤其是在广大发达国家，售后回租作为一种新的融资模式迅速在世界范围内兴起并且得到逐步完善，而对于发展中国家(如中国)，售后回租模式只得到了初步的发展。售后回租模式的发展状况决定了国内外研究的不同现状。

(一)国外研究现状

售后回租模式作为一种兴起于英国的融资模式，现阶段在以美国为代表的发达国家中逐步发展并且日渐成熟，因此，大量的学者对国外的售后回租模式进行了研究。其主要内容如下：

1. 美国售后回租模式现阶段的发展状况研究

在美国，随着售后回租模式的发展，它对经济的影响不再局限于房地产行业，而是逐渐扩展到所有的金融行业。在金融行业，Ronald C. Rutherford(2000)的研究表明，房地

---

[1] 商学院 2011 级金融学专业。

产行业的售后回租对出售公司股东的利益会产生实质性的影响，但对购买公司并没有限制性的影响。

2. 英国售后回租模式持久发展的研究

随着售后回租模式在英国的发展，它的诸多弊端与陷阱也逐渐暴露出来。英国政府采取了相应措施对售后回租市场进行监管，如制定相关的法律、法规，建立售后回租市场的信用制度，加强英国金融服务管理局的监管等，通过这些措施，实现英国售后回租模式的持久发展。

（二）国内研究现状

1. 售后回租模式的可行性研究

陈德强(2005)认为，虽然售后回租较直接的贷款具有融资成本低、风险小、操作便捷等特点，且具有盘活企业资产，充当现行市场与发达金融市场之间的桥梁，缓解融资市场的资金紧张等作用，但由于我国金融市场的不完善、不成熟，售后回租的单独发展必然会受到阻碍。因此，只有将售后回租与保理和证券化结合发展，才能促进我国房地产业售后回租模式的迅速持续发展。

2. 中外研究状况对比

沈彬(2006)认为，中国与美国的售后回租模式主要存在两方面的差异：一是税务的计算，在美国，参与售后回租模式的企业可以将租赁费用从出售不动产的资金中扣除，以达到延迟纳税获得税收优惠的目的；而在中国，其税收则是按照出售不动产的税率进行征收，不存在税收优惠。二是投资人的身份，美国售后回租的投资者是机构投资者或者REITS，其拥有大量的可流动资金；而在中国，大型的投资公司并没有参与售后回租模式的经营，资金实力薄弱、缺乏评估能力的个人投资者为售后回租模式的主要投资者。

3. 新理念的应用

周鎏鎏(2011)针对中国目前金融市场不完善的现状，提出了“绿色理念”，即“可持续发展”。他认为，在中国，售后回租应该坚持完整披露报表信息、多种融资方式相结合、健全租赁法制体系、健全第三方的监管体系等方针。

综上，国内外的研究大多处于单纯的理论研究阶段，包括售后回租模式整体存在的各种弊端、相关的法律制度的健全以及整体的发展过程等，缺乏的是将售后回租模式应用到一种具体的房地产形式，对一个地区的售后回租模式进行具体的调研。

二、调研内容

本文针对威海售后回租模式海景房的调研主要分为两大部分：首先是售后回租模式海景房基本情况的调研；其次是以售后回租模式海景房的基本资料为基础，针对其与普通海景房的差异，选择具有代表性的差异进行对比。其具体内容如图 1 和图 2 所示。

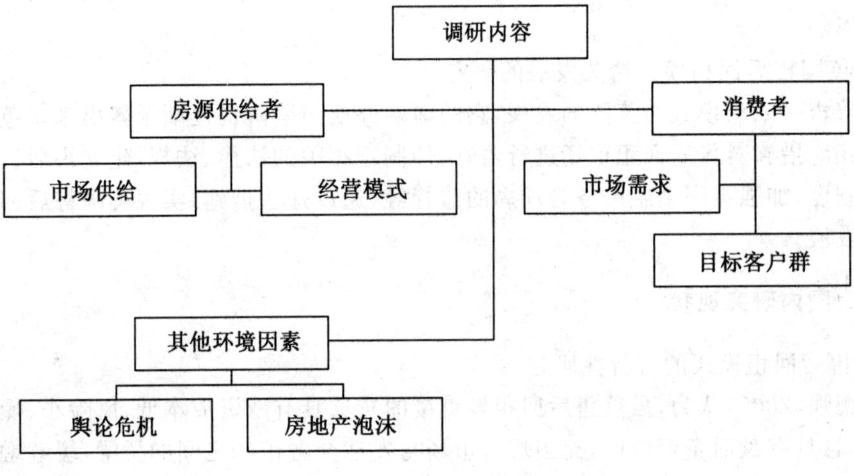

图 1　售后回租模式海景房基本情况

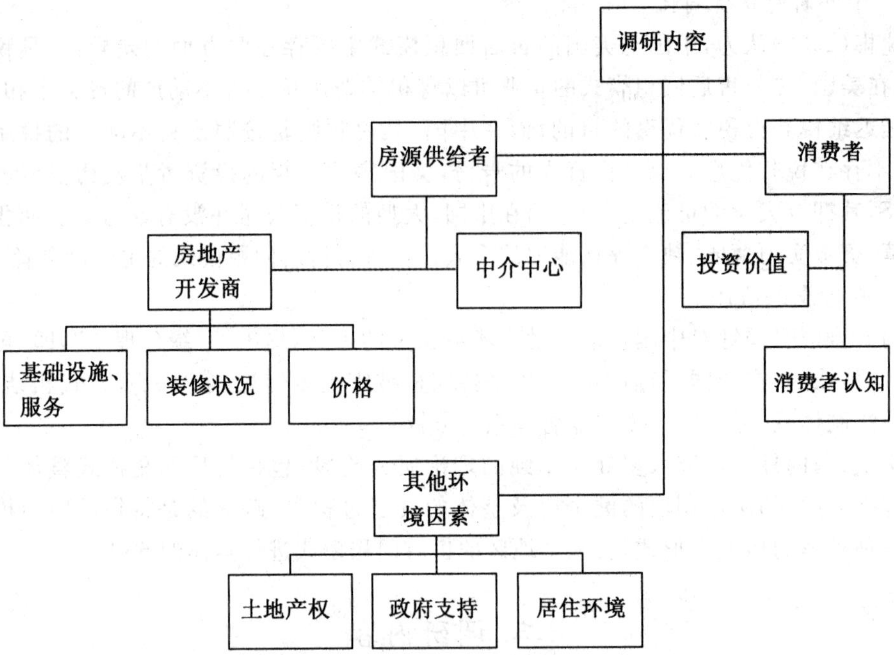

图 2　售后回租模式海景房与普通海景房的差异对比

三、模型分析

(一)基本情况

我们此次的分析从三大内容(房源供给者、消费者以及其他环境因素)着手,以三个不同的角度分析售后回租模式海景房的发展状况。其具体内容如下:

1. 房源供给者

(1)经营模式

产业链:威海的售后回租模式海景房由于自身兴起比较晚、缺乏科学的经营管理模式等原因,其发展并没有形成完整的产业链。房地产建筑公司与物业公司并没有在房屋的出售与包租之间达成相关的协议,在房屋未能出售的情况下保证客户的投资回报。

基础设施:首先,由于售后回租模式的客户大多属于“候鸟型”,并且居住率要远远低于普通的住宅区,所以售后回租模式的小区在水电以及供热方面,一般是自供。而在冬季,由于入住率较低,小区内很可能没有供暖,这会让仍在此居住的住户很烦恼。其次,在入住率较低的情况下,小区附近的医院、饭店等基础设施,难以满足住户的需要。

销售方式:由于售后回租模式海景房的客户多为外地人,因此,在威海以外存在着大量的销售中介和销售中心,而这些销售中心和销售中介很可能是独立于威海自身的销售中心,并且可能是没有营业执照的违法经营中心;同时,很多销售人员的销售也存在着虚假宣传和强买强卖的现象,在客户对房产不了解的情况下,诱骗客户交付押金,签订购房合同。

(2)市场供给

首先,虽然在整个威海地区,售后回租模式海景房的建筑数量以及面积较普通的海景房以及住宅较少,但是由于整个社会的需求量较小,其数量仍旧存在着一种相对过剩的情况。其次,由于在2010年以前,修建了大量售后回租模式海景房,这些售后回租模式的海景房并没有按照预期迅速卖出,而是不断地积压。

2. 消费者

(1)市场需求

首先,对售后回租模式海景房需求最大的主体还是来自北京、东北等地区的老年人,他们退休后希望寻找到一个自然环境优越的地方进行养老,因此,对售后回租模式海景房的需求量基本平稳。其次,与普通住宅一样,售后回租模式海景房也存在大量的投资者,他们希望通过对外出租或者出售的方式,进行盈利,但近年来由于房地产泡沫以及威海房地产自身存在的原因(如基础设施、舆论导向等),投资者的数量在不断地减少。

(2)目标客户群

售后回租模式提供全方位个性化服务的特殊经营模式,以及相对于普通的海景房具有较高的价格等特点,决定了其目标客户群并不是普通的以居住为目的的消费者,而是那些具有特殊需求的消费者,如常年居住在外的商务人士、旅游旺季的旅游人群、以投资为主的投资人以及在异地养老的老年人等。对于威海地区而言,由于其特殊的气候与环境特点,同时其经济发展程度较低,因此,其主要的客户群是投资人和养老人群。而现阶段这部分人群占消费者总数的比例较低并且在逐步下降,造成售后回租模式海景房的出售呈现下降的趋势。

3. 其他环境因素

(1)舆论危机

2009年以后,威海的海景房曾经陷入严重的信誉危机,因为被央视等媒体报道存在虚假宣传、欺骗消费者、基础设施缺乏等问题,一时间,威海的海景房对外的形象大幅度跌落,很多投资者和购房者由于舆论的原因,拒绝到威海购房。

(2)房地产泡沫

自2008年的金融危机爆发之后,美国的房地产泡沫破裂,与此同时,在中国范围内,房地产的价格上涨速度变慢。对于威海售后回租模式的海景房而言,许多投资者的房屋并不能顺利地卖出,即使卖出也可能是低于买进价格卖出,导致投资者赔本。

综上所述,近几年,威海售后回租模式海景房的发展现状存在着诸多的问题,其中,限制其发展的主要原因还是来自威海售后回租模式海景房内部。威海售后回租模式海景房要想冲破发展的瓶颈,就必须从自身发展的问题出发,实现售后回租模式海景房科学现代化的发展。

(二)售后回租模式海景房与普通海景房的差异

1. 房源供给者

售后回租模式海景房与普通海景房在房源供给者方面的差异见表1。

表1　售后回租模式海景房与普通海景房在房源供给者方面的差异

调研对象	差异	海景房模式	
		售后回租模式海景房	普通海景房
房源供给者	基础设施、服务	全方位、个性化	基础、单一
	物业管理	价格昂贵	价格低廉
	装修状况	精装	土坯房为主
	价格	较高	较低

(1)基础设施、服务

售后回租模式海景房与普通海景房在宣传方面最大的差异就是基础设施、服务方面,购买者选择售后回租模式海景房的大都是购买房屋后物业公司能够在房屋的管理方面全权负责,同时公寓内部又有专门的休闲娱乐场所。但在实际调查过程中,由于威海的售后回租模式海景房没有形成完整的产业链,并且大部分的销售中心存在着虚假宣传的情况,因此,实际的买主并没有获得真正意义上售后回租模式海景房的服务。

而对于普通的海景房,消费者在购买时就没有期待能够享有过多的服务和基础设施,购房者的基本生活需求大部分是能够得到满足的。就购房者实际获得的基础设施和服务以及消费者自己内心的心理预期而言，消费者对普通海景房在基础设施、服务方面的满意程度较高，只要小区内部存在部分的健身器材，绿化良好，存在物业管理等基本条件即可。

虽然在宣传的手段以及消费者的预期上，售后回租模式海景房的基础实施、服务要远远高于普通海景房，但是在实际获得服务的过程中，普通海景房由于预期较低，因此，其满意程度要高于售后回租模式海景房。

(2)装修情况

通常情况下，消费者购买的住宅多为土坯房，需要自己选择装修的材料以及装修风格，但对于售后回租模式海景房而言，建筑商只提供精装房。对于大部分的普通海景房，虽然购房者购买的是土坯房，但建筑商也为消费者提供了精装修的选择，这对精装修的售后回租模式海景房存在着一定的冲击。就精装修的房屋而言，房屋的装修材料和装修风格是由建筑商拟定的，虽然能够在一定程度上满足消费者的需求，但是并不能够满足消费者100%的需求。同时，由于建筑商和建材提供者的一系列虚假活动，造成很多精装修房屋在质量上难以满足消费者的需求，消费者在购房后可能会与建筑商产生一系列的纠纷，这也会在一定程度上影响精装修的售后回租模式海景房的销量。

2. 消费者

售后回租模式海景房与普通海景房在消费者方面的差异见表2。

表2　售后回租模式海景房与普通海景房在消费者方面的差异

调研对象	差异	海景房模式	
		售后回租模式海景房	普通海景房
消费者	投资价值	理论上高，实际低	较低，以居住为主
	消费者认知	认知人数少	认知人数多，范围广

(1)投资价值

虽然在宣传上售后回租模式海景房着重宣传售后回租，建筑公司能够帮助购房者进行出租，但是就目前而言，其出租率较低，因此，购房者获得的投资收益在一年内仍旧较少。而对于售后回租模式海景房的出售，由于近年来其价格增长得相对比较慢甚至是下降，再加上基础设施、服务等达不到购房者的要求，出售售后回租模式海景房在一定程度上会导致投资者的收益受损，因此目前的投资价值比较低。

而对于普通的海景房，其价格目前处于平稳上涨的局面，同时，消费者可以根据自己的需求自行出租或者通过中介在一年四季内进行出租，这样投资者获得的投资收益不会少于售后回租模式海景房。而在出售方面，由于消费者购买的普通海景房价格较低，现阶段其价格仍旧处于平稳上涨的阶段，因此，投资者现在进行出售，可以获得相当可观的收益。

对比两种海景房的模式，就理论而言，售后回租模式海景房在投资价值和收益上要远远高于普通海景房，但现阶段，由于售后回租模式海景房自身的经营问题，导致售后回租模式海景房不论是在出租还是在出售方面，都不会存在较大的投资价值。

(2)消费者认知

售后回租模式海景房作为一种刚刚兴起的房屋形式,与普通海景房相比,其认知群体较小,大多数的购房者在购房前对这种购房模式没有相关的认识,抑或是不知道存在这样一种购房模式,进而不会对此种购房模式产生购买欲望。对售后回租模式海景房存在一定认知的群体主要是经常接触新鲜事物和上网的年轻人,这部分群体远远不能满足售后回租模式海景房的营销需要。而普通海景房同全国住宅的基本情况是一致的,对于基本了解威海沿海特色的购房者而言,普通海景房在消费者当中的认知较广。

3. 其他环境因素

售后回租模式海景房与普遍海景房在其他环境因素方面的差异见表3。

表3 售后回租模式海景房与普通海景房在其他环境因素方面的差异

调研对象	差异	海景房模式	
		售后回租模式海景房	普通海景房
其他环境因素	土地产权	多为40年	70年
	政府支持	极大支持	一般
	居住环境	近海岸线地区	沿海地区

(1)政府支持

对比售后回租模式海景房和普通海景房,普通海景房由于多以居住为目的,而且即使存在着出租收益,国家也难以获得出租收益的税收,所以只有存在房屋交易时,政府才能获得税收。而售后回租模式海景房除了在房屋交易时政府能够获得税收,由于在房屋的出租过程中,是建筑公司、物业公司或者其他的公司统一经营管理,因此,政府能够全额获得出租过程中应该获得的税收。对于政府而言,售后回租模式海景房的存在能够极大地增加政府收入,故而支持售后回租模式海景房的发展。

(2)居住环境

售后回租模式海景房与普通海景房在地理位置上的差异主要体现在与海的距离上,售后回租模式海景房较普通海景房而言距海较近,这导致两者在气候上存在着差异。售后回租模式海景房最大的优点就是离海较近,在房屋里就可以观赏到海上的景色,但同时,离海较近会造成气候过于潮湿、风浪过大,对于老年人的身体尤其是患有风湿类疾病者有着较大的危害,并且近海地区空气中的盐分含量较多,会造成铁制品在极短的时间内锈蚀,因此,对于车辆和相关铁制品的维护存在着较大的困难。

综上所述,售后回租模式海景房在基础设施、服务与价格、土地产权、政府支持、投资价值、新房装修情况以及消费者的认知方面存在着理论优势,但是在实际的实施过程中,由于自身的产业链以及虚假宣传等原因,造成售后回租模式海景房在出售过程中存在着一系列的弊端,难以发挥其理论优势,进而使其销售量低于其预期情况,同时也使其发展遭遇瓶颈。

(三)应对策略

1. 房源供给者

(1)明确概念,实行统一的规范管理,建立科学的营销——出租的产业链

房地产行业甚至是政府,应该对售后回租模式海景房规定一个统一的概念,明确其应该存在的服务和基础设施,尤其是针对冬季空置率过高时房屋的供热问题,以满足不同购房者的特殊需求。在销售方面,对于在全国各地建立的销售中心和销售中介,应该由威海的建筑商直接建立或者签订代理关系,保证销售中心和销售中介的合法性。同时,在售后包租方面学习"三亚模式",对于空闲时间过长并且未能出租的房屋,物业公司应该给予购房者一定的物业费、水电费补贴,进而实现一条完整、科学的营销——出租的模式。

(2)售后回租模式海景房和普通海景房相结合

在地理位置上,建筑商可以把售后回租模式海景房的建筑范围扩大,在距海稍远的地方建筑,这样既能够保证不对购房者的身体产生过多的伤害,又能够更加地接近普通的住宅区与工业区,以吸引更多的白领一族。同时,大范围地建立售后回租模式海景房替代普通海景房,既能够降低售后回租模式海景房的物业费等相关费用,又能够建立起规范化的房屋管理,从而促进整个城市的物业管理和住宅管理。

2. 消费者

增加消费者的认知,扩大消费群体。针对忙于工作而缺乏时间的白领一族,建筑商可以与相关的公司合作,为公司开发专属于企业中高层的售后回租模式海景房,或者是在新兴的宣传媒介上加大宣传力度,加强白领一族对售后回租模式海景房的认同。同时,在白领一族的基础之上,对于以养老和投资为目的的购房者,加强以传统的媒介方式为主的宣传,充分发挥威海自然环境以及新兴的二线城市优势,以完整、科学的产业链结构重新吸引这一部分的购房者。

3. 其他环境因素

政府加强监督和管理。对于售后回租模式海景房的虚假宣传、过度建设、行业管理不规范等问题加强管理,督促售后回租模式海景房的企业加快科学的产业链建设,引导形成房地产行业的行为规范,加强对企业之间竞争的监督,防止企业的恶性竞争,促进售后回租模式海景房的良性发展。

同时,威海的售后回租模式海景房是在良好的自然环境和海洋的基础上发展而来的,因此,政府在促进售后回租模式海景房完善管理的同时,应该加大投入,以保护威海的自然环境,尤其是在当今中国污染严重、空气质量状况下降的情况下,维护好威海自身的环境,发挥威海最适宜人类居住城市的优点,以吸引更多的外地购买者购房。

参考文献

[1]周鎏鎏:《浅议融资性售后回租的绿色理念》,《商业文化(下半月)》2011 年第 6 期。

[2]彦立:《浅析售后回租在重庆城市轨道交通建设融资中的应用》,《现代经济信息》2011 年第 7 期。

[3]张梅:《浅谈特殊的租赁模式——售后租回交易》,《福建金融管理干部学院学报》2003 年第 1 期。

[4]胡群峰:《船舶售后回租融资》,《水运管理》2009 年第 12 期。

[5]陈婉仪:《融资性售后回租业务问题的探讨》,《商业经济》2011 年第 14 期。

[6]杨哲:《浅谈商业地产售后回租模式》,《商业文化(下半月)》2012 年第 4 期。

(指导教师:韩巧霞)

超密度竞争环境下中心商业区大型商场竞争策略研究

——以威海市为例

詹璐[1]　莫琰[2]　徐春红[3]

随着我国零售业的日趋发展，城市中心的大型商场竞争越来越激烈。如今我们看到的是越来越多的商厦拔地而起，那这样有数量没质量地膨胀下去，又有多少卖场能真正获益。本研究以威海市为例，分析超密度竞争环境下，中心商业区大型商场的竞争现状、存在的问题，并进一步深入探讨，提出可行性策略与建议。

一、研究背景、目的、方法及样本抽取基本情况

（一）研究背景

据中国百货商业协会的专题报告，2012 年百货协会统计的 81 家大中型零售企业的销售总额同比增幅只有 8.92%，远远低于 2011 年 22.2%的增幅。同时，这 81 家企业利润总额同比下降了 6.14%，利润率更是下降了 20.21%。整个行业正在进入微增长时期，百货企业必须顺应形势，寻求自身的变革和创新。由于威海市发展历史短，基础薄弱，现有产业结构存在弊端，市场缺乏活力，体系不健全，超密度的商厦集聚经济消化不了。以威海为例，中国三四线城市的百货业目前存在着诸多问题，如：单体百货较多，没有形成规模优势；功能单一，不能满足消费者的多项需求；品牌商品的同质化现象严重；营销形式的雷同化；商品价格虚高；网上商城分走一杯羹等问题。本课题正是基于此，探究威海市中心商业区的 9 家大型商场的竞争现状、存在的问题，进而提出竞争策略，为威海市商业经济的发展提出可行性建议。

（二）研究目的与方法

1. 研究目的

通过为期一年的资料和文献收集、实地走访调研以及数据回收处理，可发现威海市

[1]商学院 2012 级人力资源管理专业；[2]商学院 2012 级旅游管理专业；[3]商学院 2012 级会计学专业。

中心9家大型商场的竞争现状，探究超密度竞争环境下威海市中心商业区大型商场的竞争策略，为威海市商业经济的发展提出可行性建议。

2. 研究方法

(1)文案调查法。

(2)问卷调研法。

(3)深层访谈法。

(三)样本抽取基本情况

1. 调查对象的性别分布

调查对象中，男性占35%，女性占65%，性别分布符合实际消费情况，能够准确地反映问题。

2. 调查对象的年龄分布

从调查数据看，大多数的调查对象在18～30岁之间，还有一部分是41～50岁的，保证了调查群体的多样性。

3. 调查对象的职业情况

调研数据显示，职员人数最多，学生和企事业单位白领人数相当，专职在家做家务和退休人员占比较小，这与当前去商场购物的主流人群拟合程度大，总体看此部分调查数据较准确。

4. 调查对象的收入水平

此次调查对象的收入涉及各个水平，从收入看消费，消费能力影响着商场引入品牌和市场定位。

5. 调查对象是否为威海市常住人口

调查群体中，威海市常住人口占85%，其他占15%，使得问卷数据更全面，更有代表性。

二、威海市中心商业区大型商场的竞争现状

超密度竞争环境是指多家商场集聚在某一商圈提供相似的产品和服务，形成集聚效应的同时也带来了激烈的竞争，这种状态下，商场的差异化竞争策略则显得弥足重要。因此，对目前商场的竞争现状作如下梳理：

(一)威海市中心商业区9家商场综合对比

1. 各商场综合分数

如图1所示，以评分的形式调查消费者对市中心9家商场的光顾程度和总体满意度。通过分析可得出：乐天、威高以其新型经营方式、购物环境优良、配套设施完善以及品牌引入新颖迅速占得龙头地位。但由于华联商厦、华联购物、威百、振华商厦在威海经营多年，虽受到冲击，但仍有不可小觑的竞争力。而银座商城和振华奥莱虽然也是新型商场，但其特有的经营特色却并不明显，也不具备购物中心式的综合竞争实力。

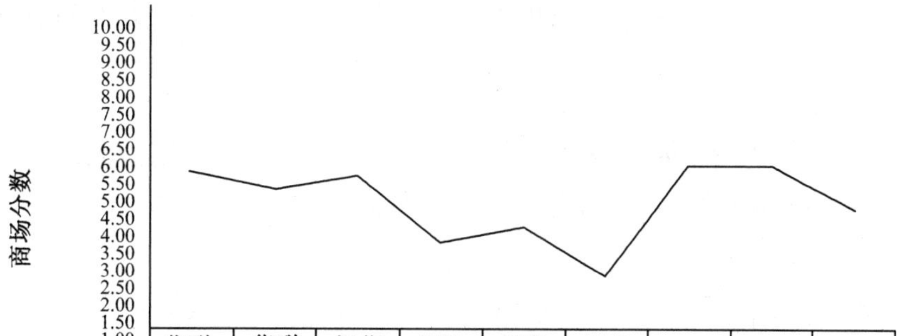

	华联商厦	华联购物	振华商厦	振华奥莱	银座商城	经典百货	乐天	威高	威百
—— 商场分数	6.66	5.94	6.51	3.70	4.36	2.31	6.94	6.96	5.20

图 1　商场综合分数

2. 四大品类商品分项竞争

服饰、箱包、皮具类商品各商场分数如图 2 所示。由图中数据分析得出，第一梯队的华联商厦、振华商厦、华联购物、威百都是进驻威海多年的老商场，可凭其固有的老牌竞争力分得一杯羹。而威高和乐天则是凭借其新颖的品牌和款式受到青睐；银座商城是新入驻的省内连锁商场，在此类商品的品牌引进上无特色；最底层的振华奥莱和经典百货则更是如此。

	华联商厦	华联购物	振华商厦	振华奥莱	银座商城	经典百货	乐天	威高	威百
—— 各商场分数	2.71	2.45	2.51	1.40	1.98	0.83	2.17	2.56	2.07

图 2　服饰、箱包、皮具类商品各商场分数

食品、日化、家居等日常百货类商品各商场分数如图 3 所示。在此品类商品中，在具有超市的大型商场中，乐天处于第一梯队，说明其引入的韩式超市经营模式被威海市民接受并喜爱。但由于市民更倾向于去家家悦等大型连锁超市购物，所以此项商场得分均偏低。

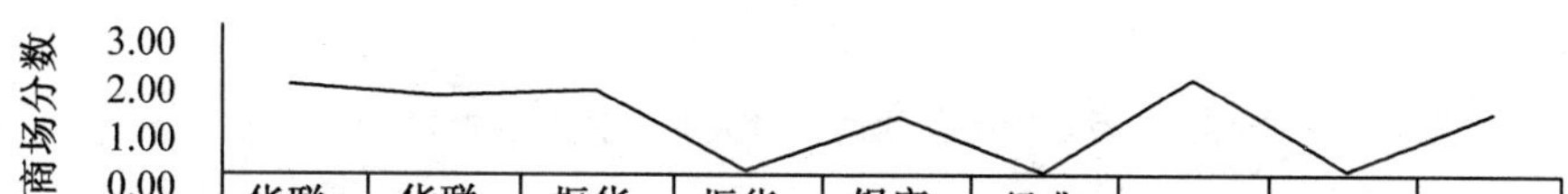

	华联商厦	华联购物	振华商厦	振华奥莱	银座商城	经典百货	乐天	威高	威百
—— 各商场分数	2.10	1.88	1.97	0.00	1.44	0.00	2.22	0.00	1.63

图 3　食品、日化、家居等日常百货类商品各商场分数

第三品类为数码家电类商品，销售该品类商品的只有华联商厦、振华商厦、威海百货大楼三家商场，且得分均不高，说明消费者在购买此类商品时不倾向选择市中心的综合大型商场。

化妆品、手表、珠宝类商品各商场分数如图 4 所示。此品类商品的分数排名基本上体现出了威海老商场的优势，凭借多年信用，其优势超越了新兴商场。

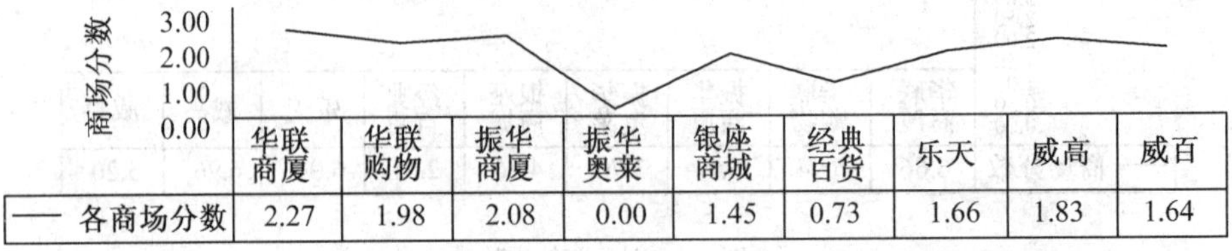

图 4　化妆品、手表、珠宝类商品各商场分数

(二)威海市中心商业区 9 家商场总体竞争状况

1. 商品价格虚高

调查中，我们以“是否将到大型商场购物作为主要购物方式”作为依据，用以筛选符合条件的调查对象。在不倾向去市中心大型商场购物的被调查者中，21％是因为交通不便的客观原因，79％则是因为商品价格偏高的主观原因。可见，大部分不选择将商场作为主要购物地点的人是价格敏感者。

2. 其他业态竞争激烈，网购分走一杯羹

从图 5 中消费者倾向采取购物方式的选择结果看，选择网购和电视购物的概率约占 1/3，可见，新兴的购物方式在居民心中是较有竞争优势的。

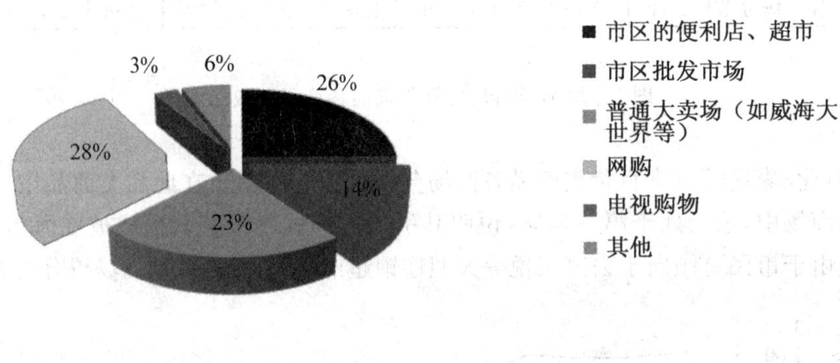

图 5　被甄别出去的调查者倾向选择的购物地点或方式

由甄别问题调查的结果显示，在被调查者常去的其他购物方式的调查中，网购和电视购物这种新兴购物方式的被调查者更多，选择去普通大卖场的被调查者少，如图 6 所示。选择去商场购物的人更注重商品的质量和时尚，选择购物方式时不是典型的价格敏感者。

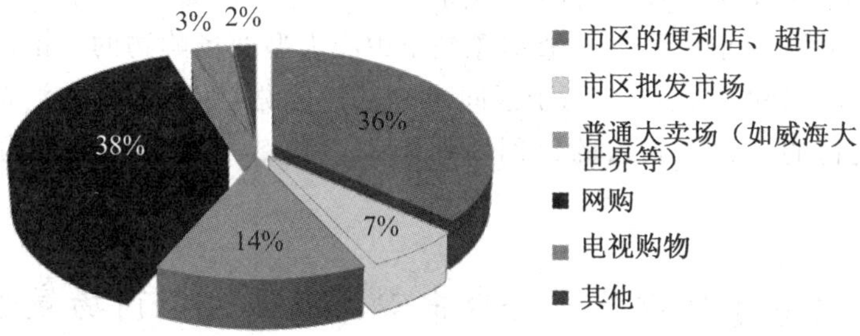

图 6　符合条件的被调查者倾向选择的购物地点或方式

3. 商场密集，同质化明显

由图 7 可知，在有效的调查问卷中，威海市中心的商场数量近于饱和，至少不该盲目累叠商场数量，而要注重经营质量的提升。

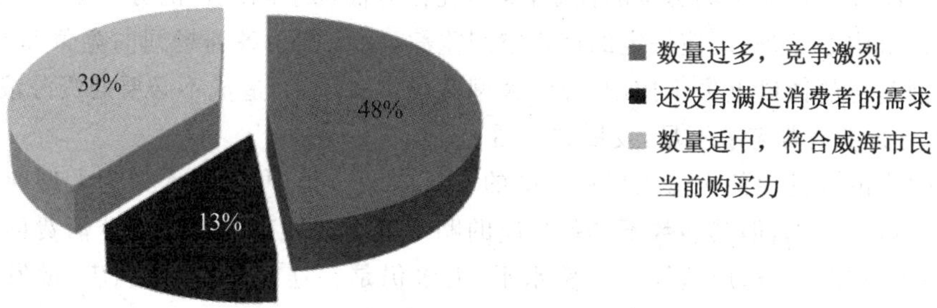

图 7　威海市中心的大型商场数量调查

4. 商家间竞争激烈

由图 8 可知，在有效的调查份数中，有 88%的被调查者认为商场之间存在激烈竞争，而且有超过一半的被调查者认为这种情况多会在节假日时出现。

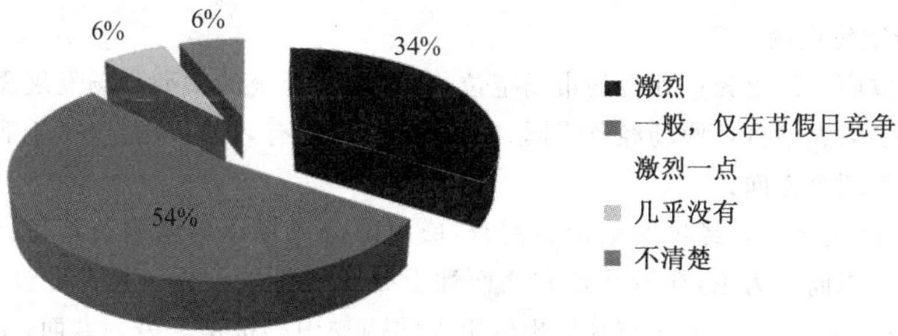

图 8　威海市中心大型商场竞争状况

5. 消费者对本土市场购物热情不高

从调研数据中可以看出，调查对象到市中心大型商场购物的开销占收入的比例主要集中在1/4以下和1/4～1/3两个区间内。也就是说，超过90%的消费者每月到市中心大型商场购物的开销占收入的比例不到1/3。可见，消费者对本土购物市场购物热情不高。

三、超密度竞争环境下威海市中心商业区大型商场竞争面临的问题

根据以上竞争现状，可从外部和内部两方面总结出威海市中心商业区大型商场当下经营中面临的主要问题。

（一）外部面临的主要问题

1. 政府对三四线城市大型商场的整体布局和规划不够合理

此问题既体现在对商场总量的控制，也体现在对商场空间结构的分布规划。大型商场多集中在市中心，这样既使一定的销售空间重叠，又加剧了各商场间的竞争和制约；或政府在大型商场的数量上失于控制，导致大型商场供大于求，造成不必要的资源浪费。

2. 大型商场消费需求不足，发展缺乏活力

城市化率的提升促使大量人口从分散的农村向城市集中，农村人口为大型商场进驻提供了人口流量基础，但其多数不具备相应的购买能力。城市的另一部分消费群体是原住居民，除了少数人能适应这样的消费水平，大多仍是在连锁超市、便利店、批发市场等零售商店进行消费活动，很少光顾大型商场。

3. 网购极大地冲击了传统零售商，侵占了一部分市场份额

由数据分析，威海中等收入的消费者受现在电商发展的影响，更倾向于选择网购。而在购物人群中，中等收入者是消费的主要人群，威海大型商场的消费市场的确受到了网购同质低价的影响。

（二）内部面临的主要问题

1. 市场定位模糊

威海多数商场缺乏先进独特的市场定位，一直沿袭传统的大型商场发展思想。主要表现在威海多数大型百货商场经营雷同，缺少特色，缺乏有效的市场定位，千店一面。具体体现在以下四个方面：

(1)商品结构单一。经过实地走访调查，威海部分商场以经营服装箱包、珠宝首饰、化妆品等中高档商品为主，在专业性和全面性上处于居中的位置。在专业性上，无法与专卖店相比；在全面性上，无法与其他规模更大的购物中心抗衡。另一方面，主力商品不突出，致使商品的整体结构没有体现出层次感，如威海百货大楼、华联购物广场。

(2)品牌建设没有充分贴合当地消费者的需求。在威海相当多的商场里，都能看到国际一线大品牌，但据我们的调查，这样的品牌在威海的销售业绩并不理想。威海是三四线城市，而多数大型商场在没有进行充分市场调研的情况下就纷纷引进名牌，甚至互

相攀比，是失策的扩张行为。

(3)商品价格设置欠合理。根据调查问卷回收后的数据分析，顾客对威海大型商场的定价并不满意。其中原因有三部分：一是商场没有对该城市的消费水平深入调研和分析，也是主要原因；二是高昂的经营成本迫使其不断提价；三是商场之间竞争激烈，陷入了价格战，导致定价的不稳定。

(4)内部设施建设缺乏人性化设计。在公共设施、配套设施、交通便利的评分调查中，可以看出市中心的大型商场存在内部设施方面的诸多问题。根据调查结果，分数最高的是威高，其次是乐天。这两个商场各方面的设置都体现了商场为消费者专门打造的贴心服务，超大专用停车场以及专为女性设置的便利停车空间，商场的每一层都配备了特色服务设施，包括美颜中心、儿童休息室等。

2. 经营模式千篇一律

因成本昂贵，目前我国的大型商场多采用租赁和联营的经营模式，而威海这样的三四线城市也不例外。但是，随着国内大型商场的日益增多，这种模式在逐渐削弱商场的盈利能力。除了普遍的联营模式难以给企业创造持续的效益之外，威海相当多的大型商场没有注意实行差异化经营，并且一直固守百货业这一传统业态，产业链短，竞争力弱。

3. 管理方法粗放

首先，目前威海很多大型商场的经营还停留在粗放、原始和经验型阶段，提到计算机管理，只注重财务管理，忽视商品在进、销、调、存全过程的自动化管理。其次，大多数大型商场的管理人员都不是管理专业出身，仅仅是经过简单培训就上岗，素质参差不齐；一些高级管理人员也只是有多年管理经验，缺少对先进管理理念的学习。

4. 竞争谋略单一，降价倾销丧利

目前威海的大型商场竞争谋略单一，仅仅靠价格竞争求得市场的维持和扩大，没有注意运用非价格竞争手段打击对手，保护自身，以求得企业的生存和发展。在这次调查中，我们就明显认识到威海的大型商场普遍在诸如会员制度的非价格竞争策略的建设上存在很大不足，都仅仅靠单纯的积分积累来激励消费，而不是以培养忠诚客户的目的来与会员主动建立关系，为会员考虑。

5. 商场的宣传力度太低

根据调查问卷中顾客反映的数据，威海的大型商场在宣传自身这一方面分数都很低。但好的宣传不仅能提升商场在消费者心目中的企业形象，而且还能扩大商场的知名度，为商场带来丰富的客源和人流量。所以威海的大型商场应重视宣传手段的建立，扩大宣传面积。

6. 企业文化建设不够

在调查过程中，我们能感受到各大型商场所具有的企业文化并不突出。企业文化是公司的经营理念、价值观、行为模式，是渗透在整个企业内部的精神内涵。商场企业文化的物质文化包括商品和购物环境，行为文化包括营销和服务，精神文化包括企业价值观和作风。企业文化的形成对企业内部起着巨大的导向、激励和凝聚作用。这种由内而外的强大动力是威海大型商场企业应该着重建设的方向。

四、超密度竞争环境下威海市中心商业区大型商场竞争的策略建议

根据以上外部、内部问题,结合威海市大型商场同质化竞争的实际情况,给出如下解决策略建议:

(一)政府层面

1. 提高大型商场的进入壁垒,控制商场总数

为了避免市中心出现大型商场供过于求,政府要从源头出发,对新建的大型商场实行严格的审批制度。对于一些常年营业成绩一般、没有突破和创新的商场企业,可以用较高的商场进驻壁垒来约束其扩张,把商场的总量控制在与社会需要相适应的水平上。

2. 调整和优化大型商场的整体布局和空间规划,使其在城市分布的空间结构合理化

为此,政府应就城市的不同功能区合理规划,根据特定城市不同商业区的客流量、商店的聚集效应和商圈理论,统筹规划大型商场的店址,使大型商场的布局与一定范围内的居民购买力和购买距离相适应,以形成布局合理的大型商场网络。

(二)商场层面

1. 建立全方位的准确定位

(1)大型商场应该对威海市进行充分的市场调研,了解当地的消费习惯,找出市场需求盲点,根据市场需求引进适应这些需求的品牌。如威海多数消费者并不具备强烈的品牌意识,更愿意购买优惠实用的产品,所以商场可以增加自采的比例,采购符合当地消费者定位的中档品牌商品。

(2)大型商场应将消费市场进行细分。可根据地理因素、人口因素、心理因素和行为因素,对消费人群和潜在消费人群进行细致的划分和归类。把市场细分到能满足该商圈的各个消费层次和消费需求,并有助于开展特色经营,使商场的商品结构突出,层次分明,打造与其他竞争者不同的优势。

(3)建立属于自己的顾客系统。一个大型商场的消费者群体中能有一部分稳定的客源,这个大型商场必然满足这部分消费群体的需求,而这些需求也正好体现了商场的特色。顾客满意永远是企业不变的经营战略,如何在服务更加人性化上下工夫,将会是打造回头客的突破口。

(4)利用合理的价格战,刺激居民消费。诸如威海这样的三四线城市,居民对价格的敏感度较高,更喜欢精打细算。商场可以多开展促销活动,在薄利多销中实现消费者和商场之间的双赢,但并不意味着各商家盲目地陷入价格战中,不顾商场实际情况跟风展开价格竞争。值得注意的是,对于商家越来越频繁的促销活动,消费者的态度并非一味欢迎。因此,商场促销不可盲目,而要保持审慎的态度,更要远离雷区。

(5)开展品牌延伸。大型商场应立足于发展统一品牌,树立良好企业形象,进而在公众面前形成良好商誉。大型商场还可以开发自己独立的品牌产品,形成品牌效应,吸引目标顾客。由于减少了许多中间环节,加速了资金周转,降低了费用和流通成本,使商业

自有品牌比其他同类的制造商品牌价格低廉，赢得了更多消费者的信任甚至忠诚，百货商场在得到消费者认可的同时，必然也会成为制造商的首选。

2. 采用先进的经营模式

(1)自营模式。在零售业相对发达的美国和日本，商场多采用自营模式，税前利润高达35%左右。对于自营，意味着商场能够根据消费者需求集中采购，进销分离。为此，企业可注重培养一批眼光精准、了解市场和消费者的优秀“买手”人才，使企业尽快向自营模式转变。

(2)多业态混合式经营。多业态混合模式意味着商场开展多角度、多元化的经营战略，在规模上就比竞争者更胜一筹。在商场能够承受的经营成本之内开展适当的多业态混合式经营，不仅能满足消费者多方面、多角度的消费需求，塑造良好的购物体验，而且还是大型商场在自我探索发展道路上的一个创新之举。

(3)实行差异化经营。由于扩张较快，商场必须实施差异化策略经营，走定位多元化，经营差异化和专业化的道路，使每一家店与其他店相比，都有自己明确的定位和特色，确保其市场份额和市场竞争力。

(4)转变传统的营销手段。威海很多大型商场一到换季清仓就会推出打折促销活动，而且是各大商场齐头并进。除了这样的价格策略，商场还可以考虑非价格竞争手段。如建设人性化服务，实行“卖服务，卖理念，卖文化”的营销理念；定期举办公司活动，如大型的购物节、商品展等。

(5)加大商场的宣传力度。除传统的线上方式外，网络是互联网时代最迅速、最持久的口碑传播手段，网络口碑理论上消解掉了厂商的“说服”意图，可信度更高。同时，采取积分、购物返券、打折优惠等奖励措施，调动亲朋好友信息传播的积极性，吸引更多的人加入到宣传队伍中来，以带来更多的忠实购物者。

(6)建设独特的主题商城。开展主题建设在酒店、游乐设施等行业已不再陌生，但是在商场领域上却是一个创新。大型商场的主题理念、装潢、设施、布置都依照一个统一的主题来设计，会使进入商场的顾客耳目一新。

(7)利用电子商务。针对现代电子商务的优势之处，传统的大型商场要维持其生存和发展，就要跟上时代的步伐，采取适合本身经营决策的电子商务活动。

(8)利用现代化的科学技术，提高百货商场的管理水平。未来商战的制高点是信息管理，美国零售商业企业之所以能取得飞速发展，是它们能不断地探索和使用新的科技及内部管理的高度规范化。如沃尔玛等海外企业，其管理重点已经实现了从物流、资金流转向信息流的时代性跨越。

3. 加强企业内部建设

(1)重视大型商场企业的人力资源管理。目前大型商场的管理方法使员工和商场之间仅仅存在雇佣关系，而缺少情感和思想的交流，结果使员工缺乏对商场的归属感和认同感，不利于商场的发展。大型商场要做到尊重、爱护员工，给员工自由发挥的空间，完善奖惩激励机制，重视对员工技能的培训。

(2)强化企业制度建设。一方面，大型商场企业可以学习借鉴国内外同行先进的管理经验，规范公司内部制度章程，严格按照统一的章程来办事；另一方面，大型商场的采购、销售、日常经营等各方面都有自己统一的流程和做法，把其规范为制度，在企业里推广实施。这样，大型商场通过方方面面的制度建设，可实现管理模式的复制，实现店铺管理能力与水平的尽快提高。

(3)建设企业文化。其中，物质文化包括商品、购物环境、配套设施，行为文化包括营销和服务，精神文化包括企业价值观和作风。所以，一个企业的企业文化渗透在商场的方方面面中。企业文化的形成对企业内部起着巨大的导向、激励和凝聚作用，能够引导着商场的各级人员付诸行动，也能为消费者所感受到，并在其心中形成对商场的整体形象。

参考文献

[1]付宜强:《威海市经济发展环境评价》,《城市问题》2007 年第 4 期。

[2]陈乐华:《三四线城市潜力大零售业积极扩张提升业绩》,《通信信息报》2010 年第 2 期。

[3]吕伟顺:《大商集团百货店创新经验》,《商业现代化》2012 年第 12 期。

[4]杜方敏:《一线百货在三四线城市发展中的商业模式探索》,《经济与社会发展》2012 年第 6 期。

[5]王国均:《我国大型商场实现利润最大化途径探析》,《商业现代化》2009 年第 6 期。

[6]子昱:《中国百货商场的紧箍咒》,《当代经理人》2010 年第 2 期。

[7]肖雪:《中国百货业的市场态势及发展战略》,《经济纵横》2001 年第 8 期。

[8]范高潮:《发达国家百货业的发展与我国百货业创新研究》,《当代经济科学》2004 年第 5 期。

(指导教师:付宜强)

城镇化中农村征地存在的问题及对策分析

——以烟台市、威海市、潍坊市为例

周威[1]　梁宇[1]　千晓莉[1]　史钧茹[1]

改革开放以来，城镇化发展迅速，对土地资源的需求也愈加旺盛。然而土地资源有限，于是政府所规划的城市建设用地主要是通过征用农村土地来满足的。在征地过程中，由于种种不合理的因素导致征地过程出现大量的问题，如被征地农民失业问题、征地补偿问题等，而这些问题的解决对于保证广大农民的利益及社会主义和谐社会的构建有着重要作用。正是基于征地矛盾的尖锐性和解决问题的重要性，本项目多方查找资料，并前往实践地走访调研，深入切实了解土地征用过程中存在的具体问题，深刻分析问题产生的原因，并结合当前国家土地政策、相关文献资料及实践地调查访谈后了解的有效措施，系统地提出一套合理的农村征地问题的解决方案，为有效地缓和征地矛盾贡献一份微薄的力量。

一、烟台、威海、潍坊地区农村征地的研究分析

(一)烟台市农村土地征用实例研究

近年来，随着城镇化的发展，烟台市的征地问题有所凸显。表1列出了曾因市政建设和开发需要进行过征地的烟台市莱山区午台村(征地时间集中于2010～2013年)的征地现状与存在的问题。

[1]商学院2012级金融学专业。

表 1　　烟台市午台村土地征用实施概况

补偿与安置	补偿标准	按莱山区Ⅱ级征地区片价给予每亩地 7 万元的补偿，对于征地拆迁涉及货币补偿的，按市价补偿，村民比较满意
	补偿范围	直接损失予以补偿，误工费等间接损失不予补偿
	补偿方式	主要是货币及房屋产权调换补偿，补偿方式单一
	补偿程序	符合国土资源部有关规定，补偿款发放及时到位
	安置工作	虽然缺乏就业安置，但征地拆迁时已得到临时安置
社会保障	社保基金都专门汇入村民账户中，防止保障金被截留与挪用	
征地后土地用途	多数用作商品房，体现公共利益界定不清的现状	

分析表 1 可以看出，烟台市对于补偿标准的确定符合区片价的标准，补偿程序符合国土部门规定，对社保资金的使用与发放进行了合理的规定，这些方面的优秀做法值得其他地区借鉴。同时，笔者也发现，烟台市在征地补偿方面存在着补偿范围小且方式单一、失地农民安置工作不到位以及对征收的土地利用不当等问题，其在今后的征地工作中应逐步完善。

(二)威海市农村土地征用实例研究

经济与城镇化的加速发展不仅增加了威海市对土地的需求，而且还使其面临征地方面的诸多问题。表 2 列出了威海市杜家庄村(征地时间集中于 2009 年)、荣成市大迟家村(征地时间为 2004 年)、沽泊闫家村(征地时间集中于 2013 年前后)的征地现状与存在的问题。

表 2　　威海市农村土地征用实施概况

征地现状 \ 村庄名称		杜家庄村	大迟家村	沽泊闫家村
征地补偿与安置	补偿标准	每亩共计补偿 10800 元，补偿价格很低	征收耕地每年每亩地补偿 900 元，对于拆迁涉及货币补偿的，按市价予以补偿，村民因生活更有保障而对补偿价格持满意态度	因修建青荣城际铁路与村公路所征地的补偿标准是每亩地 18000 元，与出让及开发所得的对比可以看出，其分配有着极大的不公平性
	补偿范围	只针对直接损失予以补偿	只针对直接损失予以补偿	只针对直接损失予以补偿
	补偿方式	只采用分批发放补偿金的方式(违法)	主要是货币及房屋产权调换补偿，补偿方式单一	只采用分批发放补偿金的方式(违法)

续表

征地现状 \ 村庄名称		杜家庄村	大迟家村	沽泊闫家村
征地补偿与安置	补偿程序	其一，农民意愿被忽视；其二，补偿款发放拖延；其三，补偿款发放低于规定	符合国土资源部有关规定，补偿款发放及时到位	补偿款发放低于规定
	安置工作	无相应安置工作	征地拆迁时，会给租房费，搬家时，补充给予 8000 元补助；但就业安置并没有推行	无相应安置工作
社会保障		没有建立社保基金实名制发放制度	没有建立社保基金实名制发放制度	社保基金都专门汇入村民账户中，防止截留与挪用
土地征用程序		拟订与审批征地方案不当，对耕地保护考虑不足。例如，基于成本因素，在征地时倾向于征用耕地；并且因征地使规模化经营无法实现，令村民单靠种地所得收入微薄，生活得不到很好保障	充分重视村民的权益，征地是在村民充分了解并同意的情况下进行的，整个程序较为透明与公开	十分不规范，村内在征地修公路时是以土地流转的名义从农民手中"骗"走的土地
村委会及政府行为		村领导为民服务积极性低	较为妥当	村委会及政府可能存在挪用补偿款的违法行为，并且村委会在征地问题上对农户采取欺骗、威逼利诱等行为

分析表 2 可以发现，威海市三个村庄在征地过程中普遍存在补偿标准偏低、补偿范围小等问题。具体而言，征地较为规范的是大迟家村，该村在征地过程中遵循了国家相关政策程序，重视村民权益，基本没有产生征地矛盾，但仍存在补偿和安置方式单一、社保基金管理不当等问题。相比之下，杜家庄村、沽泊闫家村的征地程序有待规范，政府官员与村委会行为失范现象严重，征地矛盾较尖锐。

(三)潍坊市农村土地征用实例研究

潍坊市正处于需要以大量的土地投入来保证城镇化和新型工业化加速发展的进程中，其土地资源的供求矛盾日益尖锐。表 3 列出了临朐县车家沟村(征地时间集中于 20

世纪90年代)、临朐县冶源北村(征地时间集中于20世纪90年代)的征地现状与存在的问题。

表3　　潍坊市临朐县农村土地征用实施概况

征地现状＼村庄名称		车家沟村	冶源北村
征地补偿与安置	补偿标准	根据当年的经济发展状况予以补偿(村委会对实际补偿款没有记录)	不含地面附着物,一般是3000～5000元/亩
	补偿范围	只针对直接损失予以补偿	只针对直接损失予以补偿
	补偿方式	主要采用一次性发放补偿金的方式,此外,还有技能培训	一次性现金补偿,就业技能培训
	补偿程序	符合国土资源部的有关规定,补偿款发放及时且基本落实	符合国土资源部的有关规定,补偿款发放及时且基本落实
	安置工作	无相应安置方式	无相应安置方式
社会保障		对老年人安排有社会保障	对60岁以上的老人统一办理养老保险,保障基金由政府、村委、村民共担

由表3可以看出,潍坊市两个村庄的征地程序都比较规范,补偿的程序和补偿款的发放都符合国土部门规定,比较注重农民权益。征地补偿标准虽然较低,但与征地时当地的经济发展和物价水平相符,基本没有影响农民的正常生活水平,并一直为老年人安排社保,基本实现了农民生活水平和经济的同向变化。

(四)烟台、威海、潍坊地区农村土地征用的描述统计分析

我们在实地调研走访的同时,发放了调查问卷,以便于进一步分析。但由于时间、人力等因素的影响,在烟台、威海、潍坊三地总共发放了300份问卷,样本容量较小,较实际结果有一定的误差。但回收问卷的有效率较高,在一定程度上减少了误差率。因此,数据分析结果仍具有一定的参考性和代表性。

表4　　烟台、威海、潍坊地区农村征地描述统计分析

<table>
<tr><td>被征地前的工作</td><td>种地</td><td>养殖</td><td>打工</td><td colspan="2">在政府或事业单位工作</td><td>个体经营者</td></tr>
<tr><td>有效百分比</td><td>54.00%</td><td>7.00%</td><td>22.00%</td><td colspan="2">3.00%</td><td>10.67%</td></tr>
<tr><td>原有土地的主要用途</td><td>耕种</td><td>林地</td><td>养殖</td><td>闲置无用</td><td>住宅用地</td><td>其他</td></tr>
<tr><td>有效百分比</td><td>67.33%</td><td>13.33%</td><td>6.33%</td><td>4.00%</td><td>8.00%</td><td>1.00%</td></tr>
<tr><td>被征用土地的用途</td><td colspan="2">拓宽或改善交通</td><td>工业场地建设</td><td>商业开发建设</td><td>房地产建设</td><td>其他</td></tr>
<tr><td>有效百分比</td><td colspan="2">27.76%</td><td>29.77%</td><td>13.71%</td><td>24.41%</td><td>4.35%</td></tr>
</table>

续表

<table>
<tr><td>征地前政府相关部门是否有开展宣传活动</td><td>有</td><td colspan="3">没有宣传但已了解部分</td><td colspan="2">没有宣传,非常不了解</td></tr>
<tr><td>有效百分比</td><td>44.00%</td><td colspan="3">29.33%</td><td colspan="2">26.33%</td></tr>
<tr><td>政府提供补偿措施的形式</td><td>提供一次性的土地补偿金</td><td>提供就业安置</td><td>提供就业技能培训</td><td>提供社会保障</td><td>提供小额优惠贷款</td><td>提供致富或科技方面的信息</td></tr>
<tr><td>有效百分比</td><td>45.19%</td><td>10.56%</td><td>9.63%</td><td>22.59%</td><td>7.78%</td><td>4.07%</td></tr>
<tr><td>补偿措施落实程度</td><td colspan="2">完全落实</td><td colspan="2">基本落实</td><td colspan="2">没有落实</td></tr>
<tr><td>有效百分比</td><td colspan="2">27.27%</td><td colspan="2">61.03%</td><td colspan="2">11.11%</td></tr>
<tr><td>征地后被访者的收入比较</td><td colspan="2">提高了</td><td colspan="2">没有变化</td><td colspan="2">下降了</td></tr>
<tr><td>有效百分比</td><td colspan="2">35.67%</td><td colspan="2">44.00%</td><td colspan="2">20.33%</td></tr>
<tr><td>政府提供的社会保障措施</td><td>农村养老保险</td><td>农村医疗保险</td><td>农村失业保险</td><td>五保户</td><td colspan="2">最低生活保障</td></tr>
<tr><td>有效百分比</td><td>35.79%</td><td>31.16%</td><td>6.38%</td><td>8.64%</td><td colspan="2">17.52%</td></tr>
<tr><td>谁来承担被征地农民的社会保障所需基金</td><td>国家</td><td>集体</td><td>个人</td><td colspan="3">三方都应拿出一部分钱</td></tr>
<tr><td>有效百分比</td><td>48.33%</td><td>11.67%</td><td>6.00%</td><td colspan="3">34.00%</td></tr>
</table>

二、农村征地中存在的问题及原因分析

(一)农村征地中存在的问题分析

1. 公共利益范围界定不清,农民集体土地产权主体不明确

目前,我国法律没有明确列出哪些建设项目属于公共利益,从而导致各级政府在土地征收过程中任意扩大解释“公共利益”,让土地征收的前提条件成为摆设。除此之外,我国农村集体土地所有权属于农民集体,但在现实中,这种“农民集体”是抽象的、没有法律人格意义的群体,导致“农民集体”中的每一个农民均失去了直接的参与权与决策权。

2. 征地补偿中存在的问题分析

首先,征地补偿程序不合理,很多地方政府是单方面制定征地补偿程序,农民的知情权无从保证。其次,征地补偿费用的标准过低,农民被征地后生活质量下降,缺乏对物价上涨等因素的考虑。最后,征地补偿形式单一,补偿方式多采用一次性货币安置的方式,甚至是采用违法的货币补偿款分年发放的形式进行补偿。

3. 土地征用的政府责任分析

国家规定,集体土地不允许通过市场方式买卖和转让,任何单位申请建设用地都只能通过政府购买土地使用权。这种权力在运用的过程中由于缺乏监督和制约机制,导致

了地方政府对土地征用权的极度滥用。其表现主要有:盲目征地,强行征地,暴力征地;随意克扣征地补偿款;宣传不到位,忽略农民对土地征用的知情权和监督权;维权渠道不畅,农民维权之路艰难。

4. 失地农民的社会保障问题分析

首先,失地农民就业无保障,大多数农民在被征地之后无法及时得到就业上的保障,造成大规模失业。其次,失地农民社会保障项目比较单一且不完善,像失业保险、生育保险等在大多数征地地区并没有实际上实行。

(二)农村征地存在问题的原因分析

1. 土地征用的制度和法律缺陷

在土地征用制度方面,关于土地征用的范围、程序、补偿标准、补偿方式、社会保障等征地制度都不尽完美。在法律层面,相关配套法律体系没有建立和完善,使得我国土地在征用过程中种种不合理的问题难以根治。

2. 地方政府和官员行为失范

目前,我国地方政府特别是基层政府及其工作人员在征地过程中存在着侵害农民合法权益、以权谋私、权钱交易等失范行为,在很大程度上激化了征地矛盾。主要表现为以下几个方面:①法纪观念及廉政教育的缺失;②征地过程的监督制度不健全;③政府责任追究制度不完善。

3. 农民自身原因

作为土地征用的直接利益相关者,农民自身的思想观念和素质对土地征用工作的实施和征地过程中问题的产生也有重要影响。这种影响主要体现在两个方面:一是农民法律意识和维权意识较差;二是农民市场观念和理财意识较差。

三、解决农村征地中矛盾问题的对策分析

本部分将在烟台、威海、潍坊三地农村征地情况的实证分析基础上,结合有关理论、法规及政策等,从宏观上分析农村征地中存在问题的解决对策。

(一)完善土地征用相关法律政策

1. 明确公共利益范围和土地产权主体

公共利益范围界定不清致使我国在土地征用时存在较大的随意性,为保障农民权益及规范政府征地行为,国家有必要尽快明确公共利益范围。此外,国家要积极稳妥地推进当前的土地确权登记工作,在征用非公益建设用地时可以实行统一的征购制度,使谈判在开发商与农民间开展,政府起规范与监督作用。

2. 规范和完善土地征用程序

首先,在拟订征地方案与审批时,保证征用的土地用于公共利益,并在此过程中建立有效的监督制度,增加农民的参与权。此外,在拟订征地方案时,要从源头上保证征用土地的合理性,防止因征地导致耕地面积特别是优质耕地面积的不足。其次,确保征地公

告的及时性。再次，成立独立的调查小组，进行征地后的专门调查，以便及时发现问题。最后，建立健全征地纠纷调解机制，保障农民的权益。

(二)完善征地补偿相关制度

1. 使补偿标准市场化，达到对被征土地的合理补偿

政府可以在土地确权工作完成的情况下对非公益性建设用地建立交易市场，让农民与用地者直接谈判，从而使补偿标准市场化。而按照上述市场化的标准对公益性建设用地的征用进行补偿，可让农民共享城镇化发展的成果。

2. 采取多样化的补偿方式及扩大征地补偿范围

各地政府不仅要促进农民对自身长远利益的关注，也要探索多样化的补偿方式并扩大补偿范围。例如，要对征地后农民的直接与间接损失都予以确认与补偿。此外，也要根据土地开发后的预计增值收益进行补偿；对不同年龄段的农民给予适合自身特点的不同的补偿；政府或村委会引导失地农民将土地或土地补偿金入股村办企业等经济组织，或对有创业打算的农民提供创业方面的指导与资金支持。

(三)加强对政府征地监督，完善政府官员失范行为的责任追究制度

首先，加强对政府征地行为的监督，一是提高征地过程的透明度，自觉接受农民和社会媒体的监督；二是完善政绩考评体系，树立正确的政绩观。其次，完善政府官员失范行为的责任追究制度，一是建立、完善责任追究制度及保障法律机制，把责任范围细化，做到在追究政府官员责任时“有法可依”；二是提高政府官员失范行为的机会成本，如因违法违规用地受到党政纪处分的政府官员不得晋升等。

(四)建立和完善失地农民的就业安置和社会保障体系

首先，应该制定失地农民就业优惠政策，在农民被征地之后，鼓励农民进行自主创业、兴办个体企业和私营企业，并为其提供贷款优惠和税收补助。其次，增加失地农民的社会保障项目，把社会福利和社会优抚纳入失地农民社会保障的范围。

(五)提高农民自身素质

首先，要提高农民的法律意识和维权意识，政府要担负起农村普法工作的重任，充分发挥公检法及民政等部门在农村普法工作中的职能作用。其次，提高农民的市场观念和理财意识，政府或相关社会机构可以走进农户，利用电视、报刊和发放资料等多种载体，向农民以简单易懂的方式宣传金融理财服务，吸引农民的参与，引导和激发农民的理财意识和需求。

四、结　语

改革开放促进了我国城镇化的快速发展，而农村征地是城镇化过程中的一个必然的现象和结果。近年来，随着征地不断扩张，农村征地中的问题越发凸显，征地矛盾也在不

断加剧。尽管我国在缓和征地矛盾的有关工作中不断地努力改进并取得了一定成效,但仍存在诸多问题(如补偿标准过低、社会保障制度不健全等),这些问题的解决对中国梦的实现及社会主义和谐社会的构建有着重要作用。本文正是基于课题的重要性,对农村征地存在的问题进行了实证研究,得到以下研究成果:

(1)通过对烟台市、威海市和潍坊市土地征用的实例进行研究,从实证的角度分析得出三地在征地过程中存在的问题。

(2)本文还根据国家相关法律政策,结合相关文献和实证研究结果及数据分析,得出了我国农村征地存在的主要问题(如征地制度的不完善、征地补偿的范围和方式单一、社会保障制度不健全以及政府职能的错位等),并根据存在的问题提出了相关政策建议(如完善征地制度和补偿的相关政策,建立和完善失地农民的就业安置和社会保障体系,明确政府职能与责任,规范地方政府和官员行为以及提高农民自身素质等)。

通过这次研究,虽然得出了一定的研究成果,但是由于研究的时间、水平和精力有限,在一些问题上的研究不够深入。比如,在如何明确定义共同利益的种类,采取何种机制使补偿标准市场化以及建立怎样的政府官员失范行为的责任追究制度等方面,还有待于进一步的研究。而这些问题的解决对于缓和征地矛盾至关重要,希望其他对此课题有兴趣的研究团队或学者在此问题上作进一步研究,为解决我国的征地矛盾、实现经济社会和谐可持续发展献计献策。

参考文献

[1]张全景、王万茂:《我国土地征用制度的理论考察及改革思考》,《经济地理》2003年第6期。

[2]郭洁:《土地征用若干民事法律问题研究》,《社会科学辑刊》2001年第2期。

[3]朱林兴:《完善征地制度是控制耕地非农化的关键》,《国土经济》2002年第1期。

[4]许坚:《论我国两种性质的征地补偿标准》,《国土资源科技管理》1996年第10期。

[5]汤沛文:《城市化进程中失地农民问题的政府责任研究》,《法制与社会》2008年第8期。

(指导教师:崔宇明)

大学生化妆品消费实证研究

——以威海市为例

王晶[1]

近年来,随着生活水平的提高,化妆品市场前景越来越广阔。现今,大学生作为社会中的一个高素质群体,在商业文化的影响下,对自身形象愈发重视,成为化妆品市场的新生主力军。而校园作为一个狭义的社会,具有其独特的文化氛围,相对校外社会更具有其独特性和规则性。随着高等院校扩招,大学生数量急剧增多。大学生处于中上层消费群体,喜欢追逐潮流,比较注重自身形象,愿意尝试新产品,因此成为化妆品市场的消费主力军。通过以往的调查分析,大学生群体经济来源单一,主要是父母的资助,消费结构比较稳定。现在大学生的可支配收入普遍增加,消费呈多元化趋势。大学生除了学习方面的花费外,时尚的服装、化妆品、情感消费等都已成为当今消费的新热点。

本文主要针对大学生化妆品消费者的行为特征、消费动机、影响大学生消费的因素等方面进行探究,运用基本数据分析与因子分析,揭示大学生化妆品消费行为的规律性,旨在促进大学生化妆品消费市场的开发,为我国化妆品企业开拓大学生化妆品市场提供应对策略及建议。

一、文献回顾

目前,国内学者对大学生化妆品消费的研究多为理论研究,主要基于计划行为理论、TRA模型、产品生命周期理论等理论对化妆品消费进行了探究。

刘凤霞(2010)基于计划行为理论,以网上化妆品的购买行为意向为研究对象,进行抽样调查,并通过结构方程分析得到结论。其指出态度对网上化妆品购买的行为意向不存在显著的影响作用,而感知行为控制比从众心理对购买行为意向的影响更大。

张慧敏(2011)通过列举出与化妆意识有关的76条陈述句,让受试者按7个等级就每一语句评定与自己心理的符合程度,然后进行因子分析与聚类分析,得出与化妆行为相关的三大化妆意识,即对己机能、对他机能、非对己机能又非对他机能。

---

[1] 商学院2012级金融学专业。

温宇迪(2010)通过对高校大学生化妆品消费状况和消费态度的调查,描述了当代大学生化妆品消费的行为表现,分析并揭示其消费行为的规律性,为化妆品企业进入高校市场提出了产品、价格、渠道、促销 4 个方面的建议,以促进大学生化妆品消费市场的开发。

张春雨(2006)提出了关于化妆品购买动机的 9 个理论假设,并以当前在校大学生为调查对象,对假设进行了检验。实证研究结果表明,化妆品产地、品牌、价格、周围人的推荐、提高个人魅力、找工作等 9 个因素对化妆品购买意向有着显著正向影响,而化妆品的外观包装、颜色及随大流与消费者化妆品购买意向没有相关关系。

刘喜怀(2013)认为,大学生消费必定成为拉动我国经济又好又快发展的主力军。针对大学生消费倾向于多元化并追求个性与时尚、攀比的心理,大学生消费行为具有情绪性和示范效应、追求超前及奢侈消费、消费无计划、易受广告影响、注重产品外观的特点。因此,大学生消费市场开发需要根据其消费行为及心理特征来制定开发策略;要符合校园市场的特殊经济环境及需求;要注重商品的外观和差异性,使商品有一定的引导能力;采取相应的促销手段;注意培养大学生的消费忠诚。

从目前的研究现状来看,对大学生化妆品消费的研究多为理论性分析,缺乏实证性研究。我们希望通过问卷调查及实地走访得到第一手资料,通过因子分析,从民族中心主义、产品原产地形象、理性与非理性消费等角度进一步剖析大学生化妆品消费行为,并为我国化妆品企业开拓大学生化妆品市场提供应对策略及建议。

二、研究思路

本文通过对山东大学(威海)的学生进行问卷调查以及对化妆品专营店、网络电商的采访调查,了解当今大学生消费群体对于化妆品的消费情况与购买动机,并通过较为全面的数据和现象分析,从多个角度特别是消费心理、民族中心主义、产品原产地形象、产品包装、品牌效应、理性与非理性消费等角度对消费者行为的影响,得出大学生化妆品消费的基本规律。设计量表调查问卷,并提出与大学生化妆品消费相关的 21 条描述性语句,来测量大学生的认同度,运用因子分析,深入剖析大学生化妆品消费的主要因子,揭示其消费的内在规律,从而为大学生合理消费化妆品、提升自身形象提供指导,并为化妆品企业开拓大学生化妆品市场提供建议,以促进大学生化妆品消费市场的开发。

三、针对影响大学生化妆品消费的因素作因子分析

(一)量表制作

描述性语句量表见表1。

表1　描述性语句量表

编号	描述性语句	绝对不赞同——绝对赞同
1	我使用化妆品时注重产品原产地	1——2——3——4——5
2	我会出于民族情结购买国产化妆品	1——2——3——4——5
3	我更注重化妆品的内在品质	1——2——3——4——5
4	我会在网上购买化妆品	1——2——3——4——5
5	我购买化妆品时会注重产品外包装	1——2——3——4——5
6	我购买化妆品时会受广告影响	1——2——3——4——5
7	我购买化妆品时受朋友或服务员推荐影响	1——2——3——4——5
8	我会购买毫无名气但效果良好的化妆品	1——2——3——4——5
9	我将购买化妆品当成一种消费乐趣而不是必需品	1——2——3——4——5
10	我愿意花费很长时间在化妆上	1——2——3——4——5
11	我愿意购买价格较贵、效果较好的名牌化妆品	1——2——3——4——5
12	我会因为美容节目或者时尚杂志推荐而购买化妆品	1——2——3——4——5
13	我愿意尝试新型化妆品	1——2——3——4——5
14	相比于化妆(彩妆),我更注重皮肤日常基本护理	1——2——3——4——5
15	我愿意购买价格便宜、效果不明显的普通化妆品	1——2——3——4——5
16	我会因为周围人都用这种化妆品而去购买化妆品	1——2——3——4——5
17	相比于普通化妆品,我更加愿意使用环保化妆品	1——2——3——4——5
18	我会在化妆品促销时大量购买化妆品囤积	1——2——3——4——5
19	我一直购买一种品牌的化妆品	1——2——3——4——5
20	我总是有计划地按季节购买化妆品	1——2——3——4——5
21	我会一时兴起(由于促销、店员推荐等原因)购买化妆品	1——2——3——4——5

(二)因子分析

1. KMO检验和Bartlett球形检验

KMO检验和Bartlett球形检验见表2。由表2可知,KMO值为0.850,接近于0.9,说明适合作因子分析。Bartlett球形检验的Sig.的取值为0.000,表示拒绝相关系数矩阵为单位阵的假设,表示各变量不是各自独立的。

表2 KMO检验和Bartlett球形检验

取样足够度的KMO检验值		0.850
Bartlett球形检验	近似卡方值	377.860
	df	210
	Sig.	0.000

2. 变量共同度

变量共同度是衡量公共因子相对重要性的指标。表3是因子分析的共同度,显示了所有变量的共同度数据。表格第一行数据说明该变量的共同度为0.799,即提取的公共因子对该变量的方差做出了79.9%的贡献。

表3 共同度

	原始变量	提取因子
第1题	1.000	0.799
第2题	1.000	0.687
第3题	1.000	0.791
第4题	1.000	0.617
第5题	1.000	0.684
第6题	1.000	0.788
第7题	1.000	0.804
第8题	1.000	0.716
第9题	1.000	0.617
第10题	1.000	0.805
第11题	1.000	0.704
第12题	1.000	0.828
第13题	1.000	0.837
第14题	1.000	0.818
第15题	1.000	0.715
第16题	1.000	0.775

续表

	原始变量	提取因子
第 17 题	1.000	0.737
第 18 题	1.000	0.649
第 19 题	1.000	0.814
第 20 题	1.000	0.683
第 21 题	1.000	0.694

注:提取方法为主成分分析法。

3. 碎石图

碎石图如图 1 所示。由图 1 可知,前 7 个主成分特征根都在 1 以上,其他的主成分特征根都很低。

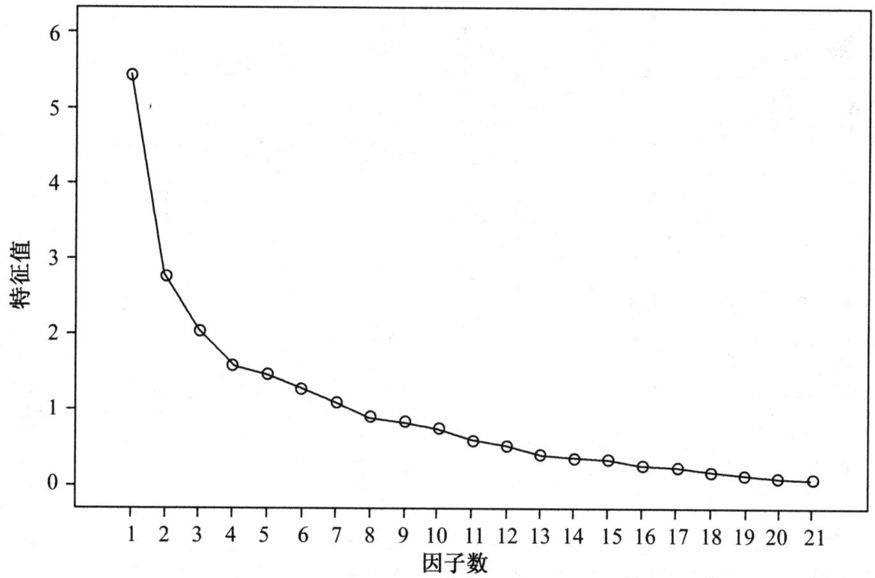

图 1 碎石图

4. 因子载荷矩阵

因子载荷矩阵见表 4。由表 4 可得出给定变量的因子表达式。

表 4 因子载荷矩阵

	因子						
	1	2	3	4	5	6	7
第 14 题	0.738	0.361	−0.255	−0.220	0.103	−0.121	0.062
第 6 题	0.726	−0.129	−0.173	0.034	−0.070	−0.369	−0.271

续表

	因子						
	1	2	3	4	5	6	7
第 21 题	0.697	−0.229	−0.038	0.268	−0.266	0.094	−0.059
第 3 题	0.664	0.439	−0.233	−0.251	−0.029	−0.188	0.057
第 7 题	0.617	0.316	−0.218	−0.207	0.261	0.010	−0.406
第 5 题	0.594	−0.041	−0.191	0.014	−0.256	0.447	−0.166
第 12 题	0.577	−0.409	0.201	−0.004	0.443	0.258	−0.157
第 1 题	0.571	0.174	0.478	−0.068	0.414	0.194	−0.004
第 18 题	0.554	−0.515	0.055	−0.150	−0.022	−0.162	−0.156
第 4 题	0.446	−0.361	0.135	−0.393	−0.329	0.048	0.068
第 9 题	0.432	−0.360	−0.403	0.286	−0.181	−0.034	−0.152
第 17 题	0.269	0.718	−0.059	0.180	−0.128	0.059	0.307
第 10 题	0.347	−0.652	−0.050	0.140	0.264	0.143	0.384
第 19 题	0.474	−0.049	0.647	0.180	−0.292	−0.198	0.106
第 8 题	0.426	0.254	−0.510	−0.197	−0.199	0.055	0.359
第 20 题	0.449	0.473	0.483	0.094	0.061	−0.113	0.002
第 2 题	0.428	0.086	0.478	0.303	−0.340	−0.241	0.045
第 15 题	0.227	−0.188	−0.371	0.669	0.021	−0.010	0.203
第 16 题	0.246	0.454	−0.029	0.547	0.312	0.315	−0.103
第 13 题	0.309	−0.230	−0.080	−0.058	0.530	−0.489	0.398
第 11 题	0.393	−0.092	0.191	−0.321	−0.119	0.520	0.343

5. 旋转后的因子载荷矩阵

旋转后的因子载荷矩阵见表 5。由表 5 可以得出,第 1 个主因子主要由变量第 5 题、第 6 题、第 7 题、第 12 题决定,第 2 个主因子主要由变量第 4 题、第 19 题、第 20 题、第 10 题、第 14 题决定,第 3 个主因子主要由变量第 3 题、第 8 题、第 11 题决定,第 4 个主因子主要由变量第 2 题、第 1 题决定,第 5 个主因子主要由变量第 9 题、第 16 题、第 18 题、第 21 题决定,第 6 个主因子主要由变量第 15 题决定,第 7 个主因子主要由变量第 13 题、第 17 题决定。

表 5 旋转后的因子载荷矩阵

	因子						
	1	2	3	4	5	6	7
第 5 题	0.866	0.061	0.170	0.028	0.001	0.071	0.049

续表

	因子						
	1	2	3	4	5	6	7
第 6 题	0.855	0.127	0.117	0.161	0.040	0.112	0.131
第 7 题	0.718	0.114	−0.048	0.490	0.036	−0.115	−0.141
第 12 题	0.654	0.206	−0.126	−0.306	0.052	0.355	0.087
第 4 题	0.132	0.763	−0.036	0.032	−0.117	−0.034	0.023
第 19 题	−0.058	0.682	0.001	−0.137	0.376	−0.040	0.290
第 20 题	0.198	0.669	0.347	0.176	−0.065	0.222	−0.042
第 10 题	0.508	0.522	0.266	0.231	−0.284	−0.210	0.092
第 14 题	0.319	0.501	0.031	0.229	0.002	0.406	−0.336
第 3 题	−0.023	0.099	0.868	0.106	−0.134	0.137	0.051
第 8 题	0.053	0.176	0.808	−0.017	−0.003	0.001	−0.028
第 11 题	0.330	−0.197	0.643	0.246	0.246	−0.001	−0.023
第 2 题	0.011	0.284	0.068	0.796	−0.089	0.230	0.221
第 1 题	0.247	−0.161	0.384	0.672	0.180	0.249	0.132
第 9 题	0.151	0.165	0.095	0.294	0.785	−0.048	−0.106
第 16 题	0.152	0.177	0.209	0.098	−0.573	0.425	−0.015
第 18 题	0.494	−0.088	0.285	−0.267	0.549	0.161	−0.072
第 21 题	0.128	0.403	0.180	0.360	−0.521	0.066	0.178
第 15 题	0.120	−0.020	0.103	0.177	−0.095	0.799	−0.017
第 13 题	0.222	0.030	0.026	0.144	−0.108	−0.106	0.861
第 17 题	−0.199	0.442	−0.054	0.255	−0.098	0.389	0.584

6. 因子旋转后的因子载荷图

因子旋转后的因子载荷图如图 2 所示。该图为旋转后的原变量的位置，图中各坐标轴为各个主因子。

7. 因子得分的协方差矩阵

由表 6 可知，因子得分的协方差矩阵为单位矩阵，说明提取的 7 个因子之间是不相关的。

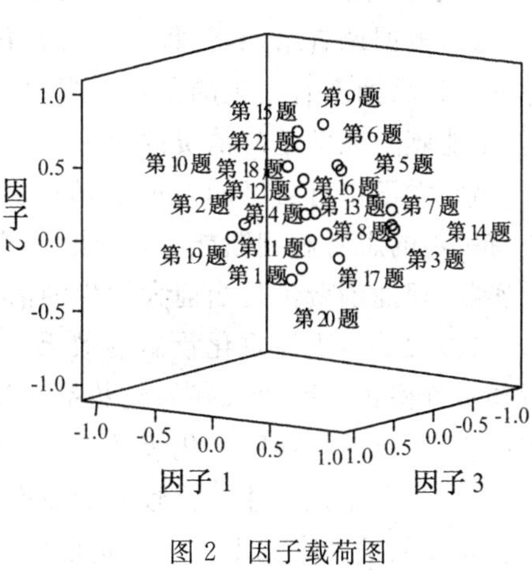

图 2 因子载荷图

表 6　因子得分的协方差矩阵

因子	1	2	3	4	5	6	7
1	1.000	0.000	0.000	0.000	0.000	0.000	0.000
2	0.000	1.000	0.000	0.000	0.000	0.000	0.000
3	0.000	0.000	1.000	0.000	0.000	0.000	0.000
4	0.000	0.000	0.000	1.000	0.000	0.000	0.000
5	0.000	0.000	0.000	0.000	1.000	0.000	0.000
6	0.000	0.000	0.000	0.000	0.000	1.000	0.000
7	0.000	0.000	0.000	0.000	0.000	0.000	1.000

(三)因子归类

因子归类见表 7。

表 7　因子归类

组合因子	因子中包含的陈述(由因子载荷图可知)	因子含义
因子 1	第 5 题、第 6 题、第 7 题、第 12 题	广告宣传
因子 2	第 4 题、第 19 题、第 20 题、第 10 题、第 14 题	理性购买
因子 3	第 3 题、第 8 题、第 11 题	效果因素
因子 4	第 1 题、第 2 题	原产地形象
因子 5	第 9 题、第 16 题、第 18 题、第 21 题	非理性购买
因子 6	第 15 题	价格因素
因子 7	第 13 题、第 17 题	追逐潮流

由表 7,我们可以得出以下结论:

(1)根据调查结果,化妆品广告宣传(包括电视广告、美容节目、杂志广告等)对大学生的化妆品消费有一定的影响。当化妆品广告新颖,并能形象地展示化妆品的使用效果时,更能刺激大学生的消费欲望。

(2)大学生有自己的主观选择意识。大学生的受教育水平处于社会的中上等,自身具有一定的思考和判断能力,因此,价格、质量、潮流仍是吸引大学生消费的主要因素,讲求实际、理性消费仍是当前大学生的消费理念。

(3)大学生更注重化妆品的效果。相比于价格便宜而质量差的化妆品,大学生更愿意购买价格稍贵而效果好的化妆品。这说明大学生有一定的经济基础,追求消费质量,能有主见、有选择地购买化妆品。

(4)大学生比较注重化妆品的原产地形象,并且会出于民族情结购买国货,国产化妆品在化妆品消费市场上占有一定地位。除此之外,第一次的调查显示,由于韩流、日流文化以及美容节目杂志对国外化妆品的介绍，使得韩国、日本化妆品在大学生中也比较受欢迎。

(5)大学生的内在化妆意识驱动大学生购买化妆品。低年级的大学生不愿意长时间化妆，相较于彩妆更注重皮肤基础护理；而高年级的大学生由于求职压力，为提升自身形象，购买彩妆化妆品较多。

(6)大学生接受新生事物较快，喜欢追逐潮流，已经成为化妆品消费的主力军。目前，大学生愿意在网上购买化妆品，愿意购买新型及有科研背景的化妆品，也愿意购买环保型化妆品。

四、结论与启示

(一)大学生购买化妆品动机

根据调查结果，一半的大学生使用化妆品是为了保持肌肤健康，三成左右的大学生使用化妆品是为了让自己看起来更自信；同时，一部分高年级的大学生是为毕业后求职作准备。

(二)大学生使用化妆品广泛，消费支出比重大

根据本次调查研究可发现，绝大部分大学生在使用化妆品，“护肤”已成为大学女生每天谈论的话题和必做的功课。大学生使用的化妆品类别有：基础护理类中的保湿类、美白类、去角质类、祛痘类、彩妆类。另外，大学生的消费能力强，已经将化妆品列为每月必需开支，化妆品占日常消费支出的比重较大。

(三)影响大学生化妆品消费的因素

首先，大学生在购买化妆品时比较注重产品的品牌。其次，大学生也会因为化妆品店店面形象好或优惠促销活动多而购买化妆品。最后，对于售后服务，大部分学生喜欢护肤咨询、美容讲座等方式。除此之外，出于民族情结，许多大学生喜欢使用国货，并对化妆品原产地形象有一定的选择。

(四)理性消费与非理性性消费并存

在大学生化妆品消费中，理性消费是主流，大多数人能够合理地计划自己的消费，不理性消费只是大学生群体中的少数现象。质量、价格、功能、品牌、效果是大学女生在购买化妆品时最关注的几个方面。

(五)大学生盲目网购化妆品情况

根据对大学生化妆品消费情况的调查以及对化妆品店店主的采访，我们认识到网购化妆品有利有弊：利在于网店的化妆品利润低，价格便宜，吸引大学生消费者的眼球；弊在于不能亲自验货，而且价格参差不齐，假货众多，售后服务没有保障。

(六)大学生化妆品消费因子分析

本文通过统计大学生对21句描述性话语的认同程度,进行相关性分析和因子分析,得到了影响大学生化妆品消费的7个主因子,即民族中心主义、价格因素、效果因素、广告宣传、追逐潮流、非理性购买和理性购买因素。

参考文献

[1]刘凤霞等:《基于计划行为理论的消费者网上化妆品购买倾向研究》,基于互联网的商业管理学术会议论文,四川成都,2010年。

[2]张慧敏:《高校女大学生化妆行为和化妆意识研究——以成都五所高校为例》,《群文天地》2011年第6期。

[3]温宇迪:《大学生化妆品消费市场的开发和营销策略》,《新乡学院学报》2010年第8期。

[4]张春雨:《化妆品购买动机的实证研究——以在校大学生为例》,《江苏商论》2006年第4期。

[5]白丽群:《基于产品生命周期理论的大学生群体化妆品营销策略研究》,《现代商业》2011年第8期。

[6]刘喜怀:《当代大学生消费行为特征及市场开发》,《学术交流》2013年第3期。

[7]罗应婷、杨钰娟:《SPSS统计分析——从基础到实践》,电子工业出版社2007年版。

(指导教师:魏文忠)

基于关系型信贷理论的小微企业融资环境研究

——以山东金三角地区为例

徐璐涵[1]

目前，我国小微企业虽然规模较小，但是数量众多，具有投资少、周期短、适应性强等明显优势，能够充分利用一切可以利用的有限资源，对调整结构、扩大就业、推进技术进步和制度创新起着极其重要的作用。但是在当前经济持续下行的形势下，小微企业融资难这一问题显得尤为突出。

本调查报告围绕"基于关系型信贷理论的小微企业融资环境研究"这一主题，运用关系型信贷理论、金融发展理论、投资理论等多学科理论，通过统计数据分析，对威海、青岛、烟台等市的企业进行问卷调查和深入访谈，分析目前威海等市的小微企业融资需求现状，着重分析行业融资方式、融资困难、融资需求度、政府机构和金融机构对该行业资金配给的政策和资金配给态度，进而对于如何提高威海等市的小微企业金融支持效率提出相关意见和建议。

一、文献综述

(一)关系型信贷概念研究

目前，关系型信贷尚未有统一的定义，不同学者从不同的角度对其进行了定义。从关系专用性投资方面出发，可将关系型融资定义为：企业提供的一种金融服务，银行在提供服务中为获得企业专有信息进行了关系专用性投资，并通过与企业的长期交易来评价这种投资的盈利前景，从而获得回报(Boot，2000)；从契约论角度，可把关系融资定义为"一个银行与其借款者之间长期的隐含而默契的契约"(Elsas，2005)。

从以上定义中可以看出，关系型融资的本质特征是资金供求双方之间的长期互动，资金供给方在关系存续期间收集到大量的企业及其业主的私有信息，这些信息不仅能够帮助银行更好地了解企业，成为是否为企业继续提供贷款的依据，而且还能给银行带来

---

[1] 商学院2011级金融学专业。

利润。

(二)关系型信贷融资的可行性研究

关系型融资是20世纪90年代引起经济学和企业管理实践重视的理论。在国外,Petersen和Rajan(1994)利用由美联储和美国中小企业管理局联合发起并资助的关于小企业贷款状况的三次调查(即"全国小企业融资调查")的相关数据研究发现,对小企业来说,与某一金融机构存在紧密关系将增进其融资的可得性,并且这也能轻微地降低其借款成本。在越是集中性的信贷市场中,贷款人就越倾向于对借款人提供更多的贷款,且利率也较低。其原因在于,借款人所处的信贷市场越具有集中性的特点,贷款人就越能保证与借款人的关系得以持久化。在关系型融资中,银行追求的是长期效益的最大化,而不是短期效应。

我国的关系型信贷融资方式尚处于逐步正规化和规模化阶段。目前,银行对企业的"所有制歧视"使银行普遍存在对小企业的"惜贷"行为,加上从信息环境看,小企业财务管理普遍比较混乱、不健全,财务信息失真严重,难以作为贷款的有效依据,因此存在着巨大的融资缺口。这就严重阻碍了我国小企业的发展,所以需要建立适合我国的关系型贷款。我国是一个典型的关系社会,且各地小企业成集群的发展态势,这就为我国关系型贷款的发展提供了良好的社会环境与经济环境。因此,我国关系型贷款技术的发展具有可行性。

二、小微企业与关系型信贷:影响因素、实现方式

本文认为,关系型信贷是指为企业提供的一种特殊的融资服务,即银行的贷款决策主要基于通过长期和多种渠道的接触所积累的关于借款企业及其业主的相关信息进行。

(一)小微企业适合发展关系型信贷的原因

现如今,小微企业已成为国民经济的重要组成部分,在国民生产总值、上缴财税收入、解决劳动就业、促进产业优化升级等方面发挥了巨大作用。与小微企业蓬勃发展形成强烈对比的是,小微企业融资渠道狭窄,且由于存在严重的信息不对称,小微企业往往受信贷配给所累,银行信贷渠道并不畅通。因此,注重企业软信息的关系型信贷便成为解决小微企业融资问题的一个有效渠道。

(二)小微企业实现关系型信贷的主要方式及影响因素

银行对企业的信贷技术分为四大类,分别是:财务报表型贷款、抵押担保型贷款、信用评分技术型贷款以及关系型贷款。前三类信贷技术主要依赖的是"硬信息",对企业的信息透明度要求较高。然而,小微企业普遍存在财务信息不正规、不确定性大、信息不透明等特点,这对前三类信贷技术的实施提出了挑战(张杰、经朝明、刘东,2007)。

影响小微企业从银行获得贷款的因素有很多,主要有:小微企业本身的经营业务、营业情况;小微企业主的信用记录是否良好;小微企业可用于抵押的有效资产是否充足;有

无机构或个人为小微企业担保；小微企业所在行业是否是国家扶持行业；银企关系是否密切，是否存在有效的信息沟通机制等。

以上几点因素并不是单独发生作用，而是彼此牵动，互相制约。在我国，银企关系的主要特点有：小微企业对银行信贷的依赖程度高，关系型贷款不普遍，小微企业信贷市场为越来越多的银行所关注等。研究银企关系与小微企业贷款成本的关系，对分析我国关系型借贷的应用情况及小微企业融资状况具有重要意义。本文通过实证调研与数据分析认为，在现阶段，影响山东省威海等三市发展关系型信贷的主要因素是银企关系和企业的社会资本。

三、关系型信贷影响因素——银企关系

（一）小微企业融资情况

目前，小微企业主要还是利用自有资金和银行、信用社贷款来获得资金，分别占49.2％和24.2％；同时，向亲朋好友借款或依靠政府扶持也是比较有效的途径，分别占17.2％和3.9％。在小微企业的全部银行借款中，信用贷款占了最大的比例，为39.1％；抵押借款次之，为30.4％；担保借款占了17.4％。在传统的贷款方式中，抵押借款和担保借款还是占到了小微企业银行借款的大部分。图1显示，有28.00％的小微企业主认为，贷款申请成功的原因是有固定资产抵押，但是也有26.70％的企业主认为，企业主的良好信用记录是贷款申请成功的主要因素。两种方式所占比例相近，这也从另一方面说明，小微企业以关系型信贷方式取得贷款是可行的。

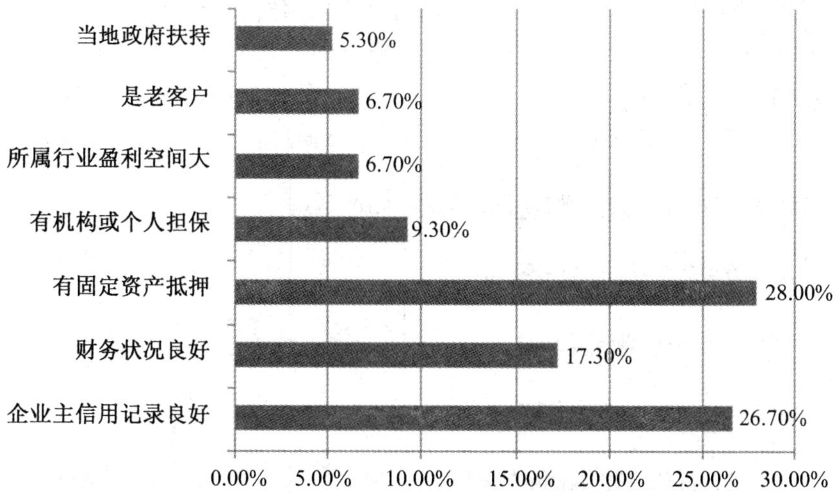

图1　贷款申请成功的原因

图2显示，分别有19％和18％的小微企业主认为是有效抵押资产不足和无机构或个人担保使小微企业申请贷款面临困难；同时，较差的财务状况和不良的信用记录也成了

小微企业从银行获得贷款的阻碍。这说明,进行关系型信贷在小微企业融资运用中的探索是十分必要和有可能的。

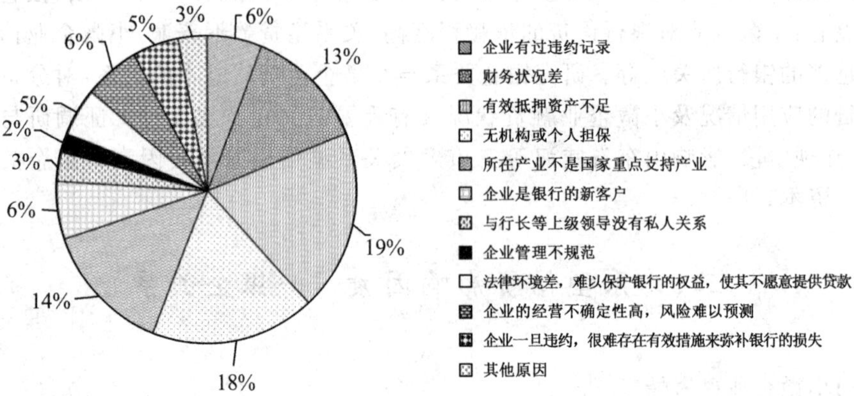

图 2　企业申请贷款面临着哪些不利条件

(二)银企关系对企业贷款的作用

银企关系可以通过企业与银行的合作年限、有业务往来银行的数目、企业合作的银行数目等指标反映出来。一般认为,合作年限越长,银行与企业之间的了解程度越深,银企关系越好;企业与银行有除贷款以外的其他业务往来(如银行代发企业员工工资、结算业务等),则银行能得到更多的关于企业的信息,银企关系密切;企业合作的银行家数越少,说明企业对银行的忠诚度越高,银企之间的关系越紧密。

图 3 显示,小微企业主在与银行的日常交往中,向银行提供的多为财务方面的信息,占 40.40%;同时,市场供求及客户信息也是与银行的日常交流中小微企业主会涉及的。由图可得,问卷中所涉及的选项在小微企业主与银行的交流中都有涉及,这说明,小微企业与银行的关系正向着双方更多、更深地了解这个方向进行。

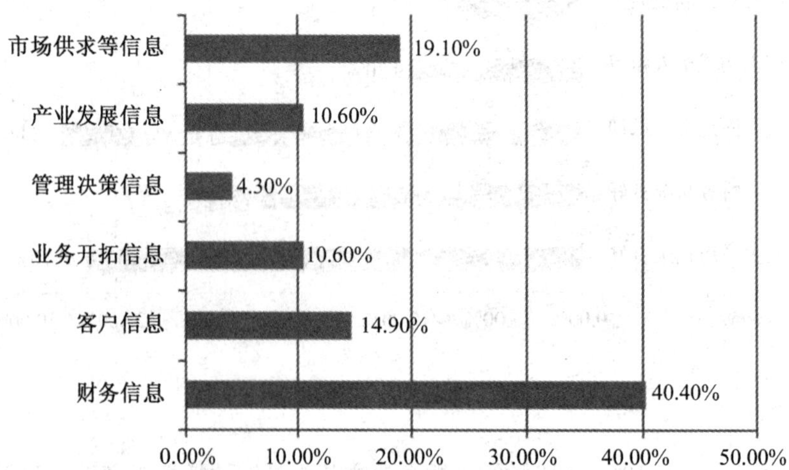

图 3　与银行的日常交流中会涉及哪些信息

图4、图5、图6、图7显示，与小微企业关系较密切的银行大部分不曾向小微企业提供较大份额的债务融资、短期融资、长期融资或较大份额的支付交易服务。这说明，小微企业的关系银行在现阶段仍无法成为解决小微企业资金困难的有力帮手，而小微企业又十分希望得到银行贷款，这极大地阻碍了小微企业的继续发展。

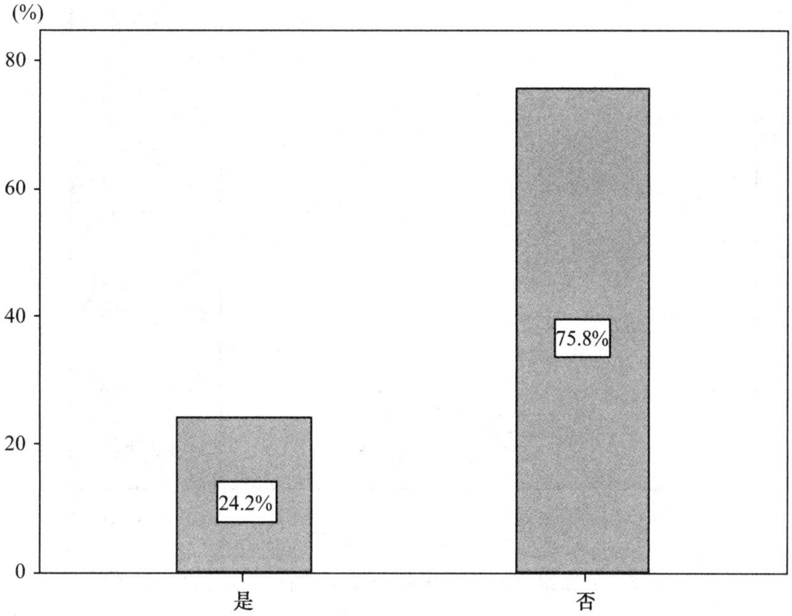

图4　关系银行是否为贵企业提供了较大份额的债务融资

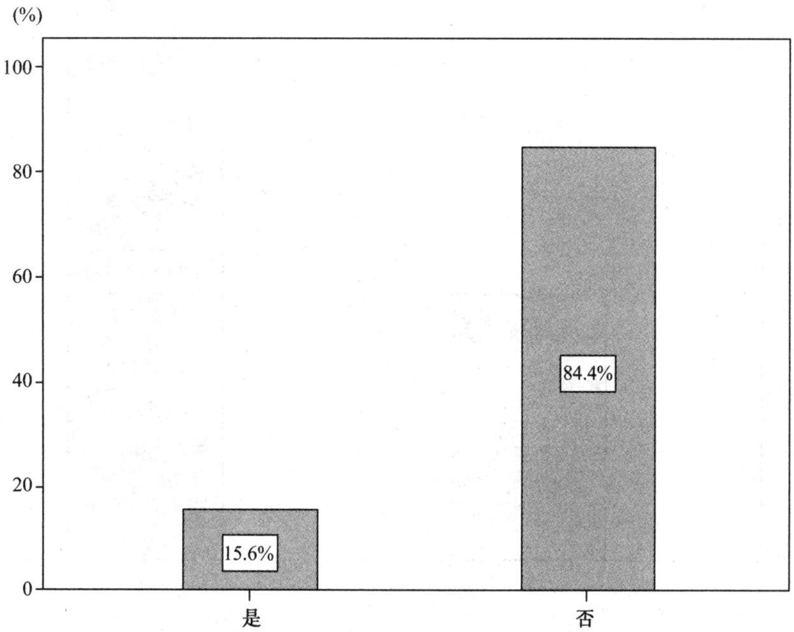

图5　关系银行是否为贵企业提供了较大份额的短期融资

图 6　关系银行是否为贵企业提供了较大份额的长期融资

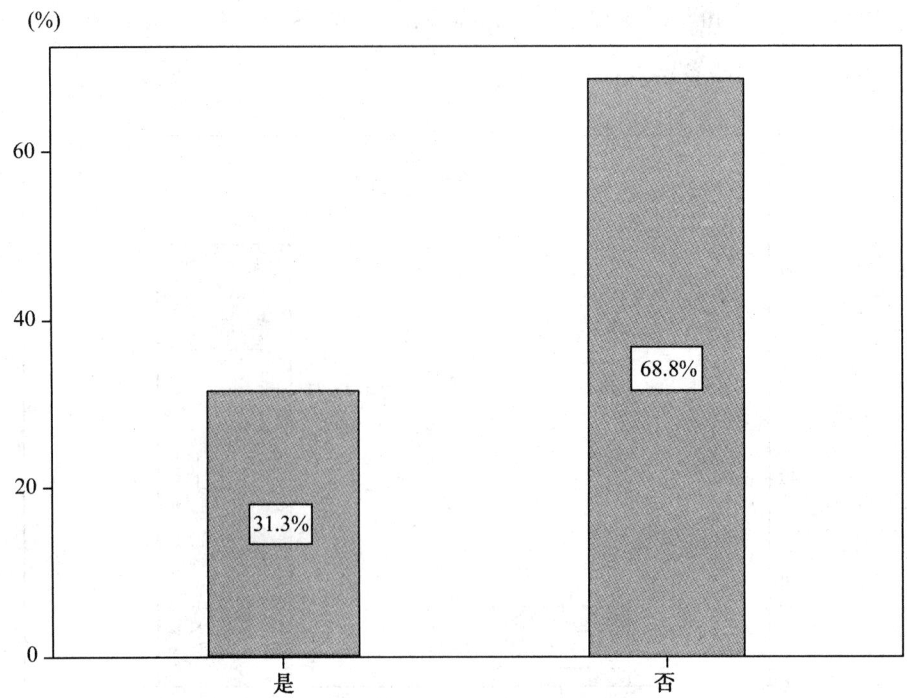

图 7　关系银行是否为贵企业提供了较大份额的支付交易服务

图8、图9显示，有58.33%的企业与关系最密切的银行之间不曾建立正式的或实质上存在的信息沟通机制或惯例，但高达96.4%的企业愿意与银行保持良好的关系，以在未来得到条件更优越的贷款。这说明，目前在小微企业与关系银行的交往中，还没有比较完善的机制来引导银企进行健康的交往，并未为这种交往提供有力的依托。

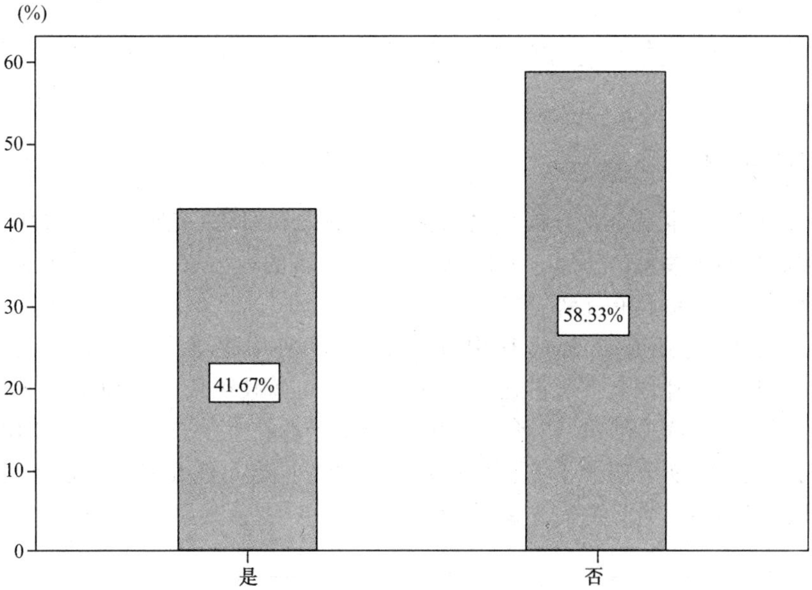

图8　贵企业与关系最密切的银行之间是否建立了正式的或实质上存在的信息沟通机制或惯例

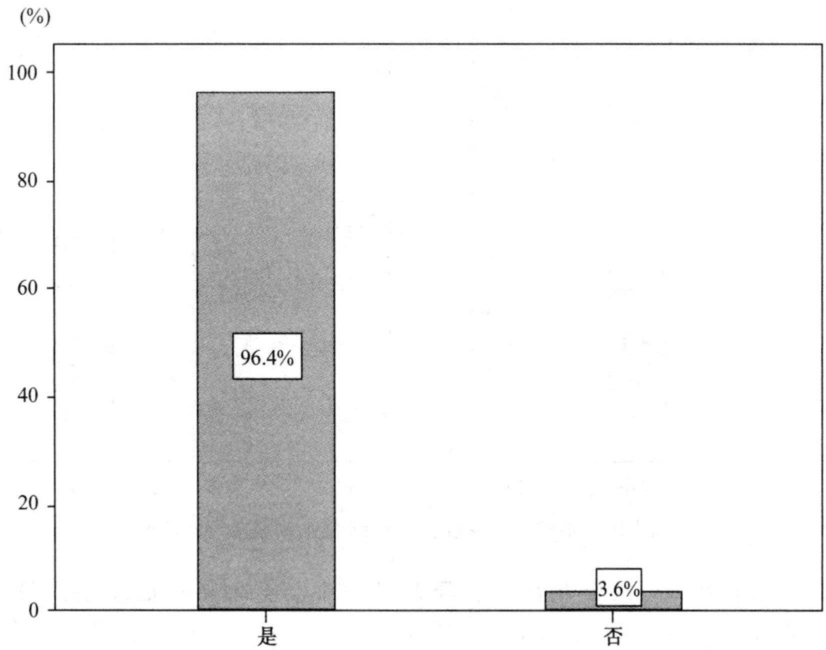

图9　是否愿意与银行保持良好的关系，以在未来得到条件更优越的贷款

在维持银企关系上,银行更多的是通过信息的沟通进行了解。调研中我们发现:小微企业与关系银行的银企关系并不十分密切,许多银企关系是依靠小微企业主主动前往银行与银行信贷员或高层交流中建立的,这样一种单一的、不全面的信息了解系统对银企间建立关系型信贷是不利的。

四、关系型信贷影响因素——企业社会资本

(一)基本分析

企业的社会资本是企业与银行之间关系的桥梁和纽带,有时,企业的社会资本也能起到直接加强银企关系的作用。所以,拥有较为丰富的社会资本的小微企业在申请贷款等方面比普通企业更具有优势。

图 10 表明,企业在经营过程中经常或较多使用企业外部人员所占比例同为 12.68%,有时使用外部人员所占比例高达 28.17%,而较少或从不使用企业外部人员所占比例分别为 25.35%和 21.13%。这说明,小微企业在发展过程中较少使用外部人员,雇佣亲朋好友的比例要明显偏高。由此可以看出,小微企业由于自身企业规模的限制,使得在发展过程中对人员的需求偏低。

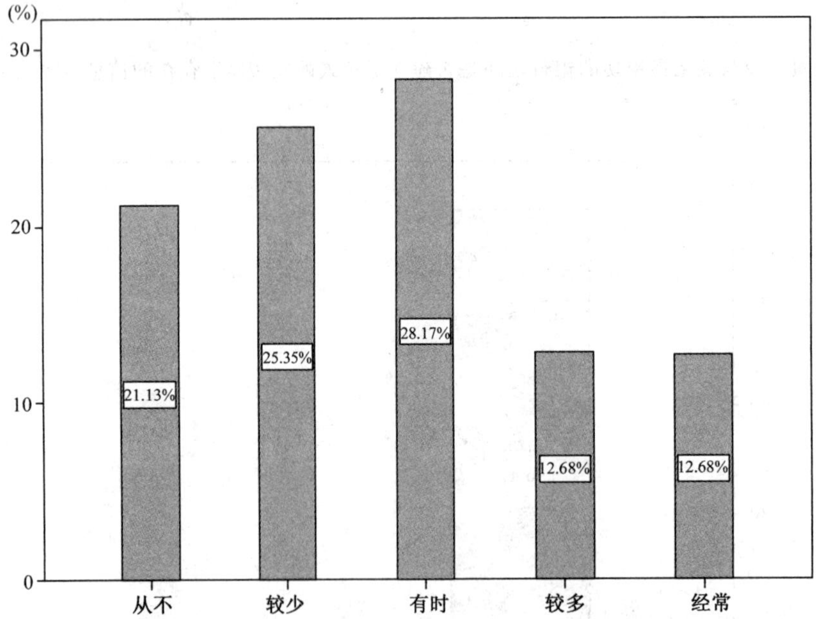

图 10 小微企业在经营中用到企业外部人员的情况

图 11 表明,29.3%的企业在发展经营过程中与金融机构的基层人员有交情,有 25.9%的企业与中层管理层有交情,同时,也有 5.2%的企业与高层管理者有往来,但仍然有 39.7%的小微企业在发展过程中与金融机构管理层无任何交情。由此可以看出,大部分小微企业在发展过程中依靠自身资本和资源成长。

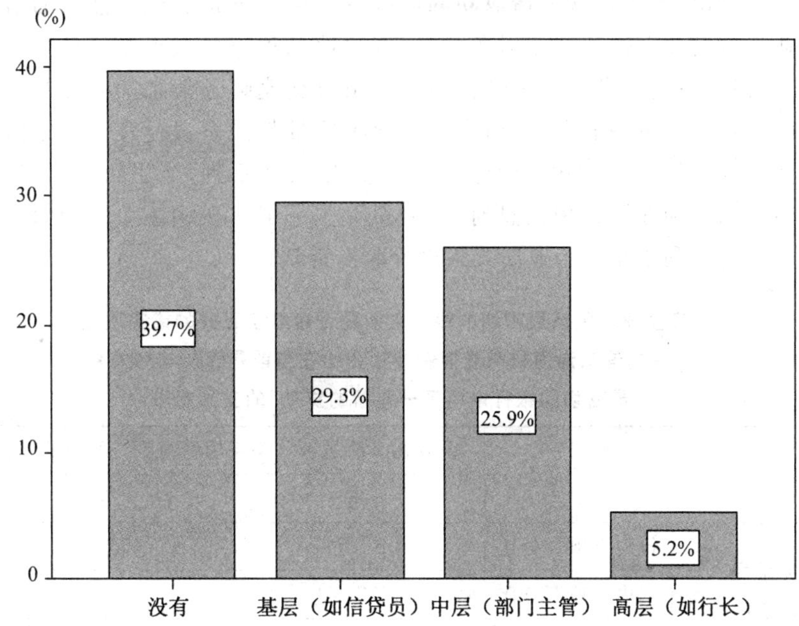

图 11　您主要与哪一级金融机构管理层有交情

在调研中我们发现，企业高层拥有银行工作经历将会大大增加小微企业活动贷款的机会，同时，拥有较为固定的客源和供应商的小微企业经营比较稳定，在稳定中求发展实现双赢的机会较大，因此也比较容易获得贷款机会。

(二)交叉表分析

在这个部分，我们将企业各个方面的信息进行整合并制作交叉表(见表 1、表 2)，从中总结出企业的融资需求、发展制约因素、融资有利条件、融资不利条件及融资优势和劣势。

表 1　"与银行的日常交流中会涉及哪些信息"和"贷款申请成功的原因"的交叉制表

		交流的信息					
		财务信息	客户信息	业务开拓信息	管理决策信息	产业发展信息	市场供求等信息
贷款成功的原因	企业主信用记录良好	66.7%	75.0%	75.0%	100.0%	80.0%	73.3%
	财务状况良好	63.0%	87.5%	87.5%	83.3%	80.0%	73.3%
	有固定资产抵押	85.2%	81.3%	87.5%	83.3%	100.0%	86.7%
	有机构或个人担保	29.6%	25.0%	75.0%	66.7%	40.0%	26.7%
	所属行业盈利空间大	22.2%	18.8%	25.0%	16.7%	20.0%	26.7%
	是老客户	29.6%	43.8%	37.5%	16.7%	20.0%	33.3%
	当地政府扶持	7.4%	6.3%	12.5%	16.7%	10.0%	13.3%

由表1可得出,企业贷款申请成功的原因是受银企日常交流中涉及的信息影响的。当小微企业经常与关系银行交流财务信息、客户信息和市场供求等信息时,小微企业主信用记录一般良好;当小微企业主经常与关系银行交流财务信息和业务开拓信息时,小微企业主财务状况记录一般良好;当小微企业主经常与关系银行交流财务信息、产业发展信息和业务开拓信息时,小微企业主一般有固定资产抵押;当小微企业主经常与关系银行交流财务信息和业务开拓信息时,小微企业主一般有机构或个人担保。由此说明,良好的经营状况有利于小微企业向关系银行取得贷款。

表2 "贵企业与关系最密切的银行之间是否建立了正式的或实质上存在的信息沟通机制或惯例"和"企业在当前是否从与您关系最密切的银行申请了一笔新的贷款"的交叉制表

<table>
<tr><td colspan="3" rowspan="2"></td><td colspan="2">企业在当前是否从关系银行得到一笔新的贷款</td><td>总计</td></tr>
<tr><td>是</td><td>否</td><td></td></tr>
<tr><td rowspan="6">贵企业与关系最密切的银行之间是否建立了正式的或实质上存在的信息沟通机制或惯例</td><td rowspan="3">是</td><td>行内选项百分比</td><td>44.4%</td><td>55.6%</td><td></td></tr>
<tr><td>列内选项百分比</td><td>57.1%</td><td>33.3%</td><td></td></tr>
<tr><td>行列交叉百分比</td><td>18.2%</td><td>22.7%</td><td>40.9%</td></tr>
<tr><td rowspan="3">否</td><td>行内选项百分比</td><td>23.1%</td><td>76.9%</td><td></td></tr>
<tr><td>列内选项百分比</td><td>42.9%</td><td>66.7%</td><td></td></tr>
<tr><td>行列交叉百分比</td><td>13.6%</td><td>45.5%</td><td>59.1%</td></tr>
<tr><td colspan="2">总计</td><td>列总计百分比</td><td>31.8%</td><td>68.2%</td><td>100.0%</td></tr>
</table>

由表2可看出,小微企业与关系银行建立了正式的联系有助于企业从关系银行中获得贷款;但从表中也可分析出,大部分的小微企业没有与关系银行建立实质上的信息沟通机制,因此大部分的企业未从银行获得贷款。这也在一定程度上解释了小微企业所需资金大部分来自自有资金而非银行贷款,原因是小微企业未与关系银行建立较为密切的联系,同时又缺乏有效的抵押物,因此难以获得资金。

五、结论与政策建议

(一)结论

通过对以上问卷数据的总结和分析,可得出以下结论:

1. 关系型信贷在解决小微企业融资难问题上具有可行性

第一,在当前国家政策和地方政府对小微企业的大力扶持下,银行对小微企业的融资贷款要求有所降低,针对小微企业规模小、所需资金量大和融资时间短等问题,银行业也在作进一步的机制调整,以期更适应小微企业的发展需求。

第二,小微企业主对于与关系银行发展关系型信贷是十分期盼的,并且发展关系型信贷对于银企双方也是可行和有效的。

2. 关系型信贷机制的建立还存在许多问题

第一，在银企关系的建立过程中，银行比较注重了解小微企业的一些经营信息，如财务信息、经营状况、产业信息和企业主信用记录，鲜少涉及小微企业的一些更深层次的信息，如企业内部管理方针、企业科研创新投入、企业有无固定的客户和供应商等。

第二，关系型信贷机制所能促进小微企业获得贷款的程度还是很低，不少地区的银行体系中还未曾引入关系型信贷机制。此外，关系型信贷制度还不够健全完善，传统借贷方式仍占主导地位。

第三，小微企业由于自身的规模层次限制，鲜少与企业所在地的商会、科研机构和政府交往，对于国家的方针政策、银行的优惠措施和科研机构的技术革新也是后知后觉，这在很大程度上阻碍了企业的发展。

(二)政策建议

针对上述问题，我们提出如下的对策和建议：

1. 发展小微企业信用担保体系，融合银企之间的关系

第一，银行应主动加深对关系密切的小微企业的了解，可以建立起走访机制，更多地了解企业的内部管理策略和长远规划，更全面地了解企业的潜力和生产力。

第二，建立关系型融资的担保机制。在银行与小微企业合作的初期，由于双方缺少了解与合作的基础，小微企业治理结构虚弱，抗风险能力差，因此，双方关系型互动的建立需要一个中间平台或中介机制，如银行可以通过政府担保等形式来协助解决关系型融资的“关系”可靠性问题。

2. 对金融监管当局的建议

第一，国家和地方政府应加大对关系型信贷的宣传和机制的健全，向各银行及民间金融机构充分到位地讲解关系型信贷的可行性和必要性，以此来推广关系型信贷的发展和完善。

第二，各地商会和协会组织应积极地同小微企业联系，帮助小微企业主了解当地的产业信息和就业信息，以此来更高效率地改进小微企业的用工难、筹集资金难的问题。

第三，发展商业性的小微企业担保体系。探究如何在不过分加重小企业的融资成本，同时为第三方担保者提供足够的承担风险的激励，使第三方担保机制具有可持续的市场运作能力。

3. 对小微企业的建议

第一，小微企业应提高自身信用水平及核心竞争力，积极改善银企关系。小微企业必须主动谋创新，谋发展，积极配合政府和银行的努力，不断改善银企关系，通过自身信用水平与企业竞争能力的提升，获得更多的融资，以提高自身为出发点，积极应对发展中的挑战。

第二，金融工作者要转变观念，充分认识“软信息”和“关系型借贷”在中小企业融资中的重要性。“软信息”和“硬信息”一样，都可以作为金融机构发放贷款的依据，都可以降低贷款风险，保障贷款安全。

参考文献

[1]Uchida H. et al, " Loan officers and relationship lending to SMEs", *Journal of Financial Intermediation*, 2012,21(1): pp. 97-122.

[2]邓超等:《基于关系型贷款的大银行对小企业的贷款定价研究》,《经济研究》2010年第2期。

[3]贺勇:《关系型融资、意会信息生产与商业银行信贷决策》,《中南财经政法大学学报》2009年第6期。

[4]彭凯、向宇:《我国银行开展小微企业贷款的困难和对策》,《西南金融》2010年第6期。

[5]佘晓玲:《信息生产、关系型贷款与小微企业融资改善》,电子科技大学硕士学位论文,2010年。

[6]杨毅:《关系型信贷"软信息"与中小企业融资绩效——基于广西中小企业样本数据的实证分析》,《财会月刊》(综合版)2012年第8期。

[7]徐晓萍、李晓洁:《小企业信贷缺口、信贷技术缺陷与政府干预——基于2008年上海地区经济园区小企业调查》,《上海财经大学学报》(哲学社会科学版)2009年第4期。

[8]何德旭:《政策环境、金融结构与信贷技术——化解中小企业贷款难题的系统解决方案》,《财贸经济》2008年第9期。

(指导教师:郭建强)

浅析互联网金融冲击下传统金融面临的机遇与挑战

——以余额宝为例

史悦[1]　刘鹏[2]

在移动互联网等第三次科技革命的浪潮中，近些年来，我国互联网技术发展迅速，计算机与互联网用户越来越多，遍布范围越来越广，由此也带动传统金融业互联网化的转变。互联网金融的兴起与发展，显示出了极强的创新性和竞争性，使我国传统金融业的垄断模式开始逐步瓦解。余额宝的上市对银行业造成了极大的冲击，吸引了社会广泛的关注与思考。

本文从理论方面描述由传统金融到金融互联网再到互联网金融的转变及三者的关系，使读者从理论上对该课题有清晰的认识；并以余额宝为代表列举数据，分析互联网金融的发展现状和对传统金融业的冲击和影响。

笔者对互联网金融自身优势与劣势对比传统金融业进行了理性分析，由此对未来双方的发展以及我国整个金融业的景象进行了预期和评价，并给予了相关建议，具有很大的现实意义。

一、互联网金融概况

（一）概念

1. 定义

互联网金融是传统金融行业与互联网精神相结合的新兴领域。互联网"开放、平等、协作、分享"的精神向传统金融业态渗透，对人类金融模式产生了根本影响。从广义上讲，具备互联网精神的金融业统称为"互联网金融"。

从理论上讲，任何涉及了广义金融的互联网应用，都应该是互联网金融，包括但不限于第三方支付、在线理财产品的销售、信用评价审核、金融中介、金融电子商务等模式。

从狭义的金融角度来看，互联网金融则应该定义在跟货币的信用化流通相关的层

[1]2012级金融学专业；[2]2012级会计学专业。

面,也就是资金融通依托互联网来实现的方式、方法都可以称为互联网金融。

2. 金融互联网与互联网金融的区别

近些年来,随着互联网产业的不断发展,互联网以其覆盖范围广、高效、快捷、便利的特点深入人心。而传统的实体银行则难以克服时空范围的限制。顺应互联网发展的趋势,银行开发了电子渠道,推出了大量全新的服务和产品,充分发挥互联网的优势,将互联网与传统银行成功地结合起来,为公众带来了极大的便利。这种将产品与服务的“线上化”,称为“金融互联网”。

金融互联网与互联网金融看上去有点像绕口令,是两个概念前后颠倒顺序,实际上内涵有很大差别。可以用两个简化的公式来表示:

金融互联网=传统银行+代销非银行金融产品+互联网渠道

互联网金融=互联网电商+代销金融产品+第三方支付+小贷

互联网金融发挥“鲶鱼效应”,促进金融互联网发展,可代理销售存款、基金、保险等金融产品,迫使金融互联网企业加快创新、改善服务、降低收费、增强核心竞争力;在支持小微企业和个体户贷款业务上,与金融互联网企业错位营销,自主销售贷款,起到了拾遗补缺作用。金融互联网企业为互联网金融企业搭建支付平台提供了强有力的支撑,打通了银行卡账户与第三方支付账户资金的双向互转。

(二)发展现状

现阶段的互联网金融包括三种基本的企业组织形式:网络小公司、第三方支付公司以及金融中介公司。当前商业银行推广的电子银行、网上银行、手机银行等也属于此类范畴。在互联网金融中,最成功的莫过于1999年由马云一手创建的阿里巴巴这一庞大的中国电子商务公司。

1999年,马云在中国杭州市建立了阿里巴巴电子商务公司,2003年5月投资1亿元人民币建立淘宝网,2004年10月成立支付宝公司。淘宝网帮助众多用户完成了低成本创业的梦想,而支付宝使得阿里巴巴正式进军金融领域,在互联网金融中占据了龙头地位。支付宝解决了网络交易中的信用问题,通过第三方担保模式完成互联网交易,它向用户提供付款、提现、收款、转账、担保交易、生活缴费、理财产品等基本业务。阿里巴巴旗下的阿里金融,也在逐步抢占金融市场,面向小微企业、个人创业者提供小额信贷等业务。

紧接着,在2013年6月,一项全新的余额增值业务——余额宝上市,则更是掀起了互联网金融业发展的又一个高潮,受到社会大众的极大追捧。截至2014年1月15日,余额宝吸收资金已超过2500亿元;而截至2月6日,余额宝的用户数超过6100万,其庞大的规模显而易见。至今其用户数和交易资金仍在迅速地增加当中。

二、余额宝对传统银行业冲击的现状及原因分析

(一)余额宝对传统银行业冲击的现状

马云先生曾说:“如果银行不改变,我们改变银行。”这句话如今变成了现实。余额宝

因其操作简单、起点低、收益高、转入转出灵活快捷等独特突出的特点，在其上市的短短半年时间里，“卷走”大量银行存款，传统金融行业的垄断地位摇摇欲坠。

从2013年6月上市开始，余额宝掀起了巨大的吸金风暴，对象主要是银行的活期存款。天弘增利宝货币基金2013年第四季度财报显示，基金的92.21%被投向“银行存款和结算备付金”，第三季度该数据为84.52%。按照上述媒体的计算方法，以85%的基金规模投向银行协议存款估算，2500万元的余额宝规模中约有2125亿元投向银行协议存款。按照5.5%的年利息计算，银行须向余额宝支付106.25亿元。而此前，银行可以以0.35%的活期存款利率获得这些存款，资金成本为7.44亿元。也就是说，银行因余额宝少赚了98.81亿元。

数据显示，居民储蓄存款向互联网理财产品流动的速度加快。据媒体报道，2014年1月份前20天，工农中建四大行存款流失7000亿元。央行发布的《2013年金融统计数据报告》显示，2013年，我国住户存款增加5.49万亿元，较2012年少增加2200亿元。2013年10月，住户存款流失严重，减少了8967亿元，为2013年存款流失最严重月份。根据调查发现，许多居民的储蓄卡接近“清零”，他们将大部分甚至全部存款转入余额宝中。可见，余额宝的影响力不容忽视。

在过去，银行高枕无忧，静待居民将存款送入囊中，而现在这样的日子一去不复返。各大银行即使费了九牛二虎之力拉拢资金，也无法阻挡其外流的趋势。

(二)余额宝对传统银行业冲击的原因分析

1. 余额宝自身优势

余额宝之所以能掀起巨大的浪潮以致震动整个银行业，对传统金融银行业造成极大的冲击，与自身得天独厚的优势密不可分。

(1)风险低，收益率高

与传统银行活期存款相比，余额宝收益率明显高于活期存款。根据我国几大银行存款利率(见表1)显示，活期存款年利率为0.35%，几乎可以忽略不计。而余额宝作为货币基金，年收益率(见图1)随着基金市场的变化有起伏，理论上有亏损的可能，但从历史数据来看，大都能超过五年定期存款利率，风险较小，在收益上无疑具有绝对优势。

表1　　我国几大银行存款利率

银行	活期	定期存款(整存整取)					
		三个月	半年	一年	二年	三年	五年
中央银行	0.35%	2.6%	3.05%	3%	3.75	4.25%	4.75%
中国工商银行	0.35%	2.85%	3.05%	3.25%	3.75%	4.25%	4.75%
中国农业银行	0.35%	2.85%	3.05%	3.25%	3.75%	4.25%	4.75%
中国建设银行	0.35%	2.85%	3.05%	3.25%	3.75%	4.25%	4.75%
中国银行	0.35%	2.85%	3.05%	3.25%	3.75%	4.25%	4.75%
交通银行	0.35%	2.85%	3.05%	3.25%	3.75%	4.25%	4.75%

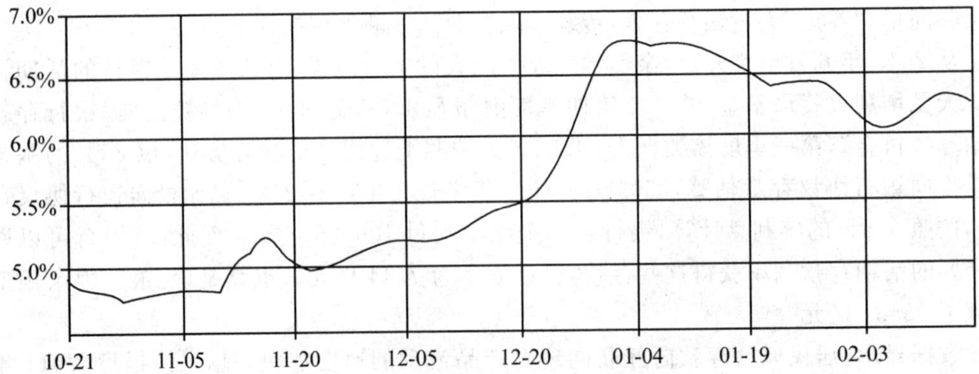

图1 余额宝7日年化收益

(2)认购起点低

银行理财产品认购起点为5万元,而余额宝与传统理财产品相比,没有最低限额,1元即可购买。这大大扩大了投资的覆盖对象,打开了大众理财的大门,具有很强的聚集闲散资金的能力。

(3)技术含量低,操作性强

当前,理财产品种类繁多,令人眼花缭乱,人们需要花费不少时间和精力对不同理财产品的收益、风险进行了解和比较。因此,在余额宝出现之前,多数缺乏理财和金融知识的人们只能选择风险最低且最简单的存款业务。而余额宝上市后,其收益可视性强,每天的收益都会经过确认后计算收益并入账,且操作步骤简便,只需要具备简单的电子转账的知识即可,是名副其实的“懒人理财”和“平民理财”,也印证了马云的那句话:“金融是为外行人服务的,不是为自己圈里自娱自乐、自己赚钱的”。

(4)灵活性好,方便快捷

用户存入余额宝中的资金可以在余额宝、支付宝、银行卡三者中灵活转账,资金也可直接用于网上购物,为人们提供了极大的方便,与储蓄卡中的活期存款在灵活性上差距不大。

(5)安全有保障

支付宝对于余额宝资金使用安全性和被盗的情况有相应的保障和赔偿制度,为维护用户的利益提供了安全保障,获得了人们的信任和支持。

2. 政府限制较少,创新性高

银行作为国家金融机构,对国民经济起着重要的调节作用,因此,必须受到国家政策的管理和制约。以利率为例,它具有联系国家、企业和个人,沟通金融市场与实物市场,连接宏观经济与微观经济;对国民收入进行分配与再分配;协调国家、企业和个人三者利益;推动社会经济发展;把重大经济活动控制在平衡、协调、发展所要求的范围之内的五项主要功能,对国家具有重要的经济意义。而经济系统作为一个整体,其内部错综复杂,牵一发而动全身,因此,调整利率需要经过严密的研究与商议。所以,即使政府已经意识到存款利率低是传统银行业与余额宝竞争时的决定性劣势，也无法通过提高利率来解决问题。

而余额宝的发展方兴未艾，并没有成熟的相关政策和条条框框去约束它，因此，它的发展则“轻松”了许多。并且，恰恰由于余额宝具有一些银行机构所不具备的特点，因此，它可以成为银行业的补充，从这一方面来看，政府是支持它的发展的。

三、对于互联网金融冲击传统银行业现状的理性分析

（一）传统金融业互联网化发展势不可挡

在移动互联网等第三次科技革命的浪潮中，近些年来，我国互联网技术发展迅速，计算机与互联网用户越来越多，遍布范围越来越广，由此也带动传统金融业互联网化的转变。当前，以宽带传输、移动互联、云计算、大数据和社交网络为标志，互联网进入了一个新时代，大大拉近了人与人、商家与客户的距离，大大缓解了信息不充分、不对称的影响，深刻改变着人们的生产、生活方式和社会组织运作模式。越来越多的人类活动从线下向线上迁移，网络化、虚拟化、信息化程度不断加深。互联网金融对传统金融业形成的革命性的冲击，代表着一个新的金融时代的到来。

（二）互联网金融发展有一些问题亟待解决

互联网金融以其自身覆盖范围广、高效、快捷、便利的特点受到广大人民的喜爱，成为有活力和有发展潜力的产业。但互联网金融业的发展必须以互联网技术为技术基础，因而其自身也有一些问题亟待解决，这样才能更好地促进我国金融业的转型和改革。

1. 系统和资金的安全问题

互联网金融，顾名思义，互联网技术占重要地位，这就涉及技术安全问题，包括互联网传输故障、黑客攻击、计算机病毒、恶意破解银行账户等众多因素，这些因素对客户资金的安全是一个潜在威胁。

由于用户资金在网络界面上以一个虚拟数字的形式存在，因此相较于一个电子证明，一份看得见、摸得着的存折或协议文本似乎更加令人放心，这也是很多用户不愿轻易尝试踏入互联网金融门槛的一个关键原因。即使一些人受到互联网金融优势的吸引，他们也仅仅止于少量资金的投入，这就对互联网金融的发展产生了不小的阻碍。

因此，互联网要实现更好的发展，首先要解决安全问题，获得更多用户的信任。

2. 相关法律法规体系不健全

虽然从某些方面来看，互联网金融业发展方兴未艾，并没有较多的条条框框约束它，使其发展更加灵活迅猛。但从长远来看，是不利于其自身发展的。

法律法规具有规范产业活动、协调关系以及解决纠纷等众多作用，对双方的正当行为也有重要的保护作用。对于互联网金融的发展，我国还未制定出一套成熟的法律体系，这会造成金融风险，带来产生纠纷的隐患。例如，互联网金融平台是否应取得相关金融业务许可、设立互联网金融平台的资质和技术标准、资金监管、信用管理、个人信息保

护、平台设立第三方账户是否属于第三方支付平台业务范围等领域，并没有法规作出具体的规定，一旦出现互联网金融平台破产、倒闭或网络借贷诈骗等案件，互联网金融平台和参与者的权利都难以得到法律的有效保护。

3. 技术人才的培养与供给

网络经济时代，人才是最宝贵的资本。由于互联网内的金融业务不断扩展，经营项目不断由人工服务向电子服务转型，需要更多的技术操作人员对客户进行指导，而在互联网和金融这样两个高知识含量的产业的结合点，网络金融业务中，就更需要高素质的人才。特别是一些复杂的计算机操作，需要相关人员不断增加自身的理论知识和操作技能。

目前，我国高校相关对口专业在培养方式和着重点上还比较单一，供给对象依旧是传统计算机行业或传统金融业。因此，满足互联网产业发展的人才需求是一个重要问题。在这一方面，企业可以通过后期培训或呼吁社会相关专业人才顺应发展趋势提高自身能力与素质等手段，使更多的人才投入到互联网金融业的发展事业中去。

(三)未来前景分析

尽管互联网金融带着自身独特的优势席卷而来，动摇了传统金融业长期的垄断地位，使我国金融业逐步进入互联网时代。但传统金融业发展至今，经历了漫长时间的变迁，所积累沉淀的是一套完整坚固的框架结构、庞大的覆盖规模和广泛的社会认知度。传统金融行业掌握着大量的国民资金，关系着我国的经济命脉。我国有一套完善的法律法规体系对其进行约束和指导其发展，对金融活动中的各项行为也有非常全面的考虑，根基坚固、实力雄厚，自身优势不可忽视。所以，互联网金融发展虽然气势汹汹，但想要取代传统金融业，也绝非一件易事。

传统金融业应正确认识自我，顺应互联网化的趋势，采取积极手段面对来自互联网金融的挑战。

1. 提升传统金融服务优势，争夺客户信任和支持

传统金融服务具有法律完备、体系完整等互联网金融所不具备的优势，传统金融业应认识到这一点，提升服务质量与效率，给予客户更多的方便，从而提升社会信誉和公众认可度，得到客户的信任和支持。

2. 加强自身创新，提高用户体验

余额宝、微信理财通等支付功能不断增加与丰富，如打车、发红包等时尚有趣的功能，吸引了广泛的关注与参与。它们的营销活动不断创新，操作流程也在不断地优化与细化。在这方面，传统银行金融业还有欠缺。传统银行业应提高创造力，加强创新，为产业增添活力，吸引更多的客户群。

3. 顺应趋势，加强与金融互联网合作

互联网具有明显的快捷、方便的自身优势。银行要取长补短，积极把握与互联网企业及平台的合作机会，充分利用互联网平台数据量大的特点，把握客户信用记录，提高客户信用评级精确度，了解客户购买力与消费习惯，提供更合适的金融产品与金融服务方案，以传统基础金融优势激发互联网金融的新能量。

互联网金融与传统金融侧重的客户不同。互联网金融由于存在缺陷，目前只能抢夺客户手中少量的闲散资金。同时，互联网金融对小微企业融资的问题也提供了新模式。在未来，互联网金融不能替代传统金融，双方更多的是一种互补关系。双方应努力提高业务水平，取长补短，并在竞争中加强合作与融合，实现优势互补，互惠互利，完善我国金融体系，造福社会和民生，实现我国金融业的繁荣。

参考文献

[1]姜黎华：《金融互联网与互联网金融玄机各不同》，2013 年 8 月 20 日《中国证券报》。

[2]杨春雨：《浅谈互联网金融的发展现状与前景》，2013 年 6 月 9 日，http://www.cebnet.com.cn/2013/0609/146888.shtml.

[3]章斐然：《"余额宝"在哪些方面冲击银行业》，2014 年 1 月 30 日，http://finance.people.com.cn/stock/n/2014/0130/c67815-24266932.html.

[4]杨群华：《我国互联网金融的特殊风险及防范研究》，《金融科技时代》2013 年第 7 期。

[5]王永利：《互联网金融对传统金融银行业带来挑战》，2013 年 9 月 7 日，http://news.xinhuanet.com/video/2013-09/07/c_125341171.htm.

[6]符瑞武等：《我国互联网金融发展面临的问题和政策建议》，《时代金融》2013 年第 10 期。

[7]周华：《互联网金融对传统金融业的影响》，《南方金融》2013 年第 11 期。

（指导教师：王锡秋）

“就业难”背景下本科生与研究生能力素质对比研究

史悦[1] 刘鹏[2]

一、研究意义及目标

(一)研究意义

1. 为在“就业”与“考研”中难以抉择的高校本科生提供理论和事实依据

考研还是就业，是本科生在学习生涯中最难以抉择的问题。如何规划自己，选择哪条路来度过人生中的某个阶段，对本科生来说是很重要的。对于大学生来讲，考研与就业虽然并不是一个非此即彼的二选一问题，两者可以同时进行，但人的时间、物力、财力和精力都是有限的。那么，面对这个作为我们人生路上很重要的选择，其选择结果的正确性，在某种情况下也决定着人生的发展。因此，这也就顺理成章地成了令我们头疼的两难选择。而我们所作的研究恰好可以给面对这个问题的大学生提供选择的依据和参考，让大学生在当前的社会大背景下根据个人实际情况作出理性的选择，加强对社会的了解和对自我的认识，从而选择正确的人生发展之路。

2. 提供企业要求，使本科生能按自己的意愿更好地发展

在当前的社会形势和就业形势下，企业对学历和工作经验等方面的要求越来越高，对求职者的要求也逐渐严苛。有些企业对求职者的要求是应届本科毕业生，而某些企业的某些职位只有研究生或工作经验多的人才能胜任，所以本科生在不了解企业对求职者和员工的要求的情况下，很难找到正确的发展方向，也很难给自己明确的定位以求得理想中的职位。我们在研究过程中，深入探访了企业，采访了企业的高层管理人员并与他们探讨交流，了解了一些企业对于求职者能力的要求以及他们眼中本科生与研究生的差异。希望这些研究能给本科生的发展提供一些理论和事实的参考，帮助他们选择理想的发展方向。

---

[1]2012 级金融学专业；[2]2012 级会计学专业。

3. 为研究生提高核心竞争力和从业能力提供参考

在研究过程中，我们采访了部分研究生和企业，分别同他们探讨了研究生就业能力和优势等方面的问题。

（二）研究目标

分析本科生和研究生教育模式的差异、日常生活的情形及能力的差别，为本科生选择就业还是考研提供事实依据；分析本科生和研究生的就业率和工资水平等指标以及选择同一行业的差异，为研究生提高核心竞争力和从业能力方面提供参考；深入了解企业对本科生和研究生的评价以及二者在企业高层管理者眼中的差别，为本科生和研究生的就业选择和未来发展提供有价值的参考。

二、针对本科生"就业"与"考研"选择的调查研究

（一）选择读研的人数略多于就业的人数

就目前市场环境来看，高学历的人找到更高层次工作的概率较大，因此，很多本科生选择继续读研深造。

调查结果显示（见图 1），选择读研和就业的本科生人数比例约为 1.2∶1，选择读研的人数略多于选择就业的人数，二者差距不大。选择其他（如创业）的人数占很小部分比例。

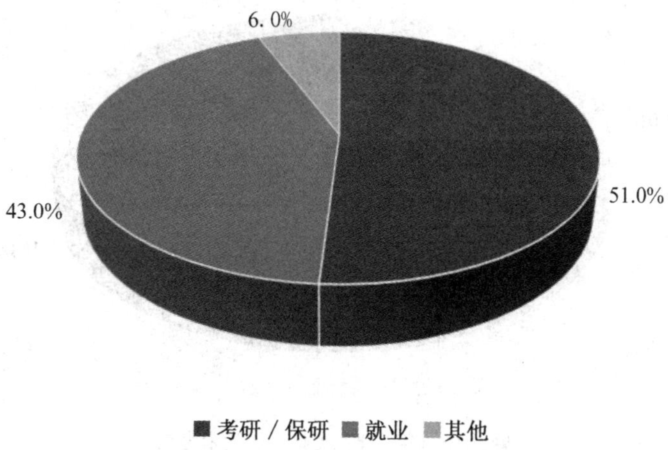

图 1　本科生毕业之后的打算调查

（二）读研的最终目的是就业

大多数本科生读研的重要目的是为了找到好的工作。由图 2 可看出，接近 2/3 的本科生表示如果找到好的工作就会放弃读研，1/3 的本科生表示不会放弃读研，只有很少一部分本科生持不确定态度。由图 3 可看出，如果考研不成功，一半以上的本科生将会选

择直接就业，接近一半的本科生尚未考虑，只有约1/10的本科生选择再考一年。由此看出，近一半的本科生不愿意多付出一年时间，承担极大的心理压力和风险再次冲击研究生考试，而会选择直接就业；一半以上的人尚未考虑，但似乎不想放弃初衷，直接就业；少部分人对读研的愿望很强烈。因此，读研与就业并不是相互矛盾的关系，而是相互促进的博弈结果。绝大多数人对考研的选择持积极和主动态度，考研的目的无论是谋求更好的工作、更高的薪水还是对高层次工作的向往，都是自我追求的体现。

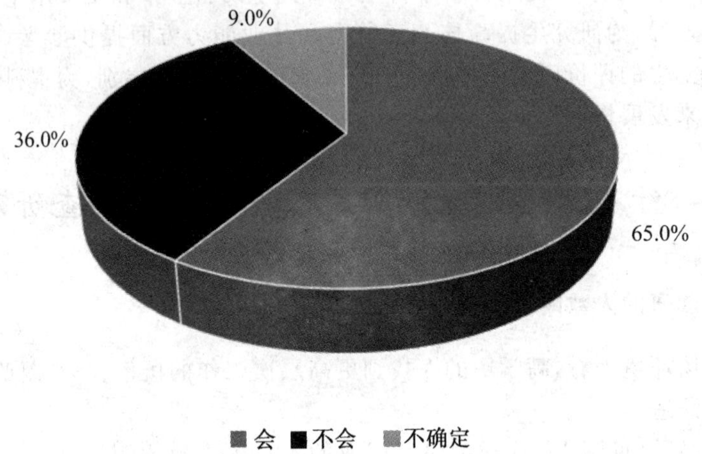

图2　找到好的工作后本科生是否会放弃读研调查

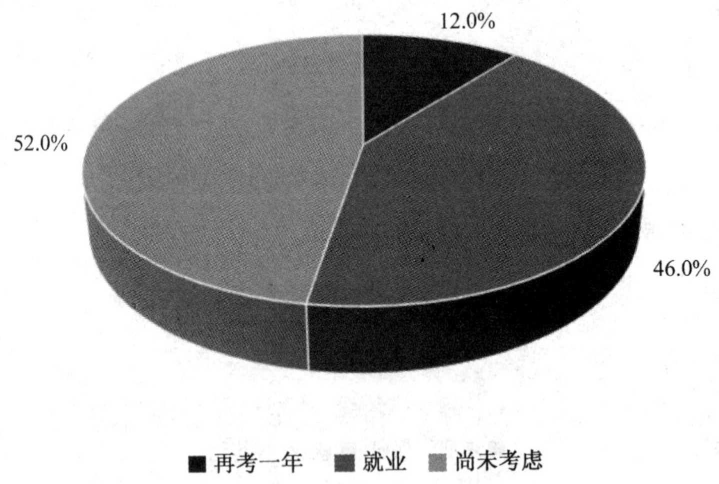

图3　本科生考研不成功后的选择情况调查

(三)选择就业的优势

选择就业的人群中，有将近一半的人(见图4)认为，早几年就业，在年龄上具有很大优势，能够提早积累工作和社会经验，在职场上捷足先登。他们重视工作经验多于学历，更着眼于实际工作中的操作，读研的机会成本成为他们放弃继续进修的主要原因。同时，毕业后打算直接就业的本科生中，一半以上的人（见图 5）认为，与研究生就业所做的工作相比，只要愿意，就业后通过努力也能胜任。据此分析，绝大多数人在看待本科毕业就业与研究生毕业就业的竞争方面持积极乐观态度，相信自己在求职以及工作岗位上不会居于明显的劣势。这是相较于多付出两年或三年时间读研，此类人更愿意选择本科就业、在职场中塑造自己的重要原因之一。在工作中，能收获更多的职业生涯的经验和为人处世的方法，以及自我能力的认可和广泛的人际关系，这也是在校攻读研究生所不能实现的。

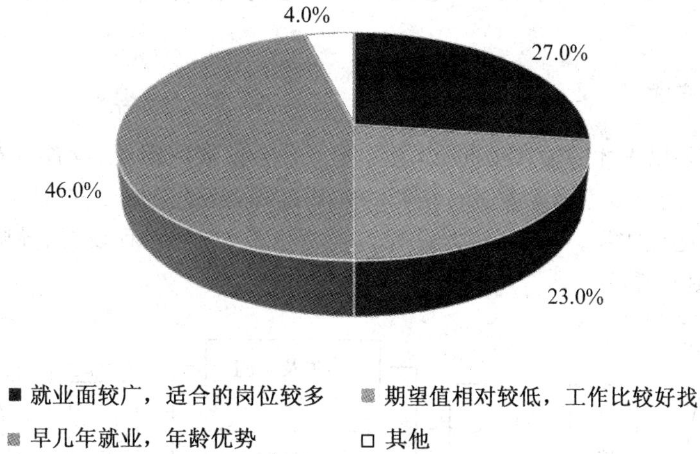

图 4　本科生较研究生就业优势调查

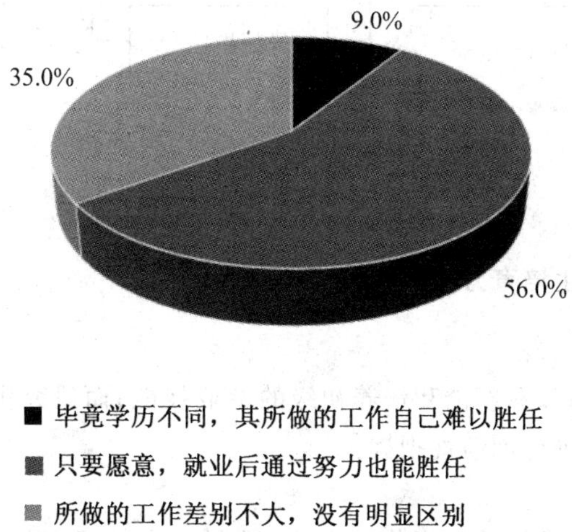

图 5　本科生对研究生就业所做工作的看法调查

(四)大学期间看重专业知识和学生组织工作

学好专业知识是大学生在校期间最重要的事之一,可为今后步入社会中取得良好发展打下坚实的基础,是提高自身核心竞争力的重要方面。同时,参加学生组织工作能够拓展人际关系,提高工作能力和综合素质,这也是用人单位所看重的。除此之外,参加学校各类比赛活动、考取证书、提高英语水平等也在大学生活中占有一席之地。

三、本科生、研究生综合能力素质对比研究

(一)培养模式

培养模式是以人才的输入为起点,为了满足社会发展的需要,设置培养目标,通过对人才的知识、技能等多方面素质进行培养的完整过程,经过考核后,向社会输出达到标准的合格人才的运行体系。其中,培养过程包括招生及学制、课程设置、导师指导、科学研究等方面,如图 6 所示。

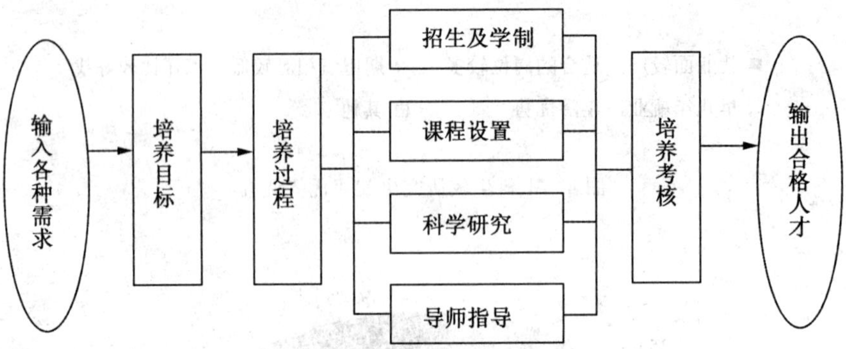

图 6　培养模式

(二)本科生、研究生培育方案对比分析

1. 培养目标

本科生侧重于掌握基本理论和培养初级的专业技能;而研究生则侧重于进一步深入挖掘知识,对已有技能进行创新性把握。

2. 课程设置

本科生的培养把课堂传授知识作为重点;而研究生的培养注重科研能力的提高,课堂授课仅是为科研活动打基础,并不作为重点。

3. 培养方式

本科生的培养模式以单方向的传达为主,通过班级授课组织教学,教学方法主要沿用传统的讲授法,强调的是对已有知识的讲解和传授;而研究生的培养方式侧重于个体

独立学习与研究能力的培养，强调个人的独立探索和自主研究。

4. 学位论文

研究生的学位论文在高、深、创新等方面有着比本科生更严格、更具体的要求。

(三)针对研究生日常活动的调查及结论分析

1. 选择继续攻读研究生的主要原因

(1)希望跨专业进修。

(2)自我实现、自我追求的进一步提升。

(3)谋求更好的职位。

(4)消极躲避找工作。

(5)周围同学以及父母的影响。

2. 研究生的日常生活跟本科生基本无异

研究生的日常学习生活同本科生基本一致，上课日正常上课，休息日正常休息，假期的时候也会出去旅游。但与本科生不同的是，研究生在闲暇时间或周末会更自觉地去图书馆看书、看文献和写文章，学习专业知识及与专业相关的研究论文，拓宽知识面。

在平时的日常活动中，研究生会参加一些校园活动和比赛，主要是一些学校、院系或者班级组织的集体活动或者同学间的小规模活动，这与本科生无太大差别。

3. 研究生的课程比本科生的更加深入

相较于本科生而言，研究生更加成熟，理解能力和接受能力更强，更注重研究和科研能力，所以研究生的课程更细一些，老师讲课时也不仅局限于课本。相比来说，研究生课程主要涉及理论研究，偏重于解决问题的思维逻辑，讲的是这件事为什么要这么做；而本科生课程则偏向实际应用，讲的是这件事要怎么做。总的来说，就是本科生课程广而杂，研究生课程相对来说少而精。

4. 研究生与本科生的上课模式和与导师相处模式等差别较大

(1)上课模式

研究生上课没有本科生那么正式，有时候会在会议室里，大家围着会议桌坐在一起听老师讲课，更多的时候老师会讲一些关于做科研、写调查报告的知识，比较灵活。但是在人多上大课的时候，老师会更加注重于专业知识的讲解。研究生的课程比本科生的课程少，但比本科生的更加精细。

(2)与导师相处模式

由于本科生人数众多，一个班差不多都有四十几个人，而一个导师要带好几个班，所以学生与老师交流的机会和时间很少，而且导师分给每个学生的精力较少，所以本科生的学习及生活除上课之外基本凭自主。但由于本科生的课程比较容易理解，没有那么精细，所以这种教学模式是在本科生能应付的范围内适当节约了人力和物力。

而研究生则不同：研究生人数较少，所以一个导师基本上只带二十几个、十几个甚至几个学生，这种教学模式使得导师能把更多的精力放在每个学生身上，有助于引导研究生的学术研究以及对课程的深入学习。有时，导师会给研究生分派一些课题，在这个过程中锻炼研究生的能力；有时，导师还会布置一些任务，进行针对性的培养。不同的导师,教学方法和模式也不同,但大部分老师会尊重学生的发展意愿,根据学生的需要,具体、特定地培养和锻炼学生的能力。

研究生要做的就是积极参与导师制定的课题计划,有计划地安排自己的进度,课下根据导师的要求寻找相关知识自主学习,并与导师进行沟通,谈论学习和科研的成果,并对下一步的研究进行规划。空闲时间也可以补充平时遗漏的专业知识。

(3)关于研究生、本科生实习的对比

研究生的实践经历相对匮乏,在选择实习类型方面,大多会选择专业性要求高的单位实习,而学术型的实习则会少一些。研究生主要还是注重学术问题的研究以及科研报告的撰写,本科生实习的愿望较强。

(4)本科生和研究生的就业方向大致相同

从就业方向这一点来看,本科生与研究生没有太大差别。比如,学经济和管理类的,大多倾向于与财务、会计、金融相关的职业。例如,进入银行、证券之类的行业。其他专业的学生也想根据自己在专业领域的优势选择专业,争取取得更高的职位。但也有的学生认为,在学校里学习的仅是解决问题的方法而不是具体的某些知识,实际工作的内容可能与专业内容并不是那么对口,但相信有一些专业知识及工作方法会使自己更快地适应并投入到实际工作中去。

虽然在就业方向上二者差别不大,但本科生与研究生在就业方面还是存有一些差别的。研究生相对于本科生在就业方面会有一些优势,在硬性优势上,有些公司招聘的某些职位会仅限于研究生,所以研究生的毕业证能成为找到更好工作的敲门砖;在软性优势上,研究生的能力相对较高,所以工资起点和工作定岗的等级会比本科生高一些,毕竟研究生的学习付出了更多的教育成本。

四、调查启示

大部分同学读研究生的初衷是为了提升自己在就业时的竞争力,增强专业知识以便找到技术含量更高、专业性更强的职位。在学业和课程上,相较于本科生,几乎所有的研究生都认为,研究生课程的学习更加专业化、更有深度,不像本科的通用型人才教学。在调查中,约有一半的研究生表明,他们除了运动、唱歌等课余休闲活动,就是跟着老师或团队做项目,很少去实习。

随着现在高等教育越来越普遍,如何将研究生培养得更好、更具有价值成了人们逐渐关注的焦点。我们都知道,社会发展需要的不只是一定数量的高层次学术型人才,更需要大量能解决实际问题、一专多能的应用型、复合型、工程型、职业型高层次人才。这对研究生的培养模式提出了新的要求。而要培养出既富有创造性又能站在科学技术知识发展前沿的研究生,就必须培养研究生的创新意识和新精神,这凸显出研究生日常培养模式创新的必要性。

培养出有独特优势的、能解决大量实际问题的研究生,就必须适当调整或是彻底打破现有的研究生培养模式和框架。在问卷调查和访谈中不难发现,首先,有部分研究生考研目的不端正,这就导致了根本上的"抵触情绪"。据统计,有部分研究生作出考研选择本就不是对于专业的兴趣或是增强这方面的专业技能，而仅仅是为了躲避就业的热潮和激烈竞争。这样无所谓的态度，仅仅是为了一纸文凭而非侧重能力的不端正的态度，使其很难在学业和专业方面有所建树。其次，研究生课余时间利用不合理。大部分研究生平时的课余时间除了用在休闲运动放松外，就是跟着团队做项目，很少有去专业单位进行实习的。但跟着团队和导师做项目一般适用于想要走学术路线的研究生，对于实际应用的帮助并不大。最后，问卷也显示，有小部分研究生在细分专业后，面对比本科深而且专的知识有些疲于接受，因而他们的课余时间多半会以在图书馆阅读和复习课堂知识为主，很少参与课堂知识的应用。

针对研究生日常活动的问卷和访谈调查得出，研究生培养模式必须得到优化和改进。为了培育出高素质、高质量的研究生，研究生培养模式必须向着理论结合实践的方向改进，而且应因材施教，一刀切式地跟进项目或许容易达到理论学习上的要求，但很难达到市场对研究生的要求和需求。

参考文献

[1]包水梅、高洁：《从本科生与研究生培养方案的比较看研究生教育的本质》，《现代教育科学》2006年第1期。

[2]路萍：《我国硕士研究生培养模式研究》，武汉理工大学硕士学位论文，2006年。

[3]崔吉、潘宁、周生虎：《面对金融风暴，本科生应如何选择“就业”和“考研”》，《出国与就业》2009年第6期。

（指导教师：王锡秋）

山东省农村地区在城镇化背景下走土地集约化市场交易模式道路的必然性探究

代高琪❶　邬章❷

一、山东省城镇化和农村集约化现状

(一)城镇化现状

1. 城乡建设

城镇化进程稳步推进。据《2012年山东省国民经济和社会发展统计公报》,全省城镇化率达到52.4%,比去年提高1.5个百分点。村镇建设成效显著。村镇建设完成投资1189亿元。农村住房建设与危房改造步入常态化。开展农房整村迁建项目2138个,新建农房60万户,改造危房12.6万户。

2. 农村城镇化发展现状

自新中国成立以来,尤其是改革开放和新的经济政策发布以来,山东省的城镇化速度明显加快,同时,城镇化的水平也不断提高。根据统计,20世纪90年代初期,山东城镇人口为2307.6万,比50年代初期的357.9万,年平均增加69.6万;城镇人口占总人口的比重为27.3%,比50年代初期的7.3%上升了20个百分点,比同期全国和世界各国城镇化水平分别高出5个和3个百分点。2010年,全省城镇人口为3730万,比20世纪90年代初期增长66.3%,年均增加76万;城镇人口比重上升为73%。如果按照非农产业从业人员及其赡养的人口推算,全省主要依靠非农产业收入维持生活(城镇人口的本质特征)的居民约为3839万,占总人口的40%。这足以表明,山东省的城镇化发展较快。与此同时,全省各地新建了大量城镇,扩大了原有的城市规模。①

(二)农村集约化现状

山东省农业集约化步伐在初步发展阶段,尚处于探索时期,各种形式、各种模式的集

---

❶商学院2011级金融学专业;❷商学院2012级会计学专业。

① 参见王君:《山东城镇化发展现状分析及对策研究》,《时代经贸》2013年第1期。

约化经营发展类型不断提出并付诸实践。在山东省，集约化经营形式以农民合作社为主，家庭农场等经营形式还不成熟，数量和规模较小。据统计，2013年底，全国农民合作社达到95.07万家，成员7221万户，占农户总数的27.8%。农民合作社正由数量增长向数量增长与质量提升并重的方向转变，由注重生产联合向产加销一体化经营方向转变，由单一要素合作向劳动、技术、资金、土地等多要素合作方向转变。但是加入合作社的农户都是小规模的，难以形成互补机制。因此，入社农户合作的需求并不强烈，许多农民合作社只是少数几个人经营的企业。据2011年的调查显示，只有不到15%的入社农户通过农民合作社进行蔬菜的销售，绝大多数是通过零售商销售出去的，这造成了产地与市场之间巨大的价格差别。此外，山东省各类产业化组织发展到2.2万家，其中龙头企业达9004家。有50%以上的大宗农产品被龙头企业收购、加工，有70%以上的鲜活农产品主要由各类产业化组织加工包装外销。在龙头企业带动下，一些主导产业突出的村镇逐渐呈现出一村一品、一乡一业的发展态势，为龙头企业发展提供了高标准的原料供应。但是在发展过程中仍存在很多问题，土地流转、农民补贴和农产品定价等问题仍是农业化发展必须解决的问题，需要相关政策的不断完善，还需各地不断结合当地实际进行实践，以期达到良好的效果。

二、城镇化对农业集约化的影响

（一）城镇化对农村劳动力的影响

2003～2012年山东省农业和非农业人口的变化如表1、图1所示。

表1　2003～2012年山东省农业和非农业人口的变化

年份	农业人口/万	非农业人口/万	农业人口增长速度/%	非农业人口增长速度/%
2003	6275	2833	—	—
2004	6212	2951	−0.010039841	0.041651959
2005	6066	3147	−0.023502898	0.066418163
2006	6055	3228	−0.001813386	0.025738799
2007	5909	3436	−0.024112304	0.064436183
2008	5860	3532	−0.008292435	0.027939464
2009	5902	3548	0.007167235	0.004530011
2010	5698	3839	−0.034564554	0.082018038
2011	5646	3945	−0.009126009	0.027611357
2012	5559	4021	−0.015409139	0.019264892

注：1. 表中数据来自2013年山东省统计年鉴。

2. 人口增长速度=（本年人口数－上一年人口数）/上一年人口数。

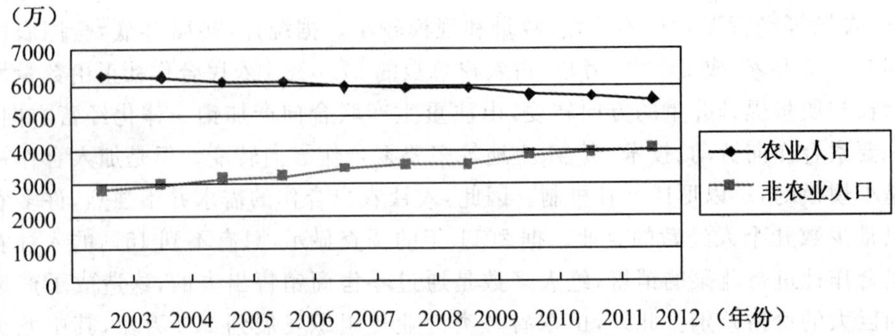

图 1　2003～2012 年山东省农业和非农业人口的变化

由表 1、图 1 可以看出，农业人口呈下降趋势，人口数量呈负增长，而且人口下降速度越来越快；非农业人口呈上升趋势，人口数量呈正增长，上升速度越来越慢。主要原因是城市化进程大大加快了城镇人口数量的增加，减少了农村人口。农业人口的减少会减少农村劳动力的数量。

快速城市化对劳动力资源的影响如下：城市化促使农业劳动力数量急剧减少。在城镇化水平不断提高的过程中，大量农业劳动力转向非农产业，从而使农业劳动力数量不断下降(见表 2)。自 1983 年以来，山东省农业劳动力的数量和所占比例一直在减少，而非农业产业劳动力的数量则呈现逐年上升趋势。到目前为止，有接近 2/3 的农村人口已经不再从事农村基础劳动，而是转移到乡镇企事业单位、个体经营单位中或者转移到城市中。城市化和城镇化的发展减少了农业劳动力的数量。

表 2　　2009～2012 年农业人口就业状况　　单位：万人

年份	2009	2010	2011	2012
(一)农村住户劳动力就业状况				
就业劳动力人数	10924	10930	10385	10347
男劳动力人数	5751	5783	5453	5448
整劳动力人数	6697	6532	6480	6231
(二)年内就业状况				
1. 本地务农	8307	8201	8029	7944
2. 本地非农自营	1136	1083	1093	1058
3. 本地非农务工	2996	2928	3727	3780
4. 外出从业	2074	2041	2327	2156

注：表中数据来自 2013 年山东省统计年鉴。

由表 2 可以看出，农村本地务农的人数逐年减少，非农务工和外出从业的农村劳动力数量总体是逐年增加的。随着城市化和城镇化的快速发展，农村劳动力向城市转移的数量在不断增加，转移速度在不断加快，这极大地影响了农业劳动力资源，导致农业生产与农业管理水平长期低下。而且，由于农村劳动力的大量流出，导致了农村土地的搁置，影响了土地利用率。所以，国家鼓励各地发展多种形式的土地流转模式。外出务工农民可以通过集体经济组织或流转服务组织托管承包土地，对托管的承包土地，集体经济组织或流转服务组织可以代为组织流转，流转收益归原承包方。鼓励农民特别是外出务工农民在自愿的基础上将承包土地的剩余承包期一次性流转出去。土地流转受让方经原承包方同意后，可以对通过转包、出租方式取得的土地进行再流转；以转让、互换方式取得的土地可以直接再流转。探索农村土地承包权的多种实现形式。第二、三产业发展较集体经济有一定实力的村庄，在征得农民同意后，可以通过多种形式，进行土地的集中经营或统一流转；也可以通过村与村互帮对接的方式，跨区域承租其他村的土地。

(二)城镇化对农村劳动力素质的影响

1. 城市化导致农业劳动力结构严重失衡

第一，性别比例严重失衡。据调查，在从事农林牧渔业的劳动力中，女性劳动力所占比例显著增加，而农户乡外务工的劳动力中，男性占 3/4，女性占 1/4。第二，农村劳动力老龄化趋势严重。全省农村劳动力资源中，22 岁及以下的约有 2000 万人，只占 15%，呈逐年递减的趋势；23～30 岁的有 1840 万人左右，约占 16.1%；31～40 岁的有 1800 万人左右，约占 15.7%，也是呈逐年递减的趋势；50 岁以上的有 3400 万人左右，约占 29.6%，呈逐年递增的趋势。30 岁以下的青壮年劳动力所占比重有所下降，其中，20 岁左右的青年劳动力所占比重下降较大；50 岁以上的中老年劳动力比重有所上升，其中，60 岁及以上的比重上升幅度最大。这充分说明我省农村劳动力老龄化趋势严重。具体数据统计见表 3。

表 3　2009～2012 年农村劳动力素质变化表　单位：万人

年份	2009	2010	2011	2012
(一)农村住户劳动力素质状况				
整半劳动力数	12346	12375	11454	11530
男劳动力人数	6540	6546	5966	5928
整劳动力人数	7737	7635	7255	6913
(二)年龄状况				
1.16～18 岁	539	468	441	477
2.19～22 岁	1596	1537	1045	832
3.23～25 岁	855	1034	933	919
4.26～30 岁	892	987	829	912
5.31～40 岁	1819	1681	1951	1766
6.41～50 岁	3411	3232	3146	3184

续表

(二)年龄状况				
年份	2009	2010	2011	2012
7.51～60 岁	2761	2731	2241	2249
8.61 岁及以上	740	855	868	1191
(三)文化程度				
1.不识字或者识字很少	464	458	360	399
2.小学程度	1683	1655	1967	2047
3.初中程度	6539	6550	6246	6242
4.高中程度	2149	2146	1682	1651
5.中专	717	725	484	469
6.大专及以上	794	841	715	722

注:表中数据来自 2013 年山东省统计年鉴。

农村劳动力结构的变化和偏于老龄化的趋势可能导致农村产出的减少和农产品收益的下降,城镇化进程的加快更加影响了农村青壮年劳动力的对外输出,务农人员大量减少和老龄化现象严重。

2. 农村劳动力的文化程度普遍偏低

由表 3 分析,2009 年,初中程度及以下的人口约为 8686 万,约占总劳动人口的 70.4%;到了 2012 年,初中程度及以下的劳动人口约为 8688 万,约占总劳动人口的 75.4%。总体来说,3/4 的农村劳动力为初中以下文化水平,而且近三年呈增加的状态。由于城镇化速度加快,农村外出打工者增加,导致了农村劳动力大量流失,农村人口的文化水平随之变得更低。

农村人口素质是国民素质的重要组成部分,在促进农业和农村经济发展中起着重要的作用。农村劳动力素质偏低会影响农村生产技术和经营方式的创新。农村人口素质状况决定农村生产力发展水平。提高农村人口素质,有利于提高生产力水平,促进农业和农村经济发展。随着世界经济一体化进程的加快,山东省农业和农村经济将直接面临着国际、国内市场的严峻挑战。世界经济是完全的市场经济,一切过程都按照国际惯例、价值规律和经济法则运行。由于社会发育程度低,山东省某些地区商品经济的发展仍处于低层次,特别是广大农村,旧的传统观念根深蒂固,如养猪为过年、养牛比资产、养儿为传宗、养女为出嫁等。一方面,不重视子女的教育培养,造成人口素质退化,老文盲没有消灭,新文盲不断产生;另一方面,不重视商品经济的发展,“等靠要”思想严重,这不仅制约了农村商品经济的发展,而且还阻碍了社会的进步。因此,提高农村人口素质,传播经济知识,转变传统观念,促进农村商品经济向市场经济过渡和实现集约化经营具有十分重要的现实经济意义。

(三)城镇化对农村耕地面积的影响

表4列出了2003～2012年山东省农村耕地面积的变化情况。

表4 2003～2012年山东省农村耕地面积的变化情况

年份	乡村户数/万户	乡村人口/万	乡村劳动力/万人	耕地面积/万亩	人均耕地面积/亩
2003	2043.08	7044.35	3718.35	9561.9	1.05人
2004	2052.12	7042.49	3725.31	9533.0	1.04
2005	2050.41	7030.1	3998.6	9509.1	1.03
2006	2074.91	7038.9	4037.8	9489.2	1.02
2007	2078.79	7045.3	4091.8	9482.2	1.02
2008	2091.44	7079.19	4210	11272	1.2
2009	2110.10	7125.46	4260.13	11266	1.19
2010	2146.09	7175.32	4061.88	11266	1.19
2011	2153.87	7203.79	4083.54	—	—
2012	2163.18	7226.7	4092.52	—	—

注:表中数据来自2013年山东省统计年鉴。

由表4可以看出,耕地面积是呈增加趋势的。由于城镇化水平提高,耕地面积随着城镇面积的扩大本应减少,但是事实上耕地面积却逐年增加。笔者分析认为,这主要是由于城镇化进程使一部分农村人口转变为城镇人口,节约了农村人口的住房面积,加上政府重视耕地面积,导致耕地面积有了一定程度的增加。但是由于耕地面积有限,所以最近几年耕地面积保持不变。由于农业人口的减少,人均耕地面积小幅度增加,这对土地集约化有促进作用。

1. 城镇化对土地集约化水平的影响

(1)城镇化的健康发展可以提高土地的集约化水平,从而扩大耕地面积

如何做到城镇化建设与保护耕地两不误,实现耕地总量动态平衡,主要是转变用地方式,走集约利用土地、节地挖潜的路子。这包括两个方面内容:一方面,城镇化建设能促使农村剩余劳动力向城市转移,有利于耕地内部挖潜。农村剩余劳动力向城市转移,可以空闲出许多宅基地和非农用地,使这些宅基地和非农用地变为耕地,增加耕地数量。农村劳动力的减少可以使农民统一经营,连片耕作,减少不必要的路和田埂,增加耕地,使农业生产集约经营和规模经营,提高农业劳动生产率和粮食产量,实现农业可持续发展。

(2)城镇化健康发展可以提高科技水平和人口素质,促进土地的集约化利用程度

科技的发展推动了经济的发展,经济的发展又提高了城市和农村的集约化用地程度,提高了土地的生产力和劳动生产率。人口素质的提高有利于生育率的降低,从而减少对耕地的占用。城镇化水平越高,越有利于集约用地。从国外的经验来看,越是经济

发达国家,城镇化程度越高,农业人口越少。而城镇化程度比较低的国家则往往是发展中国家,具有经济落后、农业人口多、出生率高、人口增长速度快等特点。

城镇化的发展使科技与经济水平不断提高,推动了农业科技水平的提高和农业现代化的发展。假如我国城镇化发展到一定程度,就有足够的资金和技术,去开垦后备的土地资源和复垦荒芜的土地,从而增加耕地数量;农业科技的发展使农业先进的技术在农业生产中得到应用,改变传统的耕作方式,对农田精耕细作,从而可以提高耕地质量,达到增加粮食产量的目的。反过来,农业的发展又保证和促进了城镇化发展。

2. 土地集约化对城镇化发展的影响

(1)土地集约化将突破农民的收入瓶颈

30 年前,变集体生产为"包产到户"的土地管理体制的大胆变革开启了市场经济改革的大幕。但接下来的国企改革、对外开放、招商引资、世界制造业中心,以及 20 多年平均 9%以上的增长,基本以城市为中心,改革红利辐射农村非常不充分。城乡二元化,最大是收入水平的"二元化",造成生活方式的"二元化",土地分割造成生产方式的"二元化"。中国要走出中等收入陷阱,首先是农民必须走出"低收入"陷阱。农村建设用地扭转的基本思路,就是通过转让农民唯一有使用权的"财产"——土地,使农民收入有显著提高,农民将是土地扭转的最大受益者。

传统发展经济学的思路是,先有城市发展和工业发展,然后反哺农村、反哺农业。但全世界的实践证明,如果没有特别的制度安排,反哺和辐射不会必然发生,虽然城市和工业的发展曾牺牲农民和农村的利益。

所以,农村建设用地转让的资金,绝大部分将分别按照各自出让土地的比例支付给农民。有经济学家计算过,虽然不同的地方出让资金可能高低不同,但因为城市商业用地和工业用地与农村建设用地的价格悬殊,农民都可一次性得到在现在生产力水平下农业生产收入水平数十年甚至一辈子的收益。土地转让,是目前让农民进入中等收入的不二方式。可见,这是土地制度的改革,也是收入分配机制的改革的一部分,更是中国走出中等收入陷阱的途径,是世界各国可能都不曾走过的必由之路。

(2)农村建设用地转让,也解开了城镇化的土地瓶颈

安居工程、创造就业机会的工业和商业用地,都面对着城镇土地的需求增长。在未来每年以 1%的速度增长的城镇化率过程中,合理比例的建设用地"置换"城镇郊区和周边原来的农用地,将使整体土地资源通过市场化改革得到优化配置。

土地转让还将推进农业集约化、机械化和现代化进程,促使大规模整合土地和优化耕地成为可能,为"培育壮大股份合作社、专业合作社、龙头企业、家庭农场、专业大户等新型生产经营主体,发展多种形式的适度规模经营,引导和规范龙头企业与农民股份合作社建立紧密型利益联结机制"创造了基本条件。数亿农村劳动力变成城市居民后,必须有新的生产机制来保障农业生产活动。城镇化进程必须同步变革农业生产方式,这是农业战略和农村改革系统工程的一部分。

三、结论和建议

城镇化是现代化发展的必由之路，是新型工业化、信息化和农业现代化的重要载体和依托。城镇化的核心是发展农村产业化，进行农村集约化经营。城镇化使农村人口转变为了城镇人口，减少了农村劳动力；城镇化使农村残留劳动力的文化水平降低，老龄化趋势严重；城镇化使耕地面积规模化，从而增加了总的耕地面积，提高了劳动生产率，实现了农业的现代化和机械化发展。所以，山东省农村地区在城镇化背景下走农村土地集约化经营市场交易模式道路存在必然性。

全省城镇规模不断扩大，城镇综合经济实力不断提升，基础设施不断改善，居民生活水平不断提高。农村城镇化在新形势下已成为必然趋势，城镇化有利于社会服务资源的平均分配。因此，城镇化是现代化发展的必由之路，是新型工业化、信息化和农业现代化的重要载体和依托。要想搞好"三农"建设，一定要注重在城镇化发展的条件下搞好集约化经营。近年来，各级各部门大力实施城镇化战略，积极开展"和谐城乡建设行动"，取得了明显成效。城镇化可以实现社会资源的再分配，同时也可以置换出大量的闲置土地。土地是不可再生资源，用一点少一点。当农村城镇化达到一定程度时，农村土地的经营问题就会凸显出来。现今，在农村耕种的主力军大多是40岁以上的中老年劳动力，再过10年、20年，将会出现缺乏劳动力的现象。城镇化的集中居住也会对现在农村各自为战的耕种方式带来严重制约和不便。偏远地区的农民将面临耕种路途远，劳动成本、运输成本大幅上涨，粮食作物无处储藏等很多现实问题。为了解决城镇化过程中带来的农业发展问题，一定要寻找合适的路径实现农业现代化和集约化发展。目前，实现农业现代化的组织构成主要是农民合作社和家庭农场等形式。农民合作社是农业现代化的经营细胞；最小的规模生产单位是家庭农场。城镇化一定是与农业产业发展水平、人类聚集的发展规律相吻合的，要推进以农业产业化为核心的小农镇概念。实行农村土地集约化经营，可以将土地流转给少数懂技术、有实力的个人或社会组织集中耕种。这样做有利于缓解供需矛盾，同时也可以保证十几亿人的口粮问题。当然，土地集约化经营的流转程序一定要科学，全方位考虑多方面的利益，不可盲目，可先行试点，逐渐推开。

参考文献

[1]杨艳艳：《河南省新型城镇化背景下土地资源配置研究》，河南大学硕士学位论文，2013年。

[2]赵宏海：《安徽省城镇化与农业现代化协调发展研究》，安徽大学博士学位论文，2013年。

[3]胡际权：《中国新型城镇化发展研究》，西南农业大学博士学位论文，2005年。

[4]王丽洁：《小城镇土地集约优化利用研究》，天津大学博士学位论文，2008年。

[5]万鹏龙：《中国集约型城镇化研究》，西南财经大学硕士学位论文，2007年。

[6]黄安胜：《基于"两型社会"的城镇化发展研究》，福建大学博士学位论文，2013年。

[7]曹蕾:《城镇土地集约利用研究——以重庆市渝北区为例》,西南师范大学硕士学位论文,2005 年。

[8]宋戈:《中国城镇化过程中土地利用问题研究》,中国农业出版社 2005 年版。

[9]王保坤:《建国以来我国农村土地产权制度变迁的启示与思考》,《山东农业管理干部学院学报》2010 年第 5 期。

[10]程同顺:《中国农民组织化初探》,天津人民出版社 2008 年版。

(指导教师:张建波)

山东省农村土地集约化经营发展现状及其发展困难的成因研究

——基于对山东省各典型地区具体调研数据的实证分析

郭章[1] 代高琪[2]

自1978年改革开放以来，全国各地推行了家庭联产承包责任制的农村土地生产制度；而随着20世纪90年代以来市场经济的快速发展，集约化、规模化、专业化发展已经越来越引导着农村土地生产经营的发展潮流和走向；在2006年国家出台《农民农业合作社法》以后，一系列相关的政策法规也随之陆续出台，如对土地流转规定的进一步完善、对机械化种植的鼓励支持等；十八大提出了关于家庭农场的初步构想和归结。

一、山东省农村土地集约化经营发展概况

在响应国家的相关政策的同时，山东省各地政府结合自身实际情况出台了相关的政策法规，并针对地区特点大体上提出了相关的构想。山东省东部地区如威海、烟台的发展主要以果品为主，初步形成了品牌化系列产品，而发展模式主要以合作社形式为主；中部地区的潍坊尤以寿光为代表，蔬菜种植在全国乃至世界有名，而其发展形式则主要以个人大户承包为主；东部地区的济南章丘种植了品种优良的花生，发展起了以小企业为重要形式的集约化经营模式；南部地区的泰安、临沂则是以基础粮食作物种植为重要形式，辅以经济作物，使其集约化经营发展进程相对缓慢。

整体上来说，山东省各地区的农村土地集约化经营发展随着国家的相关政策方针在逐步兴起和发展过程中，各地区主还是要结合当地的农产品品种优势和地区优势来进行不同形式、不同模式的发展；但是整体发展还是相对处于起步阶段，存在的问题和困难较多，存在发展经营不善的现象，这些需要引起注意和考虑。

[1]商学院2012级会计学专业；[2]商学院2011级金融学专业。

二、农村土地集约化经营发展的市场交易模式类型

(一)"专业合作社"模式

组建农民专业合作社，合作社内部成员通过入股形式形成较大规模的联合体，入社农民可以实现资源整合，开展土地规模经营，无须变更土地的承包经营权。以寿光市乐义蔬菜专业合作社为例，其以稳定农村基本经营制度为基础，坚持"农民自愿，依法有偿，政府引导，市场调节"的土地承包经营权流转机制，与村里200多户农民签订了土地有偿自愿流转合同，每年每公顷10000元，而且粮食直补都归农民所有，共集约了160公顷土地，占全村耕地面积的43.5%。合作社又与各地以及外国大型超市以及企业合作，保证生产的蔬菜以高于市面的价格及时回收，实现生产、加工、销售一体化。

(二)"公司＋合作社＋农户"模式

通过龙头企业带动，采取"公司＋合作社＋农户"的组织发展模式，实现土地集约经营。例如，威海文登市汇通果品专业合作社采取了"公司＋合作社＋农户"的组织发展模式，依照土地流转机制，承包了200公顷耕地，走农业产业化发展和土地集约化经营之路。其自办的汇润果品有限公司用于加工和产销，联通当地农民规范种植。由于公司是自办的，与合作社之间联系紧密，公司和合作社对承包的耕地进行统一管理，调整种植结构。通过"民企联村"和"产、供、销"一体化的途径，按照大农业的思路，公司与农民专业合作社携手，同农民签订"订单农业"，既建立了企业农产品加工的原料基地，又帮助农民切实解决了农产品销售和提升附加值的问题。这些使得汇通果品专业生产合作社效益非常好，是威海市首屈一指的农地集约化发展项目。

(三)"公司＋农户"模式

粮食收储、加工企业与农户直接签订土地流转合同，形成土地集约化经营，把"种、收、销、加"集为一体，实现企业增效，农民增收，粮食增产。例如，沂水县沂蒙农庄农产品有限公司、天丰农产品贸易有限公司等以公司企业带头，联通农户，利用公司的财力、物力来进行加工和销售，并以农民的规范化种植和基地的模式来发展生产，从而促进两方面的结合，以取得较好的经济效益。

(四)"公司＋基地"模式

以公司为主体，通过土地流转形式将部分土地圈起来供公司进行基地培植，一般是针对特种品种种植，发展的是高收益的经济作物，这种专门化的种植伴随着高投入、高收益与高风险。济南市章丘市的中原林业花生生产基地采取的就是这种形式，公司承包了一片土地集中种植高品质花生。其利用公司良好的种植水平和有效的销售渠道来降低风险，从而有效保证收益。其有名的合作产品有鲁花花生油、"黄飞鸿"麻辣花生等。

(五)"专业大户"模式("家庭农场"的雏形)

由于各种条件的限制,使得我国的"家庭农场"发展并不顺利,不能像美国等地区的"家庭农场"那样,进行大规模机械化的生产运作,更多的是初级的"专业大户"发展模式,即由拥有一定经济实力的农户带头,通过土地流转实现较大规模的耕地面积,再利用这些规模化的耕地进行种植,从而达到集约化发展利用的形式。"专业大户"模式的竞争力较弱,发展也比较困难。不过,国家在十八届三中全会中对于农业发展提出了鼓励"家庭农场"的发展。由此来看,其发展势头如何还有待进一步考证。

三、山东省农村土地集约化经营发展中存在的困难与问题及其成因

经调查,山东省农村土地集约化经营的发展虽有了很大进步,但是与欧美、日韩发达国家的发展水平相比,还差很大一段距离。山东省农村土地集约化经营的发展还存在一些问题。

(一)农民参与土地集约化经营的意愿较低

在对各地区的实地走访过程中,本团队队员与农民展开了多方面的交流,发现近七成的农民并没有参与集约化生产,包括不懂和不愿意的。而在进行集约化经营发展的过程中,我国农民曾饱受"人民公社"时期的苦难,加上在近年的发展过程中也有一些失败的案例,造成农民参加农民专业合作社的意愿不高。较低的参与意愿成为山东省农村土地集约化经营发展的瓶颈。

(二)产权不明晰和运作不规范导致效率低下

很多进行集约化经营的组织存在着组织内部的不完善和不规范,造成农民心理上的伤害。例如,山东省很多地区发展起来的农民专业生产合作社内部产权设置不明晰,资产没有明确界定,"公地悲剧"和"贱农伤农"现象时有发生。除此之外,农民在家庭自主经营和参与集约化经营生产之间徘徊;一些集约化经营组织的民主管理机制落实不到位,其决策权利和利益分配方式不是由所有参与成员共同控制,往往掌握在少数人手里;决策不当、利益分配机制不合理,社员常常枉顾集体利益而追求个人利益最大化,导致整个组织整体经济利益较低。

(三)资金匮乏限制农民专业合作社的发展壮大

如果说"科学技术是第一生产力",那么资金是技术运用的前提和基础。技术进步会使物质材料和劳动力消耗下降,单位投入产量上升,生产效率提高。

目前,山东省农村土地集约化经营发展组织的办公经费主要是农民专业合作社等的会费或者领办大户(企业)的赎资。由于地方政府财力支持不到位,农村资本积累较少,又缺乏可抵押的资产,使得借贷困难。所以,资金的筹资难度大。集约化经营发展没有资金引进新产品及新技术,只是劳动力和土地的结合,规模经济效果不明显。因而,资金

匮乏制约了土地集约化经营的发展壮大。资金问题已经成为山东省农村土地集约化经营发展的又一瓶颈。

(四)农民素质不高和缺乏人才

众所周知,我国农民的文化素质普遍较低,山东省也不例外。山东省农民的文化水平主要集中在初中程度,占到总数的一半以上。文化程度低导致了对农民专业合作社的认识不足,对一些新科技、新产品有畏难情绪,缺乏信心,怕担风险,犹豫观望。除此之外,农民主人公意识不强,对民主管理机制认识不足,往往"三分钟热度",多数处于被动接受的状态。

另外,农民专业合作社人才相对匮乏。由于合作社的自身条件,难以吸引到高素质的专业人才,在管理、财会、技术、营销等方面缺乏规范的指导。

(五)品牌意识较弱且营销意识浅薄

品牌化发展是"产品曲线"上获得高利润和高收益的最终手段,而加强营销措施又是发展品牌化的重要途径。虽然山东省在进行土地集约化时,农副产品在跨区域、跨领域方面发展迅速,对于地区的农副产品品牌也有一定的凸显作用,但是整体来说集约化经营过程中的品牌销售意识仍然较弱。市场宣传和推广方面投入较少:一是本身资金有限;二是参与集约化经营的人员和管理层的产品营销意识薄弱,对广告营销等推广手段认识不足,这导致有些地区虽然有一定的代表产品但是并没有品牌化商品。

(六)流通领域合作较少

整个集约化经营过程在产品种植方面努力实现规模化和批量化,但是在产品的外销以及产品种子、化肥、农药等各方面却显得规划不足,甚至存在脱节。在本次调研过程中发现,有些地方虽然已经建立了大量供销合作社或信贷合作社等,但是领导或者政府对于这类农民专业合作社不够重视,甚至部分供销合作社完全私有化,成为农产品商店或者超市(这种现象较为严重)完全忽视了流通对生产有反作用。这种"空壳"合作社是合作社这种发展模式存在的比较严重的问题。总之,较弱的流通环节会严重阻碍商品经济的发展。

四、研究结论和政策建议

在这次科研立项过程中,经过研究和调查,以及对各种文献资料的阅读,本团队对于发展农村土地集约化经营得出了一些具体的结论,并针对其提出一些建议。希望由此对我国农村土地集约化经营发展提供参考意见,以推动我国农业发展的集约化、现代化发展步伐。

(一)明确土地集约化经营的具体目标

韩、日等国与我国邻近,相关农副产品种植类型相似,同是人多地少的结构也决定了农业发展模式存在可借鉴之处。韩国推动的"新农村运动"比较成功地带动了韩国农村社会经济的发展和农民收入的提高,使韩国城镇化迅速发展,其发展过程中对于农村金融体系的完善值得借鉴。日本农地制度的变迁使日本农村土地得到有效利用,日本农协起到的带动作用和相关管理机制值得我国农科院学习;而土地流转的自由和严格的耕地保护措施使得日本农村土地趋向生产合作社形式,而小型机械化对我国山区和丘陵地区有重要借鉴意义。通过借鉴这两个国家进行农业发展和农村土地集约化经营的经验,向他们学习,可以有效明确我国农村土地集约化经营的具体目标。

(二)提高土地集约化经营的管理水平

以农业为主体的相关政府部门要做好土地流转的政策研究、方案制订与业务指导等工作,不能仅仅停留在口号层面,要尽快制定操作性强的具体实施办法。统一土地流转合同书、格式文本,最好成立专门的土地流转挂牌登记机构来进行土地流转工作,做好签证登记备案以及档案管理规范工作,以防止出现新的土地矛盾隐患和纠纷。要以农业管理机构为依托,成立土地流转服务中心,负责农村土地流转政策宣传、供求登记、发布信息、项目推介、中介协调、合同签证、追踪服务和纠纷调处。各村要成立村级土地流转服务站,提供土地承包经营权流转的信息,协调流转双方的利益,督促依法签订流转合同,调解土地流转纠纷,并及时向乡镇土地流转服务中心提供动态情况。而这些机构最好能够把相关土地流转信息在官方网站上公示,以更好地公开流转信息。同时,应建立并完善相应的农村社会基本保障体制,以逐步弱化农民以土地为自己生存之"根"的依赖心理,为广大土地流出者解除后顾之忧,从而加速农村土地集约化经营的进程。

(三)营造土地集约化经营的良好环境

要适当集中强农惠农资金,对达到一定土地规模的经营大户给予一定额度的补助和奖励,最好提高相关额度,并加强技术和信息服务。农业、农机、科研等部门要与规模经营主体建立定点联系制度,优先为他们提供适当农机具、优良品种和技术服务、信息咨询,优先安排农机、农资补贴额等。要着力培育农村劳动力市场,积极开展农民素质培训,加快转移农村剩余劳动力,为农村土地流转和规模经营创造有利条件。建立并逐步健全农村的社会保障体系,加快建立农民个人缴费、集体补助、政府补贴相结合的新型农村社会养老保险制度、新型农村医疗保险制度等社会保障体系,彻底解决农民依赖承包土地养老防病的保障功能,消除农民离土的后顾之忧。可采取支农周转金的形式对经营者给予资金支持。中央和地方财政每年安排一定比例的资金用于扶持农业集约化经营,对土地流转的双方都进行补贴。在本次调研的过程中发现,一些集约化经营组织的资金不足,无法获得规模化的发展,而政府给予的资金补贴有限,对于他们进行相关投资来说远远不够。

(四)改善土地集约化经营的外部条件

由于我国地形类型复杂多样,虽然扩大了种植面积,但有些地区、有些产品却不利于集中化、规模化、机械化经营。所以要把推进土地流转和规模经营与土地整理和综合开发结合起来,使土地整理和综合开发作为开展土地流转的一项基础性工作,加大投入,积极推进标准农田建设,努力推进规模化经营发展的进程和基础。同时,建议各级组织积极落实相关责任,加大农村小型水利设施建设力度,对于很多已经损坏或者失修的水利设施进行再维护,完善农田排灌设施,强化、细化责任;保障农田水利设施正常运行,为加快农村土地流转与促进农业集约化经营提供有力保障。在推进机械化种植的层面上,努力宣讲相关补贴具体状况,让国家制定的农业补贴和农机具补贴能够真正落到实处,从而带动我国的机械化种植。

(五)助推土地集约化经营的良性发展

对于发展集约化、规模化经营来说,前期发展投入的大量资金是其发展中的重要问题。在进行实地调研过程中,很多集约化经营组织对本团队谈到这个问题。而解决这个问题不仅需要政府的财政投入(额度有限),而且还需要相关金融机构的支持。

一是要建立多层次、多渠道的农村金融机构体系,支持农村土地流转。首先,对农村信用社进行改革,补充资本金,使之成为农村金融服务的主力军。其次,在成立邮储银行的基础上,还要将农村的邮政储蓄存款用于农村基本建设中去。再次,鼓励建立村镇银行和小额贷款公司,加大对农村土地流转的资金支持。此外,放开民间金融机构,允许民间借贷合法化,积极进行探索和创新,可设立专门为农民服务的互助性金融机构。

二是要出台在土地流转方面与银行贷款配套的政策,发展农村土地承包经营权抵押和农村房屋抵押信贷业务。要向种田大户、专业合作社和农业公司提供土地承包经营权抵押贷款,确保有足够的资金支持土地的有序流转,并允许土地流转承租人以土地使用权和农村房屋产权作抵押进行贷款融资。要尽快出台金融机构支持农业土地流转的相关政策,如采取再贷款、利率优惠和窗口指导等间接调控手段,引导金融机构加大对土地流转的扶持,对提供该类贷款的农村信用社等金融机构可以不缴纳或少缴纳存款准备金。要把规模经营大户作为信贷支农的重点,每年安排一定额度的农业信贷资金授信额度,允许规模经营大户以联保等形式办理贷款手续。

三是要创新发展农村的多种保险业,化解、分散金融风险。随着农村土地的流转,产生特色农业、科技农业、品牌农业为重点的现代农业,产生合同、订单种养业,形成高效农业和外向型农业。而农业作为弱势产业,受自然和市场因素影响大,土地的集中耕种会将这种风险放大,因此,这种风险需要引起足够的重视。需采用多种形式、多种渠道的农业保险,有效化解、转移生产者的自然和市场因素风险。保险公司可创新险种,由种田大户、专业合作社、农业公司、金融机构、保险公司协商具体保险条款,在种田大户、专业合作社、农业公司向金融机构贷款的同时,向保险公司投保,积极化解为农业生产提供金融服务的银行面临的风险,解除金融机构贷款的后顾之忧。

四是要加大信用整治力度,加强农村地区的信用体系建设。信用体系建设应从城市逐渐向农村扩张,应充分发挥各级政府在维护信用秩序方面的主导作用,形成以政府主导、部门联动、综合治理的社会信用整治格局,从而减少农村金融机构的信贷风险,为农村金融积极放贷创造良好的社会环境。

参考文献

[1]郭爱玲:《对县域土地集约化经营情况的思考》,《内蒙古科技与经济》2012年第23期。

[2]王冬:《农村土地集约化经营的现实困境及其法治进路》,《改革与战略》2013年第9期。

[3]陈星、宋浩昆:《农村集体土地集约化经营方式的探讨》,《中国国土资源经济》2011年第9期。

[4]王志伟:《我国农村土地集约化的路线选择》,《农业经济》2012年第5期。

[5]李井山:《实现农业机械化与农村土地集约化的科学发展》,《农机使用与维修》2012年第4期。

[6]肖淑兰:《我国土地改革和现今农村土地集约化探源》,《边疆经济与文化》2012年第8期。

[7]魏满涛:《农村土地集约化与我国城乡经济一体化研究》,《农业经济》2012年第8期。

[8]罗富民:《四川南部山区农业集约化发展研究——基于农业分工演进的视角》,西南大学博士学位论文,2013年。

[9]石冬梅:《非对称信息条件下的农村土地流转问题研究——以河北省农村土地流转为例》,河北农业大学博士学位论文,2013年。

(指导教师:张建波)

网购热潮下消费者维权意识和维权能力的研究

夏小东[1]　吴梦雪[2]

网络购物在近年来呈现出爆发式增长的态势，大大推动了经济增长，方便了人们的生活。然而，随着网购经济的发展，网购侵权案件不仅没有得到有效遏制，反而大幅增长，阻碍了网购经济的长期良性发展。

本文从管理学和法学两个角度出发，通过对网络购物整个链条上相关机制的研究，对网购侵权状况发生后消费者维权意识和维权能力的分析，阐释了网购热潮下侵权状况多发的原因。同时，针对网购侵权多发的状况，对经济热点进行冷思考，提出有针对性的意见和建议，希望提高消费者的维权意识，增强消费者的维权能力，以促进网购经济长效良性发展。

一、研究背景、价值及意义

中国电子商务研究中心于2014年3月发布了《2013年度中国网络零售市场数据监测报告》，报告显示，2013年中国网络零售市场交易规模达18851亿元，较2012年的13205亿元同比增长了42.8%，预计2014年的网络零售市场规模可能达到27861亿元。商务部电子商务司副司长张佩东在接受访谈时也表示，电子商务正对我们的社会生活带来颠覆式的影响，我国即将成为世界上最大的网络零售市场。在目前的网购热潮下，消费者维权主要存在两方面问题：

1. 网购维权问题在侵权问题中占比高，侵权状况严重

2014年3月15日，中国消费者协会发布2013年全国消协组织受理投诉情况统计：销售服务类投诉共计49914件，其中媒体购物(以未谋面的方式购物，即通过网络、电视、电话等媒介)投诉20361件。在媒体购物投诉中，网络购物投诉12950件，占63.6%。2014年3月12日，山东省消费者协会公布了2013年山东消协组织受理消费者投诉的热点情况，网络购物维权困难与快递服务纠纷成为投诉排行的前两位。

---

[1]商学院2012级会计学专业；[2]商学院2012级营销专业。

2. 多数网购消费者维权意识薄弱，维权能力较低

据中国新闻网调查显示，在网购纠纷中，只有64.2%的人会选择努力解决纠纷，选择向工商管理部门或消费者协会投诉的仅占约5%，消费者淡薄的维权意识可见一斑。即使消费者有维权意识，并选择公权途径解决纠纷，由于地域、权利、证据等方面的限制，实施效果亦不如愿。维权渠道不明、维权成本过高、证据来源有限、地域管辖相互推诿、监管责任未落实等问题使得消费者维权能力大大降低。

本文综合运用管理学和法学知识，通过调研整个网购流程的全部环节和消费者的网购维权现状，找到各环节可能存在的维权问题及解决办法，以提高消费者的维权意识和维权能力，从而促进在网购热潮下网购经济长期的良性发展，并促进广大消费者权益的提升。

二、文献研究

网购热潮背景下的消费者维权意识和权益保护问题引起了我们的思索，通过对相关文献的研究，本文对中外反映维权意识和维权能力的文献分别进行了整理和归纳。

（一）外国学者研究

通过研究国外关于消费者权益维护的相关文献可发现，国外的网购经济经历了数十年的发展，在网络购物消费者权益保护方面有健全的法律体系，对侵权企业处罚力度大，注重维护消费者权益。蒂莫(2010)认识到提高消费者的维权意识和保护维权消费者的重要性，发现美国有关维权机构会定期免费向公众发放报刊等宣传资料。特别是近年来，注重对网购维权的宣传，大大减少了侵权事件的发生。另外，国外更加注重网络购物对消费者个人隐私的保护，从而大大减少了网购维权中个人隐私泄露事件的发生。美国学者亚历山大(2010)对比多国的网购维权制度发现，英、美的小额诉讼制度都以一种低廉、简易的诉讼程序去处理小型消费者赔偿案件。而澳大利亚则重视通过仲裁途径维护消费者权益，设置专门从事小额仲裁的机构。

（二）国内学者研究

关于消费者维权意识的调研，叶鹏(2007)在《都市快报》中指出，九成消费者无网购维权意识，不良网购习惯增加了维权难度。李娜(2009)则侧重于女性用户的观察，她发现女性用户的维权意识差于男性，女性用户在电子商务消费维权意识方面相对薄弱，遇到自身权益受侵犯时，更多选择了委曲求全与沉默，维权意识急需加强。但他们都没有看到维权意识与维权能力之间的作用关系，仅偏重于对数据的列举分析。

在消费者维权能力的研究方面，已有的研究文献大多从商家和政府机构入手。部分文献在分析维权难的原因中提出了商家身份难以确认、管辖权属模糊不清以及消费者协会等机构监管责任未落实等。与他们不同，郭蒙蒙(2012)首先指出“机构协调不力”这一因素。一是区域内部工商局和消费者协会之间的协调问题。二是由于网购管辖以“属地主义”为原则，造成了跨区域协调不畅的问题。除此之外，各文献均指出完善立法的重要

性。多数论文具体分析了健全法律的重要性和具体措施。陶俊杰、林小艺(2012)立足于网络团购中消费者权益保护的立法完善,王玉(2013)从监察者、网络经营者和消费者三个角度提出了法律方面的建议。除了完善基本法律的建议外,两者都提出了建立和完善集团诉讼、小额诉讼制度以及加强对消费者隐私的保护力度。

综上所述,在针对网购热潮背景下消费者维权问题的研究中,主要存在以下三项不足:①对消费者维权意识方面的研究较少,一般仅侧重于对维权能力的研究,割裂了两者相互影响的关系,忽视了维权意识低易导致陷入侵权陷阱、维权能力差又反过来降低维权意识这一问题;②缺少网购维权困难的系统性研究,已有研究多站在法学角度,鲜有站在经济学、管理学角度审视整个网购链条解析维权困境的研究;③定性描述多,缺少量化的研究。目前的研究现状一方面为我们提供了可查询的资料,另一方面也为我们确定研究的方向提供了借鉴。

三、研究成果

(一)网购平台维权投诉状况及对其发展影响分析

图1、图2分别给出了B2C、C2C网络购物交易份额占比。

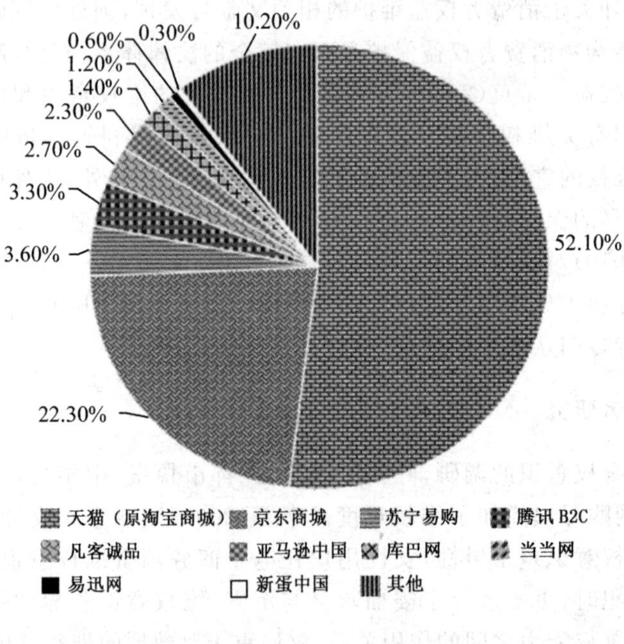

图1　B2C网络购物交易份额占比①

① 数据来源:中国电子商务研究中心。

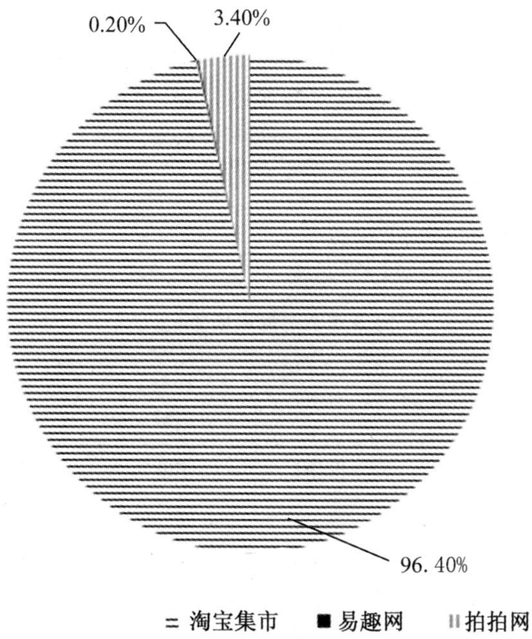

图 2　C2C 网络购物交易份额占比[①]

表 1 列出了 2012 年中国网络购物十大投诉网站投诉数据统计。

表 1　　2012 年中国网络购物十大投诉网站投诉数据统计

网站名称	类型	投诉比例	企业反馈率	投诉消费者再次在该平台购买率
淘宝网	综合百货类	16.32%	55%	74%
当当网	综合百货类	7.77%	15%	56%
苏宁易购	综合百货类	7.34%	85%	79%
库巴	家电类	6.48%	55%	62%
亚马逊	综合百货类	6.04%	95%	89%
国美在线	综合百货类	5.61%	60%	65%
QQ 网购	综合百货类	4.58%	80%	76%
易迅	3C	4.32%	75%	78%
一号店	综合百货类	3.89%	85%	87%
唯品会	综合百货类	3.11%	50%	72%

注:表中数据来自中国电子商务研究中心。

从以上图表中可以看出,网购市场各网络平台竞争激烈,淘宝网凭借长期积累的优势占据了市场主要份额。而在维权投诉方面,占据市场份额较大的商家投诉率也普遍较

① 数据来源:中国电子商务研究中心。

高。值得注意的是,维权反馈率与投诉消费者再次购买率呈现出正相关关系;维权反馈率较高的商家消费者更倾向于在同一网站二次购物。积极响应消费者维权需求并帮助消费者维权的网购平台有利于培养顾客的客户忠诚,利于网购经济的长期发展。

(二)维权意识分析

1. 网购影响因素分析

表2列出了网络购物的影响因素。

表2　　网络购物的影响因素(多选)

		响应		个案百分比
		频数	百分比	
网络购物的影响因素	价格	186	37.0%	77.5%
	质量	64	12.7%	26.7%
	售后保障	62	12.3%	25.8%
	销量	123	24.5%	51.25%
	卖家态度	46	16.0%	47.4%
	送货时间	8	9.1%	3.3%
	其他	14	5.8%	5.8%
总计		503	100.0%	209.6%

表2中的数据信息显示,消费者决定网购某产品时,最看重商品的价格和销量,在某种程度上认为销量代表质量,对于商品质量和售后服务的关注不足。正是基于这种心理,当遇到侵权行为时,消费者往往束手无策,既缺乏对维权证据的保留,又缺乏对维权成功的预期。

2. 网购维权

图3、图4分别给出了网购遭遇侵权时的维权倾向统计和非坚定性维权者回避维权动机统计。

图3　遇到网购侵权时是否会选择维权调查[①]

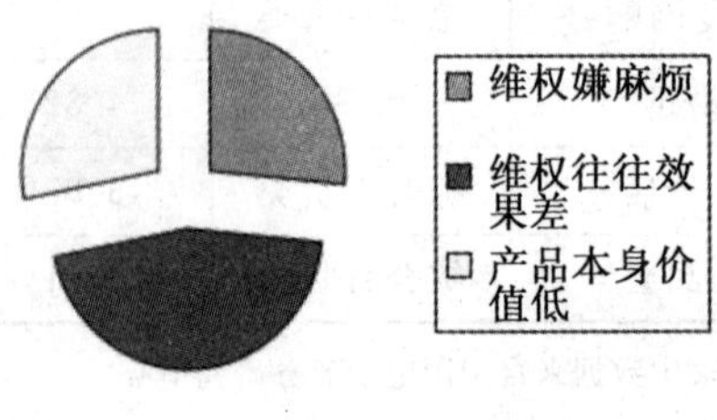

图4　不维权者及选择性维权者回避维权原因分析[①]

① 数据来源:威海、青岛地区共240份有效问卷。

图3数据显示，消费者遭遇网购侵权时，坚持维权的仅占极少数，不足1/5，多数人选择看情况，少数人则一般不会选择维权。消费者之所以不会坚定维权，最主要的原因是产品本身价值低，且维权麻烦而效果往往不佳。客观上的维权阻碍导致消费者维权意识下降。然而，消费者对低值品维权的忽视也是重要原因之一。消费者主观纵容劣质产品的横行，将危害消费者的利益，对网购经济的良性发展也是一种冲击。

(三)维权方式选择与维权困境分析

1. 维权方式选择

网购遭遇侵权时，消费者维权渠道的选择如图5所示。

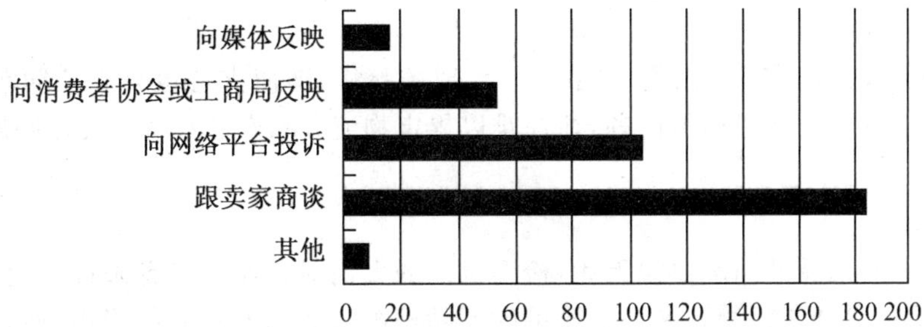

图5 网购维权时消费者维权渠道(多选)统计[①]

2. 维权困境

消费者维权的主要困境如图6所示。

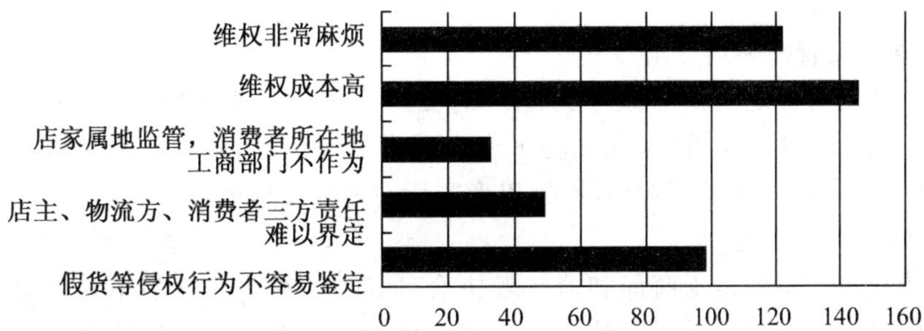

图6 维权主要困境(多选)统计[①]

以上数据表明，由于维权意识较低，对通过公权力维权的期望低，消费者在维权过程中倾向于法律约束力最低的联系卖家和向网络平台投诉。对于以价格为主要优势的网络购物，由于公权力维权往往需要付出极高的代价进行商品鉴定以及赴商家管辖地进行维权，时间成本和金钱成本都难以计量，且前景并不明朗，故消费者通常会选择放弃公权维权转而选择效果更差的私了或不维权。

① 数据来源：威海、青岛地区收回的240份有效问卷。

四、网购维权困境分析

(一)责任主体身份不明

1. 商家身份不明

目前,我国网购商家的身份主要通过以下两种方式揭示:第一,实名登记;第二,交易平台登记系统。实名登记只针对少部分具备登记资格的商家,而大部分 C2C 模式下的商家身份只能通过交易平台知晓。交易平台或是出于利益考量,或是由于技术有限,在商家身份认证的准确性上还有待考量。

2. 责任界定不明

在物流方面,物流商在实际操作中往往拒绝现场验货,即使支持也只支持简单的验货,一旦产品发生外部损坏等质量问题,往往难以界定物流方和产品本身的责任归属。

(二)证据搜集困难

首先,消费者对产品的问题口说无凭,检测机构的大门对普通消费者来说是封闭的,有的部门甚至不接受个体检测。做一次简单的产品检测需要四五百元的费用,而且要等很长时间才能出结果。再者,对消费者来说也得不偿失,即使买到了假货,很少有消费者愿意千辛万苦去获取有效的证据来证明自己购买的产品有问题,阻碍就在于证据搜集所需付出的代价太高。

(三)管辖弊端突出,机构协调不力

1. 属地主义管辖弊端突出

网购欺诈的特征之一是多发于跨地区的交易之中。在非讼领域,我国工商维权以"属地主义"为管辖原则,若商家在交易平台上从事商业活动,则以交易平台所在地为管辖地;若商家自立网站从事商业活动,则以商家所在地为管辖地。

2. 区域内协调问题

网购维权部门主要是工商局和消费者协会,同时,法律也为交易平台设定了维护消费者权益的义务。有着相同职能的主体之间应该相互配合、协作,以达到资源利用和止争效率的最大化。然而,在实践中各方却不能形成一条"维权链",导致消费者因维权主体的信息障碍或者权力缺陷而失去权益保障。

3. 跨区域协调问题

正如上文所述,网购管辖以"属地主义"为原则,消费者遇到安全问题时的维权首选即为本地维权部门。但很多情况下维权请求都会因超出管辖范围而被驳回,相关部门通常只告知消费者有管辖权的部门即告结案。而如果地域间能够实现资源互动,共享必要信息,则不仅有利于降低案件难度,节省诉讼资源,还有利于提高维权效率。

(四)监管责任未落实

消费者协会作为一种自治性协会组织,无法承担过多强制性的义务,而公共权力作

为公民权利的让渡对象，理应承担维持经济秩序的义务以及瑕疵履行的不利后果。工商行政部门若没有类似法院的纠纷解决评价系统，即以受案结案率论功，则很难使其全力以赴。

(五)商家消极应对

通过前面的分析可知，以淘宝网为代表的大量网购平台对消费者投诉的响应率较低，直接影响了消费者维权的积极性，大大降低了消费者维权成功的可能性。这种逃避责任的表现在一定程度上导致了顾客忠诚的丧失，大大削弱了网购消费者继续在该网站购物的热情，降低了顾客忠诚度。

(六)消费者维权意识薄弱

消费者主观放弃小额争议问题。网络购物所涉及产品的标的额大多不高，有的甚至只有几元、几十元。这些争议金额小，对消费者来讲，通过打官司手段解决纠纷的成本高，费时费力。关于小额争议问题，目前实行的行业协会接管投诉，权威性和法律强制力都没有保障。

五、网购维权的路径探析

针对消费者维权的多样化困境，笔者将从制度建设、企业机制建设、消费者提高意识三个角度出发，以探讨网购维权的有效路径。

(一)制度建设

1. 明确责任主体

一般来说，消费法律关系的主体应为买卖双方，但在在线交易中，还涉及交易平台、支付平台、银行和物流方等服务主体。消费者利益受损的作用主体可能不再是或不仅仅是网络商家，所以法律应明确各方主体的责任，为消费者的权利主张指示合适的对象。网络交易可分为交易前环节、交易支付环节和交易后环节。

2. 完善证据制度

(1)强化现有证据搜集

证据是消费者维权的重要砝码，如何在现有证据制度上实现新发展是首待解决的问题。法律应当针对网络交易规定具体的证据种类，同时明确交易平台的证据保存责任和程序。政府部门可通过类似“在网站上提示证据搜集事项”的方式为消费者维权提供指导意见，与此同时，增建公立性网购货品鉴定机构也是有效的方法。

(2)新证据形式构建——网购凭证制度

若从商家身份着手寻求一种明朗化的救济途径，实名制当为首选。然而，不论是山东省的立法实践，还是北京市的司法实践，都表明网店实名制历经多年探索仍然阻力重大。因此，我们转而探求“网购凭证制度”对商家身份和网购合同内容明确的重要意义。

3. 落实职责,有效协作

要实现网购维权机制的优化,首先应该通过法律明确维权责任主体,做到分工明确、规划有序。在此基础上,充分落实责任机制,通过压力机制来激发维权主体的积极能动性:将网购纠纷解决率纳入工商行政部门的业绩考核标准之内;以交易平台的责任承担情况作为其硬性考核指标,结果予以公布,必要时予以处罚。

在明确各方职责的基础上,还要实现相互间的有效协作。在区域内部,法律应该规定交易平台、工商局、消协、公安机关、法院等相关主体之间的协作义务、条件和程序,以减轻消费者的举证难度,同时提高相关部门的工作效率。

(二)网购产业链企业机制建设

1. 提高责任意识,维护消费者权益并建立顾客忠诚度

网购链条上的各企业实体对维权难问题有不可推卸的责任,企业在面对维权消费者时常常选择逃避,严重影响企业形象。据数据显示,顾客在维权响应度低的网购平台的二次购买率相对较低,这会阻碍企业长期的发展。因而,企业应当自发树立良好的社会形象,立足长远发展,以顾客的需求作为根本利益。

2. 加强准入审核,从源头上遏制假货

健全企业内部产品准入机制,对于假货、次品,应当予以坚决的抵制。仅靠低价优势却以次充好,是难以赢得消费者信赖的。除此之外,纵容假货对于真货生产厂家也是严重的伤害,易使该网络平台形象受到损害并陷入纠纷。网购平台在消费者需要维权时,应勇于承担责任,着眼于长期发展,坚决抵制假货。

(三)消费者加强维权意识

政府和社会的支持是对消费者权益的有力保障,但消费者的自我保护是最直接的维权方式。无论有关制度是否完善,网购平台等相关企业是否保护消费者,消费者的自我保护始终是不可缺少的一环。针对网络购物风险,消费者可采取下列防范对策:充分了解卖家的信息,全面了解所购买的商品和服务,与卖家充分沟通,注意交易安全等。

六、结论与讨论

(一)结论

消费者维权意识低导致其容易陷入侵权陷阱,然而机制建设、企业责任、消费者意识等方面的缺失又导致消费者维权能力差,进而降低了消费者维权意识,最终阻碍了网购经济的长期良性发展。在制度建设方面,应加强监管以明确责任主体;健全证据制度以便在纠纷发生时使消费者处于有利地位;落实职责,有效协作,以减少“属地主义”处理对消费者维权的阻碍。在企业建设方面,应从源头上杜绝假货,着眼长期发展,提高责任感,积极响应消费者的维权需求。同时,消费者应提高维权意识,努力实现与卖家的消息对称,注重交易安全,加强自我保护。

(二)讨论

1. 需进一步研究的问题

可结合性别因素、年龄因素、受教育因素等变量综合分析网购维权的针对性措施。

2. 不足之处

调查所得的数据有一定的局限性。首先,调查是针对准一线城市青岛、三线城市威海这两个代表城市而言的,相对单一的城市代表,与在全国大范围内进行的调查相比自然有一定的局限性。其次,采用的是问卷调查方式,而回收的有效问卷数量仅 240 份,样本容量过小,可能导致数据分析的结果有一定的误差,但调查的数据还是能在一定程度上反映真实情况的。

参考文献

[1]Alexandrina Zaharia, "Procedure on small claims in regulating the bill of the code of civil procedure", *Acta Universitatis Danubius Juridica*, 2010,6(1): p. 10.

[2]Renata Mekovec, "Online privacy: overview and preliminary research", *Journal of Information and Organizational Sciences*, 2010,34(2): pp. 195-209.

[3]Timo Koivumäki, et al., "Consumer choice behavior and electronic shopping systems—A theoretical note", *Netnomics*, 2002,4(2): pp. 131-144.

[4]叶鹏:《网购消费者维权意识堪忧》,2007 年 3 月 15 日《都市快报》。

[5]李娜:《多数女性维权意识差》,2009 年 8 月 29 日《城市信报》。

[6]郭蒙蒙:《试论网购维权的困境与出路》,《科技创业月刊》2012 年第 9 期。

[7]柯法胜、叶志平:《构建网络消费维权体系的思考》,《中国工商管理研究》2012 年第 2 期。

[8]王保君、张福娥:《网络消费问题研究报告——网购亟须规范化　监督尚需科学化　维权必需成效化》,《柴达木开发研究》2012 年第 5 期。

[9]王玉:《浅谈网络交易中消费者权益的法律保护》,《商业经济》2013 年第 4 期。

[10]林小毅:《网络团购中消费者权益保护的立法完善》,《经营管理》2010 年第 5 期。

[11]间燕:《网络购物中消费者权益保护的对策分析》,《高等函授学报》(自然科学版)2010 年第 2 期。

(指导教师:卞慧丽)

威海市城镇离退休老人幸福度及其影响因素研究

许洁[❶]

老年人是一个较为特殊的群体。衰老是无法抗拒的自然规律，每个老年人基本都能清楚地认识到这一点，并被动或主动地表示接受。但由于心理上以及社会角色的变化，一些老年人出现了适应上的困难，并引发了许多问题。

随着社会的发展和经济水平的提高，人们对幸福感的问题越来越重视。国家统计局也提出将幸福感纳入国家统计指标，用以衡量国家的进步和发展。随着我国人口老龄化的日趋严重，老年人的晚年生活以及幸福感问题愈来愈受到全社会的广泛关注。

一、绪　论

（一）幸福感的研究概观

关于幸福感的研究，目前国内乃至世界已得出许多有价值的理论。

1. 国际研究

国外很多专家从经济、社会、人文、心理学等多个方面对幸福感进行了一定的调查研究，包括幸福感的含义、测量方法等。此外，研究者们还编制了一些幸福感测量表，对以后的调查研究具有很高的利用价值。

2. 国内研究

我国对幸福感的研究起步较晚，始于 20 世纪 80 年代，当时主要的研究人群是老年人，且所采用的工具也主要来自国外。到 20 世纪 90 年代开始逐渐发展，包括研究对象、研究方法、使用的测量工具、理论研究等的发展。现今，国内关于幸福感研究的当务之急是能否突破国外幸福感测量研究中的种种局限，编制适用于我国居民的幸福感测量工具。

---

❶商学院 2012 级会计学专业。

(二)幸福感的概念界定

幸福感是一种长久的、内在的、坚定的心理状态,并非短暂的情绪体验。它是指评价者根据自定的标准对其生活质量的整体性评估,是衡量人们生活质量的一个重要的综合性心理指标,具有主观性、整体性和稳定性特点。

(三)老年人幸福感研究现状

按照国际规定,65 周岁以上的人确定为老年人;而在我国,60 周岁以上的公民就被称为老年人。

我国第一部老龄事业发展蓝皮书——《中国老龄事业发展报告(2013)》于 2013 年 2 月 27 日在京发布。蓝皮书指出,由于我国人口老龄化超前于现代化,"未富先老"和"未备先老"的特征日益明显,老年人养老、医疗等方面面临诸多问题和困难。

(四)研究对象和工具

本文确定的研究对象是居住在威海市内的离退休老人。调查方式是去荣成市、文登市、乳山市、环翠区的公园(如青山公园、东山公园、林海公园)以及一些小区、养老机构等老年人较为密集的地区对老年人进行问卷调查以及访谈。样本含量主要根据计算和现实客观条件来确定,约 400 人。在实际调查时,除不愿意接受调查的老人外,我们共调查了 456 人,其中 8 份无效,即收回有效问卷 448 份,有效问卷回收率为 98.2%。

本次调查采用的调查问卷《关于威海市老年人幸福感的调查问卷》,是本团队成员经过阅读大量文献资料、综合了可能对幸福感有影响的各因素编制而成的。

二、威海市城镇离退休老人幸福感分析

(一)威海市城镇离退休老人幸福感总体状况

通过对威海市城镇离退休老人进行幸福感调查得知,老人们认为目前生活的幸福程度为非常幸福的占 5.36%,认为幸福的占 41.07%,认为一般的占 28.57%,认为不幸福的占 19.64%,认为很不幸福的占 5.36%,如图 1 所示。

在调查问卷中,我们增加了让被调查的老年人对自己目前的生活进行打分这一题目,满分为 100 分,每 10 分为一组,统计结果整理如图 1 所示。

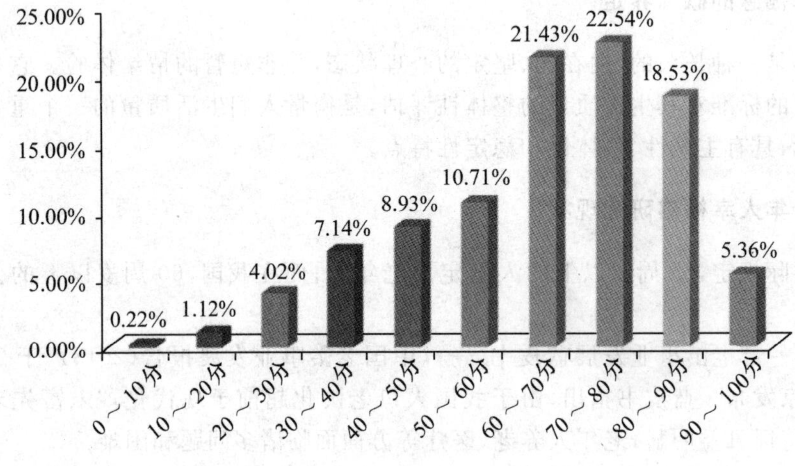

图1　幸福感分数柱状图

(二)威海市城镇离退休老人幸福感相关因素研究

1. 年龄、性别、婚姻状况与幸福感

年龄、性别、婚姻状况与幸福感的关系见表1。

表1　　年龄、性别、婚姻状况与幸福感的关系

	人口特征项目	非常幸福	幸福	一般	不幸福	很不幸福
年龄	50岁以下	8.00%	40.00%	28.00%	20.00%	4.00%
	50～59岁	5.88%	41.18%	27.94%	19.12%	5.88%
	60～69岁	5.21%	41.23%	28.44%	19.91%	5.21%
	70～79岁	5.21%	41.67%	28.13%	19.79%	5.21%
	80岁以上	6.25%	41.67%	29.17%	18.75%	4.17%
性别	男性	5.50%	41.00%	28.50%	19.50%	5.50%
	女性	5.24%	41.13%	28.63%	19.76%	5.24%
婚姻状况	已婚且配偶健在	15.50%	45.50%	28.50%	9.00%	1.50%
	离异	5.32%	26.60%	29.79%	30.85%	7.45%
	丧偶	1.97%	23.03%	30.92%	34.87%	9.21%
	未婚	0.00%	0.00%	50.00%	50.00%	0.00%

由表1可以得出：

(1)不同的年龄组五个幸福程度的比例差不多，由此可说明，不同的年龄组之间总体幸福感不存在显著性差异。

(2)男性和女性在五个幸福程度上虽然有微小差异,但整体差不多。这说明,性别不是影响威海市城镇离退休老人的幸福感的主要因素。

(3)婚姻状况对威海市城镇离退休老人的幸福感有明显的影响:独身老人的幸福感最低;婚配且配偶健在的老人的幸福感最高;丧偶和离异的老人的幸福感均显著低于婚配且配偶健在的老人,但高于独身老人;离异老人的幸福感略高于丧偶的老人。这些因素的调查结果与国内外大多数研究结果一致。

2. 经济收入、受教育水平与幸福感

本文在调查过程中发现,老人的幸福感随着教育水平的提高而增长。这和国内一些研究结果相同。对于经济收入,我们发现,大多数威海市城镇离退休老人的收入不是很高,总体幸福感随着收入的增长而呈现出增长趋势(见表2)。但经过深度分析发现,经济收入与幸福感的关系并不大。

通过查阅资料,我们了解到,经济对于幸福感的影响在富裕和贫穷的国家是不同的:在富裕国家,当人们的经济实力达到一定水平后,收入对幸福感的影响很小;在贫穷国家,收入的提高对于幸福感的影响效果是十分显著的。而我国与发达国家的先富后老或富老同步不同,是在未实现现代化的时候已经进入了老年社会。基于我们所调查的对象,我们发现,其受教育程度越高,收入也越高。通过分析,我们得出:经济收入不同所带来的幸福感的差异是由于受教育水平不同引起的。我们认为这种情况有两种原因:一是我国的经济发展过于迅速,导致人们对收入的敏感度降低;二是收入是一个比较敏感的话题,老人们在填写问卷时偏向较低水平的数据。

表2　月收入、学历与幸福感的关系

人口特征项目		非常幸福	幸福	一般	不幸福	很不幸福	百分比
月收入	1000元以下	4.35%	34.24%	29.35%	19.57%	12.50%	41.07%
	1000～2000元	7.24%	35.53%	28.95%	18.42%	9.87%	33.93%
	2000～3000元	21.43%	37.50%	21.43%	14.29%	5.36%	12.50%
	3000～5000元	27.08%	39.58%	20.83%	10.42%	2.08%	10.71%
	5000元以上	37.50%	37.50%	12.50%	12.50%	0.00%	1.79%
学历	初中及以下	5.56%	38.43%	29.17%	19.44%	7.41%	48.21%
	高中(中专)	12.50%	36.88%	28.13%	16.88%	5.63%	35.71%
	大学本科(大专)	16.67%	41.67%	29.17%	9.72%	2.78%	16.07%

3. 身体健康、精神状况、日常生活有无困难与幸福感

在本次调查中,老人的身体状况大部分是身体、精神状况一般,且自理能力大部分较好。

调查结果显示,身体健康状况、精神状况以及能否独自解决大多数问题即日常生活是否有困难对老人的幸福感有着显著的影响(见表3)。身体健康状况好的老人的幸福感明显高于身体健康状况差的老人,精神状况同样如此。这和国内的大多数研究成果是一

样的。同时,在日常生活中无困难的老年人的幸福感明显高于有困难的老年人。这是因为,在日常生活中有困难的老年人会由于日常生活受限制而导致负面情感增多,从而影响他对生活的热爱,继而降低他的幸福感。

表 3　近期身体健康状况、精神状况及自理能力与幸福感的关系

人口特征项目		非常幸福	幸福	一般	不幸福	很不幸福
近三个月身体健康状况	非常好	13.64%	59.09%	25.00%	2.27%	0.00%
	较好	8.70%	50.00%	23.91%	13.04%	4.35%
	一般	3.23%	39.35%	32.26%	19.35%	5.81%
	较差	0.68%	30.82%	33.56%	28.77%	6.16%
	非常差	0.00%	14.04%	42.11%	36.84%	7.02%
近三个月精神状况	非常好	25.00%	40.00%	27.50%	7.50%	0.00%
	较好	4.17%	37.50%	32.29%	21.88%	4.17%
	一般	2.60%	30.21%	38.02%	23.44%	5.73%
	较差	1.25%	20.00%	40.00%	30.00%	8.75%
	非常差	0.00%	7.50%	47.50%	32.50%	12.50%
自己一个人能否解决大多数问题	能	12.92%	40.83%	32.92%	12.92%	0.42%
	不能	0.00%	3.45%	32.76%	41.38%	22.41%
	说不清	4.67%	32.00%	33.33%	27.33%	2.67%

4. 家庭关系、邻里关系、亲密朋友数量与幸福感

在本次调查中,大部分老人与家人的关系较为融洽,与邻里的关系一般,有一个或两个联系密切的朋友(见表 4)。

对于大部分老人与邻里的关系一般这个状况,经本次调查得出,有一部分原因是威海是适宜养老的地方,有些老人年龄大了之后会选择来威海养老。由于远离了自己以前生活的地方,对于他们来说,威海是不熟悉的、周边人是陌生的,而且他们来威海的时间也不长,这些都会导致他们很少与邻居交流,继而造成邻里关系一般。

表 4　家庭、邻里关系及亲密朋友数量与幸福感的关系

人口特征项目		非常幸福	幸福	一般	不幸福	很不幸福	百分比
和家人的关系	非常融洽	56.25%	37.50%	6.25%	0.00%	0.00%	3.57%
	较融洽	17.05%	50.00%	29.55%	3.41%	0.00%	19.64%
	一般	9.81%	45.33%	30.84%	11.68%	2.34%	47.77%
	不融洽	0.00%	28.57%	31.63%	34.69%	5.10%	21.88%
	很不融洽	0.00%	0.00%	40.63%	46.88%	12.50%	7.14%

续表

人口特征项目		非常幸福	幸福	一般	不幸福	很不幸福	百分比
对邻里关系满意程度	非常满意	22.50%	42.50%	32.50%	2.50%	0.00%	8.93%
	较满意	6.25%	41.07%	31.25%	18.75%	2.68%	25.00%
	一般	4.38%	40.63%	30.00%	20.63%	4.38%	35.71%
	不满意	0.78%	23.44%	41.41%	28.91%	5.47%	28.57%
	非常不满意	0.00%	12.50%	25.00%	50.00%	12.50%	1.79%
有几个联系密切的朋友	一个	3.05%	29.44%	45.18%	16.75%	5.58%	43.97%
	两个	6.25%	38.07%	35.23%	16.48%	3.98%	39.29%
	三个	19.61%	39.22%	25.49%	13.73%	1.96%	11.38%
	三个以上	29.17%	41.67%	20.83%	8.33%	0.00%	5.36%

通过调查、比较和分析可以得出：家庭关系状况、邻里关系状况以及联系密切朋友的数量对老人的幸福感有着显著的影响。家庭关系状况越好、邻里关系状况越好以及联系密切朋友的数量越多，老人的幸福感就越高。我国也已有类似的研究结果。

5. 社会活动、养老方式、宗教信仰、户籍性质与幸福感

通过调查发现，主动并积极参加社会活动的老人的幸福感最高，从不参加社会活动的老人的幸福感最低；不同的养老方式对老人的幸福感的影响并不显著，有区别的原因是老人对他自己本身所处的环境是否满意，满意度高则幸福感高；宗教信仰在一定程度上影响着老人的幸福感，有宗教信仰的老人普遍比没有宗教信仰的老人的幸福感高，这主要是因为有无信仰会对他们的心理造成一定的影响，继而影响他们的幸福感；户籍性质对老人的幸福感没有显著影响。具体见表5。

表5　　社会活动、养老方式、户籍性质及宗教信仰与幸福感的关系

人口特征项目		非常幸福	幸福	一般	不幸福	很不幸福
社会活动	主动并积极参加	41.67%	33.33%	23.61%	1.39%	0.00%
	经常参加	36.03%	31.62%	23.53%	5.15%	3.68%
	偶尔参加	23.68%	30.26%	26.97%	13.16%	5.92%
	从不参加	5.68%	22.73%	28.41%	30.68%	12.50%
养老方式	子女养老	5.29%	41.35%	28.37%	19.71%	5.29%
	敬老院养老	5.63%	41.25%	28.75%	19.38%	5.00%
	社会养老	6.25%	41.67%	29.17%	18.75%	4.17%
	其他	6.25%	40.63%	28.13%	18.75%	6.25%

续表

人口特征项目		非常幸福	幸福	一般	不幸福	很不幸福
户籍性质	非农	5.36%	41.07%	28.57%	19.64%	5.36%
	农村	4.87%	41.15%	28.76%	19.03%	6.19%
是否有宗教信仰	有	5.21%	41.67%	28.13%	19.79%	5.21%
	无	2.84%	37.22%	30.11%	21.02%	8.81%

6. 居住方式、与子女关系与幸福感

本文在研究老人的居住方式对幸福感的影响时，从同住人数、是否操心子孙事务两方面着手。经调查研究分析得出，老人与几个人同住，在一定程度上影响老人的幸福感，并得出夫妻两人同住且不与子女和第三代同住的老人的幸福感最高；与子女或与子女以及第三代同住的老人的幸福感次之；单独一人独居的老人的幸福感最低，这是因为他们经常会感到孤独，继而产生不幸福感。

另外，与子女的关系也会对老人的幸福感产生显著影响：子女从不主动与之聊天，而且需要经常为子女的事务担心的老人的幸福感最低。这是因为，老人处在人生的暮年，他们处在一种担心未来的状态中，他们渴望有人关心他们，而且老人身体各方面的机能随着年龄的增长也逐渐衰退，为子女的事务担心，消耗他们的精力，会给他们带来心理上的压力，从而使他们产生不幸福感。此外，我们发现，是否照顾第三代对老人的幸福感的影响不显著。我们认为，这可能是因为老人的思想不同，有些人因为儿女不在身边感到孤独，希望孙子孙女们可以陪伴在自己身边，但有的老人认为照顾第三代很累，不希望照顾第三代。具体见表6。

表6　　同住人数、是否操心子孙事务与幸福感的关系

人口特征项目		非常幸福	幸福	一般	不幸福	很不幸福
几人同住	自己	0.00%	26.47%	50.00%	17.65%	5.88%
	两人	16.35%	46.63%	26.92%	9.13%	0.96%
	三人	3.13%	42.19%	32.81%	20.31%	1.56%
	四人	4.88%	41.46%	29.27%	19.51%	4.88%
	四人以上	6.93%	39.60%	26.73%	18.81%	7.92%
是否在照顾第三代	是	5.34%	41.28%	28.47%	19.57%	5.34%
	否	5.39%	40.72%	28.74%	19.76%	5.39%
为子女事务感到烦心	经常	0.00%	25.00%	33.97%	26.28%	14.74%
	偶尔	8.65%	38.94%	27.40%	19.71%	5.29%
	从不	15.48%	46.43%	25.00%	13.10%	0.00%

续表

人口特征项目		非常幸福	幸福	一般	不幸福	很不幸福
子女主动与老人聊天	经常	19.47%	41.59%	25.66%	11.50%	1.77%
	有时	11.54%	36.54%	28.37%	18.27%	5.29%
	从不	4.72%	23.62%	32.28%	26.77%	12.60%

7. 离退休时间长短、离退休前的工作单位与幸福感

通过调查分析发现，离退休老人退休时间的长短显著影响老人的幸福感。本文认为，这是因为老人在退休前已经习惯了朝九晚五的正常工作时间，一旦离开工作单位，他们就面临着几乎没有事情需要去做的境况，这样会使他们在心理上产生一种空虚感。在刚退休的1年内，这种感觉尤其强烈，随着离退休时间的延长，这种感觉会逐渐淡化。因此，随着离退休时间的增加，老人的幸福感会有一定程度的提高。而老人们在离退休前的工作性质也会对他们的幸福感造成一定的影响，但不会有显著差异。具体见表7。

表7　　离退休时间长短及离退休前的工作性质与幸福感的关系

人口特征项目		非常幸福	幸福	一般	不幸福	很不幸福
已离退休时间	1年以内	1.14%	26.14%	40.91%	26.14%	5.68%
	1～5年	5.56%	37.50%	31.02%	21.76%	4.17%
	5～10年	9.82%	41.07%	28.57%	17.86%	2.68%
	10年以上	12.50%	43.75%	28.13%	15.63%	0.00%
离退休前的工作单位	政府部门	5.00%	42.50%	27.50%	20.00%	5.00%
	事业单位	4.88%	42.68%	28.05%	19.51%	4.88%
	国企	5.21%	41.67%	28.13%	19.79%	5.21%
	民企	5.47%	40.63%	28.91%	19.53%	5.47%
	个体	8.33%	43.75%	29.17%	16.67%	2.08%
	其他	3.70%	40.74%	29.63%	20.37%	5.56%

三、研究结论及对策

（一）结论

第一，本文设计的调查问卷从7个大方面通过23个问题对威海市城镇离退休老人的幸福感进行调查，尽可能多地包含可能对威海市城镇离退休老人的幸福感造成影响的因素。结果表明，该调查问卷适用于对威海市城镇离退休老人的幸福感的测量。

第二，威海市城镇离退休老人的幸福度水平较高。年龄、性别、经济收入、养老方式、户籍制度以及离退休前工作的性质不会对威海市城镇离退休老人的幸福感造成显著影

响。婚姻状况对幸福感的影响为:独身老人的幸福感最低,婚配且配偶健在的老人的幸福感最高,丧偶和离异老人的幸福感居于中间。教育水平对幸福感的影响是:受教育水平越高,幸福感越高。身体健康状况、精神状况越好,幸福感越高。日常生活无困难、自理能力越强的离退休老人的幸福感越高。家庭关系、邻里关系越好,幸福感越高。亲密朋友的数量越多,幸福感越高。社会活动对幸福感的影响为:越积极参加社会活动的老人,幸福感越高。有宗教信仰的离退休老人的幸福感高于无宗教信仰老人的幸福感。在居住方式方面,夫妻两人同住且不与子女和第三代同住的老人的幸福感最高,与子女或与子女以及第三代居住的老人的幸福感次之,独居老人的幸福感最低。与子女的关系越融洽,幸福感越高。此外,离退休老人退休时间的长短在一定程度上影响老人的幸福感,随着退休时间的延长,幸福感会有缓慢的提高。

(二)提高威海市城镇离退休老人的幸福感的对策与建议

高的幸福感对于老年人的心理健康和长寿有着重要的作用。由于我国老龄化进程的加快,在相当长的时期内,老年人作为一个特殊的相对弱势而且迅速扩大的群体,在社会生活中的位置会越来越突出。因此,对于老年人,尤其是那些为我们国家做了一辈子贡献离退休的老年人,提高他们的幸福感,有着极为重要的意义。

1. 关注、丰富老年人的精神生活

对于老年人,不仅要有物质供养,而且还要有精神赡养。这需要子女和政府的共同努力:子女在提供物质供养的同时,要多关注父母的精神生活,尽量减少父母的孤独感,让老年人在精神上有所寄托;同时,政府要完善养老机制,在提供物质保障的同时,通过各种方式丰富老年人的精神生活,给老年人提供精神慰藉,不仅做到"老有所养",而且还要做到"老有所乐"。

2. 优化老年人的生活环境

老年人住所周围的环境质量对老年人的幸福感也有显著的影响。美化周围的环境,让老年人能够在良好的环境中休闲、娱乐,安度晚年,可以提高他们的幸福感。因此,我们可以采取一定的措施,如政府可以在住宅小区周围规划出适宜老年人进行健身、娱乐、交流、休闲活动的区域,并且提供相应的设施。

3. 推进老人的继续学习运动

老人可以通过各种途径的学习和完善,不断提高自己的文化素质,让他们从关注自身和家庭的状态中转变到关心整个社会、整个国家。这会使得他们感觉到老有所学,老有所为,继而提高他们的幸福感。

4. 完善医疗和养老保障体系

身体健康状况是影响老年人幸福感的重要因素,因此,政府要完善医疗保障体系,真正做到老有所医,防止因病致贫和因病返贫而导致的幸福感下降。

5. 建立系统的幸福感评价体系

定期、系统地对老年人进行幸福感评价,使得他们了解自己幸福感水平的变化,通过采取有效的心理调适方法,可以使他们保持较高的幸福感水平。同时,及时掌握他们的幸福感水平,可以给政府制定政策提供科学依据。

参考文献

[1]高红英:《南昌市社区老年人幸福感研究》,南昌大学硕士学位论文,2007年。

[2]邢占军:《心理体验与幸福指数》,《中国职工教育》2005年第1期。

[3]高晶:《老年人主观幸福感(SWB)综述》,《社会心理科学》2005年第2期。

[4]高红英、苗元江:《影响老年人幸福感的因素探析》,《江西社会科学》2008年第11期。

[5]许加明:《老年人主观幸福感及其影响因素研究》,《中国老年学杂志》2009年第24期。

[6]王枫等:《老年人主观幸福感及其影响因素分析》,《医学与社会》2010年第12期。

[7]唐丹等:《老年人主观幸福感的影响因素》,《中国心理卫生杂志》2006年第3期。

[8]孙鹃娟:《北京市老年人精神生活满意度和幸福感及其影响因素》,《中国老年学杂志》2008年第3期。

[9]蒋怀滨、林良章:《老年人主观幸福感的影响因素及其调适的调查研究》,《中国老年学杂志》2008年第24期。

(指导教师:宋修静)

文学艺术

关联理论诠释下的原声电影字幕翻译

——以电影《阿甘正传》为例

徐艳玲[1]

影片《阿甘正传》在第67届奥斯卡金像奖最佳影片的角逐中一举夺得六项大奖。该影片能取得如此骄人的成绩并为全世界观众所喜爱，与其卓越的外文字幕翻译是密不可分的。本文选取了影片中的一些英文字幕及其对应的中文译制字幕，从关联翻译理论的最佳关联性入手，尝试性地探索了该影片字幕翻译的可行性策略。

一、相关研究

此前，对于关联理论与电影字幕翻译的研究并不匮乏，像《基于关联理论视角看〈阿甘正传〉的中文字幕翻译》以及《关联理论诠释下的电影大片的字幕翻译》等。这些研究虽然也都有理有据，但大多倾向于理论研究，并不注重与实践相结合或分类过于杂乱。而本文以关联理论为准则，以《阿甘正传》为蓝本，加入了字幕组实践过程中的经验与教训，将关联理论指导下的翻译策略重新整合分类，并详细列举阐释，让读者更易理解。

二、关联理论

关联理论（Relevance Theory）是丹·斯珀伯（Dan Sperber）与迪尔德丽·威尔逊（Deirdre Wilson）1986年在格莱斯提出的语用学相关原则的基础上提出的，见于二者合著的《关联：交际与认知》（*Relevance: Communication and Cognition*）。他们的学生恩斯特·奥古斯特·格特（Ernst August Gutt）根据关联理论对翻译进行了研究，于1991年出版了博士论文《翻译与关联：认知与语境》（*Translation and Relevance: Cognition and Context*）。书中，格特提出了令人耳目一新的关联翻译理论，为翻译的本体论和方法论研究提供了一套有机连贯的理论框架，在翻译界产生了一定的影响。关联理论是一种认知

---

[1] 翻译学院2011级翻译专业。

语用学理论,它认为语言交际属于认知活动,是一个认知——推理的互明过程。[①] 即说话人通过话语向听话人表明自己的交际意图,听话人根据说话人的明示行为,结合相关语境,推理出说话人的真实意图,从而实现交际的成功。

三、字幕翻译的特点

字幕翻译是一种特殊的翻译形式,介于口译和笔译之间。它具有以下三个特点:第一,从符号构成上看,字幕翻译属于多元符号翻译,观众接受的影视作品包括多个信息渠道,即源语对话、背景音乐、背景歌词、其他声音效果、画面和屏幕上的书面符号以及目的语字幕。因此,字幕和其他渠道的信息共同构成了完整的信息输入。第二,字幕占据了屏幕的一定空间,但要保证不能对画面形成干扰。第三,字幕在屏幕上出现和消失的时间要与源语出现和结束(或屏幕上说话人开始说话和结束)的时间基本一致,即同步性。

这三个特点构成了字幕翻译的优势和制约。从优势上讲,多种渠道的信息输入对字幕信息构成了补充。从制约上讲,字幕和画面的同一空间性限制了字幕的字数和排数;字幕与原声的同步性限制了字幕在屏幕上的停留时间长度。这些字幕翻译所特有的制约和优势决定了此类翻译的核心原则,即保证观众用最小的努力获得最相关的信息。

四、关联理论指导下的字幕翻译

根据关联理论,翻译实际上是一个寻求最佳关联的过程。翻译成功的关键在于译者正确理解源语作者的意图,正确估计译语接受者的认知环境,根据关联原则,为译语读者创造出最佳关联性的译文。与传统的书面翻译相比,字幕翻译更像是一种即时的言语交际。语音对白转瞬即逝,观众没有时间思考和反刍。作为目的语观众和源语制片者之间的桥梁,字幕翻译者必须采取各种可能的翻译技巧,以观众的认知能力与期待为准则,提供最佳关联性的信息,使观众以最小的认知努力获得最大的语境效果。本文提出四种相应的翻译策略,包括直译与意译、归化与异化、减译与增译、加注与明示。下面以电影《阿甘正传》为案例,具体阐释这些翻译策略的使用。

(一)直译与意译

鲁迅先生说:"凡是翻译,必须兼顾两面,一当然力求其易解,二则保存着原作的丰姿。"[②]总体上讲,虽然英语与汉语在用词、句法、语法及表达习惯上都有其自身的特点,都是相对独立的复杂体系,但它们还有着许多人类语言的共同点和本质的联系性。这就决定了翻译过程的可能性和复杂性,不可能用一种方法成功地翻译出所有内容。所以,翻译时必须采用不同的手段,或意译或直译,量体裁衣,灵活处理,方能达到最佳关联效果。

---

① 参见彭漪涟、马钦荣:《逻辑学大辞典》,上海辞书出版社2010年版,第746页。

② 鲁迅:《且介亭杂文二集》,人民文学出版社2006年版,第53页。

1. 直译法

作为一种常用的汉英翻译方法，直译在英汉翻译中具有重要的地位，也是英汉翻译中使用最多的方法。它主要用于一般性的简单表述。在使用中，只要注意掌握好两种语言的语法特点，正确使用语法，做到词达其意即可，所以使用起来也比较方便。在关联顺应的关照下，直译也在此片的字幕翻译中得以应用。

例1：Mama always said, dying was a part of life.

译文：妈妈总是说死亡是生命的一部分。

在此例中，译者首先对英文字幕进行解读，因为原文是明说信息，所以译者能轻松了解原文作者的意图。根据最佳关联理论，"译者的责任是努力作到使原文作者的意图与译文读者的企盼相吻合"①，在不同的意识程度下要作出不同的翻译选择。在翻译该例时，因为原文的凸显度高，译者在语言选择时意识程度低，自然而然地就对词汇以及整个句子都选择了直译的方式，译文不仅顺应了目标观众的接受水平，而且还充分保持了原文的形式，使其享受了与英语观众类似的审美体验。

例2：Life is like a box of chocolate, you never know what you're going to get.

译文：人生就像一盒巧克力，你永远不会知道你将尝到什么滋味。

这是本片最广为传诵的一句台词，更是堪称好莱坞电影中的经典之最。"人生就像一盒巧克力，你永远不会知道你将尝到什么滋味。"将生活的百味浓缩在一盒充满诱惑的什锦巧克力中，酸甜苦辣只有在成长过程中去挖掘和回味，才会发现世事之无常。面对上帝的各种赐予，也许只有以一颗平常心坦然受之，才会品出其中精彩。此时，直译不仅不会增加目的语观众的理解负担，反而保留了源语想要传达的独特意蕴，让观众回味无穷。

2. 意译法

意译法是在充分理解翻译内容的基础上，离开原文的表达形式，表意翻译的一种方法。意译要求译者对原文意思把握准确，并结合自身对另一种语言文化、传统的理解，它不再拘泥于一词一句的严格一致和原文的语法形式，这样翻译过来的东西更能忠实于原文的意思表白，也更像是译文使用群体自己的语言。因此，在英汉翻译中，要确切表达原作的思想内容，直译显然有可取之处。但是当原文的思想内容与译文的表达形式有矛盾不宜采用直译法处理时，就应采用意译法。采用哪种方法，绝不是随意而为，而是根据翻译内容从方便译作使用者准确理解和把握原文思想内容的需要出发的。

例1：I could eat about a million and a half of these.

译文：我能吃下去无数块巧克力。

此处，"a million and a half"便巧妙地采取了意译策略。Million在美国人的日常用语中经常见到，用夸张的语气表示数量的不胜枚举。例如本句中，阿甘形容自己可以吃下"一百五十万块巧克力"，意即百吃不厌。但倘若将此句译为"我能吃下百万块巧克力"，则显得晦涩难懂，给目的语观众带来不必要的理解困难。

因此，直译和意译是两种基本的翻译方法，直译强调"留其形"而"达其意"，意译则强

① 林克难：《关联翻译理论简介》，《中国翻译》1994年第4期。

调“传其神”,不需要“留其形”。两者要求不同,但又互相依赖,不可分割。在英汉翻译实践过程中,不能自始至终完全坚持直译,或统统采用意译。通过在认知上寻求最佳关联,来明确目的语观众的需要。根据需要,在大部分情况下使用直译,在必要时兼用意译。

(二)归化与异化

1995年,美国翻译理论家劳伦斯·韦努蒂(Lawrence Venuti)提出了归化和异化的翻译方法。归化和异化不仅体现在语言形式层面上,而且还表现在对文化因素的处理上。归化法要求译者向目的语读者靠拢,采取目的语读者所习惯的表达方式;而异化法则要求译者以源语文化为归宿,在风格和形式上应完全保留源语的特色。

1. 归化法

归化法的出发点是以译文读者为中心的,强调译文生动、地道,往往会在符合原电影的文化和语言风格之上再进行修改,使其本土化。电影本身是一种文化的渗透,电影字幕翻译更应该让这种文化使观赏者深入人心,将这种文化本土化,使其在真正意义上生根发芽。

例1:I was a national celebrity, famous even than Captain Kangaroo.

译文:回国后我成了名人,比天皇巨星还有名。

这是阿甘回国后描述自己出名的一句话。在这句话中,阿甘说自己比“Captain Kangaroo”还有名。而“Captain Kangaroo”指的是美国的一个儿童电视节目中的主人公,此剧多次获奖,可谓在美国家喻户晓。但是在中国,恐怕没有几个人知道这是谁。因此,如果采取异化的方式翻译成“回国后我成了名人,比卡通片里那个有名的袋鼠上尉还出名”,大部分人会摸不着头脑。而采取归化的翻译策略,则使人一目了然,而且也适合阿甘这个智商不太高的人物的特点。

例2:From that day on, we were always together. Jenny and me were like peas and carrots.

译文:从那天起,我和珍妮一直在一起,就像砣不离秤。

这一场景发生在阿甘和珍妮上学的第一天,其他小朋友都不愿意和阿甘坐,只有珍妮让他坐在自己旁边。从此,阿甘和珍妮就成了好朋友。阿甘用碗豆和胡萝卜来形容他们之间的亲密关系,这一比喻具有浓重的美国文化色彩,不为中国观众所熟悉。在美国,豌豆和胡萝卜是经常搭配在一起的蔬菜。他们的关系就像中国的秤和砣一样紧密。而秤和砣是中国观众熟悉的文化意象,所以用此代替豌豆和胡萝卜不仅能帮助目的语观众更好地理解此句含义,而且还使译文更生动、地道。

2. 异化法

异化是指偏离本土主流价值观,保留原文的语言和文化差异,或指在一定程度上保留原文的异域性,故意打破目标语言常规的翻译。

例1:Forrest: Lieutenant Dan, what are you doing here?

Lieutenant Dan: Well, I thought I'd try out my sea legs.

译文:福瑞斯特:丹中尉,你来做什么?

丹中尉:嗯,我想到大海中去施展拳脚。

电影中,“sea legs”的含义是“不晕船”,此处译者没有直接使用归化的策略,将其译为“我想来试试我晕不晕船”,而是巧妙地采取了异化的方式,保留了源语中“海”和“拳脚”的文化意象,这很符合人物性格。首先,丹中尉出身军人,言行举止必有几分豪迈与张狂;此外,丹中尉在越战中失去双腿,此处强调他仍然有“腿”可以施展,体现了他勇敢无畏、敢同命运作斗争的坚强品格。

因此,就像《归化与异化:中国文学翻译研究的百年流变》一书中所讲,在归化与异化的翻译策略上,我们要针对本土文化的特点,借鉴其他学科理论的研究成果,使翻译研究从封闭的、狭隘的小圈子走向与现代学科结合的道路,多角度、多层次、全方位动态地研究归化与异化之间的关系,从而寻求一个符合时代需求的翻译策略,以达到跨文化、跨语言的交际目的。①

(三)减译与增译

1. 减译法

字幕翻译被称为“保持均衡的艺术”,是受制约的翻译。通常,说话速度越快,信息压缩量越大。因此,字幕翻译者需要在对信息接受者的认知力判断的基础上,对信息接受者在有限的时空中的认知活动中无关紧要甚至不相关的信息进行删减节略,以凸显相关性更强的信息。减译法一般包括压缩法和省略法两种。

(1)压缩法

压缩法是指翻译源语文本的精髓要旨。

例1:And I make his breakfast, lunch, and dinner every day.

译文:我每天做三餐给他吃。

此例中的“breakfast, lunch, and dinner”被浓缩为“三餐”,既简练又为观众熟悉,且涵盖了与源文中相同的文本信息。

(2)省略法

省略法即省略不译。对节目中对白速度加快、画面来不及显示,且意义重复、关联性不强的信息进行省略。

例2:She lived in a house that was as old as Alabama.

译文:她住的房子非常古老。

“Alabama”是美国南部的一个州,相传很早以前就有居民居住在那儿。短语“as old as Alabama”在句中用来形容 Jenny 居住的房子非常古老,这才是观众们想要知道的信息。若翻译时把“Alabama”原原本本译出来,不仅颇费周章,而且还会造成目的语观众理解上的困扰。

例3:Would you marry me, Forrest?

译文:你会娶我吗?

此例句中的“Forrest”在中文字幕中被省略了,因为在电影画面中,我们清楚地看到 Jenny 正和 Forrest 讲话,“你”即指“Forrest”,所以无须译出。对字幕翻译者来说,省略

---

① 参见朱安博:《归化与异化:中国文学翻译研究的百年流变》,科学出版社 2009 年版,第 200 页。

那些可以从视觉上获得的信息不愧为明智之举。

2. 增译法

尽管字幕翻译主要遵循“经济原则”,但是由于中英语言的句法及文化差异,有时适当的增译是非常必要的。只要译者不违背字幕在时空上的限制,选择增译法能使隐形信息显化,从而使目的语观众产生最佳关联。增译法是翻译中常用的策略之一,它是从方便译文读者理解的角度出发,对不太熟悉的传统风俗作出简要增述,以求读者获得最大的语境效果。

例:1:Now, it used to be, I ran to get where I was going.

译文:我到哪里都是跑着去。

例 2:I never thought it would take me anywhere.

译文:从未想到会跑出什么名堂来。

阿甘的赛跑能力是被一群坏孩子开着车子追赶激发出来的,从此以后无论到哪儿他都跑着去,而且跑得很快,他从未想过他的赛跑能力能为他带来什么好处,但事实上他却因此而上了大学并加入了学校足球队。“I never thought it would take me anywhere”若直译为“我从未想到会跑到哪儿”,目的语观众就会百思不得其解,反复琢磨。

(四)加注与明示

1. 加注法

由于英汉文化存在许多差异,因此,英语中某些文化词语在汉语中根本就没有对等词,形成了词义上的空缺。在这种情况下,英译汉时常常要采用加注法来弥补空缺。加注通常可以用来补充诸如背景材料、词语起源等相关信息,便于读者理解。加注法可分为直译加注和音译加注两种。

(1)直译加注法

直译加注是指在直接翻译的基础上,添加注释,一方面能够产生与原作相同的语境效果,另一方面保留了原作品表达的简洁和自然。

例 1:(Man)Coons are trying to get into school.

译文:浣熊(黑人)想进入学校。

例 2:And we were always looking for this guy named Charlie.

译文:我们一直在找叫查理(越共)的人。

以上两例句都带有很重的文化色彩,“Coons”专指黑人,而“Charlie”则是越战中美军对越南共产党的专称。如果简单地把它们译为“浣熊”或“查理”,那中国观众肯定不知所云;如果把它们译为“黑人”和“越共”,源语的文化色彩又会消失殆尽;况且,福瑞斯特·甘的智力水平比一般人低下,当别人与他提起“Coons”和“Charlie”时,他就真认为是浣熊或者有一个美军一直在搜查叫查理的人。从这一意义上说,直译加注法既保留了原文色彩,又忠实地传达了原文的意义。

(2)音译加注法

音译加注法是指音译后附加解释性注释。

例 3:I used to walk from Montmartre down into the center of the town.

译文：以前我经常从蒙马特(法国地名)向南部走到镇中心。

此处，若只将“Montmartre”音译为“蒙马特”，很多观众会不理解，而将此加注，则会使地理位置更加清晰。

2. 明示法

语言交际活动包括明说和暗含两种方式，但由于不同语言间的文化差异，原文用明示手段提供的信息中所暗含的交际意图，往往因不同语言读者认知上的差异而难以被观众识别，因此，有必要将“译文读者因语境差异不能从语义内容中推导出的暗含意义转化为明示意义”①。化暗含为明示的目的是提供最佳关联信息，使听话人通过明示手段所提供的信息推断出说话人的意图。

明示法包括两种情况。第一种情况是，因为文化差异，源语观众一目了然的内容却让译入语文化的观众感到茫然。此时，译者需要通过增词、解释、改译等策略将原文暗含的信息明示。

例 1：Federal troops，enforcing a court order，integrated the University of Alabama today.

译文：联邦派军队强制执行法院命令，使阿拉巴马大学黑白同校。

影片的一个片段里有两名黑人学生要在阿甘所在的阿拉巴马州州立大学注册，遭到州长华莱士在校门口张臂阻止。于是，美国总统肯尼迪派遣国民警卫队前去护送黑人入校。这个片段的文化背景是美国在 20 世纪 60 年代掀起的现代民权运动，全国各地开始贯彻黑白同校的人权平等原则。而此句中的“integrate”若是直译为“整合”，显然大部分中国观众会因为不知道电影中的历史背景而不理解“整合”的具体意思，所以译文处理为“黑白同校”，弥补了译入语观众的文化空缺。

明示法的第二种情况是指将长句拆分为短句，通过结构上的简化更加清晰地呈现字幕内容。此处不再举例。

五、结 语

综上所述，关联理论可以有效地解释翻译活动和指导翻译实践。电影字幕翻译者应在关联理论的指导下，充分考虑源语与译入语观众认知环境，合理运用各种翻译方法，灵活处理文化问题，为目的语观众创造最佳关联的译文字幕。当然，电影字幕翻译还受电影艺术手法的表现等其他因素的影响，关联理论的诠释只是一个研究视角和切入点，还有其不完善性和尚待解决的问题。令人欣慰的是，越来越多的致力于电影产业发展的电影人和翻译爱好者把关注的目光投向电影字幕翻译事业。我们期待着电影字幕翻译为中外文化交流做出更大的贡献。

---

① Ernst-August Gutt，*Translation and Relevance*：*Cognition and Context*，London：Routledge，1991，p. 35.

参考文献

[1]安梅:《英文电影〈阿甘正传〉字幕汉译的研究》,《电影文学》2010 年第 4 期。

[2]白英华:《关联理论诠释下的电影大片的字幕翻译》,《科技信息(学术研究)》2007 年第 29 期。

[3]李运兴:《字幕翻译的策略》,《中国翻译》2001 年第 4 期。

[4]张春柏:《关联理论对翻译的解释力》,《现代外语》1999 年第 3 期。

[5]赵蕙:《电影字幕翻译的特点及策略》,《文教资料》2010 年第 4 期。

[6]郑禄英:《基于关联理论视角看〈阿甘正传〉的中文字幕翻译》,《电影文学》2010 年第 7 期。

[7]Ernst-August Gutt, *Translation and Relevance: Cognition and Context*, London: Routledege, 1991.

[8]Lawrence Venuti, *The Translator's Invisibility: A History of Translation*, London: Routledge, 2008.

[9]Dan Sperber and Deirdre Wilson D, *Relevance: Communication and Cognition*, New Jersey: Wiley-Blackwell, 1995.

(指导教师:李克　陈怀凯)

中国新时期翻译批评的研究成果与发展趋势

沈文英[❶] 穆青[❶] 牛焜堂[❷]

综观翻译批评在中国的崛起与成长之路，1981～2011年可划为一个新时期。1981年以来，随着西方翻译理论在中国的引入，我国翻译批评的方法和样态发生了显著变化。本文将深入研究该时期翻译批评的成果与发展趋势，力求为下一阶段的翻译批评工作进展指明方向。

一、中国新时期翻译批评研究成果概览

为保证研究论文的可靠性与权威性，笔者在专业老师的指导下，选取了译学界公认度较高的13种外语期刊①为翻译批评论文数据源，并按照篇名中含翻译批评的方式检索出共计79篇论文。

(一)数量时间段

笔者将新时期5年为一个时间段划分为6个阶段，各阶段的论文数量见表1。

表1　1981～2011年各阶段翻译批评论文数量

阶段	1981～1985年	1986～1990年	1991～1995年	1996～2000年	2001～2005年	2006～2011年
数量/篇	0	1	11	7	23	37

由表1可看出，1985年之前，我国并无翻译批评学术论文问世，此后25年，翻译批评的论文如雨后春笋般地相继出现，且在数量上整体呈现上升趋势，尤其是近五年来，数量更是达到了37篇之多。这表明，翻译批评自进入新时期以来，逐渐成为译学界关注的焦点，翻译批评在中国逐渐占领一席之地。

❶翻译学院2011级翻译专业；❷翻译学院2012级英德双语专业。

① 这13种期刊分别为《外语教学与研究》《外语界》《外国语》《现代外语》《中国翻译》《中国外语》《外语学刊》《外语教学》《外语与外语教学》《外语电化教学》《外语教学理论与实践》《上海翻译》《中国科技翻译》。

新时期以来,中国出现的首篇关于翻译批评的学术论文是陆肇明1989年发表的关于文学翻译批评的论文——《文学翻译批评的困境与突破》。作者重点谈了文学翻译批评过程中应该秉持的实践、创新与战斗精神。在2000年以后的论文中,大部分论文内容集中在文学翻译批评与翻译批评理论方面。

(二)质量类别表

笔者对79篇论文逐一阅读提炼,根据其核心论点及内容归纳如下:(1)翻译批评的发展历史;(2)多视角下的翻译批评;(3)翻译批评著作的述评;(4)文学翻译批评①;(5)元翻译批评②理论体系。各类别论文数量在论文总量中所占比例见表2。

表2　　1981～2011年间翻译批评各类别论文数量及所占比例

类别	数量/篇	所占比例
翻译批评的发展历史	5	6.33%
多视角下的翻译批评	7	8.86%
翻译批评著作的述评	9	11.39%
文学翻译批评	27	34.18%
元翻译批评理论体系	31	39.24%

表2反映了79篇论文核心内容的分布情况。我们可以看出,在这5大类别中,译界学者重点探讨了文学翻译批评与元翻译批评理论体系,其比重分别占到34.18%和39.24%。显然,新时期翻译批评的成果集中体现在这两个领域。此外,翻译批评著作的述评比重达11.39%,多视角下的翻译批评比重为8.86%,翻译批评的发展历史比重为6.33%,表明人们开始用多重视角审视翻译批评。

1. 翻译批评的发展历史

在翻译批评的发展历史这一类别中,吕俊(2007)、王秉钦(2006)、郑延国(2005)等人重点探讨了翻译批评历史回顾、批评模式的动因、批评范式的改变、多元化的批评观念等内容。其中,吕俊在《翻译批评的危机与翻译批评学的孕育》(2007)一文中重点回顾了批评范式的改变,即由语文学范式到结构主义语言学范式再到解构主义范式的历程,作者指出,解构主义范式为价值学角度下的翻译批评提供了指引,具有启示性。

2. 翻译著作的述评

在翻译著作的述评这一类别中,王克非(1994)、刘全福(2002)等人对《文学翻译批评

① 文学翻译批评属于翻译批评的子部分,因为其论文数量在论文总量中占有较大比重,为对其进行专门研究而将其独自纳为一大类别。

② 元翻译批评,即对翻译批评的本体性研究。1991年,Neches等人给“本体”一词作了如下定义:构成相关领域词汇的基本术语和关系以及利用这些术语和关系构成的规定这些词汇外延的规则。简言之,本体泛指从事物的主体或自身、事物的来源或根源提炼出的抽象性、理论性、概括性体系,即探讨形而下的世界的形而上根据。故元翻译批评,即对翻译批评的主体、客体、参照系衍生出来的翻译批评概念、方法技巧、标准、模式等核心理论内容的研究。

研究》(许均)、《翻译批评散论》(马红军)、《翻译批评导论》(杨晓红)、《科学翻译批评导论》(文军)等8部著作进行了评述,从作者精神风貌、著作内容主张、著作意义价值、著作局限启示等方面进行了客观介绍与合理评价。

3. 多视角下的翻译批评

多视角下的翻译批评这一类别,涉及现象学、价值哲学、信息科学、意识形态等角度。

侯向群、吕俊在《让翻译研究回归生活世界——一个翻译研究的现象学批评》(2008)一文中,从现象学角度出发,指出自然、哲学、科学这三种对待译学研究的不同态度,以及这些态度分别对应着生活世界、科学世界和哲学世界。在此基础上,他又强调了引导译学研究回归生活世界的哲学应是实践哲学,这就为生成性的、变化性的、创造性的和超越性的翻译研究提供了思维方式与理论支持,更为翻译批评的变化性与创造性提供了启发。

徐敏在《信息科学视角下的翻译批评"忠实"标准再思考》(2008)一文中,尝试从信息学角度思考翻译批评所应遵循的原则,在综合考虑译文这一信息的目的性、自觉性以及其信息价值对翻译策略的影响后,提出翻译批评标准应从传统的"忠实"维度纳入到"更宽容和更多元的维度"中去,这也为下文中我们提到的翻译标准多元化、翻译批评模式多元化提供了科学依据。

当我们换个角度去审视翻译批评时,就会发现翻译批评的多面性,进而发现翻译批评系统的庞杂性。

4. 文学翻译批评

在文学翻译批评这一类别中,译介学者更多关注的是翻译、语言学等理论对文学翻译批评的指导与启发作用,其中,涉及的翻译理论包括功能翻译理论、接受美学、神话-原型批评理论、等值观等,涉及的语言学理论涵盖模糊语言学、语境学、文学文体学等内容。

方克平在《绝境,还是生机?——批评理论给文学翻译带来的思考》(1998)一文中,从接受美学的角度出发,指出"(文学)翻译的定义、标准必须随着对意义新的理解、新的探索而变化"。

刘云虹在《论文学翻译挑评的多元功能》(2002)一文中,从接受美学的角度出发,指出文学翻译批评的功能除去对翻译结果的比较与分析外,还应立足于翻译主体及接受主体,而这就使得文学翻译批评必将"从文本走向主体,从评判走向引导,从单一模式走向多元互补"。

显然,国内学者对于文学翻译批评的理论建构关注密切。

5. 元翻译批评理论体系

元翻译批评理论体系这一类别,涵盖翻译批评的定义与范畴、翻译批评的本质与根本任务、翻译批评的标准与观念、翻译批评的模式等内容,各部分占该类别论文总量的数量及比例见表3。

表3　　元翻译批评理论体系内容模块表

模块	数量/篇	所占比例
翻译批评的定义与范畴	1	3.23%

续表

模块	数量/篇	所占比例
翻译批评的本质与根本任务	3	9.68%
翻译批评的模式	13	41.94%
翻译批评的标准与观念	14	45.16%

由表3可以看出,译学界关于元翻译批评理论体系的探讨集中体现在翻译批评的标准与观念、翻译批评的模式两大模块,其比重分别为45.16%和41.94%。翻译批评的标准和模式分别对应着根据什么进行翻译批评和怎样批评的问题,按照杨晓荣(2005)的观点就是批评的参照系问题。翻译批评的模式就是翻译批评的方法,由翻译批评的方法论原则与翻译批评的具体方法两个层面构成。归根结底,译学界更关注翻译批评的理论指导与实践价值,这也成为翻译批评的标准与模式走向多元的动力。

翻译批评的标准与观念模块下的论文,涉及翻译标准的多元性与客观性、宏观性与微观性、开放性与动态性等诸多特点;翻译批评的模式模块下的论文,涉及纽马克、豪斯、左哈尔、维尔斯等诸多模式。

二、文学翻译批评发展趋势

文学翻译批评理论体系,尤其是具体可行的评定标准多元模式的建构,将会成为业内人士努力的方向。据笔者收集的27篇文学翻译批评的论文,译介学者都将关注的目光投向了文学翻译批评方法以及理论体系构建上。他们从语言学或者翻译等广为业内认可的理论角度出发,尝试科学合理地论证文学翻译批评理论体系多元化的本质,进而为多元模式的建立提供可行方案。

苏艳在《神话-原型批评视阈中的文学翻译批评研究》(2009)一文中,强调了文本的内在构成要素和外在的社会、文化历史语境有机融合的重要性,提出了"文学翻译批评体现为从细部到整体、从外围到中心的观照图式,是一种从表层、具体、有形的语符、事件、意象再现的科学甄别到深层、抽象、无形的意境、主题、原型的价值评判过程"的主张,其"译作在多层面的转换到位程度决定了它的价值等级"对于构建多元模型具有指示意义,但怎样判定译作是否在多层面的转换到位又成为"无据可循"的一种理想模型,所以下一步的工作应该在这方面开展,以寻求量化、具化的依据。

张志强在《多义词、文学翻译与翻译批评》(2003)一文中,结合模糊语言学、语境学和文学文体学的相关研究成果,对文学翻译及文学翻译批评进行了多维度的思考。他将听者与读者的认知语境纳入语境的范围,使得他们对原作与译作的理解变得更宽广。文学文体学强调了文学作品形式与内容的统一,这些对文学翻译批评都有认知层面的提示作用,但这些只不过是为某些文学翻译或批评现象提供了理论依据,终究没有一个系统全面的体系问世。

王贵明在《文学翻译批评中对译与作的"质"和"构"的认知》(2010)一文中,提出"译与作的同构与异构和同质与异质"这一命题。"所谓同构或异构,指译作与原作的主题(创作主题与翻译选题——翻译实际上是一种给定参考内容的命题创作,但是特殊情况下,译者会在一定程度上偏移原作题旨)、标题、结构形式和语言体式诸因素上的相似性或相异性。""所谓同质或异质,就是考察上述三种不可视形态中相关因素的相似性和相异性。"这种命题侧重译作与原作间的对比分析,并以"质"和"构"的相似性与相异性作为衡量标准,可谓形式与内容并重、文本内部因素与外部因素兼顾,但"相关因素"这一概念太过模糊,仍避免不了不可操作的遗憾。

综上所述,多元模式的多元性体现在哪些方面,由哪些量化或非量化、可具化或不可具化的参照可循、文学翻译批评与非文学翻译批评的区别体现在哪些方面等诸多问题都没有取得明确进展,还只是停留在认知层面或是理论研究的初级阶段。但这些论文必然会为日后文学翻译批评理论体系尤其是评定标准多元模式的建构提供丰富素材和宽广视域。

三、元翻译批评发展趋势

翻译批评的参照系(即批评标准、批评模式)的多元化以及如何建立科学完善的多元化模式,日后必然成为界内人士有所建树的重头戏。根据中国知网(CNKI)学术期刊数据库,笔者发现,业内人士都对翻译批评的多元性的根本属性持认同态度,不谋而合地在其论文中从各角度进行阐释及论述。

刘云虹在《从林纾、鲁迅的翻译看翻译批评的多重视野》(2010)一文中,从林纾、鲁迅翻译现象切入,谈及历史、文化、政治以及译者主体等文本外部因素对翻译批评的影响,提出翻译批评要"构建从表面走向深层、从单一走向多元、从静止走向动态的多重视野"。

吕俊在《翻译标准的多元性与评价的客观性——价值学视域下翻译批评标准问题探讨》(2007)、《谈翻译批评标准的体系》(2007)中,从价值哲学的角度深刻论述了翻译批评作为评价的标准体系只有在目的性的支配与参照体系的限制下才会生成,而这一过程"往往呈现为多元的特征,而且也是流变的",故翻译批评的标准是根本不能实现完美的大一统。

杨晓荣在《翻译批评标准的传统思路和现代视野》(2001)一文中,在翻译批评标准的今昔对比中指出"翻译批评标准基本特点是:多维度、综合性、描写与规范相结合",并提出"中和""中庸"之道才是王道,"体现整体性的、渐变式、格式塔式随具体情况而定的思维方式"才是翻译批评的出路。

徐敏在《信息科学视角下的翻译批评"忠实"标准再思考》(2008)一文中,从信息科学的角度将翻译活动纳入社会信息的范畴,进而将翻译批评"忠实"标准纳入一个更宽容、更多元的维度。由此可见,翻译批评的参照系即翻译批评的标准与批评模式的多元化已是不可抹杀的事实。

然而,业内关于翻译批评的多元化模式只是停留在认知阶段,对于如何科学具体地构建多元互补模式还没有一人能发表权威看法,而这必然成为此领域的专家学者百家争鸣之地。尽管许多西方学者在翻译批评模式方面已有很深的建树,并早在 20 世纪就提出了在翻译界轰动一时的真知灼见、理论模式，但是业内人士从来都是瑕瑜互见，进而引发新的头脑风暴。其中不乏建设性的剖析，例如，司显柱在《朱莉安·豪斯的"翻译质量评估模式"批评》(2005)一文中指出，豪斯模式中设立的8个语境参数的可操作性不强，参数数量多、内容杂糅；吴耀武、张建青在《佐哈尔多元系统翻译理论的批评性阐释》(2010)一文中提到，我国许多学者已经认识到佐哈尔多元系统论局限于客观文化因素对翻译策略的影响，忽视了作为翻译主体的人的主观能动性，对此，作者秉持"多元系统理论应成为一个开放的、动态的、不断进行自我完善的理论体系"的观点；温秀颖在《翻译批评的困境与出路——维尔斯翻译批评理论介评》(2003)一文中指出，维尔斯的理念没有摆脱以原语文本为核心的研究传统，囿于语言学，特别是语义学和文体学的框架内，"缺乏广阔的文化视野，从而降低了翻译批评对纷繁复杂的翻译现象的解释力"；刘树森在《纽马克的翻译批评理论简析》(1992)一文中，详细分析了纽马克的翻译批评理论并特别突出了功能批评法与分析批评法在翻译批评中的作用。由此看来，翻译批评脱胎于历史并不断发展，使得任何脱离时代背景制定出的普适于任何时期、任何年代的批评模式的尝试都成为空谈，更有违于批评活动的本质属性——多元性。但这并不意味着批评模式是绝对无法建构的，人类社会的共性与稳定性使得相对稳定与完善的批评模式可以为人类的努力所建构。而这也是翻译批评模式建构不能一蹴而就的问题所在。

西方学界对翻译批评的研究源远流长、硕果累累，虽然我国的广大学者能够博采众长，见贤思齐，但基于我国翻译批评——尤其是翻译批评多元互补模式——之路"漫漫其修远兮"，以后较长时期内必然成为国内学者争锋之地。再者，翻译批评多元互补模式的可操作性将成为其能否科学与客观的衡量标准，而怎样的批评模式是具有可操作性的，模式可操作性的具体制约因素是什么等一系列问题都有待广大学者进一步探究。最后，如何让翻译批评模式的建构跳出语言学乃至文本外部因素等僵化条框的限制，建成一个集历时性与共时性相统一的庞大体系，既能科学、具体地引领当下翻译批评，又能为今后较长时期内的翻译批评提纲挈领的多元化模式，理应成为今后译学界关注的焦点。

四、结　语

综上所述，翻译批评自新时期以来进入发展的全盛时代，逐渐成为译界的新宠。无论是对元翻译批评的研究，还是对文学翻译批评的研究，都取得了可喜的成果。在认知层面上，各学者不再局限于单一的视角，而是从现象学、价值哲学、信息科学、意识形态等其他学科角度的视阈下对翻译批评的定义与范畴、本质与任务、标准与观念、模式等重新思考，使得翻译批评体系的多元属性成为译学界的普遍共识，进而为翻译批评参照系的多元化及科学、具体的多元化模式的构建提供了"人和"因素以及理论支持，更为翻译批评建模提供了参量；同样地，功能翻译理论、接受美学、模糊语言学、语境学、文学文体学等诸多理论在文学翻译批评方面的参考价值，也为文学翻译批评理论体系尤其是文学翻译批评评定标准的多元模式的建构提供了量化或者具化的可能。对译学界尤其是翻译批评领域的工作者来说，当务之急，便是朝着这两个方向作出实质性的努力。

参考文献

[1]薄振杰、孙迎春、赵巍:《关于当前中国翻译批评研究的思考》,《外语教学》2008 年第 3 期。

[2]陆肇明:《文学翻译批评的困境与突破》,《中国翻译》1989 年第 1 期。

[3]吕俊:《翻译批评的危机与翻译批评学的孕育》,《外语学刊》2007 年第 1 期。

[4]吕俊:《价值哲学与翻译批评学》,《外国语》2006 年第 1 期。

[5]吕俊:《谈翻译批评标准的体系》,《外语与外语教学》2007 年第 3 期。

[6]刘云虹:《论文学翻译挑评的多元功能》,《中国翻译》2002 年第 3 期。

[7]刘云虹、许均:《从批评个案看翻译批评的建构力量》,《外国语》2011 年第 6 期。

[8]穆雷、蓝红军:《从方法论角度看我国翻译批评的发展》,《解放军外国语学院学报》2012 年第 6 期。

[9]司显柱:《翻译批评:概念甄别与研究评述》,《外语与外语教学》2009 年第 11 期。

[10]王宏印:《试论文学翻译批评的背景变量》,《中国翻译》2004 年第 2 期。

[11]文军:《科学翻译批评导论》,中国对外翻译出版公司 2006 年版。

[12]肖维青:《翻译批评模式研究》,上海外语教育出版社 2010 年版。

[13]杨晓荣:《翻译批评导论》,中国对外翻译出版公司 2005 年版。

(指导教师:薄振杰)

汉语国际教育在韩国的发展现状调研

张磊[1] 卢艳[1] 邵明俊[1] 田梅[1] 胡慧芸[1] 冯晗煜[1] 吴梦[2]

随着中国国际影响力的不断扩大,特别是2008年北京奥运会以及2010年上海世界博览会的成功举办,使得世界上越来越多的人将目光投向了迅速崛起中的中国,汉语学习也随之在世界范围内成为一种风尚。

韩国与中国是隔海相望的友好邻邦,两国一衣带水,文化交流源远流长。目前,在众多将汉语作为第二语言学习的国家中,韩国的汉语学习者尤为令人瞩目。作为汉字文化圈的成员之一,韩国接触与吸收汉文化的历史非常悠久。历史上,韩国历代王朝都将汉语教育和汉语人才的培养作为国家的重大事项给予高度重视。1992年中韩建交,"汉风"与"韩流"交相辉映,汉语教育在韩国取得了前所未有的新发展。据北京孔子学院总部不完全统计,目前在韩国接受正规汉语教育学习的人数有将近20万人,而把通过各种类型教育学习汉语的人数加到一起则大约有50万人。以韩国汉语教育发展现状为案例进行调查分析,对于了解汉语国际教育的基本现状和整体发展状况具有一定借鉴意义。

本文旨在通过分析官方汉语教育机关(孔子学院)、韩国的中学和高校、营利性的汉语补习学院以及私人家教等主体,并结合当前韩国的其他汉语学习资源、韩国汉语评价体系的发展现状以及高校汉语专业就业前景等方面,全方位、多层次地分析韩国汉语教育发展中取得的成就与面临的问题,为汉语国际推广以及本专业及汉语国际教育专业学生的就业提供一定参考。

一、对韩国汉语教育主体的调研

(一)韩国孔子学院——以仁川大学孔子学院为例

1. 概况

仁川大学孔子学院是仁川地区唯一一所孔子学院,成立于2009年8月28日,位于韩国仁川市延寿区松岛洞。仁川大学孔子学院实行"理事会领导下的院长负责制"的管理

---

[1]韩国学院2011级朝鲜语专业;[2]韩国学院2011级朝鲜语国贸专业。

模式，院长具体负责孔子学院的日常运营和管理。孔子学院的教学管理人员共计 14 人，其中韩方 2 名(韩方院长 1 名、行政人员 1 名)、中方 12 名(其中中方院长 1 名、汉语教师 2 名、汉语志愿者教师 8 名、海外汉语志愿者教师 1 名)。

2. 发展现状

在成立四年多的时间里，仁川大学孔子学院在汉语教学、汉语水平考试、中国文化推广、学术交流会议以及访华活动等方面都取得了长足的进步和发展。截至 2013 年 8 月，其在汉语及中国文化教学方面，共开设了 304 个汉语及中国文化班，注册学员达 2463 人，培训学员共计 4346 人次。在汉语水平考试方面，共开展了 7 次新 HSK 汉语水平考试，共 386 人报名参加。在中国文化推广方面，仁川大学孔子学院举办了包括“唐人街中国文化体验”系列活动、仁川大学“孔子学院杯”汉语演讲比赛、中国京剧公演等 22 项大型活动，共吸引了 56044 名对汉语及中国文化感兴趣的韩国市民参加。在学术交流及工作会议方面，仁川大学孔子学院举办了一系列的中国文化讲座、中韩文化学术交流研讨会等活动。①

3. 发展模式及成果

仁川大学孔子学院在现有的日常汉语教学的基础上，正进一步开展多层次、多类型的汉语教学，并将重点向“教学＋特色”型发展。通过“学学(学校－孔院)协力”“产学(企业－孔院)协力”“政学(政府机构－孔院)协力”的合作模式，在汉语教学、文化活动、学术交流、专家讲座、师资培训、教材编写等各方面实现了稳步发展。

在“学学协力”合作模式方面，仁川大学孔子学院在仁川大学开设了七期“留学前汉语教育项目”，四期“UI Global 人才养成汉语教育项目”以及两期“仁川大学各院系汉语培训项目”。在中小学课程方面，孔子学院在仁川女子商业高中、东山中学、京仁教大附属小学等学校开设了“HSK 考前辅导课程”“放学后课程”以及“第二外语课程”。同时，仁川大学孔子学院还在仁川江华高中、仁川外国语高中设立了长期下设的汉语教学点。除此之外，仁川大学孔子学院还与仁川市教育厅在师资培训方面进行合作，共举办两场韩国本土教师汉语教材培训活动。“学学协力”合作模式推进了仁川大学孔子学院的办学理念向纵深发展，在仁川地区的影响力和公信力进一步加强。

在“产学协力”合作模式方面，仁川大学孔子学院与韩国东洋机电株式会社合作开设了八期管理人员汉语教育培训班。在律思律师事务所开设了一期律政人员汉语教育培训班。目前，仁川大学孔子学院还在与仁川 Posmate 公司合作开设汉语培训班。以上汉语培训班的开设，拓宽了汉语教学服务的领域，为孔子学院当地化的发展模式提供了新思路。

在“政学协力”合作模式方面，仁川大学孔子学院于 2011 年夏季学期至 2012 年 12 月期间，针对韩国海洋警察厅及仁川地方警察厅的警务人员，共开展了 7 期汉语教育及中国文化培训班。仁川大学孔子学院通过与仁川市政府、韩国海洋警察厅及仁川地方警察厅的紧密合作，在提高汉语教学质量以及扩大学院规模方面，已经初步取得成效。

4. 现阶段发展存在的问题

仁川大学孔子学院坐落在松岛新城，地理位置相对比较偏僻，周围没有较多的市民

① 相关数据摘自韩国仁川大学孔子学院所提供的资料。

学生以及成熟的城市体系。从仁川市中心到仁川大学孔子学院需要耗费一定的时间和精力，这就使得如果在仁川大学孔子学院本院设置教学课程的话，招生方面会有一定困难。而且在HSK考点设置方面，在仁川其他地区和首尔的周边地区都有HSK考点，仁川大学孔子学院和其他考点相比没有竞争力，人们更愿意去距离更近、交通更方便的考点考试。

(二)韩国中学的汉语教育

目前，韩国众多中学都开设了第二外语汉语课程。由于中国是韩国目前贸易依存度最高的国家，汉语已成为韩国人求职的一块重要敲门砖。选修汉语的人数呈现出逐年递增的趋势。

韩国教育部规定的中学汉语教育目标主要分为听、说、读、写等四个方面(见表1)。

表1　2007年韩国中学汉语教育教学目标①

领域	目标
听	能够辨别汉语拼音及其声调 能够听懂问候、介绍等一般用语 能够听懂对于人物和事物的简单描述 能够听懂日常生活中所涉及的简单用语
说	留意拼音与声调，能够跟读简单的单词和句子 能够恰当使用问候语 能够询问并回答有关人物和事物的简单问题 能够表达日常生活中涉及的简单会话
读	能够正确朗读汉语拼音标记的单词和句子 能够准确朗读基本单词 能够注意发音和语调，准确朗读简单句子 能够阅读简单的介绍说明文、便条、信件等材料
写	准确书写拼音和汉字 能够书写简单的应用文体 能够按照书写格式正确书写文章

韩国的中学汉语教育主要呈现以下特点：

(1)学习者年龄一般在13～18岁；

(2)课程设置根据学习的实际情况进行，一般没有独立的中国文化课和汉字课，教师在进行汉语教学的同时，需要适时地介绍中国文化；

(3)汉语课在韩国中学的性质为选修课程，但不同于大学的自由选修课，在韩国中学的第二外语选修课中，每个班如果有1/4以上(含1/4)的学生有学这门课的意愿，那么全班都要上这门课；

① 参见[韩]金智慧:《第二外国语及其教育政策:以中学汉语教育为中心》，京畿大学硕士学位论文，2011年。

(4)师资条件一般是韩国本土的汉语教师，或者聘请中国的汉语教师进行授课，一些学校还会聘请当地大学主修汉语的大学生作为助教辅助中国教师教学。

(三)韩国高校的汉语教育

目前，在韩国的四年制大学中，无论是专业科目还是公共教养科目都设置了汉语课程。其中韩国高校开设的专业中与中国相关联的专业一共有 13 个(见表 2)。

表 2　　韩国高校开设的与中国相关的专业现状①

<table>
<tr><th>序号</th><th>专业名称</th><th>大致比例</th></tr>
<tr><td>1</td><td>中语中文学</td><td>42%</td></tr>
<tr><td>2</td><td>中国语(学)</td><td>17%</td></tr>
<tr><td>3</td><td>中国学</td><td>15%</td></tr>
<tr><td>4</td><td>中国语中国学</td><td>8%</td></tr>
<tr><td>5</td><td>中国语文化学</td><td>7%</td></tr>
<tr><td>6</td><td>中国语文学</td><td>2%</td></tr>
<tr><td>7</td><td>观光中国语学</td><td rowspan="7">9%</td></tr>
<tr><td>8</td><td>中国文化学</td></tr>
<tr><td>9</td><td>中国(语)通商学</td></tr>
<tr><td>10</td><td>中国实用地理学</td></tr>
<tr><td>11</td><td>中国观光通商学</td></tr>
<tr><td>12</td><td>观光通商中国语学</td></tr>
<tr><td>13</td><td>韩中信息文化学</td></tr>
</table>

此外，通过对首尔市立大学(首尔)、国民大学(首尔)、仁荷大学(仁川)、全南大学(光州)以及庆北大学(大邱)等高校开设的汉语课程的调查，汉语专业的课程主要可以分为语言课、文学课以及文化课三个板块。表 3 为韩国国民大学中语中文专业以及中国学专业在 2013 年第二学期所开设的课程统计。

表 3　　韩国国民大学 2013 年第 2 学期中语中文专业及中国学专业开设课程②(部分)

专业	课程名称(韩)	课程名称(中)	教授	学分
中语中文学科	중·한통역연습	中韩口译练习	이설화	2
中语中文学科	중·한통역연습	中韩口译练习	강태월	2
中语中文学科	중국역대시가	中国历代诗歌	박종혁	3

① 参见吴知英：《韩国大学汉语教学现状研究》，沈阳师范大学硕士论文，2011 年。

② 资料收集于韩国国民大学选课系统：http://ktis.kookmin.ac.kr/.

续表

专业	课程名称(韩)	课程名称(中)	教授	学分
中语中文学科	중국현대소설	中国现代小说	강태권	2
中语中文学科	중급중국어회화2	中级汉语会话 2	전긍	2
中语中文学科	중급중국어회화2	中级汉语会话 2	초팽염	2
中语中文学科	중문학개론2	汉语学概论 2	팽철호	2
中语中文学科	중국어회화작문2	汉语会话作文 2	왕군상	2
中语中文学科	중국어회화작문2	汉语会话作文 2	채춘옥	2
中语中文学科	고급중국어청취2	高级汉语听力 2	전긍	3
中语中文学科	고급중국어청취2	高级汉语会话 2	손영상	3
中语中文学科	고급중국어청취2	高级汉语会话 2	이설화	3
中语中文学科	제자백가선독	诸子百家选读	박종혁	3
中语中文学科	중국어교재연구및지도법	汉语教材研究与指导方法	조휘만	3
中语中文学科	중국역대산문	中国历代散文	강태권	2
中语中文学科	중국문학사2	中国文学史 2	팽철호	3
中语中文学科	실용중국어	实用汉语	채춘옥	2
中语中文学科	중국문학비평	中国文学批评	팽철호	2
中语中文学科	중국고전선강	中国古典选讲	박종혁	2
中语中文学科	중국어교과논리및논술	汉语教科伦理与论述	장창호	2

通过对韩国部分高校汉语相关专业课程的统计结果进行分析，可以大致得出语言、文学以及文化课程在各专业课程中所占的比重。

韩国高校汉语教育在长期的发展中，积累了丰富的经验，形成了自身独特的发展优势：

1. 中国籍汉语教师资源较为丰富

由于地理位置接近，文化交流频繁等多种原因，在韩华人数量十分可观，这便为韩国汉语教育发展提供了大量的人力资源。

2. 韩国本土教师素质较高

韩国高校的本土汉语教师都具有博士学位，且一般都有在中国留学的经历。良好的专业背景和留学背景使得韩国本土教师拥有扎实的专业水平和汉语教学能力。这些人也成为促进韩国汉语教育发展的中坚力量。

(四)私人汉语教育组织及个人

1. 私人汉语学院(辅导班)

目前规模较大且影响力颇深的汉语培训机构有 YBM 语言学院(此为全国连锁外语

培训机构，在大中小城市均设有院校）、JRC汉语学院（首尔市）、北京中国语学院（此为釜山规模最大的汉语机构，已有21年的历史）等。

图1 首尔钟路区JRC汉语学院

图2 首尔钏路区JRC汉语学院内部教室

汉语学院的运营方式大致分为两种：一种是根据学院提供的课程，学员根据自身情况选择报名，教师在规定时间内进行授课；另一种则是学习目的相同的学员统一向学院申请教室，自行寻找教师为其进行特殊授课。

然而，随着近年来的留学热，学院的生源受到很大影响，再加上学院内部人才流失情况严重，学院生意并不乐观。

2. 私人汉语家教

韩国几乎每个地方都有中国人、华侨，在规模大一点的城市都能发现"唐人街"。所以找个中国人学汉语并非什么难事。只要家庭经济条件允许，很多学习者就会选择这样"一对一"的家教形式上课。学费虽比补习班费用高一些，但是学习效率比补习班高得多。

汉语家教的对象一般可以分为以下几个类别：(1)为了大学升学考试提前作准备的中小学生；(2)因工作需要而学习汉语的职场人；(3)为HSK考试作准备的考生；(4)对汉语和中华文化感兴趣的爱好者。

家教一般一周1～2次，时间为3～4小时。由于学习内容由双方商定后决定，时间较为自由，所以学习氛围也相对较为轻松。

二、韩国的主要汉语学习资源

(一)图书资源

韩国主要的两大书店为教保文库(교보문고)和扬风文库(영풍문고)，在两大书店的外语学习书籍当中，汉语学习书籍的数量仅次于英语，且种类繁多，主要可分为系列进阶教材、单词语法及阅读听力的专项图书、会话用书、商务汉语以及汉语考试辅导用书等。图书设计美观，讲究图文并茂，对于调动学习者的学习兴趣及减少语言学习的枯燥感会起到一定的作用。但就图书内容而言，仍然存在着一些不足。

(二)广播电视学习资源

韩国的汉语媒体学习资源主要可以分为广播与电视两大类。广播资源的主要为教育放送(EBS)每周四至周六早上5点40分到6点的中级汉语,主要通过丰富的素材学习中高级汉语会话与表达。学习者在收听之后,还可以通过网络公告栏进行互动,互相解决学习的疑惑并交流学习经验。

此外,还有专门播放中国电视剧的中华TV,有余力的学习者可以通过收看电视剧,来进一步提高汉语的听说理解能力。

(三)网络汉语学习资源

随着网络信息化的普及与发展,利用网络资源学习汉语也成为越来越多学习者的选择。网络汉语学习资源一般分为两大部分:一是官方或私人组织开办的学习网站,其中有针对儿童学习汉语的shaopang汉语网(샤오팡 중국어),有侧重中国文化及汉语会话学习金成明的汉语世界(김성민의 중국어 세상),还有针对HSK应试的文静雅HSK汉语,等等。网站内容丰富,适合各类群体,同时,因为网络信息具有时效性的特点,所含信息相比汉语图书资源而言更加贴近现实生活。第二种则是个人出于学习、兴趣交流的需要建立的小区(카페),很多学习者将自己的学习资源与大家共享,对于学习中所遇到的问题相互讨论,交流经验,不仅可以获得自身的提高,而且这种合作学习还会增强学习的乐趣。

三、韩国汉语专业的就业现状及对汉语教师的需求

随着中韩交流的日益密切,汉语专业几乎成为所有韩国高校普遍的必设专业。汉语专业学生的就业也成为了普遍关注的焦点。汉语专业就业按照就业要求一般可以分为三大类(见表4)。

表4 韩国汉语专业就业分类

就业要求	职业
毕业后直接就业	一般企业的中国市场部门、旅行社(导游、旅游商品企划)、言论部门(国际记者)、汉语教育企业、娱乐公司
需要长期进修,积累经验	大学教授、政府国际政策企划部、语言学研究院、相关国企(韩国观光局、大韩贸易投资振兴局、文化观光部)
需要考试及资格证	中学教师(汉语)、汉语翻译(笔译/口译)

近年来,世界范围内的经济不景气,韩国也深受影响,导致高校毕业生严重的就业难题,相比其他专业,汉语专业的就业形势目前还是较为乐观的。

我们通过实地调研获得了韩国釜山东义大学所提供的往年汉语专业的就业资料(见表5)。

表 5　　韩国釜山东义大学汉语专业就业统计(2008～2013 年)

时间	就业情况	就业率
2008 年	80 名毕业生中 64 名就业	80.0%
2009 年	10 名毕业生中 7 名就业	70.0%
2010 年 2 月	71 名毕业生中 54 名就业	76.1%
2010 年 8 月	14 名毕业生中 11 名就业	78.6%
2011 年	78 名毕业生中 40 名就业	51.3%
2012 年	94 名毕业生中 53 名就业	60.3%
2013 年	71 名毕业生中 40 名就业	56.3%

为了更加清楚地了解韩国汉语专业大学生的就业现状及其在校生对就业的看法，我们对此进行了相关的问卷调查。

问卷第 4 题：您认为在韩国中文专业的毕业生就业形势怎么样？(　　)

A. 就业容易，工薪高

B. 就业容易，工薪一般

C. 就业一般

D. 就业较难

从问卷结果来看，韩国汉语专业毕业生选择就业的人数远远大于去大学院继续深造的人数。

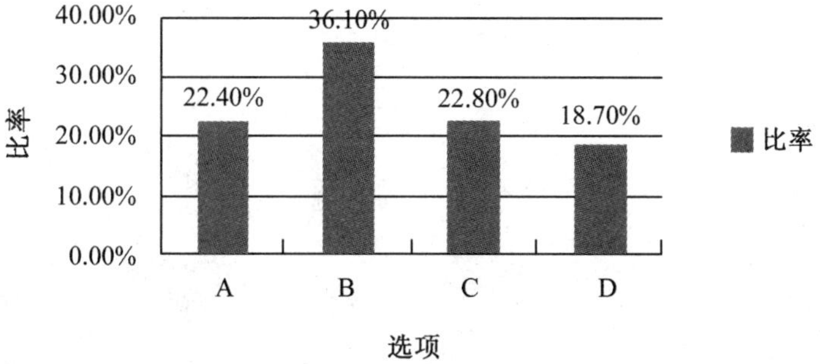

图 7　中文专业毕业生就业形势

同时，随着韩国的汉语学习者数量的不断增加，对汉语教师的需求也在逐渐扩大，特别是韩国的初高中以及汉语补习学院对于汉语教师的需求较大。而对国际汉语教师主要有语言上的要求，一般精通韩语、英语者优先。此外，还会对国际注册汉语教师资格证有一定要求。国际汉语教师一般担任汉语会话、HSK 辅导等课程，普通的初中级汉语课程仍然大多由韩国本土教师担任。

参考文献

[1]吴知英:《韩国大学汉语教学现状研究》,沈阳师范大学硕士论文,2011 年。

[2]焦毓梅、于鹏:《韩国汉语教育现状分析及发展前瞻》,《长江学术》2010 年第 3 期。

[3]刘继红:《当代韩国汉语教育发展分析》,《国外汉语教学动态》2004 年第 4 期。

[4]王晓美:《韩国学生汉语学习现状与对外汉语学习前瞻》,《现代商贸工业》2010 年第 9 期。

[5]孟柱亿:《韩国汉语教育的现在与未来》,《云南师范大学学报》(对外汉语教学与研究版)2008 年第 2 期。

[6]신의연: 중·고·대학의 초교육에 관한 고찰 : 제2외국어로서 중국어 교육의 한계, 충남대학교인문과학연구소 인문학연구 통권91호 (2013년 6월)

[7]최지아: 고등학교 중국어 교육의 실태분석 및 발전방안에 대한 연구, 원 광 대학교 학위논문(석사), 2011년

[8]고지양: 제2언어로서의 중국어 교육(1), 제주대학교 학위논문(석사), 2011년

(指导教师:宗文婷)

中韩大学生民族意识现状对比研究

伞阔[1]

近年来，在经济高速发展的中国，人们似乎丢弃了一些旧有的精神。大学生是一群在象牙塔里的青年，有着自己心中的乌托邦。我们是祖国未来的栋梁，民族的发展与复兴，祖国的富强兴盛，都是我们身上责无旁贷的重任。在当今时代，大学生面对过去的历史，面对每天都在上演着的民族对比与国别竞争，他们的民族意识正处于何种状态？由于笔者所学的专业是朝鲜语，与当代韩国大学生的交流接触较多，发现中韩两国大学生在民族意识方面存在很大的差距。

在具体的生活中，有些例子是我们感触较深的。首先，中国当代大学生所使用的手机中苹果、三星居多，而韩国大学生使用的手机几乎都是三星、LG等本国品牌。其次，在饮食方面，韩国国产牛肉价格是进口牛肉的2～3倍，即便是质量上乘的新西兰牛肉在韩国也算是“便宜货”，可韩国大学生还是愿意购买国货，理由是外国牛肉不适合烤着吃。等等。韩国大学生的民族意识较强，韩国人崇尚“身土不二”是他们民族意识较强的突出表现，他们以强烈的民族主义情绪和民族自豪感传承并弘扬本民族文化。相比之下，我们通过对生活的体会，发现我国的民族意识相对薄弱。为详细了解二者的现状与差异，我们决定作相关的科研立项，调查两者的现状，并作进一步的对比分析研究。

本文在立足实际，全面分析的基础上，通过文献研究法和调查采访法取得所需资料。我们小组队员利用暑假分别在自己的家乡河南开封、驻马店，山西晋城，辽宁朝阳，吉林白城，上海等地实地发放了调查问卷。由于本小组既有来自南方的成员，又有来自北方的成员，调查问卷具有比较强的代表性；队员们还在“问卷星网”上设计了调查问卷并充分发动身边的大学生参与调查，也为调查结果统计提供了较多的参考数据；大二时我们又通过在韩国交流的同学，在韩国大学里发放了韩文调查问卷，获取了韩国大学生关于民族意识调查的第一手资料，为之后的数据统计分析奠定了基础。在这期间，我们也会定期跟指导老师沟通，交流遇到的问题，听取老师的意见和建议。在交流过程中，得到了老师很大的帮助！

---

[1] 韩国学院2012级朝鲜语专业。

一、项目研究的可行性以及研究方法

首先,我们团队成员都对此课题有浓厚的兴趣,对科研工作有一定涉猎,且意志坚定,做事认真负责;并且我们立足实际,选择了适合自己的调查研究方法,即亲身实践,分地区调研。我们利用暑假在自己的家乡发放调查问卷,具有可行性。其次,当前网络、杂志等信息面广、时效性强,大学图书馆资料丰富,为资料的搜集、文献的查找等提供了便利条件,并且通过查找,发现有一定的相关文献资料。再次,山东大学(威海)韩国学院有到韩国进行交流访学的机会,为我们搜集韩国大学生有关民族意识等方面的第一手资料提供了条件,为调查统计分析提供重要的数据信息支持。最后,团队的指导老师是韩国语研究方面的资深教授,拥有丰富的科研指导经验,能够给我们提供专业的指导,为我们提供了可持续研究的可能,并且在我们遇到困难的时候能够及时给予鼓励与指导。

二、项目研究内容与展示

首先,通过查找相关史料、文献分析中韩两国民族意识的来源。其次,通过发放调查问卷等方式收集数据信息,并进行统计分析中韩大学生民族意识的异同;通过查找资料、调查走访等方式分析中韩大学生民族意识异同的原因。再次,通过对比找出中韩两国大学生民族意识的差异,找出我们自身存在的问题,并对进一步增强我国大学生的民族意识提出合理化的意见和建议。最后,进一步研究与探索培养大学生民族意识的可行性方案。

为集中展现中韩大学生民族精神特点的异同,此次我们经过调查、反馈、商议,最终确定从四个方面去深入分析:第一是大学生对本国民族经济保护主义的认知程度与感悟水平;第二是大学生对本民族历史的熟知程度与历史倾向;第三是大学生是否拥有民族优越感、宣传民族优越论;第四是大学生的爱国表现形式是否强烈。

为此,我们小组先后以实际问卷调查和分析总结来对比中韩大学生民族意识的现状。

小组讨论,确定最后的分析报告内容及任务分配,并且让大家针对此次实践,分享自己对民族意识的理解及感悟成长。

在对韩国大学生现状的调研中,由于实际条件的限制,我们对在中国威海、济南交流的大学生共 32 名发放了问卷,对韩国国内的大学生通过在韩国交流的学姐们的帮助,以电子邮件的形式进行了友好的调查。

最终韩国大学生对以上四个问题的调查结果如下:

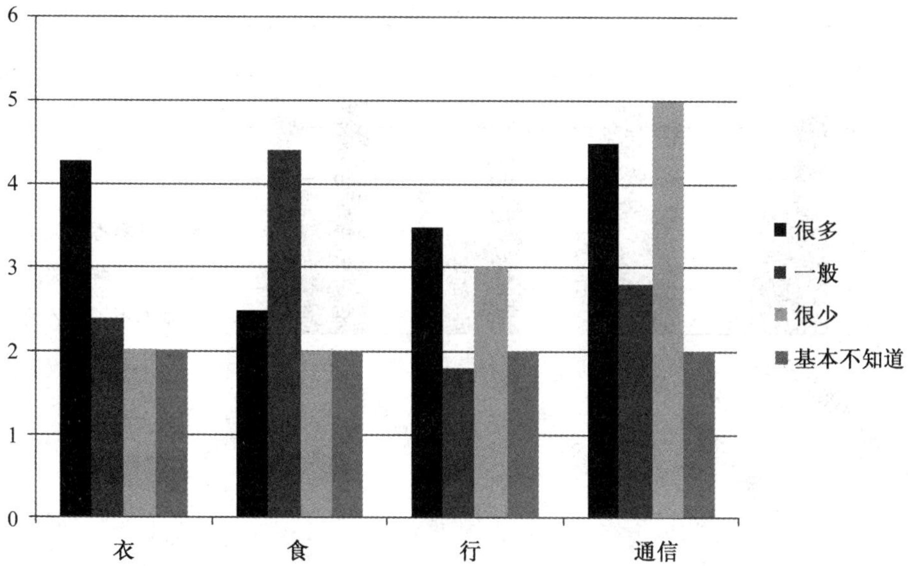

图 1　韩国经济保护政策方面了解的情况

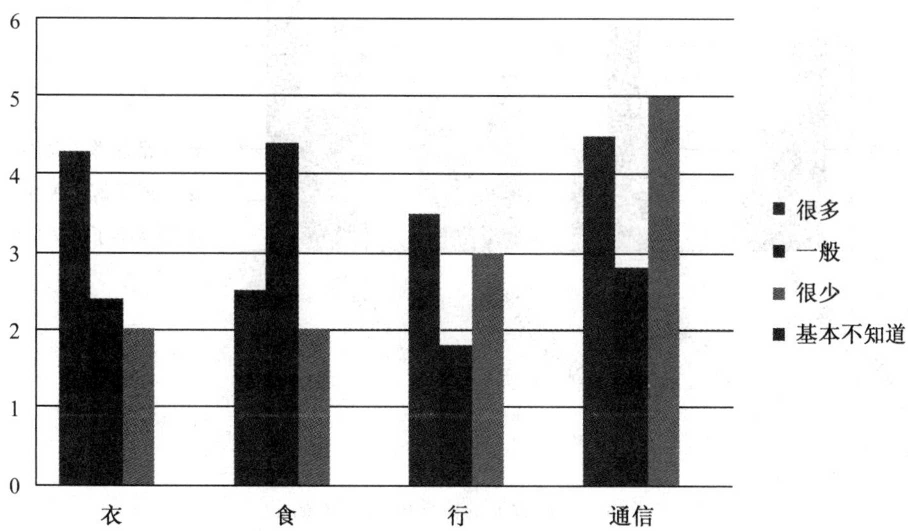

图 2　中国经济保护政策方面了解的情况

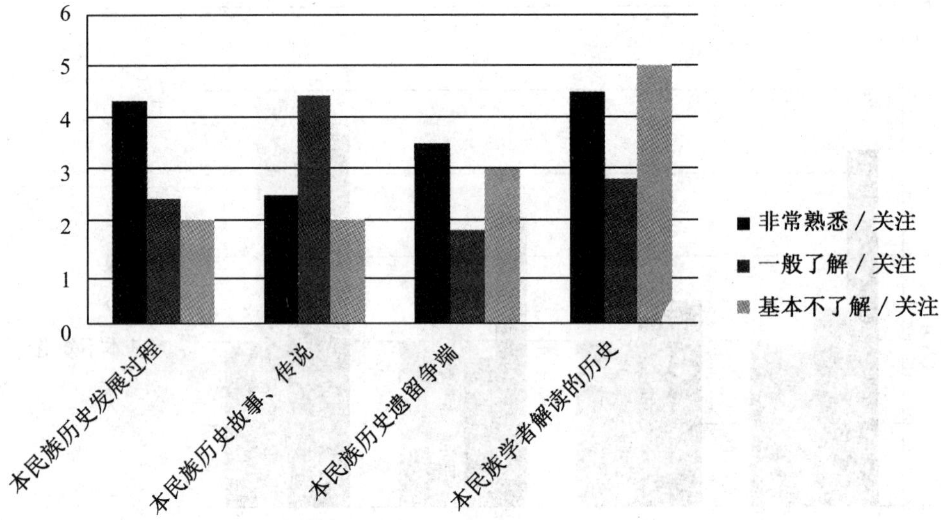

图3　韩国方面的民族历史了解情况

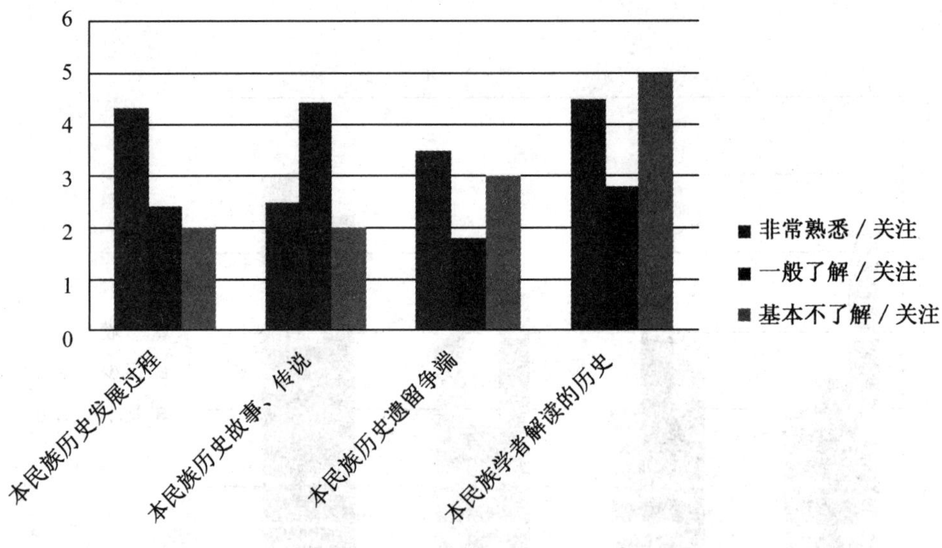

图4　中国方面的民族历史了解情况

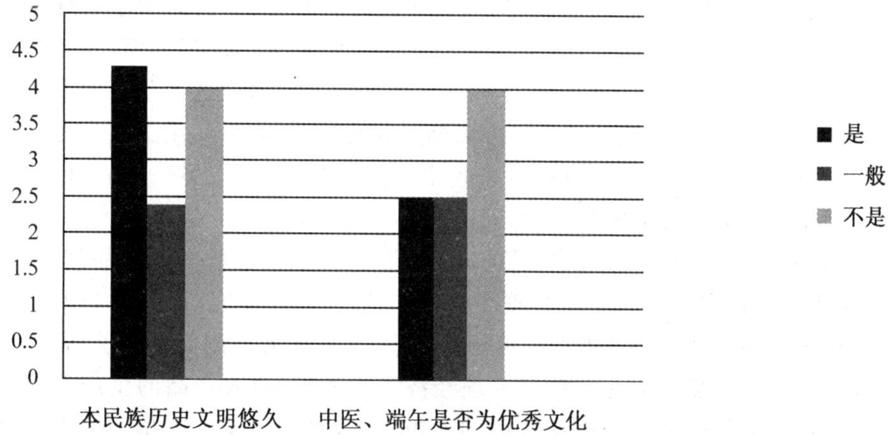

图 5 民族优越感(韩国)

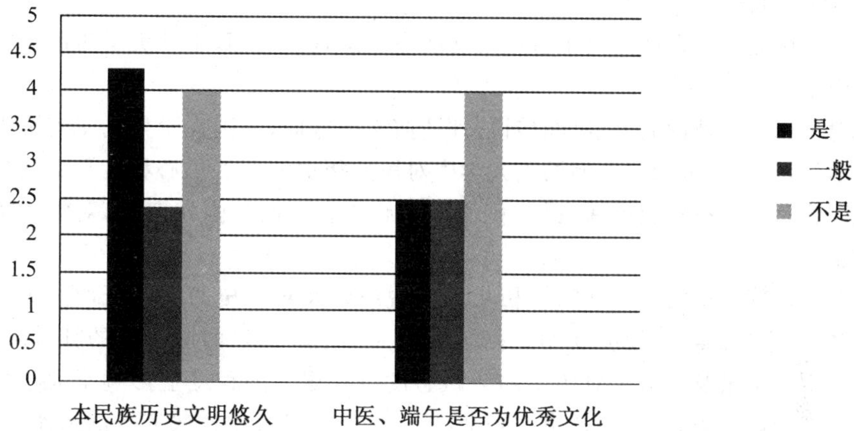

图 6 民族优越感(中国)

图 7 爱国表现形式(韩国)

在对本国民族经济保护政策的了解方面，从数据上来看，中韩大学生表现了较大的差异：在以汽车行业为代表的“行”的方面和以手机为代表的“通信”方面，韩国的大学生有较高比例明显倾向于熟知，比中国大学生的了解程度高很多。这也从侧面反映出了韩国的传统的“身土不二”的民族精神。一方面韩国作为发达国家，其第三产业尤其是科学技术有着雄厚的实力，在汽车、手机行业表现出较大的竞争实力；另一方面，也是最主要的，受韩国民族经济保护政策的影响，韩国民众更倾向于消费国产品牌。

而在以民族服装品牌为代表的“衣”的方面和以国产农产品牌为代表的“食”的方面，韩国的大学生虽然比中国的大学生有较高的熟知度，但总体而言，两者的相差并不是很大。而且，中韩两国在此熟知度上的数值相对较小，这也从另一侧面反映了韩国的“身土不二”的民族精神。虽然韩国受其自身地理经济环境的影响，农产品的生产消费很大一部分来源于进口，但韩国民众受根深蒂固的思想影响，更偏爱于本国出产的农产品。中国农业生产的历史悠久，地大物博，农产品基本能自给自足。所以，在此表现上中韩大学生的差异不是特别大。

在对本民族历史发展的每个过程及文明史了解程度方面，中韩大学生的调查结果相对都集中于一般了解。

在对本民族的神话故事、民间传说、评述演义等方面，韩国大学生的了解程度要高于中国大学生，从此也可看出中韩两国大学生对民族历史演变的关心程度与对民族历史文化的认同感。韩国在建国神话、民间传说等民族历史方面的强化宣传，对大学生形成了巨大的影响。

在对本民族现在的历史学家对历史的众说纷纭及对历史的重新研读的关注程度方面，韩国的大学生的关注程度要明显高于中国大学生。这与两国特殊的社会环境有关，韩国近代历史学家及政治家对历史的活跃态度也在很大的程度上影响了大学生的社会价值走向。中国历史悠久，史料史实齐全，历史学研究已具有比较完备的形态，在社会上已形成普遍的共识，大学生的历史倾向也具有比较稳固的形态。

在本民族历史文化悠久的认知上，虽然中韩两国大学生都有较高比例赞同，但相对而言，中国的大学生表现出的赞同感要高于韩国大学生。在对中医、端午节等民族优秀传统文化的认知上，中韩大学生都有较高的认同感，但相对而言，中国大学生的认知比例要略低于韩国大学生。这可以反映出中韩两国民族自信心的略微差异。中国作为有5000年历史的文明古国，其源远流长、博大精深的历史文明给每一个中国人以巨大的民族自信心和自豪感，但因此也可能导致我国在民族传统文化的继承、传播、发展上出现漏洞、重视度不足等问题。韩国历史虽然不及我国悠久，但在传统文化的传承上一直特别重视，甚至发展出新的民族特色。

最后关于国家在国际舞台上遭遇的不公平待遇，两国国民的表现形式一致地倾向于理智爱国，但韩国方面也有部分数据指向暴力示威。这说明中韩两国大学生在对待爱国的方式上还是比较理性的，但韩国有暴力示威的可能性。这一方面与韩国的政治环境有关，另一方面也说明韩国民众的爱国表现形式较中国而言是比较强烈的。

综合以上分析来看，在当代中韩大学生民族警示与民族意识的对比研究中我们可以发现：

1. 韩国当代的大学生仍然保持着较高的民族精神与民族意识，对此，我们分析，可能与韩国的教育理念与模式有关。第一，韩国是单一民族国家，在这样的国家中，民族意识相对于我们这种多民族国家而言，民族团结性会大大加强。一些称号如“国民妹妹”“国民女神”等，都反映出他们强烈的民族团结意识的深入人心。第二，南北尚未实现统一，韩国男子会在适当的时间服兵役，在服兵役的过程中，不可避免地会接受爱国主义、民族意识教育，这对韩国的主流意识有深刻的影响。

2. 我国是由56个民族联合组成的中华民族，各民族都有自己的独特性。我国实行“平等、团结、互助、和谐的社会主义民族关系”，国人对于民族的认可度可能在一定程度上没有韩国的高，但是，当代的大学生们还是具有强烈的民族意识和民族精神的。再加上现代大学教育的改革，我国在教育方面也加强了对学生民族意识的教育，如军事理论课、思想道德课等虽然与专业无关却还是必修的课程的设置，就可以看出国家对于民族意识方面的重视。

3. 中韩两国的特殊的政治、经济、文化和社会环境对两国民众的民族意识起着至关重要的作用。政治环境的宏观影响，经济所提供的物质基础，文化背景的熏陶，两国的大学生在耳濡目染中形成了根深蒂固的民族意识。

4. 虽然韩国传统的“身土不二”的精神在一方面促进了社会经济文化等各方面的发展，对维护民族企业、维护民族实体的强大发挥了重要作用，但此种精神也易导致走向民族自大情绪，产生以自大主义为主的民族优越感。

5. 从大学生民族意识差异对比上，给了我国很大的启发和借鉴：中华民族的复兴崛起，必须首先形成强大的民族凝聚力，使全民族全社会团结一心努力奋斗；我国也必须重视继承优秀的历史传统文化，汲取历史文明的优秀成果，推陈出新，使我国的优秀传统文化在新时代的舞台上重焕光彩，为民族崛起注入新的活力。

（指导教师：郑冬梅）

言情与女性意识的时代交响

——浅论《诗经》中的女性意识

王宝迪[1]

《诗经》揭开了是我国女性文学史的第一页，是我国文学中最早对女性进行关注的作品，其中塑造的众多个性鲜明的女性形象充实了《诗经》的艺术世界，充分展现了《诗经》时代女性的生活状况和她们的内心世界，为我们了解和研究《诗经》女性的精神风貌提供了充足资料。

一、早期女性自我意识在《诗经》中的展现

（一）《诗经》中女性的主体意识

《诗经》中的女性精神世界非常丰富，她们对社会和人生有着深入的思考和自己独特的见解。尽管说她们的社会地位有着一定的对男性依附性，但她们的精神同样高贵，有着甚至于超出男性的一些意识特征。

1. 承祀主体

宗庙祭祀本来是男人的专利，女子是没有机会参加的，但在有些地方却有所不同，体现了女性在当时的社会地位。

《召南·采蘋》是写在召南这个地方出现了由一位美丽恭敬的青春少女主持祭祀的情况，赋予了女子一定的独立人格权利，是男子社会的一股清新的风。本诗表述女子采摘浮萍、水藻，置办祭祀祖先的物品，真实记载了当时女子出嫁前的一种风俗，使我们能够清楚地认识到这并不是一个偶然的个案，而应该是具有一定的普遍意义。另有在《召南·采蘩》中有“于以采蘩？于沼于沚。于以用之？公侯之事”，也是写女子为公侯准备举行祭祀之事而日夜劳苦。再有《小雅·谷风之什·楚茨》中也有记录：“执爨踖踖，为俎孔硕，或燔或炙。君妇莫莫，为豆孔庶。”“神具醉止，皇尸载起。鼓钟送尸，神保聿归。诸宰君妇，废彻不迟。”

---

[1]文化传播学院2011级汉语言文学专业。

由此看来，不论地位高低，周代家庭中隆重的祭祀之事都是由妇女主持的，在封建迷信的神权时代，妇女能承担如此重任，不能不说当时某些方面还遗留着母系社会时代的痕迹，表现出她们在祭祀方面的主体地位。

2. 感情主体

《郑风·褰裳》中的女主人公以为男子变心了，他不再爱着他的情人，无情地想把她抛弃，我们却从中看到了女主人公做出了与众多早期诗中不同的反应："子不我思，岂无他人。狂童之狂也且！子不我思，岂无他士。狂童之狂也且！"这首诗以女子的口吻，道出了女主人公那强烈的自主意识，有着很强的独立性。作为一个不尊重女子的男子，恐怕那位"狡童"始终也不会明白这位可爱女性的心。

《齐风·东方之日》是一首以男性口吻所作的诗歌，我们也可以从中看到热烈追求爱情的女性感情主体。

3. 婚姻主体

在严重以男性为中心的时代，也还是有女性具有清醒的认识，保持了自己在婚姻和家庭中的独立地位："我心匪石，不可转也。我心匪席，不可卷也。威仪棣棣，不可选也。"《邶风·柏舟》中的这位妻子面对着丈夫不公正的对待和众妾的围攻，明确地表明了自己不可随意受到诽谤和侮辱的自尊。尽管限于当时的婚姻制度，不能展翅高飞，但她会和他们周旋到底，绝不妥协，体现出一种傲然独立的坚贞品质和在婚姻问题上的主动性。

4. 政治主体

在表现政治主体方面的女性中，最为典型的是我国第一位可考的女诗人许穆夫人。她大约生在公元前690年，即周庄王七年左右，幼年即闻名于诸侯，许国和齐国都向卫国求婚。汉代刘向《列女传·仁智篇》说：

> ……初，许求之，齐亦求之。懿公将与许，女因其傅母而言曰："……今者许小而远，齐大而近。若今之世，强者为雄。如使边境有寇戎之事，维是四方之故，赴告大国，妾在，不犹愈乎？……"卫侯不听，而嫁之于许。①

可见她从小就有爱国思想，又极具政治眼光和战略远见，而且想把国家的兴衰荣辱系于己身。嫁许之后约十年，卫亡于狄。懿公战死，国人分散。她听到卫亡的消息，立刻奔到漕邑吊唁，当抵达漕邑时，作《载驰》篇，诗篇明确地表现出许穆夫人深远的见识和"巾帼不让须眉"的魄力。

(二)《诗经》中女性的爱情意识

在整部《诗经》中以恋爱和婚姻为题材的作品是占很大比例的。这些作品中既有对美好婚姻生活的向往和追求，又有对当时不合理的婚姻制度的否定与控诉，反映了那个时代婚姻状况的丰富多彩，从中传达出的女性意识也更为全面。

1. 思慕之诚

《诗经》中的女性对自己钟爱的男子的追求在《郑风·叔于田》中表现得最为彻底。在全诗的三章中，诗人反复赞美男子容貌英俊、道德仁厚、武艺高强。诗歌使用的是夸张

① 王先谦：《诗三家义集疏》，中华书局1987年版，第244页。

的手法,用众人衬托了这位男子的举世无双。在这里,女性是审美主体,是追求爱情的主体。在这位女子的心中,那位情郎俊美、仁爱、豪放而英武,里巷中谁也比不上他。另有《邶风·简兮》篇也是通过写女子眼中的男性美,传达出女主人公对男子的爱慕之情。

《诗经》中描绘了许多活泼、风趣的女子,特别是《郑风》中的诗篇,很多诗篇都是以女子的口吻,毫不掩饰地表现了女子对男子的爱,《郑风》成了历来的卫道士攻击最多的"淫诗"。这些贬斥虽然都是道学家的酸腐之词,但从中也可以看出女子在爱情上的自主意识。

2. 拒婚之勇

在《诗经》时代,豪强仗势欺人是司空见惯的,这自然也延伸到婚姻领域。甚至逼婚、抢婚的野蛮风俗也还有存在,一个弱女子要实现婚姻自主,拒绝豪强的追逐谈何容易!于是很多的女性忍气吞声,马马虎虎地就熬过这一辈子。那少数的反抗者就显得难能可贵,让人肃然起敬。

《召南·行露》中的女子强烈地表示着自己的抗议:"虽速我狱,室家不足……虽速我讼,亦不女从!"在诗中她先是揭露男子要求的无理与无耻,指出对方已经有妻室在先,无耻骚扰在后,是一个彻底的流氓无赖。然后再表示,即使冒着破坏名节、闹上公堂的风险,她也绝不会屈服,坚定的语句和回应让人肃然起敬,也表现出她对于自己婚姻的负责和对自我的确认与关怀。

3. 相思之苦

思念和心疼丈夫是千百年来深爱丈夫的女子心中的共同情愫,思妇诗中的女性尽管深恋自己的丈夫,但在个人、家庭和国家中能以国家为重,将思亲与忧国很好地结合起来。《卫风·伯兮》就是典型的这种诗篇。

诗一开篇,这位女子便用自豪的口吻在描述她的丈夫,"伯也执殳,为王前驱",转入第二章,写自从丈夫出征,妻子在家就不再打扮自己了,"岂无膏沐?谁适为容"!这是以对女性的美丽的暂时性的毁坏,表明她对异性的封闭,也即表明她对丈夫的忠贞。然而,她对自己的丈夫能"为王前驱"颇感骄傲,但久久的盼待一次次落空仍然给她带来巨大的痛苦,于是她"甘心首疾","使我心痗",她怀着很深的忧惧思念着在外拼杀的丈夫。

无论是《小雅·采绿》中心不在焉、无心装扮的妇女,还是《周南·卷耳》中无心劳作、借酒浇愁的贵妇,都以女性特有的反应表达了对丈夫的殷殷思念之情。

4. 遭弃之悲

思妇尚有盼头,而一旦被抛弃则就坠入了痛苦的深渊,描写弃妇的悲哀与辛酸,表现了《诗经》对女性更深的关注与同情。

"忧心悄悄,愠于群小"(《邶风·柏舟》),写女子受制于群小,又无力对付他们。"觏闵既多,受侮不少"是一个对句,倾诉了主人公的遭遇,真是满腹辛酸。入夜,静静地思量这一切,不由地抚心拍胸,连声悲叹自己的身世。内心是那样渴望自由,无奈有奋飞之心,无奋飞之力,只能叹息作罢。出语如泣如诉,一个幽怨悲愤的女子形象便宛然眼前了。

"士也罔极,二三其德"(《卫风·氓》)说得是一位女子从结婚后一直过着贫苦的生活,正是这样的生活使得她美丽的容貌很快地憔悴了。而诗中的"氓"在骗得了爱情和嫁妆之后，逐渐暴露出了他那冷酷的“二三其德”的本性，女子成了过河的桥梁被无情地抛弃了，女主人公的追求也都像肥皂泡一样地破灭了。这里，诗歌通过这位女子的控诉有力地揭露了“氓”负心背德的卑劣嘴脸。

以上这些弃妇主题的诗篇，在引起我们对当时女子所追求的幸福愿望破灭的同情，也表现了这些女子被弃之后的清醒。难过而不放弃生之希望，被弃而不忘究他人之过，这些女子并没有因为被弃而走向《孔雀东南飞》中刘兰芝的命运，相比之下，《诗经》时代的女子“反是不思，亦已焉哉”，还是很冷静地把握住了自我，表现了她们坚强的信念和内心。

5. 丧偶之痛

《唐风・葛生》中“予美亡此，谁与独处”表现了女子自伤今后漫长的岁月难熬。丈夫死了，生对她来说，不复有什么乐趣，全诗情调凄苦感人。

另有《桧风・素冠》中“庶见素衣兮，我心伤悲兮。聊与子同归兮”一句写丈夫下殓，女子看到他的衣物，只望多看一眼，“聊与子同归兮”，恨不得与丈夫同归同去。表达了她与丈夫“生要同居，死要同穴”的深厚感情。

（三）《诗经》中女性的家国意识

《诗经》女性以自己独特的方式表达对故乡和国家的关怀和热爱，对于《诗经》女性家国意识的展现，我们从女性思念家乡、为国奔走和思妇思夫三方面进行理解。

1. 思念家乡

在女性没有人身自由权利的时代，女人们出嫁后，除了归宁或者其他特殊节日，或者父母亡时奔丧外，是不能自由地单独回乡的，而那些嫁到其他国家的女子，回国返乡更成了难以实现的奢望。

《诗经》中《邶风・泉水》就是一首描写卫女怀念亲人、思念祖国的诗歌，写出了女主人公对故国卫国魂牵梦绕的思念。另有一首《卫风・竹竿》也是表现这一主题的力作，远嫁异乡的姑娘回想起做姑娘时在淇水钓鱼的乐事，勾起了对故乡的无尽思念，于是为了化解思念或者说为了重拾钓鱼的快乐，她借助想象回到淇水，结果反而使这种感情更为缠绵往复，深沉地蕴藉于心怀之间。再有《卫风・河广》一篇也同样表现了这一主题。

2. 为国奔走

《鄘风・载驰》是直接描写女性为国奔走，书写女性爱国意识的篇目，它讲述的是许穆夫人在卫国为狄人所灭之际回卫国吊唁卫侯，忧念国家，并对指责她的许国众臣表明心迹的诗，这首诗具有浓厚的爱国主义思想。

从这首诗中我们可以看到一个鲜明的对比：一边是扬鞭策马、为国奔忙的女中豪杰，一边是在姻亲之邦卫国遭受危难之际，只知畏首畏尾、束手坐观的所谓大夫君子。谁说女子不如男，此处巾帼胜须眉，许穆夫人称得上是中国女子的脊梁。

3. 思妇思夫

另外，《诗经》中还有通过间接方式表现女性爱国情怀的诗篇，即透过思妇思念为国征战沙场的丈夫来表达她们对于祖国的支持以及另一种形式的“牺牲”。思妇们尽管深恋自己的丈夫，但在个人、家庭和国家三者关系中能以国家为重，将思亲与忧国很好地结合起来,《伯兮》就对女子以大局为重的高尚品行进行了肯定和赞扬。其他篇目如《小雅·采绿》《周南·卷耳》都是通过抒写女性对丈夫的殷殷思念之情,其中大多包含着她们的忧国忧民。

(四)《诗经》中女性的自由反抗意识

《诗经》中表现女性自由反抗意识的诗在爱情诗中有大量的表现,森严的等级制度和封建礼教使女性遭受着来自社会和家庭的不公正待遇,但是哪里有压迫哪里就有反抗,勇敢叛逆的女性会大胆地反抗无爱情的婚姻,而且决不屈从!因为她们想要掌握自己的命运。

《鄘风·柏舟》中的女主人公与一个男青年相爱,可是受到了母亲和世俗礼教的阻挠,因为这不是母亲替她选择的对象。而她不肯低头,坚持自己的爱情,并发誓说她就是爱着这个青年,至死也不会变心。《鄘风·蝃蝀》也是一首叙述年轻姑娘争取婚姻自由的诗。诗中的女子"怀昏姻也,大无信也,不知命也",一心想着自己的婚姻,在没有得到父母兄弟的同意下,就嫁给了自己的心上人。这种大胆的私奔行为正是她对封建婚姻制度的控诉和真正反抗。另有《王风·大车》中的女子因受种种阻挠不能和自己心爱的人自由结合,为了追求自己的爱情幸福,她毅然冲破世俗礼教的限制,大胆提出和男子一同私奔。在女子真挚而大胆的爱情行为面前,男子的畏缩懦弱又是多么让人鄙视,她的反抗让她的形象高于他人之上。

二、《诗经》中女性自我意识展现的特点

(一)被动性

《诗经》中的女性自我意识的表露多是发生在爱情、亲情、国情中受到不公正、不平等待遇的情况下。如《邶风·柏舟》篇中,女主人公在婚后受到丈夫不公正的对待和众妾的围攻,但她明确地告诉他们,自己的心不是一块小石子,可以任由他们丢来丢去,"我心匪石,不可转也。我心匪席,不可卷也。威仪棣棣,不可选也。"再如《卫风·氓》中记述了女子沉痛的教训:"士之耽兮,犹可说也,女之耽兮,不可说也……反是不思,亦已焉哉。"这也是在愿望破灭后女子的幡然醒悟。

(二)不确定性

因为《诗经》篇目中反映出来的社会现实跟我们相隔几千年,因此在传承中必定会出现信息的偏差,我们从具体篇目如《鄘风·柏舟》《鄘风·蝃蝀》《王风·大车》中分析出当时女性在爱情方面的主动追求,从《邶风·柏舟》《卫风·氓》中分析出了《诗经》中的女子在被抛弃之后的埋怨和控诉,但是这是否就能真正说明女性普遍具有女性意识,还需要我们结合更多历史、社会等方面的史料进行研究。我们可以肯定当时的女性中部分的确具有女性自我意识,但并非全部,因此还具有一定的不确定性。

(三)相对的坚定性

当然，在承认《诗经》中女性的自我意识的被动性和不确定性的同时，我们也应该承认其中真实存在着的坚定性，这可以通过《鄘风·载驰》篇表现出来。诗中的许穆夫人自小就心系邦国，她对自己的婚姻选择的分析就表现了其爱国思想、政治眼光和战略远见。作为一个养在深闺的弱质娇女，她不但清楚知道天下的形势，而且还想把国家的兴衰荣辱系于己身。同时，在听到祖国被灭的消息后，她有不惧夫君和大臣的阻挠，毅然地选择回到自己的邦国，靠自己的力量进行援救，她的爱国意识可谓坚定不移，历来为人所称赞。

三、早期女性自我意识在《诗经》中展现的原因

(一)社会原因

1. 封建礼教尚未森严

《诗经》时代虽是处于男权社会，但因为人类社会正经历从母系氏族社会到男权社会的转变，社会上虽有维护男权社会规范的礼教，对女子的正当权利进行严苛的限制，但是，这种限制的力度仍旧比较薄弱。即使有限制，也还未能在每个人的心中根深蒂固地扎根。赵慧研在《〈诗经〉中的女性描写赏析》一文中写道："在周代，人类社会还没有发展到'男尊女卑'的两性的绝对阶级时代，没有封建礼教来束缚、摧残女子对爱情的本性追求，她们能够大胆、自由地追求爱情。"[①]

2. 父权社会的压迫

《诗经》时代是以男性为主体的父系社会时代，女性为了获得基本的社会地位和稳定的社会关系就必须遵从男权社会对她们的要求。然而，由于不平等的社会规范对她们品行的限制，不少女性便在一味屈从、独自忍受的社会境况中进行抗争。在《诗经》中有大量表现女子进行反抗的诗篇，如《鄘风·柏舟》《卫风·氓》等。

3. 在经济生产中的地位

到了《诗经》时代，随着私有制的产生，生产劳动中男子先天的优势就得以显现，女性的社会主宰地位和女性崇拜意识逐渐减弱，当然由于女性在经济地位上仍有其"一席之地"，而且得益于人的生殖繁衍上的能力，女性的家庭和社会地位仍得到肯定和重视，因此具有一定的话语权。

(二)个人原因

1. 女子对自我生存状况的忧思

《诗经》中女性自我意识的产生，主要是当时女子对自己生存状况充满忧思的产物。而明确的女性自我意识出现之后，反过来又促使女子感受到更多更深的忧思。如

---

① 赵慧研：《〈诗经〉中的女性描写赏析》，《辽宁师专学报》(社会科学版)2012年第4期。

《卫风·氓》中的女子感叹道:“于嗟女兮,无与士耽!士之耽兮,犹可说也;女之耽兮,不可说也。”这既是弃妇对自己痛苦人生经历的总结忏悔,也是对其他年轻女子全力追求爱情婚姻的忠告。

正是《诗经》时代女子的生存状况在当时还未森严的制度下存在着种种缺口,进而转化为她们的突破口,使得一些大胆、决绝的女性敢于突破陈规,正所谓“哪里有压迫,哪里就有反抗”。《诗经》中的女性在忧思自己的生存状态的同时,对自我所处的不平等的社会地位也进行了公开的反抗和控诉,从而彰显了她们的女性自我意识。

2. 强烈的孤独感

强烈的孤独感是女性自我意识觉醒的又一重要体现。对《诗经》时代的女子来说,夫亡可以说是另一种形式的人生被弃,因为等待她的将是无尽的相思寂寞和孤独凄凉。被称为中国悼亡诗之祖的《唐风·葛生》,全诗渗透着浓重的孤独感,诗中一再以“夏之日,冬之夜”来表达其往后的昼夜,暗示着她已明知今后的人生将毫无生趣,她只希望孤独的日子快些过去,但在她的感觉中,每日每夜却都似夏日冬夜那样的漫长而不肯消逝。这样深切的感觉体验不断深化着女子的孤独感,而这种孤独感同时也促进了女性自我意识的强化。

3. 弥补心理落差

尼采曾说:“生命的最高目的,男人是光荣,女人是爱情。只有当她永远奉献其生命时才能和男人平等。”对男人来说,爱只是其中的小部分,为了金钱、权力和声望,他们可以牺牲爱;女人则无法这么做,除了爱,她们什么都可以牺牲。对于《诗经》中的女性,她们希望奉献自己的一切,以获得来自男性的平等的爱以及在社会生活上的平等地位。然而,社会的现实一次次地打破她们的梦想,时代的变化让她们无法不正视她们在这个男权社会中与男性地位间存在的落差,这种差距使得部分女性选择了委曲求全,也使得另一部分女性勇于突破社会对她们身份地位的限定,勇敢地站出来进行反抗。

四、结　语

《诗经》是我国的第一部诗歌总集,塑造了千姿百态而富于个性化特征的女性形象,为我们呈现了《诗经》的女性世界。《诗经》就是中国古代女性思想与情感的发源之处,其中的女性意识萌芽,对后世仍有积极意义。在物质文明飞速发展的当今社会,女性更要用独立自强的精神去追求平等的权利和自由人格,实现真正的意识觉醒。

参考文献

[1](东汉)郑玄笺,(唐)孔颖达疏:《毛诗正义》,北京大学出版社 2000 年版。

[2]王春荣:《女性生存与女性文化诗学》,辽宁大学出版社 2002 年版。

国产青春类影片的网络营销与创作藩篱的研究

胡盼弟❶　张苗❷　侯文婧❷　郭琛❷　张雪辰❸

"青春"在不同领域有不同的定义,何谓青春?学界通常把10～20岁这个阶段称为"青春期"。在这个时期,青少年具有狂放、冲动、热情、叛逆、张扬、偏激并且对爱情充满憧憬等显著特征。然而,一些电影定义的"青年",有的是10～20岁的青少年,有的却并非通常意义上的"青年",而是中国特有的"大龄青年",即平均年龄要比一般医学意义上确定的青春期年龄大10岁左右。① 更准确地说,"青春电影"的第一特性便是具有鲜明的青年文化,即通过描述青年人从社会生活方式到意识形态的文化样式,进一步反映青年自身及所参与的社会政治、经济、文化实践的特有心理、精神需求、价值观念和生活行为方式。

从新中国成立以来,青春电影便开始在我国电影史上扮演着一定角色。20世纪五六十年代,青春电影主要表现革命战士或青年知识分子的生活和情感;"文革"期间,青春电影几近湮灭;直到1979年,中国电影发生巨大变化,呈现出一片创新浪潮和多元化的探索。21世纪以来,中国大陆、台湾等地区涌现了大批以"青春"为体裁的影视作品。再加上互联网的普及和营销手段的多样化,这些作品同之前的青春影视作品相比,在创作和网络营销上都取得了很大进步。与此同时,青春电影作为一个相对独立的电影类型,在世界影坛上绽放着独特的光芒。

一、网络营销在国产青春类影片宣传中扮演的角色

在注意到青春影视作品本身对人们的吸引,我们还不能忘记此类影片如此夺人眼球的重要推手——网络营销。网络营销指的是电影以互联网为媒介,通过数字化信息和新媒体形式宣传、展映、发售的营销活动。而新媒体时代带动的信息爆炸式传播,成为电影营销的主要手段。

---

❶文化传播学院2011级新闻学专业;❷文化传播学院2012级汉语言文学专业;❸文化传播学院2011级对外汉语专业。

① 参见陈墨:《当代中国青年电影发展初探》,《当代电影》2006年第3期。

通过观察几组数据，我们可以分析我国电影营销的现状及不足之处，并进一步在提高电影公众认知度等方面得到一些指导性的建议。由图1可以看出，2013年中国电影营销总费用达28亿元，约占电影产业整体规模的10%。营销投入的不断递增，凸显了营销环节之于电影行业的作用及影响。但从总体投入比重上看，与好莱坞等海外成熟商业体系中营销费用占比可达50%的情况相比，国内电影的营销力度仍旧薄弱。在同等影片的竞争下，国内市场份额会受到海外电影的挤压。

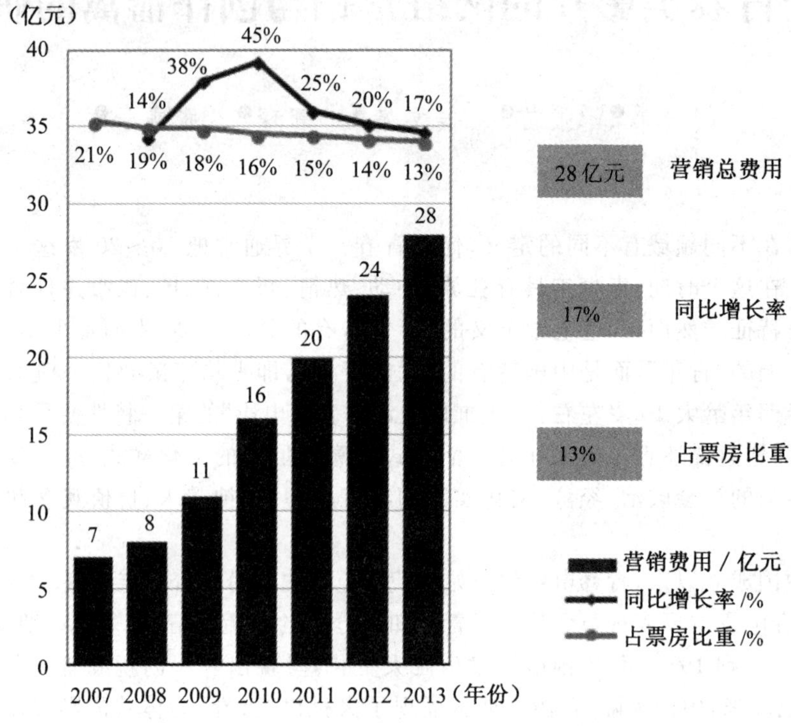

图1　2007～2013年中国市场电影营销费用及增长率

从电影的网络营销投入来看(见图2)，在2011年，国内公开放映的商业影片的网络营销投入首次突破亿元，预计至2013年年底，这一数字将突破3.5亿元，占营销总费用的12.5%。但由于目前中国营销费用整体量级和发展规模的限制，中国电影网络营销尚处于初始阶段。

通过图3，笔者认为电影营销投放与观众媒体接触习惯错位，网络营销效果升级潜力巨大。在新一轮的青春类电影或者说全部类型的电影发行及宣传中，要加大对网络营销支持的比重，使更多优质的电影在放映前激发观众的好奇感，从而吸引受众进入影院观看。

本文将探究中国大陆青春影片同台湾地区及欧美、日韩、泰国青春电影在创作与网络营销等方面的共性和个性，从而系统地在理论方面结合影片内容与营销手段探究国产青春影片的创作与网络营销藩篱，以期为我国内地电影类型化建构提供帮助，并给出部分指导性建议。

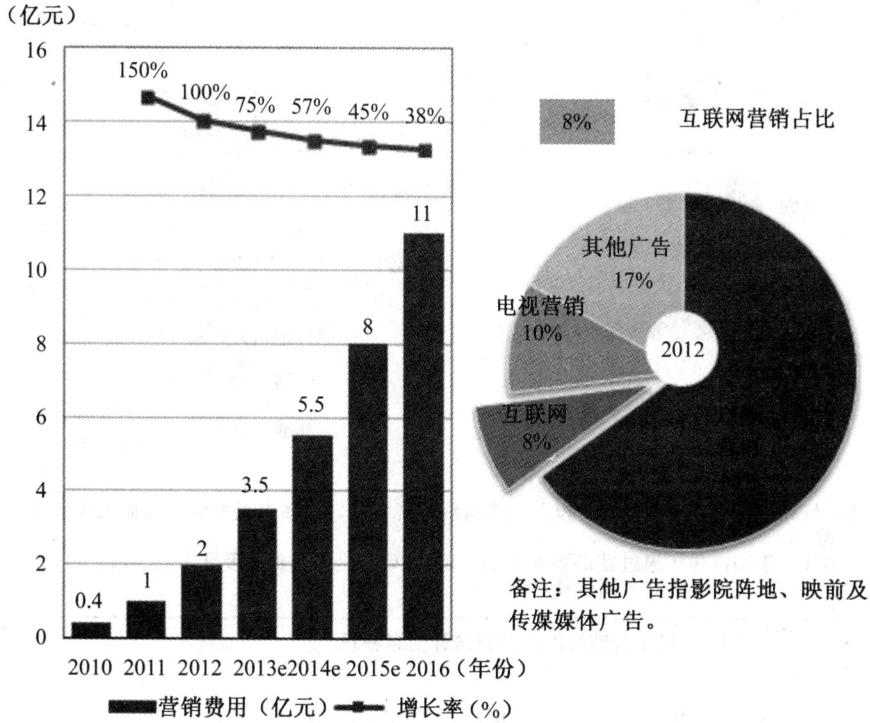

图 2　2010～2016 年中国电影新媒体营销市场规模

我国青春电影的数量不在少数，但真正拥有影响力的影片却屈指可数，但欧美和泰国的青春影视作品却大放异彩。[①] 本文选取泰国具有代表性的青春影片《初恋那件小事》为例，与我国同类型青春影片进行比较分析，从而找出我国青春电影在创作方面的不足之处。

泰国青春电影与我国青春电影相比，更善于捕捉真实、细腻的情节，并对其进行艺术性处理，令观影者在欣赏影片之时，于不经意间找到共鸣。宗教对泰国青春电影的影响也不容忽视。佛教本身的“空”“善”，让泰国青春电影的情感特别“纯净”“内敛”。而我国同类纯爱作品，背离了青春电影所要传达的真、善、美，失去了青春电影应有的色彩和魅力。[②]

因此，我国青春电影要想实现突破，应立足现实，搜索有特色的剧情并进行加工，提高艺术水准，引起观众心理上的共鸣。此外，应减少“寓教于乐”与电影所背负的社会历史责任感，还应注重展现青少年真正的情感生活和内心世界。同时，把握目标人群的心理和观影特点，力图把电影镜头诗意化地呈现出来，以表现出青年应有的纯真与善良。

---

① 参见戴锦华：《电影批评》，北京大学出版社 2004 年版，第 163 页。

② 参见陈墨：《当代中国青年电影发展初探》，《当代电影》2006 年第 3 期。

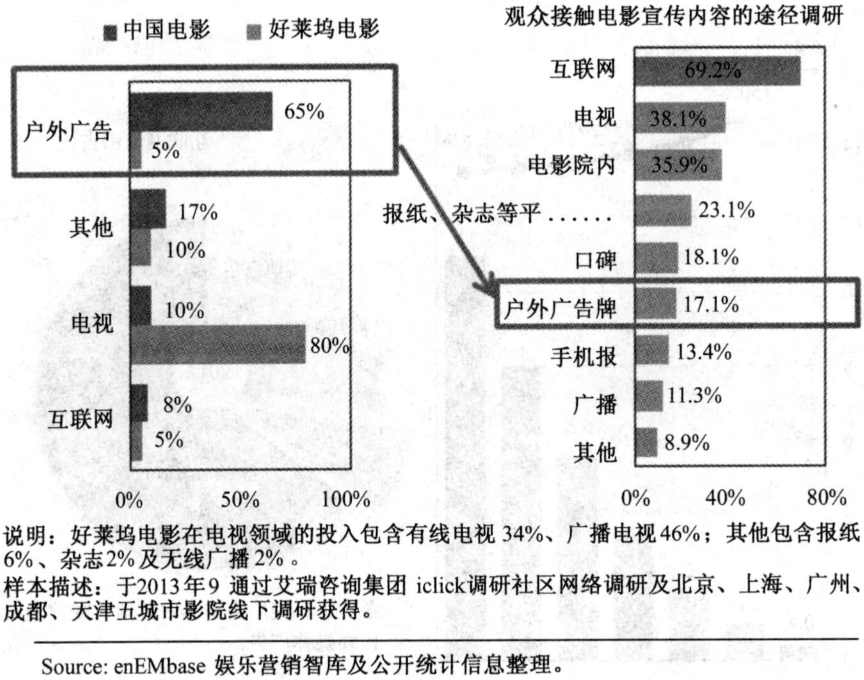

图3 2012年中国电影营销投入及效果对比分析

二、国产青春类影片和其他地区青春电影创作与网络营销之分析

自20世纪70年代以来，青春电影几乎成为台湾电影的创作主流，至90年代，外来影片极大地冲击了本土影片，台湾电影人在夹缝中生存。在世纪之交，台湾青春电影走向复兴，并且在创作内容和网络营销上都走出了一种成熟的“台湾范”，比如《艋舺》《海角七号》《那些年，我们一起追过的女孩》等代表性青春影片。

(一)大陆与台湾地区青春电影创作与网络营销之分析

本文将台湾代表性的影片《艋舺》同大陆同种类型的《观音山》进行比较，并进一步分析国产青春类电影在创作和营销上的得失。

1. 电影创作分析

《艋舺》作为承载了导演钮承泽青春回忆的电影，夹杂了暴力、友情、迷茫等因素，虽略显繁复，却是用整体姿态展示台湾20世纪80年代的社会变迁与境况，而这正是本片最可称道之处。

从影片的故事内容上看，导演将描写的重点放在了五个人的兄弟之情上，一起逛窑子、一起训练、一起洗澡，都是以一种较为青春的方式来展现。影片前段的缓慢为后段的紧张做足了细节上的铺垫，当然，从影片里我们还可以看出一份爱情，虽是断袖之爱，却也令人动容。

而国产励志青春类电影《观音山》，则出于市场策略的需求，被包装成了一部讲述“残酷青春”的电影，但实际上，它讲述的是一个宏大而永恒的主题：生死与信仰。《观音山》的故事并不复杂，三个处在青春迷茫期的年轻人，一个正经历丧子之痛的中年京剧演员，四个人因为租房而生活在同一屋檐下，并在共同的经历中相互认同，试图完成对彼此的救赎。这是一个具有强烈戏剧化冲突的故事，导演李玉却刻意地放弃了大部分冲突，而是把影片的重点放在描述人物的状态上，并试图以此营造一种情绪来影响观众。

2. 网络营销之分析

在影片的营销策略上，《艋舺》综合运用各种组合营销策略：坎城影展发表开拍计划、青春偶像的宣传爆发力、演员做客各电台的综艺栏目。除掉这些传统的宣传手段外，最具持续性最有潜移默化影响力、最能时时牵动观众关注的莫过于网络营销。

《艋舺》在网络媒介展开互动的“病毒式营销”，为影片培养了大批潜在的观众群。《观音山》在利用网络社交媒介的宣传营销上，略逊色于《艋舺》。由于利用“名人”宣传的传统手段，使其在赚得一些粉丝关注的同时，也耗费了相应的人力和物力。

同样是网络宣传的方式，相同的宣传目的，两部电影的具体方式方法不同，最终的效果也相距甚远。由此可以看出，一部影片的网络营销可以作为票房的推手，但电影创作的质量才是票房的保证。我们将继续分析其他电影类型，进一步阐述国产青春电影的创作与网络营销之得失。

(二)中、印两国青春影片创作与网络营销之分析

2011 年，在中国上映的印度励志青春贺岁喜剧《三傻大闹宝莱坞》，四天票房达到 742 万元；而《中国合伙人》首日票房便达到 2400 万元，最终票房近 5 亿元。本文以《三傻大闹宝莱坞》《中国合伙人》为例，浅析中、印两部励志青春影片创作与网络营销的异同。

1. 电影创作分析

《三傻大闹宝莱坞》中夹杂了一些对印度现行教育体制的讽刺。电影中的主人公兰彻为了使拉加父亲的偏瘫及时得到诊治，骑摩托车载他到医院，为了让拉加顺利毕业，不被“病毒”当掉而半夜去偷试卷。《中国合伙人》讲的是在 20 世纪 80 年代，三个怀有热情和梦想的年轻人在高等学府燕京大学相遇，并从此展开了他们长达 30 年的友情。

《三傻大闹宝莱坞》《中国合伙人》对主人公的梦想征途均进行了生动的渲染。印度青春影视作品在剧情设计上更“抓人”，留有很多悬念和伏笔，使得整个影片的剧情紧凑，让观影者同电影里的主角一起喜怒，一同哀乐。

总体上说，“三傻”的青春是励志的青春。印度电影的一大特色就是影片中总会出现几段歌舞表演。该片不同于以往的印度电影，没有非善即恶的大忠大奸，而是用搞笑的表现方式轻松叙事，在欢笑和泪水中引发观众共鸣与思索，3 个小时的片长仍让观众意犹未尽，并留给观众一种全新的印象。

2. 网络营销之分析

在《三傻大闹宝莱坞》的网络营销之路中，第一亮点是其主题——平凡人的“成功记”。通过微博、BBS、天涯社区等各种社交平台扩散，引起了巨大的反响和共鸣，让“平凡

人逆袭”成为一个流行话题,进而带动大家对电影的关注。

《中国合伙人》的网络营销之路则有以下特点:一是制作有关电影的短片,讲述电影拍摄的台前幕后;二是影片在网络上热炒;三是新媒体运营为其点燃了一把火,一方面创办专题网站,另一方面充分运用微博,为影片宣传和发行造势。《中国合伙人》除了运用《三傻大闹宝莱坞》的网络营销策略外,还积极创新,在形势不喜人的国内市场占据了一片天。因此,具备“高质量+好的营销手段”的影片才能在较低迷的国内电影市场中成为一匹黑马,取得骄人的票房成绩。

综上所述,以“青春”“成长”为主题的电影本身就有很大的魅力,而通过网络营销就更能扩大其吸引力。但是,我国青春电影同其他国家和地区相比仍有不足,下面我们将继续分析中国20世纪90年代以来青春电影的流变。

三、从创作到营销看近年国产青春电影发展的三阶段

(一)20世纪90年代《阳光灿烂的日子》——青春电影的滥觞

20世纪90年代,国产电影可谓是“张艺谋、陈凯歌的天下”,从《活着》《红高粱》到《秋菊打官司》《大红灯笼高高挂》,从《黄土地》到《霸王别姬》,张艺谋和陈凯歌立足于深厚的民族历史文化土壤,并以此为题材制作电影,向世界展示着中国,不论是柏林电影节还是戛纳电影节,他们的作品都备受世界瞩目。[①] 因而,国产电影呈现出以“反思”“挖掘民族文化、风俗”为特点的“一元”电影视角,但像好莱坞式的西部片、警匪片、动作片、侦探片、歌舞片等电影类型则严重缺乏。

1.《阳光灿烂的日子》的创作手法

《阳光灿烂的日子》在20世纪90年代以沉痛反思为格调的众多影片中独树一帜,给国产电影注入了一股创作新范式,堪称“中国青春片的杰作”。美国《时代》周刊这样评价:“中国导演姜文的《阳光灿烂的日子》堪称是1994年度全世界令人赞绝的、至今仍渴望观看的影片之一。它是一部从内容到形式都全新的中国电影,它的出现标志着中国电影跨入了一个新的时代。”笔者所谓的“新时代”,正是指从多元创作视角开创国产电影的新时代。[②]

影片的巨大成功应归结于它的文学题材以及电影手法的创作上。成年人的出现,显得特别煞风景。因为青春是一个国度,人人都是国王,青春之外的人是另一个国度,人人只是臣民。这也是姜文电影的青春哲学。在他的电影里,“其他人”都被放到了别处,与“其他人”有关的时代背景,成为被拒绝讲述的对象。[③] “青年人在一起”的议题,青年人唱歌、揉面、暗恋、偷情、打猎、发疯,像森林精灵那样活着。

《阳光灿烂的日子》在描述真实时总带有一种异样世界的气氛。影片掀起了解读热

---

① 参见周星:《中国电影艺术发展史教程》,北京师范大学出版社2005年版,第273页。

② 参见周夏:《人格·身体·存在——中国当代女导演电影分析(1978~2012)》,《当代电影》2013年第1期。

③ 参见陈墨:《当代中国青年电影发展初探》,《当代电影》2006年第3期。

潮，并引发许多评论，有政治隐喻式的、伪考据式的、科幻的、奇幻的等等。姜文说："这个名字是一种感觉，是一种梦幻。"一个主要由青年人构成的世界，一个时时刻刻生命力勃发的世界，一个努力剔除生命杂质的世界，这样的世界，本身就是非现实的。尽管他力求现实感，在细节和道具上用心良苦，但最后还是和现实有着巨大的距离。这种对青春纯度的追求，让姜文的电影拒绝政治解读，又恰恰吸引了无数政治解读。

2.《阳光灿烂的日子》的发行营销

20世纪90年代，处在社会主义市场经济体制探索初期，中国电影市场的管理、发行运作营销机制相当不成熟。一部质量上乘的影片，无论是在前期的开机宣传上，还是在后期的发行上映的营销上，都缺乏直接经验。一部好的影片，一般是通过在电影节上斩获佳绩后才能引起关注，而这种关注往往是日后才有的，并且势头日渐强盛。

相比同时代的其他电影，《阳光灿烂的日子》的演员在国内海选，并对演员进行"军队式"的素养拓展，这本身就是就是一种很好的营销宣传，只是那个年代的手段和方式在目前看来已经相当普遍。

（二）21世纪初期——以王小帅、贾樟柯为代表的青春电影集合

进入新世纪以后，第六代导演大多已人到中年，回望与反思成了他们不约而同的创作态度。他们的影片故事创作大多是回顾式的，并带有一定的自传意味。

他们以回望与反思的态度，再现历史语境下的成长阵痛，用青春影像探讨社会转型中的情感坚守与蜕变，比如王小帅的《十七岁的单车》《青红》、贾樟柯的《站台》等。童年的视野和青春的成长，总能赢得观众对坚硬现实中的纯真童心和成长烦恼的深挚同情，导演通过这样一种夹杂着缅怀、伤感和解构意味的叙事方式，让观影者回忆起曾经的青春与坚持。[①]

1."新生代"导演青春电影里的创作反思

《十七岁的单车》中的外来务工人员小贵一直保持着隐忍的蜷缩的姿态，默默接受城市给他的伤痕。城市居民小坚，作为一名蜗居在城市一隅的青年，一直梦想着拥有一辆单车，但因为从偷车贼手中买了小贵送快递的单车而被小贵用砖头狠狠拍下的时候，其青春的梦想散落一地，影片中大量出现的纪实镜头提醒着观众青春的残酷。

顾长卫的处女作《孔雀》讲述了在20世纪七八十年代，生活在北方小城市安阳的一个家庭中的三个年轻人的青春与磨难。大哥高卫国患有脑疾，常遭人欺负；弟弟高卫强沉默寡言，是影片的叙事者；姐姐高卫红（女主角）耽于幻想，在想象中以各种方式逃离现状，梦想当伞兵来实现内心深处对飞翔的渴望。可是当理想幻灭，人们神经抽搐、精神萎靡，乃至日子平淡、尘埃落定的时候，青春的隐痛和不安便时时触动着观众的神经。因为对经历过那个年代的人来说，观看别人的同时也是在观看自己。[②]

① 参见陈旭光：《当代中国影视文化研究》，北京大学出版社2004年版，第20页。

② 参见程青松、黄欧：《贾樟柯：我不诗化自己的经历》，《我的摄影机不撒谎》，中国友谊出版公司2002年版，第368页。

2. 始于电影节,末于电影节,忽略发行营销

可以说,从《十七岁的单车》到《孔雀》,21世纪初的青春类影片努力尝试避免体制的弊端,却又被扼杀在体制里。因为在国内严苛的电影审核下,许多反讽的、隐喻式的情节被删减,甚至影片被禁掉,禁止在国内院线播放,因此该片发行和上映的产业链条并不流畅。

王小帅、贾樟柯以"反映真实现实,关照人性"见长,提倡电影回归人性,并将这种思想注入他们以"青年""青春"为题材的电影中。可以说,他们是一群更偏重于电影创作的电影人,尤其是以"青春"为创作题材的影片,深刻地反映了在中国的历史及国情下,青年人的生存境况和精神境况。他们更注重创作,忽略电影的发行、上映等环节,在影片的宣传推广方面存在明显的不足。

(三)2010年后青春片的泛娱乐化与营销之盛

1."青春"元素风行当下

市场经济的发展,使得大众文化发扬光大。这些大众文化类型致力于世俗梦想的表达,是一种开放的文化游戏和文化消费,在很大程度上,形而上的关怀变成了"性"而上、娱乐游戏至上和消费至上,因而涌现出了以《致我们终将逝去的青春》《失恋三十三天》《小时代》等以"都市爱情""校园""职场"为主题的青春电影类型,并受到大众市场的追捧。

2. 以"青春"为名的网络营销

以下两部影片,以"青春"为噱头,紧抓影片受众心理,通过网络新媒体,进行信息爆炸式的宣传与推广。小成本电影《失恋三十三天》,制作成本为900万元人民币,而用于优酷和微博等平台进行网络营销的投资达到了600万元人民币,从而使影片上映后获得了3.6亿元的票房,创造了当年最卖座的国产小成本电影的奇迹。

《致我们终将逝去的青春》(下文简称《致青春》)同样作为未播先红的典型——制作营销成本高达6000万元,票房近7.1亿元,除了电影本身题材的吸引力之外,更重要的是得益于制作团队成功的网络营销策略。《致青春》巧妙地运用了网络营销中的多种手段:前期预热、借势话题炒作、强节点账号传播、大事件营销、病毒营销、圈子文化等,而且网络营销持续了整整14个月之久。

四、结　语

新世纪以来,大陆出产的"青春电影"数量固然不少,但以这十年为一个阶段来考察中国大陆"青春电影",并不完全是出于自然时间上的考虑。因为包括"青春电影"在内的中国大陆电影,其复杂性并不是一个简单的自然时间概念所能够涵盖的。无论是题材选择上的青年文化性、影像风格的都市时尚感、叙述视角上的边缘与草根,还是票房价值决定论中的文化缺失,都是新世纪"青春电影"的独有特征。

参考文献

[1]《电影网络营销——制造疯狂票房的"神手"》,2013 年 5 月 31 日《南京日报》。

[2][美]大卫·波德维尔、克里斯汀·汤姆森:《电影艺术:形势与风格》,曾伟祯译,世界图书出版公司 2008 年版。

(指导教师:管恩森　王瑞华)

即墨方言使用现状和发展情况初探

王春艳[1]

方言是一种文化现象，但是常常为人们所忽视。中华文明几千年的薪火相传，永续发展，正是语言所起的作用，语言是联系人际关系和交流的媒介，对于文化的传承和发展起着不可磨灭的作用。

一、研究意义及研究方法

（一）研究意义

即墨市位于中国山东半岛西南部，东临黄海，与日本、韩国隔海相望，南依崂山，近靠青岛。即墨的经济比较发达，在县市中具有较强的综合竞争实力。即墨方言在即墨经济不断发展、对外交流不断增强的现在不断发展，使用情况逐渐接近普通话，不少方言在普通话的影响下逐渐削减。了解即墨方言的使用现状，有利于加强对方言的了解，对于方言的保护针对性的提出意见和建议。

（二）研究方法

本研究课题采用实地调研的形式，注重采集当地方言语音，辅助查询当地的《即墨方言志》以及现存的文字材料等，进行调查研究。运用统计学的原理，汇总搜集的信息以及回收的调查问卷，制作统计表，进行分析，得出结论。

二、即墨方言的语音特点

即墨话属北方方言中的胶辽官话，主要分布在山东省即墨县、崂山县和青岛市的李沧区以及近郊一些地区，使用人口在百万以上。现代即墨话共有声母 21 个。但是在其发展过程中呈现出简化的趋势。

---

[1] 文化传播学院 2012 级对外汉语专业。

在整个山东方言中，都是声母丰富，韵母、声调呈现简化的趋势。这一趋势有三个表现：一是复合元音单元音化，二是某些韵母合并，三是介音失落。

韵母简化，在即墨的方言中很常见，比如说，登和东、正和中、兴和兄、英和用。eng 和 ong、ing 和 iong，在即墨方言中都是同化的。

声调简化也是即墨方言的一个趋势，声调的作用趋于弱化，多音节词语带轻声的数量较大。比如说《即墨方言志》中记载，关于"时令"类词语，即墨收录 113 条，其中单音节词语 0 条，双音节 59 条，三音节 44 条，四音节 7 条，五音节 3 条。比如说：下半年、五黄六月，其中轻声音节就有两个之多。

三、即墨方言的特有词汇

一些词语，大家通常认为是即墨特有的，实际在胶东地区乃至整个山东都广泛使用，如"扎固"（修理）、"瓦后"（白眼）、"没使大"（非常大）、"夜来"（昨天）、"二胰子"（双性人）等等，这是因为即墨方言属于胶辽官话。

还有一个词痒痒了"扻扻"（读 kuai，挠），其实并不是即墨方言特有的，而是北京等地方也一起使用的。

（一）事物名称

即墨海岸线长达 183 公里，海产品非常丰富，因此，反映海产品的特殊词语自然是内陆地区的方言所不具备的。例如从鱼类名称来说，即墨人对鱼的区分是非常细微的，常见的鱼类名称有鱿鱼（体形较大的枪乌贼）、笔管（体形较小的枪乌贼）、刀鱼（带鱼）、鲐鲅（鲐鱼）、面条鱼（银鱼）等，有几十种之多，很多鱼名都是当地特有的叫法。

（二）亲属称谓

"进了一家门，就是一家人"，即墨人非常看重亲情。这种重亲情的特征在其亲属称谓上也有所体现。例如：称父亲为"爹""爸"，母亲为"娘""妈"；称伯父则为"大爹""大爸"，伯母为"大娘""大妈"；叔父则为"二爹""二爸"，叔母为"二娘""二妈"。有的家族三四代之内的同代人，全按一个顺序排下来，显得人丁兴旺，势力庞大。

（三）颜色

即墨当地人常用的颜色词非常丰富，除了赤、橙、黄、绿、青、蓝、紫七种基本颜色词外，还有很多其他小类的颜色词。

例如，"虾酱色"是比较通行的一个颜色词，在即墨经济不是很发达的时候，当地盛产的虾酱是人们餐桌上的主菜，街头巷尾经常会看到有人挑着铁皮桶卖虾酱，人们对虾酱特别熟悉，也有着特别的情感，由此也就产生了"虾酱色"这一独特的颜色词语。

"海蓝色"也是即墨人使用频率非常高的一个颜色词，因为即墨是个海滨城市，很多沿海居民以捕鱼为业，终日与海为伴，海的那种特有的蓝色是人们司空见惯的，"海蓝色"这个词得到当地人的普遍认可。

还有:红——通红、红雨雨的,白——挑背,黑——呼黑,紫——显紫,黄——焦黄、黄卡卡的,绿——铮绿,青——钟青,亮——重亮。

即墨市陆地面积1780平方公里,人口约111万。现辖18个镇、5个街道办事处、1个省级经济开发区、1个省级旅游度假区,1个省级高新技术开发区。在不同的区域,人们口中的方言也是各有特色,有时某一个词语的叫法便能成为识别该人属于哪片区域的“线索”。例如,人们用大铁锅热饭时,会在锅中放上一个大小适中的箅子,这个“箅子”大部分即墨人通常会称其为“锅梁子”“罩角”,而在金口镇附近的人们叫其“锅卡叉”;用面粉、白糖、油、鸡蛋做成的一种面食,大部分即墨人通常会叫作“棋子”,而在王村镇附近人们还有一种叫法就是“嘎渣”;当两个人互相追逐,其中一人顺手拾起地上的一块石子扔向对方时,这个“扔”的动作,蓝村镇一带的人们通常会叫“针”;小孩子不听话,大人想要用一些小昆虫唬住孩子的时候,太祉庄一带的人们通常会告诉小孩子,昆虫是“唠唠”。

(四)动作

动曰“故应”,饮曰“哈”,以筷夹菜曰“叨”,置物于某处曰“稳”,手拿物曰“含”,推曰“拥”,抡臂以掌心击之曰“呼”,以拳击之曰“捣”,又曰“卯”,手轻触曰“乖”,脚踩曰“轧”(zha),脚踹曰“排”,又曰“旁”,又曰“茫”,掷物击之曰“泻”,扔物弃之曰“撩”,搔人使痒曰“戏痒”,搔以止痒曰“扻”(kuai),扶物支撑曰“招”,搂抱曰“箍”,倒液体曰“押”,口含物曰“姆”,以棍击之曰“搘”(hai),以鞋底击之曰“揭”,躺曰“茄”,拔毛曰“狄”,眨眼曰“麻瞪眼”,斜睨片时、闭目转头曰“挖候”,手摩物使平曰“扑撒”,修理曰“扎固”。

(五)器物

物毁曰“踢蹬”,自行车曰“脚扎车子”,收音机曰“电戏”,手电筒曰“手灯”,风箱曰“风掀”,顶针曰“指扣”,调羹曰“茶匙”,碎布曰“铺衬”,物有皱折曰“雏雏”,鸡蛋破而未淌曰“挤窝”,瓦刀曰“泥拌”(miban),木刨曰“推爬”,豆饼曰“麻山”,沙尘曰“布土”,硬痂曰“嘎渣”,鼻屎曰“鼻清嘎渣”,耳屎曰“耳朵茸”,分泌物流出粘连不断曰“斜涎”,玉米面粥曰“面子饭”,又曰“粘主”,面疙瘩汤曰“鼓渣汤”,甘蔗曰“甜杆”,草莓曰“坡盘儿”,蛇曰“长虫”,狼曰“麻虎”,蟋蟀曰“土蚱”,泥鳅曰“泥狗”(migou),蟑螂曰“货郎”,蜻蜓绿色者曰“老刘”,橙色者曰“老红”,灰色者曰“老灰”,蚂蚱方头者曰“蹬达山”,尖头者曰“双木甲”,麻雀曰“家雀”,其中老者曰“老家”、幼者曰“小家”。

(六)状物

言大曰“没使大”(mushida)、言小言少曰“麻点儿”,言白曰“挑背”,言黑曰“呼黑”,又曰“烘黑”,言黄曰“焦黄”,言红曰“通红”,言紫曰“显紫”,言绿曰“铮绿”,言亮曰“重亮”,言宽敞曰“宽透”,言狭窄曰“窄巴”(zheiba),言凉曰“震凉”,又曰“炸凉”。

另外还有以下说法:小嫚真稀罕银——小姑娘真惹人喜爱;拉呱——聊天;晌天了,您饥不饥困——中午了,您饿了吗;木有——没有;怎木个事——怎么回事;奏什木——干什么;鼻清——鼻涕;你就作吧——你就折腾吧;白彪了——别傻了;学活啥——吆喝什么;地场——地方;怎木地——怎么办;福台——烟囱;噶拉——蛤蜊;齁辣——很辣;

昂——是(表示明白了,有时也用在句尾,意思同“啊”,无实义)、恩——是(表示肯定,同意)。

四、即墨方言词缀整理

即墨方言的前缀主要是形容词前缀,对于同一个形容词可以加上不同的前缀,表示程度深浅的不同,词根同而词缀不同,其语义和感情色彩就不同;语义同而词缀却有所不同。按照标示词性的功能划分,汉语词缀又可分为名、形等各类性质的词缀。下面就按这种分类分别考察即墨方言。

(一)名词前缀

即墨方言中单音节名词前加前缀“X”,形成“XM”结构。常见的名词前缀是称谓前缀。

如“大”:

A. 大妈、大婶子、大姨。

B. 大哥、大兄弟、大姐姐。

C. 大工、大师傅。

A类用于亲属称谓时,一般是对非本家但是较为年长的人的称呼。若称呼本家一般是“大爹”“大娘”等,“大爷”“大妈”一般是青年人称呼比自己父母年长的长辈,年龄比父母小的一般不用此称呼。而“大叔”“大婶子”则一般是中年人对长辈的尊称,青年人称呼比父母年轻的长辈则是“叔叔”“婶子”,不用“大叔”“大婶子”,这也是受到普通话的影响造成的称呼的改变。如果你要和一个陌生人搭话,看看他的年龄与自己父母年龄的差距,如果年长则称其为“大爷”“大妈”,年轻的称呼“叔叔”“婶婶”。一般称呼五六十岁的妇女为“大姨”。从称呼语用得如此细腻、分辨得如此细致来看,“大”字前缀有表示尊敬的感情色彩。一旦用错称谓,不仅没有了尊敬之意,而且还显得不礼貌。B类用于对非亲属关系的平辈人的称谓,也按年龄的大小来称呼。这类称谓有一种亲昵的感情色彩在里头,便于和人搭讪。C类是对掌握某种技术的人的称呼。“大工”是具有技术的泥瓦匠,“大师傅”是对厨师的尊称,但是由于受到普通话的影响,这类称呼在现在的即墨方言中并不常见。

又如“小”:

小人(男孩)、小嫚儿(女孩)。“小人”“小嫚”一般对比来用,问一个小孩的性别,会说:“是小人还是小嫚?”“小”一般用于对十七八岁以前的小孩的称呼,相对于成年人而言,其“小”的意思还没有完全脱落。

(二)形容词前缀

1. 即墨方言形容词的前缀十分丰富。如:

A. 精　精短、精矮、精穷、精淡(味道很淡)、精慢、精瘦、精浅、精细、精湿、精馋。

B. 崩　崩硬、崩脆、崩紧。

C. 稀　稀碎、稀烂、稀松。

D. 爽　爽走、爽跑、爽跳、爽干、爽吃。

E. 溜　溜光、溜净。

前缀“精”“崩”“稀”有“很、非常、十分”之意，它们都脱离了本来的意思，虚化成词缀。“精”“崩”“稀”前缀加在“短、矮、窄、穷、淡、松”等一系列的形容词之前，却不加在其反义的“长、高、宽、富、咸、紧”等之前，由此可以看出，“精”只加在消极的词前面，而不能加在积极的词前面，用来表示人们对事物的抱怨或者感慨。B类中“崩脆”“崩硬”“崩紧”亦可表示程度恰当、合适，“崩硬”是软硬恰当，“崩紧”是松紧合适。

D类中的“爽”前缀有督促、提醒之意，督促某人快点做某事，或在有危险时提醒其快点躲避，表示赶快、尽快的意思。E类中的“溜”有“十分、非常、很”之意，也是表示程度的词，其后面的词没有词性的要求。

即墨方言中“没”读音为[mu^{214}]。在A类中“没使”只加在积极意义的词根前面，表示程度的加深。B类、C类的词义是一样的，“没使矮下”和“没使高矮”都是“非常矮“之意，但其加的词缀形式是不一样的。在C中“没”加在偏义复词之前，起修饰的作用。偏义复词的词义偏向后一个词，加上“没”词缀后词义不仅没变，程度反而加深了。在即墨方言中词缀“没”已经脱离词汇意义，虚化为词缀，其语音也发生了变化，读音由原来的调值变为轻声。前加词缀“没”的词带有说话人的感情色彩，相对于说话人来说，其感觉程度十分深。如“没使高”在说话人来看，是十分高的，让人望尘莫及。但对别人也许就没有那么夸张。在即墨方言中，为表达某物的程度是十分深的，或某事是不可能做到的就前加“没使”来表示。

五、即墨方言的使用情况调查

(一)调查方法

本次调查采用的是抽样调查法，调查方式采用的是问卷法。本次调查主要是为了了解即墨市民对于即墨方言的了解程度和日常生活中的使用情况，还有他们对即墨方言的态度。为了使本次调查更全面、客观，笔者特别制作设计了《即墨方言使用现状调查问卷》(见附录)。

为了确保调查的随机性和科学性，问卷主要包括被调查者的基本情况、对即墨方言的掌握情况、即墨方言在不同场合的使用情况、对即墨方言的态度等几个方面。本次调查的问卷发放方式包括：通过电子邮箱发送和回收电子版问卷；在即墨市区随机挑选被调查者，当场回收问卷；事先将问卷发放给被调查者，过一段时间后收回。问卷发放地点覆盖了居民社区、学校、工厂、公园等地，为保证调查的全面性，在一个小范围(如一个公司、一个年龄段)的调查人数不超过10人。

为了全面、真实地了解本地即墨方言使用情况，本次的调查对象尽量在各年龄段平均分布。

表 1　　调查对象年龄分布比例

<table>
<tr><td rowspan="3">青少年儿童</td><td colspan="2">8～11 岁</td><td colspan="2">12～15 岁</td><td colspan="2">16～19 岁</td><td colspan="2">20～24 岁</td></tr>
<tr><td>人数</td><td>百分比</td><td>人数</td><td>百分比</td><td>人数</td><td>百分比</td><td>人数</td><td>百分比</td></tr>
<tr><td>64</td><td>22</td><td>70</td><td>24</td><td>88</td><td>21</td><td>93</td><td>33</td></tr>
<tr><td rowspan="3">成年人</td><td colspan="2">20 世纪 80 年代出生</td><td colspan="2">20 世纪 70 年代出生</td><td colspan="2">20 世纪 60 年代出生</td><td colspan="2">20 世纪 50 年代或更早出生</td></tr>
<tr><td>人数</td><td>百分比</td><td>人数</td><td>百分比</td><td>人数</td><td>百分比</td><td>人数</td><td>百分比</td></tr>
<tr><td>19</td><td>22</td><td>45</td><td>40</td><td>22</td><td>20</td><td>14</td><td>16</td></tr>
</table>

(二)调查结果统计

通过回收调查问卷以及实地调研,我们对于数据进行了分析,以下为部门统计图:

1. 在您(或您的孩子)的学校,老师上课所用的语言是[单选题]

调查显示,在学校老师上课完全用普通话的只占 28.57%,更多的是普通话与方言二者兼而有之,占到 71.43%。完全使用方言授课的老师是没有的。

2. 您是否赞成在学校完全使用普通话?[单选题]

对于是否赞成在学校完全使用普通话的问题,赞同的占 57.14%,不赞同的占 42.86%。由此可见,家长和老师对于方言的保护意识较高。

3. 您观看、收听的本地电视或电台节目中，方言的使用情况是[单选题]

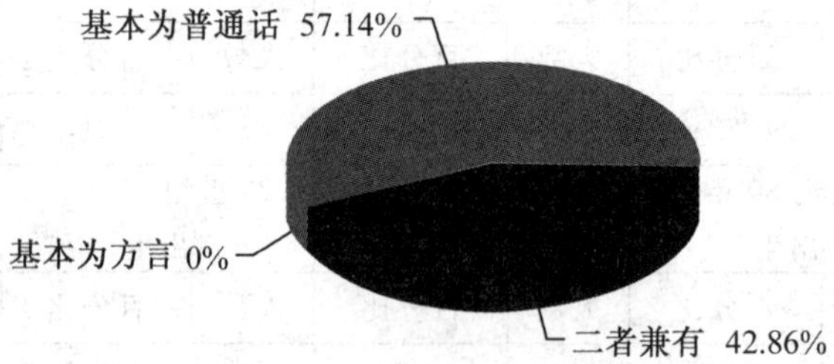

在其他关于方言使用的问题中，调查结果显示，参与问卷以及调查的人群中有 2/3 对于即墨方言具有很强的归属感，有 66.4%的人认为孩子应该从小学习方言，不能只使用普通话。

六、方言与普通话的发展

(一)方言与普通话是否矛盾

随着社会的发展和普通话的普及，方言和普通话的关系问题是我们需要面对的实际问题。从实际和理论的角度出发，方言的存在与社会政治、经济、文化各个方面有着密切的关系。如果处理不好，将会直接影响到人民的政治生活、经济生活和文化生活。即墨方言是即墨文化的体现和积累，方言和普通话能不能共存，如何共存？我们必须正视这个问题，并且以正确的态度来对待这个问题。

就其自身特点而言，方言与普通话有着共同存在的必要性。普通话是汉民族共同语的标准语，是国家法定的语言，又是全国通用的语言，它是在北方话和北京话基础上长期形成的，又不断吸收方言成分丰富发展自己，它有比较明确的规范标准，语言规范程度比较高，语言声望最高，在社会语言生活中发挥重要的全局性作用。而各个地区的方言是在文化传承下产生的语言，对于中国文化的体现和传承有着重要的作用。可以说，方言和普通话相互依存、相互影响，缺一不可。即墨方言渗透着悠久的即墨历史文化的积淀和传承，和普通话应该是相互依存、相互补充，而不能是相互排斥。

中华民族众多地域的文化特征与多种方言的语言背景，决定了普通话的推广无法消灭方言的存在与发展。中华民族是一个拥有大文化传统和众多地域文化传统的民族。方言承载的这种多元文化特征，具有浓厚的乡情，刻录了民系族群的精神，负载着不可轻视的向心力、凝聚力，长期以来一直拥有其显要的认识价值和现实价值。普通话和汉语方言都是中华民族文化的品牌，是了解民族文化本源、增进文化认同的桥梁。即墨方言是即墨文化的品牌，是从父母祖祖辈辈传下来的方言，丢失方言将丢失一个地域的优秀传统文化，失去一个地域的历史本源。丢了即墨方言，就等于丢了即墨地区的传统文化。从这个意义上说，方言与普通话是一条长河的支流与主流的关系，它们之间总是在互相补充、互相促进。人类的全部文化完全依靠这条历史长河的运载。方言承载的是民系族群的地域文化，普通话承载的是整个民族的大传统文化。

实践证明，即墨方言的存在与发展，不仅是现实中市场的依据和现实的决定，更重要的是其文化的传承价值。即墨本地的语言更加能够让即墨的居民感到亲切，同时以即墨方言为传承载体的节目也更容易受到大家的欢迎。

(二)方言与普通话出现矛盾的原因

随着中国经济的进一步发展，东部对于工人的需求量的提高吸引了众多的外来人口，而为了交流方便，普通话便成了人与人之间交流的桥梁。

普通话的发展和普及由国家的政策强制保证实施，为了不同民族、不同地区之间交流方便，所以必须大力推广普通话。而在这个过程中，学校的普通话教育越来越普遍，方便大家交流的同时，也使很多孩子从小接触普通话而拒绝使用本地方言，这就使方言受到了很大的冲击，对方言的传承和发展产生了不利影响。

(三)如何正确对待方言

与方言流失同步的，是文化传承的危机。方言不仅仅是交流工具，也是一种文化载体，一种珍贵资源。一旦方言消失，很多有特色的地域文化和民间文化根本无法生存，文化的差异性和多样性必然遭到破坏。苏州评弹表演艺术家邢晏春说，曾有一位演员尝试用普通话来表演评弹，最终失败了。“苏州评弹靠师徒口耳相传，以方言为载体，改成普通话不能表现其精髓，甚至会面目全非。”苏州方言之于昆曲、绍兴方言之于越剧、安庆方言之于黄梅戏、闽南话之于高甲戏等，无不如此。但是，方言是不可能消灭的，这是由社会的要求和现实决定的。

当然，可喜的现象还是有的。即墨市正在采取一系列措施来保护方言。一大批关注即墨文化并致力于为即墨文化事业做出贡献的“老即墨人”也纷纷涌现出来，更多关于即墨文化和即墨方言的节目正在兴起，我们有理由相信，在人们的保护下，即墨方言会有一个更好的发展空间和前景。

参考文献

[1]钱曾怡:《山东方言研究》，齐鲁书社 2001 年版。

[2]王伟健:《保护方言该怎样发力》，2013 年 7 月 12 日《人民日报》。

[3]刘健:《即墨方言词缀研究》，《烟台教育学院学报》2004 年第 1 期。

[4]李行杰:《青岛方言:历史与现状》，《青岛大学师范学院学报》1996 年第 1 期。

[5]张绍麒:《山东即墨话声母系统的三个特点》，《烟台师范学院学报》1986 年第 2 期。

[6]孙莉:《方言与普通话不该对立》，《中国科教创新导刊》2009 年第 32 期。

[7]杨琳:《从即墨方言词谈文化与语言的关系》《语文学刊》2005 年第 9 期。

附录 即墨方言使用现状调查问卷

您好,我们是山东大学(威海)文化传播学院"即墨方言使用现状调查"科研立项小组的成员,欢迎您参加本次调查,请仔细阅读题目后按您的实际情况作答,答案无对错之分。我们的问卷调查不记名,您的回答我们会保密,并仅作为调查统计之用。谢谢!

请如实填写个人信息,我们会为您保密,谢谢!

您的性别:[单选题][必答题]

A. 男

B. 女

您的年龄段:[单选题][必答题]

A. 15 岁以下

B. 15～20 岁

C. 21～30 岁

D. 31～40 岁

E. 41～50 岁

F. 51～60 岁

G. 61 岁以上

您目前从事的职业:[单选题][必答题]

A. 全日制学生

B. 生产人员

C. 销售人员

D. 市场/公关人员

E. 客服人员

F. 行政/后勤人员

G. 人力资源

H. 财务/审计人员

I. 文职/办事人员

J. 技术/研发人员

K. 管理人员

L. 教师

M. 顾问/咨询

N. 专业人士(如会计师、律师、建筑师、医护人员、记者等)

O. 其他

以下问题请阅读题目后根据您的实际情况作答,谢谢!

您是否会说本地方言?[单选题][必答题]

A. 会

B. 不会

您是否认为地方方言文化应该保留？[单选题][必答题]

A. 应该

B. 不应该

[学校教育]

如果您是在本地学校的学生、老师(或您有孩子正在本地上学

您(或您的孩子)所在的学校是[单选题]

A. 小学

B. 中学

C. 大学

在您(或您的孩子)的学校，老师上课所用的语言是[单选题]

A. 普通话

B. 方言

C. 两者兼有

该学校同学之间交流所用语言的情况是[单选题]

A. 仅普通话

B. 普通话多，间或使用方言

C. 方言较多，间或使用普通话

D. 仅用方言

您是否赞成在学校完全使用普通话？[单选题]

A. 是

B. 不是

[家庭教育]

您在家里与家人交流所用的语言是[单选题][必答题]

A. 普通话

B. 方言

C. 两者兼有

您家中(或您认识的)年龄较小的孩子是否有在学习方言？[单选题][必答题]

A. 是

B. 不是

您是否正在(打算)教育您的孩子(您将来的孩子)学习方言[单选题][必答题]

A. 是

B. 不是

[传媒]

您观看、收听的本地电视或电台节目中，方言的使用情况是[单选题][必答题]

A. 基本为普通话

B. 基本为方言

C. 两者兼有

您认为是否应当保留一定的以方言播音的节目？[单选题][必答题]

A. 是

B. 不是

您是否有喜爱的以方言为载体歌曲、戏剧等艺术作品？[单选题][必答题]

A. 是

B. 不是

您觉得近年来以方言为载体的艺术形式正在[单选题][必答题]

A. 不断发展

B. 基本停止

C. 逐渐衰落

您对推广普通话和保留方言文化有怎样的见解？[填空题][必答题]

再一次感谢您的认真填写，谢谢合作！

（指导教师：鹿晓燕）

上古汉语用在主谓之间有停顿的小句的“其”字功能分析

苏靖雯[1]

《经传释词》序中说：“经传中实字易训，虚词难释。”“其”作为古代汉语中的一个常用虚词，出现频率很高。以往研究多认为“其”能表示疑问、揣测、强调，反诘等多种语气。换言之，它被认定为一个多功能虚词。但将大量语料放在一起加以考察后发现，这些语气都是句子原有的语气，并非是“其”字的功能。因此，本文将分析探讨“其”字的用法，通过检索《春秋左氏传》《老子》《庄子》《管子》《晏子春秋》《韩非子》《国语》《战国策》《商君书》《吕氏春秋》《荀子》等大量先秦典籍，重新思考“其”字的功能。“其”字的用例极多，为集中笔力，本文只讨论主谓之间有停顿的句子，并将语料的研究对象严格限定在主谓之间有停顿的“其”字小句中。目前关于“其”字用法的有关研究成果有以下几方面：

1. 马建忠先生所著的《马氏文通》比附拉丁语法、根据“其”字所在句中的功能不同和“其”字与前词是否紧接，将代字“其”分为指名代字和接读代字两类：前者“一指所语者，一指前文者”，后者“顶接前文，自成一读也”。

2. 何乐士先生的《左传虚词研究》对“其”字进行了详尽的调查，对《左传》中的语气副词“其”进行过详尽的系统分析，并总结出“其”的特点：“其”大约有95%出现在主谓之间或谓语之前，5%在主语之前。其配合上下文可表示推测、判断、决心、愿望、命令、劝诫、祈使、反诘、疑问、假设等多种语气。各种语气之间有时很难截然区分，特别是在推测判断语气时常或多或少地蕴含在多种语气之中，成为“其”的基本用法。

3. 吴伯方的《上古汉语“其”字用法的几个问题》就关于“其”争论的问题展开阐释，并提出三身代词“其”可以作主语：

(1)“若伯夷叔齐者，其于富贵也，苟可得已，则必不赖。”(如伯夷叔齐那样的人，他们对于富贵，如果可以得到的，就一定不取。这里的“其”复指前文主语“若伯夷叔齐者”，同一事物，处于同一位置，起同样的作用，即都作为句中主语。)

(2)“子曰：道不行，乘桴浮于海。从我者，其由与?”——《论语·公冶长》(表范围，有“仅”“独”之意。)

---

[1]文化传播学院2011级汉语言文学专业。

(3)"有始有卒者,其惟圣人乎!"——《论语·子张》(表测度,有"大概""恐怕"之意。)

4. 郭爱平在《先秦"其"字研究》一文中以先秦汉语"其"为研究对象,利用出土文献和传世典籍作语料,历史地描写"其"在殷商、西周、春秋战国三个时期的语法特征:殷商时期"其"用作时间副词、语气副词,西周时期增加了指示代词、人称代词、连词、助词的用法,春秋战国时期"其"具备了后世语言中"其"的所有用法。他还勾画了"其"的语法发展轨迹,即"其"最初为"簸箕"之义,假借为时间副词,经词义引申产生出语气副词,进而发展出句间连词,同时时间副词"其"又产生出指示代词,并进一步发展出人称代词、词间连词、助词的功能。

5. 陈善在《〈左传〉中"其"作语气词的用法》一文中归类整理分析了"其"字在《左传》中的七类用法:表反诘语气,表发语语气,表将的语气,表当的语气,表示必的语气,表示既或殆的语气以及表示希冀的语气。

6. 杨逢彬、陈练文在《对语气副词"其"单功能性质的考察》中认为语气副词"其"应该和句末语气词一样是单功能的,它本身并不表示疑问、测度、劝令等语气,只是通过强调谓语来加强句中原有语气,是一个表强调语气的单功能虚词。如"子曰:道不行,乘桴浮于海,从我者,其由与""王之好乐甚,则齐国其庶几乎"都是揣测语气,去掉了"其"句子本身依旧表示揣测,这种语气是有本身的句式表达的。说"其"表示这语气,那语气,实际上是将句子中其他成分所表示的语气当作是"其"的功能了。而它是一个单功能语气虚词,在句子中起强调作用。

从上文所列及的研究成果来看,关于"其"的用法,目前学术界的观点大致可以分为两类:一是认为它可承担多种语气,如揣测、反诘、命令、疑问等;另一种认为"其"是一个单功能语气副词,并不能表示多种语法意义。何容在《中国文法论》中提出:"把这个助词所没有的作用也当成它的作用,把一个作用很单纯的助词当成作用很复杂的,永远弄不清楚。"就语气副词"其"而言,它是否能承担如此多的语气也是令人怀疑的。以上所列举的假设、推测、判断、决心、愿望、命令、劝诫、祈使等语气只是一个大致的分类,它们之间也存在着交叉重叠的现象,没有一个明确的界限划分。所以,有时候就容易将句子本身的语调、句式、句意所表达出的语气误当成"其"字本身的语气。赵元任先生也指出,除语气词外还有五种表示口气的方法:用实词、用副词或连词、用语法词式的变化、用单呼词、用语调的变化。胡杨明在《语气助词的语气意义》一文中提出要排除干扰因素,把语气意义独立出来,采取保留语气助词、只变动句终语调的方法。由此得出"啊""吗""吧""呢"分别对应感叹、疑问、不肯定、强调这几种语气意义,这证明了现代汉语的语气助词系统内部各个语气词都是单功能的,每个词语都表示的是单一的语法意义。此文的研究对象虽是现代汉语的语气助词,但其中独立语气助词语气意义的几种方法,如保留语气助词,只变动句终语调,看全文语气意义是否变化;在同样的句子中,使用同样的语调的前提下加用不同的语气助词;去掉语气助词,看是否还有假设的那种语气意义等。这些研究语气词的方法是值得我们研究和借鉴的。

通过检索语料我们发现,我们基本认同何乐士先生提出的观点,即"其"字的基本语气是推测、判断。何乐士先生在《〈左传〉的语气副词"其"》一文中说:"其配合上下文可以表示推测、判断、决心、愿望、命令、劝戒、祈使、反诘、疑问、假设等多种语气。其中表推测、判断的用法最多，共297例，占48%。值得注意的是，各种语气之间有时很难截然区分，特别是推测、判断语气常或多或少地蕴含在多种语气之中，成为“其”字的基本用法。”那么“其”字是怎样由一个单功能语气副词进而能表达多种语气的呢？主谓之间有停顿的“其”字小句，句尾多与“乎”“哉”“耶”“与”“也”等字连用，受到句尾语气词、句调和句意本身的影响，“其”字被误认为可以表达多种语法含义。实际上“其”字作为一个单功能的语气副词，不应负担多种语法功能。它在典籍中大量出现，广泛运用，虚化程度不断加深，一个单纯的语气副词被赋予了多种含义。在讨论分析“其”字功能的时候，我们应注意区分句子本身的语气和“其”字表达的语气。例如：

(4)今西伯昌，人臣也，修义而人向之，卒为天下患，其必昌乎！——《韩非子·外储说左下》

(5)为之歌《陈》，曰：“国无主，其能久乎？”——《左传·襄公八年》

(6)十七年春，小邾穆公来朝，公与之燕。季平子赋《采叔》，穆公赋《菁菁者莪》。昭子曰：“不有以国，其能久乎？”——《左传·昭公六年》

这里的“其”字看似表达了反问、推测、感叹等不同语气，实际上，这些语气是句子本身所具有的。“其”字在这里作为一个符号、一个论点标记来引出自己的结论，表达对于这件事情的判断，在有论据分析的基础之上提出观点，带有明显的强调意味。由于受到句尾语气词“乎”和句尾语调“?”“!”的影响，这些议论结构就带有了明显的反问、推测、感叹等不同语气，流露出说话人的强烈情感。这些语气是句子本身的语气，而非“其”字的功能。

这类带有“其”字的论点，以推测、判断为基本语气，结合语义又大致可分为两类：

第一类是判断语气，得出的结论较为肯定，更多时候是对此确定结论的强调。也就是“其”出现在确定论点中的情况。上文所提及的如祈使、判断、强调、命令、反诘等语气可归为这一类。说话人对相关事件作出一系列的分析，用判断、命令、强调的形式表达对此事的肯定推测，最后提出自己的论点。句尾多用“也”“矣”“乎”“哉”等语气词。“其”字在此情况下有强调论点的作用。

(7)“今有千里之马于此，非得良工，犹若弗取。良工之与马也，相得则然后成，譬之若枹之与鼓。夫士亦有千里，高节死义，此士之千里也。能使士待千里者，其惟贤者也。”——《吕氏春秋·知士》

例句中“其惟贤者也”是论点，以千里马喻士，以良工喻贤者。先以良工之与马的关系作比喻论证，须互相依赖，然后才得以成名，就像鼓槌和鼓彼此相依一样。进而指出气节高尚、为正义而献身的人就是士中的千里马，而能够使士驰骋千里的，大概只有贤人。通过详尽的比喻论证提出“其惟贤者也”的论点，有强烈的判断语气。在一定程度上，也是对“其惟贤者也”的强调。“其”字在这里作为一个引出论点的标记，而“能使士待千里者，其惟贤者也”本身就是一个判断句，结合“其”字使用使得判断语气更加强烈，有了明显的强调意味。

(8)桓公自莒反于齐，使鲍叔牙为宰。鲍叔辞曰：“臣，君之庸臣也。君有加惠于其臣，使臣不冻饥，则是君之赐也。若必治国家，则非臣之所能也，其唯管夷吾乎！臣之所不如管夷吾者五：宽惠爱民，臣不如也；治国不失秉，臣不如也；忠信可结于诸侯，臣不如也;制礼义可法于四方,臣不如也;介胄执枹,立于军门,使百姓皆加勇,臣不如也。夫管仲,民之父母也,将欲治其子,不可弃其父母。”——《管子·小匡》

上例为齐桓公从莒回到齐国以后任命鲍叔牙当宰相时,鲍叔牙推辞的一段话,因而推辞就任、举荐管夷吾是其说话的目的。所以“其唯管夷吾乎”是他想要证明的论点,也是这段话的中心,“臣所不如管夷吾者”是论据。其后更以宽惠爱民、治国不失秉、忠信可结于诸侯、制礼义可法于四方、介胄执枹立于军门这五点进行详尽的道理论证,得出治理国家必用管夷吾的论点。句尾又用语气词“乎”和感叹句调来表达强烈的判断语气。

由此可见,以上两句中强烈的判断色彩和感叹强调语气,并非是“其”字的功能。例(7)中是“其”字所在小句为一个判断句,本身就带有判断色彩;例(8)中“其”字只是一个引出论点的标记,句子所传达出的感叹强调意味是通过感叹句和句尾语气词“乎”表达的,与“其”字并无太大关系。

同样的句子还有:

(9)君臣不信,则百姓诽谤,社稷不宁;处官不信,则少不畏长,贵贱相轻;赏罚不信,则民易犯法,不可使令;交友不信,则离散郁怨,不能相亲;百工不信,则器械苦伪,丹漆染色不贞。夫可与为始,可与为终,可与尊通,可与卑穷者,其唯信乎?——《吕氏春秋·贵信》

(10)世衰道微,邪说暴行有作,臣弑其君者有之,子弑其父者有之。孔子惧,作《春秋》。《春秋》,天子之事也。是故孔子曰:“知我者,其惟《春秋》乎!罪我者,其惟《春秋》乎?”——《孟子·滕文公下》

第二类则是“其”字出现在不确定论点(即推测论点)中。说话人对此论点并不是十分确定,只是基于自己所作的推测而提出的观点。有时候还会用问句表达这种不确定。此种情况的“其”字有引出论点的作用。

(11)齐桓公与管仲谋伐莒,谋未发而闻于国,桓公怪之曰:“与仲父谋伐莒,谋未发而闻于国,其故何也?”管仲曰:“国必有圣人也。”桓公曰:“嘻!日之役者,有执蹠痛而上视者,意者其是邪?”乃令复役,无得相代。少顷,东郭牙至。管仲曰:“此必是已。”乃令宾者延之而上,分级而立。管子曰:“子邪言伐莒者?”对曰:“然。”管仲曰:“我不言伐莒,子何故言伐莒?”对曰:“臣闻君子善谋,小人善意。臣窃意之也。”管仲曰:“我不言伐莒,子何以意之?”对曰:“臣闻君子有三色:显然喜乐者,钟鼓之色也;湫然清静者,衰绖之色也;艴然充盈,手足矜者,兵革之色也。日者臣望君之在台上也,艴然充盈,手足矜者,此兵革之色也。君呿而不吟,所言者‘莒’也;君举臂而指,所当者莒也。臣窃以虑诸侯之不服者,其惟莒乎?臣故言之。”——《吕氏春秋·重言》

这里“其惟莒乎”是东郭牙这段话的论点,“臣闻君子有三色……其惟莒乎”是东郭牙对管仲“我不言伐莒,子何以意之?”的推测。其中“日者臣望君之在台上也,艴然充盈,手足矜者,此兵革之色也。君呿而不吟,所言者‘莒’也;君举臂而指,所当者莒也”是通过国君脸上的兵革之色,发音的口型,手臂所指示的方向三方面综合论证桓公打算攻打莒国的论点。最后则以“臣故言之”对上文的推测进行总结。因为是东郭牙作为臣子自己的猜测,所以得出的论点也是不确定的推测论点。

(12)“先王之令有之曰:‘天道赏善而罚淫,故凡我造国,无从匪彝,无即慆淫;各守尔典，以承天休。’今陈侯不念胤续之常，弃其伉俪妃嫔，而帅其卿佐以淫于夏氏，不亦渎姓矣乎？陈，我大姬之后也；弃衮冕而南冠以出，不亦简彝乎？是又犯先王之令也。昔先王之教，懋帅其德也，犹恐陨越；若废其教而弃其制，蔑其官而犯其令，将何以守国？居大国之间而无此四者，其能久乎？”六年，单子如楚。八年，陈侯杀于夏氏。九年，楚子入陈。——《国语·周语中》

单子路过陈国看到其昏庸无治的现状，回朝后对国君断定陈侯将有大祸，陈国也将灭亡。单子指出，陈国废除先王的教导，抛弃先王的礼节，蔑视先王的官制，违犯先王的命令。“废其教而弃其制，蔑其官而犯其令”是论据，在此基础上作出陈国“其能久乎”的推测。

同样的句子还有：

(13)上泄则下暗，下暗则上聋。且暗且聋，无以相通，夜姑杀者也。夜姑之杀奈何？曰：晋将与狄战，使狐夜姑为将军，赵盾佐之。阳处父曰：“不可！古者君之使臣也，使仁者佐贤者，不使贤者佐仁者。今赵盾贤，夜姑仁，其不可乎？”襄公曰：“诺。”——《榖梁传·文公》

说话人阳处父明言“不可！”表达了自己的观点，然后用“古者君之使臣也，使仁者佐贤者，不使贤者佐仁者”进行道理论证，“赵盾贤，夜姑仁”是论据。最后得出“其不可乎”的疑问，并得到了听话人襄公的肯定。

在这些例子中，“其”字同样作为论点的引入标记出现在说话人的论点之前，只不过这些论点都是说话人的推测，有时还需得到对方的回答，因此不如第一类中的判断语气强烈，一般是对论点的询问。

还有一种“其”字是表复指的情况。如：

(14)如此者，其求物也，养生也？粥寿也？——《荀子·正名》

(15)凡生于天地之间，其必有死，所不免也。孝子之重其亲也，慈亲之爱其子也，痛于肌骨，性也。所重所爱，死而弃之沟壑，人之情不忍为也，故有葬死之义。——《吕氏春秋·节丧》

(16)夫祭之为物大矣，其兴物备矣。顺以备者也，其教之本与？——《礼记·祭统》

(17)郑之未灾也，里析告子产曰：“将有大祥，民震动，国几亡。吾身泯焉，弗良及也。国迁，其可乎？”——《左传·昭公六年》

这里“其”字复指前文主语，使主谓关系更加明显。前文主语在被复指的同时也被强调，除此也表达出对复指内容的判断，带有明显的判断强调意味。作为论点标记的“其”字，逗号之前大多是对一个事件的完整描述或大段的论据，然后以“其”字为引入标记得出论点，在一定程度上起到对论点的强调作用。表复指作用的“其”字，则用在谓词性成分之前。它所复指的主语大多是一个动词或名词，如“国迁”“如此者”“凡生于天地之间”等。作为引入论点的“其”字，它所强调的更多在于“其”字后的论点，而复指功能的“其”字，它所强调的则侧重于“其”所复指的主语。可见，“其”字的功能不同，所强调的重点也就不同。

可以说，上古汉语用在主谓之间有停顿的“其”字小句带有揣测、判断、假设、反诘、命令、祈使等多种语气，其中推测判断是这类小句的基本语气，而并非“其”字这一个字的语法功能。如此来看,“其……乎!”“其……也”“其……哉!”“其……耶!”等多出现在第一类肯定结论中;而“其……乎?”多出现在第二类不确定的推测结论中。同样是主谓之间的“其”字小句,表达出的不同语气可能与句尾语气词、句中语调有关,如句尾“也”的判断语气、“哉”“耶”的感叹语气、“乎?”的疑问推测语气、“乎!”的强调判断语气,而与“其”字本身似乎并无多少联系。综上,“其”在这类句子中充当一个符号,作为一个引出论点的标记,有引入论点和复指两种功能。虽侧重点有所不同,但在一定程度上都起到判断强调的作用。

参考文献

[1]郭锡良:《先秦语气词新探》,《古汉语研究》1988 年第 1 期。

[2]何乐士:《左传虚词研究》,商务印书馆 2004 年版。

[3]杨逢彬、陈练文:《对语气副词“其”单功能性质的考察》,《长江学术》2008 年第 1 期。

[4]胡明扬:《语气助词的语法意义》,《汉语学习》1988 年第 6 期。

[5]马建忠:《马氏文通》,商务印书馆 2008 年版。

[6]何容:《中国文法论》,商务印书馆 1985 年版。

[7]赵元任:《北京、苏州、常州语助词的研究》,《清华大学学报》(自然科学版)1926 年第 2 期。

(指导教师:邱崇)

关于山东省鲁南柳琴戏的探究与传承

张胜[1]　赵大山[1]　岳俊俊[1]　蒋曼[1]　李然[1]　滕成琳[1]

柳琴戏，汉族戏曲剧种之一，由流行在鲁南的民间小演唱“肘鼓子”和“拉魂腔”相结合而形成。在没有称为“柳琴戏”之前，又称作“肘鼓子”或“拉魂腔”，通常称作“拉魂腔”。1953年正式定名为“柳琴戏”。它形成于清代中叶以后，主要分布在江苏、山东、安徽、河南四省接壤地区。柳琴戏的来源有两种说法：一说是以鲁南汉族民间小调为基础，受当地柳子戏的影响发展起来的；一说是由江苏海州传播而来。

本文主要通过实地采风，对柳琴戏的艺术特点进行了解，对柳琴戏的现状进行分析，并对柳琴戏的传承和未来的发展进行了有效性的思考。

一、柳琴戏的艺术特点

柳琴戏是流传于鲁南一代的民间曲艺，是受地方戏曲影响并逐渐发展成一种具有鲜明地方特色的曲艺演唱形式，柳琴戏在发展过程中除了借鉴鲁南地方戏曲的唱腔唱法外，还吸收了周边地区和不同曲艺的特色，形成了一种兼具南北特色的民间曲艺。

（一）伴奏乐器

柳琴戏“文场”有土琵琶、笛子、唢呐、笙、管、二胡、小三弦等，“武场”有“四大件”。还运用了电声乐器。伴奏音乐也运用了和声、配器等技法。值得一提的是，柳琴戏的主弦乐器——两根丝弦的土琵琶，通过多次改革研制相继制成了三、四、五、六弦的多种高中音柳琴。

（二）角色特点

柳琴戏的角色有自己特殊的名称，在小头、二头、二脚梁子、老头、老拐、大生、勾脚、毛腿子、奸白脸等行当中，小头即闺门旦，二头即青衣，二脚梁子即青衣兼花旦，老头即老旦，老拐即彩旦，大生即老生，勾脚即丑，毛腿子即花脸，奸白脸即白面。柳琴戏的表演粗

---

[1]艺术学院2012级音乐学专业。

犷朴实，节奏明快，乡土气息浓厚，演员的身段、步法明显带有民间歌舞的特点。

柳琴戏的角色名称也具有自己的特色，主要分为生角、旦角、勾角、花脸四大行，与众不同的是其旦角与丑角的名称。旦角分为二头、小头、老头、祸婆。二头，即青衣(也即正旦)，扮演贤惠端庄的青年妇女，以唱功为主，如《秦香莲》中的秦香莲；小头，即小旦，又细分为闺门旦、花旦、小花旦、风流旦，扮演大家闺秀或小家碧玉，文雅秀丽、天真活泼、聪明伶俐是其特点，如《小姑贤》中的桂姐；老头，即老旦，扮演老年妇女，特点是善良厚道，如《三蜷寒桥》中的老朱氏；祸婆，即彩旦，淮海戏叫作“歹婆子”，扮演中老年妇女，特点是风趣诙谐、丑陋粗俗，顾名思义，这个角色多扮演心眼不好的坏婆婆，一出场就会有祸事降临，例如《小姑贤》中的刁氏。柳琴戏中的丑角叫作“勾角”，多扮演性格诙谐、风趣憨直或奸邪油滑的官员、纨绔子弟、武侠义士或一般下层人物，其行当又细分为文丑、武丑和老丑三种。花脸中的“毛腿子”一行的名称，也是其他剧种所没有的，主要扮演山贼、草寇、番王、蛮将，性格粗野凶狠，以武戏为主。

(三)曲目书目

柳琴戏传统剧目非常丰富，共有本戏、折子戏 180 个，连台本戏 41 个，代表性剧目包括《四平山》《八盘山》《鲜花记》《鱼篮记》《断双钉》《小鳌山》《雁门关》《白罗衫》《喝面叶》《小书房》等。

(四)唱腔

柳琴戏的音乐唱腔非常别致，地方特色尤为鲜明，男唱腔粗犷、爽朗、嘹亮。女唱腔婉转悠扬、丰富多彩、余味无穷。演唱者可以随心所欲地发挥、创造，自由地变化。“怡心调”是本剧种的最大特点。此外，在唱腔的落音处，女腔常用小嗓子翻高八度，男腔加入衬词拖后腔，也是其独特风格。节奏大多是有板无眼的 1/4 击拍，除了大部分是后半拍起唱处，还有连续切分的变节奏，给人以欢快、活泼、跳跃之感。由于唱腔旋律与地方语言有着密切的关系，唱腔中的音程大跳经常出现，再加上频繁的转调，使人听起来既新奇多彩，又自然和谐。

柳琴戏的唱腔以徵调式与宫调式为主，徵调式温和缠绵，宫调式明快刚劲。柳琴戏唱腔曲调有：哈弦、起板、导板、连板起、拉腔、射腔、起腔、含腔、平腔、停腔、柔腔、叶里藏花、雷对调、一哟调、老公调、回龙调、垛板、调板、闸板、冒调花腔、四六长腔、男女拉拉腔等。此外还有从民间小调变化而来的过河调、赶脚调、送郎调、补缸调、叠断桥、打牙牌、千金小组进花园调、小放牛、八段锦、调兵调、叶落金钱等。其板式大致可分为慢板、二行板、数板、紧板和五字紧板等。

(五)伴奏特点

柳琴戏板式大致可分为：慢板(又叫“幽板”“澄清板”)、二行板(又叫“流水板”，有快慢之分)、数板、紧板和五字紧板等。

柳琴戏的音乐工作者创作和改编了很多伴奏曲，有的已形成了新的传统曲牌。如《苦中乐》《绣花牌》《水龙吟》《什样锦》《朝天子》《抱妆台》《云灯》《游场》《建都》《扫灵》《哭灵堂》《三清曲》《走马出兵》《赏花》《娃娃令》《迎春曲》《传情曲》《鸳鸯戏水》《喜临门》《叶落金钱》《进花园》《会佳丽》等。

二、柳琴戏的问题和现状

应该承认的是，柳琴戏正慢慢“失宠”，剧团普遍面临的问题有：负担重，经济状况拮据，工资不能保证，人才流失、断层现象严重；戏曲创作与演出市场严重脱节，演出场所设备陈旧不堪。剧团也同样面临着生存的挑战，柳琴戏面临着传承与保护的困境。自改革开放以来，在主管部门的正确领导下日益活跃、发展、壮大。但总体上讲，还处在一种保守封闭状态，思想不解放，干事放不开手脚，谨行慎为。虽然艺术资源潜力很大，但却没有很大作为，突出问题主要有以下几点：

1. 设备落后

由于受社会发展、历史变革、时尚文化的冲击，况且原有的设备陈旧、装置简陋，已远远不能满足和适应现代观众的要求，很难达到最好的演出效果。柳琴戏的观众主要在农村，过去一个戏连演连满几个月的盛况经常看到，现在一个新戏能演十场就已经很不容易了。不论城乡，卖票演出已成为可望而不可及的事情。农民想看戏而看不到，剧团想演出又很难下得去，过去柳琴戏在农村有深厚的群众基础，但是近年来送戏下乡遇到困难，往往演一场换一个地方，不仅演出成本高、损耗大，而且“根据地”的农村观众也有日渐减少的趋势，形成了“多演多赔，少演少赔，不演不赔”的怪圈。这些都直接导致了剧团的生存危机。

2. 人才匮乏

由于眼下戏曲不景气，艺术院校的戏曲专业取消，很多创作、表演人员纷纷转行，人才凋零。再加上体制原因，受编制的限制，十几年来只退不进，人才断档，青黄不接现象严重。老艺人相继去世或退休，或年事已高不能登台演出，很多有价值的传统剧目没有挖掘，许多精彩唱腔、唱法和表演艺术没有完全继承下来，濒临失传；随着在职人员年龄的不断增长，后继乏人的局面日益严重。我们既缺乏叫得响、知名度高的尖子演员，同时也缺乏编、导、音、美等创作人才，更缺乏懂艺术、善经营的管理人才。每逢排演新剧目，就捉襟见肘。

3. 投入不足

资金不足是大部分艺术团体普遍存在的问题。市级艺术表演团体大部分为差额拨款事业单位，历史欠账多，包袱沉重，生存困难，已经影响到院团的良性发展。仅以临沂市柳琴剧团为例，每年按工资的70%拨款，每年十多万元的演出收入日常开支都难以维持，更不用说排演新剧目了，设备器材难以更新，基础设施差。这些都影响了剧团的发展。

4. 缺乏创新

由于在分布区域上有一定的局限性，柳琴戏既不像京剧、评剧在表演上程式化，有完整的板式体系；也不像黄梅戏、吕剧在不断地改革与创新中逐步完善演唱特点。其板式尚不完善，声腔还不够丰富，缺乏固定的唱腔模式，正处在摇曳阶段。因此，延缓了柳琴戏改革创新的进程,制约了剧团的发展。

三、柳琴戏的传承价值

柳琴戏在长期发展过程中吸收了各种姊妹艺术的优点,并与流行地人民群众的生活发生着密切联系,成为一种地域文化的载体。但20世纪80年代以来,随着人们物质生活水平的提高,电影、电视的迅速普及,多种娱乐样式的出现,柳琴戏观众逐渐减少,表演团体悄然萎缩,柳琴戏慢慢退出人们的视野。到今天,已经很难看到一场纯粹的柳琴戏演出,听到几句纯正的拉魂腔声调了。

具有独特风格的"柳琴戏",它的产生、发展、完善的过程,对我国地方戏曲的探索与研究有着重要的历史意义和现实作用。它的许多传统剧目中,至今还保留着深刻的时代印记,对研究我国的民俗文化,很有参考价值。柳琴戏音乐唱腔从最初的仿"姑娘腔"花鼓调发展成为今天的板腔体,对中国地方戏曲板腔音乐的研究,具有重要的参考价值和学术价值。柳琴戏的表演具有粗犷、热烈、朴实、健康的风格和浓郁的生活气息。特别是生活小戏,这种特点尤为突出。柳琴戏唱腔婉转悠扬,动人心弦,而且包含诸多古声古韵(姑娘腔等),具有较高的美学价值。

柳琴戏是鲁南地区广大人民群众喜闻乐见的一种娱乐形式,逢年过节时自娱自乐的演出还在继续。柳琴戏贴近群众、贴近生活,深受群众喜爱。众多的传统剧目和现代戏内容健康且通俗易懂,具有寓教于乐的作用,对弘扬我国优秀传统文化和社会主义精神文明建设有不可代替的作用。柳琴戏已成为当地的一个品牌,对推动临沂文化建设起了很好的作用,形成了鲁南地区特有的风格。

在20世纪50年代就灌制了《王二英思夫》《丝鸾记》等一大批唱片,改革开放以来,又有《逼婚记》《父子结拜》《秦香莲》《张郎休丁香》等录制磁带40余盒;《父子结拜》《王华买爹》《秦香莲》《打干棒》等摄制VCD发行20多盘。为丰富临沂人民的精神文化生活做出了贡献。国家非常重视这一非物质文化遗产的保护,2006年5月20日,柳琴戏经国务院批准列入第一批国家级非物质文化遗产名录。

拉魂腔流传的淮海流域,属于中原官话区,中原官话是中华文明的原始载体,经过华夏祖先无数世代的精炼交融,几千年的沉淀,使得土话能传神。而拉魂腔的一些腔调来源于民间巫婆祝词(肘鼓子),源远流长,从原始社会就有,当地民间的拉魂腔在没有教育系统的时代,充当了教育民众,并以乐韵安定人心的作用。不识字的老百姓,听一段家乡的说话唱腔,就能找到人生的角度和古人的世界观,失魂落魄的人听一听乡音土戏就能找回自己最初的世界观,回想起学说话的那个自己。声音是人观察世界的角度。所以,拉魂腔是淮海人民非常宝贵的文化遗产。

四、保护措施建议

柳琴戏具有较高的历史价值、文化价值和艺术价值,应给予保护。应当抓紧调动各方面力量,依靠现有各种科技手段,保存好柳琴戏资料,为后代留下这份宝贵遗产。同时，提高戏曲创作、演出人员的待遇，改善戏曲工作者的工作和生活环境，高度重视专业人才和后备人才的培养，确保柳琴戏艺术后继有人。

政府应尽快出台相关政策，对表演艺术团体进行评估，结合非物质文化遗产保护工程的实施，参照国家保护京剧剧团的办法和措施，确定重点，由财政进行专项扶持，推动柳琴戏艺术的发展繁荣。

作为一个地方剧种的艺术表演团体，承载着传承保护的重任，如果想要不断发展壮大，提高知名度就必须牢牢把握先进文化的发展方向，坚持科学发展，以优秀的作品鼓舞人，积极创造条件，并且深入研究市场，了解市场，在市场竞争中立于不败之地。

五、结　语

本文不仅从理论上对柳琴戏进行了研究，而且还实地到滕州柳琴剧团进行了探究，在理论和实践中了解了柳琴戏的独特魅力。柳琴戏在长期发展过程中吸收了各种姊妹艺术的优点，并与流行地人民群众的生活发生着密切联系，成为一种地域文化的载体。柳琴戏的唱腔语言等与滕州当地方言有极其相似之处。柳琴戏是滕州土生土长的一个剧种，它和当地的风俗习惯、思想感情和地方语言的关系极为密切。早在明末清初，当时的滕州还是滕县，流行的主要有滕县花鼓，滕县花鼓和今天的柳琴戏有相似之处，后来经过不断地发展，人们不断地注入新的内涵和东西，柳琴戏逐渐形成并慢慢发展成为滕州当地的一个最常见的老百姓最为熟悉的戏曲形式。作为墨子和鲁班的故乡，滕州历年来注视文化的发展和传承，因此也一定程度上推动了柳琴戏的不断完善。

参考文献

[1]孔培培：《从拉魂腔到柳琴戏》，中国艺术研究院博士学位论文，2007年。

[2]张守连：《明成化刊本说唱词话研究》，复旦大学博士学位论文，2003年。

[3]百度百科“柳子戏”词条，http://baike. baidu. com/link? url = 9mBparON17b9N7NRnnv _ b6ITcnT01wIkiCrfOF8pvQvx2UrXNVFeXe0mSRdcvvKGEmpQUOlSF-p898vtSeKMHa.

（指导教师：张兵）

留守儿童成长发展状况调研

——以枣庄市山亭区为例

冷无霜❶ 张嫣然❶ 孙显荣❶ 邢珂❷ 庄硕❸

留守儿童问题是近年来一个突出的社会问题。随着我国社会政治经济的快速发展，越来越多的青壮年农民走入城市，在广大农村也随之产生了一个特殊的未成年人群体——农村留守儿童。据有关资料显示，全国外出务工农民近1.2亿，农村留守儿童达2300多万，这些儿童的健康成长关系着成千上万家庭的幸福，也关系着祖国未来的命运。农村留守儿童的身心健康发展日益引起全社会的广泛重视。留守的少年儿童正处于成长发育的关键时期，由于缺乏父母有效的监护和教育，无法在思想认识和价值观念上得到父母的引导和帮助，普遍存在着一些心理问题、学习问题和生活问题，对他们的身心健康成长造成了不良影响。留守儿童身上发生的种种悲剧和由此带来的不安定因素直接影响和谐社会的创建和发展。关注留守，守望未来，通过调研留守儿童存在的主要问题、生活状况、教育状况等，可使更多人了解和关注留守儿童，从而促进广大农村青少年的健康成长和农村社会的和谐与稳定。

一、研究内容及方法

(一)研究内容

了解留守儿童存在的心理问题、生存状况、教育状况等，找出留守儿童心理健康与学习生活中存在的问题，分析其产生的原因，通过调查使更多的人了解和关注留守儿童，积极探索农村留守儿童有效教育途径。

(二)研究方法

1. 文献研究法：我们搜集整理有关留守儿童情况的相关资料，进一步了解所研究的内容，为调研作好准备。

---

❶艺术学院2012级音乐学专业；❷艺术学院2012级美术学专业；❸艺术学院2013级音乐学专业。

2. 实地走访法：通过实地走访部分留守儿童的家庭，深入了解了留守儿童的生活、家庭、学习情况。

3. 问卷调查法：随机发放问卷，针对所得的问题进行分析并得出结论。

4. 意见反馈法：调研完成后，与当地政府相关负责人员沟通反馈，积极探索加强家庭、学校和社会的联合，建立留守儿童问题长效保障机制的方法。

二、研究对象及过程

（一）研究对象

山亭区冯卯镇作为枣庄市经济欠发达的乡镇，每年都有8000余名的青壮劳力外出打工，据初步统计，全乡镇的留守儿童近1000名。此次调研以100名留守儿童为调查研究对象，年龄为8～14岁，共发放调查问卷100份，收回98份，回收率为98%。走访20户留守儿童的家庭。

（二）研究过程

课题研究分三个阶段：

1. 预备阶段（2013年6月）：做好课题方案的设计和论证工作。

2. 研究实施阶段（2013年8月至2014年2月）：(1)调查农村留守儿童的现状，进行数据统计分析；(2)总结归纳农村留守儿童存在的问题；(3)提出对策和建议。

3. 研究总结阶段（2014年2月至2014年4月）：总结研究工作，写出研究报告。

三、调查结果及分析

（一）留守儿童的生活问题

留守儿童不仅缺少应有的关注，处境孤独，而且不能按时保质吃饭，营养状况不良，影响其精神状态和上学读书的情绪。目前，留守儿童的监护形态主要有三种：

1. 隔代监护

监护人是祖父、祖母或外祖父、外祖母，他们构成了留守儿童监护人的主体部分，据统计约占到90%的比例。隔代监护，对孩子往往只能保证其饿不着、不生病，要么是溺爱、娇纵，要么是冷漠、放任自流，再加上教育理念方面的偏差，往往导致监护不力，同时照顾几个孙辈，也常常力不从心甚至无能为力。而由于一些监护人年龄偏大、身体有病、生活不能很好地自理等原因，他们不但不能为留守儿童提供一些生活上的照料，相反，留守儿童在洗衣、做饭、买药看病等方面要花很多的时间和精力去照顾监护人，这实际上变成了逆向监护。

2. 上代监护

监护人为父母的兄弟姐妹或朋友，即留守儿童的叔、伯、舅、姑，或者干爹、干妈。因为存在心理上的顾虑,上代监护人注意力多集中在留守儿童的安全和饮食方面,对孩子心理和精神上的需求关注甚少。

3. 同辈监护

由哥哥、嫂子或者姐姐、姐夫代为监护。这类监护人年纪较轻,但大多数也会外出打工,面临监护权不稳定的问题。

最严重的情况是监护缺失,即留守儿童自己照料自己,许多这样的孩子要操持家务,代替父母种田、管理庄稼,这对于他们来说是相当沉重的负担。

(二)留守儿童的教育问题

由于父母监护的缺失,家庭教育这一在儿童成长过程中至关重要的环节便被极大地削弱了。委托监护人不能提供较好的家庭教育和引导,不愿管理或者不善于教育,致使部分留守儿童长期缺少亲情和家庭教育,对孩子人生观、价值观的形成产生了消极的影响。无论是祖辈知识水平低下,存在沟通障碍,无法辅导孩子的学习,还是上代监护人忽视对孩子学业上的监督,都导致了留守儿童学习成绩和学习兴趣的大幅下滑,逃课、辍学的大量增加。孩子旺盛的精力由此转入其他方面,对不良诱惑缺乏有效的抵制力,使他们极易转而迷恋电子游戏以及受到文化垃圾的影响。

(三)留守儿童的心理问题

留守儿童之所以产生心理问题,首先是年龄方面的原因。他们大多都在15岁以下,正是情感、品德、性格形成和发展的关键时期,而他们的父母在自己的孩子出生才几个月或一周岁后,就外出务工。长期与父母分离,使他们生理和心理上的需要得不到满足,缺乏父母的关爱,亲情失落,由此产生孤独感,导致心理失衡。这就很容易使他们形成消极情绪,表现出性格的内向、失落自卑、自私冷漠、脆弱孤僻或焦虑、任性、暴躁,有的出现逆反心理、怨恨情绪。

(四)留守儿童的安全问题

留守儿童的人身、生命安全是打工在外的父母最牵挂的问题,而现实状况并不乐观。一方面,委托监护人年老体弱无力保障或无暇顾及;另一方面,此年龄段的孩子自律性较差,好奇心强,活泼好动,对事物的分析判断能力尚未成熟,使得安全问题颇多。缺乏安全保障的留守儿童很可能会成为不法分子的侵害对象。在留守儿童中,男性儿童容易成为人贩子注意的目标,而女性儿童容易受到人身侵害。公安部的调查显示两个“大多数”:全国未成年人受侵害及自身犯罪的案例大多数在农村,其中大多数又是留守儿童。有的孩子学会打麻将、赌博,有的拉帮结派、抽烟喝酒、逃学打架,与社会上不三不四的人交往,这些都成为社会的不安定因素。据调查,历年的刑事犯罪中,有20%以上的青少年是这类孩子。

四、对策和建议

留守儿童之所以存在诸多问题,原因包括家庭、学校和社会等多个方面。留守儿童问题作为一个普遍存在的社会问题，不应只是农村外出务工人员自己去解决的问题，而应该由全社会共同努力，为留守儿童创造健康成长环境和空间。

（一）家庭教育方面

1. 努力营造一个良好的家庭教育氛围

外出务工的父母及留守儿童的代理监护人员，应尽量为留守儿童营造一个温暖的学习和生活环境，使“留守儿童”能健康成长。外出务工的父母也应加强与子女的联系和沟通，尽可能做到多关心孩子，还要加强与代理监护人、学校的联系。外出的父母要经常回家或打电话与孩子沟通、交流感情，和学校沟通掌握孩子的学习情况，以便发现问题时及时纠正。

2. 外出打工的夫妻有条件应带上孩子跟随自己生活

要正确教育和引导好孩子，树立“知识改变命运的观念”。如果条件允许，夫妻最好留一个在家与孩子一起生活，因为家庭的安全感和亲情的温暖是任何外力都无法取代的。

（二）学校教育方面

在学校教育方面，应加大各级政府对农村义务教育的投入力度，搞好农村寄宿制学校建设。寄宿制学校可以解决留守儿童无人照看、学习和安全得不到保障的问题，解决进城务工农民的后顾之忧。因此，在当前中小学布局调整过程中，要结合“农村中小学危房改造工程”“国家贫困地区义务教育工程”等项目的实施，在有条件且必要的地方改扩建一批农村中小学寄宿制学校，同时加强对寄宿制学校教学、生活、安全方面的管理，以充分发挥学校教育的主体作用，帮助留守儿童克服面临的各种困难。学校应在政府的支持下千方百计改善学生寄宿条件或开办专门的留守儿童宿舍，配备专门的生活教师，给留守儿童及广大农民子女提供比较好的学习和生活环境，从而加强对留守儿童的管护。

（三）社会政府方面

加快当地经济发展，努力发展支柱产业和乡镇产业，以服务当地为基本指针，出台相对优越的条件，吸纳当地农村富余劳动力，实现劳动力的就地转移，从而减少留守儿童的数量。加强农村乡镇文化建设，大力整治校园周边环境，打击违法经营的网吧，根治各种精神污染对孩子的毒害。同时，调动社会各方面的力量，为农村留守儿童的健康成长创造良好的外部环境。充分发挥新闻媒体的作用，围绕关爱留守儿童的主题，加强宣传力度，使教育主管部门人员、学校老师、学生家长、社区、村委会等树立关注农村留守儿童的社会意识，引起社会重视和广泛关注，特别是留守儿童的父母对留守儿童的教育、成长要从根本上重视起来。建立农村未成年人教育和监督体系，加强和完善农村社区教育功能。加大对农村留守儿童教育问题的调查研究，以便对当地政府提出更具体和可操作性的建议和意见。

（四）留守儿童自身方面

留守儿童应多与父母保持联系，多与监护人交流情感。在生活或学习中遇到困难，要主动向老师或邻居或亲戚或周围的同学寻求帮助，及时化解生活和学习中遇到困难和问题，减少在外打工的父母对自己过多的担忧。同时，在父母不在身边的情况下，留守儿童自己如何充分利用来自社会、学校、政府以及家庭所创造的条件，则是问题的关键所在。因此，留守儿童应该增强自我约束的能力，在各方面严格要求自己，要理解父母在外面打工的艰辛与不易，并以此作为自己学习和生活各方面追求上进的动力，培养自立、自强、自爱的精神，从而使自己健康成长、成才。

五、结　语

青少年时期是一个极为重要的成长阶段。农村留守儿童的教育不仅对家庭、学校，而且对我们整个社会教育体系都提出了严峻的挑战。他们作为一个特殊的弱势群体，在当前社会背景条件下，其生存、教育、心理等方面出现诸多问题。解决农村留守儿童问题任重而道远，需要一个良性循环的配套机制。从根本上来说，必须在政府的正确引导下，充分发挥家庭、学校、社会“三位一体”的教育作用。除此，需要多方面的力量相互配合和高度重视，并营造良好的社会氛围，关注留守儿童的心理健康教育。关爱留守儿童的成长，才能真正实现农村教育事业的健康快速发展，城乡统筹发展才能更快实现，社会才能真正实现和谐发展。

参考文献

[1]董晓雅：《我国农村教育现状调查》，《记者观察》2008 年第 8 期。

[2]商江：《眺望中国教育——商江教育论文汇集》，吉林大学出版社 2007 年版。

[3]胡双成等：《农村义务教育师资力量薄落的几点表现》，《中国教师》2007 年第 3 期。

[4]中华人民共和国国家统计局编：《中国统计年鉴(2008)》，中国统计出版社 2008 年版。

[5]李宝峰：《农村“留守子女”的心理健康问题及其干预》，《教育探索》2005 年第 5 期。

[6]陈少华、马勇琼：《农村“留守儿童”心理问题探析》，《玉林师范学院学报》2006 年第 4 期。

[7]金国强：《现代家庭与素质教育》，宁波出版社 2003 年版。

[8]梅健、林健：《代理家长制：政府为留守儿童找“家长”》，《中小学管理》2007 年第 4 期。

[9]董新良、王瑾：《农村留守儿童问题知多少》，《中小学管理》2007 年第 4 期。

（指导教师：刘楷）

雷琴艺术的发掘与继承

尹家敏[1]

一、雷琴简介

(一)雷琴的外形

雷琴是一种拉弦乐器，曾称“大雷”。20 世纪 20 年代末，山东郓城艺人王殿玉(1899～1964)在坠胡基础上，加长了琴杆，加大了琴筒，改蒙蟒皮而成。琴杆窄而长，用红木、花梨木制成，表面为指板。琴头呈铲形，左右各置一弦轴，轴表面刻有瓣纹，轴顶嵌骨饰。琴筒大而短，铜制、圆形，蟒皮蒙面，后敞口。置琴码，张两弦。琴弓较二胡弓长，所拴马尾束较宽。

(二)雷琴的两种形式与定弦

雷琴的形式有大、小两种。大者全长 110 厘米，张钢丝弦；小者全长 90 厘米，张丝弦。大雷琴用于独奏时通常只用外弦，合奏时演奏低音声部，用以加强乐队的音响厚度。小雷琴常用于独奏，一般不参加乐队合奏，演奏小雷琴时，右手执弓，左手握住外弦的弦轴，以改变音高。雷琴无明显的音区差别，音量较大，音色柔和圆润，一般不参与大雷琴定弦 e、a 或 d、a，小雷琴定弦高八度，音域均三个半八度。

(三)雷琴的演奏方法与特殊技巧

演奏时坐姿，琴筒置于左腿上，左手持琴按弦，右手执弓在两弦间拉奏。指法与二胡相同，但多用食指和无名指按弦，并多用大音程滑奏。雷琴的弓法有渐强、渐弱、慢弱突强、慢强突弱和大幅度变换等。雷琴擅长模拟人声、戏曲唱腔和各种乐器的音响效果，所奏戏曲流派唱腔，惟妙惟肖，俗称“大雷拉戏”“单弦拉戏”“巧变丝弦”。

---

[1] 艺术学院 2012 级音乐学专业。

二、雷琴的历史地位及成就

迄今为止，虽然雷琴在中国民族乐器中的历史较短，但具有独特的艺术表现力，是一种高度声乐化的乐器。自从王殿玉先生于20世纪20年代初创建“雷琴”以来不到百年的历史中，他与他的弟子们曾经以其精湛的演奏与雅俗共赏的特点，受到上至中央领导下到人民大众的欢迎与喜爱。虽然雷琴的历史时间不长，但是也有一定的成就与传承。雷琴虽然是在坠胡的基础上改革而成的，但是相较于坠胡来说，它的音量大、音域宽、音色美，最早称之为“大弦子”或“大雷”。1953年正式定名为“雷琴”。它的音色柔和圆润，富有丰富的表现力。既可独奏、重奏或合奏，又可模拟人声、戏曲唱腔、鸟兽啼叫和多种乐器的音响效果。雷琴经过多年的艺术实践，已经积累了一批曲目，所奏戏曲流派唱腔，如京剧“梅派”“程派”“谭派”“马派”“余派”和评剧、河北梆子、河南梆子的著名演员唱段，均惟妙惟肖，颇受群众的欢迎和喜爱。此外，雷琴还能模拟笙管合奏、军乐鼓号以及民间小调等。雷琴在有些地区已经家喻户晓，成为生活中必不可少的器乐艺术。

三、雷琴特色——雷琴拉戏

(一)雷琴拉戏简介

雷琴除了独奏外，还可以拉戏，“雷琴拉戏”是一种介于音乐和曲艺之间的独特器乐样式。它是器乐演奏，却又带有相声里“学”及“口技”模仿的明显痕迹。王殿玉演奏的雷琴不仅可以通过各种弓法、指法、弦法及力度的变化，将各种戏曲唱腔、民歌小调人的哭、笑、对话，各种动物的鸣叫以及自然界的音响模仿得惟妙惟肖，而且还能仿奏出笙、管、唢呐、提琴、小号、锣鼓等多种乐器的音响效果。这正是不少观众对其颇感兴趣的关键。就“拉戏”而论，王氏通过雷琴可以模仿各个剧种、曲种，各种角色、流派的唱腔，无论是京剧《二进宫》、评剧《刘巧儿》，还是豫剧《朝阳沟》，听来确有“乱真”之感。王氏还能演奏《念故乡》《幽默曲》等外国小曲及《渔光曲》《四季歌》等电影新曲，中外听众莫不叹服。“雷琴拉戏”仍活跃在各地的舞台上。新中国成立前就开始从王殿玉学艺的宋东安先生，虽然已是古稀之年，至今还常常出现在津门舞台上。他不仅继承了先师过人的基本技巧和模仿技能，而且还在演奏剧种、曲种及乐队的伴奏形式上有了新的拓展。

(二)宋安东先生简介

提起宋东安先生，就会想起中国音乐家协会为了传承雷琴艺术而创办了雷琴研究会。中国音乐家协会雷琴研究会自成立以来，于1985年9月20日晚在北京中央人民广播电台音乐厅举行了“纪念著名民间艺术家、教育家、雷琴艺术创始人王殿玉先生诞辰八十五周年音乐会”，并取得圆满成功。中国音协李焕之主席接见了部分代表，并给予了充分肯定与鼓励。1999年10月30日晚在北京儿童剧院成功举行了“纪念著名民间艺术家、教育家、雷琴艺术创始人、雷琴古筝演奏大师王殿玉先生一百周年诞辰音乐会”。

2004年4月20日在北京召开了常务理事会，产生了中国音乐家协会雷琴研究会第二届领导班子。

四、对雷琴艺术的继承与发扬

(一)中国音乐家协会创办雷琴研究会

为了更好地研究继承雷琴的演奏艺术，培养新生力量，中国音乐家协会雷琴研究会于2009年10月25～29日在北京举办了一次具有抢救性质的“雷琴演奏艺术培训班”。这次培训班，开启了雷琴演奏历史的第一幕，是雷琴艺术继承与发扬的良好开端。为了这次雷琴艺术研究会的成功举办，雷琴研究会经过了长期而充分的准备，并请来了王殿玉先生目前在国内仅存的三位亲传弟子宋东安、付定远、王华杰先生授课。虽然他们三位分别在天津、广州、宁夏工作，现在年事已高，都是七十多岁的老人了，但为了雷琴的传承，他们不顾身体状况与路途遥远，依然决定去北京义务授课。由此可见老一辈雷琴艺术演奏者对雷琴艺术发展的殷切希望。

在10月25日上午，培训班在中国煤矿文工团民乐队排练厅举行了开学典礼仪式。雷琴研究会名誉会长冯卉，副会长李滨、丁宝春、田涛、王恒、贾雨，秘书长张永智等人都赶来庆祝培训班的成功举办。看到如此隆重的开学典礼与来自天南地北的众多学生，宋东安、付定远、王华杰三位大师十分兴奋与激动，他们表示：为了使雷琴艺术后继有人，他们绝不会将雷琴技艺带到棺材里去，有生之年，只要有人愿意学习雷琴，他们一定竭尽全力传承。说到动情之处，宋东安老人流下了激动的热泪。艺术家对艺术的热忱不仅表现在自己此生对于音乐的热爱，而且还表现出对于艺术可以流传下去的希望。说到此处，我们不得不担负起传承艺术的重担，继承和发扬中华民族的传统文化。

(二)各位学习者对雷琴研讨会的评价

杭州的孙以诚同志说本来是抱着好奇与兴趣的心态来学习的，可是当他听了三位大师的授课和讲话后，他完全转变了以前的看法，内心有一种危机感与使命感，认为抢救雷琴艺术刻不容缓。雷琴目前在中国民乐中是一件小众乐器，处于弱势地位，但又是一种非常具有中国传统风味的民族乐器，为抢救这件面临危机的乐器，我们二胡人有责任挑起这个重担，好好学习继承下去。笔者同样是二胡学习者，我们不能仅仅局限在二胡的学习上，应该利用业余时间多学习那些与二胡类似但又极具独特风格的器乐艺术。

中央音乐学院二胡专业大三年级的于秋实同学也认为作为年轻一代，有责任承担学习雷琴的任务，路途漫漫，我们将上下而求索，不仅要继承，而且还要进一步提高演奏技艺。要普及雷琴，就必须要编写雷琴教材，将雷琴引入民族室内乐中去，从现在起，我们要重视对雷琴的研究，并将其作为一个课题来研究。我们不能仅以民间的方式传承，要将濒临灭绝的民族传统文化进行专业化及学术化的改进，从而让这些极具风格的民族传统文化落实到书本文字上去继承与发扬。

雷琴研究会副会长李滨提到，举办这次培训班很不容易，克服了各种困难，甚至想到即使只有一个人来参加也要为了自己、为了民族传统文化把研讨会开下去。可没想到,全国各地来了这么多学员。尤为成功的是,雷琴第一次走进了中国音乐的最高学府——中国音乐学院,这也是雷琴步入专业化的里程碑。除此之外,在中国音乐学院举行了雷琴讲座与雷琴专场音乐会,这是对传统民间文化传承的最好方式,通过音乐会让更多的人感受雷琴艺术,而雷琴艺术也可通过这个平台走向世界。

(三)对雷琴艺术的实地调研

实践组走访了胶东、北京、天津,了解到各地均有雷琴艺术的足迹,但各地不尽相同;相同的是雷琴艺术的演奏者很少,大多数人几乎都不知道这种艺术,少部分人知道这种乐器的特殊风格,但没有实质性地去了解和学习它。只有特别少的人学习过雷琴,并能演奏简单的曲目,但是都不能称之为“雷琴艺术的传承者”。因此,我们应该扩大雷琴艺术的号召力,加大对雷琴艺术的宣传,以各种各样方式与途径发扬这门艺术。通过这次实践,最大的感悟是作为艺术学习者不应只把时间耗在琴房的苦练上,还应该多去民间实地采访,多去了解隐藏在人民内部的具有影响力的民间传统艺术,从而发掘濒临灭绝的民间艺术。只要我们多用点心,每个人都出一份力,我们就会成功地发扬传统艺术的魅力。作为新一代的艺术家,我们有责任和义务担任起时代的担子,同时,要始终以取其精华、去其糟粕的态度辩证地对待民间传统文化。

五、结　语

民族传统文化是历史长期发展的产物,是人民生活进步、国家经济发展与政治稳定的标志物。在学习过程中,只有将中国传统文化和西方先进文化相结合,辩证地分析,才能保证传统民族文化的生命力与艺术性。艺术文化反映了整个民族的审美情趣和人文内涵,如何用心创造音乐已经成为作曲家的追求所在,也是艺术的源头和母体。中国民族传统文化想要在世界文化中占领一席之地,就必须要坚持自身独特的艺术演奏风格和深厚的文化底蕴。传统文化历史博大精深,其未来发展前景广阔。

(指导教师:张金娣)

中国传统文化在舞蹈创作中的运用

——以书法为例

张昂[1]

一、起源的共通性

(一)两者起源的共通性

若要说起舞蹈与书法这两门传统艺术的关系,一定要从舞蹈与文字的起源开始。舞蹈与汉字的起源皆是从象形开始的,而其宗旨又都是取义,所以舞蹈与书法的起源有着相同的背景。不同的艺术品拥有其独特的审美规律,各有各的奥秘,人们常说"隔行如隔山",即便是某个领域专门的研究学者令他换一个领域研究,他大概也只能是个觉得无从下手的门外汉了。虽然有着这些不同,但不同的艺术之间又能相互刺激,在某些反面产生共振。因此,艺术既具有独特性,又具有共同性。

(二)中国书法的起源

中国书法,是汉字特有的一种传统文化艺术形式。它起源于上古时代。人类需要交换信息和情感交流,但语言产生后,又发现语言是无法记录下来的,必须将其转换成某种符号才能保留下来。作为记录语言的符号,文字由此产生。随着人类的进化和文字的演变,这种原始的文字符号逐渐演化成为另一门艺术,它就是汉字书写的一种法则,又称"书法"。

(三)舞蹈的起源

舞蹈是人类最古老的艺术形式之一。在语言还未产生的时候,人类通过肢体语言来交流。它是随着人类生产生活和劳动而产生的。最原始的舞蹈节奏就出现在不断重复的劳动动作和原始人类的呐喊声或石块、木棍的打击声中。随着人类思维能力的提高和认知水平的完善,这种原始的动作逐渐演化成一门艺术——舞蹈。

---

[1] 艺术学院 2011 级舞蹈表演与教育专业。

二、艺术特征的共通性

(一)从韵律节奏方面分析两者的共同点

舞蹈与书法这两门传统艺术的具体表现形态各异,舞蹈运用的是一种抽象的力,是舞蹈表演者运动所产生的聚散、高低与起落,是以赋予节奏、韵律的动态形式直接表现情感的活动。它可以借助欣赏者的视觉,传递到观众的心灵,因此舞蹈是直接可感的。但是书法艺术却是通过书法家对用笔节奏的控制和墨色的转换上体现书法的节奏韵律的。一幅成功的书法作品,不仅需要一致的风格、错落有致的布局、虚实相间的搭配,而且还要使作品产生一种动态的美感,能够引人入胜,使欣赏者神游其中,从而在情感上产生共鸣。虽然两种艺术的具体表现形态各异,表演舞台不同,但两者都是有节奏的动作语言艺术。在世界数以万计的艺术中,最抽象的艺术形式当属中国书法与舞蹈了,两者都体现了人类饱满的精力与丰富的生活经历。书法家与舞蹈表演者的肢体所表达的作品都是其灵魂深处迸发出的灵感。因为两者的共通性,许多书法家曾从舞蹈中汲取灵感。如在《观公孙大娘舞剑器》一诗中杜甫对剑舞的描写:“耀如羿射九日落,矫如群帝骖龙翔。来如雷霆收震怒,罢如江海凝清光。”据说毛主席在1958年为《红旗》杂志封面所作的题词写得飞舞流动,也是受到了舞蹈的启发。当时,毛主席写了许多幅“红旗”,他在写得最满意的一幅上画了两个圈,然后在下面加注:“这种写法是从红绸舞来的,画红旗。”舞蹈表演家应该从书法中的点、线符号的节奏去发现生活与自然中最具有视觉审美的生命的气息,吸收并且运用在自己的艺术世界中。灵活地运用强与弱、轻与重、缓与急、动与静等感受,以及线条的粗与细、断与连,字体的正与斜、大与小,下笔的枯与润、浓与淡,布局的紧密和聚散等艺术规律,来完善舞蹈固有的表现方式和节奏韵律,从而表现出舞蹈更深层次的美学韵律。书为心挂,当书法家铺开宣纸,饱蘸墨汁的时候,便可以把情感宣泄在纸上。通过书法作品中体现出的势态、情致、韵味等完成作品,可以陶冶情操,涤荡心灵,体现出一种气韵和动律。气韵是一个既抽象又具体的问题,它有时也叫神韵,有时也叫风韵或意韵,都是精神上的东西。书法的一笔一画都是自然表现出来的,要做到“心忘于手,手忘于书”,使整幅作品体现强烈融洽的韵律感,充满生机。同样的,“气韵”也能充分地体现在舞蹈的创编之中。舞蹈如同写诗一般,给人以恬静而纯真的感染,舞蹈的创编一定要注意动作的和谐,编导通过运用舞蹈技巧将自己对生活的感悟编创出来,体现在舞蹈表演者身上,与音乐的节奏、韵律结合起来,使舞蹈表演者在举手投足之间投射出生活中一切美的特质,从而给欣赏者一种协调、融洽的韵律感。可以看出,在气韵方面,舞蹈与书法也不尽相同。中国人在很早以前就开始研究如何运气。“气”是万物生灵的生命,是万物生长、运动变化的根源。我国有让人骄傲的气功、太极,这都是令人自豪的民族瑰宝。在舞蹈里,“气”既具体又抽象,它是舞蹈动作发力的点,也是精神上的一种力量,两者互为借鉴、相互影响。书法美的世界是靠运笔的力度和气韵支撑起来的,书法可以汲取舞蹈造型和节奏韵律中的神韵。从舞蹈的角度上讲,舞蹈的精髓就是书法艺术所追求的“气韵”。书法家的精神和舞蹈家的神韵都与自然中的生命气息融会贯通,凝结在书法家笔下和舞蹈家的舞蹈作品中；书法动作中的气韵体现出书法家身与心的结合，舞蹈动作的气韵体现在舞蹈表演者身与心的交融。两者作为我国的传统艺术，都具有中国传统艺术的共同追求——气韵。

(二)从发力方式方面分析两者的相似之处

舞蹈与书法的发力方式原本有着极大的差异：书法之力源于肩、腕、指，发力点所用力的轻重缓急的变化便会使书线的墨色线条轻重虚实呈现的字体形态便迥然不同。而舞蹈则是腰、胯、腿的联动发力，形成潇洒、舒展的精神风貌，通过力产生“势”的起承转合。但舞蹈与书法艺术同为通过视觉传达的艺术，欣赏者都能通过感官直接感受到两门艺术独特艺术感染力。舞蹈与书法这两门艺术凭借各自多样的表现形式表达艺术家的思想感情。舞蹈的表现形式是舞蹈表演者用肢体做出的动作，动作是舞蹈的基本元素，而动力是关键所在，动作发力的编排直接影响舞蹈创编的成功与否。书法家纸墨相发，运笔书写出来的字体就是书法的表现形式。书法线条中所蕴含的力度如舞蹈“动力”一样，十分的重要。书法家用手将自身之力通过笔杆注入笔毫，创造出刚劲有力的线条。

力是相互作用的，从舞蹈的角度看，力分为抗衡与配合两种，如同磁铁两级，同性相斥，异性相吸。书法的用力主要体现在三个方面：逆、蓄、留。三者的实质恰如舞蹈中的抗衡与配合。在运笔的过程中偶尔反向回笔，使字体充满力度感，就如同舞蹈中力的抗衡与配合的作用，和发力的方向产生一种对抗之力，使形成的动作有形更有劲，从而做到有劲而不显，有形而不露。比如古典舞中最经典的“顺风旗”动作，便是这种抗衡的力所形成的，通过手腕的下压，使肩胛骨向指尖发出的力量得以控制，使动作定形，否则“意不稳，气不平，气不稳则劲不足，劲不稳则形不准”，就如常说的“欲扬先抑。”

“蓄力”一词可分为“蓄”与“力”。“蓄”的目的是使力度掩藏起来，造成一种内在的韧劲。往返的运动中有意停顿，造成一种笔短意长之势。同样的，舞蹈中瞬间静止的造型一般，虽然外观看似静止，但是延续的力仍然在发展，意味深长。而在“留”中，舞蹈对抗与顺应的体现也是很明确的。例如写一横时，要在两端直折处顿笔，不要一条横线写到底，使其更有风韵。我学习的现代舞课程中，专门有一节重心移动的训练，这一节课就是让我充分体会“留”带给我的感受。当我的身体在空间流动时，每一步的移动都蕴含着深厚的功力，与地面形成紧密的关系。身体要产生与运动方向相反的对抗的力，重心才会稳当。由此可见，“留”与对抗及顺应也是紧密联系的。

(三)从意境营造方面分析两者的共同追求

书法的美其实并不仅仅在于字的内容，而是更重视情趣和意境之美。中国书法大家用不同的美表现了他们不同的个性：王羲之的超逸，褚遂良的遒劲，宋徽宗的古雅，郑板桥的奇拙。不同的人，在不同的时代，会拥有不同的审美，从而反映出了不同的风格。即便是同一个书法家，在不同的时期的思想状态下，也可能表现不同的情感和意境，好比王羲之的《兰亭序》和《丧乱帖》。正如清代的刘熙载在其《艺概》一书中所说的：“笔性墨情，皆以其人之性情为本。”舞蹈与书法一样，也同样重视意境的美，只有具有意境之美的作品才称得上是成功的作品，我常用“一首抒情诗”“一幅写意画”来赞美这些佳作，而且我常以“诗情画意”来品味舞蹈。这是为什么呢？其实这并不奇怪，因为艺术都是相通的，我可以用书法来形容舞蹈，也可以用舞蹈来描述书法，两者有着共同的意境美。而且舞蹈就是通过舞蹈表演者的肢体来传情达意，创造空间画面的艺术，用“诗情画意”来形容舞蹈的追求是再准确不过的了。书法中所谓的意境是“写情则沁人心脾，写景则在人耳目，述事则如其口出”，那么舞蹈中的意境具体是指什么呢？“意”是精神性的，指的是事物的内在品质，并不是只靠视觉就能感知到的，而是要通过理解和想象作品中的情感并加上欣赏者的自我感受，所以它既深远又含蓄。“弦外之音”正是体现了中国传统艺术追求的“象有尽而意无穷”的境界。而常用的“空白”则是为欣赏者留下想象的空间。中国艺术所追求的意境就是一种幽深、含蓄的意象境界，意象就成为了中国传统艺术在创作理念和美学原则上的共同的艺术精神和审美追求。

三、将中国书法元素融入舞蹈创编的可行性——以现代舞蹈《行草》为例

舞蹈与书法有着冥冥之中的联系。书法艺术的线条笔直如松，弯曲如柳，书法的美也正是通过书法家笔下线条的美展现出来的。下笔的轻重缓急、抑扬顿挫，可以演绎出不同的线条；书法家挥墨方式的不同，会给欣赏者带来不同的美学感受。两门艺术虽然采用的表现方式不同，但是都能给欣赏者一种美妙的意境，在观赏书法与舞蹈这两门艺术时，仅靠视觉是不足以领悟的，还须用心灵去感受。书法与舞蹈呈现的不仅仅是形式的美，而且更加注重所表现的内容之美。那么舞蹈与书法有无结合的可能呢？让我深刻地感受到有结合可行性的是由台湾著名舞蹈艺术大师林怀民先生创编的现代舞《行草》，它充分体现了舞蹈与书法的共通之处。中国书法艺术的博大精深是林怀民先生的创作灵感，如何用身体舞蹈表现大书法家当年挥毫泼墨所留下的气韵，是林怀民先生最开始研究的。舞蹈《行草》通过西方现代舞的结构表现了浓郁的中国传统文化与审美，这是一个书法与舞蹈完美结合的中国现代舞蹈作品。从《行草》中我可以感受到阴阳消长的道理，男为阳，至刚至强，女为阴，至阴至柔，在这样的身影中使舞剧欣赏者感受到了天与地的观念。这样美好意境的舞蹈作品，可以使舞蹈表演者和观众产生心灵上的交流，从而引起共鸣。欣赏这一舞蹈作品时，一幅幅由身体写出的书法长卷在舞剧观赏者眼前铺陈开来。在《行草》中有一幕用千字文铺天盖地地把舞台笼罩了，舞蹈表演者在穿过这些字的丛林的时候，那些字突然间跳了起来，重新呼吸了。身着黑色舞装的舞蹈表演者在白色的舞台上翩翩起舞，犹如在素色的宣纸上晕开的墨迹。王羲之、怀素等名家留传至今的著名书法作品在追光灯下，以庞大的尺寸，撩动心弦的细节展现在欣赏者的面前。舞蹈表演者的身体时而灵动欲飞，时而作势欲动，群舞演员用流动的舞步画出轨迹，与书法家笔下的婉转线条相互呼应。笔尽而意无穷，东方元素不仅点缀了整个舞蹈，而且还是贯穿舞蹈始终的灵魂。在柔和的音乐中突然响起灵动的音乐，使舞蹈表演者的步伐瞬间变得轻盈灵转了，这无疑是整个安静的表演中一个最令人记忆深刻的亮点。舞蹈表演者在幻灯投影的幕布下时隐时现，如同穿梭在时空隧道中一般，这是舞蹈表演者利用身体

与舞台空间的巧妙融合，是舞蹈与书法两门传统艺术的对话。舞蹈和书法都具有抒情性，书法传情舞蹈达意。在舞台上，舞蹈表演者舞动着肢体，那飞舞的身影如同书法家手中挥舞的毛笔留下飞舞的笔墨。整个《行草》并不是用舞蹈在写一个个的字，而是用舞蹈表现出这个字的一种意境或是感觉，观众在欣赏时不要被一个个的字而迷惑，要用心去感受舞蹈表演者表演的意境。这就是舞蹈，看似平淡无奇，却瞬间波澜壮阔，能让台上的东西传到了观众的身体里，这不仅是舞蹈与书法的交流，更是对中国千年传统文化深厚底蕴的传达。

四、结　语

舞蹈与书法的结合不仅体现了传统文化在舞蹈表演中的融合，而且还体现出编导准确把握人物内心情感的能力、对人物形象的刻画和对道具淋漓尽致的运用。编导对道具的全面开发以及道具与舞蹈的结合都有着精心的安排。通过分析舞蹈与书法两门传统文化从起源到艺术特征的共通性，感受到了舞蹈与书法的不解之缘，这样一种新的表现形式能够推动了舞蹈动作元素的开发，并且丰富了舞蹈的表现力。在舞蹈动作元素方面巧妙地结合了传统的书法形态和文字笔画特点，创造出美的空间调度、动作和艺术形象，促进了对编舞素材的开发。舞蹈的艺术特征充分诠释了“以笔来书，书中带韵”“人体为书，书中有情”的情境，为舞蹈艺术的升华添上了浓墨重彩的一笔。

目前，一些舞蹈编导成功地在其舞蹈作品中融合了书法元素，这些作品不仅得到了书法界和舞蹈界专家的充分肯定，而且还受到广大观众的欢迎。然而，在运用书法元素进行舞蹈创编这一课题上还存在许多问题。如通过结合所创作出来的舞蹈作品如何为大众所接受，如何通过书法这一单一元素带动更多中国元素在舞蹈创编中的运用等等。这就要求舞蹈界的同仁们更加深入地探究两者的共同之处，寻找、总结其内在艺术规律，在舞蹈创作时深入生活捕捉舞蹈形象，创造和组织舞蹈语言，编排设计舞段，并通过书法这一单一元素带动更多中国元素在舞蹈编创中的运用。如剪纸、皮影、年画等，让大众通过舞蹈这一载体了解中华传统文化的魅力，从而不断地推动中华优秀传统文化的发展。

参考文献

[1]卢善庆主编:《门类艺术探索》,厦门大学出版社 1989 年版。
[2]何炳武:《书法与中国文化》,三秦出版社 2006 年版。
[3]李鑫华:《中国书法与文化》,中国和平出版社 2003 年版。
[4]陈廷:《书法美学新探》,商务印书馆 1997 年版。

（指导教师：张娅妮）

威海地区特殊儿童教育调查与研究报告

彭宇宁[1]

特殊儿童同样是祖国的花朵，在受教育的机遇上不应该有先后、多寡、厚薄之别，特殊教育是衡量一个国家与社会的政治、教育、文化、经济、科技、卫生保健、福利等水平的重要标志之一，是体现国家及其文明程度的窗口。随着我国两个文明建设成果的巨大发展与丰富，弱势群体得到更多的关注，这为特殊教育的发展提供了前所未有的空间。发展特殊教育事业是教育及社会事业发展的一个重要标志，是实现教育均衡持续发展、促进社会公平的一项重要内容，也是落实科学发展观、构建和谐社会的具体体现。对此，全社会要有充分的认识。

为了更好地完成研究课题，我们通过调查山东大学(威海)目前开展的针对特殊儿童的志愿服务开展情况，了解目前特殊教育存在的主要问题；深入志愿者服务团队体验特殊教育学校的管理方式；探讨发展特殊教育的有效措施与方法，进一步推动特殊教育事业的发展，达到促进特殊儿童、特殊学校、志愿服务者与社会四者协调运作的实践思路。

调查过程中，我们通过实践、调研、研究，分类整理目前威海地区特殊儿童受教育的形式、开展状况；以威海特殊儿童教育机构为研究重点的志愿服务接受情况、意愿及相关问题。具体采取了实践法、访谈法、个案研究法以及问卷调查的方式，深入青年志愿者服务团队，了解他们的志愿服务内容、方式以及活动成果。在志愿者服务过程中跟队观察，并进行记录，主要是志愿者服务过程中的想法以及特殊儿童的感受与意见。从细节去观察社会中的大事，从中获益匪浅，并提高了与人交流的能力。活动前往天宇启智学校、儿童福利院以及特殊教育学校，对被服务者以及志愿者进行访问，填写问卷调查表，并将他们的意见记录总结，并定期进行回访，以此了解特殊教育情况。进一步发现目前特殊教育的瓶颈问题，探寻适合有效的方式，开展针对性、有效性的志愿服务。

一、研究的基本思路与调查过程

随着特殊儿童志愿服务活动的深入开展，我们也逐渐意识到这项工作任重而道远。

---

[1]艺术学院2012级视觉传达专业。

团队多年关注威海市天宇启智学校的建设和发展，开展长期义务支教活动，安排固定志愿者每周前往与孩子互动，帮助学校老师共同教育孩子。迄今为止，参与活动人数持续增加，志愿者在该校的辅助教学，获得良好效果。今后应更加关注弱势群体，关心残障儿童，了解他们的真实生活，始终关注特殊儿童教育工作，进一步壮大志愿服务队伍，弘扬志愿服务精神。

(一)研究基地

我们把威海市天宇启智学校作为课题研究的基地。

天宇启智学校是威海市专业从事自闭症、发育迟缓、感统失调、学习能力障碍等儿童的训练学校。从业四年多来，先后接纳200余名儿童进行训练、提升，课程安排包括美术、音乐、手工、体育等，每个孩子均有专职老师负责训练，让很多儿童及其家庭寻回希望，找到明天。目前已有近30名儿童走入普通小学或幼儿园，社会反响良好。天宇启智学校的所有老师希望通过自己的爱心和专业让折翼的孩子再次起飞，实现自理、自立、自强!

(二)研究内容

1. 完成现状分析

了解目前特殊儿童受教育的地点与方式以及受教育程度，不同的社会人群会有不同的受教育方式选择。从四个方面着手：(1)对天宇启智学校、儿童福利院、特殊教育学校等社会特殊儿童教育机构进行了解，观察目前学校教育方式与成果。(2)从社会角度调查特殊教育，了解在特殊教育方面社会各界所给予的帮助与福利。(3)通过实践深入大学生志愿服务的行列，从高校志愿服务状况分析特殊教育的服务成果以及大学生志愿服务团队对于特殊儿童学校的利弊。(4)从特殊儿童的行为、反应与接受能力寻找适合特殊儿童的交流方法，了解特殊儿童的需求。

2. 改进志愿服务措施

根据特殊教育现状寻求解决办法，针对特殊儿童教育主要存在师资力量不足、社会福利缺失、义工流动性较大等问题进行深入探究：(1)探索针对特殊儿童的正确有效的教育方式以及有利于特殊儿童接受的教育模式。(2)在社会上提升对特殊儿童的关注度，让更多人了解到特殊儿童的需求。(3)志愿服务团队要学习相关知识，查找相关资料培训，以专业知识投入特殊儿童教育，并通过我们的实践与改进，完善志愿服务团队的志愿服务方法。

二、威海地区特殊儿童教育中所存在的问题

经过志愿者们的努力以及查找资料，我们了解到，威海市在2012年加大了特殊儿童教育经费投入力度，特殊教育生均公用经费按普通初中、小学生平均公用经费标准的10倍拨付，初中每生可达9000元/年，小学每生可达7000元/年。近年来，威海市通过提高特教经费投入、规范师资培训等工作，不断推动特殊教育事业发展。

但是我们也发现,目前威海地区对特殊儿童的教育仍存在一些问题,主要表现在以下三个方面:

(一)特殊儿童教育机构师资缺乏

据了解,目前威海市共有4所特殊教育学校,在校生共计380人,其中教学班36个,教职工154人。另有34名残疾幼儿随班就读于公办幼儿园,344名残疾儿童随班就读于普通义务教育阶段学校,16名残疾少年随班就读于高中阶段学校,残疾儿童入学率保持在98%以上。王维青毕业于北京联合大学特殊教育专业,5年前他和姐姐来威海创办了彩虹桥儿童康复中心,这也是威海市区第一家专门接收自闭症儿童的民办学校,目前学校有8名老师,只有3人是专业人士,"老师的工资还不到2000块钱,今年才交上保险,跟这些孩子们交流需要极大的耐力,一般人坚持不下来"。

在钦村路的天宇启智学校目前有在册教师8名,都不是毕业于相关专业,目前这些老师负责教授游戏、注意力等十余个门类的课程。自闭症教育需要极大的耐心和经验,孙校长忧心的是,这种教育困难往往又会导致教师流失。因各种原因,大多数老师流动性较大,能坚持5～10年的教师不超过10个。

(二)特殊儿童家庭缺少正认识引导

据调查了解,目前天宇启智在校学生可达30多人,其中80%属于农村地区,家庭文化素质普遍较低。我们知道,家长是与特殊儿童关系最密切的人,一般来讲,他们是最关心子女发展、对他们的教育最热心的人。同时家长与子女相处最久,对自己子女的情况最为了解。特殊儿童与正常儿童相比更依赖他们的家长,这使特殊儿童家长能更有效地对他们进行影响,所以家长所起的作用是不容忽视的。但是,家长们大多数缺乏必要的专业知识.不了解特殊儿童的发展规律,所以在面对自己子女的教育时,常显得心有余而力不足。

家住荣成市虎山镇的郇俊丽孤身一人带着儿子来威海做训练,高额的治疗费用加上郇俊丽在威海的生活费,每月至少支出3000块钱,而家里唯一的经济来源就是诚诚父亲微薄的工资收入,根本入不敷出,现在已经欠下了几万元外债。更严重的是,诚诚的父亲至今都难以接受这个事实,每当看到别人家的孩子蹦蹦跳跳、健康快乐,他心里的痛苦、愤怒便难以排遣,只能终日借酒消愁,导致经常失眠,身体每况愈下。诚诚的奶奶觉得唯一的孙子变成了这个样子,让她在乡邻面前抬不起头来,也不赞成继续治疗,劝他爸爸放弃训练,放弃这个孩子。然而,郇俊丽却无论如何也不能接受这样的安排,家庭矛盾不断升级。受传统观念、经济条件的约束,部分家长,尤其是80%的老人对孩子的成长没有寄托希望,觉得孩子受不受教育并没有什么区别。

(三)志愿服务走形式,缺乏长效性

尽管学校参与志愿服务的学生人数总量很多,在大学生志愿者服务社会的过程中也存在对自身否认的问题。大学生志愿者有的来自爱心社团,有的来自班级自发组织,涉及专业技能方面的需求时,大学生一般很难满足服务需要。某些活动需要具备专业素质

才能保证质量。除此之外，一些组织招收志愿者也比较随意，有的只是进行简单的面试，并没有专业能力要求；有的虽然进行相关培训但不够系统。一般服务时间不固定，主要集中在 2～4 小时。服务对象和服务人员也不固定，缺乏连续性。

据天宇启智学校的老师表示，由于智障孩子的特殊性，只有经过长时间的熟悉后，孩子们才能打开心扉与志愿者交流，因此要帮助他们走出自己的世界是一个任重而道远的事情，需要的是志愿者的长期坚持。但就目前来说，在校大学生由于受到时间、学业等因素的限制，高校志愿服务大多是去一次就不再持续，有的组织每次换不同的人前去看望，用一种好奇的心态与孩子交流，这样往往会给孩子们带去更大的伤害。学校老师希望可以建立长期合作关系，以保障志愿服务的深入开展。只有让孩子更了解志愿者，才能使孩子们愿意与志愿者交流。

三、威海地区特殊儿童教育中存在问题的解决对策

(一)加强特殊教育学校师资水平，提升专业素质

作为高校艺术学院的志愿者，我们可以加入到特殊教育的行列中，利用自己的专业优势，教孩子们画画、唱歌、跳舞等，用丰富多彩的文娱生活打开孩子们封闭的心灵。在课程安排上，每天都设置涂鸦课、音乐课等，摆脱以往无味单一的支教形式，调剂孩子们枯燥的训练学习。

在教师继续教育方面，制定中长期规划，为专业发展提供条件。各级各类特教学校要坚持“以残疾儿童为本”的教育理念，树立“教育好一个学生就是解救一个残疾家庭”的服务意识，培养教师强烈的责任感，运用科学的发展观，创造性地工作，才能提高办校水平。并切实满足教师的发展需求，加强教师的学习与培训，走“年轻化、专业化、教研化”的教师发展之路。

(二)走进特殊儿童家庭给予精神帮助与支持

特殊孩子的家长可以没有文化，但一定要有思想。我们应组织多种形式的文化宣讲活动，加强家庭教育科学知识的宣传和普及。我们可以通过社会机构进行慰问活动，积极开展家庭教育各项主题活动，丰富家庭教育内容。例如，建立一对一帮扶机制，将每个志愿者与特殊儿童家庭结成帮扶对象，每周定期前往特殊儿童家庭慰问，对家长进行心理疏导，也可以帮助家长照看特殊儿童，缓解家长长时间的心理压力，并向家长传输特殊儿童教育的重要性，强化特殊儿童家庭教育责任，增强特殊儿童家长作为监护人的法律意识。只有让每一个特殊儿童真正得到受教育的机会，才能更好地推动特殊教育的发展。

(三)加强志愿者自身的教育素质与奉献精神

在与天宇启智学校的校长的交谈中，他明确地提出了自己的看法，认为我们的社会实践很有意义，希望通过我们的志愿服务活动，使同学们更多地去关注特殊儿童这一弱

势群体,发挥个人特长,为他们改善生活学习环境这一重任献出绵薄之力。我们在每次活动开展之际,对于志愿者的招募选拔都要通过严格的筛选机制,选取有责任心有爱心的同学参与,同时在活动前进行相关培训与动员,以保证活动的有效开展。作为大学生志愿者,我们要用心感受和珍惜生活,用一颗感恩的心,去回报社会,为构建社会主义和谐社会贡献一份力量。呼吁同学们增强社会福利意识、增长志愿服务知识、开阔志愿服务思路,让更多同学参与到志愿服务和社会福利事业中来。

四、当下大学生志愿者针对特殊儿童的活动成果

2011年,团队第一次走进威海市天宇启智学校,开始了我们的走进天宇社会实践志愿服务活动。迄今为止,团队7名同学作为义工在天宇启智学校开展长期义务支教活动。除此之外,还有30余名同学参与了“走进天宇,关注特殊儿童”义务墙绘志愿服务活动。志愿者们有的为孩子们画墙绘,丰富孩子们内心的色彩;有的帮助老师备课,陪孩子们上课、互动,教他们画画和算术。面对这些特殊的孩子,每一位志愿者都真诚而又用心地对待自己所负责的任务。通过与孩子们的沟通交流,如同蒲公英的种子将最靓丽的色彩植入这些特殊孩子的心中,使他们的生活不再单调乏味。

通过在天宇启智学校社会实践的近三年时间里,同学们收获很多。每一次在天宇启智的志愿服务都使我们深深感受到这些特殊儿童的脆弱与纯真,使我们的心灵受到了深深的震撼。志愿者们无法忘记那一张张沉默而倔强的脸庞,像角落里坚强生长的小花,渴望阳光,渴望生长。除了爱,没有什么能抚平这些特殊儿童的心灵创伤,安慰他们受伤的灵魂。

除此之外,社会实践基地的成功建立,更是加强了天宇启智学校与山东大学(威海)艺术学院的长久合作关系,使天宇启智支教活动成为艺术学院的特色志愿活动。长期致力于特殊儿童的关爱活动,是我们义不容辞的责任。希望通过我们的共同努力,还孩子们一个美好的童年。让更多的人加入我们的队伍,关注特殊儿童,行走在爱的暖流之中。

五、关于特殊儿童教育的前景展望

在大力倡导科学发展观的时代背景下,特殊儿童的生存发展(包括教育)已越来越受到人们的重视。党的十七大报告明确指出要“重视学前教育,关心特殊教育”,体现了党对特殊教育的重视。尤其是2015年5月7日《教育部等部门关于进一步加快特殊教育事业发展意见》中规定:“根据残疾学生的身心特点和特殊需求,加强教育的针对性。注重学生的潜能开发和缺陷补偿,培养残疾学生乐观面对人生,全面融入社会的意识和自尊、自信、自立、自强精神。加强残疾学生的法制教育、心理健康教育和安全教育。在课程改革中,要充分考虑残疾学生特点,注重提高其生活自理、与人交往、融入社会、劳动和就业等能力的培养。”特别是其中首次提出要对特殊儿童少年等实施义务教育。这不仅引领我们认识到促进特殊儿童康复的重要意义,而且还增强了我们关心特殊儿童发展的责任感和使命感。

本研究课题的目的是为了了解特殊儿童受教育现状，寻找帮助特殊儿童接受更好治疗的有效途径。在今后的活动中，我们在关注特殊儿童教育工作的同时，进一步壮大志愿服务队伍，弘扬志愿服务精神，唤醒大学生的社会责任感，扎根基层，反哺社会。除此之外，更要进一步整合学校、家庭、社区心理康复的课程资源，以满足特殊儿童健康快乐成长的需要，使他们能更好地参与社会活动，提高其生活质量，从而实现真正的社会和谐。

参考文献

[1]黄汝倩:《特殊教育学校课程实施现状调查报告》,《中国特殊教育》2006 年第 9 期。

[2]邓猛、潘剑芳:《关于全纳教育思想的几点理论回顾及其对我们的启示》,《中国特殊教育报》2003 年第 4 期。

（指导教师：王鹏飞）

下　卷

工程技术

“新西游”手机游戏设计

常大麟[❶]

随着科技水平的不断发展和提高，手机的应用已经越来越广泛。当今社会，人们的休闲方式多种多样，其中，基于手机系统的游戏占据着不小的比例。据最新调查显示，在国内的手机消费市场上，Android 系统应用得最为广泛，因此，基于 Android 系统平台的手机游戏应运而生。在我们的日常生活中，随处可见 Android 系统的手机以及各类优秀的游戏。可以说，Android 系统智能手机的问世，为掌上休闲游戏提供了更完善的开发环境。“新西游”手机游戏即是在时下最热的 Android 平台上设计出来的。

一、手机游戏的发展现状

据市场分析机构 Strategy Analytics 公布的数据，在已开发的全球智能手机操作系统的市场份额中，Android 系统的市场份额达到了 84.6%的历史最高比重。中国是全球最大的手机市场，早在 2010 年，Android 系统就超越了 iPhone 的 iOS 系统，成为国内市场份额最大的智能手机操作系统。

随着 Android 系统的发展，基于 Android 平台的各类手机游戏也相继问世。虽然电脑游戏也可以使人们放松精神压力，但电脑有很多局限性，它体积大，不方便携带。而手机体积小的特点恰恰弥补了这个缺陷，它可以满足快节奏生活中人们闲暇之余娱乐的需求。

二、“新西游”手机游戏简介

“新西游”是基于 Android 平台的一款完整的手机游戏，它是一款动作类滚屏手机游戏，它生成的 APK 文件可完美运行于 Android 2.1 及以上版本。它的画面清晰、流畅、炫美，内容丰富而紧凑。“新西游”的名字源于游戏的主角是孙悟空。该游戏的主要剧情是：孙悟空在广阔的东海上面见东海龙王之后，斩妖除魔，并维护正义。孙悟空可以通过

❶机电与信息工程学院 2011 级通信工程专业。

获取名著《西游记》来增加自己的经验值,到达一定程度之后,可以获得更为强力的攻击模式。获得的《西游记》数量越多,孙悟空的攻击力就会越强。孙悟空还可以通过获取红心道具来增加自己的血量。游戏中,孙悟空的敌人的模型也丰富多彩,既有中国的神话人物原型牛魔王,也融合了西方神话元素,加入了古希腊神兽不死火鸟和奇美拉。同时,为了增加游戏的可玩性,本项目还为该款游戏加入了最终 Boss,即希腊传说中的蛇发女妖——美杜莎,只要孙悟空战胜了美杜莎,便可以成功完成该游戏。

三、“新西游”手机游戏制作的技术难度

本游戏组成员在设计游戏的过程中克服了很多技术上的瓶颈,完成该游戏共用了700多个小时。共编写7000余行代码,前后共调用21个动态线程,相互协调运作,并且封装了22个 Class 类,实现了 Rotate(旋转)、Collision(碰撞)、Multi-Touch(多点触控)和 AI(智能)。这些对于手机应用程序而言,每一个都是高阶的技术门槛,而本项目组跨越了4个,并且没有借助任何的游戏引擎。这是其之所以能够从诸多编程作品中脱颖而出的根源,它的技术难度远远超越一般的2D手机游戏。

四、“新西游”手机游戏的优势和创新点

(一)超流畅的游戏体验

Thread 线程是控制流畅性的关键。我们避免了单一的线程,用庞大的多线程控制体系来操纵游戏的流畅性,线程越多,控制越复杂。我们的线程经过了数百次的调试,确保即使在100个路径下,也可以支撑画面流畅。因此,在游戏中,玩家可以享受超流畅的游戏体验。

(二)富有层次感的优秀画面

在游戏中,每一张图片的设计从分辨率到清晰度,都细化到毫米单位,就算是大到2000像素的背景图片,也是用40张50像素的图片一幅一幅地拼接而成的。正是如此精致的处理,才使得游戏的画面感极强,色彩炫美,内容丰富。

(三)全方位的视听体验

该游戏实现了9个 View 界面的完美跳转,并且通过 Status 的变换来控制 Background 的 Point 坐标,完成了 Process 加载界面和孙悟空大闹天宫的动画效果。由于在不同 View 界面播放的音效不同,故玩家可以进行选择,保证了游戏的多元化。

(四)独特的滚屏设计理念

与大多数2D手机游戏截然不同的是,该游戏支持 Rolling(滚屏)操作,它灵活地演绎了“动态”的画面感,即程序中所有的 Object 都是受动态 AI 所控。

(五)强悍的多点触控支持

与大多数手机游戏只能支持滑动触控和单点触控相异的是,该游戏拥有强大的多点触控功能,玩家可以尽情地控制移动和攻击。

(六)全新的中西方文化结合理念

该游戏既保留了孙悟空的主角位置,也融入了西方神话元素,其中对于 Boss 美杜莎,我们还进行了路径上的模块处理,使其可以多方向进攻,并且路径是随机选取的。

(七)完善的游戏功能

该游戏不仅实现了基本功能,而且还实现了线程中止即暂停的功能,以及计时、计分功能。

五、"新西游"手机游戏画面

"新西游"手机游戏的各种画面分别如图1至图8所示。

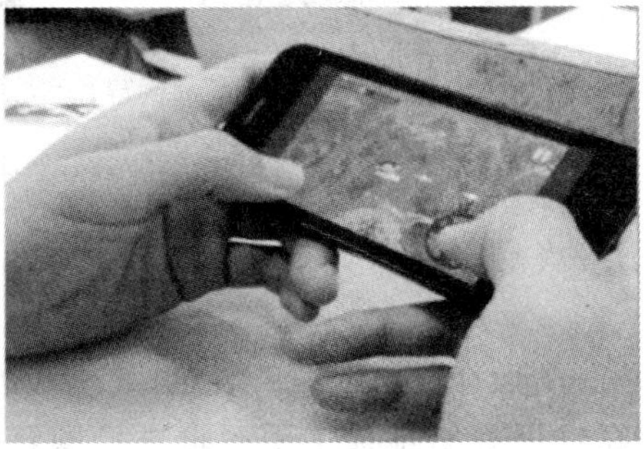

图1 实际操作画面

图2 游戏加载界面

图3 游戏欢迎界面

图4 孙悟空面见东海龙王

图 5　孙悟空战斗界面

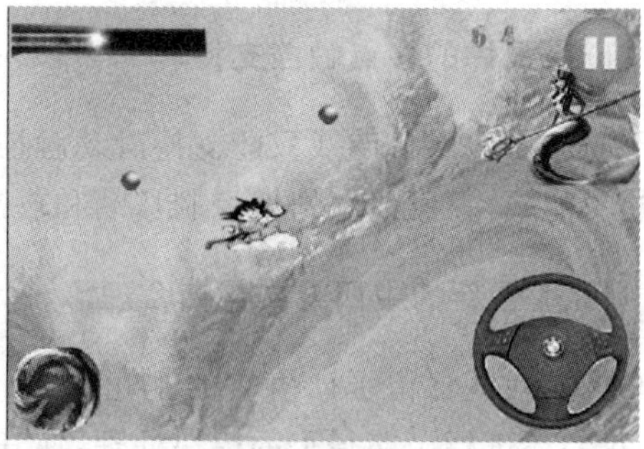

图 6　孙悟空大战美杜莎

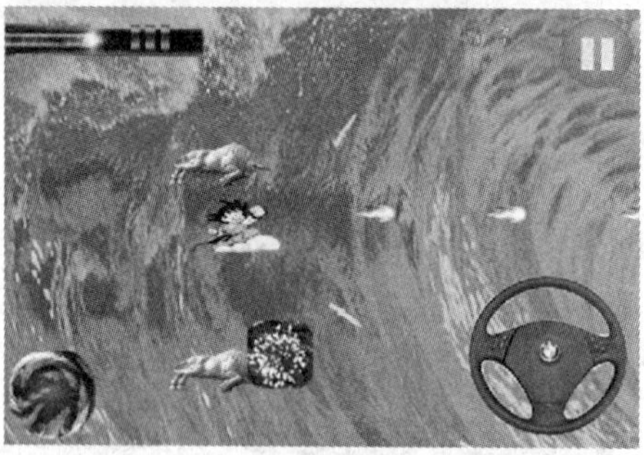

图 7　孙悟空获得的最高级攻击模式

图 8　游戏胜利的卡通动画界面

六、“新西游”手机游戏设计逻辑

游戏的编程设计是整个程序的灵魂，我们用一个设计逻辑框图来表达，如图 9 所示。在实际的开发中，用到的逻辑远比该图复杂，在这里我们挑选主干逻辑进行阐释。在 Android 项目的主 Activity 中，建立 Handler 对象来接收 Integer Message，主 Activity 的 onCreate()对各种 Message 进行响应。响应的处理即是 set contentView，指定当前的界面是 View 之中的哪一个。启动程序之后，onCreate()方法就会新建出 processView 对象，并且指定构造方法的 int 参数为 1，processView 本身实现 surfaceHolder. Callback 接口，因此，它本身可以实现刷帧线程。在该线程中，它实现了加载动画和进度条，通过指定 sleep 的 Time 来对进度条进行控制。当进度条达到 100%之后，给 Activity 发送 Message，Activity 响应并且再次设定当前界面，程序跳转至 welcomeView，在此 View 中启动一个线程 welcomeView Thread，并在此线程中指定 4 个 Status，实现了过场动画，控制 Thead 的毫秒数可以实现换帧操作，因此，可以看到连贯的过场动画和缓缓上升的 Background。当停留在 Status4 之后，通过单击 start，Activity 主类拿到坐标值，在Ontouch()方法中进行响应，此时，如果坐标符合，那么就会再次新建出 processView 对象，并且再次发送 Message 至 Activity，来到游戏主界面 gameView。由于篇幅有限，此处我们仅以 4 个高阶技术之一的 AI(智能)为例进行说明，详细解释不同种类的敌人是如何自动移动并且自动攻击的。首先在 gameView 中启动相关线程，在这里有一个特殊的线程 MoveThread。我们在 gameView 中的每一个对象里面添加一个 touchTime，只要线程达到了这个时间点，对象就会被新建出，而当对象溢出了它的属性范围时，该对象就会被销毁，并且实现相应的动画效果，每一个动画效果又是一个全新的线程。而新建出来的对象会在满足一定的 probability 之后执行 Move()方法，即会按照相应的路径改变 Point，这便实现了 AI 移动。而只要在移动的状态下添加相关的 Bullet 攻击属性，在 gameView 的 onDraw()方法中，由于它本身也实现了 Callback 接口，自身的重绘功能就会得以实现。所以在一定数值的概率下，新建出不同类型的 Bullet，并且添加到 ArrayList 集合之中，在每一个 Time 间隔的线程控制中，调用 onDraw()方法，在 private 属性里添加和销毁，就实现了 AI 功能。

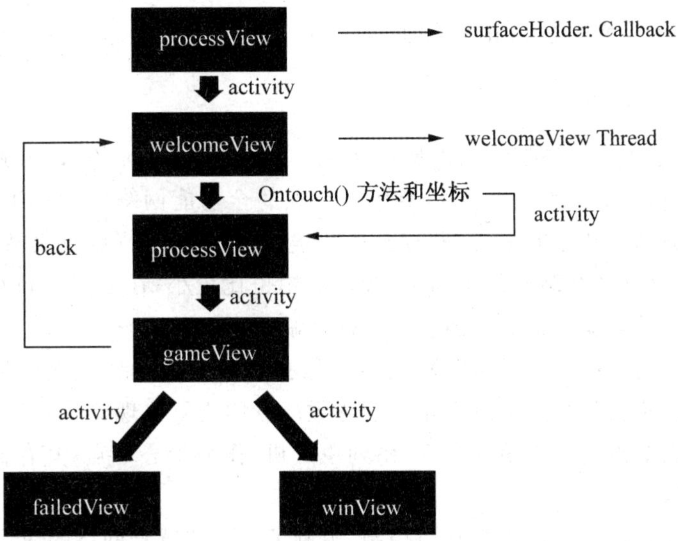

图 9 “新西游”手机设计逻辑框图

参考文献

[1]李兴华:《Android 开发实战经典》，清华大学出版社 2012 年版。
[2]李钟蔚:《Java 实战开发 1200 例》，清华大学出版社 2011 年版。
[3]杨丰盛:《Android 应用开发揭秘》，机械工业出版社 2010 年版。

（指导教师:贺红）

基于 GPRS、ZigBee 和蓝牙的嵌入式智能家居控制系统的设计

张守一[1]　焦一中[2]　张志康[2]　张钰莹[2]　彭菁[2]　时嘉[3]

国内外关于无线传感器网络的应用研究，主要是以 TI 的 Z-Stack 协议栈作为参考，它有一个叫作协调器节点或节点和半功能节点的全功能网络结构。半功能节点之间不能相互通信，只负责数据的采集，并通过一个全功能的路由节点收集数据、转发，从而完成数据通信。这种体系结构简单明了，开发费用也比较小，在数据量较小时，可以很好地进行数据传输，并且能耗很低。但它也有以下缺点：

(1)功能较为简单，在复杂环境下，对于数据量较大或者较频繁的数据传输，容易出现问题，造成大量丢包甚至节点无法处理导致的看门狗复位现象。

(2)协调器节点内部采用的是 51 系列单片机，作为中心节点，其存储能力相对较差，可扩展性不好。

(3)无法实现数据的远程交互与控制，限制了无线传感器网络的应用范围。

(4)半功能节点间不能通信，它与协调器节点采用单跳路由，路由开销较大，并且对于数据量较大的网络，协调器节点间的通信也容易出现问题。

针对无线传感器网络存在的不足，本文提出了一种基于无线传感器网络 ZigBee 和 GPRS 通信方式的组合。以 CC2530 作为终端数据收集的传感器节点，采用 S5PV210 嵌入式设备、GPRS 模块和 ZigBee 模块为中心汇聚节点，作为联络 WSN 终端节点和网络监控中心的节点，与嵌入式双通道的中心节点和远程监控中心进行通信，建立基于 ZigBee 和 GPRS 网络相结合的监控系统，实现 ZigBee 传感器网络的远程监控和远程数据通信，以满足复杂环境的要求。传感器网络采集数据的有效 ZigBee 通信范围通常为 10～300 m，它为组建 ZigBee 网络提供了一个可行的通信距离。而 GPRS 技术不但成熟，而且还具有广泛的覆盖范围，可以频繁传送低数据量信息，传输间隔大于网络延迟，因而它已成为传感器网络远程交互的可行途径。随着嵌入式设备计算能力的提升以及成本的降低，借助嵌入式 Socket 编程，保证了协议解析、跨网传输的效率和可行性。高密度、低

[1]机电与信息工程学院 2011 级通信工程专业；[2]机电与信息工程学院 2011 级电子科学专业；[3]机电与信息工程学院 2011 级软件工程专业。

功耗的传感网络已日益走进生产、生活的各个方面，ZigBee 网络与有线网络的结合也将成为无线传感网络发展的一种趋势。

一、系统设计方案

系统框图如图 1 所示。ZigBee 采集网终端节点配置各型传感器，通过无线网关将采集的数据汇总到嵌入式中心节点进行解析处理、存储和上传，通过蓝牙将数据发送到 PC 上位机，并通过 GPRS 模块向用户发出警报信息。

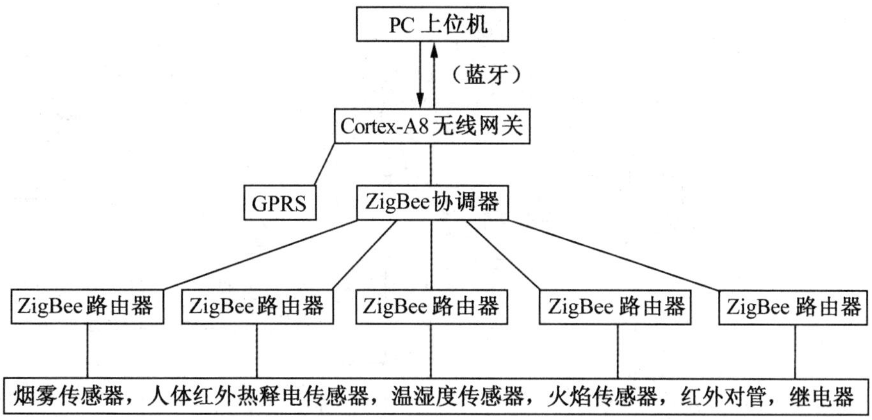

图 1 系统框图

整个传感网络采用的是三层树形拓扑结构。位于最顶层的是服务器层，服务器程序采用 MFC 开发，通过蓝牙串口与下层的无线网关层进行数据交换。中间层为无线网关层，由 ARM 开发板、GPRS 模块、蓝牙模块和一个 ZigBee 协调器组成，它是顶层和底层通信的中继站。底层传感网采集的信息经由网关汇总之后上传到服务器，服务器的反馈信息经由网关查表后发送到底层相应的 ZigBee 路由器，当有危险情况发生时，网关层的 GPRS 模块会以短信的方式通知使用者。最底层是由传感器和 ZigBee 路由器组成的数据采集网，负责门、窗、灯、风扇、火灾、有毒气体、非法入侵和温湿度等数据的采集工作。

（一）嵌入式网关设计

主控制器是整个嵌入式网关的核心，用来对 ZigBee 通信模块进行相应配置并接收传感器节点的数据，通过 AT 指令初始化 GPRS 通信模块，利用 PPP 协议将网关节点连接到 GPRS 网络，获得网络运营商动态分配的 IP 地址，并与监控中心终端或服务器建立有效连接。为了达到高性能、低功耗的目的，设计的嵌入式网关采用以 ARM Cortex-A8 为核心的 32 位的 RISC 微处理器 S5PV210 作为主控制器。该处理器集成了 LCD 控制器、USB Host、NAND 控制器、BUS 控制器、中断控制、功率控制、存储控制、UART、WatchDog、SPI、SDI/MMC、IS、IC、GPIO、RTC、TIMER/PWM、ADC 等丰富的外围资源，通过外扩存储器、串口、JTAG 调试接口等构建硬件平台。

(二)ZigBee 节点设计

相对于嵌入式网关来说,传感器节点功能比较简单,不需要进行复杂的数据处理,接口外设也比较小,因此,采用 CC2530F64 芯片外接 CC2591 功放模块、电源模块、时钟模块、LED 模块组成。CC2530 处理器先把采集的数据信号进行模数转换,然后进行处理,通过 CC2591 功放芯片发给协调器节点。由于 CC2591 内部集成了射频(RF)匹配网络,所以在 RF 输入/输出部分不需要增加额外的匹配网络。CC2530 与 CC2591 硬件设计主要部分的连接如图 2 所示。

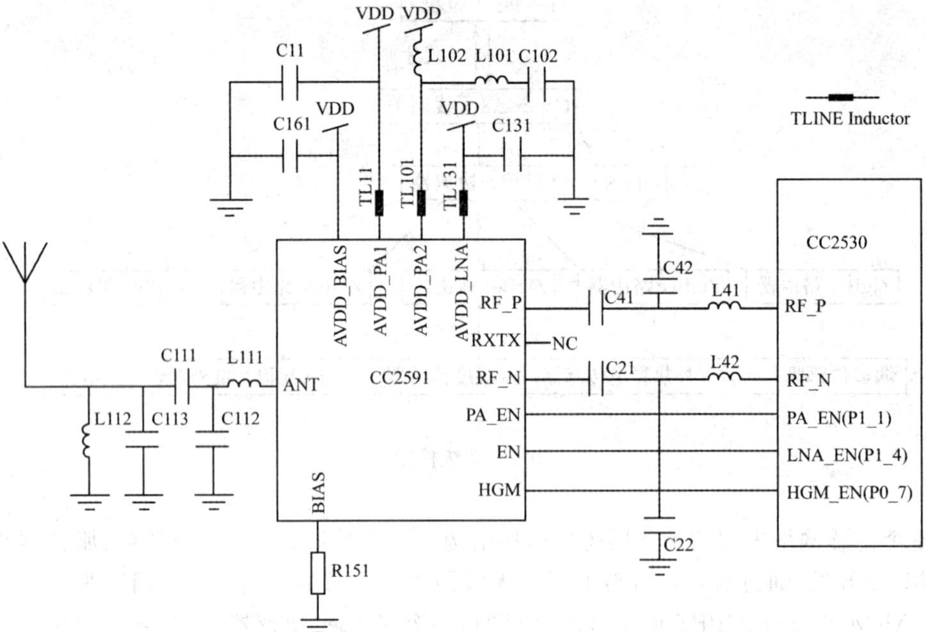

图 2 CC2530 与 CC2591 硬件主要部分连接图

CC2591 的 HGM、EN、PA_EN 引脚分别连接到 CC2530 的 I/O 端口 P0_7、P1_4、P1_1,由单片机来控制。当 HGM 为高电平,表示 CC2591 接收数据时,LNA 是高增益模式;当 HGM 为低电平,表示 CC2591 接收数据时,LNA 是低增益模式。而 EN 引脚和 PA_EN 引脚在 CC2591 正常工作时置为高电平,当其进入低功耗模式时,将其置为低电平,这样可以降低功耗。经试验,采用 CC2530+CC2591 以后,ZigBee 网络的通信距离在视野好的开阔环境可达 500 m 以上。

二、系统的实现

(一)路由算法设计

目前提出的传感器网络路由协议主要有平面路由协议和层次路由协议两类。典型的平面路由有有序分配(Sequential Assignment Routing,SAR)路由、定向扩散(Directed Diffusion,DD)路由等。典型的层次化协议包括LEACH、DDCH(层次路由算法)。本系统采用固定的嵌入式设备作为中心节点,根据传感器网络的特点,采用了基于层次的自适应路由算法(Self-adaptive Clustering Routing,SCR)。其层次化路由主要通过中心节点发起,在各自节点的覆盖范围内,接收层次数最小的网络组建帧并对该帧进行处理。终端节点在上电复位后,定时广播加入网络的请求帧。中心节点接收到广播信息后,发送组建网络帧并携带其自身地址和层次数。该帧被终端节点接收后将形成父子关系,其层次在接收的最小层次数上加1,并将对应的地址作为父地址,即下一跳地址存放在缓存中。同时将自身地址与层次替换到组建网络帧中广播。对于其父节点和同父节点即兄弟节点,该广播帧不予响应,从而避免"活锁"现象。这样,每个节点非重复广播即可组建层次化路由体系,实现多跳网络拓扑。相比现有的半功能节点单跳至协调器节点的方法,层次化多跳路由可以增加单个簇内的网络容量,并且最大程度地简化路由算法。另外,网络采用由边沿节点发起的链路式路由维护,能实时根据网络拓扑变化更新边沿节点标记。

(二)传感器算法设计

协调器节点的软件设计主要指节点底层部分的编程,本文采用TI公司CC2530提供支持的免费ZigBee2006协议栈软件,以Z-Stack(v2.20)版本中的GenericApp例程为基础,以C语言为编程语言,在Z-Stack通用模板的基础上,通过改动APP程序来建立所需要的项目,程序中嵌入了实时操作系统,用于对网络组建、节点加入、数据收发等功能运行统一调度,并根据系统要求实现网络协议的成本优化选择。协调器节点建立网络(函数为NLME_Network_Formation.Request())成功后,会在LED上显示节点为协调器,显示网络ID号,并自动进入允许绑定模式(函数为zb_AllowBind(OXff)),对传感器发送的绑定请求作出响应。如果绑定成功,收集传感器节点发送的数据,通过zb_SendDataConfirm()指示应答。由于本文采用CC2591来增大功率,故需外接退耦电容以保证良好的接地性能。在Z-Stack软件里对hal_mac_cfg.h库中的RSSI进行补偿,具体定义如下:

```
/* CC2591 RSSI offset */
#define HAL_MAC_RSSI_LNA_HGM_OFFSET -9
#define HAL_MAC_RSSI_LNA_LGM_OFFSET 4
```

(三)路由器算法设计

传感器节点能自动加入网络,发出绑定请求[函数为zb_BindDevice()],等待协调器节点绑定响应为成功,完成绑定操作。如果没有发现协调器节点,将周期性地继续搜索。绑定成功后周期性地发送温度、电压、RSSI 值给协调器,如果没有收到协调器的应答,传感器将移除本次绑定,重复发现和绑定过程。其软件流程如图 3 所示。

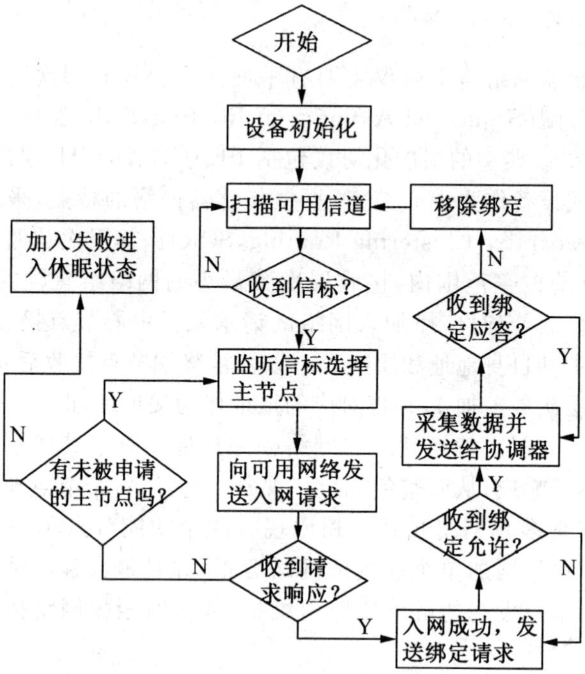

图 3　ZigBee 路由器节点软件流程

(四)S5PV210 嵌入式程序设计

该模块采用 Linux 操作平台,并采用 C++语言编程,利用多线程同步技术分别进行双串口接收、发送以及数据解析及数据库多表存储,且采用 COM 技术将程序封装为 COM 组件。上位机可直接调用一致化的 COM 组件进行交互,使系统具有良好的一致性与可扩展性。本系统既可以采用 RS-232 串口与 ZigBee 汇聚节点 CC2530 通信,也可以使用 USB 接口与内置 USB 的 CC2530 进行通信;借助 DTU 和 Socket 编程完成面向连接的可靠网络传输。此外,由于 ARM 设备相对单片机的强大优势,可外置大容量 SD 存储卡保存数据,本系统利用嵌入式节点内嵌的 SQLite 数据库保存所有节点的数据及网内的路由表信息,以维护路由并通过数据库中的序列号和时间信息重连失效节点,实现无线传感器网络的存储记忆功能。它既可以以 C/S 模式与远端服务器交互,上传数据,又可以独立作为嵌入式服务器,存储当前网络数据,供手持移动设备以 B/S 模式进行访问,从而拓宽了应用领域。

(五) PC 管理机软件设计

PC 中的上位机管理软件如图 4 所示,它采用面向对象的 VB 6.0 开发,用户通过管理软件不仅可直观地看到整个网络的拓扑结构，而且还可查询某传感器节点的地址、温度值、湿度值、电压值及监测点的实时温度曲线等。用户想查看某节点的信息时，只需点击 PC 上的相应节点即可。串口通信在无线传感器网络中是十分重要的，因为所有传感器节点采集的数据都是通过串口发送给上位机的，它是连接无线传感器网络与 PC 的通道。而协调器节点的计算及存储能力较弱，收到的数据包需通过串口立刻发送到 PC，PC 为避免串口数据被下一次发送所覆盖，需要对串口缓冲区进行管理，为此程序编写了 CnComm 类实现相应功能。

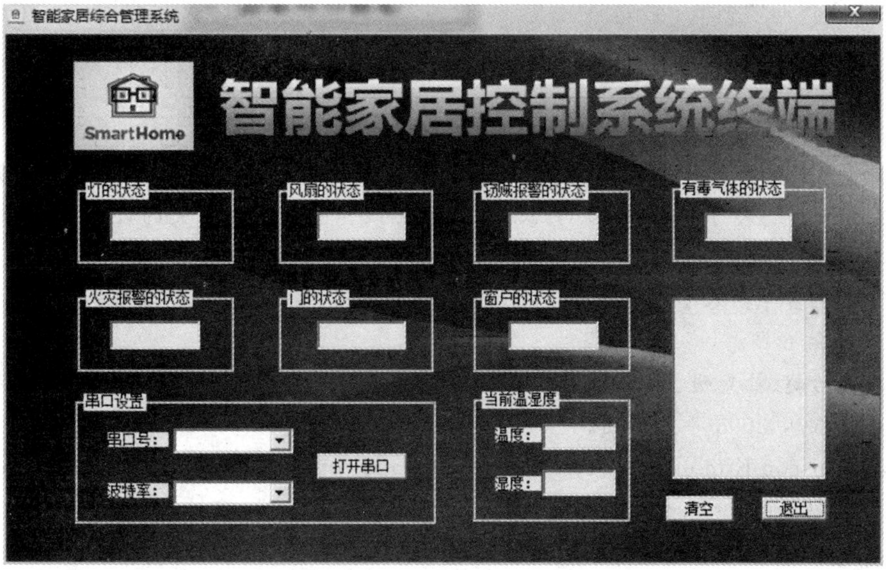

图 4　PC 中的上位机管理软件

三、实验及结果分析

为了测试所设计的传感器节点的覆盖范围及稳定性，将温度传感器、湿度传感器、光敏电阻传感器分别连接至传感器节点的相应端口，先通过串口调试助手测试数据的接收和发送情况，在数据发送和接收正常的情况下，设置无障碍实验环境，测得点对点的通信距离可达50 m以上。同时，构建最简单的星形网络，使传感器节点与协调器节点相距 30 m，每发送完 1 次数据后，便进入休眠状态，5 min 后恢复，再次发送数据，连续监测 2 h，协调器显示接收到的数据信息并将接收到的数据通过串口上传到 PC 中。实验结果表明，整个传输过程没有出现丢包现象，而且采集到的数据值准确。这说明系统具有较好的可靠性和稳定性。

四、结　语

本文提出了基于ZigBee、GPRS和蓝牙模块的嵌入式智能家居控制系统的设计和实现方案,该方案以低功耗的ARM处理器S5PV210为核心,利用内嵌TCP/IP协议栈的GPRS模块SIM300为网络的数据出口,克服了传统网关架构下ZigBee传输距离的瓶颈。实验结果表明,该网关可靠性高、抗干扰能力强,同时具有很好的通用性,能够方便地应用于各种监测场合。

参考文献

[1]李斌、李文锋:《WSN与RFID技术的融合研究》,《计算机应用》2008年第9期。

[2]何明星:《基于ZigBee与GPRS技术的无线传感器网络网关的设计》,《工矿自动化》2009年第8期。

[3]孙忠富等:《基于GPRS和WEB的温室环境信息采集系统的实现》,《农业工程学报》2006年第6期。

[4]段治超、杜克明、孙忠富:《基于Linux和GPRS的农业环境无线远程监控系统》,《农业网络信息》2008年第6期。

[5]Yunseop Kim et al., "Remote sensing and control of an irrigation system using a distributed wireless sensor network", *IEEE Transactions on Instrumentation and Measurement*, 2008,57(7):pp.1379-1387.

[6]H. Jeonghwan, S. Changsun and Y. H. Yun, "A wireless sensor network-based ubiquitous paprika growth management system", *Sensors*, 2010, 10(12): pp. 11566-11589.

[7]Dae-Heon Park and Jang-Woo Park, "Wireless sensor network-based greenhouse environment monitoring and automatic control system for dew condensation prevention", *Sensors*, 2011, 11(4): pp.3640-3651.

(指导教师:王成优)

智能动感单车

王富超[1]　李文成[1]　王南[1]　李乐[1]　卞悦[2]　王佳琪[3]

随着人们生活水平的提高，人们对于健身器材，特别是家用健身器材的需要也日益增加。目前市场上的健身器材有健身车、健步机等运动机，这些器材虽然价格便宜、使用简单，但它们在功能上存在以下缺陷：

(1)只是单纯地消耗锻炼者的体能，缺少定性、定量的测量方法。

(2)在健身时消耗的能量大多变成热能散失掉，不能很好地体现环保的思想。

(3)会使健身者感到枯燥乏味，使他们不容易坚持下来。

(4)对于在校生，会因为路途或者天气的原因放弃锻炼。

针对以上几点缺陷，结合我校学生的实际情况，我们小组对健身自行车进行了改造，研制出了此款智能动感单车。该款智能车在单片机的控制下具备环保、储能、测速、测运动量以及根据运动速度自动播放相应节奏的音乐的功能，不仅可在学校使用，而且还可以批量生产，进一步推广到企业中，可使员工在工作闲暇时健身或听歌休息，体现了人性化的特点。同时，它还实现了融合智能、节能减排的低能耗梦想。

一、设计原理

人踏踏板做功的能量是可以利用的，这样人就能在骑电动自行车时给电动自行车充电，而这储备的电能又能为电动自行车所用。我们设计的产品是基于健身自行车进行改造的。在健身时，踩动脚蹬切割磁感线，使导体在磁场中往复运动，或在磁场中旋转，有效地利用磁力线所穿过的有限空间来产生电动势。当绕有磁场绕组的磁铁旋转时，通过各铁芯的磁通发生变化，三相绕组中产生电动势，将产生的电动势储存到蓄电池中。因为电动自行车使用的是永久磁铁，只要转动就会发电。如今的电动自行车一般采用磁网安装在转子上使之转动切割固定导体，利用“导体运动而切割固定磁感线”来为电动自行车发电是一种效率较高的方式。

---

[1]机电与信息工程学院2011级电子信息科学与技术专业；[2]机电与信息工程学院2012级电子信息科学与技术专业；[3]机电与信息工程学院2011级计算机专业。

二、产品功能介绍

我们制作的本款智能动感单车收获了预期的成功，通过在机械方面搭建、焊接单车，在智能方面利用单片机来控制，实现了以下功能：

(一)运动做功发电

运用锻炼时产生的能量来发电(其中运用到电机发电、交变电流、稳压、逆变等知识)。在运动期间，单车经过发电机产生交流电，交流电经电桥整流稳压后转换成直流电储存在电瓶里，经过逆变可供给电风扇、电脑等常用设备使用，通过降压芯片可产生12 V、5 V的电压供继电器、单片机使用。

(二)红外测速

运用红外反射测速，检测出运动的速度，并根据运动时间计算出消耗的能量。采用1602液晶显示屏显示运动速度、时间、耗能等(见图1)。

图1 1602液晶显示屏

(三)动感音乐播放

运用编码译码芯片播放歌曲，利用继电器根据运动速度的不同切换歌曲，可实现慢速时播放舒缓的歌曲，快速时播放激昂的歌曲的效果，给锻炼者带来了愉悦身心的享受。

三、实现方案简述

(一)机械部分

我们焊接的车骨架图解如图2所示。其中，车座部分和车把手部分采用选择螺孔技术，使得高矮位置可以调节，同时在单车底部加装了电机(见图3)，使得单车能够进行能量转换，将机械能转换成电能。

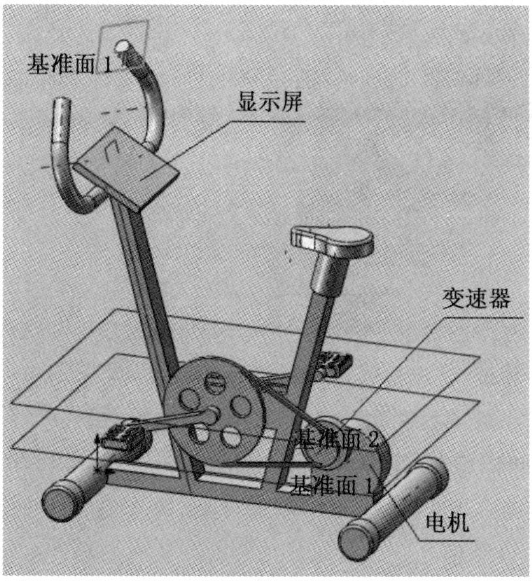

图 2 Solidworks 制作图解

图 3 车底部电动机

(二)电子部分

电子部分包括显示电路、音乐播放电路和红外测速电路。利用红外对管进行测速(检测原理见图 4)，通过继电器实现不同速度切换歌曲的功能，使得单车更加智能化。采用一组红外对管检测自行车牙盘(见图 5)的转角，当检测到牙盘孔时，反射光很弱，使接收端开关管呈现截止状态；当检测到牙盘面时，状态相反。再通过 LM339 比较两种接收信号，从而输出"0""1"两种高低电平，传递给单片机。

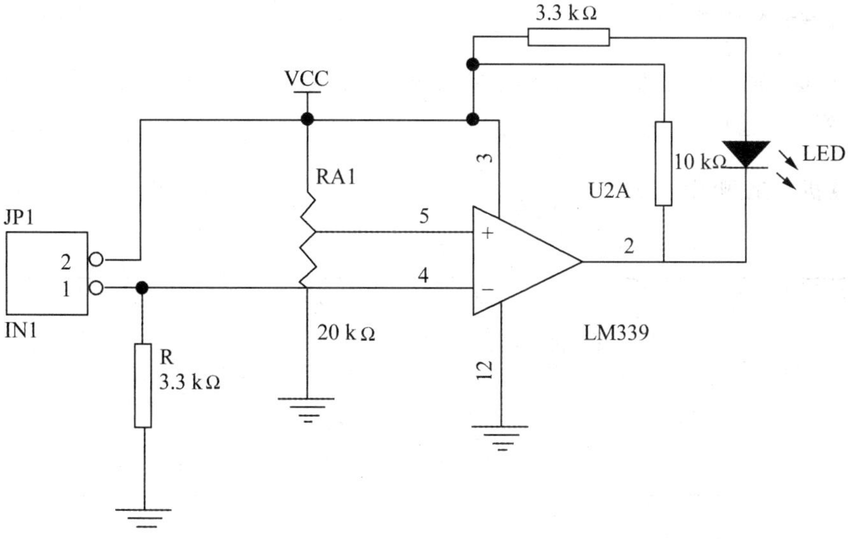

图 4 红外反射式测速原理

图5　牙盘

自行车压盘共有5个牙盘孔,假定1 s时间内能检测到 m 个低电平信号,那么自行车的转速为:

$$n=60\times m/5=12m$$

(三)软件部分

采用C语言编写程序控制单片机,实现测速、显示、歌曲切换等功能。

四、单车测试

(一)机械部分测试

在机械部分完成后,我们进行了实地骑行测试,测试过程中,通过对链条以及牙盘进行调整,得到了满意的效果。

(二)电机发电测试(见表1)

表1　　电机发电测试

测试时长/min	平均测试速度/(r/s)	电瓶电量(电机发电量)/(kW·h)	平均每小时发电量/(kW·h)
30	2	0.14	0.28
40	1.5	0.14	0.21
60	1.5	0.23	0.23

根据测试结果,以正常转速(1.5 r/s)骑自行车,约4 h可将电瓶电量充满(电瓶满电

量为 1 kW·h)。

(三)音乐切换测试(见表 2)

表 2 音乐切换测试

测试速度/(r/s)	速度等级	播放曲目	歌曲类型
0.5	慢速	宝贝	轻柔
1.5	中速	梦中的婚礼	欢快
2.5	快速	最炫民族风	重金属

(四)整车测试

整车完成后,我们邀请班级里的其他同学体验效果(见图 6),并提供建议。大家体验后,表示智能动感单车的骑行效果很不错,不仅能通过显示仪清晰地看到自己的运动速度和消耗的能量,而且还能智能地进行音乐播放,很有创意。

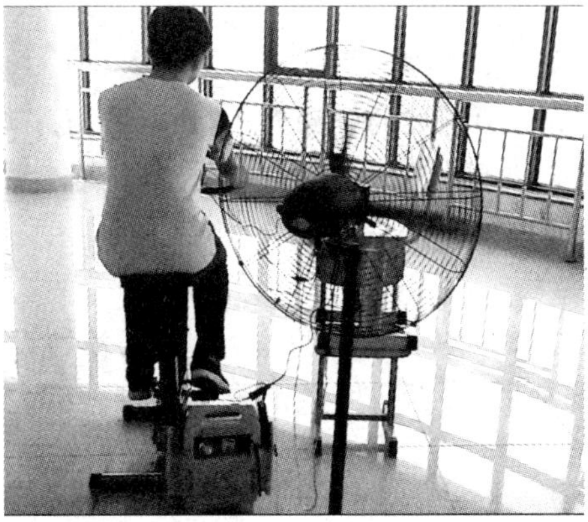

图 6 同学体验动感单车

五、创新点

(1)该款单车根据不同的运动强度配置了不同的音乐,用户可以根据音乐的不同,找到适合自己身体的运动节奏。将运动与节能相结合,充分体现了节能减排的思想,是个一石二鸟的好办法。

(2)当运动速度不合适时,机器能够自动提醒用户要提高或减慢到相应的速度,以保障有氧运动。该款单车可以对运动强度进行即时显示,用户能直观地看到自己目前的运动速度及状态,了解自己的运动量。运动结束后,通过液晶显示,用户可以知道自己运动所消耗的能量以及储存的电能。

(3)能够进行能量转换。运动过程中产生的动能可以转换成电能,保障单车在无电条件下也能正常工作，即无论是否有电，单车都能够正常工作。

六、可行性与优势

(一)产品优势

此产品的研制既可以解决由于宿舍断电早给同学带来的充电不便的麻烦，也可以达到强身健体的效果，一举两得。

(二)可行性优势

我们的产品是基于健身自行车进行改造的，通过健身时转动的脚蹬切割磁感线，使导体在磁场中往复运动，或在磁场中旋转，有效地利用磁力线所穿过的有限空间来产生电动势，当绕有磁场绕组的磁铁旋转时，通过各铁芯的磁通发生变化，三相绕组中产生电动势，将产生的电动势储存到蓄电池中。

(三)环境优势

1. 指导教师

我们的指导教师是科研立项领域的资深人士，成功指导了多个项目，知识渊博，经验丰富，同时，他在单片机开发、编程、机械自动化等方面也有着深入的研究，能在技术等方面对我们团队进行有效的指导。

2. 科研环境

机电与信息工程学院有自己的创新实验室，实验室各种设备、设施齐全，同时，还有专业老师指导，高年级学长帮助，创新研究氛围浓厚，这些都为我们团队科研立项活动的展开奠定了坚实的基础。

(指导教师：梁立凯)

智能卸货卡车

焦建成[1]

普通自卸货车如果卸货时速度过快或车斗后盖未打开,会造成货物聚集,重心偏移,从而很容易出现翻车的现象;或当司机倒车卸货时,如果车体的后方或者两侧有人或者障碍物,一不小心还会造成车毁人亡的后果。同时,卡车司机的工作繁重,他们长时间处于精神高度紧张状态。行驶在路上时,他们要时刻注意周边的情况;当到达卸货场地时,还需要集中注意力倒车卸货,由于操作步骤烦琐,由此造成的事故层出不穷。因此,本文旨在研发一款智能卸货卡车,可在司机师傅抵达卸货场地后实现自卸货的功能,从而将卡车司机从劳累的工作中解放出来。

一、研究成果

项目的最终成果是一款可以控制行进位置并在指定位置自动卸货的智能卸货卡车。

(一)智能卸货卡车的具体功能介绍

该款智能卸货卡车有两大功能:第一大功能为智能卸货,包括超载检测、自动二次卸货、车身前翘自动停止卸货;第二大功能为自动循迹和避障,包括自动循迹到达卸货目的地与卸货前障碍检测。

(二)智能卸货卡车的运行过程

第一步,车子在开往目的地前,会自动进行超载检测,如果车子所载货物的质量大于可实现的约定值,车子不会开动。此功能需要压力传感器与电机驱动的协调配合,压敏电阻会准确地对车中货物的压力作出反应,并将信号发送给 hx711 芯片,hx711 芯片经过编码后会将信息传送给单片机,单片机会将得到的压力信息与实现设定好的压力值进行比对。若检验到压力大于之前设定好的压力值,单片机会作出超载判断,向控制车行驶的电机驱动发出停止工作的指令;若压力没有大于之前的设定值,即车子处于未超载状

---

[1]机电与信息工程学院 2011 级自动化专业。

态,则单片机会作出正常的判断,车子可以正常行驶,之后车子便可开动。

第二步为循迹功能,装在车子前面的两个红外传感器会对事先做好的标记进行检测,以此向单片机发送信号来实现对车子行驶的控制,直到车子准确到达卸货地点。

第三步,检测车斗是否有货物,是否需要卸货。如果车斗内没有载货,则没有必要再起斗卸货,只让车子开到目的地即可。这一步再次用到了压力传感器。压敏电阻如果与未装货时的阻值一样或只有极其微小的差异,就说明没有载货物,此时车子工作结束;若发现装有货物,则继续进行下一步。

第四步,进入即将卸货状态,车子会自动检查四周是否有障碍物,是否安全。这一步十分重要。比如,在车子卸货时,若有一堵距离车子很近的墙,则此时卸货十分危险;又如,车后站着人,车子却未发现而直接卸货,这更是危险行为。所以在到达目的地时,选择一个安全的卸货地点非常重要。这一步主要用到了安装在车子周围的超声波传感器。当车子进入即将卸货状态时,周围的超声波传感器便开始工作,当检测到某方向的障碍物离车子很近时,车子会根据障碍物所处的不同位置,作出不同的反应。在保证卸货方向正确的前提下,会自动远离障碍物,达到智能车避障的目的。

第五步,开始卸货。在准确到达目的地并检测到周围没有任何危险之后车斗会自动升起,开始卸货。但此时若车斗后盖未能及时打开或者卸货太急,车子很有可能会发生前翘的危险。这时,车子上安装的倾角传感器会及时作出反应,当倾角传感器检测到倾角异常时,会迅速向单片机发出信号,单片机会进行车体倾角比对,发现车体前翘后会立刻作出收斗的指示,使车子迅速恢复原状态,避免车体前翘的危险发生。如果没有检测到车体的前翘,即可正常起斗,继续下一步工作。

第六步,车斗顺利升起,货物会从车斗中被倾倒出。由于很多货物(如泥土)有黏着性,有时把车斗升起后并不能把货物全部倒出,这时,单片机中的程序检测到车斗已完全升起后会启动抖落部分的程序。具体为:车体会前后移动几个小的来回,通过惯性使车斗里的货物充分滑出。

第七步,进行自动二次卸货。抖落功能结束后,车斗会自动再次检测车斗内货物的质量,此时压力传感器再次发挥作用。当压力传感器检测到车斗内还有货物,即未卸货完成时,会向单片机发出信号,单片机收到信号后经过比对确认卸货未完成时,会重新将车斗打开,并进入第六步;若检验到货物已完全卸出,则整个卸货流程结束。

智能卸货车的侧面如图 1 所示。

(a)

(b)

图 1　智能卸货车侧面图

二、应用前景

本项目组设计的智能卸货卡车是现实版智能卸货卡车的雏形，它提供了一种创新的思路。将该款智能卡车身上的各个功能经研发与改进后，可运用于普通卡车，进一步升级可变成现实版的智能卸货卡车。

当应用于实际车辆时，红外传感器可改进为电磁式传感器，以此来减小灰尘和杂物对循迹模块的干扰。对于超声波传感器，可用精度更高、测量范围更大的来代替。这样可以通过“双保险”来确保工作人员的安全和车辆的正常工作。对于压力传感器，需要使用感压元件安装在车斗的四个角上，通过四个角上压力值的大小来判断卡车的卸货状态，确定货物的质量。对于起斗部分，可使用液压装置并通过电控来实现。对于车辆循迹时的行驶,可以参考现代智能泊车系统的操控过程,通过电控来实现。此外,该产品应用于实际后,可外加显示屏幕,实时显示卡车的工作状态,以此来完成人际互动的过程,保障运行的稳定性与安全性。

随着工业水平的提高,智能机械在工业生产中的应用越来越广泛,且已经渗透到生产和生活中的方方面面。智能机械是机械发展的前沿领域,可以说,它的出现使机械发展的历史跨越了一座里程碑。智能机械与传统机械的区别非常显著,它有许多传统机械不具有的特性。特别是智能机械在车辆方面的应用,为人类的生产和生活提供了方便和保障。随着社会的发展,对于卸货卡车,我们不仅仅需要其完成货物的运送,而且要提高它的效率和安全性,同时,还要将驾驶员从繁重的劳动中解放出来。此款智能卸货卡车能很好地实现这一要求,在提高效率的同时还可使卡车司机的安全性和舒适性得到极大的提高。

参考文献

[1]曹立军:《单片机原理与应用》,西安电子科技大学出版社 2009 年版。

[2]唐文彦:《传感器》,机械工业出版社 2011 年版。

(指导教师：张立)

生物科技

Box-Behnken 响应面法优化复方丁香总黄酮的提取工艺

李玲玉[1]　胡惟紫[1]　倪丹丹[1]　马婕[1]　陆波[2]　尹文倩[3]

中草药是抗氧化成分的重要来源，许多研究发现，中草药的药理作用与抗氧化活性成分有关。传统中药源功能食品常以复方形式出现，药配伍后的疗效通常比单药单独使用时的效果更好，表现出协同作用。

丁香为桃金娘科植物丁香的干燥花蕾，有温中降逆、补肾助阳之功效，现代药理证明其有抑菌、麻醉、抗氧化的作用，可促进药物透皮吸收；肉桂为樟科植物肉桂的树皮，有温肾助阳、散寒止痛、温通经脉之功效，现代药理证明其有抗氧化、抗菌、抗溃疡的作用；甘草为豆科植物甘草的根及根茎，有补脾益气、止咳祛痰、清热解毒、缓急定痛、调和药性的功效，现代药理证明其有抗氧化、抑菌、抗病毒、抗肿瘤及保肝等作用；八角是八角茴香科八角属的一种植物，有温阳散寒、理气止痛之功效，现代药理证明其有抗氧化的作用。

响应面法(Response Surface Methodology，RSM)是数学方法和统计方法结合的产物，是一种最优化方法，它通过构造多元二次回归方程来表达因素与响应值的函数，通过对函数响应面和等高线分析，精确研究各因子与响应值之间的关系，寻求最优工艺参数，以解决多变量优化问题。该实验方法可以减少实验次数与时间，快速得到最佳条件，并能提高准确性，已经被广泛应用于各个领域。

目前，关于丁香复方的化学成分和药理的研究比较多，且丁香、肉桂、甘草和八角四药在传统中药汤剂中时常配伍，但关于四药配伍后的协同抗氧化活性研究却较少。本实验拟对该复方抗氧化的协同作用进行研究，这对于治疗各种心脑血管疾病有着深层次的意义。本研究通过筛选乙醇浓度、溶剂用量、提取时间这三个因素，利用 Box-Behnken 设计法进行响应面分析，寻求有最高丁香复方总黄酮提取率的提取条件，并采用紫外-可见分光光度法测定丁香复方中的总黄酮量，从而为合理开发利用丁香、八角、肉桂、甘草复方资源提供科学依据。

---

[1]海洋学院 2011 级药学专业；[2]海洋学院 2010 级药学专业；[3]海洋学院 2012 级生物科学类专业。

一、实验材料与实验仪器

(一)实验材料

丁香、八角、肉桂、甘草均购自威海市颐和堂山大药店;乙醇、亚硝酸钠、氢氧化钠、硝酸铝均为国产分析纯芦丁对照品(上海金穗生物科技有限公司)。

(二)实验仪器

分析天平(上海楚柏实验室设备有限公司)、电热鼓风干燥箱(杭州汇尔仪器设备有限公司)、RE-52AA型旋转蒸发仪(上海亚荣生化仪器厂)、DK-8AD型电热恒温水槽(上海精密仪器仪表有限公司)、SWB 5200型超声清洗机(上海必能信超声有限公司)、752型紫外-可见分光光度计(上海光谱仪器有限公司)、索氏提取器。

二、实验方法

(一)标准曲线绘制

将芦丁对照品干燥至恒重,精密称取20 mg,将其置于100 mL的干净容量瓶中,加60%的乙醇至刻度,摇匀,即可得到0.20 mg/mL的对照品溶液。精密吸取对照品溶液0 mL、4 mL、8 mL、12 mL、16 mL、20 mL,并分别置于50 mL的干净容量瓶中,加入5%的亚硝酸钠溶液2.0 mL并摇匀,放置6 min;再加入2.0 mL的10%的硝酸铝溶液并摇匀,放置6 min;然后加入20.0 mL的4%的氢氧化钠溶液并用浓度为60%的乙醇溶液稀释至容量瓶刻度,摇匀,静置10 min。

(二)供试样品液的制备

分别精确称取干燥的丁香、八角、肉桂、甘草中药材3 g、3 g、1 g、1 g,于索氏提取器中在一定量的乙醇中提取一定时间,回流提取3次,过滤;然后合并提取液,并浓缩提取液回收乙醇,在浓缩溶液中加入浓度为60%的乙醇溶液,定容于50 mL的容量瓶中,在3000 r/min的转速下离心45 min,精密吸取上清液1.00 mL,按照标准曲线制备项下的方法测定黄酮含量。

(三)总黄酮提取的单因素实验

1. 提取时间对总黄酮提取率的影响

分别精确称取干燥丁香、八角、肉桂、甘草3 g、3 g、1 g、1 g,选择浓度为75%的乙醇溶液,料液比(W/V,质量体积比,下同)为1∶20,在80 ℃下回流提取2次,每次提取时间分别为0.5 h、1 h、2 h、3 h、4 h。提取液按照以上方法处理后测定黄酮的提取率。

2. 乙醇浓度对总黄酮提取率的影响

分别精确称取干燥的丁香、八角、肉桂、甘草 3 g、3 g、1 g、1 g，选择浓度分别为 45%、55%、65%、75%、85%、95%的乙醇溶液，料液比为 1∶20，在 75 ℃下回流提取2 次，每次提取 1.5 h。提取液按照以上方法处理后测定黄酮的提取率。

3. 料液比对总黄酮提取率的影响

分别精确称取干燥的丁香、八角、肉桂、甘草 3 g、3 g、1 g、1 g，在 75 ℃下回流提取 2 次，每次提取 1.5h，分别选择料液比为 1∶1、1∶10、1∶20、1∶30、1∶40、1∶50 的浓度为 75%的乙醇溶液。提取液按照以上方法处理后测定黄酮的提取率。

4. 采用响应面法对复方丁香提取条件进行优化

综合单因子实验结果，选取乙醇浓度、料液比、提取时间三个因素，根据 Box-Behnken 的中心组合实验设计原理，采用 Box-Behnken 响应面法在三因素三水平上对丁香、八角、肉桂、甘草复方中黄酮的提取工艺进行优化。结果见表 1。

表 1　响应面分析因素及水平

因素	水平		
	−1	0	1
A 乙醇浓度	65%	75%	85%
B 料液比	1∶10	1∶20	1∶30
C 提取时间/h	1	1.5	2

三、结果及分析

(一)标准曲线的绘制

于 512 nm 处测吸光度，以吸光度值为横坐标，芦丁浓度为纵坐标，进行线性回归，可得回归方程为：$y=8.87x-0.0043$。其中，y 为吸光度，x 为对照品芦丁的浓度(单位：mg/mL)，$R^2=0.9994$。实验结果表明，该标准曲线线性关系良好，如图 1 所示。

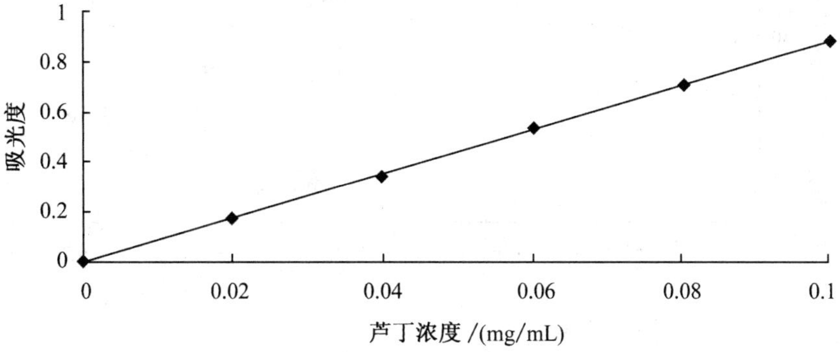

图 1　标准曲线

(二)复方丁香中总黄酮提取率的单因素实验

1. 提取时间对复方丁香中总黄酮提取率的影响

固定料液比、提取次数、乙醇浓度及温度等因素,多次提取丁香、八角、肉桂、甘草中药复方,研究提取时间对复方丁香中总黄酮提取率的影响,结果如图2所示。实验结果表明,当时间为1.5 h时,中药复方中的黄酮提取率最高;当时间小于1.5 h时,随着时间的延长,中药复方中的黄酮提取率升高;当时间大于1.5 h时,中药复方中的黄酮提取率趋于平稳,且稍有下降。因此,综合考虑节约资源和提取效果,最佳提取时间应为1.5 h。

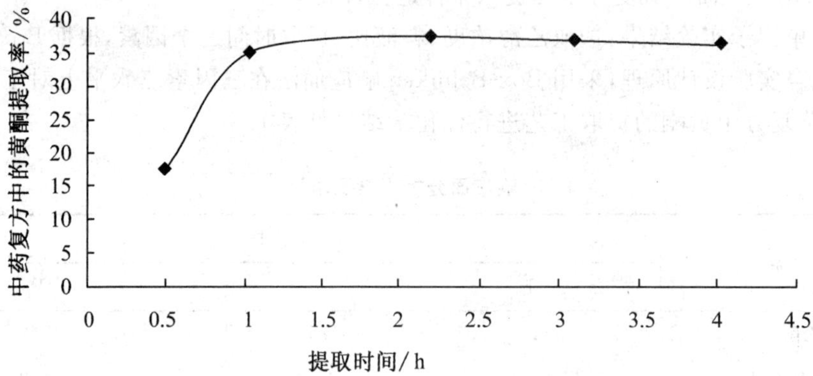

图2 提取时间对复方丁香中总黄酮提取率的影响

2. 乙醇浓度对复方丁香中总黄酮提取率的影响

通过固定提取时间、提取次数、料液比及温度等因素,多次提取丁香、八角、肉桂、甘草中药复方,从而研究乙醇浓度对丁香、八角、肉桂、甘草中药复方中总黄酮提取率的影响,结果如图3所示。实验结果表明,当乙醇浓度为75%时,丁香、八角、肉桂、甘草中药复方中黄酮的提取率最高,随着乙醇浓度的升高,中药复方中黄酮的提取率下降;当乙醇浓度小于75%时,乙醇浓度越小,黄酮提取率越低。因此,综合考虑提取效果和节约资源,乙醇溶液的最佳浓度应为75%。

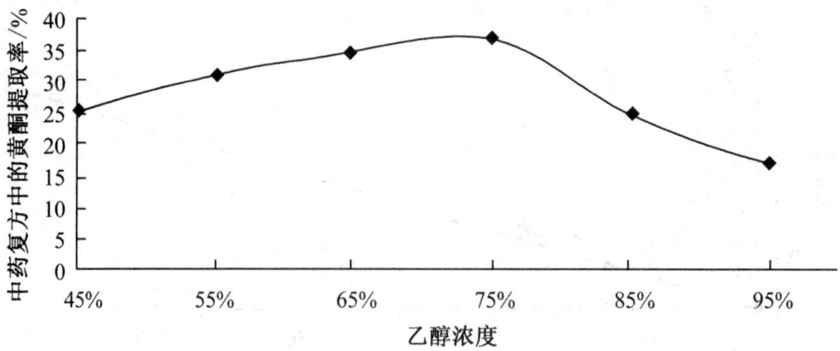

图3 乙醇浓度对丁香复方中总黄酮提取率的影响

3. 料液比对复方丁香中总黄酮提取率的影响

通过固定提取时间、提取次数、乙醇浓度及温度等因素，多次提取丁香、八角、肉桂、甘草中药复方，以研究料液比对复方丁香中总黄酮提取率的影响，结果如图 4 所示。实验结果表明，料液比为 1∶20 时，复方丁香中的总黄酮提取率最高；当料液比增大或减小时，复方丁香中药中的总黄酮提取率均会降低。因此，综合考虑提取效果和节约资源，最佳料液比应为 1∶20。

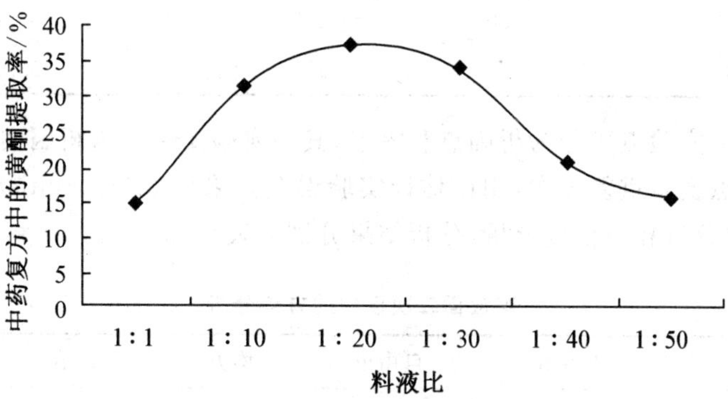

图 4　料液比对丁香复方中的总黄酮提取率的影响

(三)设计正交试验优化复方丁香中总黄酮的提取工艺

在单因素实验结果的基础上，以 A＝乙醇浓度、B＝料液比、C＝提取时间为自变量，以复方丁香中的总黄酮提取率(%)为响应值 R，进行响应面分析实验，优化复方丁香中的总黄酮提取工艺。实验结果见表 2。

表 2　响应面分析方案及实验结果

实验号	A 乙醇浓度	B 料液比	C 提取时间/h	R 中药复方中的黄酮提取率/%
1	85%	1∶20	1	22.5691
2	85%	1∶10	1.5	19.9050
3	85%	1∶20	2	17.3548
4	85%	1∶30	1.5	20.7370
5	65%	1∶20	2	29.2494
6	65%	1∶20	1	30.3470
7	65%	1∶10	1.5	28.0039
8	65%	1∶30	1.5	31.6587
9	75%	1∶10	2	24.2331

续表

实验号	A 乙醇浓度	B 料液比	C 提取时间/h	R 中药复方中的黄酮提取率/%
10	75%	1∶30	1	28.0651
11	75%	1∶10	1	30.4708
12	75%	1∶30	2	27.0651
13	75%	1∶20	1.5	33.3498
14	75%	1∶20	1.5	33.2793
15	75%	1∶20	1.5	33.2795

表中的 15 个实验点可分为析因点和零点，其中实验 1～12 为析因实验，实验 13～15 为中心实验，零点实验重复 3 次，用以估计实验误差。采用 SPSS Statistics 17 对所得实验数据进行方差分析和可信度分析，分析结果分别见表 3、表 4。

表 3 响应面二次模型的方差分析

方差来源	平方和	自由度	均方	F 值	P 值
Model	377.61.43	9	41.96	94.30	<0.0001
A-A	187.14	1	187.14	420.64	<0.0001
B-B	3.02	1	3.02	6.78	0.0480
C-C	22.95	1	22.95	51.58	0.0008
AB	1.99	1	1.99	4.48	0.0897
AC	4.24	1	4.24	9.52	0.0273
BC	6.86	1	6.86	15.42	0.0111
A^2	107.77	1	107.77	242.23	<0.0001
B^2	29.45	1	29.45	66.19	0.0005
C^2	33.68	1	33.68	75.70	0.0003
残差(Residual)	2.22	5	0.44		
失拟性(Lack of Fit)	2.22	3	0.74	448.17	0.0022
纯误差(Pure Error)	3.304E−003	2	1.652E−003		
总差(Cor Total)	379.83	14			

表 4 模型的可信度分析

因素	值	因素	值
标准差	0.67	复相关系数	0.9941
变异系数	2.44	校正相关系数	0.9836
PRESS	35.55	信噪比	29.346

三个因子经过拟合得到的回归方程为：$R = 33.30 - 4.84A + 0.61B - 1.69C - 0.71AB - 1.03AC + 1.31BC - 5.40A^2 - 2.82B^2 - 3.02C^2$。

分析表 3 中的回归分析数据，Model 项和 Lack of Fit 项的 P 值小于 0.05，说明方程回归性显著，用拟合的回归方程模拟三因素三水平实验结果分析是可行的。分析表中的 P 值可知，A、B、C、AC、BC、A^2、B^2、C^2 项对于丁香复方中黄酮的提取率影响显著，二次项对结果影响较大，交互项对结果有较小的影响。三因素对结果的影响由小到大为：料液比<提取时间<乙醇浓度。各因素对于响应值的影响不是简单的线性关系。

图 5、图 6、图 7 简明地显示出了各个因素交互作用的响应面的 3D 图和等高线分析图。通过使用 Statistics 17 软件分析，获得响应值 R 取最大值时因素 A、B、C 对应的编码值分别为 $A=0$，$B=-0.01$，$C=-0.28$，相对应的提取条件为：乙醇浓度＝75％，料液比＝1∶19.9，提取时间＝1.36 h，理论上计算的复方丁香中总黄酮的最大提取率为 33.5377％。

为了验证方法的可行性，同时考虑到生产操作的实际性和便利性，本文所采用的实验条件如下：乙醇浓度＝75％，料液比＝1∶20，提取时间＝1.4 h。设计了五组平行实验进行验证，同时与中心点实验组作对照。实验结果表明，实际复方丁香中总黄酮的提取率为 32.4169％，对照组为 33.5172％，与对照值相差 1.1003％，与理论值相差 1.1208％。因此，使用响应面法优化复方丁香中总黄酮的提取工艺是非常可行的，得到的工艺条件具有实际应用价值。

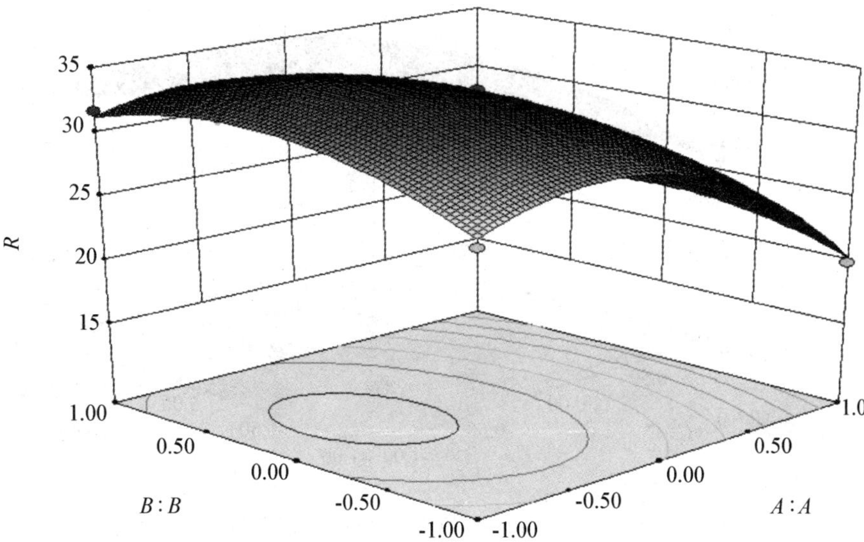

图 5　$R=f(A,B)$的响应面和等高线分析图

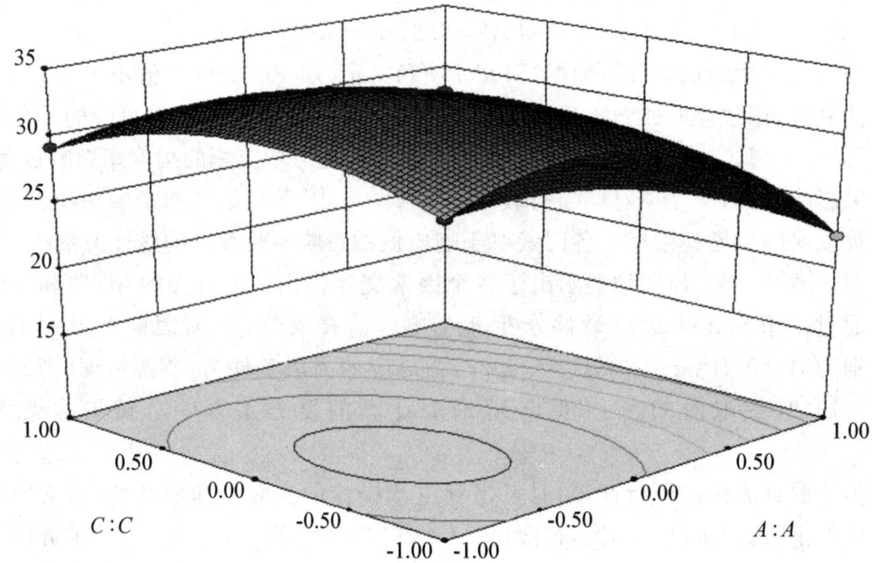

图 6 $R=f(A,C)$的响应面和等高线分析图

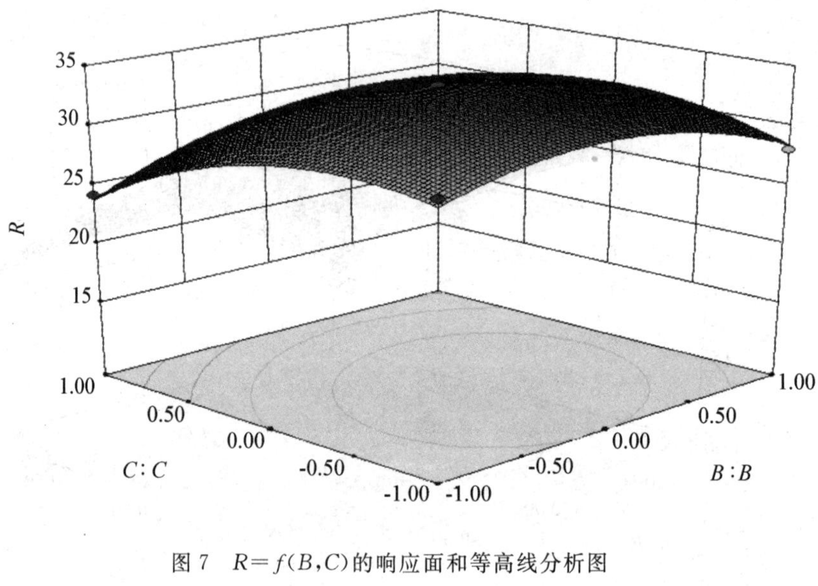

图 7 $R=f(B,C)$的响应面和等高线分析图

四、结　论

本研究通过筛选单因素——乙醇浓度、溶剂用量、提取时间这三个因素，利用 Box-Behnken 设计法进行响应面分析，寻求丁香复方有最高总黄酮提取率的提取条件。回归

分析和实验结果表明，最佳提取工艺为：乙醇浓度＝75％，料液比＝1∶20，提取时间＝1.4 h。实际复方丁香中总黄酮的提取率为 32.4169％。本实验通过设计合理的有限次数实验，建立一个包括各显著因素的一次项、平方项和任何两个因素之间的一级交互作用项的数学模型，从而拟合出因素与响应间的全局函数关系，有助于快速建模，缩短优化时间和提高应用可信度。然后通过对函数响应面和等高线的分析，对影响响应值的各因素水平及其交互作用进行优化和评价，快速有效地确定多因素系统的最佳条件。相对于传统的单因素实验和正交试验，本响应面法具有实验次数少、周期短、精度高的特点，得到的工艺条件具有实际应用价值，对于发展中药现代化具有重要意义。

参考文献

[1]杨文建：《8 种传统中药药对抗氧化协同机制的研究》，山东农业大学硕士学位论文，2009 年。

[2]刘骞等：《丁香不同溶剂提取物抗氧化活性的研究》，《包装与食品机械》2011 年第 4 期。

[3]李博、朱俊访：《丁香叶中所含有效成分的种类及药理作用研究进展》，《黑龙江医药》2009 年第 4 期。

[4]王录娜等：《丁香叶的研究现状及展望》，《时珍国医国药》2009 年第 4 期。

[5]曾正渝、兰作平：《肉桂的研究现状及应用进展》，《现代医药卫生》2007 年第 1 期。

[6]库咏峰：《肉桂总黄酮提取分离分析及抗氧化活性研究》，广西大学硕士学位论文，2012 年。

[7]严汉彬等：《肉桂提取物抗菌及抗氧化的研究》，《中国调味品》2010 年第 7 期。

[8]王冰等：《甘草总黄酮提取工艺的研究》，《郑州工程学院学报》2014 年第 3 期。

[9]朱菊花：《甘草黄酮类化合物提取分离的研究进展》，《中国药业》2010 年第 7 期。

[10]Hou Xujie, Chen Wei, "Optimization of extraction process of crude polysaccharides from wild edible BaChu mushroom by response surface methodology", *Carbohydrate Polymers*, 2008, 72(1): pp. 67-74.

[11]田泱源、李瑞芳：《响应面法在生物过程优化中的应用》，《食品工程》2010 年第 2 期。

（指导教师：张崇禧）

Analysis of the Essential Oil from *Leonurus artemisia var. albiflorus* S. Y. Hu and its Antioxidant Activity

韩静[1] 唐薇[1] 叶瑶蓓[1]

1. Introduction

Leonurus artemisia var. albiflorus S. Y. Hu, with white flowers, is a variant of *Leonurus japonicus Houtt*. As a traditional Chinese medicine, it has been widely used for disease treatment. *Leonurus artemisia var. albifloru* S. Y. Hu generally flourishes in a sunny position. For its functions of activating blood circulation to dissipate blood stasis and inducing diuresis to alleviate edema, it is usually used for curing for dysmenorrheal, irregular cycles and many other gynecological diseases.

However, the chemical components of the essential oil from *Leonurus artemisia var. albiflorus* S. Y. Hu have not been reported yet.

In this study, we report the chemical constituents and antioxidant activity of the essential oil from *Leonurus artemisia var. albiflorus* S. Y. Hu, which was obtained from the aerial parts of the fresh herb by hydrodistillation.

2. Expertiment

2.1 Plant material

Herb *Leonurus artemisia var. albiflorus* S. Y. Hu was collected during July-August from Majia Moutian, Shandong Province, China.

---

[1]海洋学院 2011 级药学专业。

2.2 Extraction of essential oil

Plant material was hydrodistilled for 3 hours using a Clevenger-type apparatus, the essential oil was dried over anhydrous sodium sulfate and stored at 4 ℃.

2.3 Gas chromatography-mass spectrometry

The essential oil was analyzed by using a Hewlett Packard 6890 gas chromatography with an DB-5MS fused silica column (5% Phenyl +95% Polydimethylsiloxane, 30 m×0.25 mm, film thickness 0.25 μm) which was used with Helium as carrier gas, interfaced with a Hewlett Packard mass selective detector 5937 (Agilent Technologies, Palo Alto, CA, USA) operated by HP Enhanced Chem-Station software, version A. 03.00. GC parameters were the same as above; interface temperature: 250 ℃; MS source temperature: 230 ℃; MS quadrupole temperature: 150 ℃; ionization energy: 70 eV; ionization current: 60 μA; mass range: 100-600; scans/s: 4.51.

The components of the essential oil were identified from their GC retention indices (RI) obtained with reference to n-alkanes series on DB-5MS column, comparison of their mass spectra fragmentation patterns reported in literature[3] and by computer matching with Nist 1.7 Mass Spectral Database for GC-MS.

2.4 Determination of DPPH radical scavenging activity

The sample was dissolved by a mixed solvent which contained DMSO and ether (2 : 1) at first. Then it was diluted to various concentrations of 2.000 mg/mL, 1.000 mg/mL, 0.500 mg/mL, 0.250 mg/mL, 0.125 mg/mL with methanol. Methanol solution (3 mL) of DPPH (50 μm) was added to 200 μL of each sample. After 30 min at room temperature, the absorbance values were measured by spectrophotometer at 517 nm. The capability to scavenge the DPPH radical was calculated using the following equation:

$$\text{DPPH scavenging effect (\%)} = [1-(A_{sample}-A_{sample\ blank})/(A_{control}-A_{blank})]\times 100\%$$

Methanol (3 mL) plus plant extract solution (200 μL) was used as the sample blank. DPPH solution (3 mL, 50 μm) plus mixed solution (DMSO : ether = 2 : 1, 200 μL) was used as the control. Methanol (3 mL) plus mixed solution (DMSO : ether = 2 : 1, 200 μL) was used as the blank. In this assay, ascorbic acid was used as the standard. The measurement was repeated three times.

3. Results and Discussion

The essential oil of *Leonurus artemisia var. albiflorus* S. Y. Hu was analyzed by GC-MS and the compositions are presented in Table 1. A total of thirty-seven constituents were characterized of the essential oil, representing 95.4%. Tricyclo [5.2.2.0(1, 6)] undecan-3-ol, 2-methylene- 6, 8, 8 -trimethyl (8.4%), n-Hexadecanoic acid (8.3%), Murolan-3,9(11)-diene-10-peroxy(6.6%), Aromadendreneoxide-(2)(5.6%), α-Cadinol(4.8%), Caryophyllene oxide(4.8%), Ledene oxide-(II)(4.4%) were the main components of the essential oil. In the essential oil of *Leonurus japonicus Houtt*, trans-caryophyllene (14.00%), phytol (8.26%), 1-octon-3-ol (8.21%) were mainly found. Besides, *Leonurus sibiricus Linn* and *Leonurus macranthus Maxim* also obtained trans-caryophyllene as the main component, with less 1-octon-3-ol. In this study, correlative chemometric resolution methods were used, based on retention index of GC-MS. Compared to the essential oil of *Leonurus japonicus Houtt*, the component of essential oil of *Leonurus artemisia var. albiflorus* S. Y. Hu was quite different. It was apparent that *Leonurus artemisia var. albiflorus* S. Y. Hu had no 1-octon-3-ol . Many kinds of compositions absent in *Leonurus japonicus Houtt* were gained from *Leonurus artemisia var. albiflorus* S. Y. Hu, such as Tricyclo[5.2.2.0(1,6)] undecan-3-ol, 2-methylene-6, 8, 8-trimethyl-, aryophyllene oxide and Ledene oxide-(II). These differences may be primarily caused by the variatn.

Table 1　Chemical compounds of the essential oil from Leonurus artemisia var. albiflorus S. Y. Hu

Compounds[a]	RI[b]	Percent[c] in samples/%
Copaene	1389	3.6
Eremophilene	1398	3.2
Caryophyllene	1435	0.7
α-Caryophyllene	1473	0.8
α-Cubebene	1495	3
(+)-Cyclosativene	1503	0.5
α-Muurolene	1507	1.7
ç-Cadinene	1524	3.9
Calamenene	1531	0.6
α-Calacorene	1552	1
Ledene oxide-(II)	1565	4.4
(-)-Spathulenol	1592	2.3
Caryophyllene oxide	1600	4.8
Aristolene epoxide	1608	0.9
Tricyclo[5.2.2.0(1,6)]undecan-3-ol, 2-methylene-6,8,8--trimethyl-	1627	8.4

Continued

Compounds[a]	RI[b]	Percent c in samples/%
Cubenol	1638	0. 9
Tau-Muurolol	1652	2
Aromadendrene oxide-(2)	1654	5. 6
α-Cadinol	1665	4. 8
Murolan-3,9(11)-diene-10-peroxy	1671	6. 6
7R, 8R-8-Hydroxy-4-isopropylidene-7-methylbicyclo[5. 3. 1]undec-1-ene	1702	2. 6d
cis-Z-α-Bisabolene epoxide	1732	0. 5
Azuleno[6, 5-b]furan-2, 5-dione, decahydro-7--hydroxy--4a,8-dimethyl-3-methylene-, [3aR-(3aα,4aα,7α,7aα,8α,9aα)]-	1752	0. 6
Aromadendrene oxide-(1)	1799	2. 3
Coronopilin	1831	1. 1
Isoaromadendrene epoxide	1835	1. 6
3α,4α,9α,11-Diepoxymuurolan-10-ol	1838	2. 4
Platambin	1872	4
6-Isopropenyl-4, 8a-dimethyl-1, 2, 3, 5, 6, 7, 8,8a-octahydronaphthalene-2,3-diol	1880	1. 4
Perhydrocyclopropa[e] azulene-4, 5, 6-triol, 1,1,4,6-tetramethyl	1901	1. 3
5, 6, 6-Trimethyl-5-(3-oxobut-1-enyl)-1-oxaspiro[2. 5]octan-4-one	1908	1. 7
3α,4α-Epoxymurolan-9(11)-en-10-ol	1935	1
8S,13-Cedran-diol	1946	0. 7
n-Hexadecanoic acid	1966	8. 3
Linoleic acid	2092	0. 7
Oleic Acid	2097	2. 3
Phytol	2110	3. 2
Total identified		95. 4

Notes: [a] Compounds are listed in order of their elution from a BD-5 column.

[b] RI=retention indices as determined on DB-5MS column using homologous series of n-alkanes.

[c] Percentages obtained by FID peak-area normalization; values represent an average of three determinations.

In this study, we evaluated the antioxidant activity of the essential oil from *Leonurus artemisia var. albiflorus* S. Y. Hu by a method DPPH scavenging activity (See Table 2). For the validation of this method, ascorbic acid was run as a standard along with the samples. Its scavenging value only was 16.62% at the concentration of 2.000 mg/mL. The DPPH scavenging effect of the essential oil increased with the increasing concentrations of the essential oil. In this assay, the essential oil of *Leonurus artemisia var. albiflorus* S. Y. Hu revealed a relatively weak antioxidant activity.

It was the first time to determine the chemical compounds and antioxidant activity of the essential oil from *Leonurus artemisia var. albiflorus* S. Y. Hu. The paper offeres reference for the further research on the essential oil of *Leonurus artemisia var. albiflorus* S. Y. Hu.

Table 2 DPPH scavenging activity of the essential *oil from Leonurus artemisia var. albiflorus* S. Y. Hu

Conce/ (mg/mL)	DPPH scavenging activity[a]	
	Leonurus artemisia var. albiflorus S. Y. Hu	Ascorbic acid[b]
0.125	6.47±1.60	91.75±0.79
0.250	7.38±0.74	93.13±0.17
0.500	11.30±1.16	94.22±1.77
1.000	15.81±0.51	94.47±0.94
2.000	16.62±0.76	95.91±0.27

Notes: [a] Antioxidant activity (inhibition %), expressed as the mean ± S. E. M (n=3).

[b] Positive control used.

References

[1]Xiao Peigen, *Modern chinese material medica*, Chemical Industry Press, 2002.

[2]National Commission of Chinese Pharmacopoeia, *Pharmacopoeia of peoples republic of china*, China medical Science and Technology Press, 2010.

[3]Robert R. Adams, "Identification of essential oil components by gas chromatography/quadrupole mass spectroscopy", *Journal of the American Society for Mass spectrometry*, 2011, 16(11): pp. 1902-1903.

[4]Bounatirou S. et al., "Chemical composition, antioxidant and antibacterial activities of the essential oils isolated from Tunisian *Thymus capitatus* Hoff. et Link", *Journal of Food Chemistry*, 2007, 105(1): pp. 146-155.

[5]Cengiz Sarikurkcu et al., "Essential oil composition and antioxidant activity of *Thymus longicaulis* C. Presl subsp. *longicaulis* var. *longicaulis*", *Journal of Food and Chemical Toxicology*, 2010, 48(7): pp. 1801-1805.

[6]Wang Cui yan, Hou Dong yan ang Hui Rui hua, "The Chemical Components of

Volatile oil Extracted from Mothermort Herb with Two Methods", *Journal of Liaoning University (Natural Sciences Edition)*, 1998,25(4):pp. 381-383.

[7]Zhang Xian, Peng Guo ping, "Development Of Chemical Constituents For *Leonurus*", *Journal of Natural Product Research And Development*, 2003,15(2): pp. 162-166.

(指导教师:赖鹏翔)

产植酸酶海洋细菌的筛选及产酶条件优化

陶建昌[1]

植酸酶是可以将植酸水解为磷酸和肌醇的一类水解酶的统称。人和动物的消化道不能产生植酸酶,大量未被利用的植酸磷被排入环境,造成水域的富营养化污染。植酸是一种广谱性的抗营养因子,可与钙、镁、锌等矿物质元素结合成不溶性盐类,从而降低植物的营养和价值;同时,它还可与蛋白质形成配合物,抑制多种消化酶的活性。植酸酶可释放植酸中的磷,提高动物对磷的吸收利用率,减少排泄物中有机磷的含量。目前,对陆地细菌中植酸酶的研究已十分深入,而对海洋细菌中植酸酶的提取尚未出现有价值的研究结果。海洋是微生物资源的巨大宝库,具有许多陆地上没有的特殊条件。我们相信,如果能在含量巨大的海洋细菌中筛选到合适的产植酸酶细菌,对于生产的优化将是巨大的。

一、材料与试剂

(一)产植酸酶菌株分离试样

本文所选试样为:于威海附近海域中取的水样和于山东大学(威海)海洋生物繁育中心取的刺参粪便样本。

(二)试剂

植酸钠 P0109(Sigma 公司)、植酸钙(上海迈坤化工有限公司)、分析纯(市售)。

(三)培养基

选择性增菌培养基:酵母浸粉 1 g/L,蛋白胨 5 g/L,琼脂 20 g/L,K_2HPO_4 0.1 g/L,陈海水 1000 mL,pH 自然。

植酸钙筛选平板:酵母浸粉 1 g/L,蛋白胨 5 g/L,琼脂 20 g/L,植酸钙 1 g/L,陈海水

[1] 海洋学院 2011 级海洋资源与环境专业。

1000 mL，pH 自然。

液体种子培养基：酵母浸粉 1 g/L，蛋白胨 5 g/L，陈海水 1000 mL，pH 自然。

液体产酶培养基：酵母浸粉 1 g/L，蛋白胨 5 g/L，陈海水 1000 mL，其中 K_2HPO_4 添加量与培养基 pH 按照均匀实验安排进行添加和调节。

二、实验方法

（一）产植酸酶海洋细菌的筛选

1. 菌种的初筛

将刺参粪便研磨打碎后稀释，均匀涂布到筛选平板上（海水直接进行涂布），4～5 d 后将产生透明圈的菌株接种于选择性增菌平板上反复划线分离。

2. 菌种的复筛

挑取初筛菌株接种于液体种子培养基中，28.5 ℃摇振培养 12 h 后，按 1%接种量接种于产酶培养基中，28.5 ℃、135 r/min 振摇培养 5 d，每 24 h 取 5 mL 培养液，4000 r/min离心去菌体 10 min，上清液用于酶活测定。

3. 酶活力测定方法

采取钼蓝法测定酶活力。取 0.1 mL 上清液加 0.9 mL 1 mmol/L 的植酸钠于 40 ℃下反应 20 min，加入 2 mL 10%的三氯乙酸终止反应，定容至 25 mL，加入钼酸铵-硫酸混合试剂 0.50 mL，混匀后放置 3 min；再分别加入 $SnCl_2$ 甘油溶液 1 滴，混匀后显色 10 min，在 690 nm 波长下测定吸光度。根据磷酸盐标准曲线可算出释放出的磷酸盐量，从而计算出酶活力。酶液空白对照为先在 0.1 mL 酶液中加入 2 mL 10%的三氯乙酸使酶失活，再加入底物，其余同前。在一定条件下，每分钟释放出 1 nmol 无机磷所需的酶量为一个酶活力单位，用 U 表示，单位为 nmol/min.

（二）不同条件对产酶的影响

按照均匀实验的安排从培养基 pH、K_2HPO_4 添加量到培养时间、底物 pH、反应温度、反应时间对菌株进行优化分析。均匀表为 $U_{12}(12^{12})$。其中底物 pH 取 12 水平，培养基 pH、K_2HPO_4 添加量均取 6 水平，培养时间取 4 水平，反应温度和反应时间均取 3 水平。

三、结果与分析

（一）菌株筛选

1. 初筛

将样品经过筛选培养基涂布、富集培养、多次划线分离、点种筛选，共初筛出 8 株植酸酶产生菌，参考文献并结合实际情况，决定不进行透明圈与菌落直径的比值测定，直接通过摇瓶培养测定比较酶活力。

2. 复筛

对初筛菌株进行摇瓶复筛，测其酶活力。因为复筛将比较与测试产酶稳定性结合在了一起，并充当部分预实验的功能，所以本项目在此阶段做了大量工作。

主要实验数据及处理如下：

(1)接种日期：2014 年 2 月 23 日

处理方法：培养：28 ℃，135 r/min；测定：0.1 mL 上清液＋0.9 mL 底物(pH 5.5)；灭活方法：三氯乙酸；反应温度：55 ℃；反应时间：30 min。

实验数据见表 1。

表 1　　实验数据(1)

菌种编号	OD 值	酶活/U(2 月 24 日)	OD 值	酶活/U(2 月 25 日)
1	0.204	93.1029892	0	1.97311828
2	0.005	4.20669355	0.004	3.759978495
3	0.131	60.4927903	0.113	52.45191935
4	0.116	53.7920645	0.005	4.206693548

(2)接种日期：2014 年 2 月 27 日

处理方法：培养：35 ℃，135 r/min；测定：0.1 mL 上清液＋0.9 mL 底物(pH 5.5)；灭活方法：三氯乙酸；反应温度：55 ℃；反应时间：30 min。

实验数据见表 2。

表 2　　实验数据(2)

菌种编号	OD 值	酶活/U (2 月 28 日)	OD 值	酶活/U (3 月 1 日)	OD 值	酶活/U (3 月 2 日)	OD 值	酶活/U (3 月 3 日)
1	0	1.97311828	0	1.97311828	0	1.97311828	0	1.97311828
2	0	1.97311828	0	1.97311828	0	1.97311828	0.005	4.206155914
3	0	1.97311828	0	1.97311828	0.004	3.759548387	0	1.97311828
4	0	1.97311828	0	1.97311828	0.008	5.545978495	0	1.97311828
5	0	1.97311828	0.01	6.43919355	0.004	3.759548387	0.006	4.652763441

(3)接种日期：2014 年 3 月 9 日

处理方法：培养：28 ℃，150 r/min；测定：0.2 mL 上清液＋1.8 mL 底物(pH 5.5)；灭活方法：三氯乙酸；反应温度：45 ℃；反应时间：30 min。

实验数据见表 3。

表 3　实验数据(3)

菌种编号	OD 值	酶活/U (3 月 10 日)	OD 值	酶活/U (3 月 11 日)	OD 值	酶活/U (3 月 12 日)	OD 值	酶活/U (3 月 13 日)
1	0.09	1.733897849	0	0.98655914	0	0.98655914	0	0.98655914
2	0.022	1.169241935	0.002	1.003166667	0	0.98655914	0.014	1.102811828
3	0.032	1.25227957	0	0.98655914	0	0.98655914	0	0.98655914
4	0.118	1.966403226	0.002	1.003166667	0	0.98655914	0	0.98655914
5	0	0.98655914	0	0.98655914	0	0.98655914	0	0.98655914

(4)接种日期:2014 年 3 月 15 日

处理方法:培养:28 ℃,200 r/min;测定:0.1 mL 上清液+0.9 mL 底物(pH 5.5);灭活方法:三氯乙酸;反应温度:35 ℃;反应时间:30 min。

实验数据见表 4。

表 4　实验数据(4)

菌种编号	OD 值	酶活/U (3 月 16 日)	OD 值	酶活/U (3 月 17 日)	OD 值	酶活/U (3 月 18 日)	OD 值	酶活/U (3 月 19 日)
1	0	1.97311828	0	1.97311828	0.286	6.722870968	0	1.97311828
2	0.004	2.03954839	0	1.97311828	0	1.97311828	0.04	2.637419355
3	0.017	2.25544624	0	1.97311828	0.037	2.587596774	0.292	6.822516129
4	0.008	2.10597849	0.008	2.105978495	0.023	2.355091398	0.026	2.404913978
5	0.01	2.13919355	0	1.97311828	0.024	2.371698925	0.121	3.982629032

(5)接种日期:2014 年 3 月 21 日

处理方法:培养:28 ℃,135 r/min;测定:0.1 mL 上清液+0.9 mL 底物(pH 5.5);灭活方法:三氯乙酸;反应温度:35 ℃;反应时间:10 min。

实验数据见表 5。

表 5　实验数据(5)

菌种编号	OD 值	酶活/U (3 月 22 日)	OD 值	酶活/U (3 月 23 日)	OD 值	酶活/U (3 月 24 日)
1	0.011	72.34451613	0.001	6.576774194	0.019	124.95871
3	0.006	39.46064516	0.013	85.49806452	0.011	72.3445161
4	0	0	0.002	13.15354839	0.024	157.842581
5	0.003	19.73032258	—	#VALUE!	0.011	72.3445161

通过对上述数据进行处理,可确定培养温度(28 ℃)、培养转速(135 r/min)、灭活方法以及酶活力测定方法,并大致推断出适用条件优化的因素及因素水平等。

(二)均匀实验

通过复筛的选择,决定对菌种 1 和菌种 3 进行均匀实验设计,优化产酶条件。实验设计及结果见表 6(注:由于实验安排问题,1 号菌种的优选失败,表中为 3 号菌株的优选)。

表 6　　均匀实验结果

实验处理	因素						酶活/U
	底物 pH	K_2HPO_4 添加量/(g/L)	培养时间/d	培养基 pH	反应温度/℃	反应时间/min	
1	4.5	0.05	2	5	50	10	17.78923835
2	5	0.1	4	6	40	10	15.87888441
3	5.5	0.15	1	8	30	10	20.36516129
4	6	0.05	3	9	30	10	15.87888441
5	6.5	0.1	4	4	50	20	9.560188172
6	7	0.15	2	6	40	20	212.7484453
7	7.5	0.025	3	7	40	20	44.13610215
8	8	0.075	1	9	30	20	73.12154906
9	8.5	0.125	2	4	50	30	195.1368309
10	9	0.025	4	5	50	30	7.093790323
11	9.5	0.075	1	7	40	30	106.0140569
12	10	0.125	3	8	30	30	104.3385484

通过 SPSS 软件对数据进行统计分析,结果见表 7。

表 7　　SPSS 回归分析结果

Variables Entered/Removed(b)			
Model	Variables Entered	Variables Removed	Method
1	培养时间 * 培养基 pH, 底物 pH, KH_2PO_4 * 培养基 pH, 培养基 pH, KH_2PO_4 * 培养时间, 培养时间/d, KH_2PO_4 添加量 g/L, 反应温度 * 反应时间, 反应温度/℃(a)	.	Enter

续表

Variables Entered/Removed(b)			
Model	Variables Entered	Variables Removed	Method
2	.	培养时间/d	Backward (criterion: Probability of F-to-remove >= .100).
3	.	培养基 pH	Backward (criterion: Probability of F-to-remove >= .100).
4	.	反应温度/℃	Backward (criterion: Probability of F-to-remove >= .100).
5	.	培养时间 * 培养基 pH	Backward (criterion: Probability of F-to-remove >= .100).

a. Tolerance = .000 limits reached

b. Dependent Variable: 酶活 U/mL

采用 Backward 方法，Model 1 采用强行进入，Model 2、Model 3、Model 4、Model 5分别为剔除了其中一个因素后的拟合效果，结果见表 8。

表 8　　模型拟合度检验结果

Model Summary(f)				
Model	R	R Square	Adjusted R Square	Std. Error of the Estimate
1	0.969	0.939	0.666	41.910573278323100
2	0.968	0.937	0.770	34.748188789527700
3	0.954	0.910	0.754	35.984042060687100
4	0.927	0.860	0.691	40.279046738802300
5	0.909	0.827	0.682	40.866529728697100

a. Predictors: (Constant), 培养时间 * 培养基 pH, 底物 pH, KH_2PO_4 * 培养基 pH, 培养基 pH, KH_2PO_4 * 培养时间, 培养时间/d, KH_2PO_4 添加量 g/L, 反应温度 * 反应时间, 反应温度/℃

b. Predictors: (Constant), 培养时间 * 培养基 pH, 底物 pH, KH_2PO_4 * 培养基 pH, 培养基 pH, KH_2PO_4 * 培养时间, KH_2PO_4 添加量 g/L, 反应温度 * 反应时间, 反应温度/℃

c. Predictors: (Constant), 培养时间 * 培养基 pH, 底物 pH, KH_2PO_4 * 培养基 pH, KH_2PO_4 * 培养时间, KH_2PO_4 添加量 g/L, 反应温度 * 反应时间, 反应温度/℃

d. Predictors: (Constant), 培养时间 * 培养基 pH, 底物 pH, KH_2PO_4 * 培养基 pH, KH_2PO_4 * 培养时间, KH_2PO_4 添加量 g/L, 反应温度 * 反应时间

e. Predictors: (Constant), 底物 pH, KH_2PO_4 * 培养基 pH, KH_2PO_4 * 培养时间, KH_2PO_4 添加量 g/L, 反应温度 * 反应时间

f. Dependent Variable: 酶活 U/mL

从表 8 中的拟合结果可看出，Model 1、Model 2、Model 3、Model 4、Model 5 中所有的系数都有统计学意义，但依据 R Square 项、Adjusted R Square 项和 Std. Error of the

Estimate 项可判别 Model 1 拟合度更高，其回归系数分析结果见表 9。由表 9 可计算 Model 1 的酶活：

Model 1：酶活＝109.436 * 底物 pH＋9320.748 * KH_2PO_4 添加量＋24.187 * 培养时间＋138.982 * 培养基 pH＋38.702 * 反应温度－0.501 * 反应温度 * 反应时间－876.710 * KH_2PO_4 添加量 * 培养时间－725.311 * KH_2PO_4 添加量 * 培养基 pH＋7.742 * 培养时间 * 培养基 pH。

表 9　　回归系数分析结果

Coefficients(a)

Model		Unstandardized Coefficients		Standardized Coefficients	t	Sig.
		B	Std. Error	Beta		
1	(Constant)	－3,173.154	2,471.755		－1.284	0.328
	底物 pH	109.436	74.531	2.721	1.468	0.280
	KH_2PO_4 添加量 g/L	9,320.748	4,411.470	5.733	2.113	0.169
	培养时间/d	24.187	96.953	0.390	0.249	0.826
	培养基 pH	138.982	146.000	3.419	0.952	0.442
	反应温度/℃	38.702	30.876	4.552	1.253	0.337
	反应温度 * 反应时间	－0.501	0.404	－2.930	－1.240	0.341
	KH_2PO_4 * 培养时间	－876.710	710.689	－1.609	－1.234	0.343
	KH_2PO_4 * 培养基 pH	－725.311	363.698	－3.317	－1.994	0.184
	培养时间 * 培养基 pH	7.742	7.991	0.787	0.969	0.435

通过统计分析，可作出回归标准化残差直方图(见图 1)和正态 P-P 图(见图 2)。

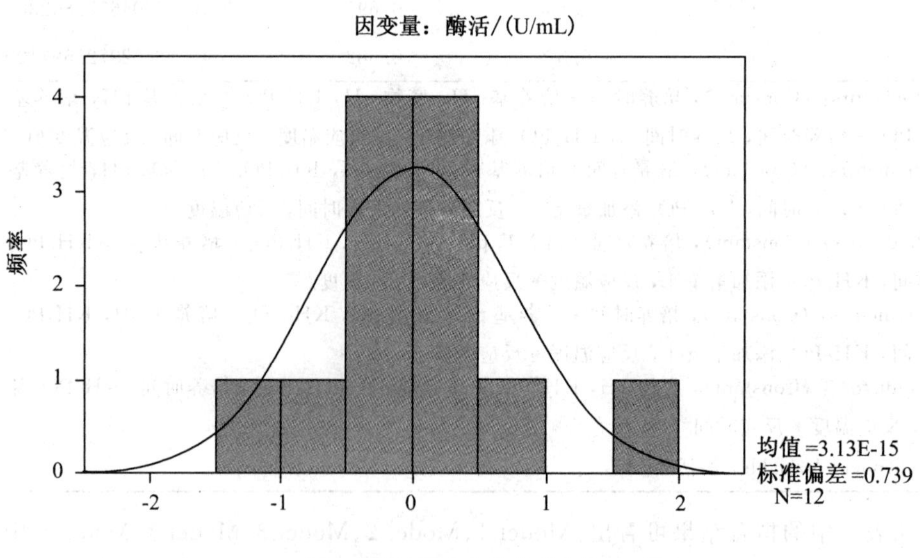

图 1　回归标准化残差直方图

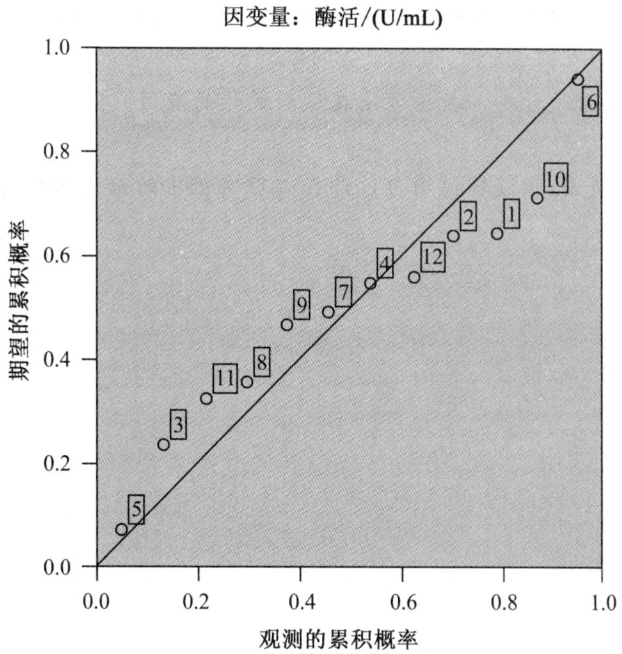

图 2　回归标准化残差正态 P-P 图

由于残差具有正态分布的趋势，因此，本文认为这里的回归模型是恰当的。

通过统计分析，可得最佳培养条件为底物 pH 7.0、K_2HPO_4 添加量 0.15 g/L、培养时间 2 d、培养基 pH 6.0、反应温度 40 ℃、反应时间 20 min。

四、结　论

从山东大学(威海)海洋生物繁育中心所取的刺参粪便样本和威海附近的海域中，共筛选出 8 株产植酸酶的海洋细菌，对其中 1 株进行优化研究的结果为：该菌株于底物 pH 7.0、K_2HPO_4 添加量 0.15 g/L、培养时间 2 d、培养基 pH 6.0、反应温度 40 ℃、反应时间 20 min 的实验条件下具有最高产酶活性。

本项目由于前期筛选占用时间过多，导致后期优化时间不够，实验数据较少，所以，对于菌种还需进一步进行实验验证和递进优化。

参考文献

[1]沈亚欧、彭焕伟、潘光堂：《转基因植物表达植酸酶研究进展》，《中国生物工程志》2005 年第 1 期。

[2]王原训：《中国资源植物手册》，中国科学技术出版社 1989 年版。

[3]朱启忠等：《中性植酸酶菌株的筛选及性质》，《生物加工过程》2012 年第 2 期。

[4]陈琛:《植酸酶活性测定方法研究进展》,《中国饲料》2010 年第 20 期。

[5]王文君等:《产中性植酸酶菌株的筛选及产酶条件的优化》,《中国酿造》2011 年第 7 期。

[6]方开泰:《均匀设计——数论方法在试验设计的应用》,《应用数学学报》1980 年第 4 期。

[7]范会勇、杨新国、张进辅:《均匀设计在心理实验中的应用探讨》,《心理科学进展》2009 年第 1 期。

(指导教师:朱启忠)

大黄提取物在大鼠体内的药代动力学研究

陆波[1]　褚福龙[1]　李玲玉[2]

大黄属蓼科植物掌叶大黄 *Rheum palmatum L.* 的干燥根或根茎，主含蒽醌类化合物。临床研究表明，其药理作用甚广，具有改善血管脆性、缩短凝血时间、促进血小板生成等作用。传统的大黄提取方法多为水煎煮后下法，林宗玲等探讨了胆石通胶囊中大黄的不同提取工艺，刘惠茹、高景莘研究了均匀法优选大黄提取的最佳工艺，而关于采用正交试验法优选大黄提取工艺的研究未见报道。本文运用正交试验法，针对乙醇浓度、料液比(W/V，即质量体积比，下同)、提取时间三个因素对大黄总蒽醌的提取条件进行了研究。

药物胃肠道吸收动力学(Gastrointestinal Absorption Kinesics，GAK)研究是药物代谢动力学(Pharmacokinetic，PK)研究中的重要组成部分，因此，研究口服药物在胃肠道中的吸收机制和吸收部位，对于确定该药物剂型，指导临床用药和联合用药具有重要意义。小肠是大多数药物吸收的主要部位，药物的小肠吸收状况研究对口服药物的剂型工艺设计具有重要意义。大鼠在体单向肠灌流法(Single Pass Intestinal Perfusion，SPIP)能较好地模拟人体的体内环境，由于其不损伤研究部位的循环系统和生理环境，且结果相关性良好，目前在国内外已被广泛地应用于药物的肠吸收研究。本实验对大黄提取的总蒽醌进行了大鼠在体单向肠灌流实验，得到了大黄总蒽醌在大鼠体内的吸收情况，对以后的大黄类药物具有指导意义。

一、实验材料及试剂

(一)实验材料

大黄(购自山东燕喜堂药店，经张崇禧教授鉴定为蓼科植物掌叶大黄)，乙醇、甲醇(色谱纯)，酚红，Krebs-Ringer 试剂(氯化钠、氯化钾、氯化钙、氯化镁、碳酸氢钠、磷酸二氢钾、葡萄糖)，乌拉坦，乙醚，大鼠(烟台绿叶制药集团)，大黄素(由上海融禾医药科技公

[1]海洋学院 2010 级药学专业；[2]海洋学院 2011 级药学专业。

司提供，纯度大于98%，批号为081026)，大黄酚(中国食品药品检定研究院生产，纯度大于99.5%，批号为110796-201118)，大黄素甲醚(中国食品药品检定研究院生产，纯度大于99.8%，批号为110758-201013)，大黄酸(中国药品生物制品检定所生产，纯度大于98%，批号为110757-200206)，芦荟大黄素(中国药品生物制品检定所生产，纯度为98.0%，批号为110795-201007)，阿魏酸(中国药品生物制品检定所生产，纯度为99.32%，批号为MUST-11112204)，dd水、试液(所有试液进高效液相前都经过0.22 μm的滤膜滤过)。

(二)实验仪器

电热鼓风干燥箱(杭州汇尔仪器设备有限公司)、分析天平(上海楚柏实验室设备有限公司)、SWB5200型超声清洗机(上海必能信超声有限公司)、RE-52AA型旋转蒸发仪(上海亚荣生化仪器厂)、DK-8AD型电热恒温水槽(上海精密仪器仪表有限公司)、日本岛津LC-20AT型高效液相色谱仪[色谱柱：Shim-Pack VP-ODS 150 mm×4.6 mm；控制器：CBM-20A；柱温箱：CTO-20A；检测器：SPD-M20A；工作站：LCsolution Shimadazu；恒流泵：HL-2，流量：2×(0.5～600)mL/h，流量精度：±2%]、集热式恒温加热磁力搅拌器(郑州长城科工贸有限公司)。

二、实验方法

(一)标准曲线绘制

精密称取大黄素对照品、大黄酸对照品、芦荟大黄素对照品、大黄酚对照品、大黄素甲醚对照品适量，加甲醇分别制成每1 mL含芦荟大黄素、大黄酸、大黄素、大黄酚各80 μg，大黄素甲醚40 μg的溶液；分别精密量取上述对照品溶液各2 mL，混匀，即得(每1 mL中含芦荟大黄素、大黄酸、大黄素、大黄酚各16 μg，含大黄素甲醚8 μg)。以十八烷基硅烷键合硅胶为填充剂，以甲醇-0.1%磷酸溶液(85∶15)为流动相，检测波长为254 nm，分别精密吸取上述对照品溶液与供试品溶液各10 μL，注入液相色谱仪，测定，即得。

(二)供试样品液的制备

精确称取干燥且经粉碎为40目的大黄粉末10 g，于80 ℃下在一定量的乙醇中提取一定时间，回流提取2次。过滤，合并提取液，减压回收至无醇味，加色谱纯甲醇，按标准曲线制备项下方法测定大黄中的总蒽醌含量。

(三)大黄总蒽醌提取的单因素实验

1. 乙醇浓度对大黄总蒽醌提取率的影响

精确称取干燥且经粉碎为40目的大黄粉末10 g，分别选择浓度为55%、65%、75%、85%、95%、100%的乙醇，料液比为1∶20，在80 ℃下回流提取2次，每次提取2 h。提取液按照上面方法处理测定大黄总蒽醌的提取率。

2. 料液比对大黄总蒽醌提取率的影响

精确称取干燥且经粉碎为40目的大黄粉末10 g，分别选择料液比为1∶1、1∶10、1∶20、1∶30、1∶40、1∶50的浓度为75%的乙醇，在80 ℃下回流提取2次，每次提取2 h。提取液按照上面方法处理测定大黄总蒽醌的提取率。

3. 提取时间对大黄总蒽醌提取率的影响

精确称取干燥且经粉碎为40目的大黄粉末10 g，选择浓度为75%的乙醇，料液比为1∶20，在80 ℃下回流提取2次，每次提取时间分别为0.5 h、1 h、2 h、3 h、4 h。提取液按照上面方法处理测定大黄总蒽醌的提取率。

(四)采用响应面法对大黄总蒽醌的提取条件进行优化

综合单因子实验结果，选取乙醇浓度、料液比、提取时间三个因素，根据Box-Behnken的中心组合实验设计原理，采用响应面法在三因素三水平上对大黄总蒽醌的提取工艺进行优化。实验因子和水平见表1。

表1　响应面分析因素及水平

因素	水平		
	−1	0	1
A 乙醇浓度	55%	75%	95%
B 料液比	1∶10	1∶20	1∶30
C 提取时间/h	1	2	3

(五)大黄总蒽醌的大鼠在体单向肠灌流

1. 实验用Krebs-Ringer(K-R)试剂的配制

分别称取NaCl 7.8 g，KCl 0.35 g，$CaCl_2$ 0.37 g，NaH_2PO_4 0.32 g，$NaHCO_3$ 1.37 g，$MgCl_2$ 0.02 g，葡萄糖1.4 g，加适量纯化水溶解后，定容至1000 mL，混匀，即得，以其作为肠循环营养液。

大黄提取物储备液：分别精密称取大黄提取物浓膏0.3 g、0.6 g、1.0 g，再分别加入5 g的聚山梨酯80，超声使其充分溶解后，用K-R试剂定容至100 mL，超声30 min，作为大鼠肠吸收的供试液。

2. 在体肠吸收实验

选实验前禁食24 h(自由饮水)、体重为200 g左右的雄性大鼠，称重，腹腔注射乌拉坦(20%，剂量为每100 g体重0.5 mL)麻醉，固定在手术台板上，沿腹中线打开腹腔(约3 cm长)。自十二指肠上部及回肠下部各剪开一个小口，各插入直径为0.5 cm的玻璃管，用线扎紧，并用37 ℃的生理盐水将小肠内容物冲洗干净，然后将大鼠串联到循环装置中，开启蠕动泵。

取100 mL以K-R液配制的供试肠循环液于250 mL锥形瓶中，以5 mL/min的流速循环 15 min 后取样 2 mL,记为 0 点,后将流速调至 2.5 mL/min,2 h 后,停止蠕动泵,并从锥形瓶中取样 2 mL。

所有试液进行高效液相分析前都经过 0.22 μm 的滤膜滤过。

大鼠在体肠吸收实验装置示意图如图 1 所示。

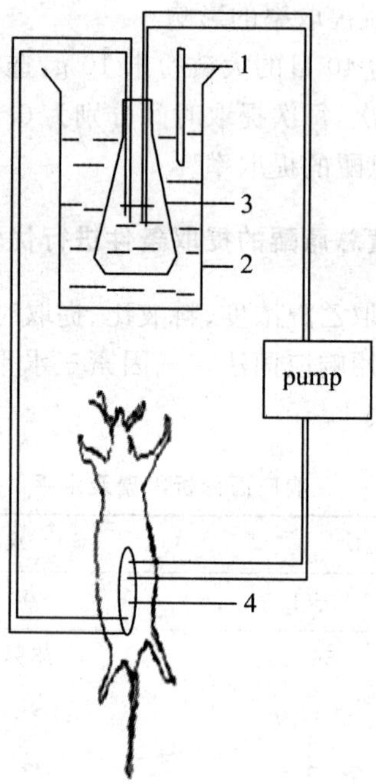

图 1　大鼠在体肠吸收装置示意图

1—温度计　2—水浴锅　3—锥形瓶　4—小肠

(六)大黄总蒽醌的高效液相色谱法(HPLC)测定

1. 色谱条件

色谱柱:Shim-Pack VP-ODS 150 mm×4.6 mm,检测波长为 254 nm,柱温为 40 ℃;流动相为 0.04 mol/L Brij35 : SDS(85 : 15 mol/mol),0.01 mol/L 的 $NaH_2PO_4 \cdot 2H_2O$(NaOH 的 pH 值调节至 6.5),流速为 1.000 mL/min。

2. 高效液相测定

将用 0.22 μm 的滤膜滤过过的供试液按照上述条件进样。检测波长为 254 nm 处的谱图,并对谱图进行积分处理,得到色谱图。

三、结果及分析

(一)标准曲线的绘制

将配制好的标准品按照不同的进样量进样,于 254 nm 波长处检测。以标准品质量

(μg)为横坐标，峰面积为纵坐标进行线性回归，得大黄酸、大黄素、芦荟大黄素、大黄酚和大黄素甲醚的回归方程和相关系数分别为：大黄酸 $S=2\times10^{-6}m+51274$，$R^2=0.9994$；大黄素 $S=4\times10^{-6}m-26052$，$R^2=0.9993$；芦荟大黄素 $S=5\times10^{-6}m+64213$，$R^2=0.9993$；大黄酚 $S=6\times10^{-6}m+6432$，$R^2=0.9996$；大黄素甲醚 $S=4\times10^{-6}m+33933$，$R^2=0.9994$。其中，S 为峰面积，m 为标准品质量。由结果可知，R^2 均大于 0.9990，表明该标准曲线线性关系良好。

大黄酸、大黄素、芦荟大黄素、大黄酚和大黄素甲醚的标准曲线分别如图 2 至图 6 所示。

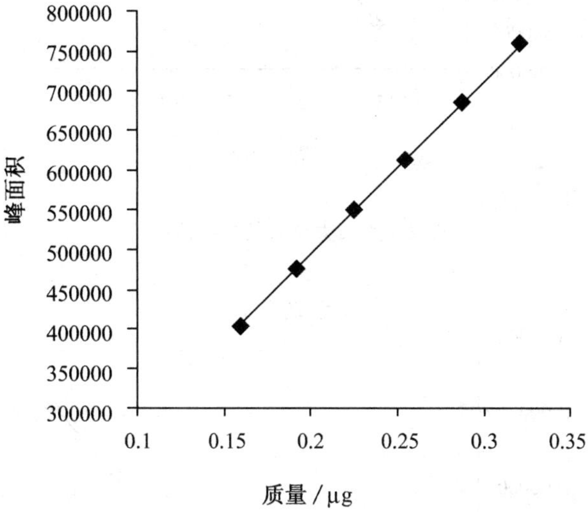

图 2　大黄酸的标准曲线

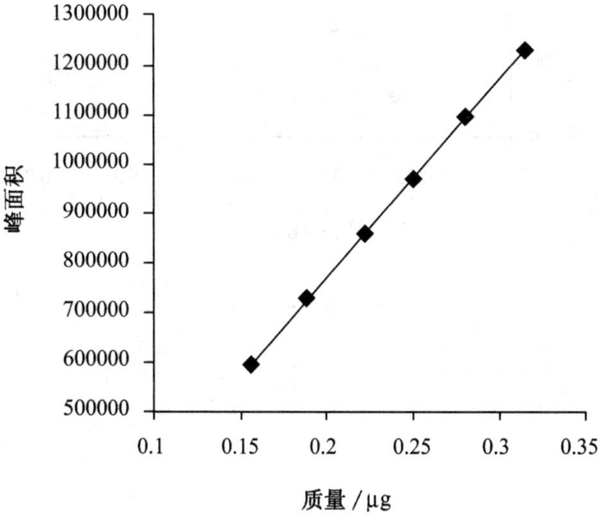

图 3　大黄素的标准曲线

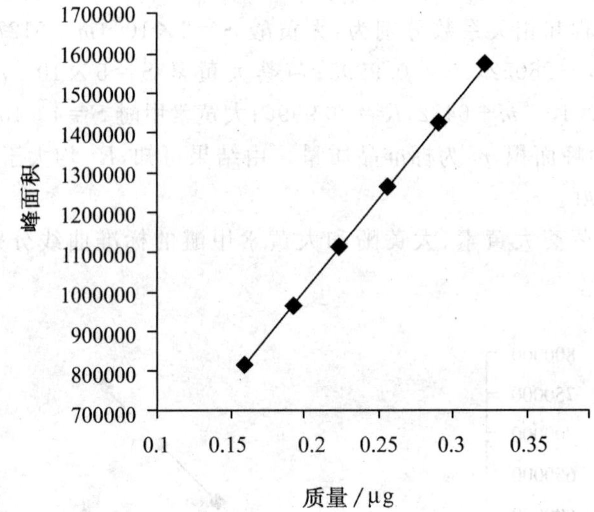

图 4 芦荟大黄素的标准曲线

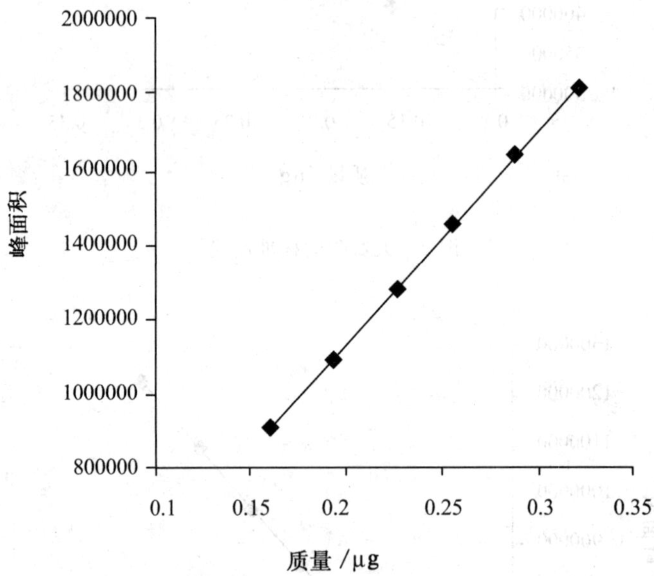

图 5 大黄酚的标准曲线

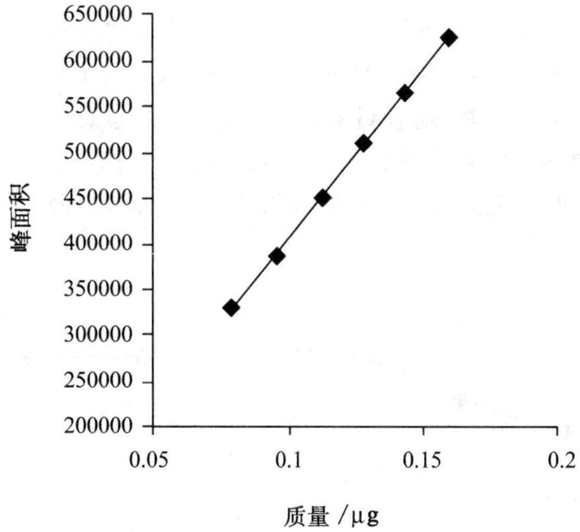

图 6　大黄素甲醚的标准曲线

(二)大黄总蒽醌提取的单因素实验

1. 乙醇浓度对大黄总蒽醌提取率的影响

固定料液比、提取时间、提取次数及温度等因素，分多次提取，以研究乙醇浓度对大黄总蒽醌提取率的影响，实验结果如图 7 所示。结果显示，在乙醇浓度为 95%时，大黄总蒽醌的提取量最大，此后，随着乙醇浓度的增大，大黄总蒽醌的提取量显著减少。考虑到提取效果及产物得率，乙醇浓度选取 95%为宜。

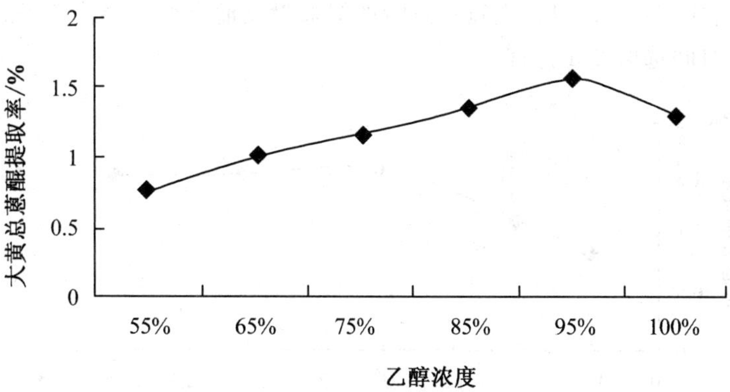

图 7　乙醇浓度对大黄总蒽醌提取率的影响

2. 料液比对大黄总蒽醌提取率的影响

固定乙醇浓度、提取时间、提取次数及温度等因素，分多次提取，以研究料液比对大黄总蒽醌提取率的影响，实验结果如图 8 所示。结果显示，在料液比为 1∶20 时，大黄总蒽醌的提取量最大；低于 1∶20 时，随着料液比的增加，大黄总蒽醌的提取量增加；超过 1∶20时，随着乙醇浓度的增大，大黄总蒽醌的提取量趋于平稳，说明在料液比为 1∶20 时，大黄总蒽醌已基本提取完全。考虑到提取效果及节省资源，料液比选取 1∶20 为宜。

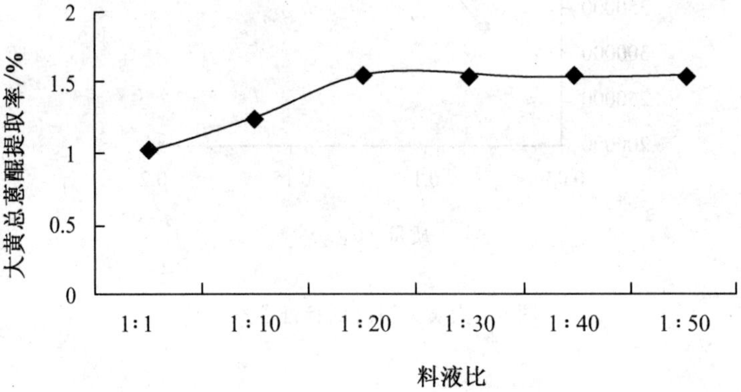

图 8　料液比对大黄总蒽醌提取率的影响

3. 提取时间对大黄总蒽醌提取率的影响

固定乙醇浓度、料液比、提取次数及温度等因素，分多次提取，以研究提取时间对大黄总蒽醌提取率的影响，实验结果如图 9 所示。结果显示，在提取时间为 2h 左右时，大黄总蒽醌的提取量最大；在提取时间为 0.5～2 h 时，随着提取时间的增加，大黄总蒽醌的提取量亦持续增加；超过 2 h 后，大黄总蒽醌的提取量反而有所下降。考虑到提取效果及节省资源，提取时间选取 2 h 为宜。

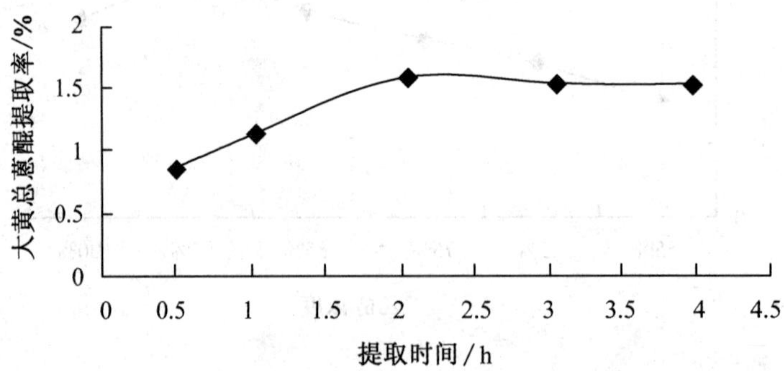

图 9　提取时间对大黄总蒽醌提取率的影响

(三)设计正交试验优化大黄总蒽醌提取工艺

在单因素实验结果基础上,以 A=乙醇浓度、B=料液比、C=提取时间为自变量,以大黄总蒽醌提取率为响应值 R,进行响应面分析实验,优化大黄总蒽醌提取工艺。实验结果见表 2。

表 2　响应面分析方案及实验结果

实验号	A 乙醇浓度	B 料液比	C 提取时间/h	R 大黄总蒽醌提取率/%
1	95%	1∶20	1	1.2376
2	95%	1∶10	2	1.3689
3	95%	1∶20	3	1.5201
4	95%	1∶30	2	1.2659
5	55%	1∶20	3	1.3972
6	55%	1∶20	1	0.6542
7	55%	1∶10	2	0.7087
8	55%	1∶30	2	0.7634
9	75%	1∶10	3	1.3278
10	75%	1∶30	1	0.8312
11	75%	1∶10	1	0.8076
12	75%	1∶30	3	1.3765
13	75%	1∶20	2	1.4588
14	75%	1∶20	2	1.4582
15	75%	1∶20	2	1.4583

表中 15 个实验点分为析因点和零点,实验 1~12 为析因实验,实验 13~15 为中心实验,即零点实验重复 3 次,用以估计实验误差。采用 SPSS Statistics 17 对所得数据进行方差分析和可信度分析,分析结果分别见表 3、表 4。

表 3　响应面二次模型的方差分析

方差来源	平方和	自由度	均方	F 值	P 值
Model	1.41	9	0.16	27.85	0.0009
A-A	0.44	1	0.44	77.82	0.0003
B-B	7.200E−005	1	7.200E−005	0.013	0.9142
C-C	0.55	1	0.55	97.40	0.0002

续表

方差来源	平方和	自由度	均方	F值	P值
AB	6.217E−003	1	6.217E−003	1.11	0.3407
AC	0.053	1	0.053	9.45	0.0277
BC	1.575E−004	1	1.575E−004	0.028	0.8735
A^2	0.092	1	0.092	16.34	0.0099
B^2	0.28	1	0.28	49.44	0.0009
C^2	0.036	1	0.036	6.39	0.0527
残差(Residual)	0.028	5	5.611E−003		
失拟性(Lack of Fit)	0.028	3	9.352E−003	90502.15	<0.0001
纯误差(Pure Error)	2.067E−007	2	1.033E−007		
总差(Cor Total)	1.43	14			

表 4 模型的可信度分析

因素	值	因素	值
标准差	0.075	复相关系数	0.9804
变异系数	6.37	校正相关系数	0.6871
PRESS	0.45	信噪比	16.187

三个因子经过拟合得到的回归方程为：$R=1.46+0.23A+0.003B+0.26C-0.039AB-0.012AC+0.006275BC-0.16A^2-0.27B^2-0.099C^2$。分析表 3 中的回归分析数据，Model 项和 Lack of Fit 项的 P 值小于 0.05，说明方程回归性显著，使用建立的回归方程模拟三因素三水平实验结果分析是可行的。分析表中的 P 值可知，A、B、C、AC、A^2、B^2、C^2 项对于大黄总蒽醌提取率的影响显著，其中二次项对于结果有较大影响，交互项影响相对较小。三因素对于结果的影响由大至小为：提取时间>乙醇浓度>料液比，各因素对于响应值的影响不是简单的线性关系。

图 10 至图 12 直观地表明了各个因子交互作用的响应面的 3D 图和等高线分析图。通过使用 Statistics 17 软件分析，获得响应值 R 取最大值时因素 A、B、C 对应的编码值分别为 $A=0.35$，$B=-0.08$，$C=0.56$，相对应的提取条件为：乙醇浓度＝82%，料液比＝1∶19.92，提取时间＝2.56 h，理论上计算的大黄总蒽醌的最大提取率为 1.61219%。

为了验证方法的可行性，同时考虑到生产操作的实际性和便利性，本文所采用的实验条件如下：乙醇浓度＝82%，料液比＝1∶20，提取时间＝2.5 h。设计了五组平行实验进行验证，同时与中心点实验组作对照。实验结果表明，实际大黄总蒽醌的提取率为 1.62405%，对照组为 1.523%，与对照值相差 0.10105%，与理论值相差 0.01186%。因此，使用响应面法优化大黄总蒽醌的提取工艺是可行的，得到的工艺条件具有实际应用价值。

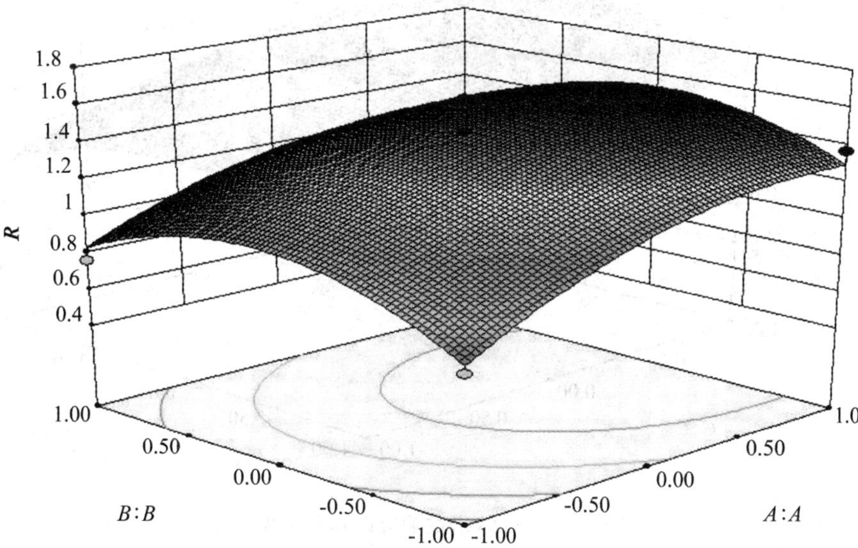

图 10　$R=f(A,B)$的响应面和等高线分析图

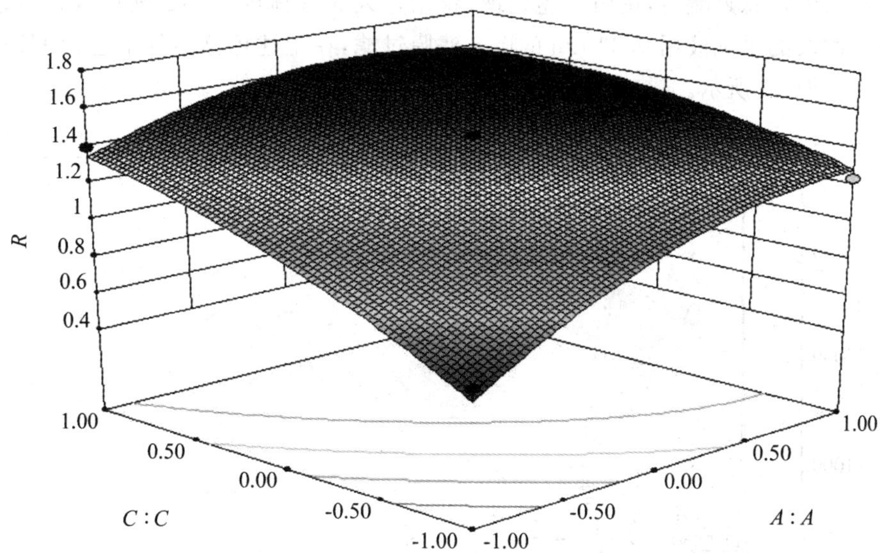

图 11　$R=f(A,C)$的响应面和等高线分析图

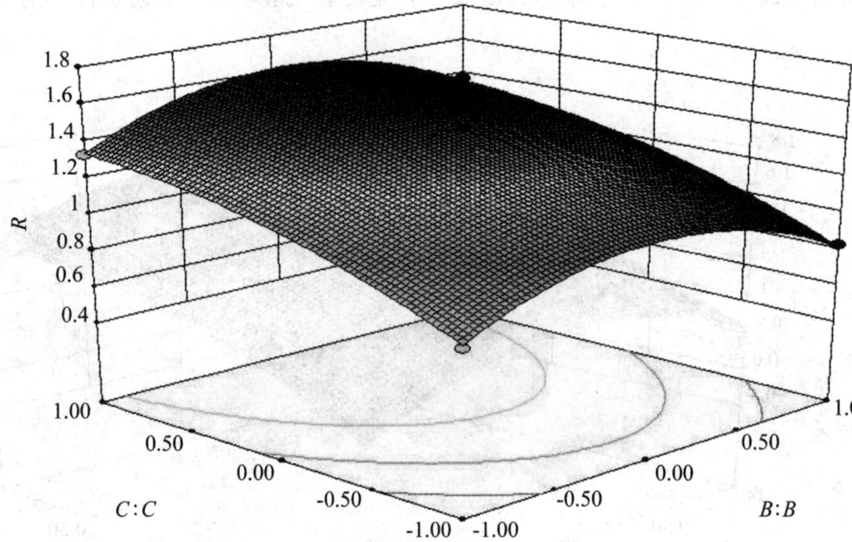

图 12　$R=f(B,C)$的响应面和等高线分析图

(四)大黄总蒽醌的大鼠在体肠吸收

提取大黄总蒽醌后，按照上述处理，将未进入大鼠体内的供试液以及进行过实验的各个时间段的供试液用 0.22 μm 的微孔滤膜过滤，在上述色谱条件下进行 HPLC 分析，色谱图如图 13 所示。

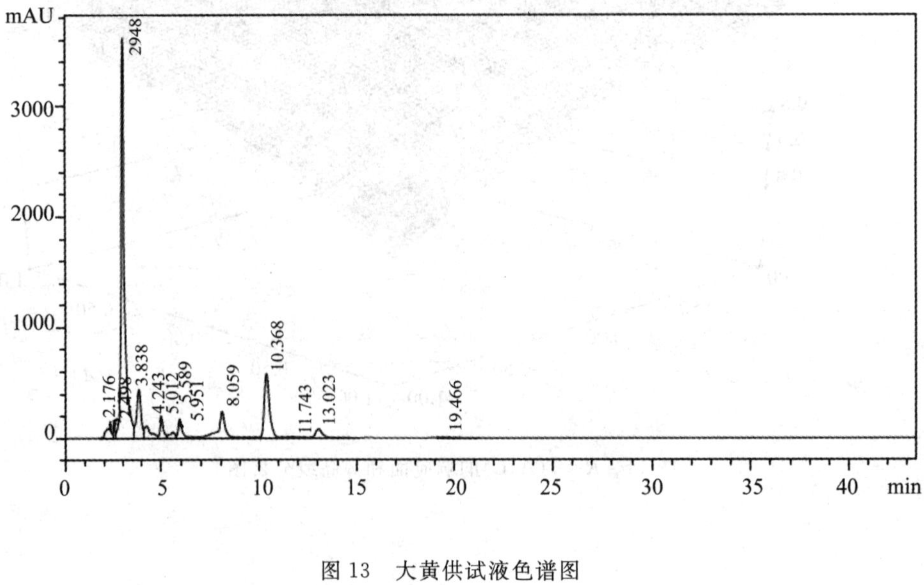

图 13　大黄供试液色谱图

表 5 列出了大黄供试液在大鼠肠内的吸收情况。

表 5　　大黄供试液在大鼠肠内的吸收

时间/min	芦荟大黄素/μg	大黄酸/μg	大黄素/μg	大黄酚/μg	大黄素甲醚/μg
0	0.4033	1.298	1.591	1.839	0.5089
15	0.3986	0.9354	1.143	1.683	0.4675
30	0.3062	0.6542	0.8764	1.3762	0.4028
45	0.2076	0.4643	0.6988	1.076	0.3765
60	0.1495	0.2986	0.5102	0.8642	0.3102
75	0.1008	0.2547	0.4762	0.6228	0.2867
90	0.0865	0.2023	0.3998	0.4897	0.2089
105	0.0654	0.1976	0.3002	0.3672	0.1730
120	0.0598	0.1879	0.2543	0.2875	0.1687

根据表 5 可作出图 14 所示直方图。由图可以直观地看出大黄总蒽醌在大鼠肠内的吸收情况：大黄酸、大黄素在 15～90 min 内吸收得比其他时间快。而芦荟大黄素、大黄酚、大黄素甲醚在各个时间断基本是等速吸收；大黄酸、大黄素。吸收比较充分，大黄素甲醚吸收情况最差。

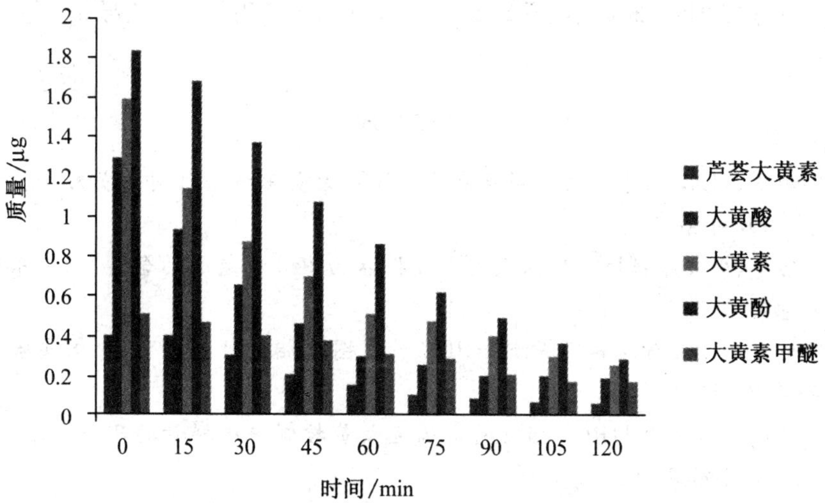

图 14　大黄供试液在大鼠肠内的吸收

四、结 论

本文综合单因子实验结果,选取乙醇浓度、料液比、提取时间三个因素,采用标准溶液法并经星点设计实验最终确定了大黄总蒽醌的最优提取工艺。实验结果表明,三因素的二次项对于提取率有较大影响,交互项的影响相对较小,各因素对于提取率的影响不是简单的线性关系。

回归分析和实验结果表明,最佳提取工艺为:乙醇浓度=82%,料液比=1∶20,提取时间=2.5 h。实际大黄总蒽醌的提取率为1.62405%。该方法优于现存的提取方法,得到的工艺条件具有实际应用价值。

在体单向灌流法进行肠吸收研究时,由于肠道在吸收药物的同时也能吸收或排泄水分,导致供试液体积改变,所以有必要对其体积进行校正。目前,多在灌流液中加入不被肠道吸收的酚红和^{14}C-PEG作为体积的标示物。由于^{14}C-PEG的安全性和检测方法烦琐,酚红成为国内普遍应用的标示物。据相关文献报道,在体单向肠灌流实验采用较低的灌流速度(0.1~0.2 mL·min^{-1})和较短的灌流时间,从而减小了灌流对肠壁的损伤,避免了酚红被肠道吸收,使酚红可以较好地起到标示体积的作用。因此,本实验采用在肠道生理pH条件下不被肠道吸收的酚红来标定灌流液的体积,可以准确地计算剩余药量。由图14可以直观地看出大黄蒽醌在大鼠肠内的吸收情况:大黄酸、大黄素在15~90 min内吸收地比其他时间快,而芦荟大黄素、大黄酚、大黄素甲醚在各个时间段基本是等速吸收;大黄酸、大黄素等吸收比较充分,大黄素甲醚吸收情况最差。据此,我们可以深入研究大黄蒽醌在什么部位吸收最好等问题,从而为合理用药提供指导。

参考文献

[1]金幼兰、刘春海、李士勇:《用正交试验探讨大黄煎煮条件对大黄酚含量的影响》,《中国药房》1997年第6期。

[2]郑志华、祝晨蔯:《HPLC法测定大黄提取物中5种蒽醌的含量》,《广东药学院学报》2004年第6期。

[3]张子龙等:《大黄及其醇提液HPLC特征图谱相关性研究》,《中国实验方剂学杂志》2012年第21期。

[4]皮凤娟等:《运用HPLC指纹图谱确定大黄控制中进样量的研究》,《中国实验方剂学杂志》2008年第8期。

[5]林宗玲等:《胆石通胶囊中大黄不同提取工艺探讨》,《时珍国医国药》2001年第2期。

[6]刘惠茹、高景莘:《均匀法优选大黄渗漉提取最佳工艺条件》,《基层中药杂志》1998年第2期。

[7]张燕:《在体单向肠灌流模型研究小檗碱及其在复方配伍环境中的大鼠肠吸收特性》,《药学学报》2012年第2期。

［8］国家药典委员会:《中华人民共和国药典》(第 1 部),中国医药科技出版社 2010 年版。

［9］Dong Y. et al., "Absorption of extractive rhizoma coptidis in rat everted gut sacs", *China Journal of Chinese Materia Medica*, 2008, 33(9): pp. 1056-1060.

［10］Steven C. Sutton, M. T. S. Rinaldi, K. E. Vukovinsky, "Comparison of the gravimetric, phenol red, and ^{14}C-PEG-3350 methods to determine water absorption in the rat single-pass intestinal perfusion model", *AAPS Pharm. Sci.*, 2001, 3: pp. 93-97.

［11］You Jian et al., "Absorption of zedoary oil in rat intestine using in situ single pass perfusion model", *Acta Pharmaceutica Sinica*, 2004, 39(10): pp. 849-853.

（指导教师:陆榕）

复方红景天抗疲劳以及清除自由基的研究

孙春晓[1] 程梅梅[1] 孟谦[1] 王传凯[1] 姜鸿骁[1]

红景天为景天科植物大花红景天的干燥根和根茎，分布于日本、朝鲜、俄罗斯、蒙古以及中国的吉林、河北、山西、新疆等地，多生长于海拔 1800～2700 m 的山坡林下或草坡上，高 10～20 cm。红景天的应用历史悠久，2000 多年前，青藏高原的人就以它入药，以强身健体，抵抗不良环境的影响。民间常用它来煎水或泡酒，以消除劳累或抵抗山区寒冷。同时，它还有防病、健体和滋补、益寿等作用。因其有扶正固体、补气养血、滋阴益肺的神奇功效，历代藏医将其视为“吉祥三宝”。红景天的适应原样作用，能提升肌体对有害刺激的非特异性抵抗力，加强肌体的适应性；并透过增强体内细胞的氧气扩散，或氧气运用效益、抗氧化的能力，有助提高身体对缺氧刺激的适应力。现代药理学研究表明，复方红景天有抗疲劳和清除自由基的能力，且不同的配方有不同的作用效果。现在的研究多数致力于复方红景天的配方和化学组成成分，对特定复方红景天的最佳浓度的研究不多。为了研究复方红景天不同浓度配方的抗疲劳和清除自由基的作用，本文将复方红景天分为下调 25%、原配方和上浮 25%三个浓度，对其抗疲劳和清除自由基的能力进行了探讨。

一、实验材料与仪器

(一)实验动物

清洁级昆明种小鼠(青岛派特福德白鼠养殖专业合作社，批号为 D590101)，体重为 18～22 g，雌雄兼用。环境温度为 18 ℃～22 ℃，在光照周期为 12 h 的动物室内饲养，自由饮水、进食，适应性饲养 1 周后开始实验。

(二)中药制剂配方

红景天 15 g，黄芪 15 g，枸杞 9 g，黄精 9 g，首乌 6 g，大枣 3 g。

---

[1] 海洋学院 2011 级药学专业。

(三)实验试剂

血清尿素氮(BUN)试剂盒、羟基自由基试剂盒(南京建成生物工程研究所);邻苯三酚、三羟甲基氨基甲烷(Tris)、盐酸,以上均为国产分析纯。

(四)实验仪器

RE52-4 型旋转蒸发仪(上海沪西分析仪器厂)、PL303 型分析天平[METTLER-TOLEDO 仪器(上海)有限公司]、722 型紫外-可见分光光度计(上海光谱仪器有限公司)、TGL-16B 型高速台式离心机(上海安亭科学仪器厂)。

二、实验方法

(一)中药复方制剂的制备

三种不同浓度的复方制剂分别为下调 25%配方、原配方和上浮 25%配方的水煎浓缩液,每种供试品煎煮 3 次,依次加 8 倍量水、6 倍量水、4 倍量水,分别煎煮3 h、2 h 和 1 h,过滤后合并滤液并浓缩至 1 g/mL,置 4 ℃冰箱保存备用。

(二)复方红景天抗疲劳指标的测定

1. 实验动物分组及给药

清洁级昆明小鼠 40 只根据随机数表法随机分成四组:空白对照组、下调 25%配方给药组、原配方给药组、上浮 25%配方给药组,每组 10 只。各给药组均采用灌胃给药,每日 1 次,连续给药 20 d,给药体积为 20 mL/kg。空白组给予等体积的蒸馏水。末次给药 24 h后,测定相关实验指标。

2. 小鼠游泳实验

末次给药 12 h 后,在小鼠尾部系一根长 5 cm 的细绳,绳子末端系有 5%小鼠体重的砝码,将小鼠放入游泳箱内游泳,水为室温,水深 35 cm。记录小鼠开始游泳至死亡的时间,作为游泳时间。

3. 血清尿素氮(BUN)含量测定

空腹 12 h 末次灌胃 3 h 后,让小鼠在水中负重游泳 10 min,负重方式同上。休息 20 min后,小鼠摘除眼球采血,血样于 4 ℃,6000 r/min 下离心 10 min,分离出血清,于 −20 ℃保存待测。按试剂盒说明测定 BUN。

(三)复方红景天体外清除自由基指标的测定

1. 氧自由基的测定方法

邻苯三酚自氧化管:取 50 mmol/LTris-Hcl 缓冲液 4.5 mL(pH 8.2)和 4.2 mL 蒸馏水,加入 45 mmol/L 邻苯三酚 0.3 mL,在 325 nm 处每隔 30 s 测定一次吸光度,计算吸光度的变化率 F_0;复方抗氧化剂实验管:取 50 mmol/LTris-Hcl 缓冲液 4.5 mL(pH

8.2),先加入 1 mL 复方剂和 3.2 mL 蒸馏水,再加入 45 mmol/L 邻苯三酚 0.3 mL,在 325 nm 处每隔 30 s 测定一次吸光度,计算吸光度的变化率 F_1;空白调零:蒸馏水。

清除率的计算公式为:

$$清除率(\%)=(F_0-F_1)/F_0\times100\%$$

2. 羟基自由基的测定方法

分别取各实验药液 2 mL,严格按照试剂盒说明书检测各药体外对抗羟基自由基的能力,空白组加 2 mL 蒸馏水。

(四)统计学处理

采用 SPSS 17.0 软件对数据进行统计分析,采用方差分析检验,数据均以平均数和标准差表示,$P<0.05$ 代表数据有显著性差异。

三、实验结果

(一)小鼠负重游泳实验

各给药组小鼠的游泳时间见表 1。

表 1　各给药组小鼠游泳时间

组别	游泳时间/min
空白对照组	39.12±2.65
下调 25%配方	49.55±3.03*
原配方	71.87±2.57**
上浮 25%配方	67.58±4.77*

注:与空白对照组比较,* $P<0.05$,** $P<0.01$。

与空白对照组比较,各给药组均明显提高了小鼠游泳的时间($P<0.05$),且原配方和上浮 25%配方的效果强于下调 25%配方,其中原配方作用最强,表现为极显著($P<0.01$)。

(二)血清尿素氮含量的测定

各给药组小鼠中的血清尿素氮含量见表 2。

表 2　各给药组血清尿素氮含量

组别	血清尿素氮/(mmol/L)
空白对照组	9.47±0.24
下调 25%配方	8.09±0.17*
原配方	6.82±0.25**
上浮 25%配方	7.33±0.27**

注:与空白对照组比较,* $P<0.05$,** $P<0.01$。

与空白对照组比较，各给药组均明显降低了血清尿素氮的含量（$P<0.05$），且原配方和上浮25%配方的效果强于下调25%配方，但原配方和上浮25%配方的差异不明显，均表现为极显著（$P<0.01$）。

（三）氧自由基和羟基自由基的测定

各给药组对氧自由基和羟基自由基的清除率见表3。

表3　各给药组对氧自由基和羟基自由基的清除率

组别	羟基自由基清除率/%	氧自由基清除率/%
下调25%配方	30.80±1.21*	23.33±2.89*
原配方	35.30±0.61*	41.67±2.89*
上浮25%配方	33.98±1.21*	36.67±2.89*

注：与空白对照组比较，* $P<0.05$。

与空白对照组比较，各给药组对氧自由基和羟基自由基的清除作用显著（$P<0.05$）。原配方和上浮25%配方对羟基自由基的清除作用强于下调25%配方，但原配方和上浮25%配方差异不明显；原配方和上浮25%配方对氧自由基的清除能力均强于下调25%配方，且原配方的作用效果最为显著。

四、讨　论

本文探讨了不同浓度复方红景天配方的药效，结果表明，各给药组均能有效地增加小鼠的负重游泳时间（见表1），降低血清尿素氮的含量（见表2），清除氧自由基和羟基自由基（见表3），且复方红景天原配方的抗疲劳和清除自由基的能力最强。

疲劳是涉及许多生理生化因素的综合性生理过程，是人体脑力或体力活动达到一定阶段时必然出现的一种正常生理现象。小鼠游泳时间和血清尿素氮含量等是评价是否具有抗疲劳作用的客观指标。本研究证明，复方红景天能显著增加小鼠负重游泳的时间，能有效地降低血清尿素氮的含量，具有良好的抗疲劳的能力。

人体内95%左右的自由基为氧自由基，它往往也是其他自由基生成的起因。而羟基自由基能与体内多种分子发生作用，造成核酸、蛋白质、脂质和糖类等物质的氧化性损伤，使细胞发生突变和坏死，是体内危害性最大的一种自由基。它还与肿瘤、衰老和细胞吞噬有关。本研究证明，复方红景天能有效地清除氧自由基和羟基自由基，对自由基的清除有显著的作用。

本文通过对复方红景天不同浓度的配方进行研究，得出了最适配方浓度，为进一步探究复方人参的化学组成和配方提供了依据。此外，它还可为研究其他复方提供一定的理论指导和借鉴意义。

参考文献

[1]王永新:《复方红景天醇提物提高运动耐力(抗疲劳)的作用》,《中国实验方剂学杂志》2010年第13期。

[2]薛永志等:《复方黄芪冲剂对创伤小鼠血清SOD活力及MDA含量的影响》,《包头医学院学报》1999年第4期。

[3]金晓玲等:《杜仲雄花茶对小鼠抗疲劳作用的研究》,《食品科学》2008年第7期。

[4]覃云海等:《复方黄芪、黄精、党参提取液抗衰老的实验研究》,《右江医学》2009年第5期。

[5]王炎焱等:《复方黄芪无糖颗粒冲剂药理作用的实验研究》,《中国中医药信息杂志》2000年第11期。

[6]金英子、张红英:《复方黄芪水提取物对小鼠的耐缺氧和抗疲劳作用》,《延边大学医学学报》2007年第2期。

[7]于海玲等:《复方黄芪多糖对小鼠的抗疲劳和耐缺氧作用》,《延边大学医学学报》2009年第3期。

[8]王永新等:《复方红景天抗缺氧作用的研究》,《中国实验方剂学杂志》2010年第15期。

[9]卓杰先等:《白藜芦醇对小鼠免疫和抗氧化功能的影响》,《北京体育大学学报》2008年第9期。

[10]马森等:《武夷岩茶抗疲劳抗氧化作用研究》,《食品科学》2007年第8期。

[11]蔡华芳等:《美保口服液对小鼠抗氧化及抗疲劳作用的影响》,《中国实用医药》2007年第2期。

(指导教师:张崇禧)

复方人参抗氧化和提高免疫力的研究

王哲[1]　路迪[1]　程梅梅[1]　孙春晓[1]　吴凤娟[1]

人参为五加科植物人参 *Panax ginseng C. A. Mey* 的干燥根，别名山参、园参、人衔、鬼盖(《神农本草经》)，土精、神草、黄参、血参(《吴普本草》)，地精(《广雅》)，百尺杵(《本草图经》)，海腴、金井玉阑、孩儿参(《本草纲目》)，棒槌(《辽宁主要药材》)。人参喜阴凉，叶片无气孔和栅栏组织，无法保留水分，温度高于 32 ℃时叶片会灼伤，生长于北纬 33°～48°，产于中国、朝鲜、韩国、俄罗斯。古代人参的雅称为黄精、地精、神草。人参被人们称为“百草之王”，是闻名遐迩的“东北三宝”之一。人参之所以很稀奇，很名贵，主要与它的药用价值有关。早在医书《神农本草经》中就有记载：人参有“补五脏、安精神、定魂魄、止惊悸、除邪气、明目开心益智”的功效，“久服轻身延年”。现代药理研究发现，人参有抗氧化活性，并且不同复方的人参抗氧化能力不同。目前，对人参不同配方的化学成分和配伍的研究较多，但对具体配方的最佳浓度探究得比较少。为了探究复方人参不同浓度配方的抗氧化性和提高机体非特异性免疫的能力，本文对人参复方以及复方上浮、下调 25％三个浓度的抗氧化性和提高机体非特异性免疫的能力进行了探究比较。

一、实验材料与仪器

(一)实验动物

清洁级昆明种小鼠(新月化玻仪器有限公司，批号为 D590101)，体重为 18～22 g，雌雄兼用。环境温度为 18 ℃～22 ℃，在光照周期为 12 h 的动物室内饲养，自由饮水、进食，适应性饲养 1 周后开始实验。

(二)中药制剂配方

人参 15 g，灵芝 15 g，熟地黄 9 g，玉竹 9 g，枸杞 6 g，甘草 3 g。

---

[1]海洋学院 2011 级药学专业。

(三)实验样品

人参、灵芝、熟地黄、玉竹、枸杞、甘草购于山东省威海市燕喜堂药店，经山东大学生药学专家张崇禧教授鉴定。1～3号样品分别为下调25%配方、原配方和上浮25%配方的水煎浓缩液，每种供试品煎煮3次，依次加8倍量水、6倍量水、4倍量水，分别煎煮3 h、2 h和1 h，过滤后合并滤液并浓缩至1 g/mL，置4 ℃冰箱保存，备用。

(四)实验试剂

羟基自由基试剂盒、超氧化物歧化酶(SOD)试剂盒、丙二醛(MDA)试剂盒、溶菌酶(LZM)试剂盒(南京建成生物工程研究所)，考马司亮蓝G250(上海试剂新分装厂)，牛血清白蛋白(上海化学试剂厂)，其余试剂均为国产分析纯。

(五)实验仪器

722型紫外-可见分光光度计(上海光谱仪器有限公司)、TGL-16B型高速台式离心机(上海安亭科学仪器厂)、PL303型分析天平[METTLER-TOLEDO仪器(上海)有限公司]、RE52-4型旋转蒸发仪(上海沪西分析仪器厂)。

二、实验方法

(一)体外抗氧化指标的测定

1. 对羟基自由基的清除作用

分别取各实验药液2 mL，严格按照试剂盒说明书检测各药体外对抗羟基自由基的能力。空白组加2 mL蒸馏水。

2. 氧自由基的清除作用

邻苯三酚自氧化管：取50 mmol/L Tris-Hcl缓冲液4.5 mL(pH 8.2)和4.2 mL蒸馏水，加入45 mmol/L邻苯三酚0.3 mL，在325 nm处每隔30 s测定一次吸光度，计算吸光度的变化率F_0；复方抗氧化剂实验管：取50 mmol/L Tris-Hcl缓冲液4.5 mL(pH 8.2)，先加入1 mL复方剂和3.2 mL蒸馏水，再加入45 mmol/L邻苯三酚0.3 mL，在325 nm处每隔30 s测定一次吸光度，计算吸光度的变化率F_1；空白调零：蒸馏水。

清除率的计算公式为：

$$清除率(\%)=(F_0-F_1)/F_0\times 100\%$$

(二)体内抗氧化指标的测定

1. 实验动物分组及给药

清洁级昆明小鼠40只根据随机数表法随机分成四组：空白对照组、下调25%配方给药组、原配方给药组、上浮25%配方给药组，每组10只。各给药组均采用灌胃给药，每日1次，连续给药20 d，给药体积为20 mL/kg。空白组给予等体积的蒸馏水。末次给药

24 h后，测定相关实验指标。

2. 指标测定

末次给药 24 h 后，摘眼球取血，分离血清备用。解剖，取出小鼠肝脏并取 200 mg 组织，加 9 倍质量的生理盐水，冰浴下制成 10%的组织匀浆液，以 3000 r/min 离心 10 min，取上清液，按照试剂盒说明书测定 SOD(超氧化物歧化酶)活性和 MDA(丙二醛)含量。

(三)复方人参药物对非特异性免疫作用指标的测定

1. 对免疫器官指数的影响

小鼠处死前称体重，处死后，取脾脏、胸腺，分别称重。根据以下公式计算相应免疫器官指数：脾脏指数＝脾脏重(g)/体重(g)，胸腺指数＝胸腺重(g)/体重(g)。

2. 对血清溶菌酶含量的影响

未抗凝血液静置后离心取血清，按照溶菌酶试剂盒说明书测定血清溶菌酶含量。

(四)统计学处理

采用 SPSS 17.0 软件对数据进行统计分析，采用方差分析检验，数据均以平均数和标准差表示，$P<0.05$ 代表数据有显著性差异。

三、实验结果

(一)对羟基自由基和氧自由基的清除作用

各给药组对羟基自由基和氧自由基的清除作用见表 1。

表 1　各给药组对羟基自由基和氧自由基的清除作用

组别	羟基自由基清除率/%	氧自由基清除率/%
下调 25%配方	41.48±0.77*	3.81±1.26*
原配方	45.72±1.24*	18.10±4.07*
上浮 25%配方	43.79±0.76*	13.01±3.35*

注：与空白对照组比较，* $P<0.05$。

与空白对照组比较，各给药组对羟基自由基和氧自由基的清除作用均表现显著($P<0.05$)，原配方和上浮 25%配方的作用较下调 25%配方强，且原配方的作用最强。

(二)对 SOD 活性和 MDA 含量的影响

各给药组对 SOD 活性和 MDA 含量的影响见表 2。

表 2　各给药组对 SOD 活性和 MDA 含量的影响

组别	SOD 活性/(U/mg)	MDA 含量/(mmol/mL)
空白对照组	197.58±39.98	10.18±0.53
下调 25%配方	364.36±26.95*	7.06±0.97*
原配方	469.97±32.83**	4.74±0.63**
上浮 25%配方	465.04±10.59**	4.20±0.61*

注:与空白对照组比较,* $P<0.05$,** $P<0.01$。

与空白对照组比较,各给药组均对提高 SOD 活性,降低 MDA 含量有显著作用($P<0.05$)。原配方和上浮 25%配方提高 SOD 含量的作用强于下调 25%配方,表现为极显著($P<0.01$),但原配方和上浮 25%配方的作用相差不大;原配方和上浮 25%配方降低 MDA 含量的作用强于下调 25%配方,且原配方作用最强,表现为极显著($P<0.01$)。

(三)对免疫器官指数的影响

各给药组对免疫器官指数的影响见表 3。

表 3　各给药组对免疫器官指数的影响

组别	胸腺体指数($\times10^{-3}$)	脾体指数($\times10^{-3}$)
空白对照组	1.14±0.14	3.04±0.13
下调 25%配方	2.14±0.54*	3.78±0.57
原配方	2.89±0.60**	4.59±1.18**
上浮 25%配方	2.42±0.33*	3.44±0.40*

注:与空白对照组比较,* $P<0.05$,** $P<0.01$。

与空白对照组比较,各给药组对胸腺体指数的提高均有显著作用($P<0.05$),原配方提高胸腺体指数的作用明显高于上浮 25%配方和下调 25%配方,表现为极显著($P<0.01$);与空白对照组比较,下调 25%配方对脾体指数的作用不明显,原配方和上浮 25%配方对提高脾体指数有显著作用($P<0.05$),且原配方的作用最强,表现为极显著($P<0.01$)。

(四)对血清溶菌酶含量的影响

各给药组对血清溶菌酶含量的影响见表 4。

表 4　各给药组对血清溶菌酶含量的影响

组别	溶菌酶/(μg/mL)
空白对照组	8.06±0.19
下调 25%配方	8.65±0.14*

续表

组别	溶菌酶/(μg/mL)
原配方	10.57±0.31**
上浮 25%配方	10.40±0.15**

注：与空白对照组比较，* $P<0.05$，** $P<0.01$。

与空白对照组比较，各给药组对血清溶菌酶含量的提高均有显著作用($P<0.05$)，原配方和上浮 25%配方提高血清溶菌酶含量的作用高于下调 25%配方，但原配方和上浮 25%配方提高血清溶菌酶含量的作用差异不大，均表现为极显著($P<0.01$)

四、讨　论

本文探究了不同浓度复方人参配方的药效，结果显示，各给药浓度均可以有效地清除羟基自由基和氧自由基(见表 1)，提高 SOD 活性和降低 MDA 含量(见表 2)，提高免疫器官指数和血清溶菌酶的含量(见表 3、表 4)，并且原配方的抗氧化性和提高免疫力的效果最为显著。

人体中绝大多数的自由基为氧自由基，它往往也是其他自由基生成的起因。对于羟基自由基，它是体内危害最大的一种自由基，它可以与体内多种分子作用，造成核酸、蛋白质、氨基酸、糖类和脂质等物质的氧化性损伤，从而使细胞坏死或突变。此外，它还与衰老、肿瘤和细胞吞噬等有关。本研究证明，复方人参能有效地清除氧自由基和羟基自由基，具有良好的抗氧化能力。

生物机体内的超氧化物歧化酶(SOD)有明显的抗氧化作用，随着年龄的增长，它的活性逐渐降低，诱导脂质过氧化而导致过氧化脂质积聚，从而使脂质过氧化的代谢产物 MDA 等增多，最终诱导细胞功能障碍。SOD 活性和 MDA 含量是检测机体氧化损伤程度最常用的指标。本研究证明，复方人参能较好地提高 SOD 活性和降低 MDA 含量，具有良好的体内抗氧化能力。

胸腺、脾脏是哺乳动物主要的免疫器官，小鼠的免疫器官指数是其免疫器官发育和免疫细分化的重要指标。溶菌酶是一种能水解致病菌中黏多糖的碱性酶，主要通过破坏细胞壁，使细胞壁中的不溶性黏多糖分解成可溶性糖肽，导致细胞壁破裂，内容物逸出而使细菌溶解。溶菌酶还可与带负电荷的病毒蛋白直接结合，与 DNA、RNA、脱辅基蛋白形成复盐，使病毒失活，因此，该酶具有抗菌、消炎、抗病毒等作用，是机体内非特异性免疫重要的防御分子。本研究证明，复方人参能提高免疫器官指数，提高溶菌酶含量，具有良好的提高机体非特异性免疫的能力。

本文通过对复方人参不同浓度配方的研究，得出了最佳配方浓度，为进一步研究复方人参配方的药效和化学组成提供了理论基础。同时，它还为研究其他配方提供了参考，具有一定的理论意义和实践意义。

参考文献

[1]薛永志、孟昭伦、刘晓敏:《复方黄芪冲剂对创伤小鼠血清SOD活力及MDA含量的影响》,《包头医学院学报》1999年第4期。

[2]陈欣然、杨月明、王敏伟:《复方灵芝胶囊对小鼠的免疫调节作用》,《沈阳药科大学学报》2007年第8期。

[3]卓杰先、张琳、余学好:《白藜芦醇对小鼠免疫和抗氧化功能的影响》,《北京体育大学学报》2008年第9期。

[4]覃云海等:《复方黄芪、黄精、党参提取液抗衰老的实验研究》,《右江医学》2009年第5期。

[5]李仲昆等:《复方人参皂苷胶囊免疫调节作用的初步探讨》,《中国医院药学杂志》2009年第17期。

[6]林晓明等:《银耳、茯苓、绞股蓝对小鼠免疫功能和清除自由基的作用》,《北京医科大学学报》1995年第6期。

[7]宋俊梅、王增兰、丁霄霖:《白首乌总甙对小鼠免疫功能的影响》,《无锡轻工大学学报》2001年第6期。

[8]陈留勇等:《黄桃水溶性多糖的抗肿瘤作用及清除自由基、提高免疫活性研究》,《食品科学》2004年第2期。

[9]黎阳等:《人参化学成分和药理研究进展》,《中草药》2009年第1期。

[10]王永新等:《复方红景天抗缺氧作用的研究》,《中国实验方剂学杂志》2010年第15期。

[11]张均田:《人参研究的最新进展》,《江苏大学学报》(医学版)2009年第3期。

[12]宿延丽、宿艳霞、宿武林:《人参有效成分及其复方研究进展》,《人参研究》2008年第2期。

(指导教师:张崇禧)

菊粉酶固定化载体的筛选

闫新萍[1]

菊粉是富含于菊芋(*Jerusalem artichoke*)等多种菊科植物中的天然果聚糖，系由果糖(Fru)经β-1,2糖苷键连接而成的线性直连多糖。菊粉酶(Inulinase,EC3.2.1.7)是菊粉的水解酶，能够将菊粉快速地水解成为果糖或低聚果糖。由于菊粉的水解产物具有多种生理功能，故近年来利用菊粉酶水解菊粉生产果糖和低聚果糖逐渐在生产实践中显示出优势。但天然菊粉酶易失活，重复使用效率低，无疑会提高生产成本。现将固定化技术与菊粉酶的应用相结合，使菊粉酶达到反复利用、连续操作的目的，从而提高底物转化率，降低生产成本。本文利用四种不同的载体对自制的菊粉酶进行固定化比较并进一步研究，希望能为酶法生产果糖或低聚果糖提供进一步参考。

一、材料与方法

(一)材料与仪器

1. 主要材料及试剂

黑曲霉菌种(山东大学威海分校实验室)，菊糖(国药集团化学试剂有限公司)，聚乙烯醇(国药集团化学试剂有限公司)，海藻酸钠(温州试剂厂)，D_{201}-GM阴离子大孔树脂(天津华天生化公司)，其他主要试剂均为分析纯或化学纯。

2. 仪器

WMK-02型电热恒温培养箱(南京实验仪器厂)、UV-9200型紫外-可见分光光度计(北京瑞利分析仪器公司)、恒温水浴振荡器(常州国华电器有限公司)。

(二)方法

1. 培养条件

(1)孢子悬液制备

菌种在斜面上28 ℃培养3 d，倒入灭菌的生理盐水，振荡打散，通过带脱脂棉的漏斗

---

[1]海洋学院2011级药学专业。

进行过滤备用。

(2)摇瓶发酵培养

用 500 mL 三角瓶装 250 mL 液体培养基,接种孢子悬液 2%,置往复式摇床上培养。根据产菊粉酶的最佳培养条件进行培养(条件为温度 30 ℃,转速 150 r/min)。

2. 酶活测定方法

(1)菊粉酶活力测定

参照文献[9]中的方法,在 60 ℃,pH 为 4.5 的条件下水解菊糖,每分钟生成 1 μmol 还原糖的酶量即为 1 个酶活单位。

(2)固定化酶活力的测定

采用已改进的经典 3,5-二硝基水氧酸法(DNS 法)测定还原糖。在 pH 为 5.4,55 ℃条件下,固定化菊粉酶催化水解底物菊粉,以每分钟转化生成 1 μmol 还原糖所需的酶量为 1 个酶活力单位,用 U 表示。

3. 固定化菊粉酶的制备

(1)聚乙烯醇-海藻酸钙(PVA-CA)凝胶包埋法

在 pH 为 5.6 的条件下,将菊粉酶液与预先制备好的 PVA-CA 凝胶以 2∶1 的比例混合搅匀,注入 4%的 $CaCl_2$ 溶液中,随后滤出固定化酶,用 0.01 mol/L pH 为 4.6 的醋酸缓冲液洗涤 3 次得固定化酶。

(2)D_{201}-GM 阴离子大孔树脂吸附交联法

首先将树脂经常规方法处理,再将已转型的 D_{201}-GM 阴离子树脂与菊粉酶液以1∶2 的比例混合,加入 pH 为 5.4 的磷酸-柠檬酸缓冲液,在恒温水浴振荡器中振荡吸附 3 h,振荡后加入戊二醛溶液调最终浓度为 0.5%,15 ℃交联 4 h,滤出,用蒸馏水冲洗 2～3 次得固定化酶。

二、结果与分析

(一)菊粉酶产酶结果

根据黑曲酶的优化产酶条件,在菊芋汁培养基中分别进行摇瓶发酵,定期测定菊粉酶活力,结果如图 1 所示。由图 1 可知,在第 5 天酶活力达到高峰。

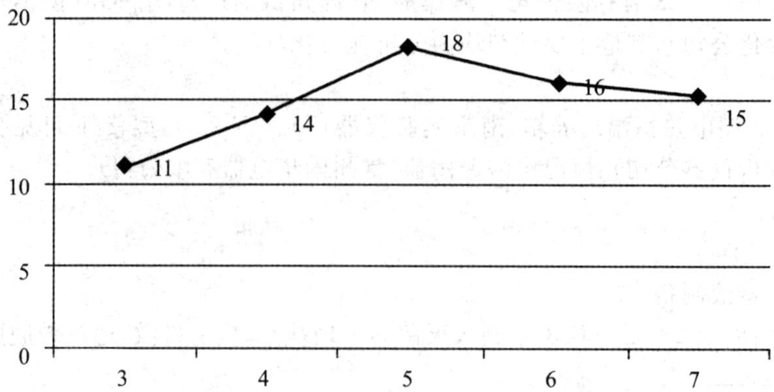

图 1　菊粉酶活力

(二)固定化方法的选择

分别采用 PVA-CA 凝胶包埋法、D_{201}-GM 阴离子大孔树脂吸附交联法进行菊粉酶的固定化，方法所涉及的条件按上述介绍。为了便于比较，实验中选用同一批制备的酶液。实验结果(见表 1)表明，D_{201}-GM 阴离子大孔树脂吸附交联法所制备的固定化酶活回收率(47.87%)较高，因为其是将吸附与交联两种方法相结合来固定菊粉酶。吸附法在离子键、范德华力和氢键作用下，将酶固定在离子交换树脂上，但酶与载体结合不牢固；而交联法使酶分子和多功能试剂、酶分子之间或其内部形成共价键，得到三向的交联网架结构。联合两种固定方法既可使酶与载体结创，又可使两者结合得更牢固，故酶的固定化回收率相对较高。

表 1　　两种固定化菊粉酶的方法比较

方法	加入菊粉酶总活性/U	固定化酶总活性/U	活力回收率/%
PVA-CA 凝胶包埋法	200.25	64.50	32.21
D_{201}-GM 阴离子大孔树脂吸附交联法	200.25	95.86	47.87

(三)聚乙烯醇-海藻酸钙(PVA-CA)凝胶固定菊粉酶条件的探讨

1. 载体与菊粉酶比例对酶固定化的影响

在 pH 为 5.6 的醋酸盐缓冲液中用聚乙烯醇-海藻酸钙(PVA-CA)凝胶制备固定化酶，分别用不同比例的载体与酶为固定化条件，考察其对固定化菊粉酶活力及活力同收率的影响，结果如图 2 所示。由图 2 可知，固定化酶的活力随着酶量的增加而增加，但活力回收率却随着酶量的增加而呈递减趋势。均衡两指标考虑，选择载体与酶量为 1∶2 时为宜，此时菊粉酶回收率最大。

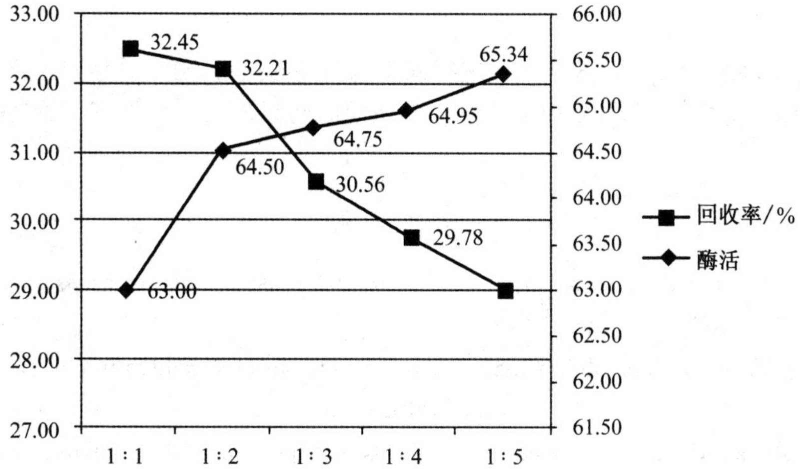

图 2　载体与菊粉酶比例对酶固定化的影响

2. 缓冲溶液 pH 对菊粉酶固定化的影响

在缓冲溶液中,酶的微环境对酶活性影响很大。分别用不同 pH 的醋酸盐缓冲液为固定化条件,考察其对菊粉酶活力及活力回收率的影响,结果如图 3 所示。由图可知,在 pH 为 5.6 时,固定化酶具有较高的活力及活力回收率;当 pH 大于 5.6 时,酶活力回收率有明显的下降。因此。确定最佳的缓冲溶液 pH 为 5.6。

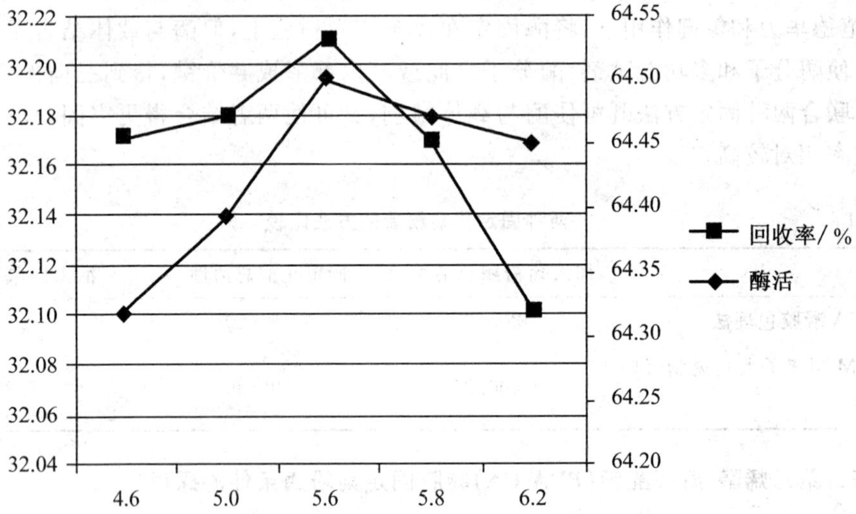

图 3　缓冲溶液 pH 对菊粉酶固定化的影响

三、结　论

1. 通过采用两种不同的方法固定菊粉酶,得出最佳固定化方法为 D_{201}-GM 阴离子大孔树脂吸附交联法,其固定化后的酶活力及酶活力回收率均最高,分别为 95.86 U/g 和 47.87%。

2. 通过对 PVA-CA 凝胶包埋法进行固定化条件的探讨,确定最佳固定化条件为:载体与菊粉酶比例为 1∶2,固定时 pH 为 5.6,吸附时间为 3 h。

参考文献

[1]Ruther P. P. and Deacen A. C. ,“Fructofuranosidases from roots of dandelion”, *Biochem. J.* ,2007,126:pp. 569-573.

[2]Gupta A. K. and Bhatia I. S. , “Glucofructosan metabolism in cichorium intybus roots”, *Phytochemistry*, 2004,24:pp. 1423-1427.

[3]Kierstan M. P. J. , “Production of fructose syrups from inulin containing plants”, *Biotechnology & Bioengineering* ,1978,20(3):pp. 447-450.

[4]郑建仙:《功能性低聚果糖》,化学工业出版社 2004 年版。

[5]高振鹏等:《果糖生产技术和应用研究发展》,《西北农林科技大学学报》(自然科学版)2003 年增刊。

[6]Baipai P. and Margaritis A., "Immobilization of Kluyvcromyces marxianus cells containing inulinase actibity in open poregelatin matrix;I Preparation and enzymatic properties", *EnzymeMicro. Technol.*,2003, 7:pp. 373-376.

[7]鲁玉侠等:《海藻酸钠包埋法制备固定化脂肪酶的研究》,《现代食品科技》2006 年第 4 期。

[8]万武光、魏文玲、王世媛:《D_{201}-GM 大孔树脂吸附交联法固定菊粉酶的研究》,《工业微生物》1999 年第 2 期。

[9]KS Uhm TBChae et al.,"Cloning and nucleltide sequence of the endoinulinase-encoding gene,inu2,from Aspergillus ficuum[ATCC 16882]", *Biotechnology Letters*, 1998,20(8):pp. 809-812.

[10]罗贵民:《酶工程》,化学工业出版社 2003 年版。

[11]郭勇:《酶工程》,中国轻工业出版社 2002 年版。

(指导教师:朱启忠)

水溶酞菁对致病菌光动力灭活研究

李勤勤[❶] 崔晓楠[❶] 张甜甜[❶] 丁陆彬[❶]

我国是世界第一大水产养殖大国，然而，在水产品病害的预防和治疗方面的问题还较突出。水产品细菌疾病的发生不仅会给水产养殖造成损失，而且还会对公共卫生产生严重威胁。目前，针对养殖鱼类疾病的治疗和预防主要采用化学疗法，但频繁地使用化学药物会使病菌产生耐药性，而且药物残留问题也会对人类的公共卫生造成威胁。光动力灭菌的方法可以有效地解决化学药物带来的负面问题，与化学疗法相比，该法广谱性高，对野生及耐药性菌株有很高的光毒性，微生物诱导变异可能低，对人体没有毒性副产物，成本低，所以越来越受到重视。而光敏剂在光动力治疗中扮演着重要的能量转换角色。近年来报道的研究光动力治疗的结果已可以充分证明，同分异构体（如 C_{4h}、D_{2h}、C_s 和 C_{2v}）的低对称性对其光动力活性有很大提高。我们根据以往的实验结果，制备了一系列水溶性酞菁同分异构体作为光敏剂，并对这些同分异构体的光动力灭菌活性进行研究，建立这些酞菁化合物的结构与其光动力灭菌活性之间的关系，取得了初步成效。

一、材料及方法

（一）材料及设备

1. 材料

菌种：鳗弧菌：由山东大学威海分校微生物实验室提供。

2216E 液体培养基：酵母膏 1 g，蛋白胨 5 g，磷酸铁 0.01 g，分离纯化海水 1000 mL，pH 7～8。

2216E 固体培养基：酵母膏 1 g，蛋白胨 5 g，磷酸铁 0.01 g，琼脂粉 18 g，分离纯化海水 1000 mL，pH 7～8。

---

❶海洋学院 2011 级生物科学类专业。

2. 设备

超声波清洗器(上海科导超声仪器有限公司),磁力恒温搅拌器(郑州长城仪器有限公司),高速离心机(上海市安亭电子仪器厂),紫外-可见光分光光度计、可见分光光度计(上海美谱达仪器有限公司),电子天平(上海舜宇恒平科学仪器有限公司),150 W 卤钨灯光源(光谱范围为 320～2500 nm),暗室操作箱(自制),无菌操作台,YXQ-LS-30SII 型立式压力蒸汽灭菌器(上海博迅实业有限公司),DHG-9123A 型电热鼓风干燥箱(青岛科瑞科技有限公司),SPX-250B-Z 型生化培养箱(上海博迅实业有限公司),光源隔热槽(自制)。

(二)实验方法

1. 化合物的制备

使用三种位带有酚二酯基的前驱体在 DBU 催化下同时酯交换,四聚后会产生四种同分异构体。四种同分异构体可以通过柱色谱法进行分离,得到两种单一异构体 C_{4h} 和 D_{2h} 以及一种混合物 C_s 和 C_{2v},如下所示。这些化合物经过进一步水解,就可以得到羧酸取代的同分异构体。

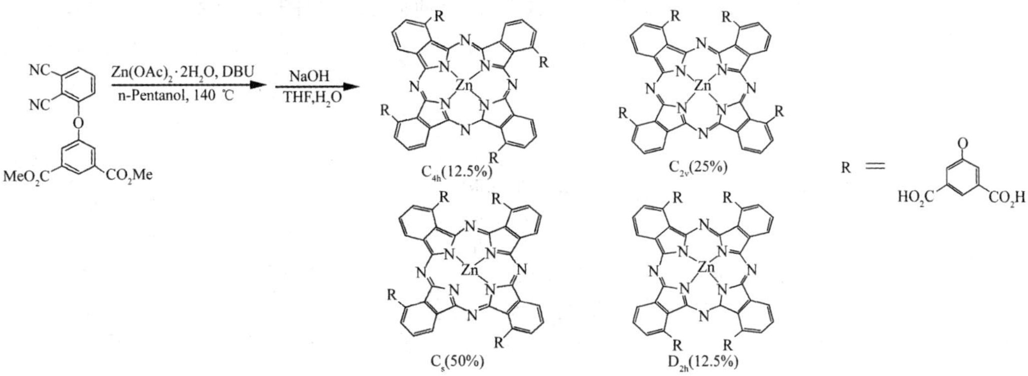

2. 抑菌实验研究

使用活菌计数分析测定法对酞菁光敏剂进行菌效果的检测,测定其暗毒性、光毒性和灭菌率,并绘制出不同弧菌的灭活效果与酞菁浓度的关系曲线。

改进扩大实验:用实验得到的 A_2M_2、AM_2、AO_2 三种样品的最适浓度对两种高浓度的弧菌——鳗弧菌(778 个/100 μL)和弧菌 1(830 个/100 μL)做灭菌检测,对计数结果进行比较,寻找最佳效果的抑菌催化剂及其最低浓度。

(三)光毒性效果评价方法

用 A_2M_2、AM_2、AO_2 三种样品的不同浓度梯度分别对鳗弧菌(371 个/100 μL)在浓度为 10 mol/L、5 mol/L、2.5 mol/L、1 mol/L、0.5 mol/L、0.25 mol/L、0.1 mol/L 的光照及光暗条件下进行灭菌计数。以确定最佳稀释度的菌液为检测样品,用 A_2M_2、AM_2、AO_2 三种样品的不同浓度梯度分别对菌种 1(238 个/100 μL)在浓度为 0.75 mol/L、0.5 mol/L、0.25 mol/L、0.1 mol/L、0.05 mol/L、0.04 mol/L、0.02 mol/L、

0.0125 mol/L、0.01 mol/L 的光照及光暗条件下进行灭菌计数。在暗室孵化 1 h，在 150 W 卤钨灯光源(光谱范围为 320～2500 nm)下光照 1 h，在 2216E 培养基上于(28±1) ℃条件下培养(24±1) h 后进行细菌总数的检测。观察每种样品作用下菌落的生长情况并计数，每次检测的数据以重复观察值的平均值表示。以实验组与对照组的数值之差的大小来判断三种光敏剂的光毒性大小。同时，对每种光敏剂在光照处理组与光暗处理组的观测值进行比较，确认光照对毒性的影响。

(四)数据处理

实验结果以平均数和标准差表示，用 SPSS 16.0 统计软件包分析数据，采用 F 检验，以 $P<0.05$ 表示有显著光毒性，用 Origin 8.0 软件作图。

二、结果与分析

(一)三种酞菁的紫外光谱分析

A_2M_2、AM_2、AO_2 三种样品的紫外吸收光谱分别如图 1 至图 3 所示。

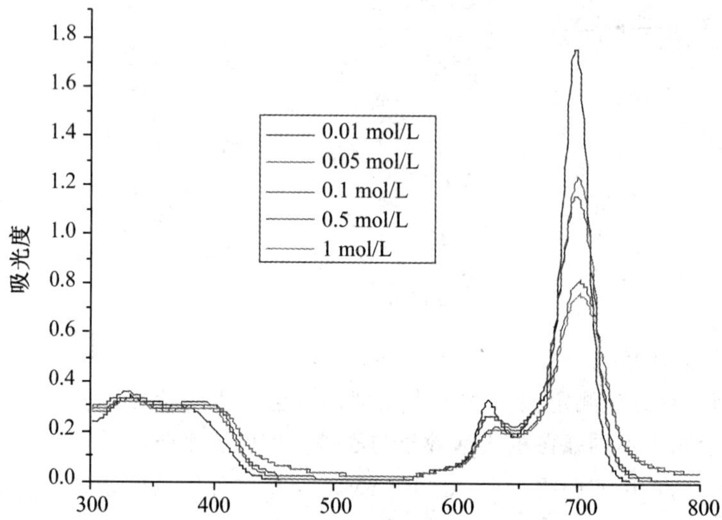

图 1 A_2M_2 的紫外吸收光谱

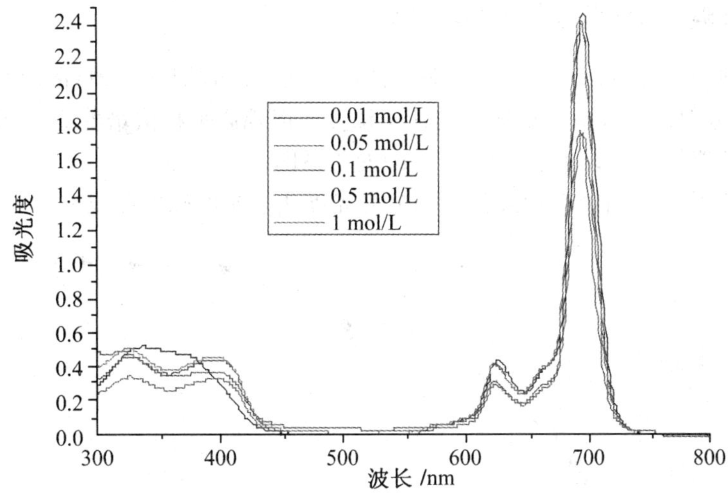

图 2　AM_2 的紫外吸收光谱

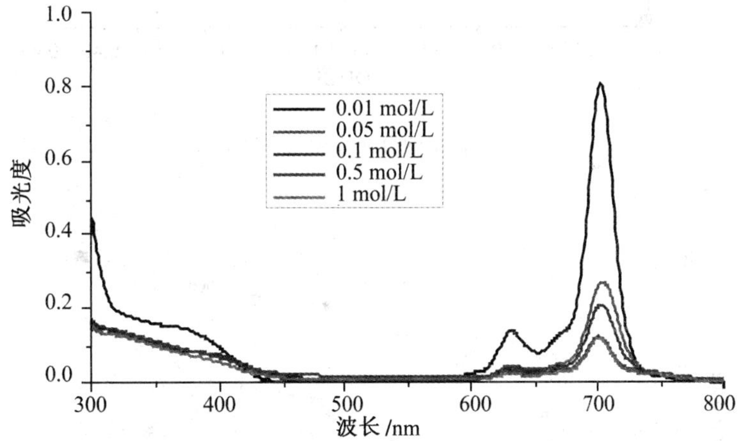

图 3　AO_2 的紫外吸收光谱

由图 1 至图 3 可以看出，在波长为 700 nm 处三种物质有一个最强吸收峰，其余一个波峰为 600～650 nm 波长处。本实验中选取的卤钨灯光源的光谱范围为 320～2500 nm，满足三种样品所需的波长。光敏剂是一类能选择性地聚集于特定的组织具有光活性的化合物，在适当波长光的激发下能产生光动力效应，进而杀死细胞。A_2M_2、AM_2、AO_2 均是在碱液浓度为 0.01 mol/L 时聚集程度最低，最有利于与细胞结合，所以三种样品均选择碱液浓度为 0.01 mol/L 的基准液。由图还可以看出，在最大吸收峰处，三种样品的吸光度值是明显不同的，即在相同碱液浓度下，三种样品的聚集程度也是有明显差异的。

(二)两种弧菌的分光光度法标准曲线

所用菌种的菌液均为对数生长期时的菌液。处于此时期的菌种，活菌数量远大于死菌数量，故可近似认为菌液的浓度即为活菌浓度。以琼脂平板法培养 24 h 得到菌落数与相应梯度菌悬液的 OD 值(波长为 600 nm)的关系图。

图 4、图 5 分别为菌种 1 和鳗弧菌用分光光度法绘制的标准曲线。

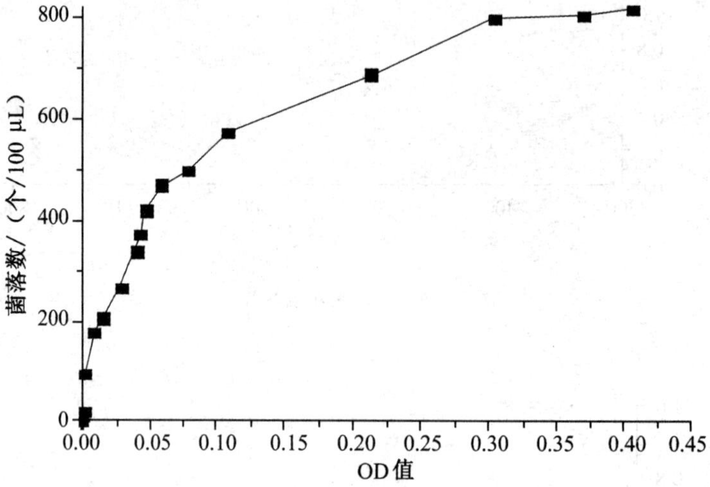

图 4　菌种 1 的分光光度法标准曲线

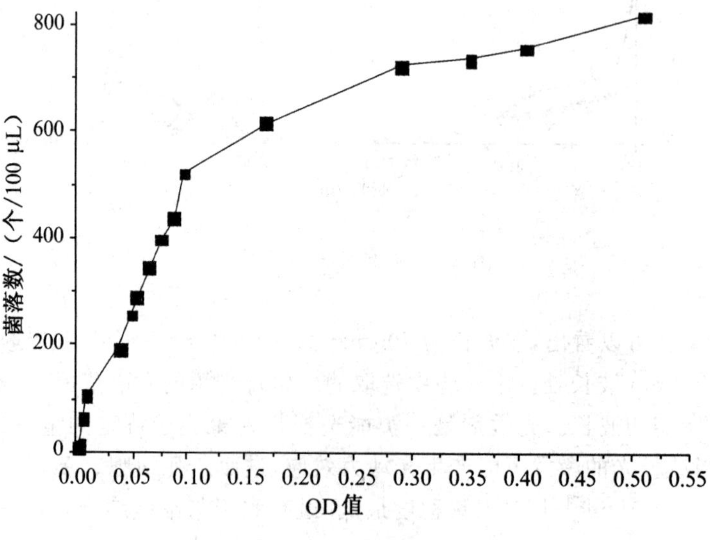

图 5　鳗弧菌的分光光度法标准曲线

以此作为标准曲线，选出最初实验的菌浓度，备用。

(三)三种样品光敏剂对菌种1的作用

根据图4，选择菌种1的浓度为238个/100 μL，根据预实验选择三种样品对应的浓度梯度为0.75 mol/L、0.5 mol/L、0.25 mol/L、0.1 mol/L、0.05 mol/L、0.04 mol/L、0.02 mol/L、0.0125 mol/L、0.01 mol/L，分别在光照、光暗条件下作用，用琼脂平板法分别对死、活细菌计数并进行数据统计，得出菌种的死亡率，如图6至图8所示。存活率按下式计算：存活率(%)=(实验组吸光度均值−空白组吸光度均值)/(对照组吸光度均值−空白组吸光度均值)×100%。

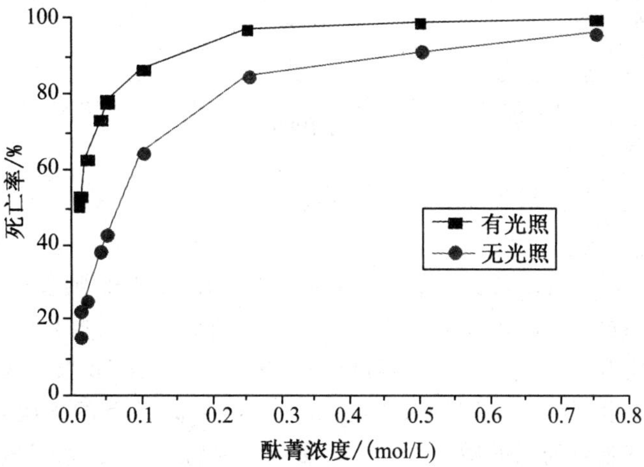

图6 A_2M_2 对菌种1的作用

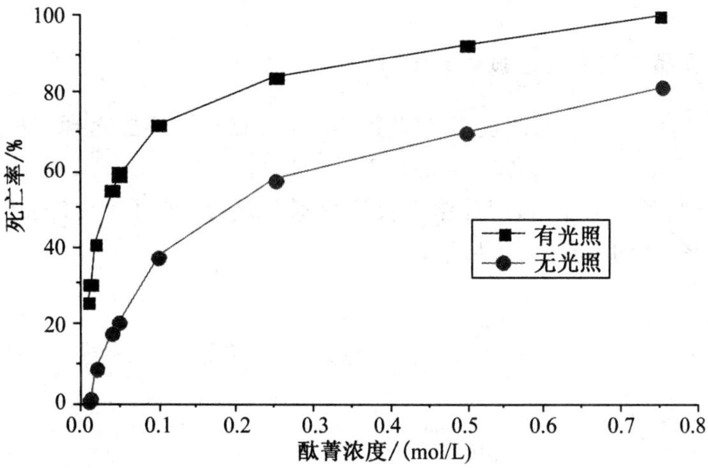

图7 AM_2 对菌种1的作用

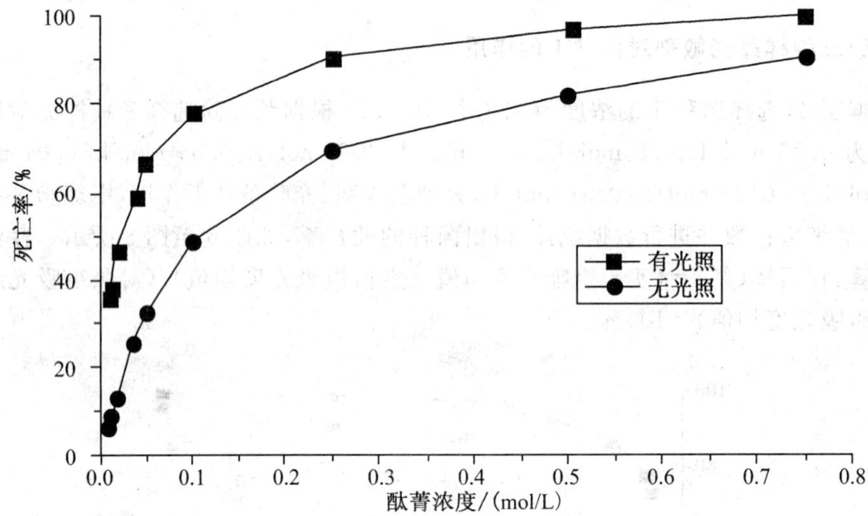

图 8　AO_2 对菌种 1 的作用

由图 6 至图 8 可以看出,在 0.01～0.25 mol/L 浓度范围内,随着药物浓度的增加,杀菌效果明显,菌落数依次减少,且在 0.25 mol/L 时杀菌效果达到最佳。这说明在光暗和光照条件下酞菁均有杀菌效果,且光照可以增大光敏剂的杀菌效果。药物杀菌效果随着药物浓度的变化十分明显。在转折点之前,光暗与光照条件下的灭菌效果差距较大,此阶段光照对提高细胞对药物的敏感度有较大影响。在转折点之后,光敏剂在光暗与光照条件下的灭菌效果差距较小,且变化速度减慢,经分析,原因可能是酞菁聚集导致。

由图 6 至图 8 还可以看出,A_2M_2 的作用效果最好,其次是 AO_2,最后是 AM_2,且在 0.25 mol/L时均达到最佳效果,灭菌率均在 90%以上。这说明此三种药品的光敏性都很好。

(四)三种样品光敏剂对鳗弧菌的作用

根据图 5,选择鳗弧菌的浓度为 371 个/100 μL,根据预实验选择三种样品对应的浓度梯度为 10 mol/L、5 mol/L、2.5 mol/L、1 mol/L、0.5 mol/L、0.25 mol/L、0.1 mol/L,分别在光照、光暗条件下作用,用琼脂平板法分别对死、活细菌计数并进行数据统计,得出菌种的死亡率,如图 9 至图 11 所示。

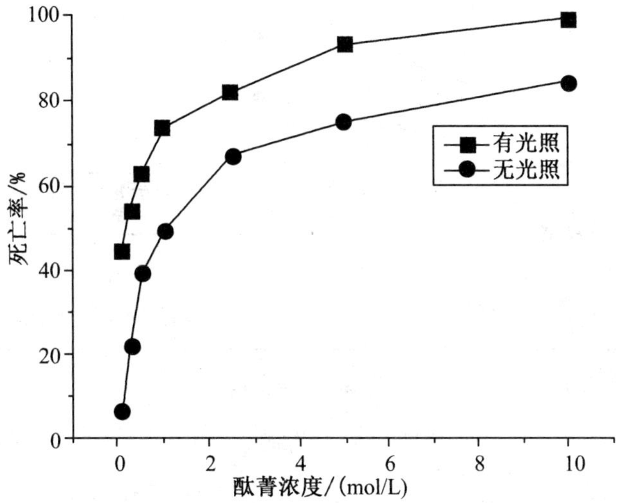

图 9　A_2M_2 对鳗弧菌的作用

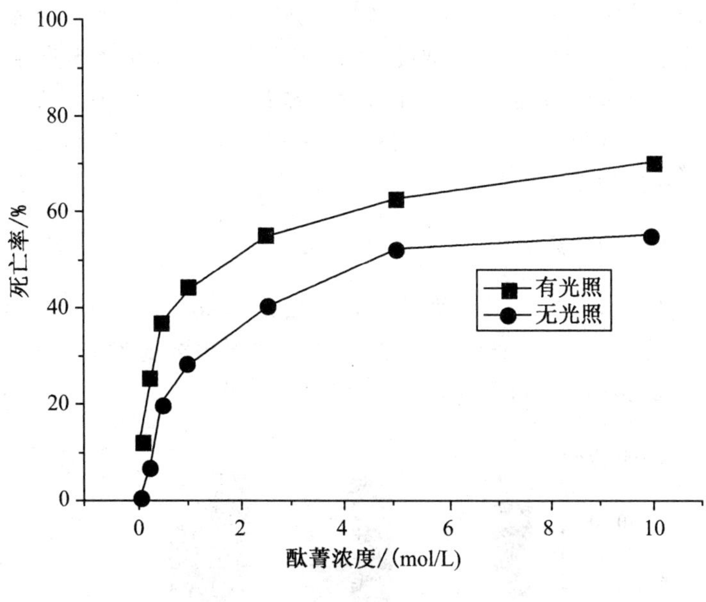

图 10　AM_2 对鳗弧菌的作用

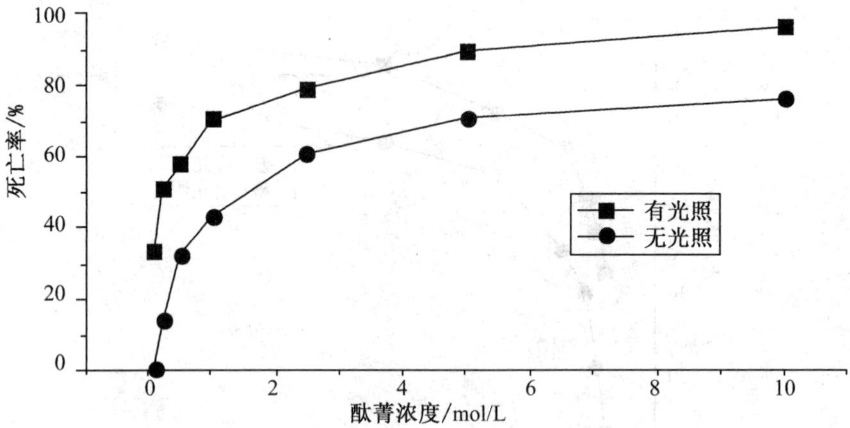

图 11 AO_2 对鳗弧菌的作用

由图 9 至图 11 可以看出，在 0.1～5 mol/L 浓度范围内，随着药物浓度的增加，杀菌效果明显，菌落数依次减少，且在 5 mol/L 时杀菌效果达到最佳。这说明在光暗和光照条件下酞菁均有杀菌效果，且光照可以增大光敏剂的杀菌效果。药物杀菌效果随着药物浓度的变化十分明显。在转折点之前，光暗与光照条件下的灭菌效果差距较大，此阶段光照对提高细胞对药物的敏感度有较大影响。在转折点之后，光敏剂在光暗与光照条件下的灭菌效果差距较小，且变化速度减慢，经分析，原因可能是酞菁聚集导致。

由图 9 至图 11 还可以看出，A_2M_2 的作用效果最好，其次是 AO_2，最后是 AM_2，且均在 5 mol/L 时达到最佳效果，灭菌率均在 80%以上。由此不难看出，鳗弧菌对此三种药品的敏感程度不及菌种 1。

(五)改进扩大实验结果分析

分析图 6 至图 11 可知，对于菌种 1，三种样品在 0.25 mol/L 浓度下效果最好；对于鳗弧菌，三种样品在 5 mol/L 浓度下效果最好。在鳗弧菌浓度为 778 个/100 μL、菌种 1 浓度为 1830 个/100 μL 时，可得到图 12、图 13。

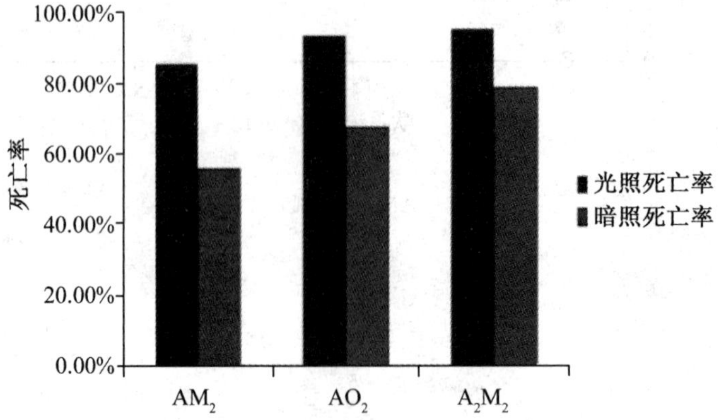

图 12 菌种 1 在三种药品浓度为 0.25 mol/L 下的死亡率

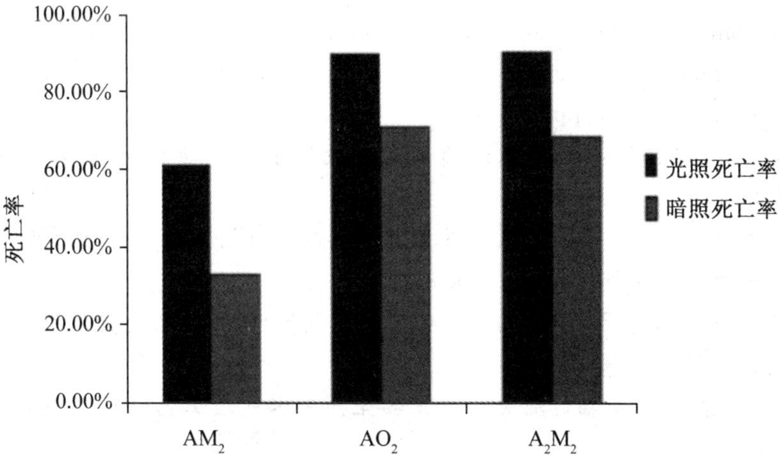

图 13　鳗弧菌在三种药品浓度为 5 mol/L 下的死亡率

由图 12、图 13 可以明显看出，在最佳浓度条件下，三种药品对高浓度菌种的杀灭情况依然能达到最佳效果，三种药品之间依旧有明显差别，且光照条件对光敏剂效果的提升有很大作用。

三、结　论

本文对三种光敏剂的光动力灭菌活性进行了研究，建立了酞菁化合物的结构与其光动力灭菌活性之间的关系，为实际应用提供了理论依据，有望成为预防和治疗水产品病害等的环境友好型新型光动力药物。

(1)通过比较三种酞菁可以看出，A_2M_2 作用效果最好，其次是 AO_2，AM_2 效果最差。结合紫外吸收光谱分析，酞菁的聚集程度是影响光敏剂的作用效果的重要因素之一。

(2)三种酞菁在光暗与光照条件下对菌种均有灭菌作用，但光照对其作用效果的提升有明显作用。

(3)通过对典型海洋致病菌研究得出：光动力灭活对革兰氏阳性菌比革兰氏阴性菌作用效果更佳。

参考文献

[1]Bai M. et al.,"Synthesis and separation of the constitutional isomers of 1(4),8(11),15(18),22(25)-tetrakis [(pentyloxycarbonyl) phenoxy]-phthalocyaninato zinc (II)complexes", *J. Dyes and Pigments*, 2013, 97:pp. 469-474.

[2]吕春燕等:《负载型磺酸铁酞菁对染料废水的光催化降解》,《纺织学报》2009 年第 5 期。

[3]张通等:《光动力作用对人结肠癌细胞转录因子激活蛋白-4 表达的影响》,《广东

医学》2013 年第 2 期。

[4]Adelaide Almeida et al. ,“ Phage therapy and photodynamic therapy: low environmental impact approaches to inactivate microorganisms in fish farming plants”, *Mar. Drugs*,2009, 7(3):pp. 268-313.

[5]吴后波、潘金培:《弧菌属细菌及其所致海水养殖动物疾病》,《中国水产科学》2001 年第 1 期。

[6]陈燕梅等:《十六羧酸基酞菁锌光敏剂与白蛋白相互作用的光谱研究及复合物的制备》,《光谱学与光谱分析》2006 年第 8 期。

[7]薛金萍、李文、于海燕:《四-α(β)-(4-吡啶氧基)酞菁锌的光物理性质研究》,《感光科学与光化学》2006 年第 4 期。

[8]郭栋、曹红、胡幸福:《酞菁系类产品生产废水处理工艺设计及运行》,《工业水处理》2012 年第 4 期。

[9]Moan J. , Peng Q. ,“An outline of the hundred-year history of PDT”, *Anticancer Research*, 2003,23(5A):pp. 3591-3600.

[10]陈锦灿等:《新型单取代两亲性酞菁锌的制备及其光动力活性研究》,《高等学校化学学报》2008 年第 11 期。

[11]Cassell G. H. , Mekalanos J. ,“Development of antimicrobial agents in the era of new and reemerging infectious diseases and increasing antibiotic resistance”, *Jama the Journal of the American Medical Association*,2001, 285(5):pp. 601-605.

[12]朱晓利:《取代酞菁锌配合物的合成与光谱性质研究》,福州大学硕士学位论文,2006 年。

[13]Bai Ming et al. ,“Facile synthesis of pegylated zinc(II) phthalocyanines via transesterification and their in vitro photodynamic activities”, *Organic & Biomolecular Chemistry*, 2011,9(20):pp. 7028-7032.

[14]黄焱:《新型生物靶向光敏剂酞菁锌介导的光动力疗法治疗 CNV 体内外实验研究》,山东大学博士学位论文,2007 年。

[15]毕程:《脂溶性酞菁改性分子筛降解染料废水》,齐齐哈尔大学硕士学位论文,2012 年。

[16]申科敏:《致病性弧菌增菌培养基和选择性鉴别培养基的研究》,浙江工商大学硕士学位论文,2010 年。

[17]杨少丽、王印庚、董树刚:《海水养殖鱼类弧菌病的研究进展》,《海洋水产研究》2005 年第 4 期。

[18]马聪等:《中国海域海洋细菌分布特征分析》,《解放军医学杂志》2012 年第 9 期。

[19]单丽:《新型光敏剂五聚赖氨酸-羰基酞菁锌药代动力学的初步研究》,福建医科大学硕士学位论文,2011 年。

(指导教师:柏铭)

威海海域产蛋白酶海洋微生物的筛选、鉴定及蛋白酶研究

王瑒[1]　聂齐[1]　陈儿[1]　袁国迪[1]　裴昕彤[2]

蛋白酶是一类非常重要的水解酶，被广泛应用于食品、洗涤剂、医药等行业。近20年来，我国对蛋白酶的研究虽然取得了重大的进展，但与国外的研究相比，还存在着微生物资源开发不足、蛋白酶品种较少、菌株的产酶量不高等问题。而海洋中蕴藏着大量的微生物资源，目前对海洋微生物资源的开发不足总数的1%。从海洋微生物中，尤其是从深海环境下分离出来的微生物中筛选蛋白酶，对于弥补我国蛋白酶研究的不足具有重要的意义。

威海海域面积广阔，能够筛选到具有地域特色的海洋产蛋白酶细菌。山东大学（威海）海洋学院微生物实验室和生化实验室具备完成各项实验的仪器设备，可以为研究提供空间。指导老师在海洋微生物方面有深入的研究，对菌种的筛选和鉴定有着丰富的经验，可以为本实验的进行提供专业性的指导和帮助。本实验小组的成员均来自于生物科学专业，对微生物有着浓厚的兴趣，能够充分发挥学科优势。种种有利条件为本实验的顺利进行奠定了良好基础。

一、材料与方法

（一）材料

海泥、海沙、海水、脉红螺粪便、海参粪便、鲍鱼粪便。

（二）方法

1. 分离、筛选

（1）培养基：酪蛋白培养基。

（2）样品采集：样品1是来自双岛湾的海泥，样品2是来自威海国际海水浴场的海沙，样品3是来自山东大学（威海）海洋生物繁育中心的脉红螺、海参、鲍鱼的粪便。

---

[1]海洋学院2011级生物科学类专业；[2]海洋学院2012级生物科学类专业。

(3)样品处理:用无菌海水浸泡,振荡,待沉淀后取上清液。

(4)初筛:用样品浸出液稀释出梯度后涂布(按-2、-3、-4、-5 四个级别稀释),于 27 ℃下培养一段时间,若出现明显的水解圈,单独取出,分离划线。

(5)复筛:挑取透明圈颜色、形态各不相同的菌落划线分离纯化,直到取得单菌落。

(6)保藏:选取水解圈较大的菌落保藏。

2. 测序鉴定

(1)将筛选到的菌株进行 PCR 扩增,若电泳后染色条带明显,则寄给上海桑尼生物技术有限公司测序鉴定。

(2)拿到序列后比对,鉴定物种,并作出系统发育树。

3. 测酶活

(1)将纯化的各菌株接种到种子培养基中,于 20 ℃摇床中培养过夜。

(2)将种子培养液的 1%接种于发酵培养基中,振荡培养过夜。

(3)每 24 h 测一次酶活。取 5 mL 培养液,在 6000 r/min 下离心 10 min,在 500 nm 下测其吸光度。连测 5 天。

二、实验结果

(一)结果

深入研究其中酶活较高的三株菌,编号分别为 bay2、beach3、excreta1,分别来自双岛湾、威海国际海水浴场和海洋生物排泄物。

1. 标准曲线

测不同浓度酪蛋白在其吸收峰处的分光光度值,并作出标准曲线,如图 1 所示。

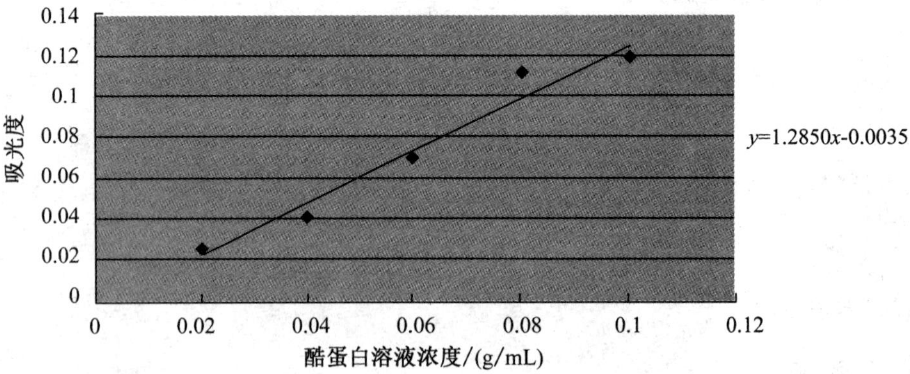

图 1 酪蛋白溶液浓度与分光度关系图

2. 三株菌的吸光度曲线

(1)excreta1

参考标准曲线,可以直接把吸光度换算成酪蛋白溶液浓度。第 1 d 的培养液吸光度值为 0.047,换算为酪蛋白溶液浓度约为 0.039 g/mL,第 2～5 d 测定的分别为培养基上清液的吸光度,具体的换算值见表 1。换算为酪蛋白溶液浓度后,可以算出蛋白酶的活性。由表 1 中的数据可看出,菌株 excreta1 分泌的蛋白酶的活力在第 2 d 时达到巅峰,随后随时间递减。

根据表 1,可作出 excreta1 的吸光度曲线,如图 2 所示。

表 1　excreta1 的相关数据

天数	吸光度	对应浓度/(g/mL)	酶活/U
1	0.047	0.039299611	—
2	0.038	0.03229572	0.007003891
3	0.03	0.026070039	0.006225681
4	0.029	0.025291829	0.00077821
5	0.024	0.021400778	0.003891051

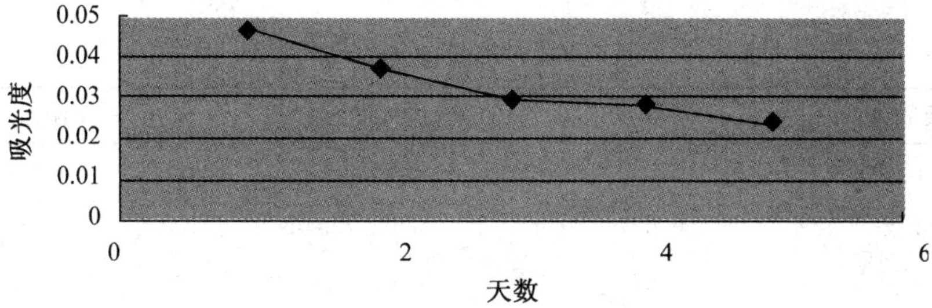

图 2　excreta1 的吸光度曲线

(2)bay2

用上述方法可得出菌株 bay2 分泌的蛋白酶的活力(见表 2)。由表 2 可看出,菌株 bay2 分泌的蛋白酶的活力在第 3 d 时达到巅峰,第 5 d 时消失。

根据表 2,可作出 bay2 的吸光度曲线,如图 3 所示。

表 2　bay2 的相关数据

天数	吸光度	对应浓度/(g/mL)	酶活/U
1	0.06	0.049416342	—
2	0.054	0.044747082	0.004669261
3	0.032	0.027626459	0.017120623
4	0.022	0.019844358	0.007782101
5	0.022	0.019844358	0

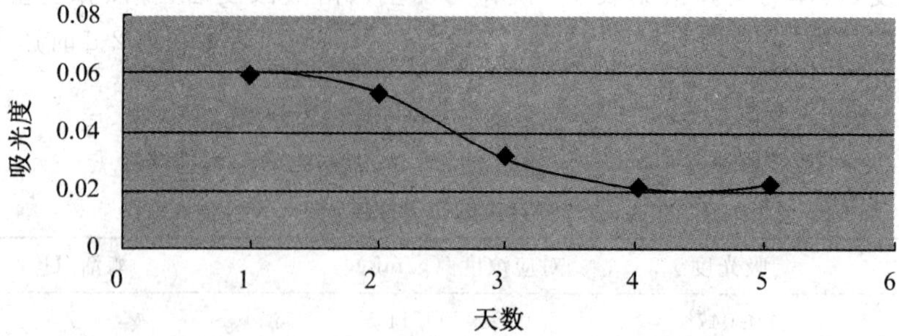

图 3　bay2 的吸光度曲线

(3)beach3

用上述方法可得出菌株 beach3 分泌的蛋白酶的活力(见表 3)。由表 3 可看出,菌株 baech3 分泌的蛋白酶的活力在第 2 d 时达到巅峰,以后随时间递减。

根据表 3,可作出 beach3 的吸光度曲线,如图 4 所示。

表 3　　beach3 的相关数据

天数	吸光度	对应浓度/(g/mL)	酶活/U
1	0.053	0.043968872	—
2	0.027	0.023735409	0.020233463
3	0.016	0.015175097	0.008560311
4	0.011	0.011284047	0.003891051
5	0.013	0.012840467	无效值

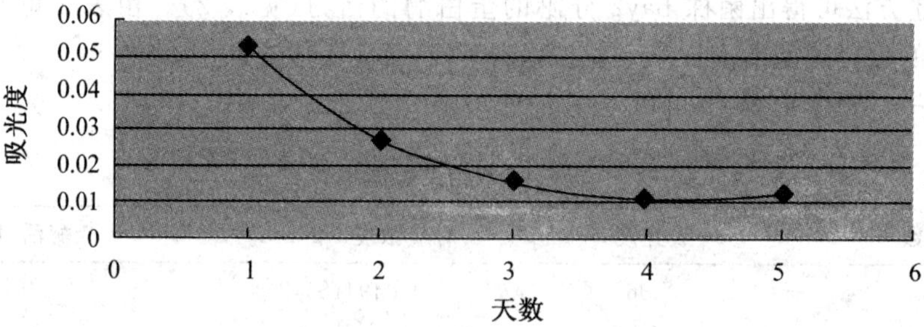

图 4　beach3 的吸光度曲线

(二)系统进化树

1. 系统进化树

获得三种菌株的酶活力实验数据后,我们迫切地需要了解这三株菌株的生物分类学定位，以便为日后的应用提供便利。为了达到鉴定的目的，我们首先复苏菌株并大量扩增这三株菌株，随后提取 excreta1、bay2、beach3 菌株的遗传物质，并对其进行 PCR 扩增，运用 DNA 测序技术，送检得到基因序列，通过生物信息学技术的应用，画出其生物进化树（见图 5），并确定其所属门、目、科、属、种。

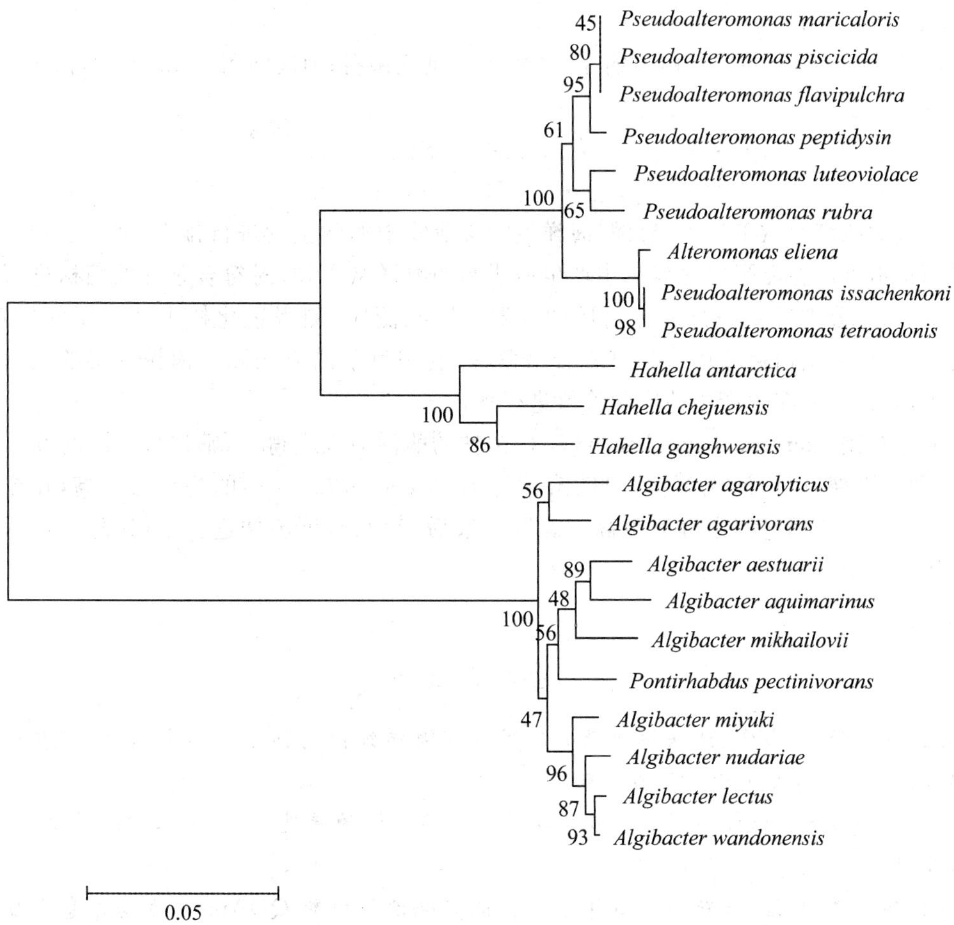

图 5 菌株的系统进化树

2. 鉴定结果

excreta1 的鉴定结果如下：

Bacteria; Bacteroidetes; Flavobacteria; Flavobacteriales; Flavobacteriaceae; *Algibacter*; *Algibacter pectinivorans*.

细菌界；拟杆菌门；黄杆菌纲；黄杆菌目；黄杆菌科；*Algibacter*；*Algibacter pectinivorans*.

bay2 的鉴定结果如下：

Bacteria; Proteobacteria; Gammaproteobacteria; Alteromonadales; Pseudoalteromonadaceae; *Pseudoalteromonas*; *Pseudoalteromonas spongiae*.

细菌界;变形菌门;球蛋白菌纲;交替单胞菌目;假交替单胞菌科;假交替单胞菌属;*Pseudoalteromonas spongiae*.

beach3 的鉴定结果如下:

Bacteria; Proteobacteria; Gammaproteobacterla; Oceanospinllalesp; Hahellaceae; *Hahella*; *Hahella chejuensis*.

细菌界;变形菌门;球蛋白菌纲;海洋裸菌目;河氏菌科;河氏菌属;*Hahella chejuensis*.

三、结　论

通过对威海海域里海沙、海泥、海洋生物排泄物中的微生物进行排查,利用选择性培养基筛选出可以在酪蛋白培养基中产生透明圈的海洋微生物,对符合条件的菌株进行纯化和扩培,再分别对其进行遗传物质的提取、扩增、测序,测得进化树中其所属的位置。与此同时,用酪蛋白液体培养基培养合格菌株,利用科学的方法测定菌株分泌的蛋白酶的活力,对其今后在生产中的应用价值进行评估。

通过对比 excreta1、bay2、beach3 三株菌株的酶活力大小得出,筛选自海沙的 beach3 菌株(即海洋裸菌目、河氏菌科、河氏菌属的 *Hahella chejuensis*)的酶活力更高,在今后的蛋白酶生产应用过程中价值更高。课题结束后,我们对该菌株进行了保藏,以待后续深入研究使用。

参考文献

[1]黄志强、林白雪、谢联辉:《产碱性蛋白酶海洋细菌的筛选与鉴定》,《福建农林大学学报》(自然科学版)2007 年第 8 期。

[2]刘朝谊等:《低温海洋微生物产碱性蛋白酶菌株的筛选》,《淮海工学院学报》2006 年第 6 期。

[3]郝建华、孙谧、王跃军:《海洋微生物低温碱性蛋白酶 QDApr 的生物信息学分析及同源模建》,《海洋环境科学》2005 年第 5 期。

[4]吴少杰等:《胶州湾海洋放线菌的分布及其抗微生物活性》,《中国海洋药物》2006 年第 5 期。

[5]王高学等:《一株抗多种水产病原菌放线菌的鉴定、发酵优化及其应用》,《上海水产大学学报》2008 年第 5 期。

[6]陈义光等:《具抗菌活性海洋放线菌菌株 JMC 06001 的分离和鉴定》,《微生物学通报》2008 年第 1 期。

[7]范延辉、胡江春、王书锦:《海洋细菌 B3B 产河豚毒素特性的鉴定及其发酵培养基优化》,《应用与环境生物学报》2007 年第 3 期。

[8]张琇等:《海洋细菌 S-12-86 的产溶菌酶条件》,《中国水产科学》2007 年第 3 期。

[9]王莹、吴根福:《东海海洋有抗菌活性细菌的筛选及系统发育分析》,《农机化研

究》2007 年第 5 期。

[10]许树钦:《产蛋白酶海洋细菌的筛选及其酶学性质研究》,厦门大学硕士学位论文,2013 年。

(指导教师:杜宗军)

小麦抗旱剂成分、效果与配比探究

郝丽丽[❶]

小麦是仅次于玉米和大米的世界第三大粮食作物。世界上约有70%的小麦播种面积分布在干旱、半干旱农业区，其在生长期和成熟期经常受到干旱的影响。由于缺少水分所造成的小麦的减产，可能要超过其他因素所导致的产量损失。Hsico等(1987年)指出，叶的扩展生长对缺水最为敏感，轻微的胁迫就会使其受到明显限制。

壳聚糖(chitosan)是从水产加工工业产生的废弃物——虾蟹壳中提取甲壳素并经过脱乙酰化而制成的。现已发现，甲壳素及其衍生物可以作为植物生长调节剂，在增加农作物产量、提高植物对病原微生物抗性、促进小麦种子萌发及提高其保护酶活性等多方面发挥着重要作用。L-抗坏血酸(Ascorbic Acid)是一种低分子的抗氧化剂，其作为外源生长调节剂可以促进小麦生长和成穗，有效防止其叶绿素受 SO_2 的破坏，提高小麦抗病性，延缓衰老。细胞分裂素(6-BA)作为一种植物激素，可以促进植物细胞分裂和伸长，喷施叶片可以提高其抗氧化酶的活性。目前，细胞分裂素在农业上的应用越来越广泛，相关生长调节剂经常被用来延长蔬菜储藏时间。

目前对以上三种物质在抗旱性方面的研究还不完善，并且主要着重于增强抗氧化酶活性方面。本文以这三种物质作为抗旱剂的主要成分，通过单因素实验分别探究不同浓度下三种物质对小麦幼苗生长以及幼苗体内丙二醛、脯氨酸和叶绿素含量的影响。在丰富上述物质抗旱效果研究的同时，经过比较，分别产生最优浓度，从而初步得出新型抗旱剂的适宜配比。

一、材料与方法

(一)材料

1. 供试小麦

供试小麦品种为“烟农十九”，其纯度为99%，净度为98%，发芽率不低于85%，水分

---

❶海洋学院2011级生物科学类专业。

为 13%，采购于江苏省洪泽湖农场种子公司。

2. 培养土壤

培养土壤采用园林土与细沙的混合土壤。园林土取自山东大学（威海）校园，细沙来自威海国际海水浴场。两种土壤分别经过消毒、晒干和过滤后，按照园林土与细沙体积比为 3∶1 混合制成 pH 为 7.0±0.2 的土壤。

3. 仪器与试剂

试剂：TBA、三氯乙酸、乙醇、甲苯、磺基水杨酸、茚三酮、L-抗坏血酸，均为分析纯；仪器：UV-754 型分光光度仪，由上海跃进医疗机械厂生产。

（二）实验设计

1. 种子处理与种植

从 4 ℃低温冷藏的小麦种子中挑选粒大饱满、生长程度相似的种子 1920 粒，室温浸种 1 d 后，随机平均分成 48 组，每组 40 粒，分别种在装有 700 g 供试土壤的 48 个相同的花盆中，并保持种子入土深度一致。将 48 盆小麦先放在光合培养箱中 25 ℃培养 3 d 至发芽，之后一字排开置于阳光下培养。

2. 分组

实验共分为 3 大组，分别喷洒壳聚糖溶液、L-抗坏血酸溶液和细胞分裂素溶液。每大组分为 4 小组，每小组设平行 4 盆，喷洒不同浓度的相应物质溶液。壳聚糖溶液浓度设定为 0%、0.2%、0.4%、0.6%，L-抗坏血酸溶液浓度设定为 0 mg/L、10 mg/L、40 mg/L、80 mg/L，细胞分裂素溶液浓度设定为 0 mg/L、1 mg/L、5 mg/L、10 mg/L。实验采用 3 个大组分别先后培养测定，以合理利用资源和时间。

3. 培养与干旱处理

分别在小麦种后第 20～25 d 对各小组喷洒不同浓度的壳聚糖溶液、L-抗坏血酸溶液、细胞分裂素溶液和蒸馏水。每盆喷洒 20 mL，连续喷洒 5 d，喷施至叶面布满水珠而不滴水为宜。喷洒时，盆与盆之间要进行遮蔽，以防止喷液溅到其他组，影响实验。4 组种子每天平均光照 12 h，培养期间每隔 3 d 将 4 组种子相互调换位置，以保证均匀受光。第 26～30 d 停止对小麦进行喷洒处理，于正常光照下缺水培养 5 d（恒温箱烘干法测定第 26 d土壤含水量为 46%左右，已达中度干旱胁迫标准），并从第 31 d 开始测定叶绿素、脯氨酸和丙二醛含量，每天测 1 次，共测定 4 次。

（三）测试方法

叶绿素、脯氨酸和丙二醛含量测定：每次测定 3 种指标时，均取小麦叶片为 0.2 g，称量前将叶片洗净并晾干。具体测定方法均参照文献[11]中介绍的方法。

（四）数据处理

用 SPSS 17.0 软件进行数据分析，用 Excel 2003 记录数据和绘制图表。

二、结果与分析

(一)壳聚糖、L-抗坏血酸和细胞分裂素对小麦幼苗丙二醛(MDA)含量的影响

丙二醛(MDA)是植物器官在衰老或逆境伤害下,其膜脂质发生过氧化反应而产生的。因此,其含量与植物抗旱性有密切的关系。壳聚糖、L-抗坏血酸和细胞分裂素对小麦幼苗丙二醛(MDA)含量的影响分别如图1至图3所示。

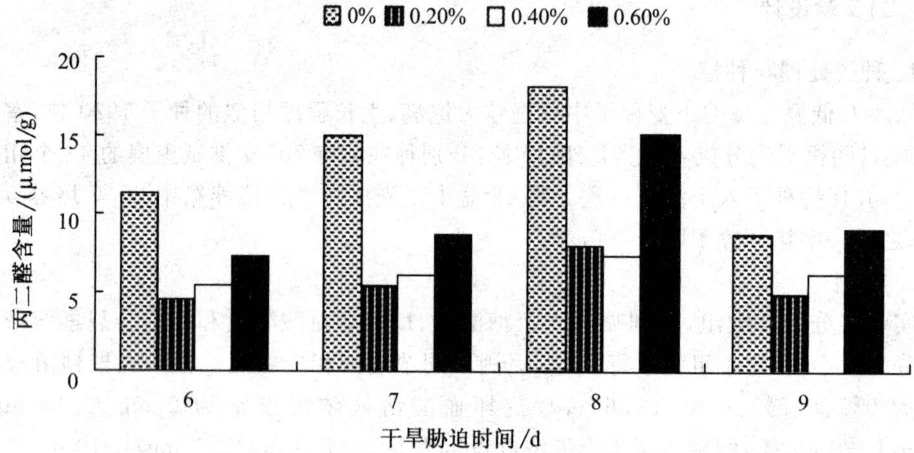

图1 干旱条件下壳聚糖对小麦幼苗丙二醛含量的影响

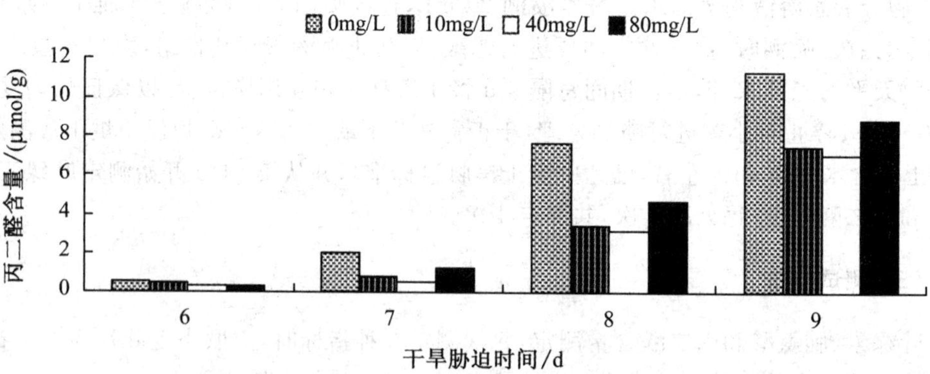

图2 干旱胁迫下L-抗坏血酸对小麦幼苗丙二醛含量的影响

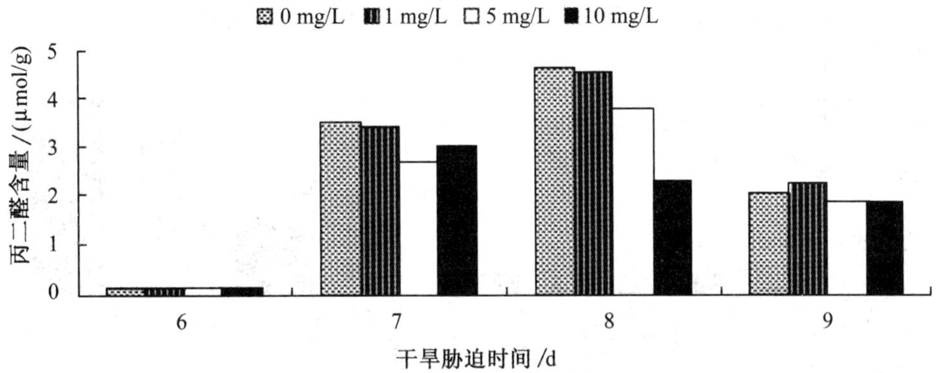

图 3　干旱胁迫下细胞分裂素对小麦幼苗丙二醛含量的影响

由图 1 至图 3 可以看出,干旱胁迫时间对叶片内 MDA 含量的影响显著。随着干旱胁迫天数的增加,壳聚糖与细胞分裂素组小麦幼苗 MDA 含量呈现先上升后下降的趋势,而 L-抗坏血酸组呈现逐渐上升的趋势。可以看出,干旱胁迫总体上会引起 MDA 物质的积累。而壳聚糖和细胞分裂素组叶片内 MDA 含量在最后一天都有降幅,可能与自身防御机制启动有关,具体机理有待进一步研究分析。

从喷洒不同浓度三种物质溶液的效果来看,三种物质都能降低叶片内 MDA 含量,且不同浓度处理呈现显著差异。综合 4 d 的测定结果,发现分别喷洒浓度为 0.20%的壳聚糖溶液、浓度为 40 mg/L 的 L-抗坏血酸溶液以及浓度为 5 mg/L 的细胞分裂素溶液效果最好,MDA 含量比蒸馏水组分别降低 44%、37.5%和 8.4%以上,即三种物质中壳聚糖对减少 MDA 含量效果最好。

(二)壳聚糖、L-抗坏血酸和细胞分裂素对小麦幼苗游离脯氨酸含量的影响

游离脯氨酸在植物体内的含量可以在一定程度上反映植物体内的水分情况,因而可以作为植物缺水情况的参考性生理指标。壳聚糖、L-抗坏血酸和细胞分裂素对小麦幼苗游离脯氨酸含量的影响分别如图 4 至图 6 所示。

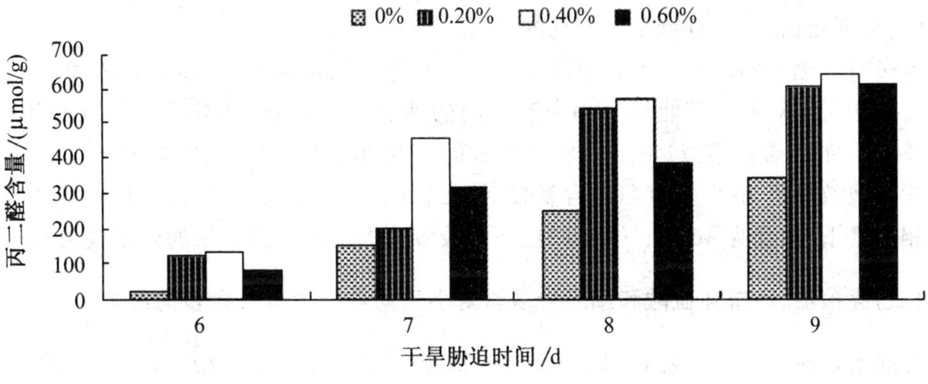

图 4　干旱条件下壳聚糖对小麦幼苗脯氨酸含量的影响

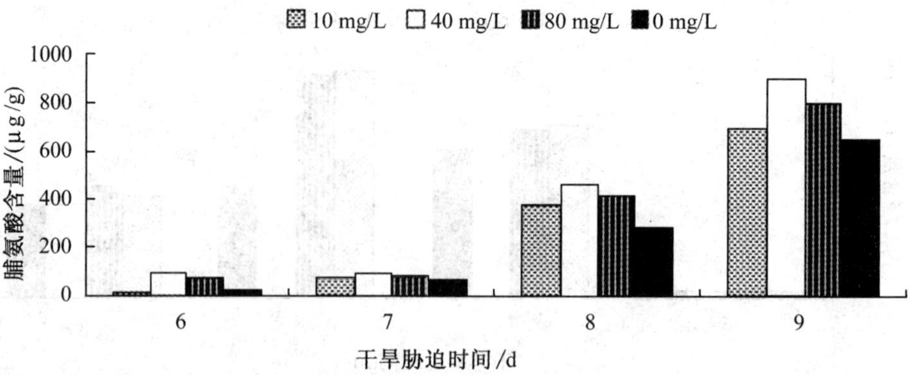

图 5　干旱胁迫下 L-抗坏血酸对小麦幼苗脯氨酸含量的影响

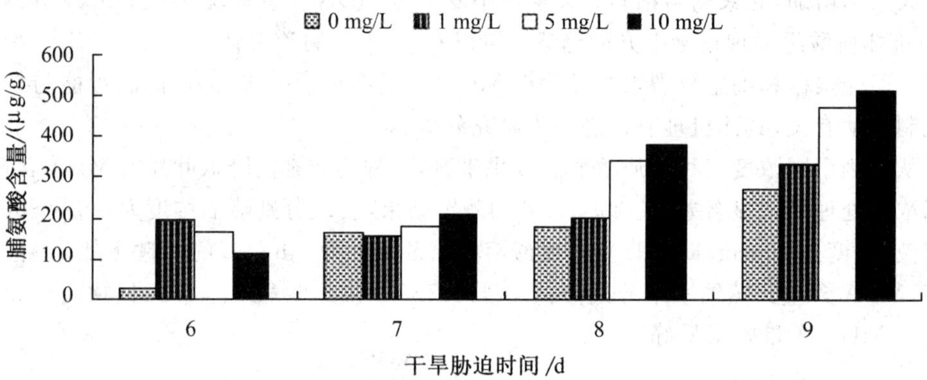

图 6　干旱胁迫下细胞分裂素对小麦幼苗脯氨酸含量的影响

由图 4 至图 6 可以看出,随着干旱胁迫时间的延长,植物体内脯氨酸含量的变化差异十分显著,且呈不断上升趋势。这说明,干旱胁迫会引起小麦幼苗体内脯氨酸大量积累,从而保证蛋白保水,维持生命活动的进行。

通过对喷洒不同浓度三种物质溶液的小麦叶片的测定结果比较,一定浓度下的三种物质溶液相对于对照组都能提高小麦叶片内的脯氨酸含量,但差异比较显著。其中,浓度为 0.40%的壳聚糖溶液、浓度为 80 mg/L 的 L-抗坏血酸溶液、浓度为 10 mg/L 的细胞分裂素溶液效果最为理想,脯氨酸含量较对照组分别提高了 34.5%、96.1%和 29.7%以上。相比之下,浓度为 40 mg/L 的 L-抗坏血酸溶液提高脯氨酸含量的效果最为明显。

(三)壳聚糖、L-抗坏血酸和细胞分裂素对小麦幼苗叶绿素总含量的影响

叶绿素是捕获光能的色素,其含量与植物光合速率大小密切相关,而光合速率又可以反映植物耐旱性能。壳聚糖、L-抗坏血酸和细胞分裂素对小麦幼苗叶绿素总含量的影响分别如图 7 至图 9 所示。

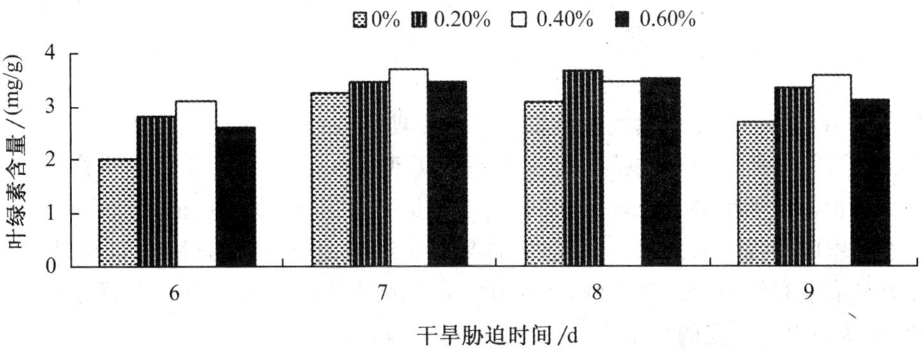

图 7 干旱条件下壳聚糖对小麦幼苗叶绿素总含量的影响

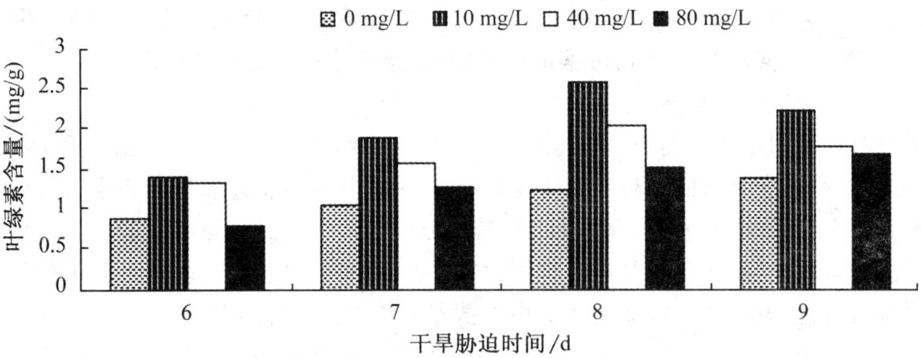

图 8 干旱胁迫下 L-抗坏血酸对小麦幼苗叶绿素总含量的影响

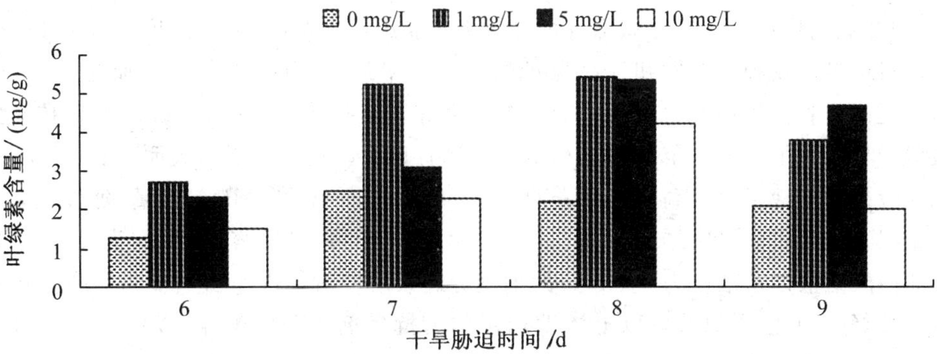

图 9 干旱胁迫下细胞分裂素对小麦幼苗叶绿素总含量的影响

由图 7 至图 9 可以看出，小麦叶片中的叶绿素总含量随时间的延长都呈现先上升后下降的趋势。这可能与逆境下叶绿素合成和降解速率有关。

三种物质都能提高叶片内的叶绿素总含量，且不同浓度处理呈现显著差异($P<0.05$)。其中，浓度为 0.40%的壳聚糖溶液、浓度为 10 mg/L 的 L-抗坏血酸溶液以及浓度为5 mg/L 的细胞分裂素溶液效果最为理想，叶绿素总含量较对照组分别提高了 11.1%、58.6%和 82.5%以上，即三种物质中浓度为 5 mg/L 的细胞分裂素溶液提高叶绿素含量的效果最好。

三、结　论

光合作用是植物维持正常代谢活动必需的生理过程，其速率与植物内的叶绿素含量密切相关，因此，干旱胁迫下维持一定水平或接近正常水平的叶绿素含量是衡量植物抗旱性的重要指标。干旱缺水条件下，脯氨酸的含量明显增多，以尽可能多地吸附水分子，维持植物细胞的正常生命活动。研究表明，与对照组相比，喷洒适宜浓度的壳聚糖溶液、L-抗坏血酸溶液和细胞分裂素溶液，都能在一定程度上提高小麦叶片的叶绿素含量和脯氨酸含量，从而提高小麦的抗旱性。

干旱作为一种逆境因子，随着胁迫时间的增加，会打破植物体内活性氧和自由基含量的动态平衡，使 SOD、CAT 等清除活性氧的保护酶活性明显降低，膜脂过氧化产物 MDA 积累过多，导致膜的完整性遭到破坏。实验结果证明，喷洒适宜浓度的壳聚糖溶液、细胞分裂素溶液和 L-抗坏血酸溶液，能够显著降低小麦幼苗内 MDA 含量，从而减少过氧化物对细胞造成的损害。

通过对三种物质的指标进行测定并分别与对照组比较得出，三种物质中，浓度为 0.4%的壳聚糖溶液对降低 MDA 含量效果最好，说明其在防止过氧化物积累造成植物损伤方面有较大作用；浓度为 40 mg/L 的 L-抗坏血酸溶液在提高脯氨酸含量方面效果更加明显，说明其在植物保水方面有重要作用；浓度为 5 mg/L 的细胞分裂素溶液在提高叶绿素含量方面更优，说明其在保证逆境下小麦营养物质合成代谢的正常进行方面有更好的效果。实验证明，三种物质对小麦抗旱效果的提高各有侧重，对其进行混合处理有利于小麦抗旱性的全面提高。

如今，壳聚糖、L-抗坏血酸和细胞分裂素在农业上的应用日趋广泛，不同的研究表明，它们在提高作物抗旱性方面都有很好效果。姜山等人提出，喷洒浓度为 0.4%的壳聚糖溶液对促进小麦种子萌发和提高保护酶活性效果最好，且其他作物实验也表明，此浓度可对提高作物抗旱性产生显著影响。李才生等人证明，浓度为 40 mg/L 的 L-抗坏血酸溶液对干旱胁迫下玉米幼苗的形态和生理指标有显著影响。吴娟娟表明，浓度为5 mg/L 的细胞分裂素溶液可以提高矮杆小麦的 SOD、POD 活性，降低 MDA 含量，延缓衰老。以上结论以及本次实验测定结果均得出，浓度为 0.4%的壳聚糖溶液、浓度为 40 mg/L 的 L-抗坏血酸溶液以及浓度为 5 mg/L 的细胞分裂素溶液对促进作物生长和提高作物抗旱性效果最好。因此，可以选取以上浓度初步作为抗旱剂成分的配比，以便进一步研究以上成分综合作用的效果，为抗旱剂研发奠定基础。但抗旱剂最优配比的确定还需要进行不同成分浓度的正交试验得出。

参考文献

[1]詹海仙等：《干旱胁迫对小麦生理指标的影响》，《山西农业科学》2011 年第 10 期。

[2]王自霞、周小梅、范玲娟：《几种环境胁迫对小麦生理生化特性的影响》，《山西大学学报》(自然科学版)2008 年第 1 期。

[3]蒋挺大:《壳聚糖》,化学工业出版社2007年版。

[4]宋宝珍等:《甲壳质衍生物及其应用》,科学出版社2010年版。

[5]Romanazzi G., Nigro F. and Ippolito A.,"Short hypobaric treatments potentiate the effect of chitosan in reducing storage decay of sweet cherries", *Postharvest Biology and Technology*, 2003,29(1):pp.73-80.

[6]Innocenti A. M. et al.,"The size of quiescent centre in roots of Allium cepa L. grown with ascorbic acid", *New Phytologist*, 1990,114(3):pp.507-509.

[7]周春菊、王林权:《有机酸和维生素对小麦某些生理生化特性的影响》,《西北植物学报》1999年第4期。

[8]李珍珍、韩阳:《抗坏血酸对小麦种子老化及幼苗脂质过氧化的影响》,《辽宁大学学报》(自然科学版)2000年第2期。

[9]高金山等:《细胞分裂素CPPU的研究进展》,《农药》2006年第3期。

[10]徐莉莉等:《细胞分裂素类物质对镉胁迫下玉米幼苗生长和抗氧化酶活性及脯氨酸含量的影响》,《环境科学学报》2010年第11期。

[11]李合生:《植物生理生化实验原理和技术》,高等教育出版社2000年版。

[12]刘婷、赵永富:《低聚壳聚糖对小麦幼苗抗干旱胁迫的影响》,《江苏农业科学》2009年第1期。

[13]叶燕萍等:《壳低聚糖处理对苗期甘蔗抗旱性的影响》,《干旱地区农业研究》2010年第2期。

[14]卢琼琼:《气候变化背景下大豆幼苗对土壤干旱和高温的生理生态响应》,东华大学硕士学位论文,2012年。

[15]Dzung N. A., Khanh V. T. P. and Dzung T. T.,"Research on impact of chitosan oligomers on biophysical characteristics, growth, development and drought resistance of coffee", *Carbohydrate Polymers*, 2011, 84(2): pp.751-755.

[16]杨峰等:《干旱胁迫下壳聚糖对苹果幼苗抗旱性生理指标的影响》,《南京林业大学学报》(自然科学版)2009年第6期。

[17]王宝山:《生物自由基与植物膜伤害》,《植物生理学通讯》1988年第2期。

[18]朱启忠、姜山、张真豪:《干旱胁迫下壳聚糖对小麦幼苗保护酶活性的影响》,《干旱区资源与环境》2012年第5期。

[19]李才生、巫薇薇、胡寿祥:《干旱胁迫下维生素C对玉米幼苗生长的影响》,《安徽农业科学》2009年第20期。

[20]吴娟娟:《细胞分裂素对小麦幼苗生长相关酶活性的影响》,《湖北农业科学》2012年第24期。

(指导教师:朱启忠)

新型抗旱剂对小麦幼苗生长及抗旱效果影响的研究

郝丽丽[1]

干旱是限制作物正常生长的重要自然灾害，可以引起植物膜结构破坏、光合速率和核酸代谢降低等一系列损害，其所造成的后果要高于其他逆境环境的综合。小麦对水分比较敏感，尤其是抽穗后，若遭到干旱，会使小麦产量降低。

化学抗旱因为用量少、效率高、成本低，并且操作简单、无污染而成为提高作物抗旱能力的主要方法。而利用生长调节剂来控制作物的生长发育与生理生化过程是目前采用的较为有效的抗旱增产途径。

壳聚糖(chitosan)是从水产加工工业产生的废弃物——虾蟹壳中提取甲壳素并经过脱乙酰化而制成的，由于其可降解、无毒无害、性能优良而被广泛研究和应用。喷洒壳聚糖溶液可使植物表面形成保护膜，进而提高植物抵抗逆境的能力。如今，壳聚糖对于不同植物的抗旱效果已经得到证实。因此，本实验以壳聚糖为主要成分，辅以L-抗坏血酸、细胞分裂素和水杨酸等植物生长调节剂，按照一定配比制成新型抗旱剂，并以一定量喷洒在小麦幼苗叶片上，探究其对小麦幼苗生长及抗旱性的影响。此研究可为该种无毒环保、低成本高效的新型抗旱剂的进一步研发奠定基础。

一、材料与方法

(一)材料

1. 供试小麦

供试小麦品种为"烟农十九"，其纯度为99%，净度为98%，发芽率不低于85%，水分为13%，采购于江苏省洪泽湖农场种子公司。

2. 培养土壤

培养土壤采用园林土与细沙的混合土壤。园林土取自山东大学(威海)校园，细沙来自威海国际海水浴场。两种土壤分别经过消毒、晒干和过滤后，按照园林土与细沙体积

[1]海洋学院2011级生物科学类专业。

比为 3∶1 混合制成 pH 为 7.0±0.2 的土壤。

3. 仪器与试剂

试剂：水杨酸、乙醇、甲苯、磺基水杨酸、茚三酮、L-抗坏血酸，均为分析纯；仪器：UV-754 型分光光度仪，由上海跃进医疗机械厂生产。

（二）抗旱剂配制

将 L-抗坏血酸、细胞分裂素和水杨酸分别配制成浓缩溶液，之后按表 1 中的配比加入到壳聚糖-稀醋酸溶液中，将 pH 调至 6 左右。

表 1　抗旱剂的配比

成分	浓度/(mg/L)	质量百分比/%
壳聚糖	4000.00	96.418
L-抗坏血酸	40.00	0.964
细胞分裂素	5.00	0.121
水杨酸	103.59	2.497
合计	4148.59	100.000

（三）实验设计

从 4 ℃低温冷藏的小麦种子中挑选粒大饱满、生长程度相似的种子 480 粒，室温浸种 1 d 后，随机平均分成 12 组，每组 40 粒，分别种在装有 700 g 供试土壤的 12 个相同的花盆中，并保持种子入土深度一致。将 12 盆小麦先放在光合培养箱中 25 ℃培养 3 d 至发芽，之后一字排开置于阳光下培养。实验共分 A、B 两组，每组 6 盆，分别在小麦种后第 20～25 d 喷洒抗旱剂和蒸馏水 20 mL，喷施至叶面布满水珠而不滴水为宜。喷洒时，盆与盆之间要进行遮蔽，以防止喷液溅到其他组，影响实验。两组种子每天平均光照 12 h，培养期间每隔 3 d 将两组种子相互调换位置，以保证均匀受光。第 26～30 d 停止对小麦进行喷洒处理，在正常光照下缺水培养，并从第 31 d 开始测定 SOD 活性，叶绿素、脯氨酸、蛋白质含量，每天测 1 次，共测定 4 次。

（四）测试方法

1. 小麦生长情况测定

在种子培养第 32 d 集中进行测定，分别从 A、B 两组小麦中随机选 10 株，并取地上部进行株高和质量测定，将 10 组数据的平均值分别作为 A、B 两组小麦的地上部株高和质量。

2. SOD 活性，叶绿素、脯氨酸、蛋白质含量测定

具体测定方法均参照文献[5]中介绍的方法。

(五)数据处理

用SPSS软件进行数据分析，用Excel记录数据和绘制图表。

二、结果与分析

(一)抗旱剂对小麦生长状况的影响

由表2中的结果可知，与对照组相比，小麦幼苗的株高、鲜重以及两者之比分别比对照组高约7.46%、9.96%、2.07%。株高和鲜重作为植物生长情况的直观反映，可以从整体上衡量植物的生长状况。鲜重/株高不仅可以在一定程度上反映植物的横向生长及质量分布情况，而且还可以体现植物体内的水分水平。通过抗旱剂喷洒处理，小麦幼苗的株高、鲜重和两者之比都优于对照组。这说明，抗旱剂可以在一定程度上维持干旱胁迫下小麦幼苗的正常生长。

表2　抗旱剂对小麦幼苗生长状况的影响

	株高/cm	鲜重/g	鲜重/株高 /($\times10^{-3}$ g/cm)
处理组	28.68±1.58	0.238±0.018	9.904±0.180
对照组	26.88±1.88	0.215±0.023	9.795±0.210

注：株高和鲜重均为小麦幼苗地上部的长度和质量。处理组喷洒抗旱剂，对照组喷洒同等量的蒸馏水。

(二)抗旱剂对小麦幼苗游离脯氨酸含量的影响

脯氨酸作为一种渗透性小分子物质，是水溶性最大的氨基酸。研究表明，脯氨酸可以调节细胞质的渗透势，增加蛋白质分子的水合度，维持光合活性，作为活性氧的清除剂等。当植物受逆境胁迫时，表现为脯氨酸的大量积累。ShaoHongbo等通过对几种小麦的根和幼苗中脯氨酸的质量分数变化的研究表明，脯氨酸在植物的抗旱中有着重要的作用。

抗旱剂对小麦幼苗游离脯氨酸含量的影响如图1所示。由图1可知，干旱胁迫下叶片内脯氨酸明显积累。处理组与对照组在4 d内的脯氨酸的增长趋势较为一致，均呈现先增后减的趋势。喷药后第7～8 d，小麦幼苗叶片中的脯氨酸含量增长最快，处理组增幅达到106.33%。与对照组相比，喷洒抗旱剂可以显著($P=0.003$)提高小麦幼苗叶片中的脯氨酸含量。除第8 d处理组数据低于对照组外，其他3 d脯氨酸含量分别提高了6.31%、24.22%和10.15%。这说明，抗旱剂可以通过促进叶片内脯氨酸的积累来维持小麦体内的水分平衡，降低植物体内的水势，保护亚细胞结构，从而缓解逆境对植物造成的伤害。

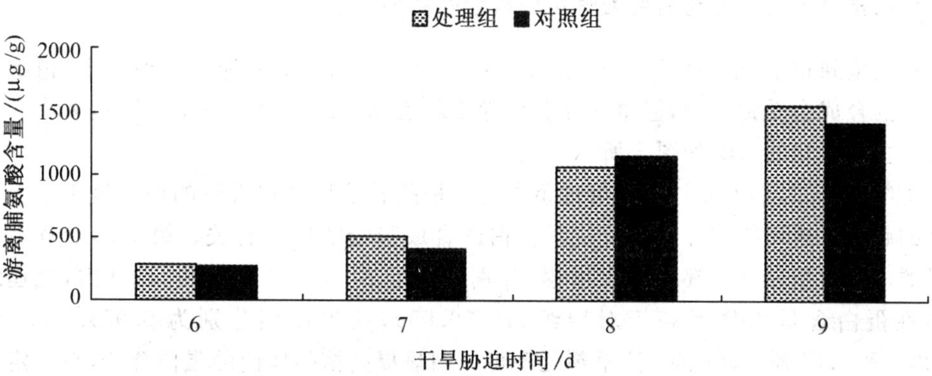

图1　抗旱剂对干旱胁迫下小麦幼苗游离脯氨酸含量的影响

(三)抗旱剂对小麦幼苗SOD活性的影响

SOD是活性氧清除反应过程中第一个发挥作用的抗氧化酶，在抗氧化酶类中居于核心地位。它能将超氧阴离子自由基歧化为过氧化氢(H_2O_2)和分子氧，对于保持植物体内的活性氧平衡，防止氧自由基破坏细胞的组成、结构和功能，具有十分重要的作用。干旱会导致植物体内活性氧的积累和失衡，从而造成细胞膜系统损坏。研究表明，SOD对植物抗旱起着关键的作用。

抗旱剂对干旱胁迫下小麦幼苗SOD活性的影响如图2所示。由图2可看出，随着干旱时间的延长，植物体内的SOD活性逐渐下降。其中，处理组和对照组在干旱第7 d SOD活性降低幅度达到最大，分别为66.26%和88.72%。这说明，抗旱剂可以缓解SOD活性的降低。除第7 d外，其他3 d处理组的SOD活性分别比对照组高89.8%、149.9%和75.9%，呈现显著性差异($P<0.001$)。由此可以看出，使用抗旱剂可以通过维持SOD的活性减轻活性氧积累对植物细胞的损害。

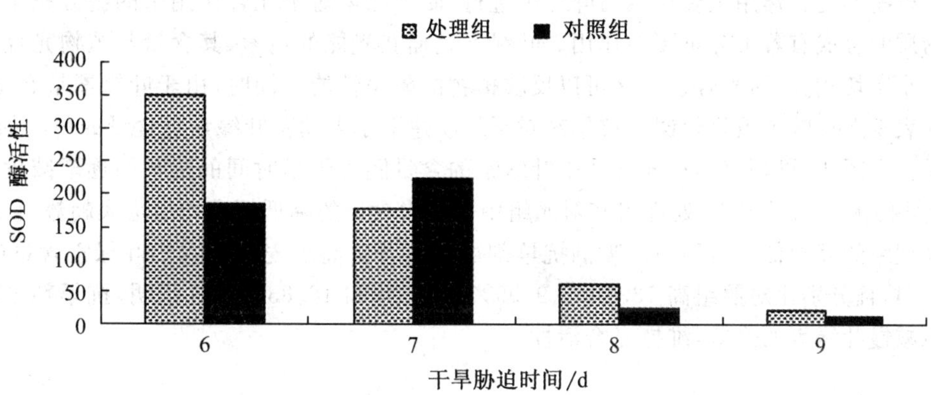

图2　抗旱剂对干旱胁迫下小麦幼苗SOD活性的影响

(四)抗旱剂对小麦幼苗可溶性蛋白含量的影响

在逆境胁迫下,植物可以通过增加可溶性蛋白合成来适应逆境。逆境下,植物正常蛋白质的合成会受到抑制,但也往往会诱导出新蛋白质。抗旱剂对干旱胁迫下小麦幼苗可溶性蛋白含量的影响如图3所示。

由图3可知,小麦叶片内可溶性蛋白的含量随着干旱胁迫天数的增加呈现先上升后下降的趋势。这可能与开始相关抗旱蛋白的合成和降解速度有关。第7 d,处理组和对照组的可溶性蛋白含量都有较大增幅,分别达到了81.5%和41.0%。4 d内,处理组的可溶性蛋白含量均显著高于对照组($P<0.05$),高出比例分别为0.95%、28.56%、24.23%和9.07%。这说明,抗旱剂处理可以明显提高植物体内的蛋白含量,在一定程度上保持小麦进行正常活动的营养供应。

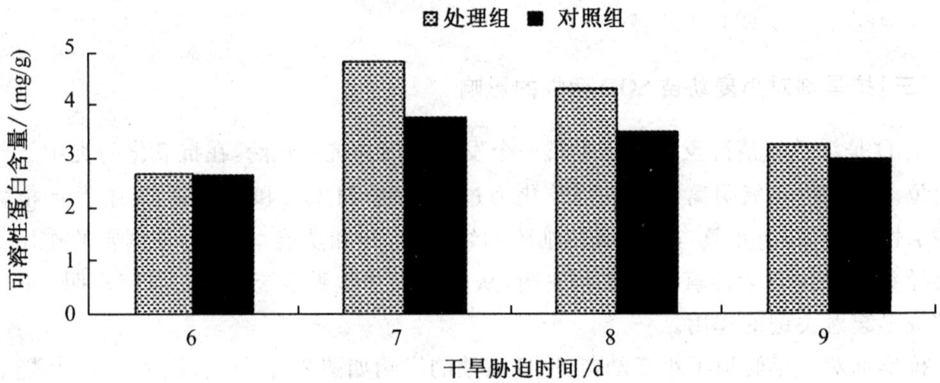

图3　抗旱剂对干旱胁迫下小麦幼苗可溶性蛋白含量的影响

(五)抗旱剂对小麦幼苗叶绿素总含量的影响

植物的光合作用主要在植物叶片中进行,而叶绿素对于光合作用中的糖分积累和有机物质的合成有着十分重要的作用。叶绿素是捕获光能的色素,其含量与植物光合速率的大小密切相关,而光合速率又可以反映植物的耐旱性能。同时,由于叶绿素带有绿色,也在表观上反映了植物代谢。抗旱剂对干旱胁迫下小麦幼苗叶绿素总含量的影响如图4所示。由图4可以看出,小麦叶片中叶绿素的含量随着干旱时间的延长而逐渐减少。连续4 d的测定结果表明,处理组和对照组中叶绿素含量的降低幅度均呈增大趋势,且后两天处理组的降幅低于对照组。喷洒抗旱剂可以显著提高小麦叶片内的叶绿素含量($P=0.006$),且分别比对照组高13.19%、9.99%、7.99%和18.33%。这说明,抗旱剂可以有效地减慢叶绿素的降解,维持光合活性。

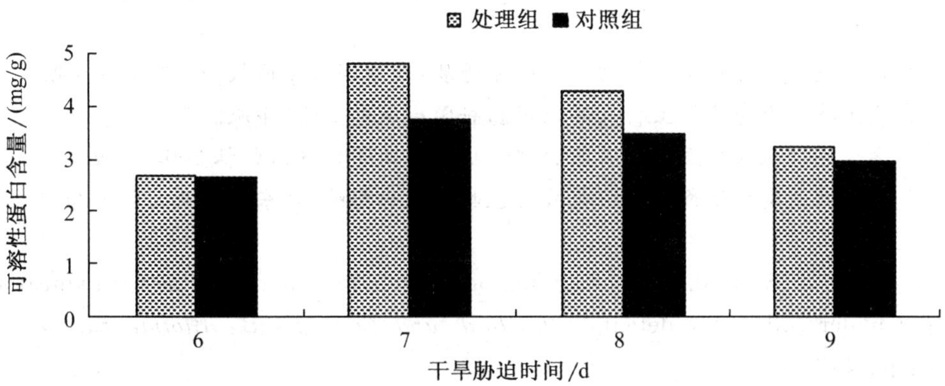

图4 抗旱剂对干旱胁迫下小麦幼苗叶绿素总含量的影响

(六)复水后小麦的生长情况

干旱胁迫开始后第10 d,发现两组小麦均出现倒伏,叶片萎缩、卷曲和失绿的现象。各组重新浇水100 mL后观察幼苗的恢复情况。24 h后,处理组的小麦叶片均恢复挺拔、伸展状态,而对照组中仍有3株处于萎蔫状态。观察叶片形态,发现两组小麦均有黄化的叶片,但对照组黄化叶片数(8片)多于处理组(4片)。

三、结 论

水分在植物的生命活动中占主导地位。干旱缺水作为一种逆境因子,会使大多数植物的各个生理过程受到不同程度的影响。干旱胁迫会使植物体内的可溶性蛋白和叶绿素含量下降,从而影响植物的营养代谢和光合过程。脯氨酸含量的上升可以作为作物抵抗干旱的一种自我保护措施。SOD活性的下降使植物体内的超氧阴离子积累,损害细胞组织结构,从而阻碍作物生长。

本抗旱剂利用生长调节剂调控植物内部代谢,增强小麦在水分胁迫下的适应能力,提高小麦耐旱性。实验结果表明,抗旱剂处理的小麦幼苗生长总体状况明显优于对照组,可以显著提高幼苗体内脯氨酸、可溶性蛋白和叶绿素含量,增强SOD活性,减少干旱对细胞组织的破坏。同时,可以使复水后的小麦较快恢复正常生长状态。

本实验仅对新型抗旱剂的效果进行了初步的检测,对于该配比的进一步优化及该抗旱剂对大田作物的影响还有待进一步研究。

参考文献

[1]张志杰:《新型抗旱剂对小麦种子萌发和幼苗生长影响的研究》,郑州大学硕士学位论文,2013年。

[2]梁杰、任长忠:《喷施抗旱剂对小麦抗旱增产的研究》,《吉林农业科学》2000 年第 2 期。

[3]张卫星等:《作物抗旱剂的应用研究进展》,《中国农学通报》2004 年第 6 期。

[4]宋宝珍:《甲壳质衍生物及其应用》,科学出版社 2010 年版。

[5]李合生:《植物生理生化实验原理和技术》,高等教育出版社 2000 年版。

[6]朱虹:《逆境胁迫条件下脯氨酸对植物生长的影响》,《东北林业大学学报》2009 年第 4 期。

[7]Hong B. S. et al.,"Investigation on the relationship of proline with wheat anti-drought under soil water deficits", *Colloids and Surfaces B: Biointerfaces*, 2006, 53(1): pp. 113-119.

[8]McCord J. M. and Fridovich I., "Superoxide dismutase an enzymic function for erythrocuprein (hemocuprein)", *Journal of Biological Chemistry*, 1969, 244(22): pp. 6049-6055.

[9]王宝山:《生物自由基与植物膜伤害》,《植物生理学通讯》1988 年第 2 期。

[10]Hu J. et al.,"Effect of water stress on membrane lipid peroxidation in maple", *Journal of Northwest Forestry College*, 1998, 14(2):pp. 7-11.

[11]李妮亚、曹翠玲:《干旱对小麦幼苗诱导蛋白表达与某些生理特性的初步探讨》,《西北植物学报》1997 年第 2 期。

[12]卢琼琼:《气候变化背景下大豆幼苗对土壤干旱和高温的生理生态响应》,东华大学硕士学位论文,2012 年。

[13]Dzung N. A., Khanh V. T. P. and Dzung T. T.,"Research on impact of chitosan oligomers on biophysical characteristics, growth, development and drought resistance of coffee", *Carbohydrate Polymers*, 2011, 84(2): pp. 751-755.

[14]詹海仙等:《干旱胁迫对小麦生理指标的影响》,《山西农业科学》2011 年第 10 期。

[15]王自霞、周小梅、范玲娟:《几种环境胁迫对小麦生理生化特性的影响》,《山西大学学报》(自然科学版)2008 年第 1 期。

(指导教师:朱启忠)

异辛酸银的合成研究

孙铁斌[1] 张岩[1] 赵悦[2]

异辛酸盐是环烷酸盐的升级换代产品，与有机试剂的互溶性强，选择合适的共溶剂或少量活性剂，能有效地分散于任何溶剂中，较之环烷酸盐有更广的应用领域。例如，可在涂料、汽油抗爆剂、催干剂、清净剂等诸多方面应用。

异辛酸银是制备金属薄膜的重要助剂之一，因有较好的分散性能及其纳米粒子的稳定性，还可被应用于纳米复合材料等领域。此外，异辛酸银含有异辛酸的特殊结构，可以将其应用于某些特殊有机体系，以引入银元素，特别是用于制备稳定的纳米银及均匀的球形亚微米银粉。虽然其应用范围较广，但国内外对其合成的研究极少，主要是通过硝酸银与异辛酸钠的反应制备，且并未对合成过程中出现的问题、合成的工艺优化进行讨论。异辛酸银的主要用途是向特殊有机体系中引入银元素，而以硝酸银为原料的合成工艺会在其中引入钠离子，从而造成其他金属离子对体系的影响。

本文为消除除银元素外其他金属元素的引入，提出了以碳酸银为原料的置换法，并对置换法的工艺进行研究。

一、材料与方法

（一）试剂及仪器

1. 试剂

异辛酸（天津市大茂化学试剂厂），乙醇（莱阳经济技术开发区精细化工厂），乙酸（烟台三和化学试剂有限公司），碳酸银（天津市赢达稀贵化学试剂厂），以上试剂均为分析纯。

2. 仪器

Vertex 70 红外（FT-IR）光谱仪（德国 Bruker 公司）、Diamond TG/DTG 热失重/差热分析仪（美国 PerkinElmer 公司）。

---

[1] 海洋学院 2011 级应用化学专业；[2] 海洋学院 2012 级应用化学专业。

(二)合成原理

置换法的工艺是以碳酸银、异辛酸和乙酸为原料，通过两步复分解反应来制备异辛酸银。

第一步：由乙酸和碳酸银反应生成乙酸银。该反应的化学方程式如下：

$$2CH_3COOH + Ag_2CO_3 \xlongequal{} 2CH_3COOAg + CO_2\uparrow + H_2O$$

第二步：乙酸银生成后，加入异辛酸，生成异辛酸银。该反应的化学方程式如下：

$$CH_3COOAg + RCOOH \xlongequal{} RCOOAg + CH_3COOH$$

式中，R为$CH_3(CH_2)_3CHC_2H_5$。

(三)合成步骤

1. 水作溶剂

在反应烧瓶中加入一定量的碳酸银固体和乙酸的水溶液，在加热条件下搅拌进行反应。待碳酸银与乙酸反应完毕后，加入一定量的异辛酸，升高反应温度，蒸出乙酸和水，结束反应。将所得产物用乙醇洗涤并抽滤，得白色固体。将产物真空干燥，称量并计算异辛酸银的收率。

2. 异辛酸作溶剂

在反应烧瓶中加入一定量的碳酸银固体和乙酸的异辛酸溶液，在加热条件下搅拌进行反应。待碳酸银与乙酸反应完毕后，升高反应温度，蒸出乙酸和水，待再无冷凝液生成时，结束反应。将所得产物用乙醇洗涤并抽滤，得白色固体。将产物真空干燥，称量并计算异辛酸银的收率。

二、结果与讨论

(一)产物的红外光谱(FT-IR)分析

产物的FT-IR谱图如图1所示。由图1可知，1550 cm^{-1}附近有较强吸收带，为COO—的反对称伸缩振动频率，为羧酸盐的特征吸收峰；1410 cm^{-1}附近有较强吸收带，为COO—的对称伸缩振动频率；732 cm^{-1}附近存在吸收峰，说明CH_2基团数目约为3个。由此可判断，产物为异辛酸银。

同时，3340 cm^{-1}附近存在吸收峰，与文献[5][12]中的情况相同。由于产物黏性较大，用乙醇洗涤后，微量乙醇会存在于产物中难以除去，故存在羟基吸收峰。

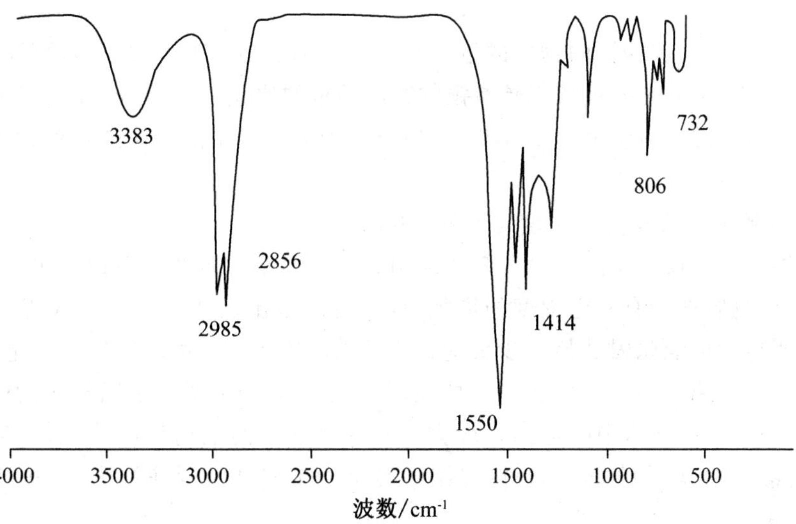

图1 产物的FT-IR谱图

(二)产物的热重分析

产物的质量保留率、质量损失率与温度的关系如图2所示。由图2可知,所得产物的热重分析结果与文献[5][12]中的分析结果相似,进一步证明产物为异辛酸银。

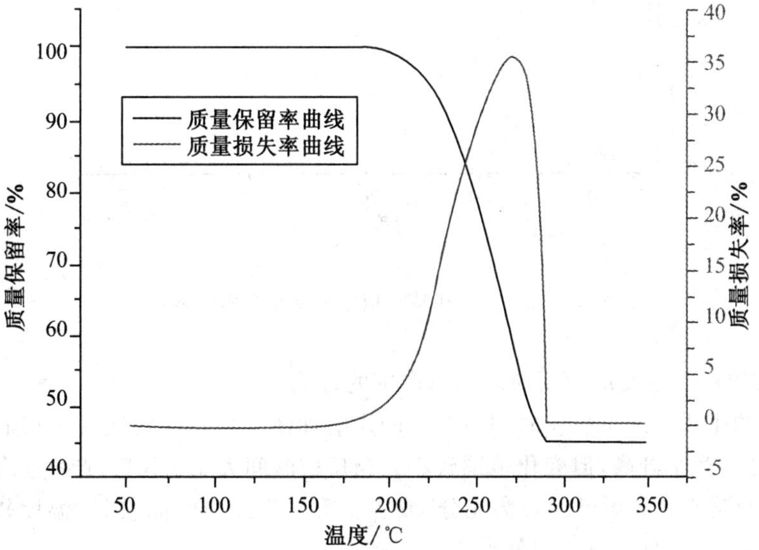

图2 质量保留率、质量损失率与温度的关系

(三)反应条件对产率的影响

实验条件如下:碳酸银的物质的量为 0.005 mol,乙酸银的生成反应中的反应温度为 70 ℃,反应时间为 1.5 h,乙酸与碳酸银的物质的量的比 $n_{CH_3COOH}:n_{Ag_2CO_3}=2:1$;异辛酸银的生成反应中的反应温度为 150 ℃,反应时间为 2 h,异辛酸与碳酸银的物质的量的比 $n_{异辛酸}:n_{Ag_2CO_3}=30:1$。

1. 乙酸银的生成反应中温度对产率的影响

乙酸银的生成反应中温度对产率的影响如图 3 所示。由图 3 可以看出,随着反应温度的升高,产物收率会有一定程度的增加,但是变化范围较小。当温度大于 70 ℃后,产率变化不明显。可能原因是第二步反应的温度高于该反应,对该反应有一定影响,所以温度对产率的影响并不十分显著。同时,以水作溶剂的产率要高于以异辛酸作溶剂的产率,可能是由于乙酸在水中的电离程度大于在异辛酸中的电离程度,所以该反应在水中的反应程度更大。综合考虑,选择以水作溶剂,乙酸银的生成反应温度为 70 ℃为宜。

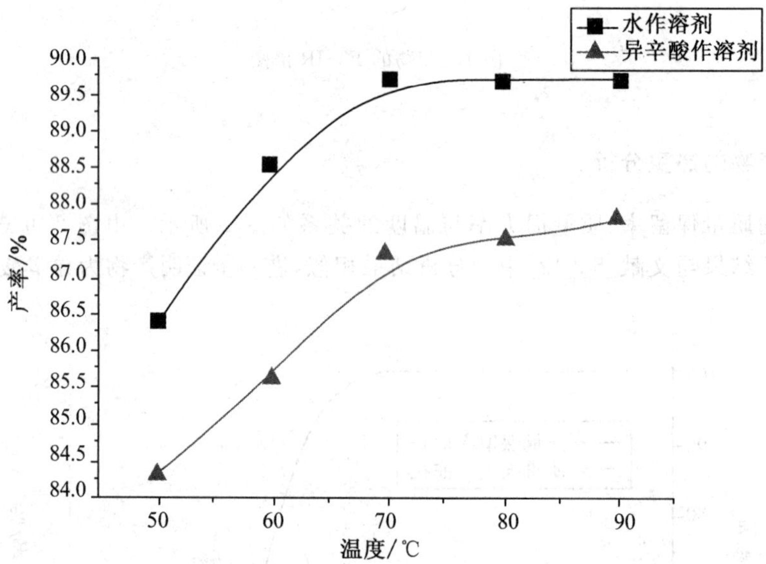

图 3　乙酸银的生成反应中温度对产率的影响

2. 乙酸银的生成反应中反应时间对产率的影响

乙酸银的生成反应中反应时间对产率的影响如图 4 所示。由图 4 可以看出,随着反应时间的增加,产率升高,但变化范围较小。当反应时间大于 1 h 后,产率变化不再明显。原因可能是反应在 1 h 后已经较为充分,或者受第二步反应时间较长、温度较高的影响。考虑到产率并节省时间,反应时间取 1 h 为宜。

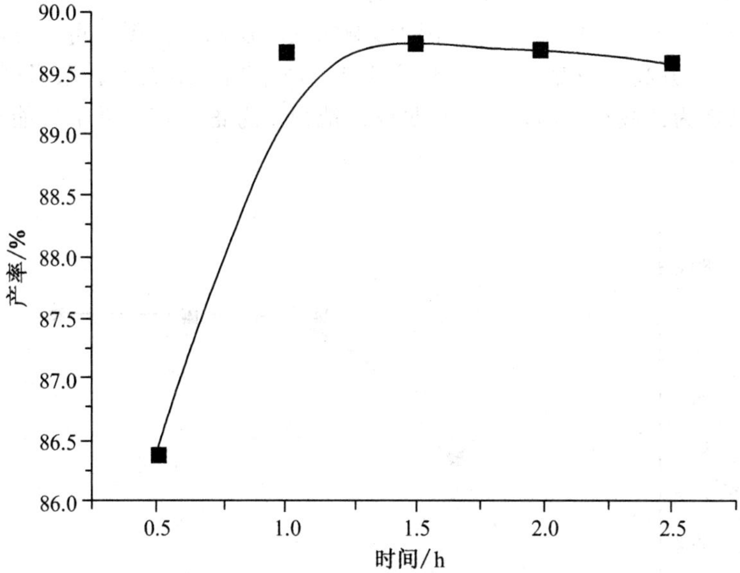

图 4 乙酸银的生成反应中反应时间对产率的影响

3. 乙酸银的生成反应中乙酸与碳酸银的物质的量的比 $n_{CH_3COOH}:n_{Ag_2CO_3}$ 对产率的影响

乙酸与碳酸银的物质的量的比 $n_{CH_3COOH}:n_{Ag_2CO_3}$ 对产率的影响如图 5 所示。由图 5 可以看出，当乙酸与碳酸银的物质的量的比 $n_{CH3COOH}:n_{Ag_2CO_3}>3:1$ 时，产率即可达到最大值。原因可能是此反应的转化率较高，大于化学计量比即可使反应充分。考虑到产率及原料的充分利用，乙酸与碳酸银的物质的量的比 $n_{CH_3COOH}:n_{Ag_2CO_3}$ 取 3∶1 为宜。

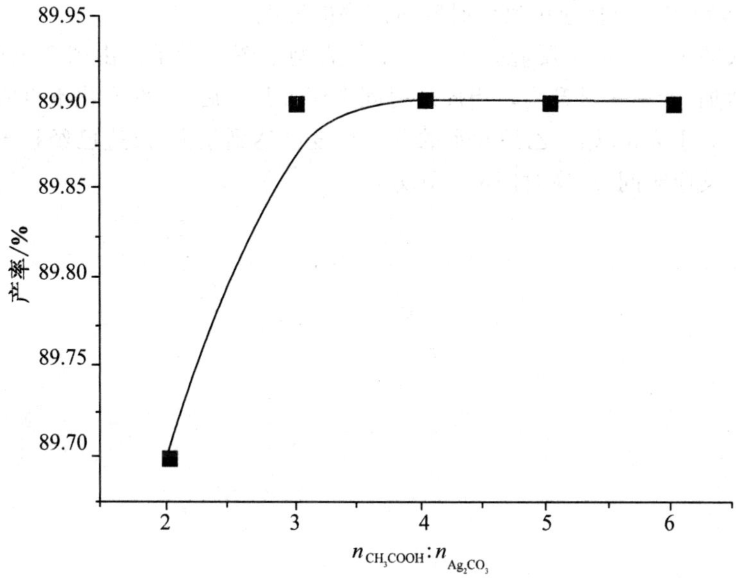

图 5 乙酸与碳酸银的物质的量的比 $n_{CH_3COOH}:n_{Ag_2CO_3}$ 对产率的影响

4. 异辛酸银的生成反应中温度对产率的影响

异辛酸银的生成反应中温度对产率的影响如图 6 所示。由图 6 可以看出,随着反应温度的升高,产率升高。当温度大于 140 ℃以后,产率趋于最大值。原因可能是 140 ℃的反应温度已能为乙酸和水的蒸出提供足够的能量。考虑到产率并节省能耗,反应温度取 140 ℃为宜。

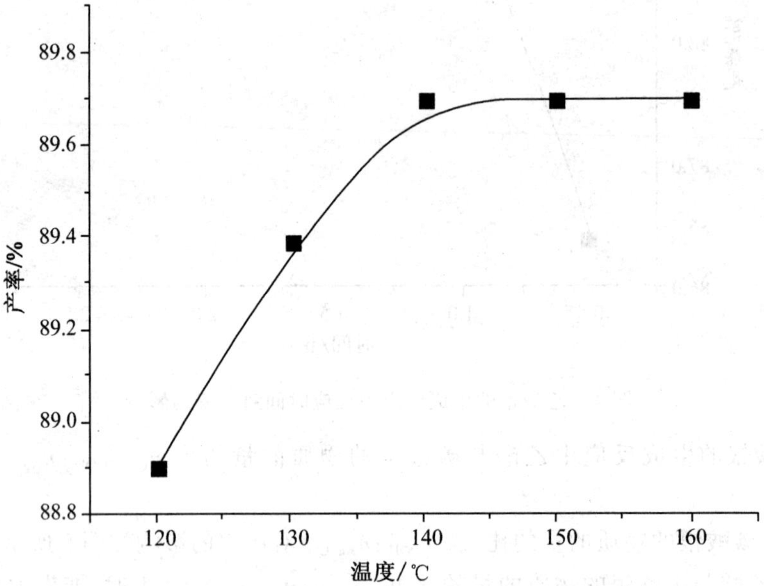

图 6　异辛酸银的生成反应中温度对产率的影响

5. 异辛酸银的生成反应中反应时间对产率的影响

异辛酸银的生成反应中反应时间对产率的影响如图 7 所示。由图 7 可以看出,随着反应时间的增加,产率明显升高。当反应时间大于 2 h 以后,产率变化不再明显。原因可能是反应时间大于 2 h 以后,乙酸和水的蒸出程度已达到最大,反应已经趋于完全。考虑到产率并节省反应时间,反应时间取 2 h 为宜。

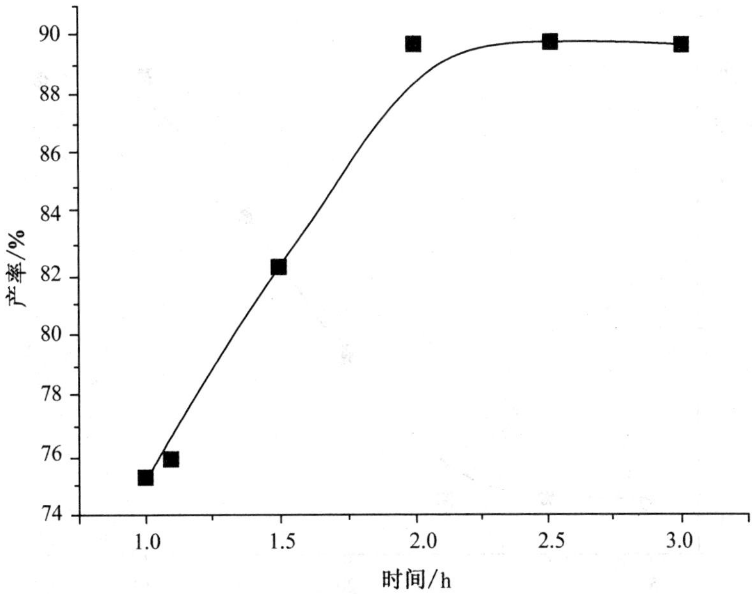

图 7　异辛酸银的生成反应中反应时间对产率的影响

6. 异辛酸与碳酸银的物质的量的比 $n_{异辛酸}:n_{Ag_2CO_3}$ 对产率的影响

异辛酸与碳酸银的物质的量的比 $n_{异辛酸}:n_{Ag_2CO_3}$ 对产率的影响如图 8 所示。由图 8 可以看出，随着异辛酸与碳酸银的物质的量的比 $n_{异辛酸}:n_{Ag_2CO_3}$ 的增加，产率增大。当异辛酸与碳酸银的物质的量的比 $n_{异辛酸}:n_{Ag_2CO_3}<15$ 时，$n_{异辛酸}:n_{Ag_2CO_3}$ 的变化对产率基本无影响；当异辛酸与碳酸银的物质的量的比 $n_{异辛酸}:n_{Ag_2CO_3}>30$ 时，产率变化不再明显。可能原因是在异辛酸银的生成反应中，大量的水蒸出以后，异辛酸起到了溶剂及分散剂的作用，若异辛酸较少，体系无法充分分散，反应不完全，从而使得产率很低；当异辛酸较多时，体系可充分分散，使得反应较完全，产率较高。考虑到产率并节省原料，异辛酸与碳酸银的物质的量的比 $n_{异辛酸}:n_{Ag_2CO_3}$ 取 30：1 为宜。

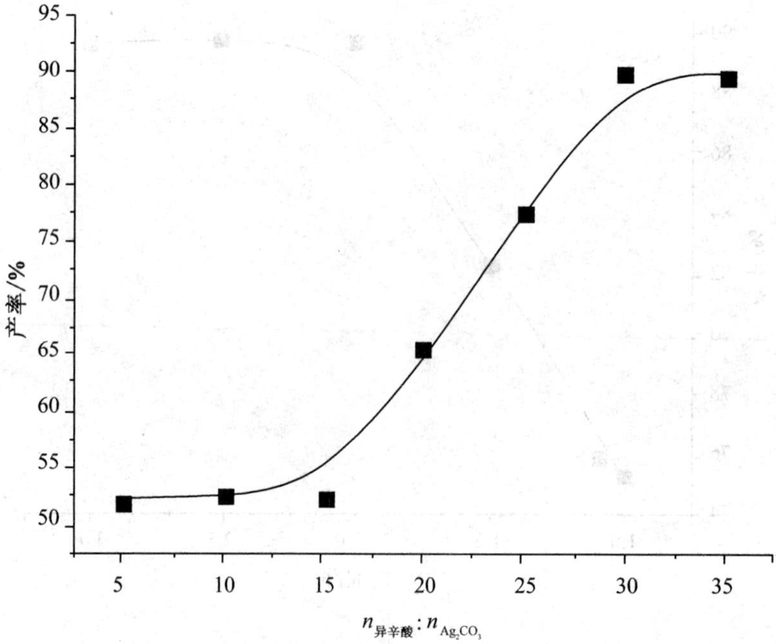

图 8 异辛酸与碳酸银的物质的量的比 $n_{异辛酸}:n_{Ag_2CO_3}$ 对产率的影响

三、结 论

置换法制备异辛酸银的最佳合成条件为:乙酸银的生成反应中,以水作溶剂,反应温度为 70 ℃,反应时间为 1 h,乙酸与碳酸银的物质的量的比 $n_{CH_3COOH}:n_{Ag_2CO_3}=3:1$;异辛酸银的生成反应中,反应温度为 140 ℃,反应时间为 2 h,异辛酸与碳酸银的物质的量的比 $n_{异辛酸}:n_{Ag_2CO_3}=30:1$。产率最高可达 89.9%。

参考文献

[1]秦毅红等:《异辛酸钴合成工艺研究》,《有色金属(冶炼部分)》2005 年第 6 期。

[2]王吉林、王璐璐、齐帮峰:《异辛酸锂汽油抗爆剂的制备及应用》,《石油炼制与化工》2009 年第 8 期。

[3]姜传福、徐广大:《异辛酸锰的合成研究》,《江西师范大学学报》(自然科学版)2007 年第 5 期。

[4]李仙粉等:《异辛酸稀土型柴油清净剂的合成和应用研究》,《中国稀土学报》2010 年第 1 期。

[5]Li T. L. and Hsu L. C., "Preparation and properties of conductive polyimide nanocomposites with assistance of a metallo-organic compound", *Journal of Materials*

Chemistry, 2010, 20(10): pp. 1964-1969.

[6]Patakfalvi R. et al. ,"Synthesis and direct interactions of silver colloidal nanoparticles with pollutant gases", *Colloid and Polymer Science*, 2008, 286(1): pp. 67-77.

[7]Cheng L. et al. ,"Effect of amorphous calcium phosphate and silver nanocomposites on dental plaque microcosm biofilms", *Journal of Biomedical Materials Research Part B: Applied Biomaterials*, 2012, 100(5): pp. 1378-1386.

[8]Cheng L. et al. ,"Antibacterial amorphous calcium phosphate nanocomposites with a quaternary ammonium dimethacrylate and silver nanoparticles", *Dental Materials*, 2012,28(5): pp. 561-572.

[9]Hong C. S. et al,"Optical and electrical properties of ZnO thin film containing nano-sized Ag particles", *Journal of Electroceramics*, 2009, 22(4): pp. 353-356.

[10]Rodriguez-Gattorno G. et al. , "Metallic nanoparticles from spontaneous reduction of silver (I) in DMSO. Interaction between nitric oxide and silver nanoparticles", *The Journal of Physical Chemistry B*, 2002, 106(10): pp. 2482-2487.

[11]Corno J. A. et al. , "Diffusion-controlled self-assembly and dendrite formation in silver-seeded anatase titania nanospheres", *The Journal of Physical Chemistry C*, 2008, 112(14): pp. 5439-5446.

[12]Chiang Y. J. et al. , "Characteristics of silver powders synthesized from silver 2-ethylhexanoate and Di-n-octylamine", *Journal of Electroceramics*, 2013, 31(1-2): pp. 109-116.

(指导教师:孟凡君)

数理研究

TiN 薄膜制备与特性研究

宋琦[1]　徐路耀[1]　唐润芳[1]

TiN 薄膜由于具有高熔点、高硬度和良好热传导率的特性，被成功用于刀具和模具耐磨保护涂层和装饰涂层。然而，迅速发展的工程技术对 TiN 薄膜质量亦提出了越来越高的要求，薄膜的性能需要进一步改善。多弧离子镀是近 20 年来发展迅速的真空镀膜技术，其主要优点是等离子体离化率高、粒子能量强和沉积速率高。沉积期间，阴极电弧在形成大量离子的同时亦产生了大颗粒和中性粒子，电弧离子镀 TiN 薄膜结构通常较为粗糙，有较大的柱状晶和其他缺陷存在，薄膜显微硬度为 20～30 GPa，限制了 TiN 薄膜对精密机械部件的改性效力。我们采用真空阴极多弧离子镀系统调控 TiN 薄膜的工艺参数，研究脉冲基体负偏压对于薄膜的特性影响，在 316 不锈钢基材上制备出纳米超硬 TiN 薄膜，考察沉积参数、薄膜性能和结构之间的关系，从而选择制备 TiN 薄膜的最优条件。

一、试验方法

(一)薄膜制备

首先将 316 不锈钢基体试样表面抛光至镜面，接着将试样在丙酮容器中超声波清洗 10 min，清洗后以干燥氮气吹干。以真空阴极多弧离子镀法沉积 TiN 薄膜。利用单极脉冲直流电源控制通向基体的负偏压和偏压电流；氩离子清洗期间占空比为 70%，沉积期间占空比为 50%。沉积参数采用可编程控制器自动控制，主要试验参数列于表 1。在沉积期间，为了考察基体负偏压对薄膜显微结构和性能的影响，负偏压依次设置为 －100 V、－300 V、－500 V。

[1]空间科学与物理学院 2012 级物理学专业。

表1　　主要试验参数设置

沉积方法	真空阴极多弧离子镀
电弧靶	Ti×4，纯度为99.8%
基体	316不锈钢试样，尺寸为直径为3 cm的不锈钢片
工作气体	$Ar + N_2$，纯度为99.999%
基体负偏压电源	0～1500 V(单极直流脉冲)，5%～95%(占空比)，0～20 A(负偏压电流)
本底真空	110×10^{-3} Pa
弧电流/靶电压	80 A/20 V
加热温度	300 ℃
Ar离子清洗	基体负偏压为－1200 V,占空比为70%,6 Pa,15 min
Ti离子刻蚀	基体负偏压为－1000 V,占空比为50%,5 min,0.1 Pa
沉积压力	Ti界面层为0.1～0.6 Pa(Ar流量为80 mL/min);TiN层为0.1～0.6 Pa(Ar流量为80 mL/min,N_2流量为0～165 mL/min)

(二)薄膜测试方法

采用X射线衍射仪分析TiN薄膜的晶体结构。用纳米压痕仪(Nano Indenter)G200测量薄膜的纳米硬度,并观察压痕形貌和表面形貌。在硬度测量期间,载荷为4 mN,压头在80 nm压入深度范围内连续加载和卸载,取5次测量结果的平均值。用划痕仪测量钢基体和薄膜间的结合力。用球盘试验机测量薄膜的摩擦磨损性能,将沉积有TiN薄膜的钢试样粘接在盘上,对偶球为Al_2O_3陶瓷球,载荷分别为10g和20g,转速为2000 r/s,线速度为0.83 m/s。

二、试验结果及讨论

(一)纳米硬度

TiN薄膜试样的纳米硬度值为27.02～33.81 GPa,其中超硬硬度值(大于40 GPa)约是报道的多弧离子镀TiN薄膜硬度的2倍。薄膜硬度值随基体负偏压不同而变化,说明此工艺参数对薄膜的显微硬度有影响。下面分别分析在－100 V、－300 V、－500 V偏压(即A、B、C)条件下得到的硬度为33.81 GPa的超硬TiN薄膜。

我们利用纳米压痕仪G200测量三种不同工艺硬质涂层(见表2)的纳米力学性能。将事先准备好的Al柱放到加热台上加热到100 ℃,用晶体胶熔化在Al柱表面,然后将试样粘在Al柱上,等冷却到室温后装到G200的样品台上开始试验。

表 2　　A、B、C 三种样品的硬质涂层

编号	涂层材料	基底材料
A	TiN 涂层	不锈钢
B	TiN 涂层	不锈钢
C	TiN 涂层	不锈钢

纳米压痕仪的测试结果如图 1、图 2 所示。

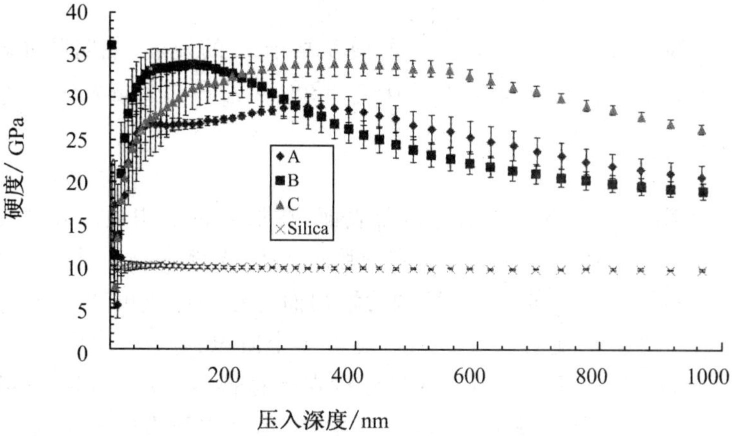

图 1　三个涂层样品和标样的硬度—压入深度曲线

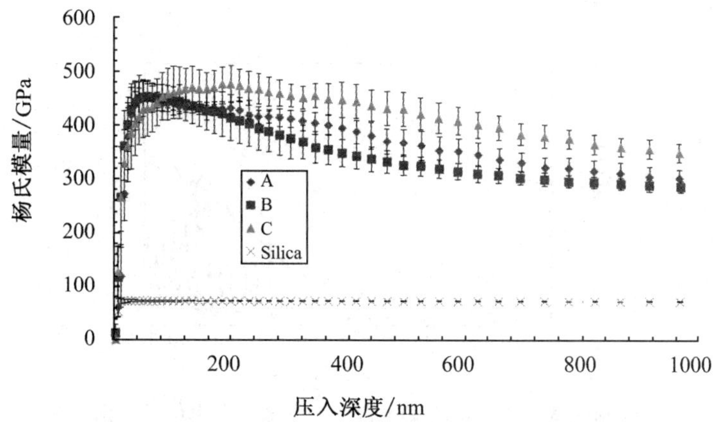

图 2　三个涂层样品和标样的杨氏模量—压入深度曲线

A、B、C 三种样品和标样 Silica 的硬度和弹性模量测试结果见表 3。

表 3 试验结果

样品	硬度/GPa	弹性模量/GPa
A	27.02±0.36	433.5±8.6
B	33.81±2.11	440.2±30.0
C	33.10±1.94	472.6±29.5
Silica	9.72±0.06	73.8±0.2

根据上述试验结果可以看出，B 和 C 的硬度高于 A 的硬度，说明脉冲基体负偏压对薄膜的硬度特性有很大的影响，而且在偏压为−300 V 左右时制备条件最优。

(二)膜基间结合力

在划痕试验期间，金刚石压头划过薄膜表面，在加载过程中通过观测压头和薄膜间的摩擦力和摩擦声音信号变化曲线来确定薄膜的临界载荷(L_c)。通过图 3 所示的超硬 TiN 薄膜和压头间的摩擦力和声信号随载荷增加而变化的曲线可知，超硬薄膜具有很好的膜基间结合力。薄膜在划痕试验期间经历了 4 个阶段：在压头和薄膜接触的初始阶段，划痕磨痕平缓而轻微，摩擦力和声信号保持在平稳低值，没有明显薄膜破裂痕迹；随着载荷增加，沿着划痕方向出现少量轻微磨损痕迹，但磨损没有能够引起薄膜破裂；随着载荷进一步增加，升高至薄膜破裂点，即在临界载荷 $L_c=63$ N 处，薄膜表面开始出现明显剥裂痕迹，摩擦力和声信号曲线开始发生突变；在随后增加载荷的作用下，沿着薄膜划痕磨痕方向的裂纹和剥裂扩大，摩擦力和声信号缺陷发生连续波动和突变，在终止阶段薄膜表面有大幅度剥离现象。

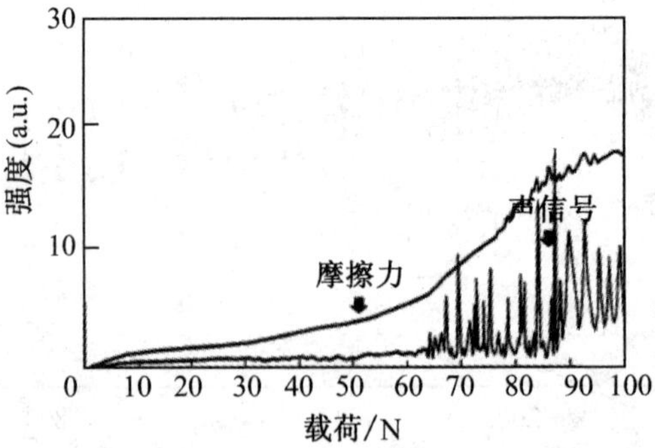

图 3 划痕试验中间超硬 TiN 薄膜的摩擦力和声信号变化曲线

图 4 和图 5 所示为 TiN 薄膜划痕照片。

图 4　TiN 薄膜划痕照片

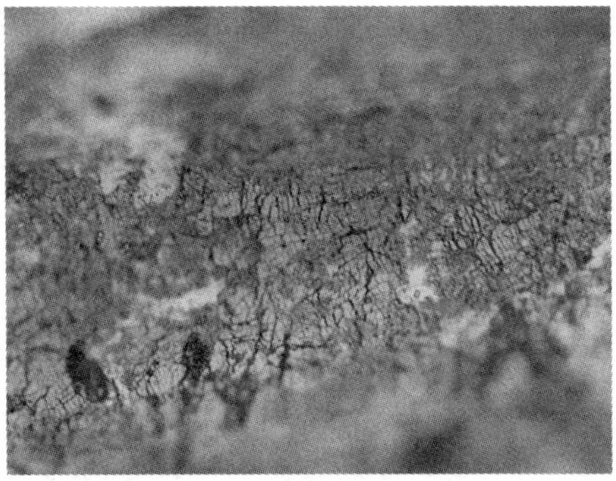

图 5　TiN 薄膜划痕局部照片

(三)摩擦磨损性能

图 6 所示为在 10g 和 20g 载荷条件下超硬 TiN 薄膜的摩擦因数变化曲线。图中的插图照片为与两个载荷相对应的测试后盘磨痕形貌。由图 6 可以看出，超硬 TiN 薄膜的摩擦因数在 0.5～0.8 之间波动，电弧沉积期间“大颗粒”引起的薄膜表面粗糙仍是导致薄膜摩擦因数高的主要原因；10g 载荷下的平均摩擦因数为 0.56，20g 载荷下的平均摩擦因数为 0.67，说明在高速测试条件下载荷越大越易造成薄膜的摩擦性能恶化。形貌照片显示，在磨痕区域有部分破裂。这可能是薄膜表面突起物在测试期间脱落和反复对磨的结果。值得注意的是，超硬 TiN 薄膜在高速、重载和长达 1 h 的测试中，摩擦因数在正常波动范围内，没有出现失效迹象，并在测试后期表现出一定程度的降低，说明利用超硬性能可显著改善薄膜的耐磨性能。

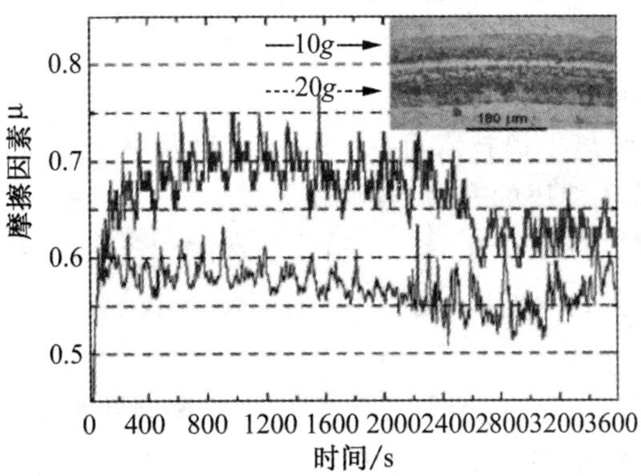

图 6　10g 和 20g 载荷下超硬 TiN 薄膜的摩擦因数变化曲线

(四)晶体结构

采用标准 TiN 薄膜对比分析超硬 TiN 薄膜的显微结构特征。标准 TiN 薄膜的 3 个主要晶面为(111)、(200)和(220)，位于 2θ 角 42.4°的(200)晶面的最强特征峰的相对强度 I/I_0 值为 100，其他两个特征峰的相对强度分别为位于(111)晶面的 75 和位于(220)

晶面的55。超硬TiN薄膜的XRD谱图如图7所示。从图7可看出,超硬TiN薄膜位于2θ角36.5°的(111)晶面的最强特征峰的相对强度I/I_0值为100,而位于(200)晶面最弱特征峰的相对强度值为2.5。超硬TiN薄膜显示出(111)晶面的择优取向,薄膜的最强特征峰从标准TiN薄膜的2θ角42.4°变为超硬TiN薄膜的36.5°且超硬TiN薄膜最强和最弱特征峰之间的相对强度差异变得更加显著,即标准TiN薄膜在(200)晶面最强特征峰的强度值为100,而超硬TiN薄膜在此晶面显示的是最弱的特征峰,强度值为2.5;标准TiN薄膜在(111)晶面的次强峰强度值为75,而超硬TiN薄膜在此晶面显示的是最强特征峰,强度值为100。薄膜在(111)晶面有强烈的择优取向,而在(200)和(220)晶面取向较弱,在(311)晶面的衍射峰最弱,可忽略不计。

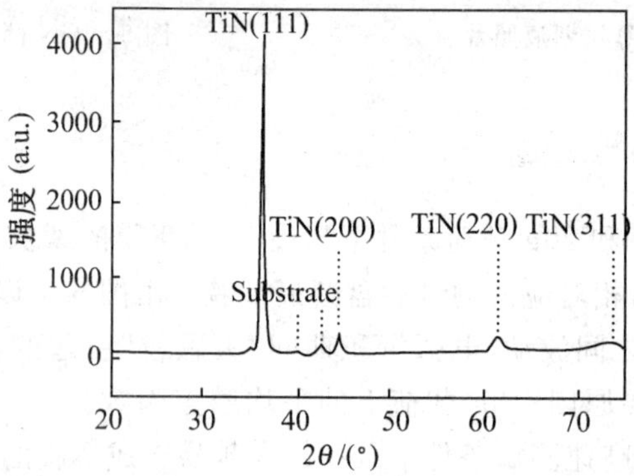

图7　超硬TiN薄膜的XRD谱图

三、结　论

通过本文中的试验,可得到以下4点结论:

1. 利用真空阴极多弧离子镀技术可在316不锈钢基材上制备出膜基间结合很好的纳米超硬TiN薄膜,随着负偏压的升高,薄膜硬度先上升后下降。

2. 纳米超硬TiN薄膜的硬度为33.81 GPa,弹性模量为440.2 GPa。这个纳米硬度值远高于钢基体的硬度值(约8 GPa),说明利用超硬TiN薄膜可以显著增强钢基体的硬度。

3. 膜基间的临界载荷为63 N,超硬TiN薄膜的摩擦因数为0.5~0.8。

4. 超硬TiN薄膜结构细密,XRD测试结果显示,薄膜在(111)晶面有强烈的择优取向。

参考文献

[1]Bem porad E. et al.,"High thickness Ti/TiN multilayer thin coatings for wear resistant applications", *Surface and Coatings Technology*, 2006, 201(6):pp. 2155-2165.

[2]Yu X. et al. ,"Investigation of Ti/TiN multilayered films in a reactive mid-frequency dual-magnetron sputtering", *Applied Surface Science*, 2007, 253(7): pp. 3705-3711.

[3]Paul H. M. et al. ," Microstructural design of hard coatings", *Progress in Materials Science*, 2006, 51(8): pp. 1032-1114.

[4]Kamiya S. et al. ,"A comparative study of the mechanical strength of chemical vapor-deposited diamond and physical vapor-deposited hard coatings", *Thin Solid Films*, 2005, 473(1): pp. 123-131.

[5]Yu X. et al. ," A nano-superhard TiN film and its forming mechanism in a multi-arc ion-plating system", *Surface Review and Letters*, 2012, 14(4): pp. 789-793.

[6]薛文斌等:《铝合金微弧氧化膜的形成过程及其特性》,《电镀与精饰》1996 年第 5 期。

[7]邓志威等:《铝合金表面微弧氧化技术》,《材料保护》1996 年第 2 期。

[8]薛文斌等:《LY12 铝合金微弧氧化陶瓷膜相分布及形成》,《材料研究学报》1997 年第 2 期。

[9]薛文斌等:《镁合金微等离子体氧化膜的特性》,《材料科学与工艺》1997 年第 2 期。

[10]于翔等:《真空阴极多弧离子镀沉积纳米超硬氮化钛薄膜》,《金属热处理》2008 年第 12 期。

(指导教师:杨田林)

含有ITO薄膜的光子异质结构中的窄带完全吸收特性

马鹏飞❶

光子晶体概念是在1987年由美国Bell实验室的E. Yablonovitch和Princeton大学的S. John分别在讨论如何抑制自发辐射和无序电介质材料中的光子局域时各自独立地提出来的，它是介电常数不同的介质在空间中周期性排列形成的结构。光子晶体具有的光子禁带和光子局域特性使它很快成为光学领域中一个十分活跃的研究课题。光子晶体是按照晶体的对称性制备的一种周期性介电结构，其电磁模式像半导体中的电子态一样具有能带结构。当光的频率落入禁带中时，光的传播被禁止。因此，可以利用光子晶体的带隙结构来控制光子的运动。而在一维光子晶体中掺入杂质可以在原来的禁带上产生缺陷模，利用缺陷模的特性可以研制滤波器、微谐振腔等光学器件。这些研究都把掺杂材料作为完全透明的材料来处理，而实际的掺杂材料是含吸收体的。因此，通过研究掺杂材料的吸收对缺陷模透过率、反射率和吸收率的影响，可对利用光子晶体来研制微型光学器件产生重要的实际意义。

一、理论基础

光子晶体最根本的特征是光子禁带。由介电常数均为实数的电介质材料构成的光子晶体，其禁带来源于周期性界面对电磁波产生的布拉格散射。两种电介质的介电常数配比越大，其禁带就越宽。但是，对于由吸收性材料构成的光子晶体，即介电常数含有虚部的复合光子晶体，其禁带来源于周期性界面产生的布拉格散射和吸收体产生的散射的共同作用。也就是说，吸收体对电磁波的散射影响了周期性界面产生的布拉格散射，使得光子晶体的禁带不同于介电-介电光子晶体禁带。

S. Luo等人用传输矩阵法研究了由复介电常数组成的一维光子晶体中吸收对光子晶体禁带的影响，发现组成光子晶体的介质的吸收破坏了布拉格散射产生的光子禁带。吸收对两种材料介电常数配比小的复合光子晶体禁带的影响要强一些，表现为推倒光子禁带边，抬高导带底。这说明介电常数配比小的光子晶体内界面上的布拉格散射较弱，

---

❶空间科学与物理学院2011级应用物理学专业。

材料中吸收体对电磁波的散射对周期性界面的布拉格散射造成了干扰，从而影响光子晶体的禁带质量。在介电常数配比大的光子晶体内界面上的布拉格散射较强，材料中吸收体的散射对布拉格散射造成的干扰不是很大，对光子晶体的禁带质量的影响也要小一些。此外，通过研究还发现，对于同一结构的光子晶体来说，吸收对光子晶体禁带高频区的影响比低频区明显。

二、数据模拟

(一)理论模型

本文考虑的一维光子晶体微腔是在普通的一维光子晶体中掺杂 ITO 薄膜材料得到的，结构为$(AB)_nC(BA)_m$，如图 1 所示，结构的周围都是空气。其中，n、m 分别代表两边光子晶体的周期数目，A 层为二氧化钛(TiO_2)，B 层为二氧化硅(SiO_2)。A 层和 B 层均为普通的非磁电介质，介电常量分别为 $\varepsilon_A=4.51$ 和 $\varepsilon_B=2.05$，磁导率 $\mu_A=\mu_B=1.0$，实际厚度分别为 a 和 b，晶格周期 $d=d_A+d_B$。C 层为 ITO 薄膜材料，其复介电常数 $\varepsilon=\varepsilon_R+i\varepsilon_I=\varepsilon_\infty-\frac{\omega_p^2}{\omega(\omega+i\gamma)}$。其中，$\varepsilon_\infty$ 为 ITO 静态介电常数；$\omega_p=\sqrt{\frac{ne^2}{m^*\varepsilon_0}}$ 为等离子体频率；$\gamma=\frac{e}{\tau m^*}$为自由载流子的阻尼系数。使用传输矩阵法来计算光子晶体的光学特性。

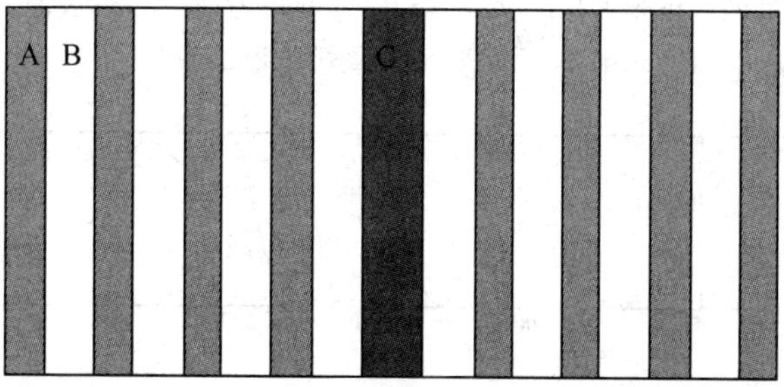

图 1 $(AB)_nC(BA)_m$ 结构示意图

(二)模拟过程

我们要研究的结构是掺杂 ITO 缺陷的非对称型的光子晶体，探究该结构中 ITO 的吸收特性对其光学性质的影响，希望可以模拟得到一个完全吸收型结构。为此，我们采取了传输矩阵的研究方法，利用 Matlab 软件进行编程模拟，模拟过程如下：

首先，为将模拟得到的非对称结构与对称结构作对比，我们研究了中心掺杂 ITO 缺陷的一维对称光子晶体$(AB)_7C(BA)_7$ 中 ITO 薄膜的吸收性对结构反射率、透射率及吸收率的影响。模拟结果如图 2、图 3 所示。其中，$\varepsilon_A=4.51$，$d_A=67.4$ nm；$\varepsilon_B=2.05$，$d_B=100$ nm；$d_C=50$ nm。

当不考虑缺陷层(ITO)的吸收作用时，模拟图像如图 2 所示。从图 2 可以看出，在波长为 500～650 nm 处出现了一个较宽的禁带，而在波长为 639 nm 处出现了完全透射峰，说明这一结构可以很好地实现透射滤波。但是自然界的材料和人工合成的特异性材料都是含吸收体的,ITO薄膜材料本身也有其吸收特性。当考虑缺陷层(ITO)的吸收作用后,模拟图像如图3所示。对比图2可以看出,禁带的位置及其宽度没有发生改变,而在图2中的完全透射处,出现了一个吸收率为43.7%的吸收峰。该吸收峰的出现是结构中缺陷层的吸收系数对缺陷模的透射率影响很大造成的。

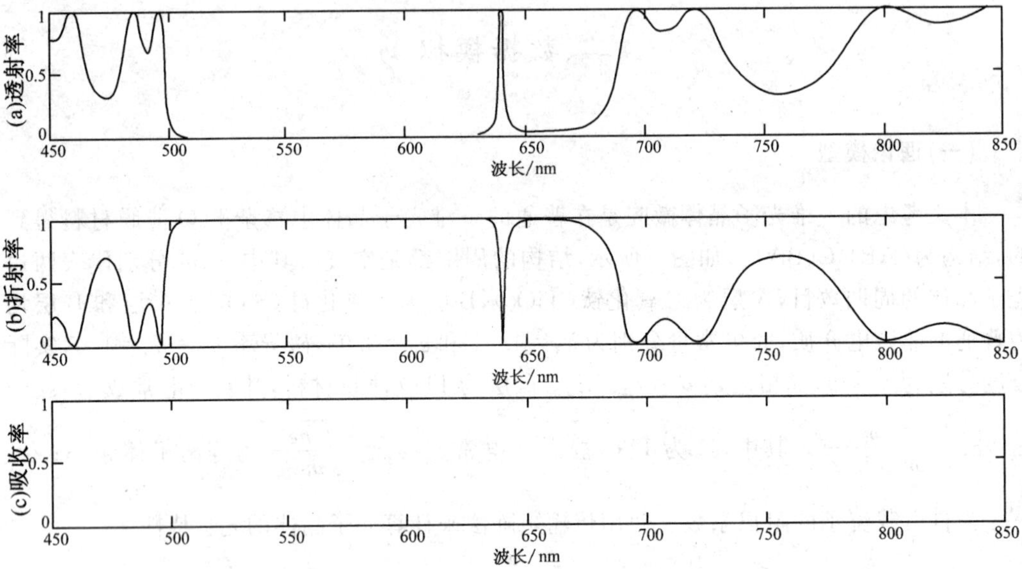

图2　掺杂ITO的一维光子晶体$(AB)_7C(BA)_7$在不考虑ITO薄膜的吸收系数时的透射率、反射率及吸收率的变化情况

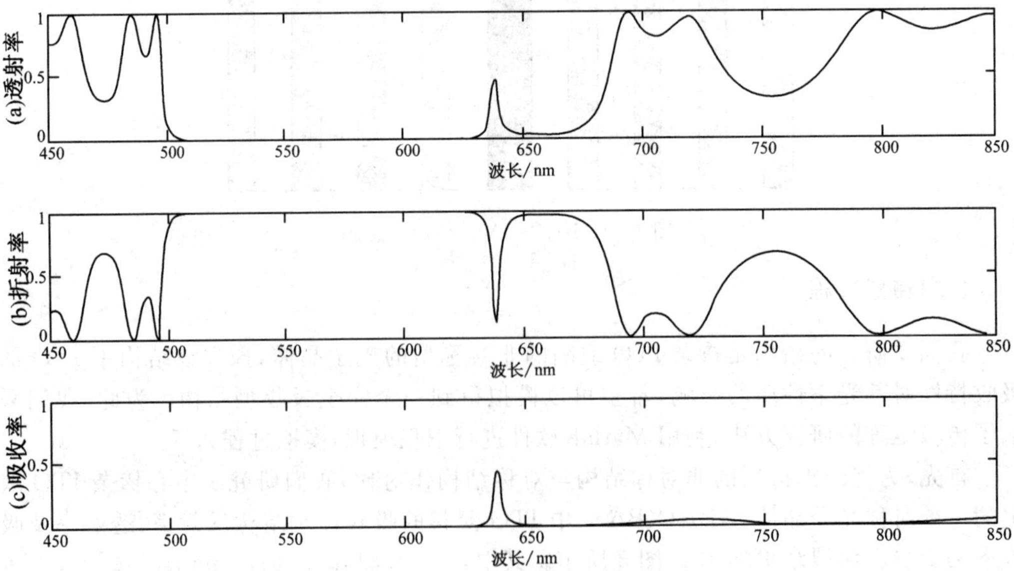

图3　掺杂ITO的一维光子晶体$(AB)_7C(BA)_7$在考虑ITO薄膜的吸收系数后的透射率、反射率及吸收率的变化情况

之后，为了得到理想的不对称结构模型，我们研究了含 ITO 薄膜缺陷的一维不对称光子晶体的最高吸收率随前后周期数的变化情况，希望从中发现规律，进而得到理想结构。通过一系列的模拟，得到了图 4、图 5 所示的折线图。

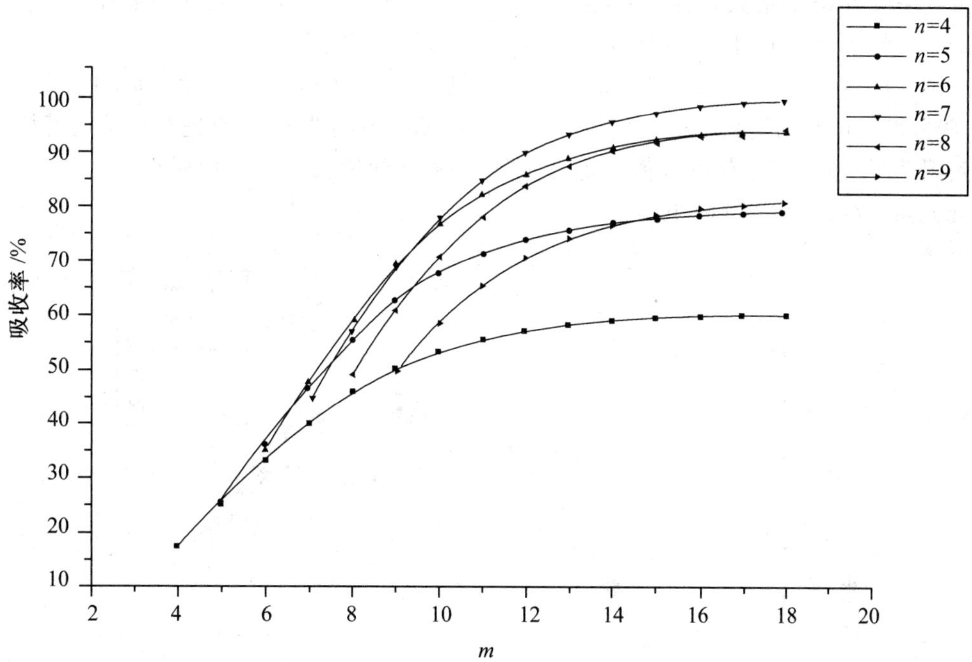

(a)

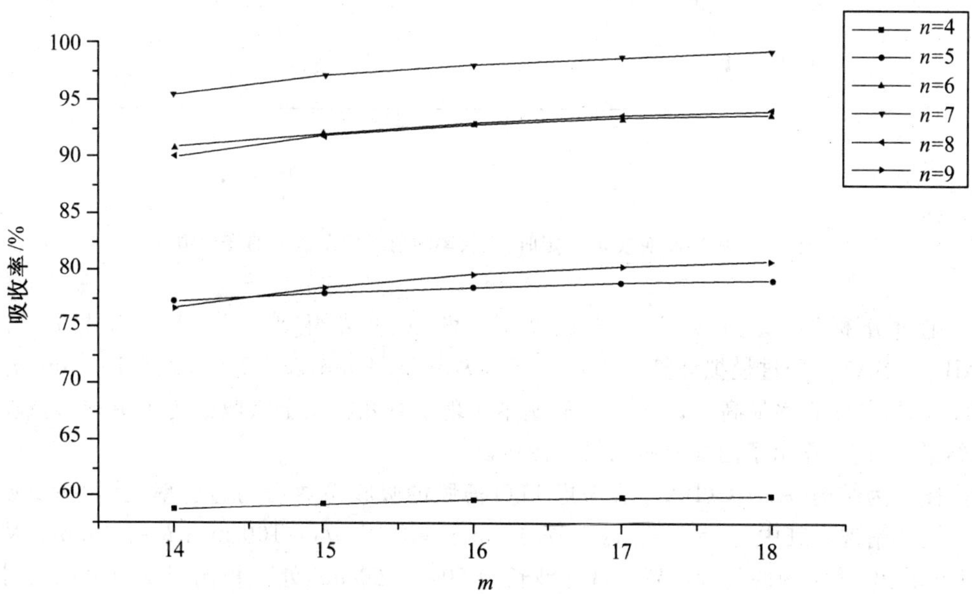

(b)

图 4　当前半周期数 n 一定时，吸收率随后半周期数 m 的变化情况

图 4(a)描述的是中心掺杂 ITO 的一维光子晶体$(AB)_nC(BA)_m$当前半周期数 n 一定时，吸收率随后半周期数 m 的变化情况。图 4(b)放大了图 4(a)中相对线性的部分。通过取不同的 n、m 值并进行一系列模拟，得到如下规律：当 n 取值一定时，模拟结构的最大吸收率随着 m 的增大一直增大，但增长趋势在变缓。可以看出，当 n 一定时，每个结构的最大吸收率是一定的，并不会因 m 的增大而接近 100%。

图 5 描述的是中心掺杂 ITO 的一维光子晶体$(AB)_nC(BA)_m$当后半周期数 m 一定时，吸收率随前半周期数 n 的变化情况。我们通过取不同的 n、m 值进行一系列模拟，可得到图 5 所示的规律：当 m 取值一定时，吸收率随 n 的增大先增大后减小，当 $n=7$ 时达到最大，$n>7$后开始逐渐减小。

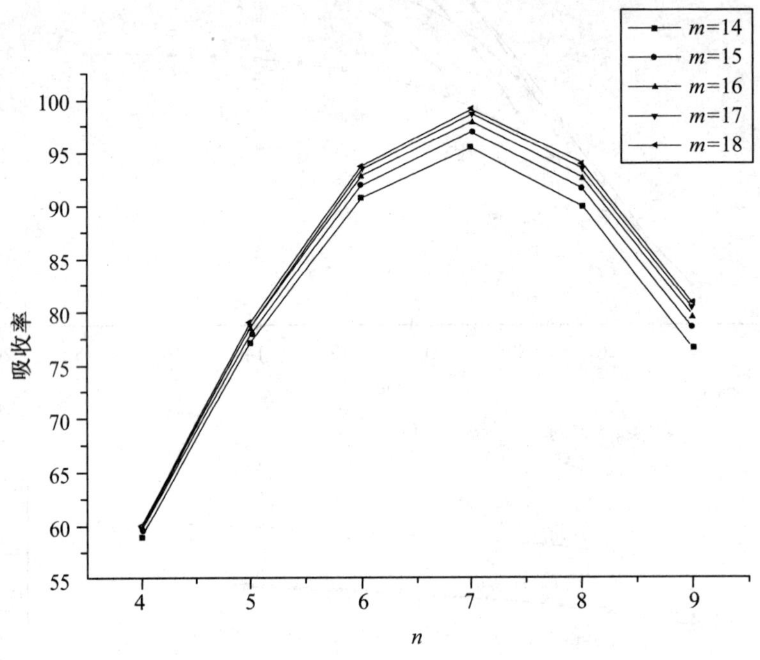

图 5　当后半周期数 m 一定时，吸收率随前半周期数 n 的变化情况

通过分析图 4、图 5 所得出的规律，可以总结得到一个比较理想的结构$(AB)_7C(BA)_{18}$。经过模拟计算，当 $\varepsilon_A=4.51$，$d_A=67.4$ nm，$\varepsilon_B=2.05$，$d_B=100$ nm，$d_C=50$ nm 时，其吸收率最高可达 99.19%，基本实现了对光的完全吸收。为了更加形象地展示结果，我们又作出了图 6 所示的模拟图像。

图 6 为结构$(AB)_7C(BA)_{18}$在考虑 ITO 薄膜的吸收系数后的透射率、反射率及吸收率的变化情况。其中 $\varepsilon_A=4.51$，$d_A=67.4$ nm；$\varepsilon_B=2.05$，$d_B=100$ nm；$d_C=50$ nm。从图 6 中可看出，该结构的禁带位置出现在波长为 500～660 nm 处。相比图 4 中模拟的对称结构，禁带宽度稍微变宽；吸收率最高的位置出现在波长为 636.2 nm 处，向波长小的位置偏移了；吸收率最高可达 99.19%，已经接近完全吸收。

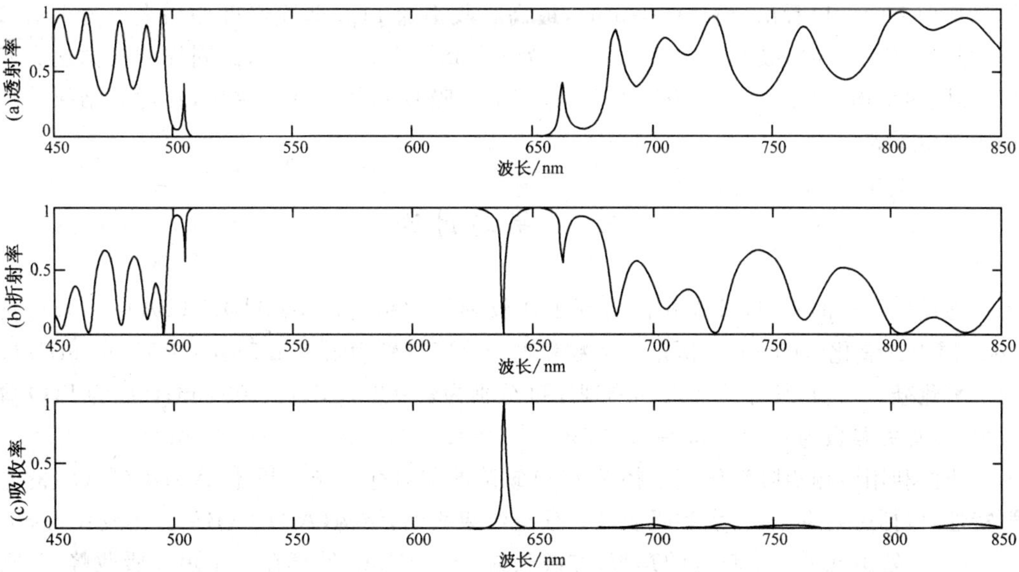

图 6 掺杂 ITO 的一维光子晶体$(AB)_7C(BA)_{18}$在考虑 ITO 薄膜的吸收系数后的透射率、反射率及吸收率的变化情况

起初模拟时,ITO 薄膜厚度统一采用的是经验值 50 nm。为进一步探究 ITO 薄膜厚度对吸收性的影响,我们又模拟了在不同 ITO 薄膜厚度下(取值范围为 39～49 nm)结构$(AB)_7C(BA)_{18}$最高吸收率的变化情况。其中,$\varepsilon_A=4.51$,$d_A=67.4$ nm;$\varepsilon_B=2.05$,$d_B=100$ nm。经过数据模拟,得到图 7。

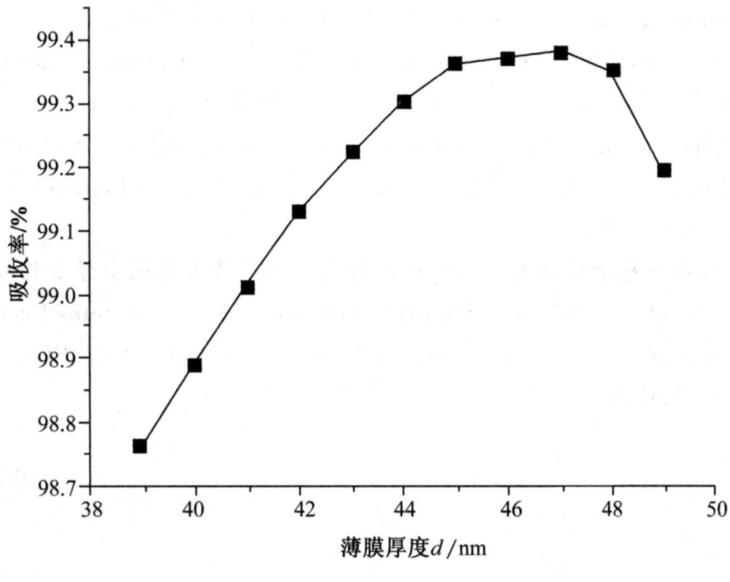

图 7 掺杂 ITO 的一维光子晶体$(AB)_7C(BA)_{18}$在考虑 ITO 薄膜的吸收系数后 ITO 薄膜厚度对吸收率的影响情况

从图7中可以看出，当结构一定时，最高吸收率随ITO薄膜厚度的增大先增大后减小，当$d=47$ nm时，吸收率最高，其大小为99.38%。对其他结构做同样的模拟也会发现，不同的结构，由于ITO薄膜厚度不同，其最大吸收率也会有所差异，在此其结果就不一一展示了。

三、结果与讨论

通过一系列的模拟，最终我们得到了比较理想的结构模型$(AB)_7C(BA)_{18}$。我们选取A层为二氧化钛(TiO_2)，其介电常数和物理厚度分别为$\varepsilon_A=4.51$，$d_A=67.4$ nm；B层为二氧化硅(SiO_2)，其介电常数和物理厚度分别为$\varepsilon_B=2.05$，$d_B=100$ nm；C层为ITO薄膜材料，有关参数为$\varepsilon_\infty=4$，$\omega_p=2.182\times10^{15}$，$\gamma=2.194\times10^{14}$，$d_C=47$ nm。

我们利用传输矩阵法研究了掺杂ITO缺陷的非对称型光子晶体$(AB)_7C(BA)_{18}$的光学特性，包括透射率、反射率和吸收率。研究结果表明，结构$(AB)_7C(BA)_{18}$在波长为500～660 nm处出现了一个较宽的禁带；在波长为639.01 nm处存在一个最高吸收峰，其吸收率为99.38%，此波长处相对应的反射率和透射率几乎为零，已接近完全吸收，达到了预期效果。该结构可以用来制作窄带全吸收器，有望在热发射、太阳能光伏电池中得到应用。

参考文献

[1]Yablonovitch E., "Inhibited spontaneous emission in solid-state physics and electronics", *Physical Review Letters*, 1987, 58(20): pp. 841-844.

[2]Sajeev John, "Strong Localization of Photons in Certain Disordered Dielectric Super Lattices", *Physical Review Letters*, 1987, 58(23): pp. 2486-2489.

[3]Lee Hyun-Yong et al., "Si-based omnidirectional reflector and transmission filter optimized at a wavelength of 1.55 μm", *Applied Physics Letters*, 2002, 81(24): pp. 4502-4504.

[4]张智敏:《一维含吸收光子晶体的理论研究》,同济大学硕士学位论文,2008年。

[5]Mark D. et al., "Conductive oxide thin films: Model systems for understanding and controlling surface plasmon resonance", *Journal of Applied Physics*, 2009, 106(2): pp. 024903-024908.

（指导教师：杜桂强）

基于低温等离子体的电子加速器及其在岩石轰击中的新应用

吴虹[1]

近年来，随着我国深空探测技术发展步伐的不断加快，越来越多的科研仪器被投入使用。其中，很多的仪器被用来研究深空高能粒子对行星表面岩石的影响。太阳风是从太阳表面射出的超声速的等离子体带电粒子流，是太阳系中最主要的高能粒子流，因此，研究太阳风对行星表面岩石进行的轰击具有重要的科学意义。本次实验主要是模拟高能等离子体轰击岩石表面的过程。

介质阻挡放电(Dielectric Barrier Discharge，DBD)能以较低的耗电、载气量激发Ar/He气产生温度接近室温的低温等离子体(Low Temperature Plasma，LTP)。LTP亮度高、激发能力强，已经被广泛地应用于臭氧合成、杀菌消毒、聚合物表面改性、等离子体化学气相沉积、CO_2 激光器、污染物控制、大功率准分子紫外及真空紫外光源以及平面等离子体显示技术等领域。

火星大气层主要由二氧化碳(约占 96.0%)、氮气(约占 1.89%)、氩气(约占 1.93%)以及其他成分，如氧气、一氧化碳、水蒸气和甲烷组成。同时，还包含一些2～10 μm的被强风吹起的灰尘。在火星的低气压和频繁刮风环境中，火星表面的灰尘很容易受到摩擦带电，随后的放电非常容易加速在火星大气环境条件下产生的低温等离子体。

本次实验是通过自制电子加速器加速通过 DBD 技术产生的低温等离子体，并将其用于轰击石膏样品($CaSO_4 \cdot 2H_2O$，分析纯)，然后采集样品中的红外光谱，对比分析样品轰击前后的近红外光谱，进而判断样品的结构和成分的变化。本实验提供了一种简易、快速、高效的模拟宇宙间岩石风化的新技术。

[1]空间科学与物理学院 2011 级空间科学与技术专业。

一、实验设计

(一)仪器

傅里叶红外光谱仪(波段为 4000～10000 cm^{-1});直流稳压电流源(定制);TDGC2-0.5 kVA 型接触式调压器(相数为 1,频率为 50～60 Hz,输入电压为 220 V,输出电压为 0～250 V,容量为 500 VA,最大电流为 2 A);HL-306 型霓虹灯电源(输入电压为 200 VAC,频率为 50 Hz,功率为 10～65 W,佛山市鑫虹电子有限公司);抽气泵;静电场电源高压包(定制);玻璃转子流量计(沈阳正兴流量仪表有限公司);WL-5300 型稳压稳流阀(流量为 0～2000 mL/min,北京百科力公司);MP31001 型数字电子秤(精确度为 0.01);TES-1310 型数位式温度表(量程为－50 ℃～1300 ℃,泰仕电子工业股份有限公司);陶瓷滤芯;恒温箱(保存温度可调);配备 532 nm 激光的微拉曼光谱仪(inVia,Renishaw,波段为 200～4000 cm^{-1},分辨率为 13 cm^{-1})。

(二)材料

石英管;塑料管;聚四氟乙烯生料带;高纯硫酸钙粉末;两通、三通阀;高纯氩气(纯度≥99.999%);薄铝片;玻璃胶;木块;铁架台;塑胶玻璃片;UPE(超高分子聚乙烯)。

(三)实验装置制作

1. DBD 制作

切割一根长 10 cm、内径为 1.0 mm、外径为 2.0 mm 的石英细管备用,管内为高压放电区域。绝缘管壁起到了介质阻挡的作用,可以显著提高高频放电的稳定性和均匀性,并且实现了电极与分析物的完全隔离。两个电极之间的距离为 15 mm,光纤探针和相邻的一个电极之间的距离为 20 mm。当 DBD 的两个电极连接到高压电源时,DBD 在一个合适的电压下就会激发氩气产生低温等离子体。霓虹灯电源通过与之连接的接触式调压器实现输入电压的控制。

2. 电子加速器制作

(1)电极板的制作

电极板是将低温等离子体中的低能电子加速成为高能电子的关键装置,对于整套实验的测量效果和测量精确度具有重要意义。我们自制了电极板材料为薄铝片(选自易拉罐)的平行电极板。制作方法为:用铝薄片裁出大小同为 4 cm×2 cm 的两片;分别对两片裁好的铝薄片进行压平处理,使两片铝薄片平整,达到实验要求;再将两片极板分别附在两块大小为 4 cm×2 cm 的塑胶玻璃板上,制作成两块我们需要的电极板;再对上极板进行钻孔处理,使得细石英管能够深入孔内;对下极板进行钻孔处理,使得被加速的电子能及时打到样品杯中的岩石样品上。

(2)器件的组装

将两块电极板间的距离调节到适当位置(不通气体时不激发空气,通入氩气时激发氩气产生等离子体)，调节两电极板至平行；再将输送低温等离子体的石英管连入电场。

电子加速器的结构示意图如图 1 所示。

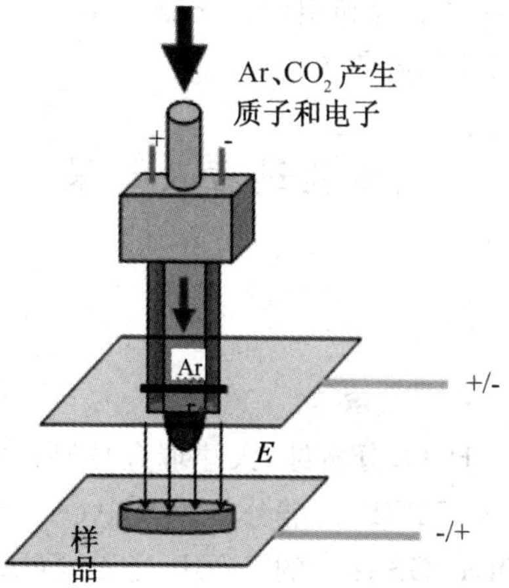

图 1 电子加速器结构

3. 样品及处理

称取石膏样品($CaSO_4 \cdot 2H_2O$，分析纯，天津瑞金特)0.5 g，进行压片处理。

4. 实验系统装置

实验装置如图 2 所示。

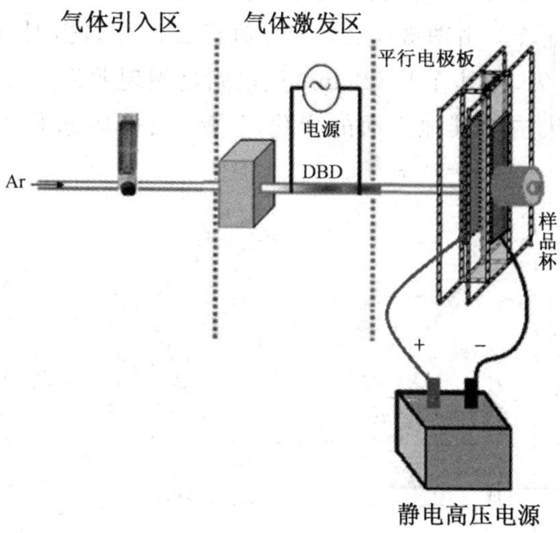

图 2 系统装置连接图

按图连接好装置，将氩气通入石英玻璃管内，接触式调压器的输出给霓虹灯电源，霓虹灯电源将产生 700～3000 V、43 kHz 的高频电压，通过电极激发气体产生 LTP。LTP 经过一段石英玻璃管进入平行板加速电场内，通过静电场电源高压包控制两电极板之间的电压为 4000 V,被加速后的 LTP 将轰击放在样品杯中的岩石样品,再将样品杯中的岩石样品在傅里叶近红外光谱仪和微拉曼光谱仪下进行光谱检测。最后对所得数据进行处理,从而分析得出岩石样品的结构和组织成分的变化。实验中分别采用高纯氩气和 CO_2 为激发气体,流量计用来控制载气流速。

二、实验过程及结果

(一)实验一

1. 实验过程及分析

先将石膏样品($CaSO_4 \cdot 2H_2O$,分析纯,天津瑞金特)研磨成粉末,进行压片处理并视为未风化样品,直接进行 ATR FT-IR 光谱分析。其中,ATR 测量时采用的仪器是一台配备了 KBr 分束器和一个 DLaTGS 探头的 FT-IR 光谱仪(Bruker 公司)。再将石膏放在等离子体加速场中用 LTP(高纯氩气)轰击,分别轰击 10 min、20 min、30 min,依次进行 ATR FT-IR 光谱分析,采集实验光谱进行对比分析。

2. 结果与讨论

图 3 显示的是石膏在不同风化时间下的 ATR 光谱检测图。图中,a 代表的是未风化即未被 LTP 轰击过的样品,b 代表的是被 LTP 轰击了 10 min 后的样品,c 代表的是被 LTP 轰击了 20 min 后的样品,d 代表的是被 LTP 轰击了 30 min 后的样品。

图 3 中,1105 cm^{-1} 波段附近代表的是 SO_4^{2-} 的特征峰,1682 cm^{-1} 和 1620 cm^{-1} 波段附近代表的是水的特征峰。由图 3 可以看出,随着石膏被轰击时间的增加,水的特征峰在逐渐地降低,甚至消失,尤其在 1682 cm^{-1} 波段附近表现尤为显著。使用 FT-IR 检测法并没有发现样品组织机构的其他方面的变化,显然,石膏脱水是 LTP 风化的一个显著表现。

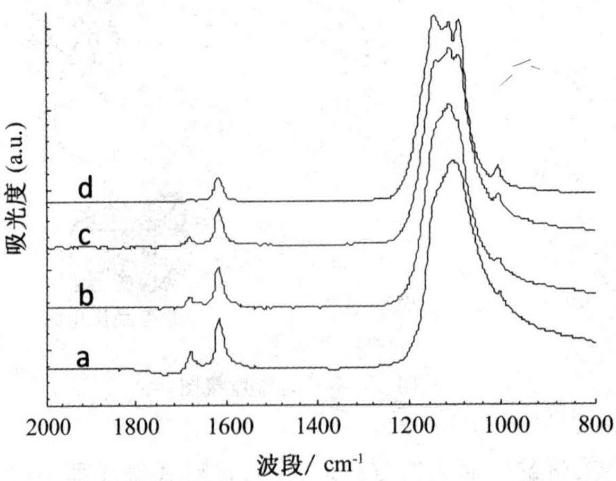

图 3　LTP 风化不同时间的石膏指纹图谱

为了排除等离子体表面温度是使样品中的结晶水失去的原因，我们测定了所产生的等离子体的温度（为 60 ℃），然后在烘干箱中将样品加热到 60 ℃，发现样品的红外谱与原来的样品没有区别，所以更加确定结晶水的失去是由等离子体的轰击导致的。

（二）实验二

1. 实验过程及分析

先将石膏样品（$CaSO_4 \cdot 2H_2O$，分析纯，天津瑞金特）研磨成粉末，进行压片处理后，将石膏样品置于隔绝空气的封闭装置中，利用激发 CO_2（流量为 1.0 L/min，净含量为 99.9%）产生的 LTP 轰击样品 30 min 后，置于配备了 532 nm 激光的微型拉曼光谱仪（波段为 200～4000 cm^{-1}，分辨率为 13 cm^{-1}）下检测，分析检测光谱，得出结论。

2. 结果与讨论

图 4 所示为石膏板被 LTP 轰击后在微型拉曼成像系统下获得的表面形状外观图。图中，A 和 D 标记的区域代表未被 LTP 风化的区域，B 和 C 标记的区域代表石膏样品被 LTP 风化了 30 min 后在微型拉曼系统下所成的像。从图 4 中可以看出，C 区域中样品表面明显沉积了一些物质，这源于高压激发 CO_2 产生的无定形碳等物质的沉积，同时也表明火星表面在产生辉光放电后可以激发 CO_2 产生一些含碳物质。B 区域是在微型拉曼检测系统下测得的并未受到沉积碳干扰的区域，其光谱指纹图展示在图 5 中。图 4 中出现的裂缝是由于激发 CO_2 后产生的大量 LTP 的轰击以及大流量、高速率的 CO2 的持续冲击造成的。

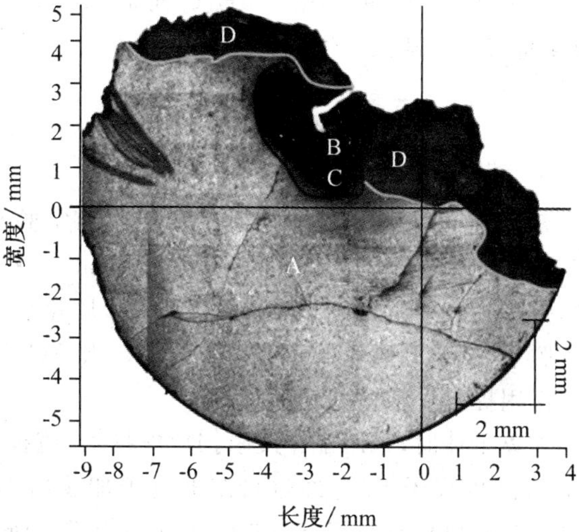

图 4 LTP 轰击后石膏板在微型拉曼成像系统下获得的表面形状外观图

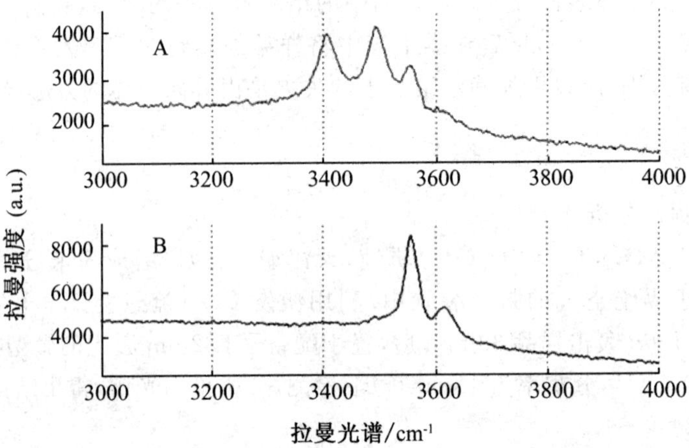

图 5 未风化区域(A)与风化区域(B)石膏样品拉曼光谱图

由于400～1500 cm^{-1}波段主要表征的是SO_4^{2-}的特征峰,3000 cm^{-1}波段之前的光谱基本没有任何变化,因此,图 5 中只显示了在 LTP 风化下产生了显著变化的 3000～4000 cm^{-1}波段。石膏样品中结晶水的存在方式有两种,分别是$CaSO_4 \cdot 2H_2O$、$CaSO_4 \cdot 0.5H_2O$。图 5A 中,3406.9～3494.1 cm^{-1}波段表征的是石膏样品中所含的$2H_2O$,3554.1～3614.8 cm^{-1}波段表征的是石膏样品中所含的$0.5H_2O$。从图 5B 中可以看出,石膏样品经CO_2风化 30 min 后,丢失的不是$0.5H_2O$而是$2H_2O$。另外,通过拉曼光谱仪检测技术,并未发现样品结构的其他变化。

三、结　论

本实验通过自行搭建的基于低温等离子体产生和加速的实验平台,利用加速后的 LTP 轰击石膏样品,分别测量在不同轰击时间下石膏样品($CaSO_4 \cdot 2H_2O$,分析纯,天津瑞金特)的近红外光谱,并利用微型拉曼光谱仪测定经CO_2风化后,石膏样品的光谱变化,进而得出结论:石膏脱水是 LTP 风化的一个显著表现。为模拟太空中岩石风化与宇宙间高能粒子流的相互作用提供了实验基础。

本实验在产生低温等离子体时,采用了介质阻挡放电技术,该技术能以低能耗、低载气量产生激发能力强的低温等离子体,并经过自制的电子加速器加速。整套仪器耗费低,结构简单,为火星岩石样品风化和与宇宙射线的相互作用机理研究提供了实验基础,具有重要的科学意义。展望未来,可以用本实验的方法直接对斜方辉石等样品进行高能粒子的轰击,分别观测它的红外谱、拉曼光谱等,进一步发现岩石样品内部的变化。

参考文献

[1]任兆杏、丁振锋:《低温等离子体技术》,《自然杂志》1996 年第 4 期。

[2]Leshin L. A. et al. ,"Volatile, isotope, and organic analysis of martian fines with the Mars Curiosity rover", *Science*, 2013,341(19):p. 1238937.

[3]Clements J. S. et al. , "Development of an Electrostatic Precipitator to Remove Martian Atmospheric Dust From ISRU Gas Intakes During Planetary Exploration Missions", *Industry Applications Society Annual Meeting* (*IAS*), *IEEE*, 49(6):pp. 2388-2396.

(指导教师:武中臣)

菱镁矿高压形变的红外光谱理论模拟

樊雯婷[1] 刘桐[1] 黄程达[1] 吕赵扬[1] 李伦[2]

地震发生的主要原因是板块与板块之间相互挤压碰撞，当压强增大到一定程度时，造成板块边沿及板块内部产生错动和破裂。地震，尤其是破坏性地震具有巨大的破坏力，会给人类造成无法估量的经济损失，所以科学家们一直在研究如何准确预测地震。在这方面，虽然也取得了很多的成就，但要准确预测地震还有很多的困难。到目前为止，还没有有效的科技手段和方法，更没有精确的设备可以准确预测地震。在不同的压强环境条件下，通过计算机模拟菱镁矿发生一定程度的形变，然后计算其在高压强下的分子色散关系，可以观察到其红外光谱的特征峰蓝移现象。如果能在此基础上，找出压强与特征振动峰蓝移的关系，找到地震震级与蓝移的对应关系，理论上，我们可以通过分析地震带岩石的红外光谱，预测地震的强度，并及时采取措施，通过引震等手段消除隐患。这对人类具有重要意义。

一、模型构建与计算方法

(一)模型构建

地震通常发生在 700 km 以内，大多数破坏性地震就发生在地壳内(距离地表 33 km 内)。选取地壳岩石中的菱镁矿为研究对象，用计算机模拟计算菱镁矿在常压和高压环境下的声子态密度和色散关系。菱镁矿(见图 1)的键角 $\alpha=90°$，$\beta=90°$，$\gamma=120°$；键长 $L_A=4.63700$，$L_B=4.63700$，$L_C=15.0230$。

---

[1]空间科学与物理学院 2012 级应用物理学专业；[2]机电与信息工程学院 2012 级通信工程专业。

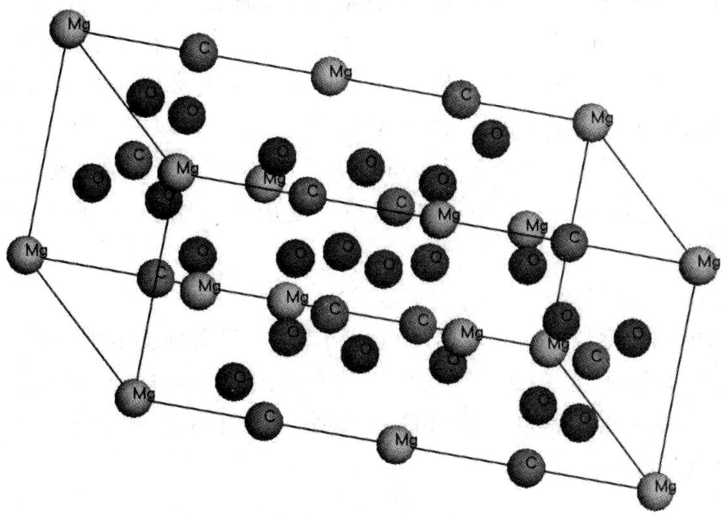

图 1　菱镁矿(碳酸镁晶体结构)

由于声子态密度的计算对结构优化要求非常高,而直接导入的菱镁矿结构不够精确,因此,必须对其进行精确的结构化。结构优化后,可得到更加精确的碳酸镁原胞(见图 2),键角 $\alpha=48.9895°$,$\beta=48.9895°$,$\gamma=48.9895°$;键长 $L_A=5.56156$,$L_B=5.56156$,$L_C=5.56156$。用此结构模拟计算 100 GPa 高压环境下碳酸镁晶体的声子态密度和分子色散关系。然后,模拟 100GPa 高压环境,并在该环境下对菱镁矿进行结构优化,得到加压后更加精确的碳酸镁原胞,键角 $\alpha=54.3563°$,$\beta=54.3563°$,$\gamma=54.3563°$;键长 $L_A=4.66608$,$L_B=4.66608$,$L_C=4.66608$。用此结构模拟计算 100 GPa 高压环境下碳酸镁晶体的声子态密度和分子色散关系。

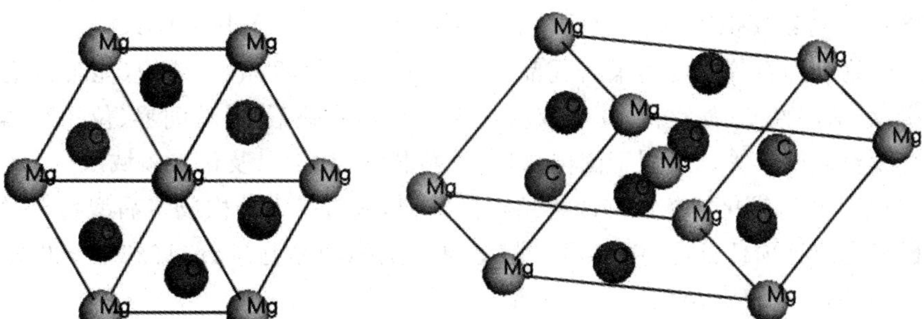

图 2　碳酸镁原胞结构

(二)计算方法

1. 密度泛函理论(DFT)

密度泛函理论是一种研究多电子体系电子结构的量子力学方法。第一性原理计算,是指从所要研究材料的原子组分出发,运用量子力学及其他基本物理规律,通过自洽计算的方法,来确定材料的几何结构、力学、热动力学、输运性质等实际材料性能的方法。这种方法对多电子体系的基态进行计算的基本思路是:首先,在考虑电子运动时,以绝热近似为基础,认为离子固定在其瞬态位置上,把多种粒子的多体问题转化为多电子问题;然后,通过密度泛函理论,将多电子问题转化为单电子问题,即把多粒子体系中电子的运动看成是每个电子在其他电子和原子核所产生的平均势场中运动。密度泛函理论现在已经成为计算凝聚态物理重要的理论基础,被广泛应用于原子、分子、团簇、固体和表面的电子结构计算。

2. 局域密度近似(LDA)

交换-关联能函数近似包括局域密度近似(LDA)、广义梯度近似(GGA)等。我们采用的近似函数为 LDA。电子密度的分布仅具有弱的非均匀性,在这样的假设前提下,Kohn 和 Sham 提出了局域密度近似(LDA)模型。在 LDA 的框架下,交换-关联能仅与体积元附近的电荷密度有关:

$$E_{xc}^{LDA}(\rho)=\int\rho(\vec{r})\varepsilon_{xc}[\rho(\vec{r})]\mathrm{d}\,\vec{r}$$

式中,$\rho(\vec{r})$表示基态粒子数密度;$\varepsilon_{xc}[\rho(\vec{r})]$表示在密度为 ρ 的均匀电子气中粒子的交换-关联能;$\mathrm{d}\,\vec{r}$表示体积元。

LDA 多适用于电荷密度变化缓慢、密度较高的体系,而不适用于电子分布体现出较强定域性、电荷密度分布不均匀的体系。

(三)CASTEP 简介及计算参数

1. Materials Studio 软件 CASTEP 模块简介

CASTEP(Cambridge Sequential Total Energy Package)是 Materials Studio (MS)中的计算包之一,是特别为固体材料学而设计的一个现代的量子力学基本程序,它使用密度泛函(DFT)平面波赝势方法进行第一性原理量子力学计算。

CASTEP 可以模拟固体、界面和表面的性质,适用于多种材料体系,包括陶瓷、半导体、金属、矿物和沸石等。可用来研究晶体材料的表面化学、电子结构(能带及态密度)、光学性质、点缺陷性质(如空位、间隙或取代掺杂)、延展缺陷(晶粒间界、位错)、体系的三维电荷密度及波函数等。适用于固体物理、材料科学、化学以及化工领域。

CASTEP 几何优化任务允许改善结构的几何,获得稳定结构或多晶型物。通过一个迭代过程来完成这项任务,迭代过程中调整原子坐标和晶胞参数,直到小于规定的收敛误差,使结构的总能量最小化。

CASTEP 能量任务允许计算特定体系的总能量以及物理性质。除了总能量之外,在计算之后还可报告作用于原子上的力;也能创建电荷密度文件;利用材料观测仪(Material Visualizer)允许目测电荷密度的立体分布;还能报告计算中使用的 k 点的电子能量,因此,在 CASTEP 分析中可生成态密度图。

2. 计算参数设置

本模拟是使用密度泛函(DFT)平面波赝势方法进行第一性原理量子力学计算的。

对菱镁矿进行几何优化时的参数设置(见图 3),交换-关联能函数采用局域密度近似

(LDA)下的 CA-PZ 来描述。为确保计算速度并能满足足够的精度，在计算菱镁矿时，k 网格(k-mesh)的精度为 medium 大小，为 3×3×2；SCF tolerance 自洽计算收敛精度为 1.0e−9 ev/atom。

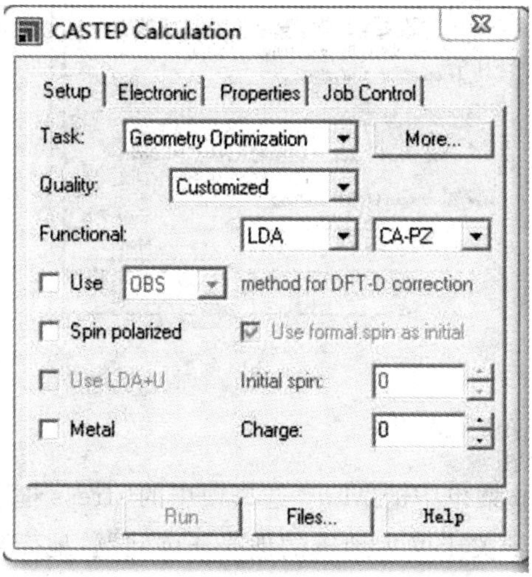

(a)

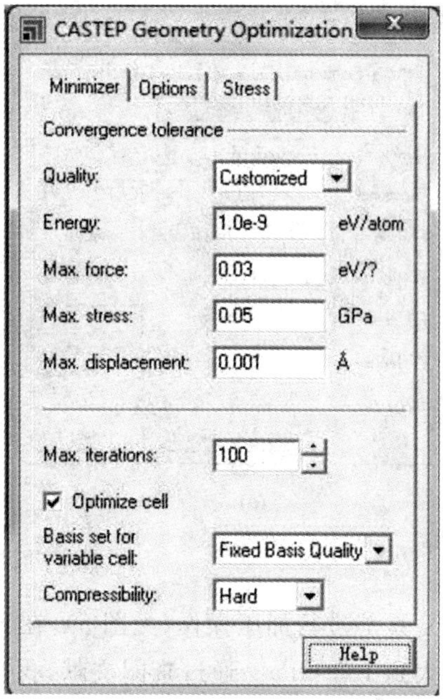

(b)

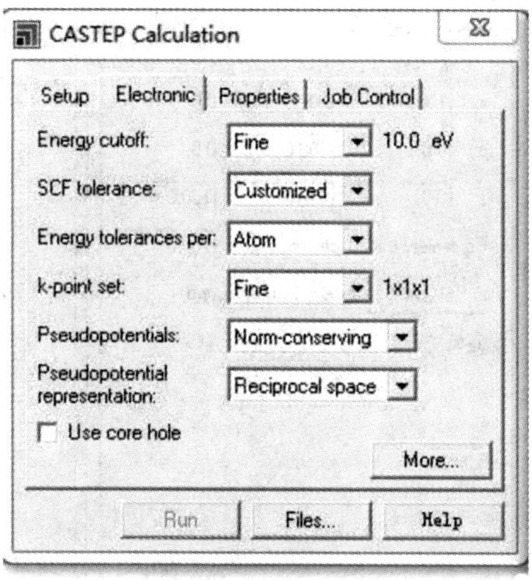

(c)

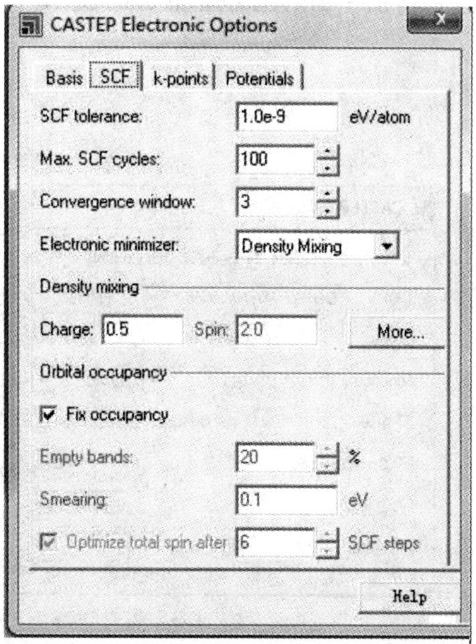

(d)

图 3　结构优化参数设置

对菱镁矿进行能量计算时的参数设置(见图 4),声子计算方法选择线性响应 linear response; k-pionts 设置框下的 display points 中显示 there are 4 irreducible k-pionts,这决定了计算时应选择 4n(n 为正整数)个核进行计算。

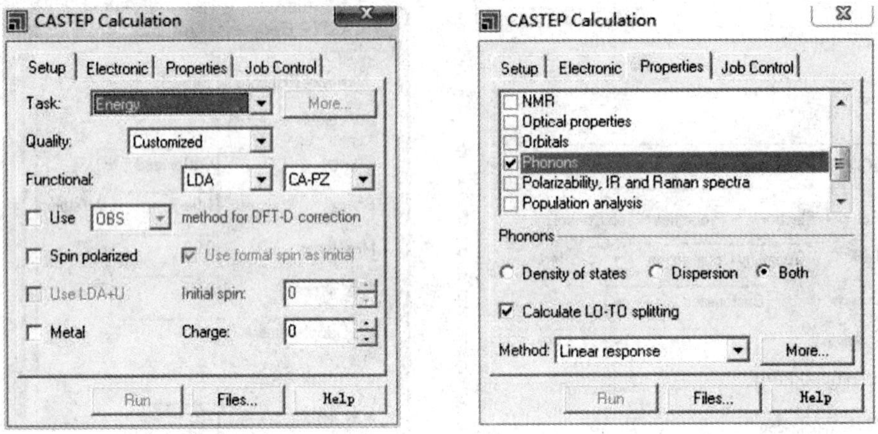

(a)　　(b)

图 4　能量计算参数设置

对菱镁矿进行加压操作(见图 5),在 Setup 菜单中的 More 选择项中的 stress 框下将压强增大到 100 GPa。通过查阅文献,我们找到关于发生地震的地壳压强问题:地壳静岩压力在莫霍面附近约 1.2 GPa,古登堡面附近约 135.2 GPa,地心处可达 361.7 GPa。地壳深度每增加 1 km,压力增加 0.0275 GPa。

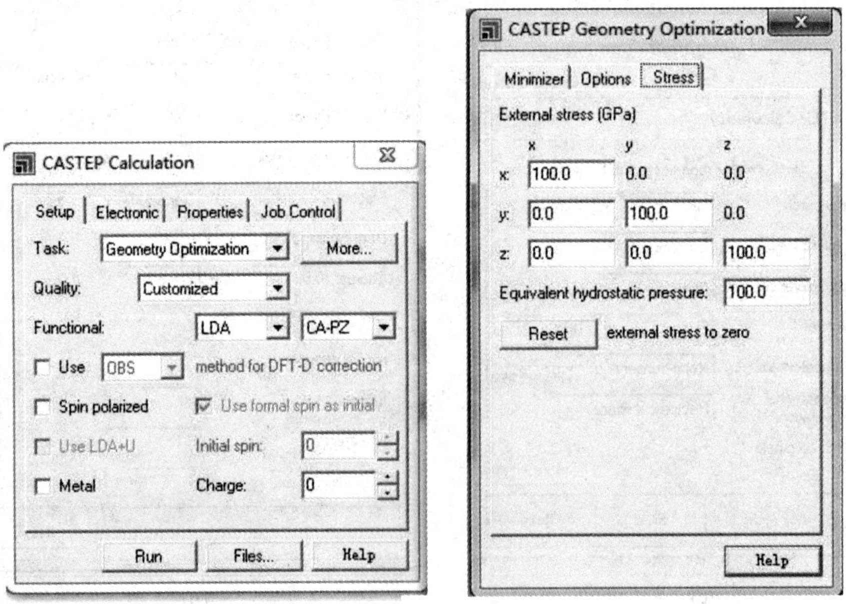

(a)　　(b)

图 5　加压操作

地震通常发生在 700 km 以内，大多数破坏性地震就发生在地壳内（距离地表 33 km 内）。我们计算的压强值为 100 GPa（正常情况下，距离地表约 3600 km 处），如果按照板块挤压产生高压应力导致超出弹性形变发生地震的思想，在距地表 700 km 甚至更浅处，由于板块挤压使岩石压强达到 100 GPa 也是合理的。因此，观察 100 GPa 下岩石的红外光谱变化有一定的参考价值。

然后，按照计算原结构时的参数设置再次进行计算。

最后，分别对加压前后的菱镁矿进行能量计算后，利用 CASTEP analysis 分别创建菱镁矿加压前后的声子态密度图和分子色散关系图，对其进行对比观察分析。

二、结果与讨论

首先，在常压下对菱镁矿进行结构优化后，再计算菱镁矿的声子态密度和分子色散关系，最后分析得到其声子态密度图和分子色散关系图，如图 6 所示。图 6 中显示了 0～2100 cm^{-1}波段范围内的数据。由于左端分子色散关系图中的数据比较复杂，不易观察和分析，对其进行积分处理，可得到右端的声子态密度图，即常压环境下菱镁矿的红外光谱图（见图 7）。观察并分析常压环境下菱镁矿的红外光谱图，可以看到，在 0～1700 cm^{-1}波段范围内有三个特征波峰。根据相关文献可知，在 724 cm^{-1}波段处的特征波峰代表碳酸根的面内剪式振动；在 843 cm^{-1}波段处的特征波峰代表碳酸根的面外摇摆振动；在 1094 cm^{-1}波段处的特征波峰代表碳酸根的非对称伸缩振动。

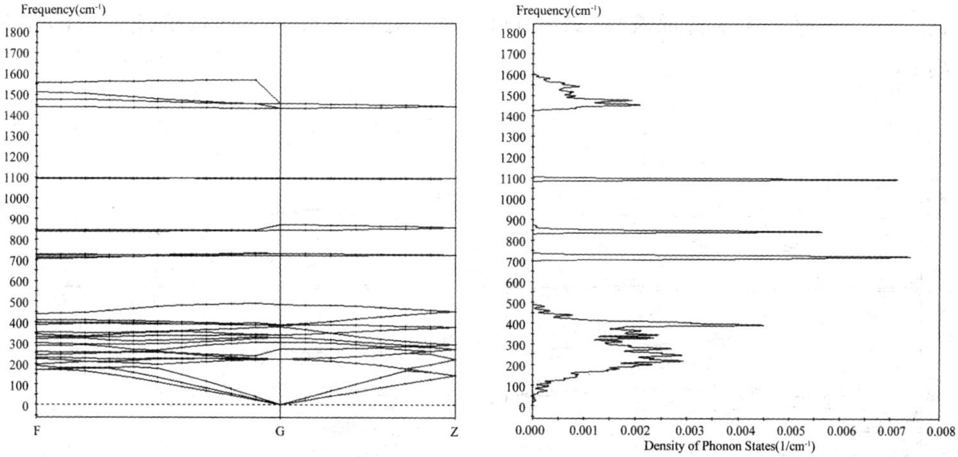

图 6　常压下菱镁矿的分子色散关系图（左）和声子态密度图（右）

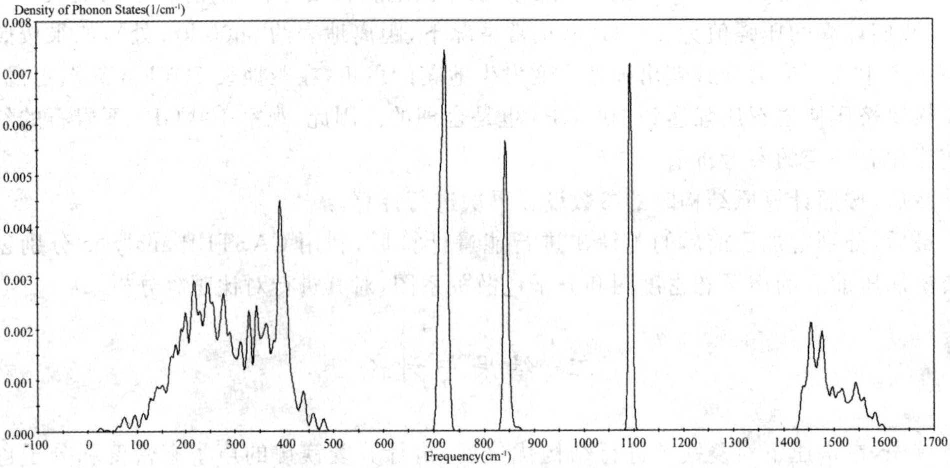

图 7　常压下菱镁矿的红外光谱图

然后,模拟 100 GPa 的高压环境,再次对菱镁矿进行结构优化,计算其声子态密度和分子色散关系,最后分析得到高压下菱镁矿的声子态密度图和分子色散关系图(见图 8)。图中显示的同样是 0～2100 cm^{-1} 波段范围内的数据,对左端的分子色散关系数据进行积分处理,可得到右端的声子态密度图,即 100 GPa 高压环境下菱镁矿的红外光谱图(见图 9)。通过观察并分析 100 GPa 的高压环境下菱镁矿的红外光谱可得到,在 0～2000 cm^{-1} 波段范围内,还存在一个特征波峰(1286 cm^{-1} 波段处),该特征波峰代表碳酸根的非对称伸缩振动。

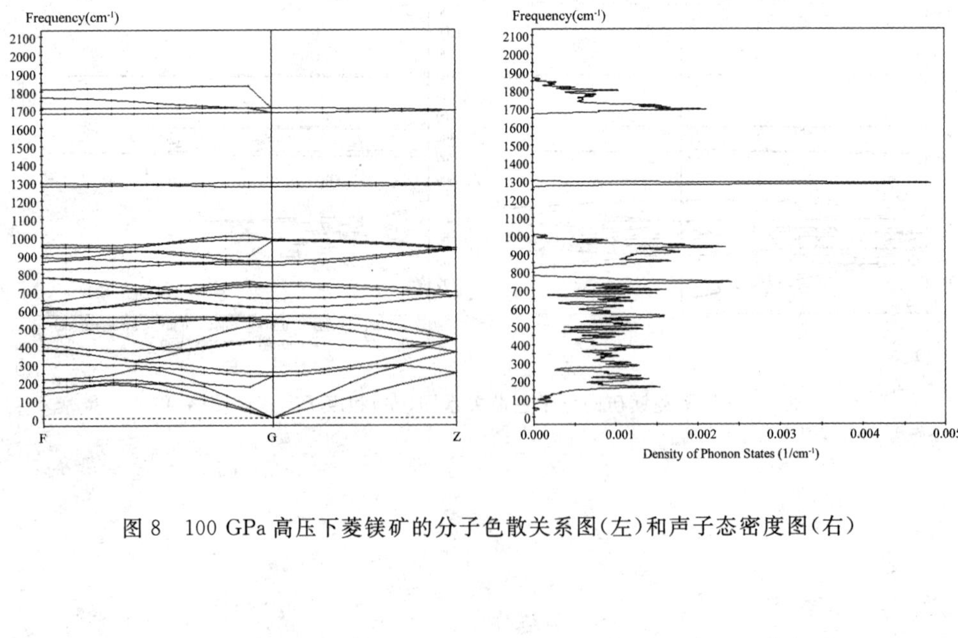

图 8　100 GPa 高压下菱镁矿的分子色散关系图(左)和声子态密度图(右)

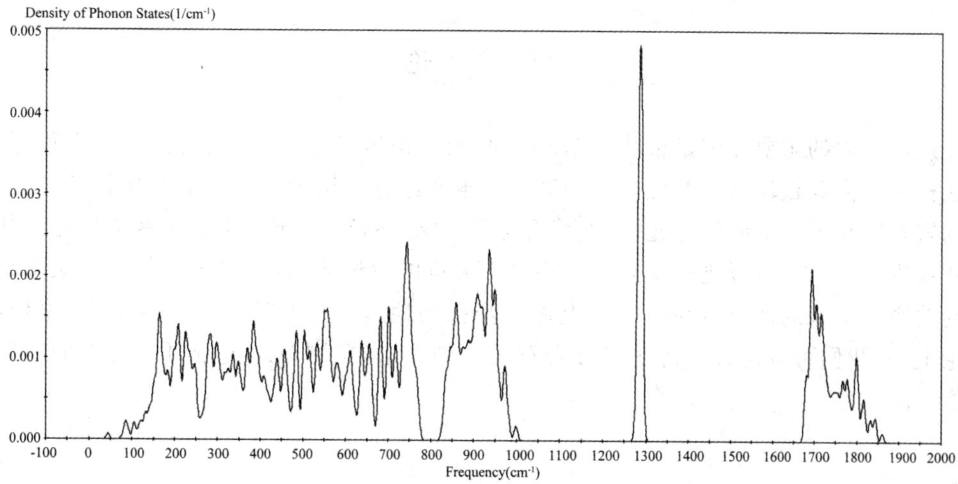

图 9　100 GPa 高压下菱镁矿的红外光谱图

为更方便地对比观察和分析，我们利用 Origin 将常压下菱镁矿的红外光谱图与 100 GPa高压环境下菱镁矿的红外光谱进行结合，如图 10 所示。通过对图形分析我们可以得到，在 0～2000 cm^{-1}波段范围内，常压下菱镁矿的红外光谱图有三个特征峰，分别在 724 cm^{-1}、843 cm^{-1}和 1094 cm^{-1}波段处，而处于 100 GPa 高压环境下菱镁矿的红外光谱图中只有一个特征波峰，在 1286 cm^{-1}波段处。由此得出，100 GPa 高压环境下碳酸根的非对称伸缩振动造成的特征峰，相对于常压下碳酸根的非对称伸缩振动造成的特征峰，发生了右移，即地下岩石受到板块挤压产生局部高压(如 100 GPa)时的红外光谱，相对于正常环境下的红外光谱，可以观察到某些特征峰的蓝移现象。

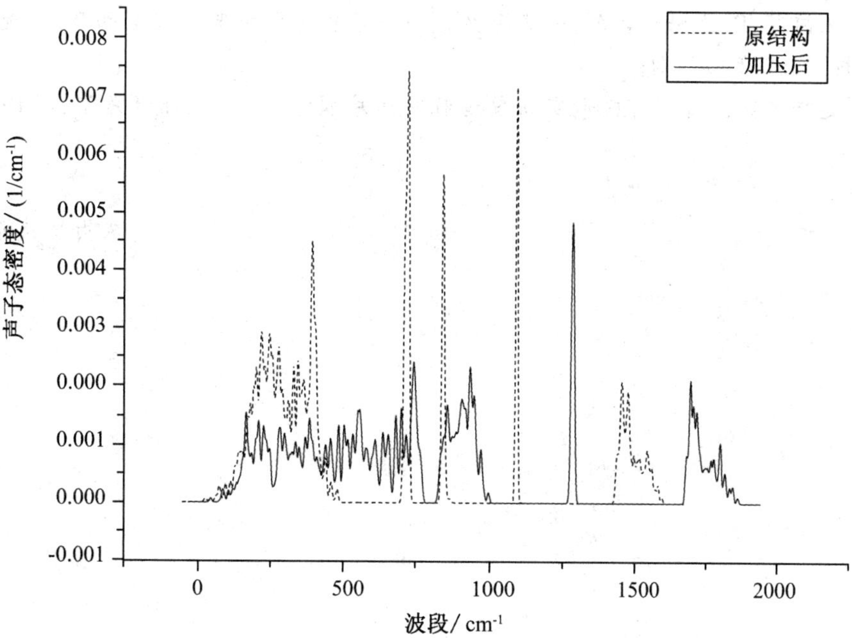

图 10　常压下和 100 GPa 高压下菱镁矿的红外光谱图

四、结　论

地震发生的主要原因是板块与板块之间相互挤压碰撞，当压强增大到一定程度时，造成板块边沿及板块内部产生错动和破裂。本文通过模拟 100 GPa 的高压强环境，计算得到岩石在高压强下的红外光谱，与常压强下的红外光谱相比，可以观察到某些特征峰的蓝移现象，所以，可以进一步采集更多的压强点的模拟数据，找出压强与特征振动峰蓝移的关系。未来的研究可在此基础上进一步找到地震震级与蓝移的对应关系，这样，从理论上讲，我们可以通过分析地震带岩石的红外光谱，预测该地震带可能发生的地震的强度。

参考文献

[1]李万程:《火星表面含水硫酸盐的理论模拟》，山东大学(威海)学士学位论文，2014 年。

[2]Andrzej Grzechnik et al.，"An infrared study of $MgCO_3$ at high pressure"，*Physica B:Condensed Matter*，1999，262(1-2)：pp. 67-73.

[3]Ni Shibing，Li Tao and Yang Xuelin，"Hydrothermal synthesis of $MgCO_3$ and its optical properties"，*Journal of Alloys and Compounds*，2011，509(30)：pp. 7874-7876.

[4]修连存等:《近红外光谱分析技术在蚀变矿物鉴定中的应用》，《地质学报》2007 年第 11 期。

[5]顾国华:《地壳形变与地震前兆探索回顾和展望》，《地震学报》2012 年第 2 期。

[6]王阿莲、P. 达姆兰古尔、郁鉴源:《振动谱学研究中的光谱线型函数》，《光谱学与光谱分析》1992 年第 2 期。

[7]赵晓鹏等:《固体材料形变断裂过程时间序列特性》，《材料研究学报》1995 年第 6 期。

(指导教师:张鹏)

月球矿物与岩石类型的识别与应用

纪超南[1]

人类对月球的探索从未间断过,但对于月球的地形地貌、内部构造及早期形成原因,至今仍难下定论。月球岩石中矿物的成分及其含量可以反映其形成时期的物理、化学条件;矿物岩石的分布可以为我国探月工程第三阶段落月地点的选择提供重要参考。1994年,美国发射的Clementine探测器获得了月球表面可见光和近红外范围内五个波段的光谱信息;我国的CE-1卫星搭载的干涉成像光谱仪获取了480～946 nm波段范围的月球全球光谱信息;2008年,印度的"月船一号"(Chandrayaan-1)卫星搭载的月球矿物绘图仪(M^3)获取了461～2976 nm波段范围的月球表面光谱图像。这些都是可利用的月球光谱数据。此外,美国布朗大学的RELAB实验室(Reflectance Experiment Laboratory)有含有月球返回样品的光谱测定信息。本文即以研究月球矿物的成分及其含量为基本目标。我们选取精度最高、波段最为密集的M^3光谱数据,RELAB实验室光谱,进行如下三方面的研究:开创适合我国嫦娥一号干涉成像光谱仪数据特征的、测定矿物含量的方法;构建月球的矿物含量—光谱查找表;尽可能地制作范围广的月球表面矿物含量分布图。

一、数　据

(一) M^3 高光谱数据

"月船一号"(Chandrayaan-1)于2008年10月由印度空间研究组织(Indian Space Research Organisation, ISRO)发射,其搭载M^3的主要目的是探测月球高光谱,对月表矿物和岩石成分进行识别和成图。M^3对月球的探测包括针对全球的和针对特定目标的两种模式。我们使用的数据为在轨道高度为100 km处通过全球模式得到的,空间分辨率为140 m。M^3的光谱数据共85个波段,波长范围为461～2976 nm,跨度为2515 nm。由于探测器性能限制,可用波段为波段3至波段85,对应的可用波长范围为541～2976 nm。M^3的光谱数据波长范围宽,波段间距小,数据更精确。月球岩石和土壤的光谱特

[1]空间科学与物理学院2011级空间科学与技术专业。

征主要位于波长为750～2000 nm的范围内,因而以M^3的光谱数据作为研究月球撞击坑中央峰矿物成分的主要研究数据。

(二) RELAB实验室及LSCC数据库光谱数据

月球探测中月球样品的收集比较困难,所以Apollo和Luna登月探测器返回的月球样品对于月球研究很珍贵。RELAB实验室是对Apollo计划6次登月采集回来的样品进行光谱分析所建立的光谱库,其中包含有月海和高地两个区域中不同程度的"月壤成熟度"有代表性样品。由于月壤的光谱特性与其粒径相关,LSCC测量了4种不同粒度大小(<10 nm、10～20 nm、20～45 nm以及块状)的样品的反射光谱,其采集的反射光谱分辨率为5 nm,光谱范围为300～2600 nm,分析了样品中斜长石、辉石、橄榄石、钛铁矿、熔岩凝块玻璃、火山玻璃的百分含量,以及各种化合物的百分含量。LSCC的反射光谱数据由布朗大学的RELAB实验室用可视几何学方法测得。具体测量参数为:入射角30°,出射角0°,相角30°。本研究中,端元矿物的反射光谱来自于USGS矿物数据库和布朗大学的RELAB实验室。单斜辉石、斜方辉石来自于LSCC数据库,斜长石、橄榄石来自于RELAB实验室。

二、研究对象

我们选取的研究对象——撞击坑的条件为:要落在一个单独的轨道内,以消除轨道间由于可视几何学导致的颜色变异等;直径大于40 km,以尽量避免因撞击坑大小造成的矿物含量探测的差异;倾斜度足够大,不致使受撞击的土壤累积。通过层层筛选,我们最终选择了23个撞击坑。撞击坑及其位置见表1。

表1　本项目所选择的月球撞击坑中央峰位置

Crater name	Longitude	Latitude
Aitken	173.5	17S
Aristillus	1.5	34N
Aristoteles	17	50N
Arzachel	358	18.5S
Atlas	39	47N
Bettinus	315	64S
Bhabha	195	55.5S
Birkeland	174	30S
Borman	211	39S
Bullialdus	338	21S
Burg	28.5	45.5N
Carpenter	309.5	70N

续表

Crater name	Longitude	Latitude
Compton	105	56N
Copernicus	340	10N
Crookes	195	10.5S
Fizeau	224.5	58.5S
Jackson	197	22N
Keeler	162	10S
King	120.5	6N
Langmuir	231	36.5S
Lowell	257	13S
Maunder	266	14.5S
Ohm	246	18N

三、研究方法

(一)选取端元

我们选取 USGS 的合成样品单斜辉石、斜方辉石，RELAB 实验室月球返回样品的斜长石、橄榄石作为端元矿物，具体见表 2。单斜辉石、斜方辉石、橄榄石、斜长石四种矿物各有其独特的光谱特征(见图 1)：斜长石的反射率高但相对而言吸收特征不明显，若存在少量铁，会在 0.63 μm 处出现微弱吸收；橄榄石在 0.65 μm 附近有很强的反射峰，在 1.05 μm处有吸收带，若橄榄石含量低，则 1 μm 处的吸收带会较宽；斜方辉石在 0.7 μm 附近有反射峰，在 1 μm 处有吸收带；单斜辉石在 0.95 μm 处有吸收带。

表 2　选用的端元矿物及其来源

矿物	光谱标签	对应光谱文件	来源
单斜辉石	Augite WS592		USGS
	Enstatite NMNH128288		USGS
斜方辉石	Hypersthene PYX02.A		USGS
	Bronzite HS9.3B		USGS
橄榄石	LR-CMP-014	C1LR14	RELAB
		LALR14	RELAB
		C2LR14	RELAB
斜长石	LS-CMP-086	C1LS86	RELAB

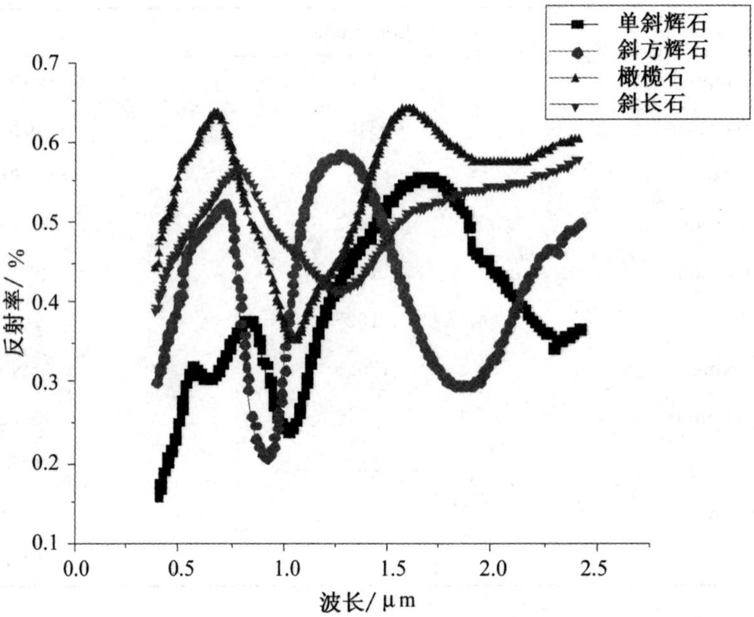

图 1　四种端元矿物的光谱曲线

(二)去连续统

月表光谱连续统问题是随波长增加,反射率有上升趋势的现象。它主要由太空风化引起,随月表物质暴露时间的增加,月壤成熟度相应增大,纳米铁含量随之升高,出现反射光谱随波长增加、逐渐变亮的趋势。一般认为,连续统是能量(波数)的线性函数,去除太空风化效应是进行光谱分析和矿物信息提取的重要内容。为准确分析光谱吸收特征,减小太空风化对矿物光谱分析的影响,更好地利用遥感光谱,以获取矿物成分及矿物含量信息,必须进行连续统的去除操作。

目前,国际上通用的去除连续统的操作主要有三种:相除法、相减法以及包络线法。通过实验验证,我们选取最准确的相除法来进行连续统去除。具体操作为:在波长-反射率曲线中分别选取 750 nm、1500 nm 附近的两个点,连接成一条直线,此即该光谱曲线的连续统。然后用每点的反射率真实值除以连续统直线上对应同样波长处的值,即得到去除连续统之后的光谱曲线。

值得注意的是,我们选取的四种端元矿物(单斜辉石、斜方辉石、橄榄石、斜长石),有两种(单斜辉石、斜方辉石)是来自于 LSCC 数据库的人工合成矿物,基本上可以看作成熟度为 0,不需要进行连续统的去除;另外两种(橄榄石、斜长石)是来自于 RELAB 实验室的真实月壤,存在空间风化效应的影响,因而其光谱曲线需要去连续统。除此之外,我们使用的 M^3 高光谱数据是空间中遥感探测的月球光谱,存在空间风化效应造成的成熟度影响,所以它们在使用之前都要进行去连续统操作。

图 2 是我们的端元矿物橄榄石、斜长石连续统去处前后的对比图。从这两个图可以看出,去除连续统之后,光谱的吸收带和反射峰会更加明显,更有利于我们对光谱曲线的

求单次散射反照率(SSA)操作。

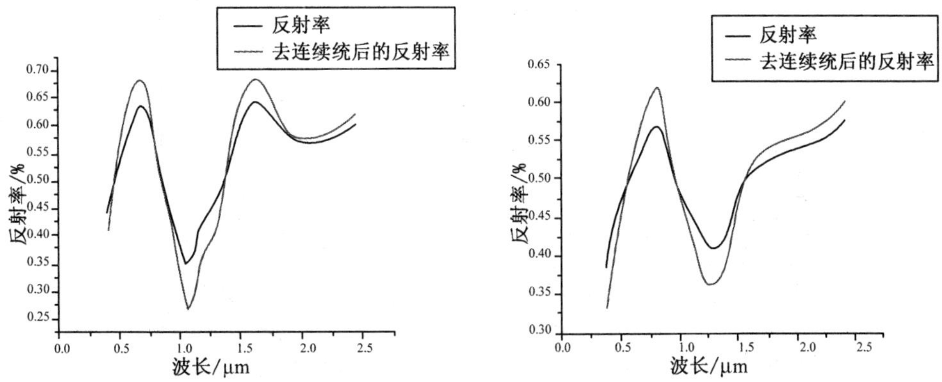

(a)橄榄石　(b)斜长石

图 2　连续统去除前后的对比

(三)求单次散射反照率(SSA)

矿物反射光谱具有非线性混合的特性,直接进行随机混合(线性混合)存在较大的误差。而矿物 SSA 基本遵循线性混合的特性,基于 Hapke 模型可实现矿物反射光谱与 SSA 之间的相互转换。

由于反射光谱数据是由对象多次散射得到的反射强度数据,难以进行直接操作和判别,因此,我们使用 Hapke 辐射传输模型求解光谱反射率对应的单次散射反照率。

$$R=\frac{\omega}{4\pi}\frac{\mu_0}{\mu_0+\mu}\{[1+B(g)]P(g)+H(\mu_0,\omega)H(\mu,\omega)-1\}$$

式中,R 为双向反射率;ω 为单次散射反照率;μ_0 是入射角 i 的余弦($\mu_0=\cos i$);μ 是出射角 e 的余弦($\mu=\cos e$);g 是相角; $B(g)$是用来描述反向效应的后向散射函数;$P(g)$是描述反射能量随视向方向改变的相函数;$H(\mu_0,\omega)$是描述多重散射过程的散射相函数。

我们所用的 RELAB 实验室和 LSCC 数据库的数据,其可视几何学参数设定为:$i=30°,e=0°,g=30°$;$B(g)=\frac{1}{1+(1/h)\tan(g/2)}$,其中的 h 为反向效应的角宽参数,$h=-\frac{3}{8}\ln(1-\varphi)$,$\varphi$ 的参数值设定为 0.41,对月壤风化层而言是合适的;相函数 $P(g)=1+bP_1(g)+cP_2(g)$,其中 $P_1(g)=\cos g$,$P_2(g)=\frac{3}{2}\cos^2 g-\frac{1}{2}$是勒让德多项式,参数 $b=-0.4,c=0.25$,分别表示矿物的前后向散射。H 函数引用 Hapke(2005)的方程:$H(x,\omega)=\{1-(1-\gamma)x[r_0+(1-\frac{1}{2}r_0-r_0x)\ln(\frac{1+x}{x})]\}^{-1}$,其中,$x=\cos e$ 或 $\cos i$,$\gamma=\sqrt{1-\omega}$,$r_0=\frac{1-\gamma}{1+\gamma}$。

我们将上述模型整理化简后,编写 Matlab 程序实现了反射率 R 与单次散射反照率 ω 的转换,如图 3 所示。

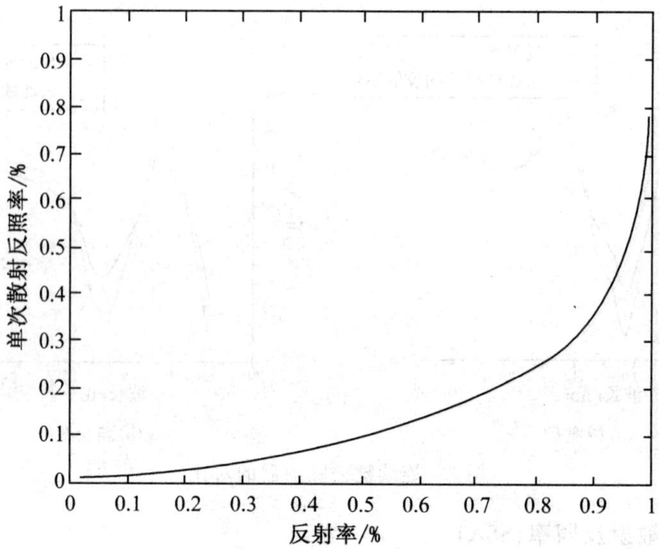

图 3　单次散射反照率与反射率的对应关系

我们以上述关系建立 R—ω 查找库，当给定一条光谱时，从该库中可查找到光谱曲线每个反射率点对应的单次散射反照率 ω。反射率 R 与单次散射反照率 ω 的范围均设定为 0～1，这是反射数据归一的要求。

图 4 给出了四种端元矿物的反射率(橄榄石与斜长石的反射率已经去过连续统)与计算得到的单次散射反照率(SSA)的对比图。

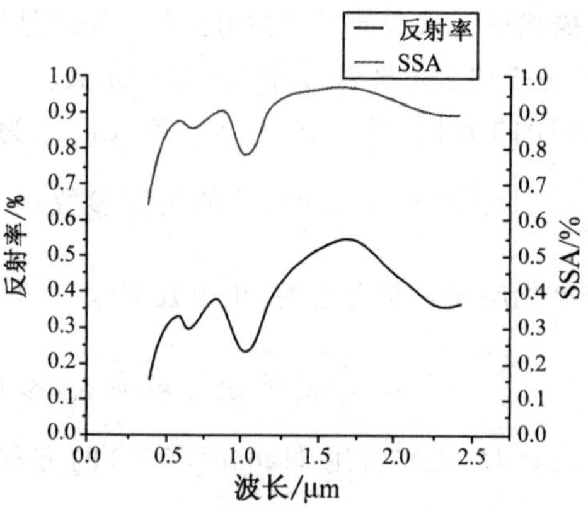

(a) 单斜辉石

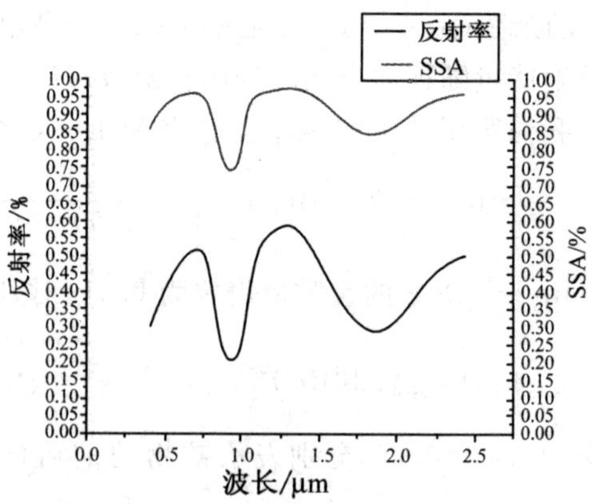

(b) 斜方辉石

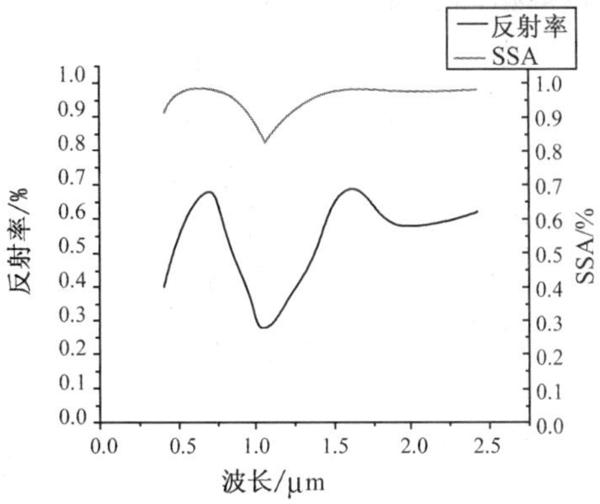

(c) 橄榄石

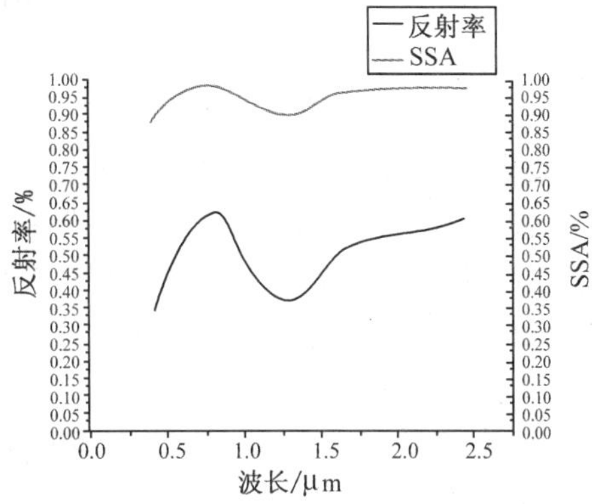

(d) 斜长石

图 4　四种端元矿物的反射率与计算得到的单次散射反照率(SSA)的对比

(四)得到矿物含量—光谱查找表

为便于计算,我们假定月球遥感光谱为线性混合模型。光谱线性混合模型可解释为:光谱是由各端元矿物的光谱线性混合而成,各组成矿物的光谱在混合光谱中的比重就是月壤中该矿物占的体积百分含量。基于此,我们构建了线性的矿物含量—光谱查找表。该查找表以单斜辉石、斜方辉石、橄榄石、斜长石四种矿物为端元,进行等比例的线性混合。最终,每一组矿物含量都有一条模拟光谱曲线与之对应。根据实验研究及文献查阅,我们设定四种端元的总含量等于100%,其中,橄榄石的含量小于40%,单斜辉石、斜方辉石的含量均小于50%,斜长石的含量大于20%小于80%。基于上述限定条件,我们构建了一个一一对应的矿物含量—光谱查找表。

(五)正演与反演

我们使用所有可利用的月球遥感光谱数据——M^3 高光谱数据、CE-1 干涉成像光谱仪数据、Clementine 紫外/可见光谱数据以及 Clementine 紫外-可见光谱数据,对上述模型进行实验验证以及完善使用。

正演即对于一个已知矿物成分含量的撞击坑中央峰,根据端元矿物光谱的线性混合,得到模拟光谱。反演即给定一条未知成分含量的光谱,进行去连续统处理后,在查找表中查找到与其匹配度最高的一条光谱,库中光谱对应的矿物含量即为未知光谱的成分含量。根据统计学原理,较低的相关系数不能证明两个变量之间存在某种因果关系,这是我们构建该模型的理论依据。

(六)实现方法与程序

处理各种矿物的影像图,提取 M^3 高光谱矿物以及进行包络线法去连续统的步骤,我们使用 ENVI 图像处理软件和 ArcGIS 地理信息处理软件;使用 Origin 软件作出光谱图像并进行展示。至于数据处理，考虑到数值计算的精确程度，我们使用 Matlab 软件计算得到 SSA 与反射率的转换查找库。其他的数据处理部分，包括去除连续统，查找单次散射反照率，得到矿物含量—光谱查找表，以及最终由含量正演得到光谱曲线、由光谱曲线反演得到矿物含量等复杂烦琐的处理过程，我们均用 IDL 程序实现，避免了多次处理的工作量，简洁高效。简言之，我们用循环程序实现了所有的数据处理工作。若现在给定一个撞击坑中央峰的矿物含量，我们能正演得到该地的光谱曲线；若给定一条月球撞击坑中央峰的光谱曲线，我们只需跑两步程序就可反演得到该地的矿物含量。

四、结　果

(一)模型验证

我们使用 M³ 数据对模拟光谱进行对比，结果如图 5 所示。

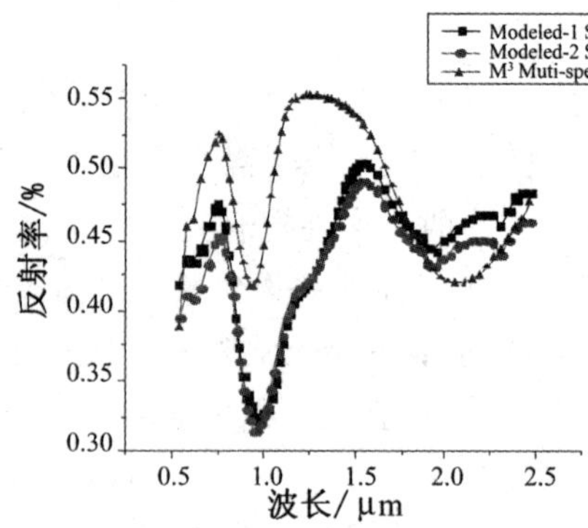

(a) Aristoteles orater

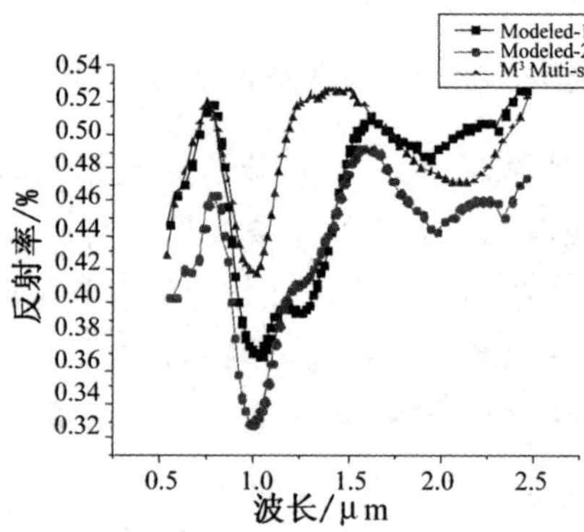

(b) Atlas crater

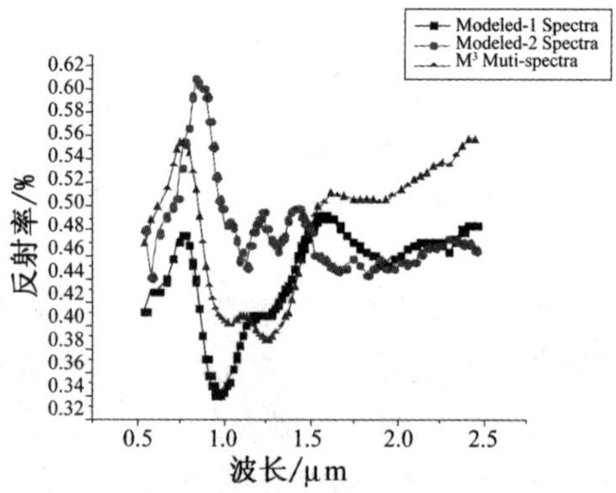

(c) Bettinus crater

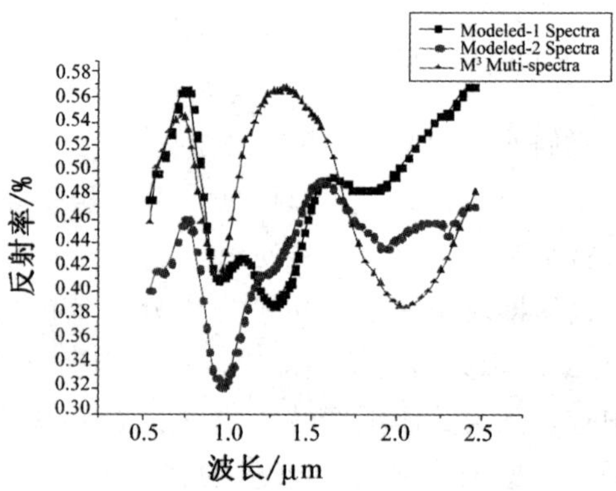

(d) Bhabha crater

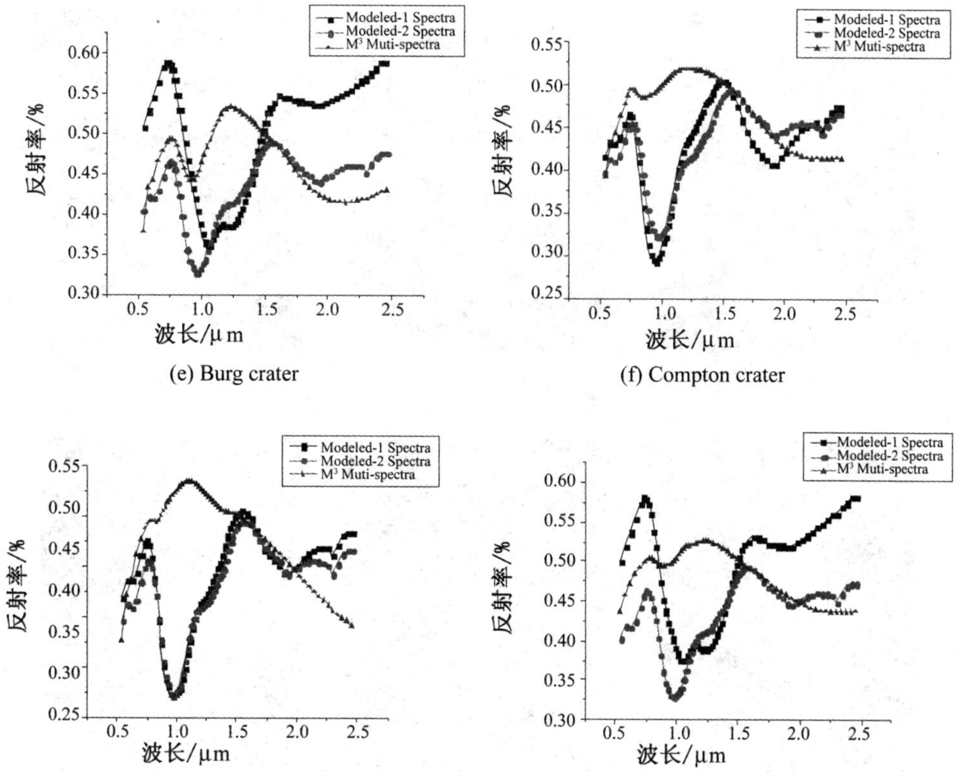

(e) Burg crater (f) Compton crater

(g) Jackson crater (h) Langmuir crater

图 5　Aristoteles 撞击坑的 M^3 实测光谱(M^3 Muti-spectra)、按含量计算出的光谱(Modeled-1 Spectra)以及根据实测光谱计算出含量后再模拟的光谱(Modeled-2 Spectra)的对比

在图 5 中，我们设定在 1000 nm 左右的吸收带处三条光谱曲线等值。从图 5 中可以看出，实测光谱与按含量计算出的光谱在趋势上是一致的，在 1000 nm 处的吸收带的位置、强度、宽度以及高度一致。这说明我们的正演线性模型是正确的。按含量计算出的光谱以及根据实测光谱计算出含量后再模拟的光谱的符合情况与实测光谱相比要更好，可能的原因是我们的实测光谱选取的位置与 Cahill 选取的位置有一些差别。除此之外，考虑到 Cahill 使用的是 Clementine 的紫外/可见光/近红外光谱数据，我们主要使用的是相较之下光谱数据更精确和密集的 M^3 多光谱数据。

(二)矿物含量反演

我们根据矿物含量—光谱查找表，提取了一部分月球撞击坑中央峰的光谱数据进行验证，矿物含量的分析结果如图 6 所示。

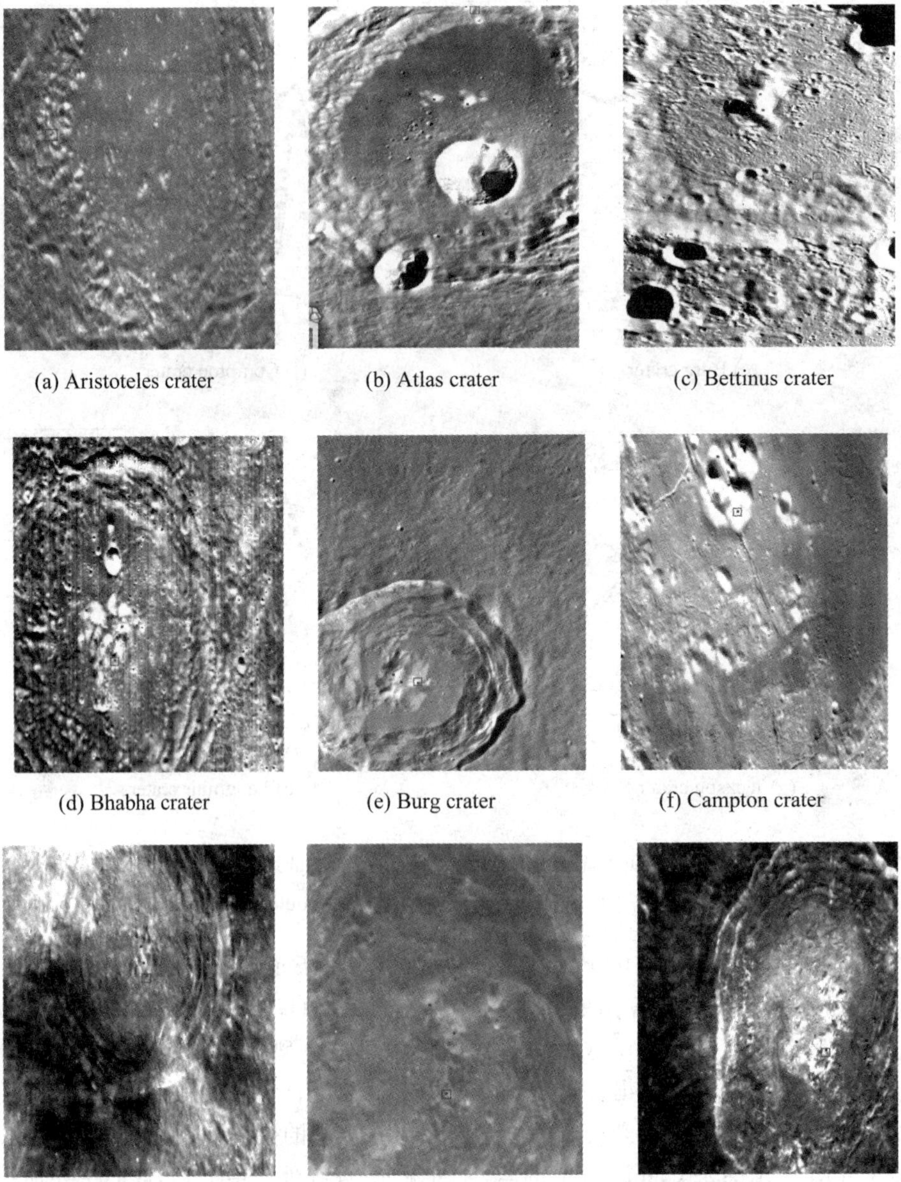

(a) Aristoteles crater (b) Atlas crater (c) Bettinus crater

(d) Bhabha crater (e) Burg crater (f) Campton crater

(g) Jackson crater (h) Langmuir crater (i) Maunder crater

图 6 九个撞击坑的影像图(选取的对象区域已在图中标注)

表 3 列出了九个撞击坑中央峰的矿物成分含量反演结果与 Cahill 计算值的比较。从表 3 中可以看出,我们计算出的结果与 Cahill 计算值的结果基本趋势是一致的。我们计算出的单斜辉石/斜方辉石的值与 Cahill 的计算值大体接近。这说明我们对于单斜辉石和斜方辉石的计算是正确的。另外,表中也显示,我们的模型对于橄榄石和斜长石的计算比较不精确,这可能是由于单斜辉石的反射率高且无明显吸收特征,导致我们对它的含量探测不准确,也影响到橄榄石含量的探测。

表 3 九个撞击坑中央峰的矿物成分含量反演结果与 Cahill 计算值的比较

Crater		橄榄石/%	斜方辉石/%	单斜辉石/%	斜长石/%	单斜辉石/斜方辉石
Aristoteles	参考值	13.3	22.5	28.9	35.2	1.284444
	计算值	0	24	31	45	1.291667
Atlas	参考值	9.1	11.7	17.3	61.9	1.478632
	计算值	0	22	35	43	1.590909
Bettinus	参考值	2.5	14.2	4.2	79.2	0.295775
	计算值	5	20	26	49	1.3
Bhabha	参考值	21.5	27	29.9	21.5	1.107407
	计算值	8	15	18	59	1.2
Burg	参考值	7.6	15.1	41.2	36.2	2.728477
	计算值	0	24	34	42	1.416667
Campton	参考值	17.4	7.8	10.6	64.2	1.358974
	计算值	0	22	33	45	1.5
Jackson	参考值	10.5	6.4	18.4	64.7	2.875
	计算值	0	20	33	45	1.65
Langmuir	参考值	17.6	9.5	20	52.9	2.105253
	计算值	0	23	38	39	1.652174
Maunder	参考值	9.4	15.2	50.3	25.1	3.309211
	计算值	0	20	41	39	2.05

五、结　论

影响矿物含量的因素主要有三个:选取的撞击坑的深度、月壤的粒度以及连续统去除的影响。撞击坑深度对矿物含量分析的影响,主要表现在撞击坑的深度影响中央峰矿物的含量。根据调研,撞击坑的深度对月球撞击坑中央峰矿物含量的影响非常小。虽然如此,该因素仍是一个值得考虑的因素。对于遥感数据,目前还没有办法考虑月壤粒度的影响,因为目前的月球遥感探测水平还不能分辨出月壤粒度的大小。但是对于地基光谱来说,粒度是一个影响因子很大的因素,因此,我们希望能够创建一个模型,考虑月壤粒度的影响。对于连续统的去除,前人并没有考虑过它对矿物含量的影响。基于斜长石吸收特征不明显且反射率高的特点,我们认为连续统的去除可能会影响斜长石的含量分析。我们作了 23 个撞击坑的分析,分析结果表明,连续统去除对斜长石的相关系数的影响很小(见图 7),这也是我们下一步要考虑的问题。

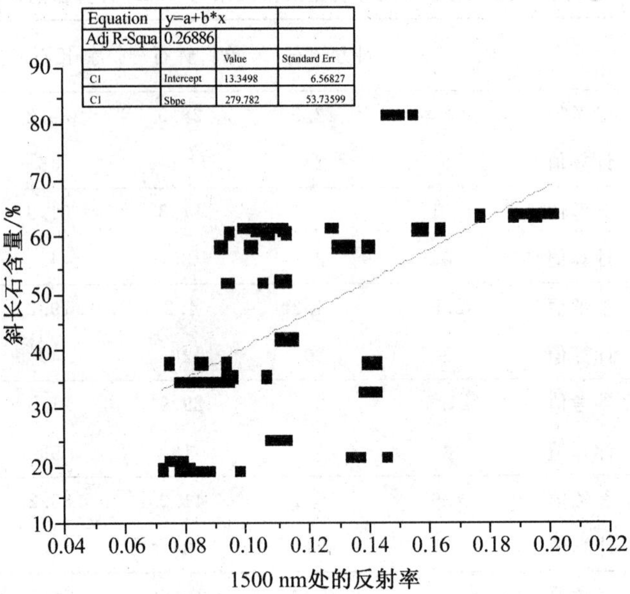

图 7　23 个撞击坑 69 个取样点 1500 nm 处的反射率与斜长石含量的关系

从 2007 年的“嫦娥一号”探月卫星发射，到 2013 年的“嫦娥三号”卫星成功发射，中国正处于探月工程的第二阶段末期。我们项目的最终目的仍是与我国的探月项目相结合，为落月地区的寻找提供依据，辅助空间探测，得到更优化的月球表面矿物含量及分布结果。

另外，近年来国际上对火星的探测正如火如荼地进行，我们对于月球撞击坑中央峰矿物成分及含量的分析可以转换到火星上，为我国进行火星的探测提供先导性研究。

参考文献

[1]Edward Bowell et al.，“Application of photometric models to asteroids”，*Asteroids II*，1989，1：pp. 1-46.

[2]Cahill J. T. S.，Lucey P. G. and Wieczorek M. A.，“Compositional variations of the lunar crust: Results from radiative transfer modeling of central peak spectra”，*Journal of Geophysical Research：Planets(1991-2012)*，2009，114(E09001)：pp. 1-6.

[3]Chevrel S. D. et al.，“The Aristarchus Plateau on the Moon: Mineralogical and structural study from integrated Clementine UV-Vis-NIR spectral data”，*Icarus*，2009，199(1)：pp. 9-24.

[4]Victoria E. Hamilton，Harry Y. McSween and Bruce Hapke，“Mineralogy of Martian atmospheric dust inferred from thermal infrared spectra of aerosols”，*Journal of Geophysical Research：Planets(1991-2012)*，2005，110(E12006)：pp. 1-11.

[5]Bruce Hapke，“Bidirectional reflectance spectroscopy: 1. Theory”，*Journal of*

Geophysical Research :*Solid Earth*(*1978-2012*),1981, 86(B4): pp. 3039-3054.

[6]Bruce Hapke,"Bidirectional reflectance spectroscopy: 3. Correction for macroscopic roughness", *Icarus*, 1984,59 (1): pp. 41-59.

[7]Bruce Hapke,"Bidirectional reflectance spectroscopy: 4. The extinction coefficient and the opposition effect", *Icarus*, 1986,67(2): pp. 264-280.

[8]Liu Fujiang, et al,"Estimation of lunar titanium content: Based on absorption features of Chang'E-1 interference imaging spectrometer (IIM) ", *Science China Physics*, *Mechanics and Astronomy*, 2010,53 (12): pp. 2136-2144.

[9]John F. Mustard and Carle M. Pieters,"Quantitative abundance estimates from bidirectional reflectance measurements", *Journal of Geophysical Research*: *Solid Earth* (*1978-2012*), 1987, 92 (B4): pp. 617-626.

[10]John F. Mustard et al. ,"Compositional diversity and geologic insights of the Aristarchus crater from Moon Mineralogy Mapper data", *Journal of Geophysical Research*: *Planets* (1991-2012), 2011, 116(E6): pp. 1-17.

[11]John F. Mustard and Carlé M. Pieters,"Photometric phase functions of common geologic minerals and applications to quantitative analysis of mineral mixture reflectance spectra", *Journal of Geophysical Research*: *Solid Earth* (*1978-2012*),1989, 94(B10): pp. 13619-13634.

[12]Carle M. Pieters,"Composition of the lunar highland crust from near-infrared spectroscopy", *Reviews of Geophysics*, 1986,24(3): pp. 557-578.

[13]Carle M. Pieters et al. ,"Space weathering on airless bodies: Resolving a mystery with lunar samples", *Meteoritics* & *Planetary Science*, 2000, 35 (5): pp. 1101-1107.

[14]欧阳自远:《月球科学概论》,中国宇航出版社 2005 年版。

[15]Lawrence A. Taylor et al. ,"Mineralogical and chemical characterization of lunar highland soils: Insights into the space weathering of soils on airless bodies", *Journal of Geophysical Research*: *Planets* (*1991-2012*), 2010,115 (E2):pp. 1774-1775.

[16]Stefanie Tompkins and Carle M. Pieters,"Mineralogy of the lunar crust: Results from Clementine", *Meteoritics* & *Planetary Science*, 1999,34(1): pp. 25-41.

(指导教师:凌宗成)

教室导航综合系统

汪海建[1]

我国的高等教育已进入大众化发展阶段，各高校的招生数量急剧增加，给高等教育带来了深刻的变革。面对跨越式的发展速度和招生数量的大幅度增加，不少高校教室资源短缺的问题逐渐凸显出来。教室之于教师、学生、教学，都有极其重要的作用。因此，科学、高效、合理地管理和使用高校教室资源，保证学生正常的学习环境，成为目前高校教学资源管理研究的一项重要课题。

综上所述，学校需要优秀的教室管理软件这一事实无可争议。一个教室管理系统不仅能使工作人员方便地对教室资源进行管理和安排，大大减轻其工作量，而且还能为学生和老师查询与教室相关的信息提供便利。除此之外，它还可以给教师提供部分教室占用权限，分担管理人员的一部分工作。本系统在山东大学（威海）教室管理系统的基础上，又新增了教室查询、课程查询等功能。

一、研究方法

1. 运用调查统计的方法，对大学生关于课程教室的功能需求情况进行统计，并用数据统计的方法对结果进行分析。同时，采用数学建模的方法建立相关数学模型，从而对数据进行处理。
2. 用软件开发的相关方法来开发软件。
3. 通过调查问卷的方式得到产品推广价值的数据。

二、研究内容

1. 统计目前大学生对教室查询、申请和对课程查询的需求，并进行分析。
2. 制作出教室导航系统，集教室查询、申请、管理以及课程查询于一体。
3. 完成对该系统的鲁棒性测试，然后在学校进行推广、运行。

---

[1] 数学与统计学院 2011 级数理经济班。

三、需求分析

(一)用户需求

本系统的最终用户为在校学生与教室管理相关工作人员，我们根据从学校方面取得的图表资料、文字资料以及其他细节方面的信息，再结合我们日常生活中的经验及所做的其他询问和调查，得出用户的实际需求。

1. 学校的组织机构情况

在学校组织机构中，与教室管理相关的有学生、教师和教室。学校的所有日常工作都是围绕着这三大部分进行的。

一个学校下设若干学院，如商学院、海洋学院、法学院、数学与统计学院等；一个学院下设若干专业，如数学与统计学院下设三个专业：数学与应用数学、信息与计算科学、统计学；一个专业有若干班级，如数学与统计学院的 2011 级数学与应用数学专业下设两个班级：应数 1 班、应数 2 班；一个班级有若干同学，如数理经济实验班有汪某、朱某、王某等。

一个专业有若干教师，如数学与统计学院统计学专业有杨老师、王老师等。

一个专业开设有若干课程，如数学与应用数学实验班开设有应用回归分析、财务管理等。

一个学校有若干教学楼，如图东环教学楼、图西环教学楼、商学院教学楼、海洋学院教学楼等；一个教学楼有若干楼层，如商学院教学楼有 1 层、2 层、3 层、4 层、5 层；一个楼层有若干教室，如 1 层有 146、157、153、156、158 等教室。

一个教室可以开设若干课程，一门课程可以由多个老师来教授。一个教室在不同的时段可以上不同的课程。

2. 相关部门的业务活动情况

教务处需要处理借教室申请信息，使用的是山东大学(威海)已有教室管理系统，对提出的借用教室申请采用电子的加工和处理，最后给借教室的人输出的是批准或拒绝借用教室的信息，即教室管理系统的电子信息。

3. 用户对系统的要求

(1)信息要求

由于系统的使用主体是学生，因此，对系统的信息要求可分为以下几个方面：

①教师信息：教师的基本信息主要包括教师的编号、姓名、性别、所属院系、职称、身份证号。

②学生信息：学生的基本信息主要包括学生的学号、姓名、院系号、身份证号等。

③教室信息：教室的基本信息主要包括教室的编号、教学楼号、楼层号等。

④教学楼信息：教学楼的基本信息主要包括教学楼名称、教学楼编号等。

⑤课程信息：课程的基本信息主要包括课程的名称、上课时间、上课地点、上课老师、课程学分。

(2)处理要求

学校现存系统存在的问题主要有以下两方面：

①借用教室系统:结合我们自身以及周围其他同学的体验,认为学校现存的借用教室系统的程序过于烦琐,浪费时间,同时也给教务处老师带来了很大的工作量。

②山东大学(威海)教室管理系统:现有的教室管理系统借阅系统上显示的教室数局限于个别教学楼的个别教室。同时,用户没办法查询空余自习室和课程。

以上存在的问题给学校的主体——学生带来了很大的不便,使得现存的教务系统不能更好地服务于同学。鉴于此,我们认为有必要改进系统,完善上述功能。

(二)系统应具备的功能

1. 教室借用

通过这个功能,学生可以借教室,即获得教室在某段时间的使用权,从而可以办讲座,开展社团活动,等等。管理员负责对教室的借用申请进行审批。

2. 教室查询

通过这个功能,学生不仅可以查询当天某一时段或多个时段的空闲教室,去上自习,而且还可以查询某一教室的详细信息。

3. 课程查询

通过这个功能,学生可以查询课程的上课时间、地点、上课老师、课程学分等信息。

4. 教室管理

这个功能是对申请的教室进行审批,统计相关信息。

5. 通知公告

可将失物招领与临时改课通知等信息登在本栏。

(三)安全性与完整性要求

1. 安全性要求

(1)系统应设置访问用户的标识,以鉴别是否是合法用户,并要求合法用户设置其密码,保证用户身份不被盗用。

(2)系统应对不同的数据设置不同的访问级别,限制访问用户可查询和处理数据的类别和内容。

(3)系统应对不同的用户设置不同的权限,区分不同的用户,如学生和教室管理相关人员。所有的学生都可以查询教室,班级负责人员和社团负责人员可有权限提出借用教室申请;教室管理相关人员可进行日常事务的处理,如增加、删除、更新课程、教室,并批准或拒绝借用教室的申请。

2. 完整性要求

(1)各种信息记录要完整,信息记录内容不能为空。

(2)各种数据间相互的联系要正确。

(3)相同的数据在不同记录中要保持一致。

3. 确定系统的边界

经过需求调查和初步的分析，确定由计算机完成的工作是对数据进行各种管理和处理。由手工完成的工作主要有对原始数据的录入；不能由计算机生成的各种数据的更新，包括数据变化后的修改、数据的增加、失效数据或无用数据的删除等；系统的日常维护。

四、系统设计与实现

（一）软件总体介绍

本软件为大学生提供了一套教室综合导航系统，旨在为大学生提供教室申请与查询、课程查询、教室管理等多种功能。该软件不仅提供了教室查询功能，让学生方便地找到满意的自习教室，而且还提供了教室申请功能，使教室通过批准的过程简单化。此外，该软件还提供了课程查询功能，学生可方便地查询所有的课程。

（二）国内同类型软件研究现状

1. 目前，国内同类软件或仅有查询功能，或仅有申请功能，功能不完善。
2. 大多软件并未将申请教室网络化。
3. 教室查询、课程查询相关软件并未在学生中普及。
4. 还没有适用于手机客户端的查询软件（我们将尝试研究）。

（三）软件的特点

1. 该软件是针对山东大学（威海）的学生特意打造的教室管理系统，用户是在校大学生，易于普及和接受。

2. 该软件是开放平台，用户可以免费使用，降低了软件的进入门槛，方便使用与传播。

3. 该软件的数据来自于学校教务处，真实可靠；软件实时更新，保证内容的时效性。

4. 在该软件上申请教室时，是否成功直观性强，用户可以通过自己的账号迅速查明并进行相关处理。

（四）系统开发平台

本软件的主要开发平台是 Dreamweaver CS5、MySQL、PHP 与 Apache，是目前最流行的网页开发环境。

1. PHP

（1）PHP 独特的语法混合了 C、Java、Perl 以及 PHP 自创新的语法。

（2）PHP 可以比 CGI 或者 Perl 更快速地执行动态网页。在动态页面方面，与其他的编程语言相比，PHP 是将程序嵌入 HTML 文档中去执行，执行效率比完全生成 HTML 标记的 CGI 要高许多。

(3)PHP 具有非常强大的功能,它可以实现 CGI 的所有功能。

(4)PHP 支持几乎所有流行的数据库以及操作系统。

(5)最重要的是,PHP 可以用 C、C++进行程序的扩展。

2. MySQL

MySQL 是目前最流行的关系型数据库管理系统,在 Web 应用方面,MySQL 是最好的关系数据库管理系统 (Relational Database Management System,RDBMS)应用软件之一。MySQL 是一种关联数据库管理系统,关联数据库将数据保存在不同的表中,而不是将所有数据放在一个大仓库内,这样就增加了速度并提高了灵活性。

3. Apache

Apache 是世界使用排名第一的 Web 服务器软件。它可以运行在几乎所有广泛使用的计算机平台上。其由于跨平台和安全性被广泛使用,是最流行的 Web 服务器端软件之一。

(五)软件开发可行性分析

1. 该软件开发组由程序设计能力较强的 6 人组成,具备相关的数据库、网页设计知识,有能力胜任。

2. 该软件所需要的数据资料可以通过借阅图书、实地调查与网上搜集得到,基本算法合理可靠。

3. 在软件的开发过程中,指导老师和专业人员可为我们解决开发过程中遇到的技术问题。

4. 通过参考借鉴其他院校类似的网页,可减少很多不必要的弯路。

(六)数据库设计

1. 系统功能的设计和划分

根据得到的用户需求,我们将本系统按照其所完成的功能分成以下几个子系统:教室查询子系统、教室借用子系统和通知公告子系统。各子系统完成的功能如下:

(1)教室查询子系统

根据教学楼楼层,输入时段,寻找此时可供同学上自习的空闲教室。进入"教室"页面后,即可看到该教学楼某一时段在任意楼层的空闲教室信息。

(2)教室借用子系统

点击"教室借用"后,将进入用户登录界面,学生或者教师需要登录才能给予空闲教室。发出借用教室的申请,等待管理员批准。管理员批准界面将会显示申请是否成功。

(3)通知公告子系统

点击"进入通知公告"后,可以查看最新的失物招领与临时改课通知等信息。

经过分析,我们可以得到对于该教室管理系统的基本要求和系统模块的划分。通过对教室查询子系统、教室借用子系统进行具体的数据库设计,可在需求分析中形成数据流图。

2. 数据流图

图 1 至图 4 分别为教室查询、课程查询、教室借用和后台管理的数据流示意图。

(1)教室查询

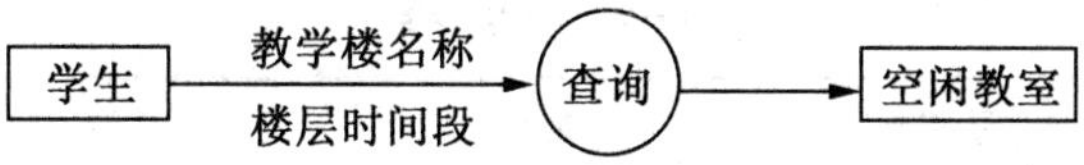

图 1　教室查询示意图

(2)课程查询

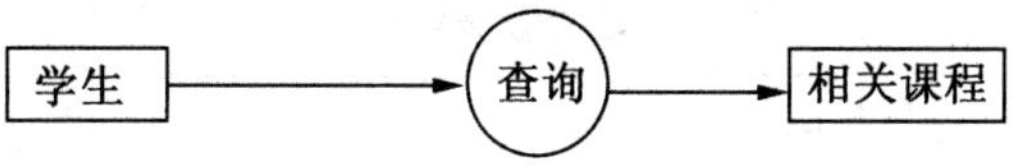

图 2　课程查询示意图

(3)教室借用

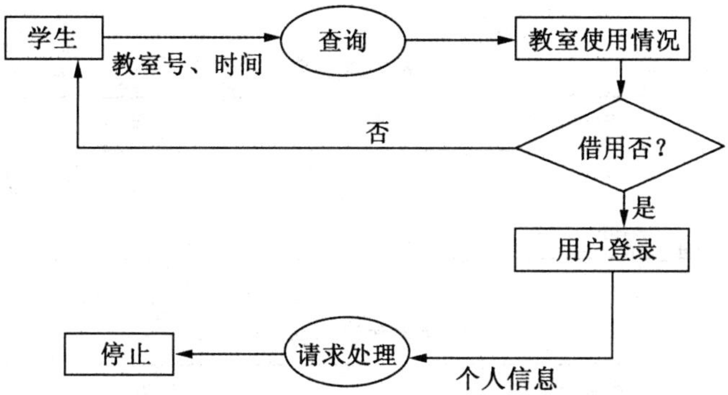

图 3　教室借用示意图

(4)后台管理

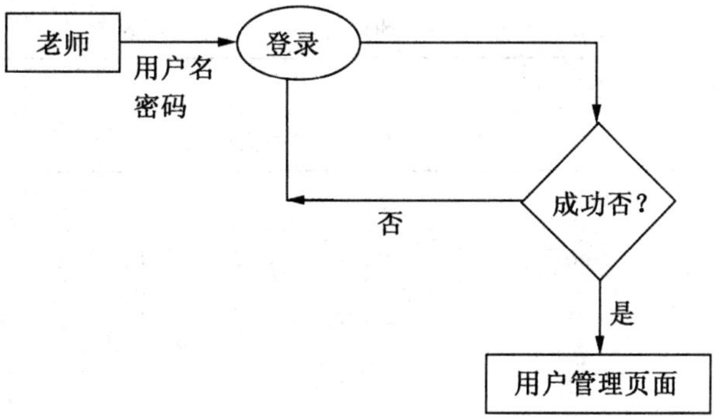

图 4　后台管理示意图

3. 数据字典

表 1 至表 8 分别列出了教学楼、教室、院系、学生、教室借用、课程、教师以及教师开课表的数据字典。

表 1　教学楼数据字典

属性名	存储代码	类型	长度	备注
教学楼号	bno	String	20	学校教学楼号
教学楼名称	bname	String	20	学校教学楼名称

表 2　教室数据字典

属性名	存储代码	类型	长度	备注
教室编号	clno	Int	10	教学楼中教室号
教学楼号	bno	String	6	教室所在教学楼号
楼层	floor	String	10	教室所在楼层

表 3　院系数据字典

属性名	存储代码	类型	长度	备注
院系号	deptno	String	20	学校中院系的编号
院系名称	deptname	String	20	学校中院系名称

表 4　学生数据字典

属性名	存储代码	类型	长度	备注
学号	sno	String	10	学生编号
姓名	sname	String	10	学生姓名
院系号	deptno	String	20	学生所属院系
身份证号	sid	String	18	学生的身份证号

表 5　教室借用表数据字典

属性名	存储代码	类型	长度	备注
教室号	clno	String	10	教室编号
使用人编号	sno	String	10	借用教室人员的编号
使用日期	usedate	String	10	借用教室的日期
工作日	Weekday	String	8	借用教室的星期
借用时间段	Period	String	20	借用教室的时间段

续表

属性名	存储代码	类型	长度	备注
用途	Use	String	100	借用教室的用途
状态	Usestatus	String	1	借用教室审批的状态

表 6　　课程数据字典

属性名	存储代码	类型	长度	备注
课程号	cno	String	20	课程编号
课程名称	cname	String	20	课程名称
学分	credit	String	1	课程学分
课程类型	category	String	10	课程类型(全校选修、专业选修、专业必修、人文修养、艺术教育)
开课院系号	deptno	String	20	开设课程的院系

表 7　　教师数据字典

属性名	存储代码	类型	长度	备注
教师编号	tno	String	20	教师编号
教师姓名	tname	String	10	教师姓名
性别	sex	String	2	教师性别(男、女)
所属院系	deptno	String	20	教师所属院系
职称	title	String	10	教师的职称(教授、副教授、讲师)
身份证号	tid	String	18	教师身份证号

表 8　　教师开课表数据字典

属性名	存储代码	类型	长度	备注
教师号	tno	String	20	教师编号
教室号	clno	String	10	教室编号
课程号	cno	String	20	该教室所开的课程
工作日	weekday	String	8	工作日
上课时间段	period	String	20	上课时间段

教室管理的 E-R 图如图 5 所示。

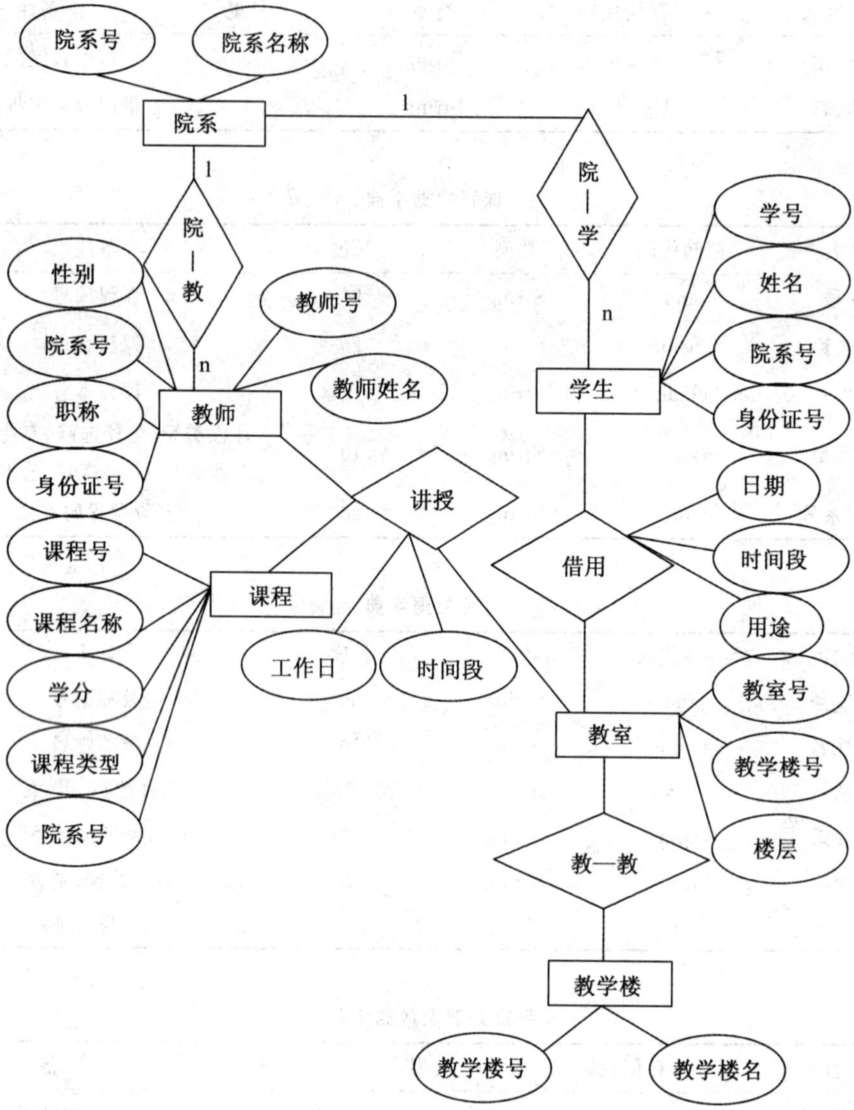

图 5　教室管理的 E-R 图

4. 系统目标

根据前面所作的需求分析及用户的需求,山东大学(威海)新教室管理系统实施后,应达到以下目标:

(1)网站设计页面应美观大方,功能全面,操作简单。

(2)网站整体结构和操作流程要合理顺畅,实现人性化设计。

(3)基础信息设置应规范、完善。

(4)对操作员设置不同的操作权限,为管理员提供修改权限。

(5)对所有学生进行集中管理。

(6)对教室信息进行集中管理。
(7)提供快速的教室查询功能。
(8)应能实现教室借阅功能。
(9)为操作员提供密码修改功能。
(10)系统运行应稳定、安全、可靠。
图 6、图 7 分别给出了教室管理系统的功能结构图和主要功能流程。

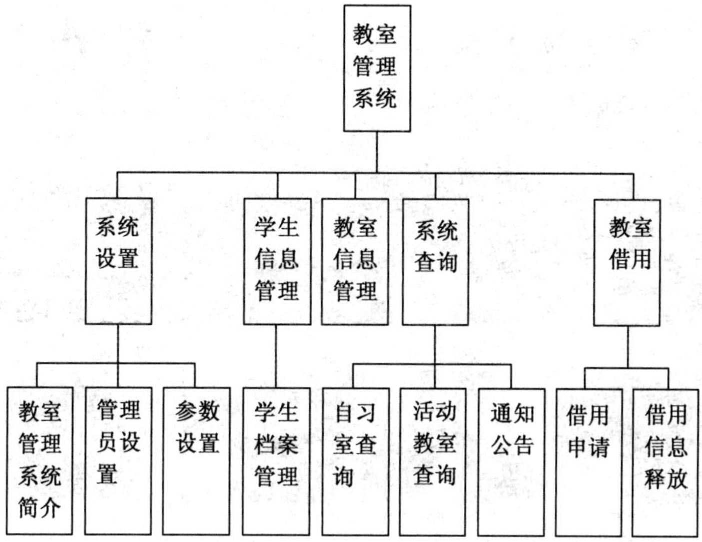

图 6　教室管理系统的功能结构

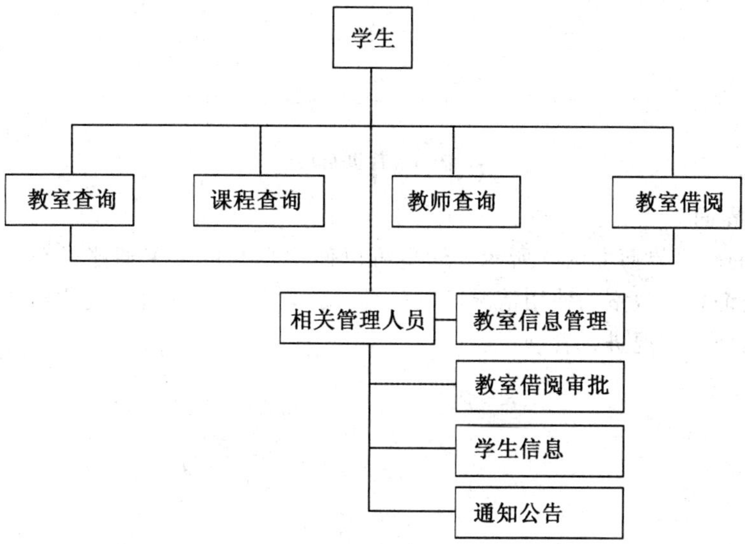

图 7　教室管理系统的主要功能流程

(七)功能实现与介绍

1. 首页界面

该系统首页界面如图 8 所示。该界面上部提供课程查询、教室查询、通知公告、申请教室、登录、注册等功能的链接,学生和老师可根据自己的需要,通过该界面转向其他链接;界面中部是学校新闻,用户可通过此部分了解学校最新新闻动态;界面下部则是学校发布的通知公告。

图 8 首页布局

2. 登录界面

该系统的登录界面如图 9 所示。学生可以使用自己的一卡通账号登录此系统进行教室申请,查询相关教室的使用情况可以免登录。教务处老师可以使用教工账号登录系统,对教室的使用情况进行管理。

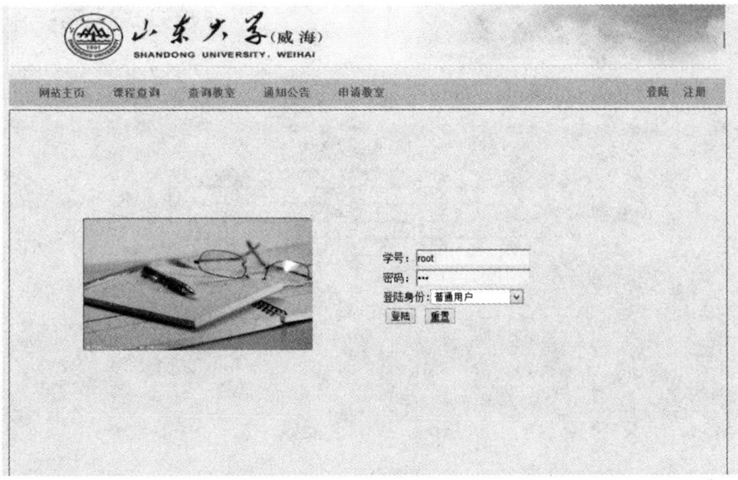

图 9　登录界面

3. 教室查询

教室查询分为关键字查询和按学院查询两部分。

(1)关键字查询

关键字查询教室界面如图 10 所示。学生可以使用关键字查询教室信息，输入课程名称或教师名称即可查询到该课程或者该教师上课时间和地点，方便想旁听某些课程的同学准确掌握上课信息。

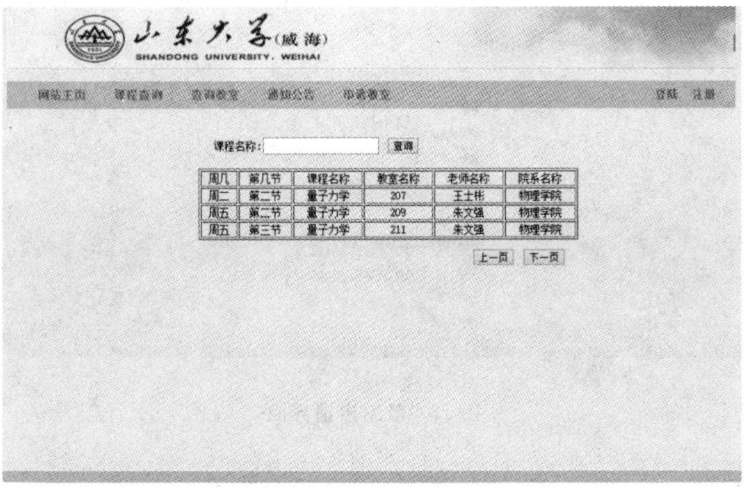

图 10　关键字查询教室界面

(2)按学院查询

按学院查询教室界面如图 11 所示。学生可以选择相关学院进行查询，系统将显示该学院教室占用情况，方便上自习的同学找到教室。

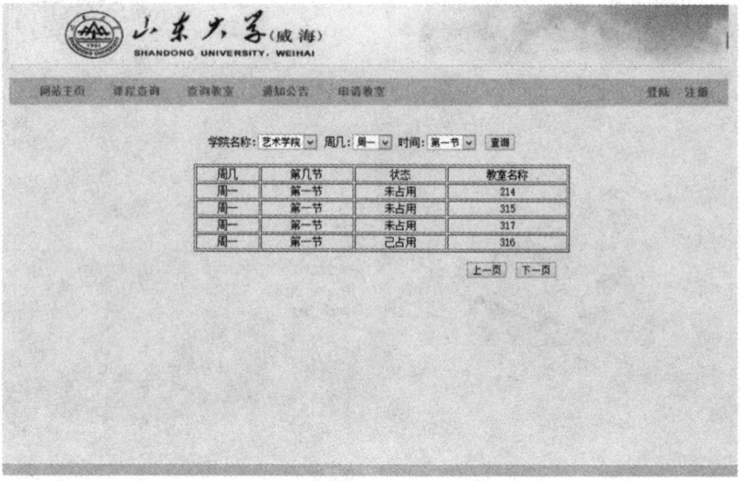

图 11　按学院查询教室界面

4. 教室申请

教室申请界面如图 12 所示。申请教室时,学生需填写申请教室的开始时间、结束时间、活动内容、教室位置等信息。

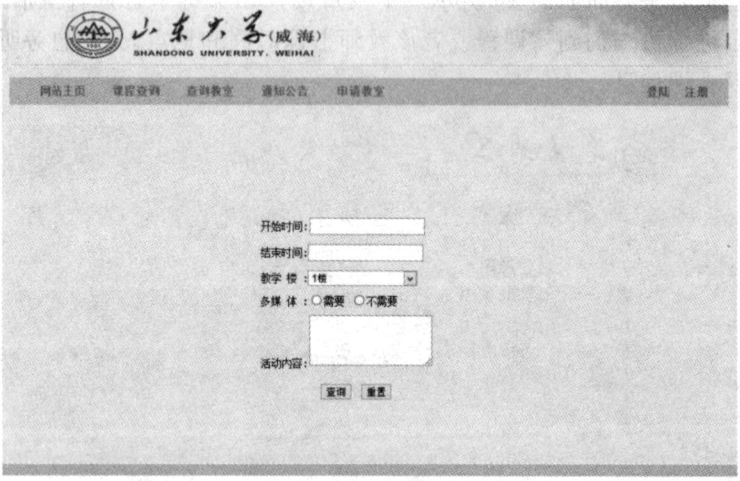

图 12　教室申请界面

5. 管理员界面

管理员界面如图 13 所示。此界面将显示学生填写的教室申请信息,管理员可以根据教室的使用情况,同意或不同意申请。管理员在此界面可以查看数据统计、教室审批、评价等信息和进行权限的管理。

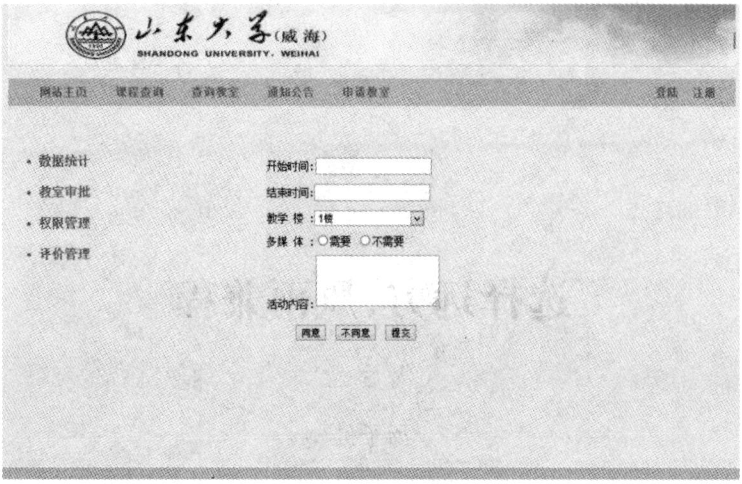

图 13　管理员界面

6. 通知公告

通知公告界面如图 14 所示。此界面用来显示最新的通知公告。

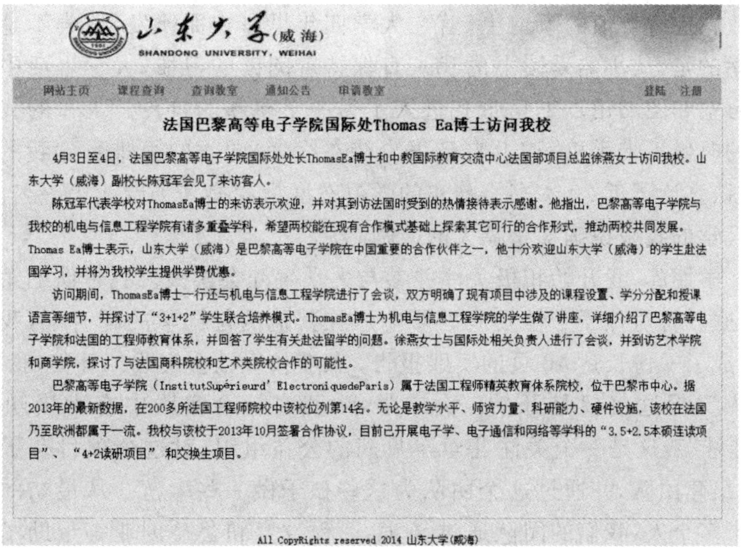

图 14　通知公告

（指导教师：孙磊　张亚涛）

选择远方，风雨兼程

（代后记）

汤子健

汪国真曾写过：“我不去想，是否能够成功。既然选择了远方，便只顾风雨兼程。”回想起自己的大学生活，虽然没有烟火般的绚烂和昙花一现的惊艳，但是每一天都过得充实饱满。

高考失利难免让我感到失落和不甘，一开始我曾动过复读的念头，但我认为应该把有限的时间放在更有价值的事情上，若在大学四年里厚积而薄发，何尝不是一种有价值的人生？庆幸的是，从小酷爱读书的我一直保持着阅读的习惯，大学生活中待的最多的地方就是自习室和图书馆。书籍带我进入了另一个崭新的世界。大一的我习惯在上课和去图书馆的时候不带手机，加上自己很少待在宿舍，同学们很难看到我的踪影。一年的时间里，我认真读了近 20 本书。踏实的学习态度为我换来了专业第一名的优异成绩，这对刚步入大学的我来说确实是莫大的鼓励。

从大一下学期起，我开始积极关注并参与大学生社会实践。我带队的第一个项目是《城市隔代家庭教育对孩子个性发展的影响》，在其他两位同学的配合下，我们展开三地调查，最终完成了一份长达 40 页的实践报告，荣获校级社会实践二等奖，我被评为“优秀社会实践个人”，但这仅仅是开始。大二学年，我在社会实践中有幸接触到了公益项目——“瓷娃娃”。这是一个关注儿童罕见病的公益组织，对这个项目有了一定了解之后，我们决定组建团队，并通过这个团队为这些孩子做一些事情。从最初的两个人发展到后来的五十多个人，我们的团队通过义卖、远程教育和公益创业等帮助了许多孩子和家庭。

在参与公益活动的同时，我也潜心科研。“大学生公益参与机制”和“社区养老模式构建”是我最感兴趣的两个课题，我在这方面也做过一些调查和研究，同时也取得了一些小小的成绩，例如“创青春”全国大学生创业大赛银奖，第十四届“挑战杯”全国大学生课外学术作品竞赛省级一等奖，梁国治社会工作奖学金论文类二等奖等。与此同时，我还担任了法学院 2014 级社会工作班级的科研班主任，把自己的经验和知识分享给学弟学妹。

写到这里的时候，大家可能已经误以为我是个学霸了，其实不然。我最喜欢的还是徒步远行和户外活动。曾经心血来潮地和十几个好朋友一起结伴从我们学校走到了烟台大学，两天两夜的行程着实令人难忘，大家一路上相互支持，到达目的地的那一刻，愉悦写在了每个人的脸上，感觉“We can do everything”。

大三的我对未来感到一片迷茫，但我知道自己还是很渴望吸收新知识，还想进入一个更高的平台进行学习。当时，我的专业成绩位列第一名，发展性素质加分也名列前茅。在推免研究生时，我初步确立的目标学校有五个：中国人民大学、复旦大学、浙江大学、南京大学、中山大学。因为对自己缺乏信心，我未敢奢望清华和北大这两个最高学府。然而，机会总是垂青有准备的人。经过不懈努力，我最终被保送至北京大学人口研究所攻读人口学硕士。

这是我大学时期走过的路——实践路、科研路、北大路。我的理想和信念就像是一匹骏马，带着我一路驰骋。虽然一路荆棘，但我既然选择了远方，便只顾风雨兼程！生命不息，奋斗不止！

[汤子健，2012～2016 年在山东大学(威海)法学院社会工作专业学习。历年均获得国家奖学金和优秀学生一等奖学金。2014 年获得“创青春”全国大学生创业大赛国家银奖。2015 年获得第十四届“挑战杯”全国大学生课外学术作品竞赛省级一等奖，梁国治社会工作奖学金全国二等奖，优秀社会实践报告省级二等奖，“调研山东”省级三等奖。被评为“优秀实践个人”“优秀科研班主任”等。自主考取人力资源师和心理咨询师三级。2015 年 9 月被录取为北京大学人口研究所人口学硕士。]